Littérature Francophone

ANTHOLOGIE

Par un ensemble de professeurs francophones sous la direction de ***Jean-Louis Joubert***

TRÉCARRÉ

Éditions de l'Océan Indien

NATHAN  Agence de Coopération Culturelle et Technique

Préface

L'Anthologie que vous avez entre les mains reflète la vocation originelle de l'Agence de Coopération Culturelle et Technique : rapprocher les peuples qui appartiennent à la communauté linguistique francophone, promouvoir une meilleure connaissance de leurs cultures respectives, mettre en valeur la richesse, les complémentarités et les affinités de ces cultures.

Le parti adopté par les auteurs de l'ouvrage est clair :

– privilégier les mises en relations et les correspondances ;

– montrer les diversités plus que souligner les hiérarchies ;

– consacrer la maturité et la légitimité des littératures francophones.

À la fois manuel et livre de référence, l'ouvrage place « à la une » la plupart des auteurs qui ont réussi à transmettre, par-delà les frontières et le temps, leur amour de la langue française.

La francophonie, par l'intermédiaire de l'A.C.C.T., met à la disposition du public en général, et des élèves en fin de cycle secondaire en particulier, un ample panorama de sa richesse et de sa variété littéraires.

La présente anthologie, destinée à un public très large, se veut la matrice commune d'où seront dérivés des manuels répondant à des besoins plus spécifiques et nous souhaitons co-produire ces éditions avec les éditeurs des pays du Sud susceptibles d'obtenir des marchés nationaux.

En maintes occasions, la Francophonie a fait le point sur l'impérieuse nécessité de renforcer le système éducatif en multipliant les outils de travail mis à la disposition des enseignants et des élèves. Force nous est de constater qu'à ce jour, nous sommes restés bien en deçà des objectifs évoqués.

Nous pouvons faire mieux, nous pouvons faire autrement, nous devons faire ensemble.

Tel est le sens de la démarche que l'Agence de Coopération Culturelle et Technique a menée, en préparant, avec des experts venus de diverses régions de la Francophonie, ce livre, source de manuels que nous voulons publier en quantités utiles. En francophonie, nous avons besoin d'un livre de lecture par élève avant l'an 2000.

Jean-Louis Roy
Secrétaire Général de l'Agence
de Coopération Culturelle et Technique

Cet ouvrage a été publié avec la participation
de l'Agence de Coopération Culturelle et Technique

ISBN : 2-288-82401-8

Avant-propos

La francophonie se fonde sur le partage de la langue française, pour l'épanouissement et l'enrichissement de tous les pays qui la composent. Or, une langue trouve son accomplissement dans l'activité littéraire, qui mobilise toutes ses ressources, qui la célèbre dans toutes ses beautés, qui l'oblige parfois à se renouveler ou à inventer des formes d'expression inouïes. Une langue ne vit et ne prospère que parce que des écrivains, des conteurs, des poètes – tous ouvriers du mot – la plient à leur volonté créatrice, la montrent dans tous ses états, la font penser, rire, rêver, agir... Les écrivains figurent donc au premier rang des artisans de la francophonie.

L'école, dont la vocation est d'apprendre à vivre et à lire, à penser et à écrire, a besoin des écrivains, qui sont les maîtres des maîtres. Le livre de lecture à l'école élémentaire, le livre de textes choisis pour les classes supérieures, apportent les exemples et les modèles des infinies possibilités que donne la maîtrise de la langue. Les écrivains contemporains qui voient figurer leurs textes dans les livres de classe côtoient ainsi les « classiques », par qui s'honore une civilisation.

La francophonie se devait d'offrir, à l'intention des élèves en fin de cycle secondaire, un ample panorama de sa richesse et de sa variété littéraires. C'est ce qu'ambitionne d'être le présent livre, qui part d'abord du constat d'un état de fait : il n'y a plus *une* littérature française, mais une polyphonie de voix littéraires qui enracinent la langue française dans tous les continents. D'où le parti adopté par ses auteurs : privilégier les mises en relation et les correspondances, montrer les diversités plutôt que souligner des hiérarchies. Il leur fallait à la fois mettre en perspective la littérature de la France et mettre l'accent sur le développement foisonnant, ces dernières années, des littératures francophones. Ils ont donc choisi de croiser trois axes d'organisation du volume : la chronologie d'une histoire littéraire ; le tableau géographique, qui s'efforce de n'oublier aucun des lieux de la francophonie ; la reconnaissance de convergences esthétiques et thématiques, pour suggérer correspondances et dialogues.

L'ordre de succession des textes présentés dans ce livre est dicté par cette triple exigence. D'abord, une présentation chronologique de la littérature française depuis le XVIe siècle, nécessairement rapide, mais privilégiant les textes qui ouvrent sur la connaissance d'autres cultures ; on a, dans cette section, fait une place aux premières expressions des littératures francophones. La séquence consacrée au XXe siècle, la plus abondante puisqu'elle représente les deux tiers de l'ouvrage, fait glisser insensiblement de la littérature proprement française à la pluralité littéraire francophone, par la médiation d'écrivains ouverts au dialogue des cultures et participant parfois de plusieurs aires culturelles. Un chapitre présente un tableau systématique des littératures francophones, par grandes régions. Mais la plupart des textes illustrant ces littératures sont ensuite regroupés selon des affinités esthétiques ou thématiques (littérature de l'identité culturelle, écriture du réel, textes de recherche, passage de l'oralité, voix de femmes, formes théâtrales, expression poétique). Un index permettra, pour ceux qui le désireront, de regrouper rapidement les textes provenant d'une même région francophone et de les lire selon cette perspective.

Comme le principe de sélection des textes reposait sur une nécessaire exigence de qualité, l'ouvrage consacre la maturité et la légitimité des littératures francophones. Mais il ne vise en aucune manière à dresser un tableau d'honneur. Il ne s'agit pas de distribuer plus ou moins de lauriers, mais de faire dialoguer, à travers des écritures de langue française, des cultures de tous les horizons. Le français sait d'ailleurs se faire accueillant quand on lui fait traduire des traditions littéraires venues de l'oralité et développées dans les langues les plus diverses.

Il reste à souhaiter que ce livre soit bien accueilli par ceux auxquels il est destiné : les professeurs qui enseignent, les élèves qui apprennent le français dans les classes des cycles secondaires. S'ils entrent dans ce livre, ils apprendront, dans le commerce des textes, que la langue française peut les accompagner dans leur quête de liberté et d'épanouissement humain.

La langue française et la francophonie

Naissance du français

La langue française naît du latin : elle est du latin parlé qui, sous l'action de divers facteurs, s'est peu à peu transformé jusqu'à constituer une langue nouvelle, clairement distincte de la norme latine.

Le premier document où apparaît un texte que l'on peut définir comme « du français » est constitué par les *Serments de Strasbourg* (842). Deux petits-fils de Charlemagne, Charles le Chauve et Louis le Germanique, redoutant les entreprises de leur frère Lothaire, se promettent assistance mutuelle en échangeant des serments rédigés en langue vulgaire, *roman* (futur français) et *germanique* (futur allemand). La portée symbolique de ces serments est considérable : en abandonnant le latin, langue juridique et impériale, les deux rois soulignent la vocation politique des langues vulgaires à s'identifier à la construction des États en gestation, la France et l'Allemagne.

Il reste que le traité de Verdun (843) accordait une part à Lothaire, la Lotharingie (le mot deviendra « Lorraine »), constituée de terres où l'on parlait aussi *roman*, pays de passage et de médiation entre France et Allemagne. Cette Lotharingie, en marge du futur État national français, image d'une « autre France », d'une « France possible », est comme une préfiguration de la francophonie : on peut soutenir qu'il en reste la trace dans les ensembles francophones européens, en Belgique ou en Suisse.

Histoire du français

Plusieurs langues se sont développées, à partir du latin, sur le territoire aujourd'hui français : langue d'oc au sud, langue d'oïl au nord (ainsi désignées d'après le vocable qui signifie « oui ») et une langue intermédiaire, le franco-provençal. Mais chacune de ces langues connaît d'importantes variations dialectales. Il est probable, cependant, qu'une forte proportion de formes communes a permis l'intercompréhension de dialecte à dialecte.

Servi par divers facteurs (afflux de voyageurs attirés par les foires commerciales ou par le rayonnement de l'université, volonté politique d'unification à partir de la cour royale), le dialecte de la région de Paris et de l'Île-de-France est devenu le « français » et s'est, au cours des siècles, répandu dans l'ensemble du royaume. Dès la fin du Moyen Âge, un français savant s'impose, grâce à l'excellence d'œuvres littéraires.

Les rois de France, luttant contre les pouvoirs féodaux, ont favorisé le recul des dialectes. L'ordonnance de Villers-Cotterêts, prise par François Ier en 1539, fait du français la langue des actes juridiques. La fondation de l'Académie française (1635), le prestige de la Cour et des salons contribuent à imposer un français plus unifié. Mais c'est la Révolution qui conduit une politique systématique d'éradication des dialectes et des langues régionales. Sous l'impulsion de l'abbé Grégoire, on entreprend une francisation générale du pays. Le développement de l'école obligatoire au XIXe siècle achève la mise à mort des patois. L'école, en sacralisant l'orthographe (dont la connaissance est la condition requise depuis 1832 pour l'accession aux emplois publics), contribue à rigidifier la relation des Français avec leur langue.

Pourtant, à la fin du XXe siècle, on assiste à un réveil des langues régionales, qui obtiennent d'être introduites dans l'enseignement. On prend conscience du multilinguisme français. Il existe non seulement des variations régionales du français, mais aussi des langues diverses installées depuis toujours (breton, basque, flamand, alsacien, corse, occitan, etc.), et des langues arrivées avec les communautés immigrées accueillies en France.

La francophonie

Le français a toujours débordé des strictes frontières de l'État national français : territoires héritiers de l'ancienne Lotharingie, communautés recourant au français comme langue de communication internationale, implantations résultant du développement de la colonisation.

C'est en 1880 que le géographe Onésime Reclus forge le mot *francophonie* pour désigner l'ensemble des populations utilisant le français. On peut distinguer quatre visages particuliers de cette francophonie : les pays de français langue maternelle (Europe et Canada francophones) ; les pays créoles (où le français est langue seconde, mais parente) ; les pays de français langue officielle ou langue d'usage (qui ont été, pour la plupart, colonies françaises) ; les pays de français langue étrangère privilégiée (comme parfois en Europe centrale et orientale).

Europe francophone

La frontière linguistique qui sépare en Europe régions de langue française et régions de langue germanique est restée stable depuis des siècles : elle recouvre pratiquement la limite d'extension du latin. En Belgique, au Luxembourg, en Suisse, malgré certaines tensions, le français est solidement installé. Il est plus menacé dans le Val d'Aoste, notamment par le développement économique qui introduit dans la vallée beaucoup d'Italiens du Sud.

En Belgique, l'ancienne domination du français sur le flamand (les classes supérieures se refusaient, en Flandre, à pratiquer le « patois » populaire) a suscité, à partir du milieu du XIXe siècle, un réveil flamand : le flamand s'est peu à peu imposé comme la seule langue de la Flandre.

Mais les conflits linguistiques pèsent gravement sur la situation politique, jusqu'à menacer l'unité de l'État belge.

En Suisse, les revendications des francophones du canton de Berne ont abouti à la création d'un 23e canton de la Confédération. Cependant, l'équilibre linguistique de celle-ci semble assuré.

Canada

Installé au Canada avec les premiers colons français au XVIIe siècle, le français est aujourd'hui parlé par environ un quart des Canadiens. Mais le bilinguisme proclamé en 1969 au niveau fédéral ne correspond guère à la réalité. Les petites communautés francophones des provinces de l'ouest résistent mal au pouvoir d'attraction de la langue et de la civilisation américaines. Le Québec et l'Acadie (Nouveau-Brunswick) réussissent mieux à préserver leur identité francophone. Pour s'opposer à la domination pratique de l'anglo-américain, le Québec a proclamé la « charte du français » (1977), qui fait du français la seule langue officielle de la province et qui a réussi à considérablement redresser la situation en sa faveur. Le français canadien présente une réelle originalité, moins par son accent particulier que par des traits lexicaux et morphosyntaxiques. Un argot populaire de Montréal, le *joual,* a pu être tenu comme le symbole d'une identité culturelle propre.

Les « Franco-Américains » (descendants de Québécois installés dans le nord-est des États-Unis) ne gardent qu'un usage résiduel du français, tandis qu'en Louisiane la réintroduction du français dans les programmes scolaires a amorcé une relative renaissance.

Pays créolophones

Vestiges du premier Empire colonial français, ces pays (Antilles françaises, Guyane, Haïti dans la Caraïbe ; île Maurice, Réunion, Seychelles dans l'océan Indien) connaissent le créole, dérivé du français comme le français du latin, qui est la langue maternelle de la plus grande partie de la population. Ces créoles (proches, mais différents d'une île à l'autre) demeurent langues de la communication quotidienne et privée, de l'affectivité, parfois de l'engagement politique. Le français y est perçu comme la langue des pouvoirs, de l'école, de la vie moderne. La parenté des deux langues devrait faciliter leur développement commun.

Afrique

Le français a été imposé par la colonisation comme langue d'usage au Maghreb ainsi que dans les colonies au sud du Sahara. La décolonisation a entraîné d'importantes revendications linguistiques. Les trois pays du Maghreb ont mené avec une ardeur et des résultats divers une politique d'arabisation. Mais le français continue de jouer un rôle important dans la vie quotidienne et symbolise l'accès à la modernité. Langue de l'aliénation, il peut aussi devenir véhicule d'une libération.

Dans les anciennes colonies d'Afrique noire comme à Madagascar, le français continue de jouer le rôle d'une langue officielle. Suivant le statut réel des langues nationales, il est plus ou moins pratiqué dans la vie quotidienne, mais il sert partout de langue d'intercompréhension. Les progrès de la scolarisation le rendent familier à une proportion grandissante de la population. En devenant une des langues de l'Afrique, le français s'adapte à de nouvelles conditions : des néologismes nombreux, des usages divergents font émerger une variante du français, le français régional africain.

D'autres francophonies

Des traits parallèles caractérisent les autres lieux de la francophonie à travers les continents : introduction du français dans la mouvance coloniale, contact avec les langues nationales, survivance plus ou moins assurée en fonction des évolutions politiques.

Au Liban, le français s'est implanté par l'intermédiaire des missions, surtout depuis le début du XIXe siècle. Environ la moitié de la population le pratique. Le bilinguisme franco-arabe semble résister aux progrès rapides de l'anglais comme aux tourbillons des guerres.

En Égypte, le français, naguère langue des cercles lettrés d'Alexandrie et du Caire, se maintient grâce à quelques écoles.

Au Viêt-nam, Laos, Cambodge, les désastres des guerres diverses n'ont pas réussi à totalement éliminer le français : il semble pouvoir jouer un nouveau rôle, notamment dans l'enseignement supérieur.

Dans le Pacifique (Nouvelle-Calédonie, Polynésie, Vanuatu), le français est assez solidement implanté et développe des particularités régionales notables.

La francophonie choisie

À différentes époques, le français a joué un rôle international : langue de l'Angleterre après la conquête normande, langue littéraire modèle dans l'Europe de la fin du Moyen Âge (Marco Polo dicte dans cette langue le récit de son voyage), langue de la culture européenne pour le classicisme et l'époque des Lumières.

Voilà pourquoi le français est choisi comme langue de culture, naguère par les aristocraties des pays d'Europe centrale et orientale, aujourd'hui comme langue étrangère privilégiée dans des pays comme la Roumanie.

* * *

L'avenir de la francophonie repose sans doute sur la capacité du français à se prêter, à s'échanger, à favoriser le multilinguisme. Il n'est plus la propriété jalouse des seuls Français. Il appartient à l'ensemble des francophones (sans doute plus de 100 millions de personnes possèdent une réelle maîtrise du français, beaucoup plus si l'on compte tous ceux qui en font un usage rudimentaire).

Une imprimerie au XVIe siècle.

XVIe siècle

« Le temps viendra (peut-être), et je l'espère […] que notre langue […] qui commence encore à jeter ses racines, sortira de terre, et s'élèvera en telle hauteur et grosseur, qu'elle se pourra égaler aux mêmes Grecs et Romains… »

Du Bellay,* Défense et illustration de la langue française, *1549

Présentation du XVIe siècle

Les historiens font traditionnellement commencer l'époque moderne avec le XVIe siècle, comme s'il y avait une profonde coupure avec la période antérieure. Mais aujourd'hui, on ne croit plus guère à l'image, jadis répandue, d'un Moyen Âge livré aux ténèbres de la barbarie. On sait maintenant que c'est une période de mutations, où s'invente un monde nouveau. La langue française y produit déjà de beaux chefs-d'œuvre littéraires : chansons de geste, qui célèbrent en vers les hauts faits de preux chevaliers ; romans de Chrétien de Troyes, composés à partir des légendes merveilleuses du monde celtique ; poésie lyrique de l'amour courtois, chantée en langue d'oc par les troubadours, en langue d'oïl par les trouvères ; poésie savante des « Grands Rhétoriqueurs », qui joue sur le raffinement de la forme et l'expérimentation du langage.

Si le XVIe siècle continue cependant de nous apparaître comme une période glorieuse de Renaissance et de nous séduire par sa « modernité », cela tient peut-être à la vitalité de l'époque et aux contradictions dont elle se nourrit (« un océan de contradictions, un concert parfois grinçant d'aspirations diverses, une difficile cohabitation de la volonté de puissance et d'une science encore balbutiante, du désir de beauté et d'un appétit malsain de l'horrible, un mélange de simplicité et de complications, de pureté et de sensualité, de charité et de haine », estime l'un de ses historiens, Jean Delumeau).

Les hommes du XVIe siècle sont avides d'éprouver le monde, sensuels, mobiles (Montaigne ne cessera d'évoquer l'inconstance et le mouvement perpétuel de ses sentiments et de ses opinions). Leur horizon mental s'encombre de croyances superstitieuses et demeure fasciné par les savoirs occultes, tout en s'ouvrant aux idées nouvelles pour dégager peu à peu les prémices de la méthode expérimentale, fondée sur l'observation, la construction d'hypothèses, la vérification par des expériences renouvelables.

L'humanisme

Un fait majeur commande la vie intellectuelle : la redécouverte de l'Antiquité grecque et romaine, dont on veut restaurer le trésor culturel. On retrouve les textes anciens, que l'on établit et édite de la manière la plus soignée possible, que l'on commente, que l'on traduit parfois : ouvrages de poésie, de philosophie, d'histoire, mais aussi de médecine, d'architecture, d'astronomie, de cuisine, tout est bon dans l'immense fonds de la culture antique que l'on se réjouit de voir revenir au jour. On appelle « humanisme » ce grand mouvement, né et vivifié d'abord en Italie puis irriguant par la suite toute l'Europe (Érasme, le modèle des humanistes cosmopolites et tolérants, né à Rotterdam, aux Pays-Bas, mort à Bâle, en Suisse, a étudié et enseigné – en latin – aussi bien à Paris qu'en Angleterre ou en Italie).

Mais le retour à l'Antiquité s'accompagne d'une conscience grandissante de la relativité historique. Il ne s'agit pas d'encenser le passé dans un respect érudit. Car on s'aperçoit que les textes anciens peuvent fournir des clefs pour analyser le monde contemporain. Ce sont toutes les dimensions de la connaissance et de l'action qui sont ainsi renouvelées par le contact avec la culture antique.

Le latin est vénéré comme la langue par excellence de la culture (on continue de l'écrire, voire de le parler, en prenant comme norme les textes de Cicéron, homme politique et orateur du Ier siècle av. J.-C., dont la langue est un modèle d'élégance). Mais le travail de traduction des textes (avec toutes les retombées qu'il entraîne : imitation, plagiat, citation, collage, trahison plus ou moins consciente...) vient enrichir et « illustrer » les langues « vulgaires » et le français en particulier (le terme langues « vulgaires » désigne alors les langues parlées par tous, langues « populaires » donc, par opposition à la langue savante et élitaire qu'est le latin).

La Réforme

L'humanisme, dans sa volonté de retrouver l'authenticité des textes antiques, indique une attitude que l'on peut également appliquer à l'Écriture sacrée. On entreprend d'établir ou de rétablir la lettre de la Bible, mais aussi de la traduire et de la diffuser par l'imprimerie. Un contact personnel et direct de l'homme à Dieu est désormais possible grâce à un texte plus pur. L'évangélisme (ensemble de mouvements voulant réformer l'Église par une foi renouvelée, dans un retour à « l'authentique enseignement du Christ et de ses disciples ») procède de cet accès facilité au texte sacré. La Réforme va plus loin : elle rompt avec l'Église catholique et institue ses propres dogmes. Elle diverge alors grandement de l'humanisme et le combat parfois. Mais Luther, traduisant la Bible, donne le premier monument de la littérature moderne de langue allemande. Et Calvin reste très soucieux de diffuser son message en donnant une version française de son *Institution de la religion chrétienne*. La Réforme n'est pas étrangère à l'essor des langues modernes.

Les nouveaux mondes

« Notre monde vient d'en trouver un autre », écrit Montaigne dans ses *Essais*. Il pense bien sûr au continent américain que Christophe Colomb a découvert lors de ses premiers voyages. Mais le monde s'ouvre de tous côtés. Magellan cherche et trouve, en 1520, au sud de l'Amérique un passage vers les Indes et la Chine. Jacques Cartier ne le découvre pas au nord, mais il aborde au Canada en 1534.

Les navigateurs portugais (Bartolomeu Dias, 1488 ; Vasco de Gama, 1497-1498) ouvrent la route du sud de l'Afrique, en direction de l'Extrême-Orient.

Les astronomes élargissent eux aussi leur conception du monde. Copernic (1473-1543) montre que c'est la Terre et les planètes qui gravitent en un mouvement circulaire autour du Soleil. Mais il faudra longtemps pour que la nouvelle conception du cosmos soit admise sans discussions.

La « découverte » des nouveaux mondes terrestres ne bouleversera pas du jour au lendemain les habitudes de vie ni les manières de penser. Cependant, l'idée de relativité, c'est-à-dire la conscience qu'il existe non pas une humanité uniforme, mais des humanités diverses, commence à se former. Et le mythe du « bon sauvage », vivant innocemment dans l'état de nature, par opposition à la corruption de l'homme civilisé, trouve chez Montaigne ses premières expressions. Ce mythe aura un grand avenir.

Défense et illustration de la langue française

La *Défense et illustration de la langue française* est le manifeste rédigé en 1549 par du Bellay pour exprimer les idées d'un groupe de poètes réuni autour de Ronsard (qui prend alors le nom de Brigade, et qui deviendra plus tard la Pléiade).

Du Bellay s'indigne d'abord contre ceux qui refusent au français le statut de langue de culture :

« Je ne puis assez blâmer la sotte arrogance et témérité d'aucuns [1] de notre nation, qui, n'étant rien moins que [2] Grecs ou Latins, déprisent [3] et rejettent d'un sourcil [4] plus que stoïque [5] toutes choses écrites en français ; et ne me puis assez émerveiller de l'étrange opinion d'aucuns savants, qui pensent que notre vulgaire [6] soit incapable de toutes bonnes lettres [7] et érudition. »

Du Bellay met en avant l'idée que le français (on sait maintenant qu'on peut en dire autant de toute langue) est capable de tout dire, et donc qu'il n'est pas, par nature, inférieur aux langues savantes que sont le grec et le latin : « Si notre langue n'est si copieuse et riche que la grecque ou latine, cela ne doit être imputé au défaut [8] d'icelle », mais plutôt à nos aînés (l'argument est évidemment ironique) qui ont mieux aimé « le bien-faire que le bien-dire » et qui ont préféré agir plutôt que raconter et écrire leurs exploits. Il suffirait donc de développer la littérature en français pour que la langue acquière considération et « illustration », et qu'elle devienne aussi riche que le grec ou le latin.

1. Certains, quelques-uns. – 2. Pas du tout. – 3. Méprisent. – 4. Air sévère. – 5. Dur. – 6. Langue usuelle. – 7. Littérature. – 8. Insuffisance.

Les événements

1494-1559	Guerres d'Italie
1498-1515	Règne de Louis XII
1515-1547	Règne de François Ier
1515	Bataille de Marignan
1520	Entretien du camp du Drap d'or
1533	Calvin passe à la Réforme
1534	Affaire des Placards : début des persécutions contre les protestants Début de la Réforme en Angleterre
1539	Ordonnance de Villers-Cotterêts (qui rend la langue française obligatoire dans les actes officiels)
1541-1564	Calvin à Genève
1547-1559	Règne d'Henri II
1559	Traité de Cateau-Cambrésis
1559-1560	Règne de François II
1560	Conjuration d'Amboise
1560-1574	Règne de Charles IX
1562-1598	Guerres de religion
1572	Massacre de la Saint-Barthélemy
1574-1589	Règne d'Henri III
1589-1610	Règne d'Henri IV
1594	Entrée d'Henri IV à Paris
1598	Édit de Nantes (en faveur des protestants)

Vie littéraire & philosophique

1518-1542	Clément Marot, poète officiel de François Ier
1529	Fondation du Collège de France
1532	Rabelais, *Pantagruel*
1534	Rabelais, *Gargantua*
1541	Calvin, *Institution de la religion chrétienne*
1544	Scève, *Délie*
1546	Rabelais, *Tiers Livre*
1549	Du Bellay, *Défense et illustration de la langue française*
1550-1560	Ronsard publie ses premières œuvres poétiques
1553	Jodelle, *Cléopâtre captive* (première tragédie française)
1555	Louise Labé, *Élégies* et *Sonnets*
1558	Marguerite de Navarre, *Heptaméron* (publication posthume) Du Bellay, *Antiquités de Rome ; Regrets*
1559	Amyot publie sa traduction des *Vies parallèles* de Plutarque
1560-1574	Ronsard, poète officiel de Charles IX
1577	D'Aubigné commence *les Tragiques*
1580	Montaigne publie la première édition des *Essais*
1588	Deuxième édition des *Essais* de Montaigne
1594	*Satire Ménippée*

Vie artistique

1495	Château d'Amboise
1500	Jérôme Bosch, *la Tentation de saint Antoine*
1503-1507	Léonard de Vinci, *la Joconde*
1506	Bramante commence la construction de la basilique Saint-Pierre à Rome
1508	Raphaël décore l'appartement du pape Jules II
1513-1521	Château de Chenonceaux
1519	Début de la construction du château de Chambord
1521	Holbein, *le Christ mort*
1529	Château d'Azay-le-Rideau
1531	François Ier fait venir le Primatice d'Italie pour décorer le château de Fontainebleau
1536-1541	Michel-Ange peint le *Jugement dernier* pour la chapelle Sixtine
1541	Le Louvre de Lescot
1547	Michel-Ange travaille à la coupole de Saint-Pierre à Rome
1553	Benvenuto Cellini sculpte le *Persée*
1558	Bruegel, *la Chute d'Icare*
	Véronèse, *le Couronnement d'Esther*
1560-1580	Bernard Palissy et les émaux
v. 1560	Roland de Lassus, *Motets*
1562	Véronèse, *les Noces de Cana*
1567-1601	Palestrina, *Messes*
1573	Arcimboldo, *les Saisons*
1586	Le Greco, *l'Enterrement du comte d'Orgaz*

Inventions & découvertes

1497-1500	Voyages de Vasco de Gama sur les côtes d'Afrique et aux Indes
1482-1512	Travaux scientifiques de Léonard de Vinci
v. 1500	Mise au point de l'arquebuse
1519	Conquête du Mexique par Cortez
1519-1522	Magellan fait le premier tour du monde
v. 1525	Mise au point en Allemagne de la montre mécanique
1532	Conquête du Pérou par Pizarre
1534	Premier voyage de Jacques Cartier au Canada
1537-1540	Paracelse développe les principes de sa médecine hermétique
1538	Première carte du monde par Mercator
1543	Copernic publie son traité sur l'héliocentrisme
1552	Ambroise Paré, le « père de la chirurgie moderne », est chirurgien du roi
v. 1564	Mise au point en Angleterre des premiers crayons à mine de graphite
1568	Carte du monde de Mercator à l'usage des navigateurs
1572	Premières observations astronomiques de Tycho Brahe
1582	Réforme du calendrier par le pape Grégoire XIII
1583	Galilée découvre les lois du pendule
v. 1590	Jansen imagine le principe du microscopc
1596	Premier ouvrage de Kepler en faveur des théories de l'héliocentrisme

FRANCE

FRANÇOIS RABELAIS

François Rabelais, (v. 1494-1553) a d'abord été moine. Renonçant à la vie monacale, il voyage, étudie la médecine, s'installe à Lyon, devient médecin de l'évêque Jean du Bellay en mission diplomatique à Rome. C'est à Lyon qu'il publie des éditions savantes de livres de médecine et de droit. En 1532, il inaugure sa carrière de conteur facétieux avec *Pantagruel,* qui lui attire les foudres de la Sorbonne. Suivent en 1534 *Gargantua,* en 1546 le *Tiers Livre,* condamné lui aussi, en 1548 et 1552 le *Quart Livre.* Le *Cinquième Livre* (1564, donc posthume) n'est peut-être pas entièrement de sa main. L'œuvre de Rabelais mêle la salubrité du rire (« le rire est le propre de l'homme ») et l'enthousiasme humaniste.

XVIe siècle

« Il s'éveillait entre huit et neuf heures »*

Gargantua est un géant, né par l'oreille de sa mère. Il est ainsi nommé parce que son premier cri avait été : « À boire ! »... et que son père s'était alors exclamé : « Que grand tu as ! » (le gosier). L'éducation de Gargantua a d'abord été confiée à des maîtres encore tout embarbouillés des théories médiévales (la première édition, qui a été censurée, suggérait qu'ils étaient professeurs de théologie à la Sorbonne...). Voici le résultat de cette éducation.

Il s'éveillait entre huit et neuf heures, fût jour ou non ; ainsi l'avaient ordonné ses régents antiques, alléguant ce que dit David : *Vanum est vobis ante lucem surgere*[1].

Puis se gambayait, penadait et paillardait[2] parmi le lit quelque temps pour mieux ébaudir ses esprits animaux[3] ; et s'habillait selon la saison, mais volontiers portait-il une grande et longue robe de grosse frise[4] fourrée de renards ; après se peignait du peigne d'Almain[5], c'était des quatre doigts et le pouce, car ses précepteurs disaient que soi autrement peigner, laver et nettoyer était perdre temps en ce monde.

Puis fientait, pissait, rendait sa gorge, rotait, pétait, bâillait, crachait, toussait, sanglotait, éternuait et se morvait en archidiacre[6], et déjeunait pour abattre la rosée et mauvais air : belles tripes frites, belles charbonnades[7], beaux jambons, belles cabirotades[8] et force soupes de prime[9]. [...]

Après avoir bien à point déjeuné, allait à l'église, et lui portait-on dedans un grand panier un gros bréviaire empantouflé[10], pesant, tant en graisse qu'en fermoirs et parchemin, peu plus peu moins, onze quintaux six livres. Là oyait vingt et six ou trente messes. Cependant venait son diseur d'heures en place, empaletoqué comme une duppe[11], et très bien antidoté[12] son haleine à force sirop vignolat[13] ; avec icelui marmonnait toutes ces kyrielles, et tant curieusement[14] les épluchait qu'il n'en tombait un seul grain en terre.

À partir de l'église, on lui amenait sur une traîne à bœufs[15] un farat[16] de patenôtres de Saint-Claude[17], aussi grosses chacune qu'est le moule d'un bonnet[18] ; et, se promenant par les cloîtres, galeries ou jardin, en disait plus que seize ermites.

Puis étudiait quelque méchante demi-heure, les yeux assis dessus son livre ; mais (comme dit le comique[19]) son âme était en la cuisine.

Pissant donc plein urinal, s'asseyait à table, et parce qu'il était naturellement flegmatique[20], commençait son repas par quelques douzaines de jambons, de langues de bœuf fumées, de boutargues[21], d'andouilles, et tels autres avant-coureurs de vin.

Cependant quatre de ses gens lui jetaient en la bouche, l'un après l'autre, continûment, moutarde à pleines palerées[22]. Puis buvait un horrifique trait de vin blanc pour lui soulager les rognons. Après, mangeait selon la saison, viandes[23] à son appétit, et lors cessait de manger quand le ventre lui tirait.

**** Les titres entre guillemets ne sont pas des auteurs : ils sont empruntés aux textes.***

À boire n'avait point fin ni canon[24], car il disait que les mètes[25] et bornes de boire étaient quand, la personne buvant, le liège de ses pantoufles enflait en haut d'un demi-pied.

François Rabelais, *Gargantua,* 1542 (orthographe modernisée)

1. « Il est vain de vous lever avant le jour », citation du psaume 126 ; mais le texte biblique ajoutait : « si Iahvé ne garde pas la ville ». – 2. Gambadait, bondissait, se vautrait. – 3. Selon l'ancienne physiologie, agents de la perception et du mouvement, petits corps très mobiles contenus dans les nerfs et le cerveau. – 4. Grosse laine frisée. – 5. Jacques Almain, théologien du début du XVIe siècle, type de l'ancien maître détesté de Rabelais. – 6. D'abondance. – 7. Grillades. – 8. Idem, *mais de viande de chevreau. – 9. Morceaux de pain trempés, que les moines mangeaient à prime (6 heures). – 10. Enveloppé d'un sac (litt. d'une pantoufle). – 11. Son aumônier, emmitouflé dans son paletot comme une huppe. – 12. Purifié à l'aide d'un antidote. – 13. Vin. – 14. Avec soin. – 15. Char à bœufs. – 16. Un tas. – 17. Chapelets de Saint-Claude (ville du Jura). – 18. La tête d'un bonnet. – 19. Térence,* Eunuque, *IV, 8. – 20. Lymphatique , le flegme ou lymphe était l'une des quatre humeurs commandant le tempérament. – 21. Œufs de mulet confits. – 22. Pelletées. – 23. Aliments en général. – 24. Règle. – 25. Limites (du latin* meta*).*

COMPRÉHENSION ET LANGUE

1 – Qui sont « ses régents antiques » ?
2 – Qui est David ?
3 – Quel est l'emploi du temps de Gargantua ?
4 – Que lui interdisent ses précepteurs ?
5 – En quoi consiste l'éducation religieuse de Gargantua ?
6 – Expliquez les expressions : « quelque méchante demi-heure » (l. 27) et « son âme était en la cuisine » (l. 28).
7 – Quelles sont les principales préoccupations de Gargantua ?
8 – Relevez toutes les expressions appartenant à la langue du XVIe siècle.
9 – Repérez les effets comiques de cet extrait.

ACTIVITÉS DIVERSES, EXPRESSION ÉCRITE

1 – Recherchez la définition du mot *précepteur*. Que pensez-vous de l'éducation dispensée par un précepteur ? Quels en sont les avantages et les inconvénients ?
2 – Expliquez la notion d'*humanisme*. Rabelais vous paraît-il l'illustrer ?

« Quand Pantagruel fut né »

Badebec, femme du bon géant Gargantua, meurt en mettant au monde son fils Pantagruel. D'où le dilemme de Gargantua, partagé entre ses sentiments d'époux et de père.

Quand Pantagruel fut né, qui fut bien ébahi et perplexe ? Ce fut Gargantua, son père. Car, voyant d'un côté sa femme Badebec morte, et de l'autre son fils Pantagruel né, tant beau et tant grand, ne savait que dire ni que faire, et le doute qui troublait son entendement était à savoir s'il devait pleurer pour le deuil de sa femme ou rire pour la joie de son fils [...].

« Pleurerai-je ? disait-il. Oui, car pourquoi ? Ma tant bonne femme est morte, qui était la plus ceci, la plus cela, qui fût au monde. Jamais je ne la verrai, jamais je n'en recouvrerai une telle ; ce m'est une perte inestimable ! Ô mon Dieu, que t'avais-je fait pour ainsi me punir ? Que n'envoyas-tu la mort à moi premier[1] qu'à elle ? Car vivre sans elle ne m'est que languir. Ha, Badebec, ma mignonne, m'amie, mon petit con (toutefois elle en avait bien trois arpents et deux sexterées[2]), ma tendrette, ma braguette, ma savate, ma pantoufle, jamais je ne te verrai ! Ha, pauvre Pantagruel, tu as perdu ta bonne mère, ta douce nourrice, ta dame très aimée ! [...] »

Et ce disant, pleurait comme une vache ; mais tout soudain riait comme un veau, quand Pantagruel lui venait en mémoire.

« Ho, mon petit fils, disait-il, mon couillon, mon peton, que tu es joli, et tant je suis tenu à Dieu de ce qu'il m'a donné un si beau fils, tant joyeux, tant riant, tant joli ! Ho, ho, ho, ho ! que je suis aise ! Buvons, ho ! laissons toute mélancolie ! Apporte du meilleur[3], rince les verres, boute[4] la nappe, chasse ces chiens, souffle ce feu, allume la chandelle, ferme cette porte, taille ces soupes[5], envoie ces pauvres, baille-leur ce qu'ils demandent ! Tiens ma robe, que je me mette en pourpoint pour mieux festoyer les commères. »

Ce disant, ouït la litanie et les *Mementos*[6] des prêtres qui portaient sa femme en terre, dont laissa son bon propos, et tout soudain fut ravi ailleurs, disant :

« Seigneur Dieu, faut-il que je me contriste encore ? Cela me fâche ; je ne suis plus jeune, je deviens vieux, le temps est dangereux, je pourrais prendre quelque fièvre ; me voilà affolé. Foi de gentilhomme[7], il vaut mieux pleurer moins, et boire davantage ! Ma femme est morte, et bien, par Dieu ! *(da jurandi)*[8], je ne la ressusciterai pas par mes pleurs : elle est bien, elle est en paradis pour le moins, si mieux n'est[9] ; elle prie Dieu pour nous, elle est bien heureuse, elle ne se soucie plus de nos misères et calamités. Autant nous en pend à l'œil, Dieu garde le demeurant[10] ! Il me faut penser d'en trouver une autre. »

François Rabelais, *Gargantua,* 1542
(orthographe modernisée)

Compréhension et langue

1 – À quel *dilemme* Gargantua est-il confronté à la naissance de son fils ?
2 – Quels sont les termes de l'oraison funèbre de Badebec par son mari ?
3 – Quels sentiments celui-ci éprouvait-il pour elle ?
4 – Expliquez la comparaison : « pleurait comme une vache... riait comme un veau ».
5 – Quel effet de style apporte la succession d'impératifs (l. 21 à l. 26) ?
6 – Que signifie l'expression : « ouït la litanie » (l. 27) ?
7 – Comment Pantagruel est-il vu par son père ?

Activités diverses, expression écrite

1 – Quelle est la composition de ce passage ? Indiquez son plan.
2 – Que pensez-vous de la dernière pensée de Gargantua sur sa femme morte ? Qu'y a-t-il de comique dans la dernière phrase ? En quoi résume-t-elle la pensée de Rabelais ?

1. *Avant.*
2. *Surface de terre demandant un « setier » (156 litres) de semence.*
3. *Du meilleur vin (s'adresse à un valet).*
4. *Mets.*
5. *Morceaux de pain qu'on trempe dans la soupe.*
6. *Du latin : « Souviens-toi » ; prières des morts.*
7. *Juron qu'affectionnait François Ier.*
8. *« Permets-moi de jurer » ; formule d'excuse.*
9. *Si ce n'est mieux.*
10. *Celui qui reste.*

« Je vis, je meurs »

Louise Labé (v. 1524-1566), surnommée « la Belle Cordière » (son père et son mari étaient artisans cordiers), était fort cultivée (elle avait appris le latin, l'italien, l'espagnol, la musique...). Elle a été l'une des principales animatrices de la vie mondaine et culturelle de Lyon, sa ville natale, où la vie intellectuelle, marquée par l'influence italienne, était alors particulièrement brillante. La publication du volume de ses *Œuvres*, en 1555, a été un événement littéraire.

Très brève (3 élégies et 25 sonnets), l'œuvre poétique de Louise Labé a parfois été lue – à tort – comme une confession directement autobiographique. Pour brûlants et passionnés qu'ils soient, ses poèmes sont d'abord des textes qui jouent sur la rhétorique amoureuse traditionnelle (notamment celle, si admirée, du poète italien Pétrarque), pour la retourner sans doute vers l'expression d'une sensibilité féminine et revendiquer pour un sujet féminin la maîtrise de la « fureur poétique ».
Ce sonnet, le septième du recueil, reprend, pour dire les contradictions de l'amour, la forme du développement antithétique, caractéristique de l'esthétique pétrarquiste.

Je vis, je meurs : je me brûle et me noie.
J'ai chaud extrême en endurant froidure :
La vie[1] m'est et trop molle et trop dure.
J'ai grands ennuis[2] entremêlés de joie :

Tout à un coup[3] je ris et je larmoie,
Et en plaisir maint grief[4] tourment j'endure ;
Mon bien[5] s'en va, et à jamais il dure ;
Tout en un coup je sèche et je verdoie.

Ainsi Amour inconstamment[6] me mène ;
Et, quand je pense avoir plus de douleur,
Sans y penser je me trouve hors de peine.

Puis, quand je crois ma joie être certaine,
Et être au haut de mon désiré heur[7],
Il me remet en mon premier malheur.

Louise Labé, *Œuvres*, 1555
(orthographe modernisée)

COMPRÉHENSION ET LANGUE

1 – Quelles sont les oppositions du vers 1 ?
2 – Relevez l'ensemble des oppositions du poème.
3 – Quel est le thème général de ce sonnet ?
4 – Quels sentiments exprime-t-il ?
5 – Expliquez le dernier vers.

ACTIVITÉS DIVERSES, EXPRESSION ÉCRITE

1 – Le *sonnet* est une forme poétique fixe : à quelles règles obéit-il ?
2 – En quoi peut-on qualifier ce poème de *féministe ?*
3 – Recherchez la définition du mot *antithèse*. Cette figure de rhétorique est-elle fréquente dans la poésie du XVIe siècle ?

1. Le e *muet doit se prononcer, sinon le vers serait faux. – 2. Tourments. – 3. En même temps. – 4. Grave. – 5. Mon bonheur. – 6. Sans constance. – 7. Bonheur.*

FRANCE

JOACHIM DU BELLAY

Joachim du Bellay (1522-1560), qui appartenait à la branche pauvre d'une famille illustre, étudia avec Ronsard auprès des grands maîtres parisiens de l'humanisme. Sa *Défense et illustration de la langue française*, 1549, devient le manifeste du groupe des poètes de la Pléiade. Il accompagne à Rome, en 1553, son cousin, le cardinal (et diplomate) Jean du Bellay. À son retour en France, il publie les poèmes écrits pendant son exil romain : les *Antiquités de Rome*, les *Regrets* et les *Jeux rustiques*.

XVIe siècle

« Heureux qui comme Ulysse »

Si les Antiquités de Rome *disent la fascination pour la grandeur de la Rome antique et l'émotion devant les ruines qui en subsistent, les* Regrets *sont comme le « journal poétique » du séjour romain de Du Bellay : il y fait d'abord la satire des mœurs romaines et de la cour du pape, puis il chante sa lassitude d'exilé et son regret mélancolique du pays natal...*

Heureux qui, comme Ulysse[1], a fait un beau voyage,
Ou comme cestui-là[2] qui conquit la Toison,
Et puis est retourné, plein d'usage[3] et raison,
Vivre entre ses parents[4] le reste de son âge !

Quand reverrai-je, hélas, de mon petit village
Fumer la cheminée, et en quelle saison
Reverrai-je le clos[5] de ma pauvre maison,
Qui m'est une province[6], et beaucoup davantage ?

Plus me plaît le séjour qu'ont bâti mes aïeux
Que des palais romains le front[7] audacieux ;
Plus que le marbre dur me plaît l'ardoise[8] fine,

Plus mon[9] Loire gaulois, que le Tibre latin,
Plus mon petit Liré[10], que le mont Palatin[11],
Et plus que l'air marin[12] la douceur angevine.

Joachim du Bellay, *Regrets*, 1558, sonnet XXXI
(orthographe modernisée)

*1. Héros grec, qui, après la guerre de Troie, erra dix ans avant de revenir dans sa patrie. Ses voyages forment le sujet de l'*Odyssée *d'Homère.*
2. = celui-là ; il s'agit de Jason, le chef des Argonautes, qui partit conquérir la Toison d'or.
3. Expérience.
4. Dans sa famille.
5. Jardin entouré de haies ou de murs.
6. Tout un pays.
7. Façade.
8. L'ardoise d'Anjou, très réputée pour la couverture des maisons.
9. Du Bellay donne à la Loire le genre masculin, comme dans le nom latin de ce fleuve (Liger).
10. Village natal de Du Bellay.
11. Une des sept collines de Rome, sur laquelle les empereurs romains avaient bâti leurs palais.
12. L'air de la mer, dont Rome n'est qu'à une vingtaine de kilomètres, mais qui peut évoquer aussi l'errance maritime à la manière d'Ulysse.

COMPRÉHENSION ET LANGUE

1 – Étudiez les allusions à l'Antiquité dans le premier quatrain. Par opposition, comment le village natal du poète apparaît-il ?
2 – Relevez le champ lexical de « petit village ».
3 – Quelle comparaison les deux tercets développent-ils ?
4 – Pensez-vous, comme du Bellay, que l'on puisse avoir la nostalgie de son pays natal ? Rédigez un paragraphe dans lequel vous donnerez votre avis personnel.

FRANCE

PIERRE DE

Pierre de Ronsard (1524-1585), né près de Vendôme, écarté par la surdité de la carrière des armes, passionné de littérature grecque et latine, devient le chef incontesté de la Pléiade. Dès la parution de ses *Odes* de 1550-1552, il est considéré comme le plus important des poètes nouveaux. Il publie dans tous les genres : poésie lyrique (*les Amours,* 1552-1553 ; *Sonnets pour Hélène,* 1578), inspiration philosophique (*Hymnes,* 1555), poésie engagée (*Discours des misères de ce temps,* 1562), épopée (*la Franciade,* 1572). Il incarne, dans sa poésie puissante et multiforme, toute la vitalité gourmande de la Renaissance.

*XVI*e *siècle*

« Comme on voit sur la branche »

Ronsard a dédié ses poèmes amoureux à plusieurs figures féminines (Cassandre, Marie, Hélène...), en qui l'on peut reconnaître des femmes aimées par le poète, des maîtresses de grands personnages, auxquels Ronsard prête sa plume, ou même des êtres de fiction, empruntés à la mythologie ou à la légende.
Ce sonnet à Marie, *publié pour la première fois en 1578, mêle probablement l'image de Marie de Clèves, aimée du roi Henri III et morte à vingt et un ans, et le souvenir de Marie l'Angevine, chantée dans les* Amours *de 1556.*

Comme on voit sur la branche au mois de mai la rose
En sa belle jeunesse, en sa première fleur,
Rendre le ciel jaloux de sa vive couleur,
Quand l'aube de ses pleurs au point du jour l'arrose ;

La Grâce dans sa feuille[1], et l'Amour se repose,
Embaumant les jardins et les arbres d'odeur ;
Mais, battue ou de pluie ou d'excessive ardeur[2],
Languissante elle meurt, feuille à feuille déclose[3].

Ainsi en ta première et jeune nouveauté,
Quand la Terre et le Ciel honoraient ta beauté,
La Parque[4] t'a tuée, et cendre tu reposes.

Pour obsèques reçois mes larmes et mes pleurs ;
Ce vase plein de lait, ce panier plein de fleurs,
Afin que vif[5] et mort ton corps ne soit que roses.

Pierre de Ronsard, *Second Livre des amours,* 1578
(orthographe modernisée)

1. Dans ses pétales.
2. Chaleur.
3. Ouverte.
4. Les trois Parques, déesses du destin dans la mythologie gréco-romaine, tissaient la trame de la vie des hommes. L'une d'elles, Atropos, coupait le fil symbolisant cette vie.
5. Vivant.

COMPRÉHENSION ET LANGUE

1 – Quel est le rapport entre la rose et la femme aimée ?
2 – Dans le vers 1, pourquoi le poète a-t-il placé le mot « rose » à la fin ?
3 – Comment la fleur est-elle décrite ?
4 – Relevez les termes qui qualifient la rose jusqu'au moment de son déclin.
5 – Expliquez les vers 7 et 8.
6 – Pourquoi la Terre et le Ciel comportent-ils une majuscule ?
7 – Quels sont les sentiments apparents de Ronsard dans le dernier tercet ?

ACTIVITÉS DIVERSES, EXPRESSION ÉCRITE

1 – Étudiez la versification : rimes, sonorités, accentuation, découpage et longueur des vers de ce poème.
2 – Quel est le ton général de ce sonnet ?
3 – Qu'appelle-t-on une *élégie* ? une *consolation* ?

FRANCE

MICHEL DE MONTAIGNE

Michel de Montaigne (1533-1592), qui a d'abord fait une carrière d'homme public, comme conseiller au parlement de Bordeaux, se retire, après la mort de son père, dans son château de Montaigne (1571). Il lit, écrit et prend des notes pour se peindre lui-même et ses amis. Il publie, en 1580, une première édition de ses *Essais*. Il entreprend alors un voyage à travers l'Europe, jusqu'en Italie, d'où on le rappelle car on l'a élu maire de Bordeaux. Il exerce cette fonction de 1581 à 1585. La peste le fait se réfugier dans son domaine, où il prépare une deuxième édition des *Essais,* en 1588. Il les remanie encore : on a retrouvé un exemplaire (conservé à la bibliothèque de Bordeaux) annoté de sa main. Les *Essais* forment un livre expérimental, ouvert, toujours en mouvement, pour saisir, au-delà du portrait d'un homme, le dynamisme même de la pensée.

« S'il fait laid à droite, je prends à gauche »

Le chapitre « De la vanité » (neuvième du livre III) a été rédigé vers 1586-1588. Dans sa composition nonchalante et volontiers désordonnée, il est typique de la manière de Montaigne. Il traite d'un sujet qui lui est cher : comment voyager ? « Le voyager me semble un exercice profitable. L'âme y a une continuelle exercitation [= un continuel entraînement] à remarquer les choses inconnues et nouvelles ; et je ne sache point meilleure école, comme j'ai dit souvent, à former la vie que de lui proposer incessamment [= sans cesse] la diversité de tant d'autres vies, fantaisies et usances, et lui faire goûter une si perpétuelle variété de formes de notre nature. »
À partir de son exemple personnel, Montaigne s'interroge sur les plaisirs et l'utilité qu'apportent les voyages.

Et puis, c'est à faire à ceux que les affaires entraînent en plein hiver par les Grisons[1] d'être surpris en chemin en cette extrémité. [...] S'il fait laid à droite, je prends à gauche ; si je me trouve mal propre à monter à cheval, je m'arrête. Et faisant ainsi, je ne vois à la vérité rien qui ne soit aussi plaisant et commode que ma maison. Il est vrai que je trouve la superfluité toujours superflue, et remarque de l'empêchement[2] en la délicatesse[3] même et en l'abondance. Ai-je laissé quelque chose à voir derrière moi ? J'y retourne ; c'est toujours mon chemin. Je ne trace aucune ligne certaine, ni droite ni courbe. Ne trouvé-je point où je vais ce qu'on m'avait dit ? Comme il advient souvent que les jugements d'autrui ne s'accordent pas aux miens, et les[4] ai trouvés plus[5] souvent faux, je ne plains[6] pas ma peine : j'ai appris que ce qu'on disait n'y est point.

J'ai la complexion du corps libre et le goût commun autant qu'homme du monde. La diversité des façons d'une nation à autre ne me touche que par le plaisir de la variété. Chaque usage a sa raison. Soient des assiettes d'étain, de bois, de terre, bouilli ou rôti, beurre ou huile de noix ou d'olive, chaud ou froid, tout m'est un[7], et si un que, vieillissant, j'accuse cette généreuse faculté, et aurais besoin que la délicatesse et le choix arrêtât l'indiscrétion[8] de mon appétit et parfois soulageât mon estomac. Quand j'ai été ailleurs qu'en France et que, pour me faire courtoisie, on m'a demandé si je voulais être servi à la française, je m'en suis moqué et me suis toujours jeté aux tables les plus épaisses d'étrangers.

J'ai honte de voir nos hommes[9] enivrés de cette sotte humeur de s'effaroucher des formes contraires aux leurs : il leur semble être hors de leur élément quand ils sont hors de leur village. Où qu'ils aillent, ils se tiennent à leurs façons et abominent les étrangères. Retrouvent-ils un compatriote en Hongrie, ils festoient cette aventure : les voilà à se rallier et à se recoudre ensemble, à condamner tant de mœurs barbares qu'ils voient. Pourquoi non barbares[10], puisqu'elles ne sont françaises ? Encore sont-ce les plus habiles qui les ont reconnues, pour en médire.

La plupart ne prennent l'aller que pour le venir[11]. Ils voyagent couverts et resserrés d'une prudence taciturne et incommunicable, se défendant de la contagion d'un air inconnu.

Ce que je dis de ceux-là me ramentoit[12], en chose semblable, ce que j'ai parfois aperçu en aucuns[13] de nos jeunes courtisans. Ils ne tiennent[14] qu'aux hommes de leur sorte, nous regardent comme gens de l'autre monde, avec dédain ou pitié. Ôtez-leur les entretiens des mystères de la cour, ils sont hors de leur gibier, aussi neufs pour nous et malhabiles comme nous sommes à eux. On dit bien vrai qu'un honnête homme c'est un homme mêlé.

Au rebours[15], je pérégrine[16] très saoul[17] de nos façons, non pour chercher des Gascons en Sicile (j'en ai assez laissé au logis) ; je cherche des Grecs plutôt, et des Persans : j'accointe[18] ceux-là, je les considère ; c'est là où je me prête et où je m'emploie. Et qui plus est, il me semble que je n'ai rencontré guère de manières qui ne vaillent les nôtres. Je couche de peu[19], car à peine ai-je perdu mes girouettes de vue.

Michel de Montaigne, *Essais,* 1588
(orthographe modernisée)

COMPRÉHENSION ET LANGUE

1 – Expliquez l'expression : « la superfluité toujours superflue » (l. 6).

2 – Pourquoi Montaigne préfère-t-il sa maison (l. 5) ?

3 – Quelle est sa conception du voyage (l. 2 à l. 13) ?

4 – Qu'est-ce qui attire Montaigne dans le « plaisir de la variété » (l. 16) ?

5 – Pourquoi Montaigne prétend-il avoir honte (l. 25) ?

6 – Que critique-t-il chez certains voyageurs ?

7 – Justifiez l'idée du dernier paragraphe.

ACTIVITÉS DIVERSES, EXPRESSION ÉCRITE

1 – Rédigez un court essai dans lequel vous donnerez les raisons pour lesquelles vous aimez ou non voyager.
Donnez des exemples précis.

2 – Les idées de Montaigne vous semblent-elles toujours d'actualité ? Pourquoi ?

***1.** Canton suisse, très montagneux (donc au climat rigoureux en hiver), qui formait autrefois l'une des principales voies de passage vers l'Italie. – **2.** Embarras. – **3.** Raffinement. – **4.** = et que je les. – **5.** = le plus. – **6.** Regrette. – **7.** Égal. – **8.** Manque de discernement. – **9.** Compatriotes. – **10.** = Pourquoi ne seraient-elles pas barbares ? (Avec une nuance ironique.) – **11.** Ne partent que pour revenir. – **12.** Rappelait à l'esprit. – **13.** Quelques-uns. – **14.** S'attachent. – **15.** Au contraire. – **16.** Voyage. – **17.** Rassasié, fatigué. – **18.** Fréquente. – **19.** Je ne m'avance guère.*

XVIe siècle

« Voilà un exemple de la balbutie de cette enfance »

Montaigne a consacré deux chapitres (I, XXXI, « Des cannibales » ; III, VI, « Des coches ») et de nombreux passages isolés aux problèmes posés par la rencontre des peuples alors inconnus de l'Amérique. Sa réflexion l'amène à se poser quelques questions fondamentales : sur la différence entre « sauvages » et Européens ; sur la supériorité de la « civilisation » sur la « sauvagerie » ; sur la légitimité de la conquête...
Montaigne reprend le lieu commun du « primitivisme » des Indiens d'Amérique : « Notre monde vient d'en trouver un autre [...] si nouveau et si enfant qu'on lui apprend encore son a, b, c... » Mais c'est pour aussitôt mettre en valeur la sagesse de ces prétendus enfants.

En côtoyant[1] la mer à la quête de leurs mines, aucuns[2] Espagnols prirent terre en une contrée fertile et plaisante, fort habitée, et firent à ce peuple leurs remontrances[3] accoutumées : « Qu'ils étaient gens paisibles, venant de lointains voyages, envoyés de la part du roi de Castille, le plus grand prince de la terre habitable, auquel le pape, représentant Dieu en terre, avait donné la principauté de toutes les Indes ; que, s'ils voulaient lui être tributaires, ils seraient très bénignement[4] traités ; leur demandaient des vivres pour leur nourriture et de l'or pour le besoin de quelque médecine ; leur remontraient[5] au demeurant la créance d'un[6] seul Dieu et la vérité de notre religion, laquelle ils leur conseillaient d'accepter », y ajoutant quelques menaces.

La réponse fut telle : « Que, quant à être paisibles, ils n'en portaient pas la mine, s'ils l'étaient ; quant à leur roi, puisqu'il demandait, il devait être indigent et nécessiteux ; et celui qui lui avait fait cette distribution[7], homme aimant dissension, d'aller donner à un tiers chose qui n'était pas sienne, pour le mettre en débat contre les anciens possesseurs ; quant aux vivres, qu'ils leur en fourniraient ; d'or, ils en avaient peu, et que c'était chose qu'ils mettaient en nulle estime, d'autant qu'elle était inutile au service de leur vie, là où[8] tout leur soin regardait[9] seulement à la passer heureusement et plaisamment ; pourtant ce qu'ils en pourraient trouver, sauf ce qui était employé au service de leurs dieux, qu'ils le prissent hardiment ; quant à un seul Dieu, le discours leur en avait plu, mais qu'ils ne voulaient changer leur religion, s'en étant si utilement servis si longtemps, et qu'ils n'avaient accoutumé prendre conseil que de leurs amis et connaissants ; quant aux menaces, c'était signe de faute de jugement d'aller menaçant ceux desquels la nature et les moyens étaient inconnus ; ainsi qu'ils se dépêchassent promptement de vider[10] leur terre, car ils n'étaient pas accoutumés de prendre en bonne part les honnêtetés et remontrances de gens armés et étrangers ; autrement, qu'on ferait d'eux comme de ces autres », leur montrant les têtes d'aucuns hommes justiciés[11] autour de leur ville. Voilà un exemple de la balbutie de cette enfance[12].

Michel de Montaigne, *Essais*, 1588 (orthographe modernisée)

COMPRÉHENSION ET LANGUE

1 – Comment est caractérisée la nouvelle contrée ?
2 – Quel est le premier discours des Espagnols débarquant dans ce monde sauvage ?
3 – Expliquez : « y ajoutant quelques menaces » (l. 11).
4 – Étudiez chacune des réponses des indigènes.
5 – Pourquoi ne souhaitent-ils pas renoncer à leurs dieux ?
6 – Quelles conclusions pouvez-vous tirer du style de vie de ces « sauvages » ?
7 – Quel sort réservent-ils aux « gens armés et étrangers » (l. 29) ?
8 – Quel est le sens de la dernière phrase ?

ACTIVITÉS DIVERSES, EXPRESSION ÉCRITE

1 – Étudiez la différence de ton entre les deux paragraphes.
2 – Recherchez d'autres textes, comparables à celui de Montaigne, susceptibles d'illustrer la notion de *relativisme culturel.*

***1.** En longeant les côtes.*
***2.** Quelques.*
***3.** Explications.*
***4.** Avec bienveillance.*
***5.** Expliquaient.*
***6.** Croyance en.*
***7.** Le pape (qui avait donné la principauté de toutes les Indes au roi de Castille).*
***8.** Alors que.*
***9.** Visait.*
***10.** Quitter.*
***11.** Exécutés.*
***12.** Balbutiements de ces enfants.*

« Nous vîmes lesdits sauvages »

Le 7 juillet 1534, au fond de la baie de Chaleur, Jacques Cartier entre en contact avec des Indiens Micmacs. Rendant compte du premier échange commercial avec les Amérindiens du Canada, la relation du voyage de Cartier traduit aussi l'émerveillement du voyageur devant le monde nouveau où il aborde.

Et faisant notre chemin le long de la côte, [nous] vîmes lesdits sauvages[1] sur l'orée d'un étang et basses terres, lesquels faisaient plusieurs feux et fumées. Nous allâmes audit lieu et trouvâmes qu'il lui avait[2] une entrée de mer, qui entrait audit étang, et mîmes nosdites barques d'un côté de ladite entrée. Lesdits sauvages passèrent avec une de leurs barques et nous apportèrent des pièces de loup-marin[3], tout cuit, qu'ils mirent sur des pièces de bois ; et puis se retirèrent, nous faisant signe qu'ils les nous donnaient. Nous envoyâmes deux hommes à terre avec des hachots[4] et couteaux, patenôtres[5] et autre marchandie de quoi ils démenèrent[6] grande joie. Et incontinent[7] passèrent à la foule[8] avec leursdites barques, du côté où nous étions, avec peaux et ce qu'ils avaient, pour avoir de notre marchandie ; et étaient en nombre, tant hommes, femmes que enfants, plus de trois cents, dont partie de leurs femmes, qui ne passèrent, dansaient et chantaient, étantes en la mer jusques aux genoux. Les autres femmes, qui étaient passées de l'autre côté où nous étions, vinrent franchement à nous et nous frottaient les bras avec leurs mains, et puis levaient les mains jointes au ciel, en faisant plusieurs signes de joie ; et tellement se assurèrent avec nous, que enfin marchandâmes main à main avec eux, de tout ce qu'ils avaient, de sorte qu'il ne leur restait autre chose que les nus corps, pource qu'ils nous donnèrent tout ce qu'ils avaient, qui est chose de peu de valeur. Nous connûmes que ce sont gens qui seraient faciles à convertir, qui vont de lieu en autre, vivant et prenant du poisson, au temps de pêcherie, pour vivre. Leur terre est en chaleur plus tempérée que la terre d'Espagne et la plus belle qu'il soit possible de voir et aussi unie que un étang.

Jacques Cartier, *Voyages de Jacques Cartier au Canada,* 1534

Jacques Cartier (1491-1557), navigateur originaire de Saint-Malo, chargé par François Ier de reconnaître au-delà de Terre-Neuve un passage vers l'Asie, découvre le golfe du Saint-Laurent en 1534. Un deuxième voyage, en 1535-1536, lui permet de remonter le fleuve jusqu'au site de l'actuel Montréal. « Le découvreur du Canada » accomplit un troisième voyage en 1541. Il a laissé de remarquables relations de ses voyages.

1. *Les Indiens.* – ***2.*** *Qu'il y avait.* – ***3.*** *Poisson.* – ***4.*** *Haches.* – ***5.*** *Chapelets.*
6. *Manifestèrent.* – ***7.*** *Aussitôt.* – ***8.*** *En foule.*

Les Libraires de la Galerie du Palais, par Abraham Bosse.

XVIIe siècle

« Surtout qu'en vos écrits la langue révérée
Dans vos plus grands excès vous soit toujours sacrée…
Sans la langue, en un mot, l'auteur le plus divin
Est toujours, quoi qu'il fasse, un méchant écrivain. »

Boileau,* Art poétique, *1674

Présentation du XVIIe siècle

Pour la postérité, et pour Voltaire en premier, qui a popularisé la formule, le XVIIe siècle est le « siècle de Louis XIV », c'est-à-dire le siècle de l'ordre classique. Mais l'image est sûrement réductrice, car ce siècle est parcouru de mouvements contradictoires. Il a d'abord été attiré par le *baroque,* son irrégularité, son goût des lignes fluides et ondoyantes. Il se discipline ensuite selon les règles du *classicisme.* Mais il reste partagé entre la fascination pour la perfection arrêtée des Anciens et la séduction moderne du progrès.

Boileau, qui incarne l'idée même de régularité classique (on l'a présenté comme le « législateur du Parnasse », celui qui édicte les règles que doivent observer poètes et écrivains), est le défenseur outragé des Anciens contre les Modernes, mais il est en même temps parfaitement moderne par l'esprit rationaliste, cartésien, qui l'habite.

Un double idéal humain anime l'époque : celui du « généreux », au tempérament héroïque, épris de gloire et de grandeur, se fiant à sa libre inspiration et prêt à tous les nobles dépassements, puis avec le règne personnel de Louis XIV celui de l'« honnête homme », moins assuré de sa puissance et de sa liberté, mais accordé à l'ordre social et soumis à l'universalité de la raison ; l'honnête homme ne vise qu'à réaliser son être dans le cadre social qui est le sien et à manifester la justesse de son goût.

Le baroque

La notion de « baroque », empruntée à l'histoire de l'art, permet d'unifier des tendances qui caractérisent une longue période de la culture européenne (de 1560 à 1760 environ). Elle permet de réhabiliter des écrivains ou des artistes que le préjugé de la perfection classique avait eu tendance à mésestimer ou occulter. Le mouvement fondamental du baroque le porte à développer l'exubérance de l'imagination et du style. En littérature, la sensibilité baroque se traduit par le plaisir du changement : tout se transforme dans un grand flux de métamorphoses ; impossible de saisir une essence derrière le miroitement des masques et des travestissements ; l'illusion des apparences interdit d'atteindre quelque vérité ; rêve et réalité échangent leurs séductions ; « la vie est un songe », et sans doute un théâtre ; le décoratif devient l'essentiel. La surprise, la fantaisie, la multiplicité, l'arabesque, le détour, l'artifice, le foisonnement forment les ressorts de l'esthétique baroque.

Malherbe en sa première manière, Théophile de Viau, Saint-Amant, le jeune Corneille, les « précieux », les romanciers du début du siècle participent de ce baroque français.

Le classicisme

L'esthétique classique s'est sans doute formée en réaction contre le baroque, dans une aspiration à la discipline, à l'ordre, à la régularité. Théoriciens et créateurs ont défini, souvent *a posteriori,* une doctrine classique qui s'applique plus particulièrement à la production littéraire des années 1660-1685 – la période la plus rayonnante du règne du Roi-Soleil.

Le classicisme se fonde d'abord sur un rationalisme : on aime raisonner, examiner, critiquer, analyser ; il n'est rien qu'on ne soumette à cette exigence intellectuelle ; toutes les passions, tous les troubles de l'être sont disséqués par l'esprit d'examen. S'inaugure ainsi une tradition d'analyse psychologique qui formera une composante essentielle de la littérature française.

La raison, qui est universelle, conduit à préférer l'impersonnel et l'éternel. On négligera donc la multiplicité des accidents, le pittoresque des individuations, au profit de la réalité supérieure des essences. Sur le plan littéraire, cela entraîne une nécessaire idéalisation : il faut épurer, rendre typique, pour accéder à la vérité significative. D'où l'importance de la notion de vraisemblable, car « le vrai peut quelquefois n'être pas vraisemblable » (Boileau). Si le vrai est parfois monstrueux et incroyable, le vraisemblable, lui, se conforme à l'attente de la raison.

Les règles permettent de codifier les consignes de la raison. Elles invitent à imiter la nature (le mot désigne ce qui est naturel, ce qui se voit tous les jours). Certaines règles s'appliquent à tous les genres littéraires : la vraisemblance, la bienséance (c'est-à-dire l'adéquation de l'œuvre à son sujet, à son public, à son environnement). Mais chaque genre a ses règles propres : c'est ainsi que les théoriciens du théâtre développent la théorie des trois unités (cf. p. 35).

La raison garantit qu'il ne saurait y avoir de conflit entre l'art et la morale : loin de se contraindre à des simplifications platement moralisatrices, l'art se conçoit comme un facteur de raffinement des mœurs. Les écrivains de l'Antiquité ayant été les premiers à suivre les lois de la raison dans leur idéal d'harmonie et de sagesse, il faut s'appliquer à les imiter de manière nuancée et créatrice.

Dès l'époque de Richelieu, les idées classiques apparaissent avec Malherbe, Guez de Balzac et surtout Descartes, qui fonde le rationalisme philosophique. Sous

Mazarin, Corneille donne le premier modèle de la tragédie classique. Puis la « génération de 1660 » (Pascal, Molière, La Fontaine, Mme de Sévigné) accompagne de son éclat littéraire les premières grandes réussites du règne. Le classicisme trouve son apogée avec la génération qui s'installe à Versailles avec la cour (Racine, Boileau, Mme de La Fayette).

Tendances nouvelles

La Bruyère et Fénelon, à la fin du siècle, témoignent d'une évolution des mentalités. Un esprit plus frondeur, volontiers ironique, se répand, annonçant la critique des philosophes. Le rationalisme se monnaie en scepticisme. L'ouverture de la France à des influences étrangères prépare une nouvelle vision du monde : leçons de réalisme données par les philosophes anglais ; modèle de pensée critique apporté par la Hollande protestante ; principe de relativité découvert dans les récits des voyageurs en Amérique, en Chine, en Turquie, en Perse, aux Indes.

La « Querelle des Anciens et des Modernes », amplifiée par des conflits de personnes, porte essentiellement sur l'idée de progrès. Faut-il donner définitivement la palme de l'excellence aux Anciens, ou bien peut-on penser que les Modernes leur sont supérieurs ? Parmi tous les épisodes de la querelle, l'un est particulièrement significatif, car il oppose à nouveau les laudateurs du latin et les partisans du français : c'est l'affaire des « inscriptions » (1676-1677), qui porte sur la langue à employer pour les inscriptions officielles sur les monuments. On trancha en faveur du français, dont l'excellence était désormais reconnue.

À la fin du règne, la Querelle tourne à l'avantage des Modernes. Leur point de vue n'est plus guère discuté : le siècle de Louis XIV paraît bien l'emporter sur ceux de Périclès et d'Auguste.

Principes de l'esthétique classique

L'*Art poétique* de Boileau, publié en 1674, expose, à l'intention du public cultivé du temps, les idées littéraires qui sous-tendent les grandes œuvres de la période classique. Rien de très original, mais la fermeté et l'élégance de la versification assurent à l'ouvrage un grand succès. La postérité y a longtemps lu un code esthétique intangible. On mesure mieux aujourd'hui les limites, mais aussi les mérites de l'œuvre, qui reste un remarquable miroir de l'esthétique classique.

L'inspiration soumise à la raison

Quelque sujet qu'on traite, ou plaisant ou sublime,
Que toujours le bon sens s'accorde avec la rime :
L'un l'autre vainement ils semblent se haïr,
La rime est une esclave et ne doit qu'obéir.
Lorsqu'à la bien chercher d'abord on s'évertue,
L'esprit à la trouver aisément s'habitue ;
Au joug de la raison sans peine elle fléchit ;
Et loin de la gêner, la sert et l'enrichit.
Mais lorsqu'on la néglige, elle devient rebelle ;
Et pour la rattraper le sens court après elle.
Aimez donc la raison. Que toujours vos écrits
Empruntent d'elle seule et leur lustre et leur prix.

(Chant I)

Une versification rigoureuse

N'offrez rien au lecteur que ce qui peut lui plaire.
Ayez pour la cadence une oreille sévère.
Que toujours dans vos vers, le sens coupant les mots,
Suspende l'hémistiche, en marque le repos.
Gardez qu'une voyelle, à courir trop hâtée,
Ne soit d'une voyelle en son chemin heurtée.
Il est un heureux choix de mots harmonieux.
Fuyez des mauvais sons le concours odieux :
Le vers le mieux rempli, la plus noble pensée
Ne peut plaire à l'esprit, quand l'oreille est blessée.

(Chant I)

« Jamais de la nature il ne faut s'écarter »

Que la nature donc soit votre étude unique,
Auteurs qui prétendez aux honneurs du comique.
Quiconque voit bien l'homme et d'un esprit profond,
De tant de cœurs cachés a pénétré le fond,
Qui sait bien ce que c'est qu'un prodigue, un avare,
Un honnête homme, un fat, un jaloux, un bizarre,
Sur une scène heureuse il peut les étaler,
Et les faire à nos yeux vivre, agir et parler.

(Chant III)

Le vraisemblable contre le vrai ?

Jamais au spectateur n'offrez rien d'incroyable :
Le vrai peut quelquefois n'être pas vraisemblable.
Une merveille absurde est pour moi sans appas :
L'esprit n'est point ému de ce qu'il ne croit pas.

(Chant III)

Les événements

1610	Assassinat d'Henri IV Avènement de Louis XIII Régence de Marie de Médicis
1617	Assassinat de Concini Règne personnel de Louis XIII
1618-1648	Guerre de Trente Ans
1624-1642	Ministère de Richelieu
1628	Siège de La Rochelle
1643	Mort de Louis XIII Avènement de Louis XIV Régence d'Anne d'Autriche
1643-1661	Ministère de Mazarin
1648-1652	La Fronde
1659	Paix des Pyrénées qui met fin à la guerre franco-espagnole
1661	Règne personnel de Louis XIV
1661-1683	Ministère de Colbert
1667	Guerre de Dévolution
1668	Traité d'Aix-la-Chapelle
1672-1678	Guerre de Hollande
1678	Paix de Nimègue, qui marque l'apogée de la puissance française en Europe
1682	La Cour s'installe à Versailles
1685	Révocation de l'édit de Nantes
1686	Guerre de la Ligue d'Augsbourg
1701-1713	Guerre de la succession d'Espagne
1702-1703	Révolte des camisards dans les Cévennes
1713	Traité d'Utrecht, qui consacre la prééminence anglaise outre-mer
1715	Mort de Louis XIV

Vie littéraire & philosophique

1607-1627	Honoré d'Urfé, *l'Astrée*
1608	Réforme de Port-Royal Début du salon de l'hôtel de Rambouillet
1630-1645	Apogée de l'hôtel de Rambouillet
1635	Fondation de l'Académie française
1636	Corneille, *le Cid*
1637	Descartes, *Discours de la méthode*
1640	Corneille, *Horace*
1643	Corneille, *Polyeucte*
1647	Vaugelas, *Remarques sur la langue française*
1656-1657	Pascal, *Provinciales*
1659	Molière, *les Précieuses ridicules*
1664	Molière, *Tartuffe* La Rochefoucauld, *Maximes*
1666	Boileau, *Satires* Molière, *le Misanthrope*
1667	Racine, *Andromaque*
1668	La Fontaine, *Fables* (livres I à VI)
1669	Racine, *Britannicus*
1670	Bossuet, *Oraison funèbre d'Henriette d'Angleterre* Première édition (posthume) des *Pensées* de Pascal
1671	Mme de Sévigné, premières *Lettres* à sa fille
1672	Molière, *les Femmes savantes*
1674	Boileau, *Art poétique*
1677	Racine, *Phèdre*
1678	La Fontaine, *Fables* (livres VII à XII) Mme de La Fayette, *la Princesse de Clèves*
1685	Début de la Querelle des Anciens et des Modernes
1688	La Bruyère, *Caractères*
1691	Racine, *Athalie*
1695-1699	Fénelon, *Télémaque*

Vie artistique

1605-1612	Construction de la place Royale (place des Vosges) de Paris
1607	Monteverdi, *Orfeo*
1611-1614	Rubens, *le Jugement dernier*
1615-1621	Construction du palais du Luxembourg de Paris
1624-1632	Le Versailles de Louis XIII
1630	Jacques Callot, *les Misères de la guerre*
1632	Rembrandt, *la Leçon d'anatomie*
1640	Georges de La Tour, *le Tricheur à l'as de carreau*
1642	Le Nain, *Famille de paysans*
1645-1665	Construction du Val-de-Grâce par Mansart et Lemercier
1656	Vélasquez, *les Ménines*
1661-1670	Agrandissement de Versailles par Le Vau et Le Nôtre
1664	Poussin, *les Quatre Saisons*
1665	Colonnade de Saint-Pierre à Rome Vermeer de Delft, *la Dentellière*
1666	La colonnade du Louvre par Claude Perrault
1670-1676	Hôtel des Invalides par Bruant
1673	Premier opéra de Quinault et Lully
1678-1684	Le Versailles de Mansart (construction de la galerie des Glaces)
1680	Purcell, *Didon et Énée*
1686	Lully, *Armide*
1692	Le Nain, *la Réunion de famille*
1698	Musique religieuse de Marc-Antoine Charpentier

Inventions & découvertes

1605	Formulation des lois de Kepler
1609	Galilée met au point sa lunette astronomique
1614	Le mathématicien Neper découvre les logarithmes
1620	Francis Bacon, *Nouvel Organon*
1628	Harvey découvre la circulation sanguine
1632	Galilée, *Dialogue sur les deux principaux systèmes du monde*
1642	Pascal met au point une machine à calculer
1643	Expériences de Torricelli qui aboutissent à l'invention du baromètre
v. 1650	Van Leeuwenhoek construit le premier microscope
1654	Pascal et Fermat développent le calcul des probabilités
1665	Fondation du *Journal des savants*
1666	Fondation de l'Académie des sciences
1667	Fondation de l'Observatoire de Paris
1669	L'astronome Picard mesure un arc de méridien
1673	Huygens, *Traité de dynamique*
1675	Théorie de la lumière et des couleurs de Newton Expériences de Denis Papin sur le vide
1676-1682	Construction de la machine hydraulique de Marly (pour alimenter Versailles en eau)
1676	Leibniz fonde le calcul infinitésimal
1679	La « marmite » de Denis Papin
1687	Newton, *Principes mathématiques de la philosophie naturelle* (exposé de la gravitation universelle)
1690	Huygens, *Traité de la lumière*
1696	Bernoulli fonde le calcul exponentiel
1707	Papin construit un bateau à vapeur

« Ces longues chaînes de raisons »

« Le bon sens [= la raison] est la chose du monde la mieux partagée. » Dès la première phrase du Discours de la méthode, *Descartes pose le principe de sa recherche. En s'appuyant sur le récit de sa propre expérience intellectuelle, il va construire une méthode permettant d'« appliquer bien » cette raison, qui est la propriété commune de tous les hommes. Partant du scepticisme systématique (il faut douter de tout) et du relativisme généralisé qu'enseigne le spectacle du monde, il apprend à ne plus faire confiance qu'à lui-même pour remettre en ordre toutes ses connaissances, selon une procédure gardant « la certitude et l'évidence » des constructions mathématiques. Il dégage ainsi les quatre principes suivants :*

René Descartes (1596-1650), ancien élève des jésuites, voyage à travers l'Europe et sert dans l'armée. En 1619, en Allemagne, une sorte d'illumination intellectuelle lui découvre la voie à suivre pour rechercher la vérité. Fixé en Hollande à partir de 1629, il publie en français le *Discours de la méthode,* 1637, et en latin les *Méditations métaphysiques,* 1641. Il élabore une psychologie et la morale qui s'en déduit dans le *Traité des passions de l'âme,* 1649. Il meurt en 1650 à Stockholm où il avait été invité par la reine Christine de Suède.

Le premier était de ne recevoir jamais aucune chose pour vraie que je ne la connusse évidemment[1] être telle ; c'est-à-dire d'éviter soigneusement la précipitation et la prévention ; et de ne comprendre rien de plus en mes jugements que ce qui se présenterait si clairement et si distinctement à mon esprit que je n'eusse aucune occasion de le mettre en doute.

Le second, de diviser chacune des difficultés[2] que j'examinerais en autant de parcelles qu'il se pourrait et qu'il serait requis pour les mieux résoudre.

Le troisième, de conduire par ordre mes pensées, en commençant par les objets[3] les plus simples et les plus aisés à connaître, pour monter peu à peu, comme par degrés, jusques à la connaissance des plus composés ; et supposant même de l'ordre entre ceux qui ne se précèdent point naturellement les uns les autres.

Et le dernier, de faire partout des dénombrements si entiers, et des revues si générales, que je fusse assuré de ne rien omettre.

Ces longues chaînes de raisons, toutes simples et faciles, dont les géomètres ont coutume de se servir pour parvenir à leurs plus difficiles démonstrations, m'avaient donné occasion de m'imaginer que toutes les choses qui peuvent tomber sous la connaissance des hommes s'entre-suivent en même façon, et que, pourvu seulement qu'on s'abstienne d'en recevoir aucune pour vraie qui ne le soit, et qu'on garde toujours l'ordre qu'il faut pour les déduire les unes des autres, il n'y en peut avoir de si éloignées auxquelles enfin on ne parvienne, ni de si cachées qu'on ne découvre. Et je ne fus pas beaucoup en peine de chercher par lesquelles il était besoin de commencer, car je savais déjà que c'était par les plus simples et les plus aisées à connaître ; et, considérant qu'entre tous ceux qui ont ci-devant recherché la vérité dans les sciences, il n'y a eu que les seuls mathématiciens qui ont pu trouver quelques démonstrations, c'est-à-dire quelques raisons certaines et évidentes, je ne doutais point que ce ne fût par les mêmes qu'ils ont examinées ; bien que je n'en espérasse aucune autre utilité, sinon qu'elles accoutumeraient mon esprit à se repaître de vérités et ne se contenter point de fausses raisons.

René Descartes, *Discours de la méthode,* 1637

1. De façon évidente.
2. Ensembles complexes.
3. Tout ce qui se présente au regard ou à l'imagination.

Blaise Pascal (1623-1662), d'abord mathématicien prodige, écrit, à seize ans, un *Essai sur les coniques*. Il invente ensuite une machine à calculer et vérifie les expériences de Torricelli sur la pression atmosphérique. Converti, comme toute sa famille, à l'austère doctrine chrétienne du jansénisme, il connaît, dans la nuit du 23 novembre 1654, une extase mystique (un *mémorial*, cousu dans son vêtement, en garde le souvenir). Retiré à Port-Royal, il entame contre les jésuites la polémique des *Provinciales*, 1656-1657, et forme le projet d'écrire une *Apologie de la religion chrétienne* pour laquelle il prend des notes : ces fragments épars, retrouvés apressa mort, ont été édités sous le titre de *Pensées*. Malade depuis très longtemps, menant une vie d'austérité et de renoncement, il meurt à l'âge de trente-neuf ans.

« L'homme est si malheureux »

La vérité de l'être humain est la misère métaphysique, qui doit lui donner conscience de son néant. Contre les moralistes (de La Fontaine à La Bruyère) qui suggèrent la possibilité du bonheur individuel dans une retraite solitaire, Pascal dénonce là une terrible illusion. Seul en face de lui-même, l'homme ne peut rencontrer que l'ennui fondamental de sa condition, qu'il s'efforce de fuir par le « divertissement », qui est proprement la volonté de se détourner de soi.

Ainsi l'homme est si malheureux qu'il s'ennuierait même sans aucune cause d'ennui par l'état propre de sa complexion. Et il est si vain[1], qu'étant plein de mille causes essentielles d'ennui, la moindre chose, comme un billard et une balle qu'il pousse, suffisent pour le divertir.

[...] D'où vient que cet homme, qui a perdu depuis peu de mois son fils unique, et qui, accablé de procès et de querelles, était ce matin si troublé, n'y pense plus maintenant ? Ne vous en étonnez point : il est tout occupé à voir par où passera ce sanglier que ses chiens poursuivent avec tant d'ardeur depuis six heures. Il n'en faut pas davantage. L'homme, quelque plein de tristesse qu'il soit, si on peut gagner sur lui de le faire entrer en quelque divertissement, le voilà heureux pendant ce temps-là ; et l'homme, quelque heureux qu'il soit, s'il n'est diverti et occupé par quelque passion ou quelque amusement qui empêche l'ennui de se répandre, sera bientôt chagrin et malheureux. Sans divertissement il n'y a point de joie, avec le divertissement il n'y a point de tristesse. Et c'est aussi ce qui forme le bonheur des personnes de grande condition, qu'ils ont un nombre de personnes qui les divertissent, et qu'ils ont le pouvoir de se maintenir en cet état.

Prenez-y garde. Qu'est-ce autre chose d'être surintendant[2], chancelier[3], premier président[4], sinon d'être en une condition où l'on a dès le matin un grand nombre de gens qui viennent de tous côtés pour ne leur laisser pas une heure en la journée où ils puissent penser à eux-mêmes ? Et quand ils sont dans la disgrâce et qu'on les renvoie à leurs maisons des champs, où ils ne manquent ni de biens, ni de domestiques pour les assister dans leur besoin, ils ne laissent pas d'être misérables[5] et abandonnés, parce que personne ne les empêche de songer à eux.

Blaise Pascal, *Pensées*,
Édition Brunschvicg, fragment n° 139
Édition Lafuma, fragment n° 136

1. *Léger. –* ***2.*** *Responsable des finances. –* ***3.*** *Garde des Sceaux. –* ***4.*** *Du Parlement. –* ***5.*** *Malheureux.*

Le siècle du théâtre

Le théâtre français du XVIIe siècle atteint avec Corneille, Racine et Molière une perfection qui a longtemps donné l'illusion de constituer un modèle absolu et éternel : on a cru que tout homme devait trouver dans leurs tragédies l'image de son destin, dans leurs comédies le miroir de ses défauts. Mais le théâtre est d'abord un événement social, une représentation donnée pour un public. Nul genre n'est plus dépendant de la réalité sociale qui le suscite, des conditions techniques qui le permettent.

Un retard initial

Malgré les efforts de la Renaissance (Jodelle, Garnier) pour inventer un théâtre national imité des Anciens, la France du début du XVIIe siècle est en retard sur l'Angleterre et l'Italie : elle ne connaît pas encore de salles spécialement conçues pour les représentations dramatiques et celles-ci se heurtent à beaucoup de restrictions ou d'interdits (l'Église réprouve le théâtre : elle frappe les acteurs d'excommunication et refuse qu'on les enterre en terre sanctifiée). Le seul théâtre parisien, celui de l'Hôtel de Bourgogne, se consacre à des genres traditionnels hérités du Moyen Âge (moralités, farces). Beaucoup de troupes (celle de Molière encore à ses débuts) sont itinérantes et réduites à jouer dans des locaux improvisés. Le roi et les grands personnages favorisent des spectacles de prestige : brillants divertissements, somptueux ballets.

Cependant les conditions matérielles vont s'améliorer : Richelieu fait construire un théâtre dans son palais. La troupe des « Comédiens du Roi » s'installe au Marais du Temple à partir de 1634. De jeunes auteurs annoncent un profond renouvellement du théâtre français.

La tentation baroque

À l'imitation des pastorales dramatiques à l'italienne, Alexandre Hardy, auteur très fécond, fixe le modèle de la pastorale française : cadre champêtre, idylles entre bergers et bergères, unissant et défaisant leurs couples, triomphe de l'amour vertueux, recours à la magie, intervention des dieux, épisodes comiques mêlés aux développements lyriques. Corneille et Molière se souviendront de ce merveilleux spectaculaire d'inspiration baroque.

La tragi-comédie est d'abord une tragédie romanesque, une tragédie qui finit bien, reprenant aux romans à la mode le thème des amours contrariées et les personnages typés (amants parfaits, rivaux et jaloux, parents hostiles...). Ce théâtre de rebondissements et de péripéties, illustré par Hardy, Scudéry, Rotrou, suppose l'irrégularité des lieux, le mélange des tons, l'exhibition de passions fortes, de scènes violentes – bref un expressionnisme dramatique auquel le théâtre classique tournera le dos.

La naissance de la tragédie classique

Dès les années 1634-1637, plusieurs pièces prennent leurs distances avec le goût baroque : la *Sophonisbe* de Mairet, la *Médée* de Corneille, la *Marianne* de Tristan. La querelle suscitée par le triomphe du *Cid*, en 1637, diffuse dans le public le débat sur les « règles » de la tragédie, que les hommes de théâtre et les théoriciens avaient nourri depuis le début du siècle. Un premier visage de la tragédie classique se fixe alors, illustré par les grandes œuvres de Corneille et défini par le goût de l'héroïsme et de la rhétorique : des héros « généreux » vont jusqu'au bout de leur vertu ou de leur crime pour affronter le destin impitoyable ; les grandes questions de morale, de philosophie, de politique sont longuement débattues sur la scène.

Après un relatif déclin au moment des troubles de la Fronde, la tragédie connaît un renouveau, voire un second âge d'or, quand le théâtre devient la passion d'un public averti (les jésuites introduisent le théâtre à l'école, comme technique pédagogique). Les théoriciens (comme l'abbé d'Aubignac) insistent sur la nécessaire purification et simplification du genre : pour plaire, il faut respecter la vraisemblance et simplifier l'action. Cependant, le goût de l'époque porte vers le romanesque, le « galant » et tout ce qui peut surprendre et émouvoir. Racine se trouve tout à fait à l'aise dans ce théâtre de l'amour, qui montre le cheminement inéluctable de la passion fatale.

Cependant, la pureté de la tragédie classique est menacée par les plaisirs toujours renouvelés du spectacle, dans les « pièces à machines » qui multiplient les effets spéciaux, changements de décor, descentes de divinités volant dans les airs. La musique (de Lully, par exemple) donne à ces spectacles sa séduction particulière. L'opéra va bientôt prendre la relève de la tragédie.

Caractères de la tragédie classique

Une tragédie classique comporte cinq actes, soit environ 1 500 à 2 000 vers. Chaque acte dure à peu près une demi-heure à la représentation. Il doit correspondre à l'unité d'un mouvement organique de l'intrigue. Il est lui-même divisé en scènes, plus ou moins nombreuses, plus ou moins longues, découpées selon l'entrée ou la sortie d'un ou plusieurs personnages (ces actions devant manifester les articulations de l'intrigue). Les entractes sont censés être occupés par une action qui se continue en coulisses.

L'action se développe selon une progression rigoureuse : l'exposition présente la situation et les personnages, les conduit vers le sommet d'une crise tragique (où les conflits se nouent et s'exaspèrent) pour aboutir au dénouement qui résout les tensions dans la consommation d'un destin fatal. La tragédie doit mener, au travers de fortes péripéties, sans temps mort, au triomphe de la fatalité.

Les règles des « unités » résument les exigences scéniques de la tragédie. Unité d'action : un seul fil principal, auquel des actions secondaires peuvent être subordonnées. Unité de temps : l'action se concentre dans la durée de la crise tragique, qui ne saurait excéder vingt-quatre heures. Unité de lieu : l'action se déroule dans un décor unique (« palais à volonté », antichambre, intérieur stylisé).

L'unité d'action entraîne l'unité de ton : pas de mélange des genres, mais la gravité, la solennité conformes aux bienséances. Les héros cornéliens ou raciniens répugnent à s'exprimer directement ; ils préfèrent la pudeur tragique, la modestie de la périphrase ou de la litote.

L'unité de lieu exige que l'on raconte sous forme de récits des actions qui se déroulent hors de la scène ce qui satisfait aussi les bienséances en évitant de mettre sous les yeux du public des spectacles trop horribles : combats, duels, meurtres ou violences.

Il est certain que la discipline de ces règles a contribué à donner à la tragédie classique force et grandeur, en concentrant la méditation sur la condition humaine et en favorisant l'élan vers la noblesse, l'austérité, l'intériorité.

La tradition comique

La transmission savante donne accès aux œuvres des grands auteurs comiques de l'Antiquité : pour les Grecs, Aristophane et ses charges énormes, sa satire hardie des contemporains, des institutions, et même des dieux ; Ménandre et ses amusantes comédies d'intrigue et de caractère ; pour les Latins, Plaute et sa verve endiablée, ses intrigues au jaillissement pittoresque ; Térence dont le comique nuancé s'apparente parfois au « drame bourgeois ». Molière a beaucoup emprunté à cet héritage antique.

Le comique simple et efficace de la farce a toujours été très vivant en France, depuis le Moyen Âge. Des pièces courtes mettent en scène un nombre limité de personnages, pour une action linéaire, aboutissant souvent à un retournement final (le trompeur trompé). Les thèmes sont tirés de la vie quotidienne : querelles de ménage, adultères, vols, escroqueries. Les personnages restent stéréotypés : l'épouse retorse et infidèle, le mari cocu, le paysan stupide, le marchand malhonnête. Le rire naît du comique de situation (disputes, coups, chutes, etc.) et de langage (parodies, accents patoisants, jeux de mots, obscénités, etc.). Molière a pu voir dans sa jeunesse les bateleurs comme Tabarin sur les tréteaux de la foire Saint-Germain. Il redonne vigueur au genre de la farce qui trouve une audience renouvelée dans les années 1660-1670.

La comédie italienne *(commedia dell'arte)* est accueillie dès la fin du XVIe siècle à la cour des rois de France tout acquis au goût transalpin. Ce théâtre repose sur l'utilisation de canevas à partir desquels les acteurs improvisent les dialogues, lancent des plaisanteries burlesques (les *lazzi*), inventent de nouveaux jeux de scène et des pantomimes plus ou moins acrobatiques. Les techniques de jeu comme les personnages (Arlequin, Colombine, Scaramouche, Pantalon, Isabelle, etc., reconnaissables à leur costume et à leur masque) sont parfaitement codifiés. Les troupes italiennes jouent longtemps dans leur langue, car leur succès repose sur le spectacle visuel, les machines, les chants et les danses. À la fin du siècle, les comédiens italiens reçoivent l'autorisation de jouer en français. Mais la verve satirique de leurs spectacles heurte l'austérité de la fin du règne. On les expulse. Ils reviendront avec la Régence, et le raffinement de leurs intrigues et de leurs dialogues ouvrira alors la scène aux œuvres brillantes et novatrices de Marivaux.

Les théoriciens du XVIIe siècle ont renoncé à fixer pour la comédie des règles aussi contraignantes que pour la tragédie. Le genre est trop protéiforme. Ils se contentèrent de suggérer que la comédie idéale imitât les mœurs du siècle au travers de personnages suffisamment typiques, dans un langage conservant une décence contrôlée. Molière, qui emprunte, et parfois sans vergogne, à tous ses prédécesseurs, parvint à miraculeusement équilibrer toutes les tentations comiques qui le sollicitaient.

Les Comédiens du roi.

FRANCE

XVIIe siècle

« Va, je ne te hais point »

Pierre Corneille (1606-1684), né à Rouen dans une famille bourgeoise, brillant élève des jésuites, est un temps avocat. Puis il écrit pour le théâtre, d'abord d'élégantes comédies d'intrigue (*Mélite,* 1629) ou des pièces qui jouent sur la magie baroque du théâtre (*l'Illusion comique,* 1636). En 1637, la tragicomédie du *Cid,* qui exalte une morale généreuse de la « gloire », fondée sur la liberté, est un succès éclatant, malgré la querelle suscitée par des rivaux. Corneille produit coup sur coup trois autres chefs-d'œuvre : *Horace,* 1640 ; *Cinna,* 1642 ; *Polyeucte,* 1643. Mais, malgré des tentatives de renouvellement (*Rodogune,* 1644 ; *Nicomède,* 1651), le public se lasse des discussions d'idées qui envahissent ses dernières pièces (*Suréna,* 1674).

Au XIe siècle, à Séville, en Espagne, Rodrigue et Chimène s'aiment, mais, au cours d'une querelle, le père de la jeune fille a souffleté celui du jeune homme. Rodrigue venge son père en tuant l'agresseur en duel. Chimène réclame la tête du meurtrier, qu'elle continue pourtant d'aimer au fond d'elle-même. Rodrigue, désespéré, se présente, de nuit, devant Chimène et lui tend son épée pour qu'elle dispose de sa vie. Chimène lui demande de retirer cette épée de sa vue.

CHIMÈNE

Ah Rodrigue ! il est vrai, quoique ton ennemie,
Je ne te puis blâmer d'avoir fui l'infamie,
Et de quelque façon qu'éclatent mes douleurs,
Je ne t'accuse point, je pleure mes malheurs.
Je sais ce que l'honneur, après un tel outrage,
Demandait à l'ardeur d'un généreux courage[1] :
Tu n'as fait le devoir que d'un homme de bien ;
Mais aussi, le faisant, tu m'as appris le mien.
Ta funeste[2] valeur m'instruit par ta victoire,
Elle a vengé ton père et soutenu ta gloire :
Même soin[3] me regarde et j'ai, pour m'affliger,
Ma gloire à soutenir, et mon père à venger.
Hélas ! ton intérêt ici me désespère :
Si quelque autre malheur m'avait ravi mon père,
Mon âme aurait trouvé dans le bien de te voir
L'unique allégement qu'elle eût pu recevoir,
Et contre ma douleur j'aurais senti des charmes,
Quand une main si chère eût essuyé mes larmes.
Mais il me faut te perdre après l'avoir perdu,
Et pour mieux tourmenter mon esprit éperdu,
Avec tant de rigueur mon astre me domine,
Qu'il me faut travailler moi-même à ta ruine[4],
Car enfin n'attends pas de mon affection
De lâches sentiments pour[5] ta punition.
De quoi qu'en ta faveur notre amour m'entretienne,
Ma générosité doit répondre à la tienne :
Tu t'es, en m'offensant, montré digne de moi ;
Je me dois, par ta mort, montrer digne de toi.

DON RODRIGUE

Ne diffère donc plus ce que l'honneur t'ordonne,
Il demande ma tête et je te l'abandonne,
Fais-en un sacrifice à ce noble intérêt,
Le coup m'en sera doux aussi bien que l'arrêt.
Attendre après mon crime une lente justice,
C'est reculer ta gloire autant que mon supplice.
Je mourrai trop heureux mourant d'un coup si beau.

CHIMÈNE

Va, je suis ta partie[6], et non pas ton bourreau.
Si tu m'offres ta tête, est-ce à moi de la prendre ?
Je la dois attaquer, mais tu dois la défendre ;
C'est d'un autre que toi qu'il me faut l'obtenir
Et je dois te poursuivre et non pas te punir.

DON RODRIGUE

De quoi qu'en ma faveur notre amour t'entretienne,
Ta générosité doit répondre à la mienne
Et pour venger un père emprunter d'autres bras,
Ma Chimène, crois-moi, c'est n'y répondre pas :
Ma main seule du mien a su venger l'offense,
Ta main seule du tien doit prendre la vengeance.

CHIMÈNE

Cruel, à quel propos sur ce point t'obstiner ?
Tu t'es vengé sans aide et tu m'en veux donner !
Je suivrai ton exemple, et j'ai trop de courage
Pour souffrir[7] qu'avec toi ma gloire se partage.
Mon père et mon honneur ne veulent rien devoir
Aux traits[8] de ton amour, ni de ton désespoir.

DON RODRIGUE

Rigoureux point d'honneur ! hélas ! quoi que je fasse,
Ne pourrai-je à la fin obtenir cette grâce ?
Au nom d'un père mort, ou de notre amitié,
Punis-moi par vengeance ou du moins par pitié.
Ton malheureux amant aura bien moins de peine
À mourir par ta main qu'à vivre avec ta haine.

CHIMÈNE

Va, je ne te hais point.

DON RODRIGUE

Tu le dois.

CHIMÈNE

Je ne puis.

Pierre Corneille, *le Cid*, 1637,
acte III, scène IV

Compréhension et langue

1 – Quel sentiment apparaît dès les premiers mots de Chimène ?
2 – Que reproche-t-elle à Rodrigue ?
3 – Expliquez le vers 7.
4 – Qu'éprouve-t-elle réellement pour Rodrigue ?
5 – Quelle est la réponse de Rodrigue ?
6 – Qu'attend-il à son tour de Chimène ?
7 – Quelles correspondances s'établissent entre les vers 26 et 27 ; 46 et 48 ?
8 – À quel débat intime chacun des deux héros est-il confronté ?
9 – Le caractère logique de la discussion empêche-t-il l'émotion des deux personnages ?
10 – Quelle est la figure de style du vers 59 ?
11 – Quel est le ton des dernières répliques ?

Activités diverses, expression écrite

Que représente la notion d'*honneur* pour la noblesse du XVIIe siècle ? Le sens de l'honneur a-t-il changé de nos jours ? Justifiez votre réponse.

1. Cœur, magnanimité. – 2. Qui conduit à la mort. – 3. Souci, mission. – 4. Perte. – 5. En ce qui concerne. – 6. Partie adverse dans un procès. – 7. Tolérer. – 8. Manifestations.

« C'est Vénus toute entière à sa proie attachée »

Jean Racine (1639-1699), orphelin très jeune, a été confié par sa grand-mère aux Solitaires de Port-Royal. Il y reçoit l'empreinte janséniste et découvre les grands tragiques grecs. Il écrit pour le théâtre et rencontre un éclatant succès avec *Andromaque*, 1667. Après la comédie des *Plaideurs*, il signe chef-d'œuvre sur chef-d'œuvre : *Britannicus, Bérénice, Bajazet, Mithridate, Iphigénie, Phèdre*. La cabale soulevée par cette dernière pièce l'éloigne du théâtre. Il se consacre alors à ses fonctions d'historiographe du roi et se réconcilie avec ses anciens maîtres. Cependant, il écrit encore deux tragédies bibliques pour les pensionnaires de Saint-Cyr : *Esther*, 1689, et *Athalie*, 1691.

Thésée, roi d'Athènes, est parti en expédition depuis six mois et n'a plus donné de ses nouvelles. Hippolyte, son fils, né de ses amours avec une amazone, s'apprête à partir à sa recherche. Mais Phèdre, la nouvelle épouse de Thésée, se languit d'un mal mystérieux et refuse toute nourriture. Sa confidente, Œnone, veut lui arracher son secret et tenter de la guérir.

PHÈDRE

Ariane, ma sœur ! de quel amour blessée,
Vous mourûtes aux bords où vous fûtes laissée [1] !

ŒNONE

Que faites-vous, Madame ? Et quel mortel ennui [2]
Contre tout votre sang vous anime aujourd'hui ?

PHÈDRE

Puisque Vénus le veut, de ce sang déplorable
Je péris la dernière, et la plus misérable [3].

ŒNONE

Aimez-vous ?

PHÈDRE

De l'amour j'ai toutes les fureurs [4].

ŒNONE

Pour qui ?

PHÈDRE

Tu vas ouïr le comble des horreurs.
J'aime… À ce nom fatal, je tremble, je frissonne.
J'aime…

ŒNONE

Qui ?

PHÈDRE

Tu connais ce fils de l'Amazone,
Ce prince si longtemps par moi-même opprimé ?

ŒNONE

Hippolyte ? Grands dieux !

PHÈDRE

C'est toi qui l'as nommé.

ŒNONE

Juste ciel ! tout mon sang dans mes veines se glace.
Ô désespoir ! ô crime ! ô déplorable [5] race !
Voyage infortuné [6] ! Rivage malheureux,
Fallait-il approcher de tes bords dangereux ?

PHÈDRE

Mon mal vient de plus loin. À peine au fils d'Égée [7]
Sous les lois de l'hymen je m'étais engagée,
Mon repos, mon bonheur semblait être affermi,
Athènes me montra mon superbe [8] ennemi.
Je le vis, je rougis, je pâlis à sa vue ;
Un trouble s'éleva dans mon âme éperdue ;
Mes yeux ne voyaient plus, je ne pouvais parler ;
Je sentis tout mon corps et transir et brûler.
Je reconnus Vénus et ses feux redoutables,
D'un sang qu'elle poursuit tourments inévitables.
Par des vœux assidus je crus les détourner :
Je lui bâtis un temple, et pris soin de l'orner ;
De victimes moi-même à toute heure entourée,
Je cherchais dans leurs flancs ma raison égarée [9].
D'un incurable amour remèdes impuissants !
En vain sur les autels ma main brûlait l'encens :
Quand ma bouche implorait le nom de la déesse,
J'adorais Hippolyte ; et le voyant sans cesse,
Même au pied des autels que je faisais fumer,
J'offrais tout à ce dieu que je n'osais nommer.
Je l'évitais partout. Ô comble de misère !
Mes yeux le retrouvaient dans les traits de son père.
Contre moi-même enfin j'osai me révolter :
J'excitai mon courage à le persécuter.
Pour bannir l'ennemi dont j'étais idolâtre,
J'affectai les chagrins d'une injuste marâtre ;
Je pressai son exil, et mes cris éternels
L'arrachèrent du sein et des bras paternels.
Je respirais, Œnone, et depuis son absence,
Mes jours moins agités coulaient dans l'innocence.
Soumise à mon époux, et cachant mes ennuis,
De son fatal hymen je cultivais les fruits [10].
Vaines précautions ! Cruelle destinée !
Par mon époux lui-même à Trézène amenée,
J'ai revu l'ennemi que j'avais éloigné :
Ma blessure trop vive aussitôt a saigné.
Ce n'est plus une ardeur dans mes veines cachée :
C'est Vénus toute [11] entière à sa proie attachée.
J'ai conçu pour mon crime une juste terreur ;
J'ai pris la vie en haine, et ma flamme en horreur.
Je voulais en mourant prendre soin de ma gloire [12],
Et dérober au jour une flamme si noire :
Je n'ai pu soutenir tes larmes, tes combats ;
Je t'ai tout avoué ; je ne m'en repens pas,
Pourvu que de ma mort respectant les approches,
Tu ne m'affliges plus par d'injustes reproches,
Et que tes vains secours cessent de rappeler
Un reste de chaleur tout prêt à s'exhaler.

Jean Racine, *Phèdre,* 1676, acte I, scène III

COMPRÉHENSION ET LANGUE

1 – Quel est le secret de Phèdre ?
2 – Pourquoi ce secret est-il « terrible » ?
3 – Pourquoi l'amour est-il associé à la fatalité (v. 9) ?
4 – Quelles sont les réactions d'Œnone ?
5 – Dans la grande tirade de Phèdre, quel est le vers qui définit son coup de foudre ?
6 – Relevez les mots ou expressions qui montrent la violence de sa passion.
7 – Cherche-t-elle à réagir contre son amour incestueux ?
8 – Étudiez les allusions mythologiques. En quoi sont-elles importantes ?

ACTIVITÉS DIVERSES, EXPRESSION ÉCRITE

1 – Quelles sont les règles d'une *tragédie classique ?*
2 – Œnone est la *confidente* de Phèdre : quelle est sa fonction (psychologique, sociale, dramatique) ?

***1.** Ariane avait aidé Thésée à sortir du labyrinthe, après qu'il eut tué le Minotaure. Mais elle fut abandonnée par Thésée dans l'île de Naxos, où elle mourut.*
***2.** Désespoir.*
***3.** Malheureuse.*
***4.** Emportements furieux.*
***5.** Digne de pleurs.*
***6.** La pièce se passe à Trézène, tout près d'Athènes, au bord de la mer. Thésée y avait conduit son épouse pour la mettre sous la protection de son fils Hippolyte.*
***7.** Thésée.*
***8.** Orgueilleux (Hippolyte, qui voue un culte à Diane, la déesse de la Pureté, semble, aux yeux de Phèdre, mépriser les femmes et le sentiment amoureux).*
***9.** Phèdre fait pratiquer des sacrifices pour en tirer des présages.*
***10.** Les deux jeunes enfants que Phèdre a eus de Thésée.*
***11.** Orthographe conforme aux habitudes d'accord du XVIIe siècle.*
***12.** Honneur.*

Molière

Jean-Baptiste Poquelin (1622-1673), fils de bourgeois parisiens aisés, a pris le nom de Molière pour jouer la tragédie dans la troupe de l'« Illustre Théâtre ». De 1646 à 1658, il joue en province, puis sa troupe, protégée par Monsieur, frère du roi, connaît le triomphe à Paris avec *les Précieuses ridicules*, 1659. De *l'École des femmes* à *Tartuffe*, *Dom Juan*, *le Misanthrope*, *l'Avare*, Molière rencontre des succès divers. Louis XIV le soutient quand il est attaqué pour avoir dénoncé dans *Tartuffe* l'hypocrisie religieuse. Il meurt presque en scène, lors d'une représentation du *Malade imaginaire*. Homme de théâtre complet, Molière a été acteur, directeur de troupe, metteur en scène, auteur.

« Un garçon qui n'a point de méchanceté »

Le Malade imaginaire, *1673, la dernière pièce de Molière, est une farce joyeusement fantaisiste et féroce. Le personnage principal, Argan, vit parmi les drogues et les potions, entouré de médecins et d'apothicaires. Il rêve de marier sa fille, Angélique, à un médecin, qu'il aurait ainsi toujours à sa disposition. Angélique, soutenue par la servante Toinette, n'apprécie guère ce projet. Une entrevue officielle la met en face du prétendant, Thomas Diafoirus, futur médecin et « grand benêt », présenté par son père, l'illustre médecin Diafoirus.*

MONSIEUR DIAFOIRUS. — Monsieur, ce n'est pas parce que je suis son père, mais je puis dire que j'ai sujet d'être content de lui, et que tous ceux qui le voient en parlent comme d'un garçon qui n'a point de méchanceté. Il n'a jamais eu l'imagination bien vive, ni ce feu d'esprit qu'on remarque dans quelques-uns, mais c'est par-là que j'ai toujours bien auguré de sa judiciaire[1], qualité requise pour l'exercice de notre art. Lorsqu'il était petit, il n'a jamais été ce qu'on appelle mièvre[2] et éveillé. On le voyait toujours doux, paisible et taciturne, ne disant jamais mot, et ne jouant jamais à tous ces petits jeux que l'on nomme enfantins. On eut toutes les peines du monde à lui apprendre à lire, et il avait neuf ans qu'il ne connaissait pas encore ses lettres. « Bon, disais-je en moi-même, les arbres tardifs sont ceux qui portent les meilleurs fruits. On grave sur le marbre bien plus malaisément que sur le sable ; mais les choses y sont conservées bien plus longtemps, et cette lenteur à comprendre, cette pesanteur d'imagination, est la marque d'un bon jugement à venir. » Lorsque je l'envoyai au collège, il trouva de la peine ; mais il se roidissait contre les difficultés, et ses régents se louaient toujours à moi de son assiduité, et de son travail. Enfin, à force de battre le fer, il en est venu glorieusement à avoir ses licences ; et je puis dire sans vanité que depuis deux ans qu'il est sur les bancs, il n'y a point de candidat qui ait fait plus de bruit que lui dans toutes les disputes de notre école. Il s'y est rendu redoutable, et il ne s'y passe point d'acte[3] où il n'aille argumenter à outrance pour la proposition contraire. Il est ferme dans la dispute, fort comme un Turc sur ses principes, ne démord jamais de son opinion, et poursuit un raisonnement jusque dans les derniers recoins de la logique. Mais, sur toute chose, ce qui me plaît en lui, et en quoi il suit mon exemple, c'est qu'il s'attache aveuglément aux opinions de nos anciens, et que jamais il n'a voulu comprendre ni écouter les raisons et les expériences des prétendues découvertes de notre siècle touchant la circulation du sang[4] et autres opinions de même farine.

THOMAS DIAFOIRUS *(Il tire une grande thèse roulée de sa poche, qu'il présente à Angélique.)*. — J'ai contre les circulateurs soutenu une thèse, qu'avec la permission de Monsieur, j'ose présenter à Mademoiselle, comme un hommage que je lui dois des prémices de mon esprit.

ANGÉLIQUE. — Monsieur, c'est pour moi un meuble[5] inutile, et je ne me connais pas à ces choses-là.

TOINETTE. — Donnez, donnez, elle est toujours bonne à prendre pour l'image[6] ; cela servira à parer notre chambre.

THOMAS DIAFOIRUS. — Avec la permission aussi de Monsieur, je vous invite à venir voir l'un de ces jours, pour vous divertir, la dissection d'une femme, sur quoi je dois raisonner.

TOINETTE. — Le divertissement sera agréable. Il y en a qui donnent la comédie à leurs maîtresses, mais donner une dissection est quelque chose de plus galant.

MONSIEUR DIAFOIRUS. — Au reste, pour ce qui est des qualités requises pour le mariage et la propagation, je vous assure que, selon les règles de nos docteurs, il est tel qu'on le peut souhaiter, qu'il possède en un degré louable la vertu prolifique et qu'il est du tempérament qu'il faut pour engendrer et procréer des enfants bien conditionnés.

ARGAN. — N'est-ce pas votre intention, Monsieur, de le pousser à la cour, et d'y ménager pour lui une charge de médecin ?

MONSIEUR DIAFOIRUS. — À vous en parler franchement, notre métier auprès des grands ne m'a jamais paru agréable, et j'ai toujours trouvé qu'il valait mieux, pour nous autres, demeurer au public[7]. Le public est commode. Vous n'avez à répondre de vos actions à personne, et, pourvu que l'on suive le courant des règles de l'art, on ne se met point en peine de tout ce qui peut arriver. Mais ce qu'il y a de fâcheux auprès des grands, c'est que, quand ils viennent à être malades, ils veulent absolument que leurs médecins les guérissent.

TOINETTE. — Cela est plaisant, et ils sont bien impertinents de vouloir que vous autres messieurs vous les guérissiez ! vous n'êtes point auprès d'eux pour cela ; vous n'y êtes que pour recevoir vos pensions et leur ordonner des remèdes ; c'est à eux à guérir s'ils peuvent.

MONSIEUR DIAFOIRUS. — Cela est vrai. On n'est obligé qu'à traiter les gens dans les formes.

Molière, *le Malade imaginaire,* 1673, acte II, scène V

COMPRÉHENSION ET LANGUE

1 – Comment Monsieur Diafoirus présente-t-il son fils ?
2 – Se rend-il compte du ridicule de ce dernier ?
3 – Quels sont les traits de caractère de Thomas ?
4 – Expliquez la phrase : « Enfin, à force de battre le fer… ses licences » (l. 18-19).
5 – Montrez que Thomas est un garçon sot et sans originalité.
6 – Comment les autres personnages réagissent-ils ?
7 – Quelles critiques Molière adresse-t-il à la médecine ?
8 – Relevez les termes propres à la langue classique.

ACTIVITÉS DIVERSES, EXPRESSION ÉCRITE

1 – En quoi consiste le comique de ce texte ?
2 – Imaginez une mise en scène de ce passage et représentez-le devant vos camarades sous la forme d'un jeu de rôles.

Une pharmacie sous Louis XIV.

1. Son jugement.
2. Vif, déluré.
3. Soutenance de thèse.
4. Découverte par Harvey en 1628.
5. Objet.
6. Dessin ornant la thèse.
7. Rester médecins pour le grand public (les médecins des grands personnages étaient payés à l'année, par une pension).

FRANCE

JEAN DE LA FONTAINE

Jean de La Fontaine (1621-1695) a vécu sous la protection de grands personnages (le ministre Fouquet d'abord, puis la duchesse d'Orléans et Mme de La Sablière). Reprenant un genre très ancien, la *fable,* il le renouvelle par le sens du pittoresque, la vivacité et l'ironie de l'écriture, le plaisir du naturel. Après le premier recueil (livres I à VI) de 1668, le deuxième recueil des *Fables,* 1678, marque un approfondissement de l'inspiration, qui s'ouvre à des préoccupations philosophiques, mais glisse aussi des accents plus intimes dans l'aveu d'une sagesse discrètement pessimiste.

XVIIe siècle

Le Laboureur et ses Enfants

Modèle parfait et dans la plus pure tradition du genre, cette fable (la neuvième du livre V) suffit à prouver que La Fontaine est un « moraliste » à part entière. Construite comme une petite pièce de théâtre, le Laboureur et ses Enfants *symbolise l'art de dire beaucoup de choses en peu de mots en alliant diversité, concision, élégance et humour.*

Travaillez, prenez de la peine :
C'est le fonds[1] qui manque le moins.
Un riche Laboureur, sentant sa mort prochaine,
Fit venir ses Enfants, leur parla sans témoins.
« Gardez-vous, leur dit-il, de vendre l'héritage
Que nous ont laissé nos parents :
Un trésor est caché dedans.
Je ne sais pas l'endroit ; mais un peu de courage
Vous le fera trouver : vous en viendrez à bout.
Remuez votre champ dès qu'on aura fait l'oût[2] :
Creusez, fouillez, bêchez, ne laissez nulle place
Où la main ne passe et repasse. »
Le Père mort, les Fils vous[3] retournent le champ,
Deçà, delà, partout : si bien qu'au bout de l'an
Il en[4] rapporta davantage.
D'argent, point de caché. Mais le Père fut sage
De leur montrer, avant sa mort,
Que le travail est un trésor.

Jean de La Fontaine, *Fables,* livre V, 1668

COMPRÉHENSION ET LANGUE

1 – Expliquez les deux premiers vers. Cette maxime a-t-elle la même portée aujourd'hui qu'au temps de La Fontaine ?
2 – Le laboureur parle à ses enfants *sans témoins :* est-ce un détail sans importance ?
3 – Quel est le but recherché par le Père ?
4 – Que pensez-vous de sa façon d'agir ?
5 – Montrez comment le laboureur crée une équivoque sans pour autant mentir.

ACTIVITÉS DIVERSES, EXPRESSION ÉCRITE

1 – Cette fable est construite comme une pièce de théâtre. Imaginez sa mise en scène et jouez-la devant vos camarades.
2 – Cherchez dans un dictionnaire la signification des mots : *fable, apologue, conte, parabole.*

1. Capital.
2. Orthographe encore courante au XVIIe siècle pour août *; l'emploi de ce mot ici au sens de « moissons » est la survivance d'un usage fréquent au XVIe siècle.*
3. Vous *est explétif et familier.*
4. De ce fait (idée de cause).

Le Curé et le Mort

Cette fable (la onzième du livre VI) est sans doute inspirée d'une anecdote récente, que raconte Mme de Sévigné dans une lettre du 26 février 1672 (« Monsieur de Boufflers a tué un homme après sa mort. Il était dans sa bière et en carrosse ; on le menait à une lieue de Boufflers pour l'enterrer ; son curé était avec le corps. On verse ; la bière coupe le cou au pauvre curé »).

Un mort s'en allait tristement
S'emparer de son dernier gîte ;
Un curé s'en allait gaiement
Enterrer ce mort au plus vite.
Notre défunt était en carrosse porté,
Bien et dûment [1] empaqueté,
Et vêtu d'une robe, hélas ! qu'on nomme bière,
Robe d'hiver, robe d'été,
Que les morts ne dépouillent guère.
Le pasteur [2] était à côté,
Et récitait, à l'ordinaire [3],
Maintes dévotes oraisons,
Et des psaumes [4] et des leçons,
Et des versets et des répons [5] :
« Monsieur le Mort, laissez-nous faire,
On vous en donnera de toutes les façons ;
Il ne s'agit que du [6] salaire. »
Messire [7] Jean Chouart [8] couvait des yeux son mort,
Comme si l'on eût dû lui ravir ce trésor,
Et des regards semblait lui dire :
« Monsieur le Mort, j'aurai de vous
Tant en argent, et tant en cire [9],
Et tant en autres menus coûts. »
Il fondait là-dessus l'achat d'une feuillette [10]
Du meilleur vin des environs ;
Certaine nièce assez propette [11]
Et sa chambrière [12] Pâquette
Devaient avoir des cotillons.
Sur cette agréable pensée,
Un heurt survient : adieu le char.
Voilà Messire Jean Chouart
Qui du choc de son mort a la tête cassée :
Le paroissien en plomb [13] entraîne son pasteur ;
Notre curé suit son seigneur ;
Tous deux s'en vont de compagnie.
Proprement [14] toute notre vie
Est le curé Chouart, qui sur son mort comptait,
Et la fable du *Pot au lait* [15].

Jean de La Fontaine, *Fables*, livre VII, 1678

COMPRÉHENSION ET LANGUE

1 – Quel est l'effet de style produit dans les quatre premiers vers ?
2 – Comment le mort est-il préparé ?
3 – Relevez les termes qui caractérisent l'oraison funèbre.
4 – Quelles sont les pensées du curé ?
5 – Expliquez la morale de cette fable.
6 – Repérez et commentez tous les procédés ironiques.

ACTIVITÉS DIVERSES, EXPRESSION ÉCRITE

1 – Recherchez la fable « la Laitière et le Pot au lait » et comparez les deux textes. Relevez les différences et les similitudes.
2 – L'attitude des vivants à l'égard de la mort qui transparaît dans cette fable vous semble-t-elle révélatrice de la mentalité du XVIIe siècle ?

1. *Comme cela se doit.*
2. *Au sens ancien : le prêtre (ici de religion catholique).*
3. *Selon la manière habituelle.*
4. *Chants religieux tirés de la Bible. L'un des psaumes, le* De profundis, *est chanté pendant les cérémonies d'enterrement.*
5. *Les* versets *sont les phrases du psaume, chantés par le prêtre (les* leçons*) et par l'assistance des fidèles (les* répons*).*
6. *= la seule chose importante, c'est le salaire.*
7. *Appellation honorifique à l'origine réservée aux grands seigneurs.*
8. *Le nom est emprunté à Rabelais.*
9. *La cire des cierges de l'enterrement, qui ne seront pas entièrement brûlés et qui reviendront au curé.*
10. *Tonneau.*
11. *Orthographe ancienne pour* proprette *= élégante.*
12. *Servante.*
13. *C'est le cercueil qui est en plomb.*
14. *Véritablement.*
15. *« La Laitière et le Pot au lait », fable placée juste avant celle-ci dans le recueil.*

Le Gland et la Citrouille

Cette fable (la quatrième du livre IX) reprend un thème du théâtre populaire (que l'on retrouve sous forme de dialogue burlesque pour parade de foire dans un recueil de Tabarin). Le nom propre « Garo » est emprunté à une pièce de Cyrano de Bergerac, le Pédant joué, *1645.*

Dieu fait bien ce qu'il fait. Sans en chercher la preuve
En tout cet univers, et l'aller[1] parcourant,
Dans les citrouilles je la treuve[2].

Un villageois considérant
Combien ce fruit est gros et sa tige menue :
« À quoi songeait, dit-il[3], l'auteur de tout cela ?
Il a bien mal placé cette citrouille-là.
Hé parbleu ! je l'aurais pendue
À l'un des chênes que voilà ;
C'eût été justement[4] l'affaire :
Tel fruit, tel arbre, pour bien faire.
C'est dommage, Garo, que tu n'es[5] point entré
Au conseil[6] de celui que prêche ton curé :
Tout en eût été mieux ; car pourquoi, par exemple,
Le gland, qui n'est pas gros comme mon petit doigt,
Ne pend-il pas en cet endroit ?
Dieu s'est mépris : plus je contemple
Ces fruits ainsi placés, plus il semble à Garo
Que l'on a fait un quiproquo[7]. »
Cette réflexion embarrassant notre homme :
« On ne dort point, dit-il, quand on a tant d'esprit. »
Sous un chêne aussitôt il va prendre son somme.
Un gland tombe : le nez du dormeur en pâtit.
Il s'éveille ; et, portant la main sur son visage,
Il trouve encor le gland pris au poil du menton.
Son nez meurtri le force à changer de langage.
« Oh ! oh ! dit-il, je saigne ! et que serait-ce donc
S'il fût tombé de l'arbre une masse plus lourde,
Et que ce gland eût été gourde[8] ?
Dieu ne l'a pas voulu : sans doute[9] il eut raison,
J'en vois bien à présent la cause. »
En louant Dieu de toute chose,
Garo retourne à la maison.

Jean de La Fontaine, *Fables*, livre IX, 1678

COMPRÉHENSION ET LANGUE

1 – Quel est le but des trois premiers vers ? Quelle philosophie faut-il voir dans la moralité du premier vers ?
2 – Sous quelle forme se présente cette fable ?
3 – Étudiez le rôle de la ponctuation.
4 – Montrez que le langage du villageois est celui d'un homme du peuple.
5 – Quel dilemme agite Garo ?
6 – Commentez les vers 21 et 22.
7 – Expliquez la morale de cette fable. La conclusion de Garo procède-t-elle d'un sage raisonnement ?

ACTIVITÉS DIVERSES, EXPRESSION ÉCRITE

1 – Recherchez les origines et les caractéristiques de la fable. De quels auteurs antiques La Fontaine s'inspire-t-il en général ?
2 – À votre tour, imaginez une fable sur un sujet de votre choix.

1. *Construction normale au XVIIe siècle (le complément précède l'auxiliaire).*
2. *Trouve (archaïsme).*
3. *Garo se parle à lui-même.*
4. *Exactement.*
5. *On emploierait plutôt le subjonctif aujourd'hui.*
6. *Assemblée de conseillers.*
7. *Méprise, confusion.*
8. *Courge, calebasse (légumes ou fruits de la même famille que la citrouille).*
9. *Sans aucun doute.*

FRANCE

XVIIe siècle

« Une vertu austère »

Madame de La Fayette (1634-1693) a vécu près de la Cour, au cœur de la vie mondaine : elle tenait un salon fréquenté par La Rochefoucauld, le cardinal de Retz et d'autres grands esprits. Elle écrivit plusieurs romans, dont le plus accompli est *la Princesse de Clèves* (paru sans nom d'auteur en 1678). Bien qu'encore marqué de traits précieux, ce bref ouvrage impose une esthétique classique : vérité du décor historique, raffinement de l'analyse psychologique, fatalité des passions, goût des débats moraux…

L'action se passe au XVIe siècle, à la cour du roi Henri II. Mademoiselle de Chartres a épousé à seize ans, sans véritable amour, le prince de Clèves. Mais voici qu'elle rencontre le duc de Nemours dont elle s'éprend. Elle estime alors de son devoir d'avouer cette passion à son mari, pour qu'il la protège contre elle-même. Celui-ci veut pardonner, mais la jalousie le dévore et il meurt de douleur. Veuve, la princesse de Clèves expose à Nemours les raisons pour lesquelles elle ne consentira jamais à l'épouser.

« Par vanité ou par goût, toutes les femmes souhaitent de[1] vous attacher. Il y en a peu à qui vous ne plaisiez ; mon expérience me ferait croire qu'il n'y en a point à qui vous ne puissiez plaire. Je vous croirais toujours amoureux et aimé, et je ne me tromperais pas souvent. Dans cet état, néanmoins, je n'aurais d'autre parti à prendre que celui de la souffrance ; je ne sais même si j'oserais me plaindre. On fait des reproches à un amant ; mais en fait-on à un mari, quand on n'a qu'à lui reprocher de n'avoir plus d'amour ? Quand je pourrais m'accoutumer à cette sorte de malheur, pourrais-je m'accoutumer à celui de croire voir toujours M. de Clèves vous accuser de sa mort, me reprocher de vous avoir aimé, de vous avoir épousé, et me faire sentir la différence de son attachement au vôtre ? Il est impossible, continua-t-elle, de passer par-dessus des raisons si fortes : il faut que je demeure dans l'état où je suis et dans les résolutions que j'ai prises de n'en sortir jamais.

– Hé ! croyez-vous le pouvoir, madame ? s'écria M. de Nemours. Pensez-vous que vos résolutions tiennent contre un homme qui vous adore, et qui est assez heureux pour vous plaire ? Il est plus difficile que vous ne le pensez, madame, de résister à ce qui nous plaît et à ce qui nous aime. Vous l'avez fait par une vertu austère, qui n'a presque point d'exemple ; mais cette vertu ne s'oppose plus à vos sentiments, et j'espère que vous les suivrez malgré vous.

– Je sais bien qu'il n'y a rien de plus difficile que ce que j'entreprends, répliqua Mme de Clèves ; je me défie de mes forces au milieu de mes raisons. Ce que je crois devoir à la mémoire de M. de Clèves serait faible s'il[2] n'était soutenu par l'intérêt de mon repos[3] ; et les raisons de mon repos ont besoin d'être soutenues de celles de mon devoir. Mais, quoique je me défie de moi-même, je crois que je ne vaincrai jamais mes scrupules, et je n'espère pas aussi de surmonter l'inclination que j'ai pour vous. Elle me rendra malheureuse, et je me priverai de votre vue, quelque violence qu'il m'en coûte. Je vous conjure, par tout le pouvoir que j'ai sur vous, de ne chercher aucune occasion de me voir. Je suis dans un état qui me fait des crimes de tout ce qui pourrait être permis dans un autre temps, et la seule bienséance interdit tout commerce[4] entre nous. »

Madame de La Fayette, *la Princesse de Clèves*, 1678

1. *Syntaxe ancienne : On dirait aujourd'hui :* souhaitent vous attacher. *Cf. plus bas :* espérer de.
2. *= si cela.*
3. *Tranquillité, équilibre psychologique (par opposition au* trouble *des passions).*
4. *Relation, fréquentation.*

NICOLAS BOILEAU

Nicolas Boileau-Despréaux (1636-1711), enfant de la bourgeoisie parisienne, se détourne de la profession d'avocat pour se consacrer à l'écriture. Ses *Satires* (dont la première date de 1660) témoignent de son ardeur polémique, que l'on retrouve dans *le Lutrin,* poème héroï-comique, 1674. Son *Art poétique,* 1674, codifie à l'intention du public cultivé des « honnêtes gens » l'idéal littéraire de son temps, fait de juste mesure, de clarté, d'imitation raisonnée des Anciens. C'est d'ailleurs le poète latin Horace qu'il veut égaler par ses *Épîtres* (composées de 1669 à 1695), où il aborde les sujets les plus divers. La protection de Louis XIV l'élève, en 1677, à la charge d'historiographe du roi.

« Les voleurs à l'instant s'emparent de la ville »

La Satire VI, *1666, intitulée* les Embarras de Paris, *reprend un thème souvent traité et s'inspire notamment du poète latin Juvénal (IIe siècle) stigmatisant « les embarras de Rome ». Jouant de toutes les ressources du comique, Boileau y manifeste un remarquable talent de conteur pittoresque et burlesque.*

Car, sitôt que du soir les ombres pacifiques
D'un double cadenas font fermer les boutiques ;
Que, retiré chez lui, le paisible marchand
Va revoir ses billets [1] et compter son argent ;
Que dans le Marché-Neuf tout est calme et tranquille,
Les voleurs à l'instant s'emparent de la ville.
Le bois le plus funeste et le moins fréquenté
Est, au prix de Paris, un lieu de sûreté.
Malheur donc à celui qu'une affaire imprévue
Engage un peu trop tard au détour d'une rue !
Bientôt quatre bandits lui serrant les côtés :
La bourse !... Il faut se rendre ; ou bien non, résistez,
Afin que votre mort, de tragique mémoire,
Des massacres fameux aille grossir l'histoire.
Pour moi, fermant ma porte et cédant au sommeil,
Tous les jours je me couche avecque le soleil :
Mais en ma chambre à peine ai-je éteint la lumière,
Qu'il ne m'est plus permis de fermer la paupière.
Des filous effrontés, d'un coup de pistolet,
Ébranlent ma fenêtre et percent mon volet ;
J'entends crier partout : Au meurtre ! on m'assassine !
Ou : Le feu vient de prendre à la maison voisine !
Tremblant et demi-mort, je me lève à ce bruit,
Et souvent sans pourpoint je cours toute la nuit.
Car le feu, dont la flamme en ondes se déploie,
Fait de notre quartier une seconde Troie [2],
Où maint Grec affamé, maint avide Argien [3],
Au travers des charbons va piller le Troyen.
Enfin sous mille crocs [4] la maison abîmée [5]
Entraîne aussi le feu qui se perd en fumée.

Nicolas Boileau, *Satire VI,* 1666

*1. Billets à ordre, reconnaissances de dettes (la monnaie-papier n'existe pas encore). – 2. Allusion à l'*Iliade *d'Homère qui raconte comment les Grecs, ayant pénétré dans Troie cachés dans les flancs du gigantesque cheval imaginé par Ulysse, mettent le feu à la ville et la pillent. – 3. Grecs d'Argos (la plus ancienne ville de la Grèce). – 4. Crochets pour abattre la maison quand on a perdu l'espoir d'éteindre l'incendie. – 5. Précipitée dans l'abîme ; ici = jetée à terre.*

FRANCE

FRANÇOIS DE

XVIIe siècle

« Nous ne pouvons rien aimer que par rapport à nous »

Le duc François de La Rochefoucauld (1613-1680), appartenant à une illustre famille alliée aux rois de France, a connu une jeunesse aventureuse. Blessé dans les combats de la Fronde, déçu dans ses ambitions politiques, il se consacre à la vie mondaine des salons. Une tendre amitié le lie à Mme de La Fayette. Sa longue réflexion désabusée sur la réalité humaine nourrit la composition de ses *Maximes,* dont la première édition *(Sentences et Maximes de morale)* paraît en 1664. Il y montre que toute action humaine repose en fait, à travers maints déguisements, sur « l'amour-propre », c'est-à-dire l'amour de soi-même.

Né d'un jeu de société mondain, le genre de la « maxime » doit enfermer une « réflexion morale » dans une forme condensée et brillante. Son caractère lapidaire en fait un instrument de lucidité, qui s'accorde au pessimisme de La Rochefoucauld (imprégné de jansénisme et souvent proche de Pascal) et lui permet de mettre à nu les ressorts des actions humaines. « Nos vertus ne sont le plus souvent que des vices déguisés », disait l'épigraphe de l'édition de 1675. Le numéro qui suit chaque maxime est celui donné par La Rochefoucauld dans l'édition de 1678 (Réflexions ou Sentences et Maximes morales).

Le soleil ni la mort ne se peuvent regarder fixement (26).

Le mal que nous faisons ne nous attire pas tant de persécution que nos bonnes qualités (29).

Si nous n'avions point de défauts, nous ne prendrions pas tant de plaisir à en remarquer dans les autres (31).

La sincérité est une ouverture de cœur. On la trouve en fort peu de gens ; et celle que l'on voit d'ordinaire n'est qu'une fine dissimulation pour attirer la confiance des autres (62).

Il est difficile de définir l'amour. Ce qu'on en peut dire est que dans l'âme c'est une passion de régner, dans les esprits c'est une sympathie, et dans le corps ce n'est qu'une envie cachée et délicate de posséder ce que l'on aime après beaucoup de mystères (68).

Il n'y a point de déguisement qui puisse longtemps cacher l'amour où il est, ni le feindre où il n'est pas (70).

Il n'y a guère de gens qui ne soient honteux de s'être aimés quand ils ne s'aiment plus (71).

Si l'on juge de l'amour par la plupart de ses effets, il ressemble plus à la haine qu'à l'amitié (72).

L'amour aussi bien que le feu ne peut subsister sans un mouvement continuel ; et il cesse de vivre dès qu'il cesse d'espérer ou de craindre (75).

L'amour de la justice n'est en la plupart des hommes que la crainte de souffrir l'injustice (78).

Nous ne pouvons rien aimer que par rapport à nous, et nous ne faisons que suivre notre goût et notre plaisir quand nous préférons nos amis à nous-mêmes ; c'est néanmoins par cette préférence seule que l'amitié peut être vraie et parfaite (81).

Il est plus honteux de se défier de ses amis que d'en être trompé (84).

François de La Rochefoucauld, ***Réflexions ou Sentences et Maximes morales,*** **1678**

FRANCE

XVIIe siècle

« Ce breuvage est amer et noir »

La minutie de la description des coutumes turques donne au récit de Thévenot un caractère presque ethnographique. On le sent intéressé, attiré, parfois admiratif.
Après avoir décrit les différentes boissons dont usent les Turcs, il en vient à un breuvage étrange, encore inconnu (on lui attribuera le mérite de l'avoir introduit en France) : le cahvé *(que nous appelons maintenant café).*

Cette boisson se fait d'une graine dont nous parlerons ci-après. Ils la font rôtir dans une poêle ou autre ustensile sur le feu, puis ils la pilent et mettent en poudre fort subtile, et quand ils en veulent boire ils prennent un coquemar[1] fait exprès, qu'ils appellent ibrik, et l'ayant empli d'eau la font bouillir ; quand elle bout, ils y mettent de cette poudre, pour environ trois tasses d'eau une bonne cuillerée de ladite poudre, et quand cela bout, on le retire vitement de devant le feu, ou bien on le remue, autrement il s'enfuirait par-dessus, car il s'élève fort vite ; et quand il a bouilli ainsi dix ou douze bouillons, ils le versent dans des tasses de porcelaine qu'ils rangent sur un tranchoir[2] de bois peint, et vous l'apportent ainsi tout bouillant ; il le faut boire aussi chaud, mais à plusieurs reprises, autrement il n'est pas bon. Ce breuvage est amer et noir, et sent un peu le brûlé ; on le boit tout à petits traits de peur de se brûler ; de sorte qu'étant dans un cavehane (ainsi se nomment les lieux où on le vend tout préparé) on entend une assez plaisante musique de humerie[3]. Cette boisson est bonne pour empêcher que les fumées ne s'élèvent de l'estomac à la tête, et par conséquent pour en guérir le mal, et par la même raison il empêche de dormir. Lorsque nos marchands français ont beaucoup de lettres à écrire, et qu'ils veulent travailler toute la nuit, ils prennent le soir une tasse ou deux de cahvé ; il est bon aussi pour conforter l'estomac, et aide à la digestion : enfin selon les Turcs il est bon contre toute sorte de maux, et assurément il a au moins autant de vertu qu'on en attribue au thé ; quant au goût, on n'en a pas eu deux fois qu'on s'y accoutume ; et on ne le trouve plus désagréable ; il y en a qui mettent des clous girofle et quelques grains de cardamome, appelée en latin *cardamomum minus* qu'ils appellent cacoule, d'autres y ajoutent du sucre, mais ce mélange qui le rend plus agréable le fait moins sain et profitable. Il s'en boit une grande quantité dans les pays des Turcs.

Jean Thévenot, *Voyage de M. Thévenot tant en Europe qu'en Asie et en Afrique*, édition de 1684

1. Bouilloire. – 2. Plateau. – 3. Mot forgé par Thévenot : bruit que l'on fait en aspirant un liquide.

Jean Thévenot (1633-1667) a passé sa vie à voyager pour son plaisir : entre 1656 et 1659, il visite Constantinople, Le Caire, Jérusalem, Tunis ; il part en 1663 pour un second voyage en Perse et en Inde, mais il meurt sur le chemin du retour. Le récit de ses voyages (dont le premier volume paraît en 1665) témoigne, dans sa naïve « objectivité », de son cheminement vers la découverte de l'altérité, vers la reconnaissance du droit des autres à vivre leur différence.

COMPRÉHENSION ET LANGUE

1 – Donnez les différentes étapes de la fabrication du café.
2 – Expliquez la fonction des points-virgules qui se succèdent (l. 5 à l. 12).
3 – Quelles sont les vertus du café ?
4 – Les Turcs et les Français en ont-ils le même usage ?

ACTIVITÉS DIVERSES, EXPRESSION ÉCRITE

J. Thévenot a forgé le mot *humerie* (l. 16). À votre tour, créez des mots nouveaux.

FRANCE

LOUIS ARMAND DE LA HONTAN

Le baron de La Hontan (1666 - v. 1715), petit noble dépossédé de ses terres, s'embarque en 1683 pour le Canada. Il passe dix ans en Nouvelle-France, participe aux campagnes militaires contre les Indiens, vit parmi eux, explore (du moins le prétend-il) les affluents du Mississippi. À la suite de conflits avec le gouverneur, il doit rentrer en France, mais, ne parvenant pas à prouver son bon droit, doit passer à l'étranger. Il publie en 1703, à La Haye, trois ouvrages qui se fondent sur son expérience de l'Amérique et qui seront souvent réédités au XVIIIe siècle : *Nouveaux Voyages de M. le baron de La Hontan ; Mémoires de l'Amérique septentrionale* et *Dialogues avec un sauvage.* Par ses attaques contre la religion, sa critique de la civilisation, son éloge de la vie primitive, La Hontan annonce l'esprit philosophique du XVIIIe siècle.

« Tu nous crois sans religion »

Les Dialogues curieux entre l'auteur et un sauvage de bon sens qui a voyagé *forment un libelle très violent contre le christianisme et les principes de l'organisation sociale européenne, annonçant les audaces du siècle des philosophes et les pamphlets anticolonialistes. L'intérêt du texte de La Hontan est qu'il se nourrit d'une connaissance réelle de la vision du monde des Amérindiens, même si Adario, le « sauvage », devient comme l'incarnation de l'idée de nature. Au début du premier* Dialogue, *La Hontan invite Adario, à qui il reproche d'être « sans religion et sans la connaissance du vrai Dieu », à se convertir au christianisme. Adario répond en ces termes :*

Comment sans connaissance du vrai Dieu ! Est-ce que tu rêves ? Quoi ? tu nous crois sans religion après avoir demeuré tant de temps avec nous ? 1. Ne sais-tu pas que nous reconnaissons un créateur de l'univers, sous le nom du grand Esprit ou du Maître de la Vie, que nous croyons être dans tout ce qui n'a point de bornes. 2. Que nous confessons l'immortalité de l'âme. 3. Que le grand Esprit nous a pourvus d'une raison capable de discerner le bien d'avec le mal comme le ciel d'avec la terre, afin que nous suivions exactement les véritables règles de la justice et de la sagesse. 4. Que la tranquillité d'âme plaît au grand Maître de la Vie, qu'au contraire le trouble de l'esprit lui est en horreur, parce que les hommes en deviennent méchants. 5. Que la vie est un songe et la mort un réveil, après lequel l'âme voit et connaît la nature et la qualité des choses visibles et invisibles. 6. Que la portée de notre esprit ne pouvant s'étendre un pouce au-dessus de la superficie de la terre, nous ne devons pas le gâter et le corrompre en essayant de pénétrer les choses invisibles et improbables.
Voilà, mon cher frère, quelle est notre créance et que nous suivons exactement. Nous croyons aussi d'aller[1] dans le pays des âmes après notre mort : mais nous ne soupçonnons pas, comme vous, qu'il faut nécessairement qu'il y ait des séjours bons et mauvais après la vie pour les bonnes ou mauvaises âmes, puisque nous ne savons pas si ce que nous croyons être un mal selon les hommes l'est aussi selon Dieu. Si votre religion est différente de la nôtre, cela ne veut pas dire que nous n'en ayons point du tout. Tu sais que j'ai été en France, à la Nouvelle-York et à Québec, où j'ai étudié les mœurs et la doctrine des Anglais et des Français. Les Jésuites disent que parmi cinq ou six cents sortes de religions qui sont sur la terre, il n'y en a qu'une seule bonne et véritable, qui est la leur, et sans laquelle nul homme n'échappera d'un feu qui brûlera son âme durant toute l'éternité, et cependant ils n'en sauraient donner de preuves.

Louis Armand de La Hontan, *Dialogues curieux entre l'auteur et un sauvage de bon sens qui a voyagé*, 1703

1. = que nous irons.

Une soirée chez madame Geoffrin.

XVIIIe siècle

« La langue française est de toutes les langues celle qui exprime avec le plus de facilité, de netteté, de délicatesse, tous les objets de la conversation des honnêtes gens ; et par là elle contribue dans toute l'Europe à un des plus grands agréments de la vie. »

Voltaire*, le Siècle de Louis XIV, *1751

Présentation du XVIIIe siècle

L'historien Michelet scandalisait quand il affirmait : « Le Grand Siècle, je veux dire le XVIIIe siècle... » Car la grandeur de ce siècle est paradoxale : non pas la majesté du siècle de Louis le Grand, mais l'ampleur d'un projet qui tend à donner aux hommes, à l'ensemble des hommes, le pouvoir de se faire eux-mêmes. Le siècle des Lumières croit en l'avenir, le prépare par le bon usage de la raison, par la critique systématique, par la réhabilitation des passions. Siècle de l'« invention de la liberté », le XVIIIe est par là même le moment où se forme une nouvelle idée et une nouvelle connaissance de l'homme : « La plus utile et la moins avancée de toutes les connaissances me paraît être celle de l'homme » (Jean-Jacques Rousseau).

Esprit critique

La mort de Louis XIV (1715) semble libérer la critique et la fantaisie. L'esprit d'examen soutient Bayle et Fontenelle dans leur combat contre le dogmatisme religieux. Une allégresse nouvelle, le plaisir de l'irrespect et de l'ironie animent les premiers textes de Montesquieu, de Voltaire, de Lesage, de Marivaux. La « crise de la conscience européenne » sape les valeurs établies du siècle précédent.

Les voyageurs (Chardin en Perse, les jésuites en Chine, le baron de La Hontan en Amérique) rapportent cette idée toujours neuve que l'Europe n'est pas le seul monde et que ses croyances tiennent souvent des préjugés. Mis en éveil, l'esprit critique constate que le christianisme n'est qu'une religion parmi d'autres. La découverte de l'Angleterre, par les écrivains et philosophes français qui y séjournent, leur donne le goût de la tolérance et de la liberté.

Philosophie et lumières

La raison se découvre un droit de regard sur tous les domaines et le pouvoir de construire un monde éclairé. Le philosophe, armé de cette raison qui sera divinisée par la Révolution, s'intéresse aussi bien à la science (de Montesquieu à Buffon), à la politique (pour en définir les ressorts avec Montesquieu et les principes avec Rousseau), à l'histoire (pour refuser, de Montesquieu à Voltaire, son explication par les desseins de la Providence), à la religion (que l'on soit déiste fervent comme Rousseau ou matérialiste comme Diderot). La confiance dans la raison humaine se double d'une acceptation optimiste de l'idée de progrès : la raison va changer le monde. La grande œuvre collective de l'*Encyclopédie* vise à diffuser partout ces lumières de la raison, pour combattre l'intolérance et l'absolutisme et contribuer ainsi à répandre l'idée nouvelle du bonheur.

Le philosophe n'est pas un théoricien abstrait, mais un homme pratique, qui veut être utile en participant au progrès de la civilisation (Voltaire). L'esprit du temps s'accorde avec Voltaire quand il prône, contre Rousseau, la vie dans la cité des hommes plutôt que dans la solitude. Les salons, les cafés, les clubs sont les lieux où se manifeste cette passion de la sociabilité.

Les grands combats

Bien qu'il n'y ait nulle doctrine systématique réunissant dans un seul mouvement ceux qu'on appelle les « philosophes », on peut relever leur accord autour de quelques grands principes qui animent leur action militante. D'abord une idée qui s'incarnera à la fin du siècle dans la *Déclaration des droits de l'homme et du citoyen :* le respect de la personne humaine, qui doit être reconnue au-delà des spécifications de race, de nationalité, de statut, de religion. En découle l'appel aux valeurs de liberté et de tolérance qui sont dues à tous. Le grand ennemi des philosophes est le *fanatique,* qui prétend faire partager ses propres croyances à l'ensemble de l'humanité.

En s'élevant contre la guerre, contre la torture, contre l'esclavage, le philosophe propose un nouvel humanisme de raison.

La sensibilité

La passion de la raison n'étouffe jamais la tendresse du cœur. Le philosophe, qui est « l'ami du genre humain », est un homme sensible. Ouvert au monde, il cherche à vibrer en communion avec ses semblables. Voltaire aime pleurer au théâtre. L'abbé Prévost peint la fatalité des passions. Vauvenargues revendique les droits du cœur. Diderot et Rousseau laissent se déchaîner les émotions. Diderot en appelle à l'enthousiasme (possession intime de l'individu par une force qui le dépasse) comme inspirateur du génie. Pour découvrir Dieu, Rousseau préfère écouter la voix du cœur plutôt que celle de la raison. La poésie, mal comprise par les plus rationalistes des philosophes (la conception générale du siècle tend à identifier poésie et technique de versification), réapparaît à la fin du siècle dans le lyrisme de Chénier et des poètes créoles (Parny).

Cosmopolitisme

La croyance en l'universalité de la raison, la découverte progressive qu'il existe une fraternité universelle des êtres interdisent de s'enfermer dans une détermination nationale. Rien de ce qui est humain ne saurait être étranger à un esprit philosophique, et il se sentira citoyen du monde avant d'être sujet du roi de France (« Je suis homme avant d'être Français, affirme Montesquieu. Si je savais quelque chose qui me fût utile, et qui fût préjudiciable à ma famille, je le rejetterais de mon esprit. Si je savais quelque chose utile à ma famille, et qui ne le fût pas à ma patrie, je chercherais à l'oublier. Si je savais quelque chose utile à ma patrie, et qui fût préjudiciable à l'Europe, ou bien qui fût utile à l'Europe et préjudiciable au genre humain, je la regarderais comme un crime. »).

Ce cosmopolitisme n'interdit nullement que soit reconnu à la culture française le statut d'un modèle pour les autres nations. Le XVIIIe siècle européen se met à l'école du raffinement parisien. On construit un peu partout des châteaux qui imitent la magnificence de Versailles. Ce prestige rejaillit sur la langue. C'est tout à fait logiquement que l'Académie de Berlin inscrit à son concours de 1784 le sujet de dissertation suivant : « Qu'est-ce qui a rendu la langue française universelle ? » On sait ce que Rivarol a répondu : « Sûre, raisonnable, sociale, c'est la langue humaine. » Il devait obtenir le prix.

POINTS DE VUE ET DOCUMENTS

Le vrai philosophe

[Voltaire termine une lettre à son ami Damilaville par un autoportrait en forme d'éloge du philosophe, dont il souligne l'action bienfaisante.]

« Des gens qui ne raisonnent pas ont voulu discréditer ceux qui raisonnent : ils ont confondu le philosophe avec le sophiste ; ils se sont bien trompés. Le vrai philosophe peut quelquefois s'irriter contre la calomnie qui le poursuit lui-même. Il peut couvrir d'un éternel mépris le vil mercenaire qui outrage deux fois par mois la raison, le bon goût et la vertu[1]. Il peut même livrer, en passant, au ridicule ceux qui insultent la littérature dans le sanctuaire où ils auraient dû l'honorer[2] ; mais il ne connaît ni les cabales, ni les sourdes pratiques, ni la vengeance. Il sait comme le sage de Montbard[3], comme celui de Voré[4], rendre la terre plus fertile, et ses habitants plus heureux. Le vrai philosophe défriche les champs incultes, augmente le nombre des charrues, et par conséquent les habitants, occupe le pauvre et l'enrichit, encourage les mariages, établit l'orphelin, ne murmure point contre les impôts nécessaires, et met le cultivateur en état de les payer avec allégresse. Il n'attend rien des hommes, et il leur fait tout le bien dont il est capable. Il a l'hypocrite en horreur, mais il plaint le superstitieux ; enfin il sait être ami. »

Voltaire, *Lettre à Damilaville,* 1-3-1765

Un esprit de liberté

« Chaque siècle a son esprit qui le caractérise. L'esprit du nôtre semble être celui de la liberté. La première attaque contre la superstition a été violente, sans mesure. Une fois que les hommes ont osé d'une manière quelconque donner l'assaut à la barrière de la religion, cette barrière, la plus formidable qui existe comme la plus respectée, il est impossible de s'arrêter. Dès qu'ils ont tourné les regards menaçants contre la majesté du ciel, ils ne manqueront pas, le moment d'après, de les diriger contre la souveraineté de la terre. Le câble qui tient et comprime l'humanité est formé de deux cordes : l'une ne peut céder sans que l'autre vienne à rompre. »

Diderot, *Lettre à la princesse Dashkoff,* 3-4-1771

Rapport sur la langue française

[Député à la Constituante, l'abbé Henri Grégoire avait été chargé d'effectuer une enquête sur la situation linguistique de la France, dans l'intention de « trouver les moyens d'anéantir les patois et d'universaliser l'usage de la langue française ». Son Rapport, *présenté en 1794, a inspiré la politique linguistique et scolaire de la Convention, qui souhaitait généraliser l'usage du français comme instrument de liberté et d'égalité.]*

« Il n'y a qu'environ quinze départements de l'intérieur où la langue française soit exclusivement parlée. Encore y éprouve-t-elle des altérations sensibles, soit dans la prononciation, soit dans l'emploi de termes impropres et surannés. [...]

On peut assurer sans exagération qu'au moins six millions de Français, surtout dans les campagnes, ignorent la langue nationale ; qu'un nombre égal est à peu près incapable de soutenir une conversation suivie ; qu'en dernier résultat le nombre de ceux qui la parlent n'excède pas trois millions ; et probablement le nombre de ceux qui l'écrivent correctement est moindre encore.

Ainsi, avec trente patois différents, nous sommes encore, pour le langage, à la tour de Babel, tandis que pour la liberté nous formons l'avant-garde des nations. [...]

Tout ce qu'on vient de lire appelle la conclusion, que pour extirper tous les préjugés, développer toutes les vérités, tous les talents, toutes les vertus, fondre tous les citoyens dans la masse nationale, simplifier le mécanisme et faciliter le jeu de la machine politique, il faut identité de langage. »

Abbé Grégoire, *Rapport sur la langue française,* 1794

---

1. Allusion à Fréron, adversaire acharné des philosophes dans sa publication bimensuelle, l'Année littéraire.

2. Allusion à Lefranc de Pompignan, qui venait d'être élu à l'Académie française. Voltaire ironisait sur son médiocre talent poétique.

3. Le naturaliste Buffon.

4. Le philosophe Helvétius.

Les événements

1714	La Belgique devient autrichienne
1715	Mort de Louis XIV
1715-1723	La Régence
1716	Système de Law
1723-1774	Règne de Louis XV
1726-1743	Ministère de Fleury
1740-1786	Frédéric II, roi de Prusse
1741-1748	Guerre de succession d'Autriche
1744	Début de la guerre franco-anglaise
1748	Traité d'Aix-la-Chapelle
1755	Tremblement de terre de Lisbonne
1756-1763	Guerre de Sept Ans
1759	Perte de Québec et de la Guadeloupe
1760	Capitulation de Montréal
1762-1796	Catherine II, tsarine de Russie
1763	Traité de Paris : fin du 1er Empire colonial français
1764	Dissolution des jésuites
1774-1793	Règne de Louis XVI
1776	Déclaration d'indépendance des États-Unis
1782	Échec de la révolution genevoise
1783	Traité de Versailles
1788	Convocation des États généraux
1789	La Belgique se révolte contre l'Autriche Début de la Révolution française
1799	Bonaparte au pouvoir (18 Brumaire)

Vie littéraire & philosophique

1715-1735	Lesage, *Gil Blas*
1717	Voltaire à la Bastille
1721	Montesquieu, *Lettres persanes*
1726	Voltaire en Angleterre
1730	Marivaux, *le Jeu de l'amour et du hasard*
1731	Abbé Prévost, *Manon Lescaut*
1732	Voltaire, *Zaïre*
1734	Montesquieu, *Considérations…* Voltaire, *Lettres philosophiques*
1736	Voltaire, *le Mondain*
1747	Voltaire, *Zadig*
1748	Montesquieu, *De l'esprit des lois*
1749	Diderot à Vincennes
1749-1789	Buffon, *Histoire naturelle*
1750	Rousseau, *1er Discours* Prospectus de l'*Encyclopédie*
1751	Voltaire, *le Siècle de Louis XIV*
1757	Rousseau, *Lettre à d'Alembert*
1759	Voltaire, *Candide ou l'Optimisme* Condamnation de l'*Encyclopédie*
1761	Rousseau, *la Nouvelle Héloïse*
1762	Rousseau, *Du contrat social, Émile* Diderot, *le Neveu de Rameau*
1765-1770	Rousseau écrit les *Confessions*
1773	Diderot, *Jacques le Fataliste*
1775	Beaumarchais, *le Barbier de Séville*
1776-1778	Rousseau écrit les *Rêveries*
1784	Beaumarchais, *le Mariage de Figaro* Rivarol, *Discours sur l'universalité de la langue française*
1785	Chénier écrit les *Bucoliques*
1788	Bernardin de Saint-Pierre, *Paul et Virginie*
1789	*Déclaration des droits de l'homme et du citoyen*

Vie artistique

1716	Haendel, *Water Music*
1720	Watteau, *l'Enseigne de Gersaint*
1721	Bach, *Concertos brandebourgeois*
1725	Vivaldi, *les Quatre Saisons*
1733	Pergolèse, *la Servante maîtresse*
1740	Boucher, *le Triomphe de Vénus* Chardin, *le Bénédicité*
1749	Bach, *l'Art de la fugue*
1717	Piranèse, *Prisons imaginaires*
1753-1763	Hubert Robert, *les Ports de France*
1761	Greuze, *l'Accordée de village*
1764	L'église Sainte-Geneviève (le Panthéon) par Soufflot
1775	Fragonard, *la Fête à Saint-Cloud*
1781	Mozart, *l'Enlèvement au sérail*
1786	David, *le Serment des Horaces*
1787	Mozart, *Don Juan*
1791	Mozart, *la Flûte enchantée*
1795	Goya, *la Duchesse d'Albe*
1798	Haydn, *la Création*

Inventions & découvertes

1736	Premier chronomètre par Harrison
1736-1745	Calcul du méridien terrestre par Maupertuis, Celsius, Camus, La Condamine
1738	Classement des êtres vivants par Linné
1740	L'abbé de L'Épée met au point un système de communication pour les sourds-muets
1742	Échelle thermométrique centésimale de Celsius
1745	Métier à tisser de Vaucanson
1748	Fouilles de Pompéi
1759	Manufacture de toiles imprimées d'Oberkampf
1766-1769	Voyage de Bougainville autour du monde
1768-1779	Voyages de Cook dans les mers du Sud
1772-1786	Développement de la chimie moderne avec Lavoisier
1775	Lambert dresse la première carte de la Lune
1782	Watt perfectionne la machine à vapeur
1783	Premier aérostat des frères Montgolfier
1785-1788	Expédition de La Pérouse
1790	Métier à tisser de Jacquard
1793	Télégraphe de Chappe
1795	Appert met au point la stérilisation des denrées périssables par chauffage et invente la boîte de conserve
1796	Première vaccination antivariolique par Jenner
1799	Éclairage au gaz de Leboni

PIERRE DE

Pierre Carlet de Chamblain de Marivaux (1688-1763) a été pendant vingt ans le maître incontesté du théâtre, avec des pièces élégantes et subtiles, représentées surtout par les comédiens italiens (*Arlequin poli par l'amour,* 1720 ; *la Double Inconstance,* 1723 ; *le Jeu de l'amour et du hasard,* 1730 ; *le Triomphe de l'amour,* 1732 ; *les Fausses Confidences,* 1737). À la recherche d'une vérité psychologique révélée par le langage (ce qu'on appelle le « marivaudage »), il peint surtout la naissance de l'amour, les feintes et les esquives du sentiment. Ses romans (*la Vie de Marianne,* 1731-1741 ; *le Paysan parvenu,* 1734-1735, tous deux inachevés) mêlent le souvenir de la tradition précieuse au souci du réalisme pittoresque.

« Tu me parles, je te réponds »

Le Jeu de l'amour et du hasard *repose sur un double déguisement. Silvia, méfiante envers le mariage de convenance que son père lui a ménagé avec Dorante, décide d'observer son prétendant en se faisant passer pour sa femme de chambre Lisette. Mais Dorante a la même idée, et il se présente sous l'identité de son domestique, Bourguignon. La pseudo-soubrette et le pseudo-valet découvrent malgré eux l'inclination naissante qui les rapproche.*

DORANTE. — Lisette, quelque éloignement que tu aies pour moi, je suis forcé de te parler ; je crois que j'ai à me plaindre de toi.

SILVIA. — Bourguignon, ne nous tutoyons plus, je t'en prie.

DORANTE. — Comme tu voudras.

SILVIA. — Tu n'en fais pourtant rien.

DORANTE. — Ni toi non plus ; tu me dis : *Je t'en prie.*

SILVIA. — C'est que cela m'est échappé.

DORANTE. — Eh bien, crois-moi, parlons comme nous pourrons ; ce n'est pas la peine de nous gêner pour le peu de temps que nous avons à nous voir.

SILVIA. — Est-ce que ton maître s'en va ? Il n'y aurait pas grande perte.

DORANTE. — Ni à moi non plus, n'est-il pas vrai ? J'achève ta pensée.

SILVIA. — Je l'achèverais bien moi-même, si j'en avais envie ; mais je ne songe pas à toi.

DORANTE. — Et moi, je ne te perds point de vue.

SILVIA. — Tiens, Bourguignon, une bonne fois pour toutes, demeure, va-t'en, reviens, tout cela doit m'être indifférent, et me l'est en effet ; je ne te veux ni du bien ni du mal ; je ne te hais, ni ne t'aime, ni ne t'aimerai, à moins que l'esprit ne me tourne. Voilà mes dispositions, ma raison ne m'en permet point d'autres, et je devrais me dispenser de te le dire.

DORANTE. — Mon malheur est inconcevable. Tu m'ôtes peut-être tout le repos de ma vie.

SILVIA. — Quelle fantaisie il s'est allé mettre dans l'esprit ! Il me fait de la peine. Reviens à toi. Tu me parles, je te réponds ; c'est beaucoup, c'est trop même ; tu peux m'en croire et, si tu étais instruit[1], en vérité, tu serais content de moi ; tu me trouverais d'une bonté sans exemple, d'une bonté que je blâmerais dans une autre. Je ne me la reproche pourtant pas ; le fond de mon cœur me rassure, ce que je fais est louable. C'est par générosité que je te parle ; mais il ne faut pas que cela dure ; ces générosités-là ne sont bonnes qu'en passant, et je ne suis pas faite pour me rassurer toujours sur l'innocence de mes intentions ; à la fin, cela ne ressemblerait plus à rien. Ainsi, finissons, Bourguignon ; finissons, je t'en prie. Qu'est-ce que cela signifie ? c'est se moquer ; allons, qu'il n'en soit plus parlé.

DORANTE. — Ah ! ma chère Lisette, que je souffre !

SILVIA. — Venons à ce que tu voulais me dire. Tu te plaignais de moi, quand tu es entré ; de quoi était-il question ?

DORANTE. — De rien, d'une bagatelle ; j'avais envie de te voir, et je crois que je n'ai pris qu'un prétexte.

SILVIA, *à part.* — Que dire à cela ? Quand je m'en fâcherais, il n'en serait ni plus ni moins.

DORANTE. — Ta maîtresse, en partant, a paru m'accuser de t'avoir parlé au désavantage de mon maître.

SILVIA. — Elle se l'imagine ; et, si elle t'en parle encore, tu peux le nier hardiment ; je me charge du reste.

DORANTE. — Eh ! ce n'est pas cela qui m'occupe.

SILVIA. — Si tu n'as que cela à me dire, nous n'avons plus que faire ensemble.

DORANTE. — Laisse-moi du moins le plaisir de te voir.

SILVIA. — Le beau motif qu'il me fournit là ! J'amuserai la passion de Bourguignon ! Le souvenir de tout ceci me fera bien rire un jour.

DORANTE. — Tu me railles, tu as raison ; je ne sais ce que je dis, ni ce que je te demande. Adieu.

SILVIA. — Adieu ; tu prends le bon parti... Mais, à propos de tes adieux, il me reste encore une chose à savoir. Vous partez, m'as-tu dit ; cela est-il sérieux ?

DORANTE. — Pour moi, il faut que je parte, ou que la tête me tourne.

SILVIA. — Je ne t'arrêtais pas pour cette réponse-là, par exemple.

DORANTE. — Et je n'ai fait qu'une faute ; c'est de n'être pas parti dès que je t'ai vue.

SILVIA, *à part.* — J'ai besoin à tout moment d'oublier que je l'écoute.

DORANTE. — Si tu savais, Lisette, l'état où je me trouve...

SILVIA. — Oh ! il n'est pas si curieux à savoir que le mien, je t'en assure.

DORANTE. — Que peux-tu me reprocher ? Je ne me propose pas de te rendre sensible[2].

SILVIA, *à part.* — Il ne faudrait pas s'y fier.

DORANTE. — Et que pourrais-je espérer en tâchant de me faire aimer ? Hélas ! quand même je posséderais ton cœur...

SILVIA. — Que le ciel m'en préserve ! quand tu le posséderais, tu ne le saurais pas ; et je ferais si bien que je ne le saurais pas moi-même. Tenez, quelle idée il lui vient là !

DORANTE. — Il est donc bien vrai que tu ne me hais, ni ne m'aimes, ni ne m'aimeras ?

SILVIA. — Sans difficulté.

DORANTE. — Sans difficulté ! Qu'ai-je donc de si affreux ?

SILVIA. — Rien ; ce n'est pas là ce qui te nuit.

DORANTE. — Eh bien ! chère Lisette, dis-le-moi cent fois, que tu ne m'aimeras point.

SILVIA. — Oh ! je te l'ai assez dit ; tâche de me croire.

DORANTE. — Il faut que je le croie ! Désespère une passion dangereuse, sauve-moi des effets[3] que j'en crains ; tu ne me hais, ni ne m'aimes, ni me m'aimeras ; accable mon cœur de cette certitude-là ! J'agis de bonne foi, donne-moi du secours contre moi-même ; il m'est nécessaire ; je te le demande à genoux.

Pierre de Marivaux, *le Jeu de l'amour et du hasard,* 1730, acte II, scène IX

COMPRÉHENSION ET LANGUE

1 – Justifiez l'emploi du subjonctif dans la première réplique.

2 – Quels liens unissent les deux protagonistes ?

3 – Que signifient à votre avis pour Silvia et Dorante le vouvoiement et le tutoiement ?

4 – Dans quelles dispositions Silvia se trouve-t-elle ?

5 – Quels sentiments Dorante éprouve-t-il ?

6 – Montrez à l'aide d'exemples précis que Silvia parle autant pour elle-même que pour Dorante.

7 – Relevez les apartés et expliquez leur rôle.

8 – Les sentiments de Silvia à l'égard de Dorante évoluent-ils au cours de la scène ?

9 – En quoi cette scène justifie-t-elle le titre de la pièce ?

ACTIVITÉS DIVERSES, EXPRESSION ÉCRITE

1 – Étudiez et commentez le langage de l'époque de Marivaux. Qu'appelle-t-on le style *rococo ?*

2 – Comment se manifeste l'influence du théâtre italien (personnages, situations, jeux de scène, etc.) ?

3 – Définissez les caractéristiques du *marivaudage*.

1. = si tu savais qui je suis en réalité.
2. = de me faire aimer de toi.
3. Conséquences, suites.

FRANCE

CHARLES-LOUIS DE MONTESQUIEU

Charles-Louis de Secondat, baron de Montesquieu (1689-1755), esprit curieux, passionné de recherches scientifiques, publie en 1721 un roman libertin, les *Lettres persanes,* qui présente un tableau satirique de l'Europe vue par les yeux de deux voyageurs persans. Il voyage en Europe centrale et en Angleterre, compose des *Considérations sur les causes de la grandeur des Romains et de leur décadence*, 1734, et surtout élabore un vaste traité de philosophie politique, *De l'esprit des lois,* 1748, remarquable par la générosité qui l'habite (Montesquieu combat le racisme, l'esclavage et toutes les formes de violence oppressive), comme par la rigueur scientifique qui l'ordonne (« Je n'ai point tiré mes principes de mes préjugés, mais de la nature des choses »).

« Il faut de la vertu dans une république »

De l'esprit des lois *classe les différents types de gouvernement en les ramenant à leur nature et à leur principe. « Il y a trois espèces de gouvernement : le* RÉPUBLICAIN, *le* MONARCHIQUE *et le* DESPOTIQUE. *[...] Le gouvernement* républicain *est celui où le peuple en corps [= dans son ensemble], ou seulement une partie du peuple, a la souveraine puissance ; le* monarchique, *celui où un seul gouverne, mais par des lois fixes et établies ; au lieu que, dans le* despotique, *un seul, sans loi et sans règle, entraîne tout par sa volonté et par ses caprices. » Après la* nature *des gouvernements (leur définition), Montesquieu examine leur* principe *(ce qui les fait agir).*

DU PRINCIPE DE LA DÉMOCRATIE

Il ne faut pas beaucoup de probité pour qu'un gouvernement monarchique ou un gouvernement despotique se maintienne ou se soutienne. La force des lois dans l'un, le bras du prince toujours levé dans l'autre, règlent ou contiennent tout. Mais, dans un État populaire, il faut un ressort de plus, qui est la VERTU.

Ce que je dis est confirmé par le corps entier de l'histoire [1], et est très conforme à la nature des choses. Car il est clair que dans une monarchie, où celui qui fait exécuter les lois se juge au-dessus des lois, on a besoin de moins de vertu que dans un gouvernement populaire, où celui qui fait exécuter les lois sent qu'il y est soumis lui-même, et qu'il en portera le poids.

Il est clair encore que le monarque qui, par mauvais conseil ou par négligence, cesse de faire exécuter les lois, peut aisément réparer le mal : il n'a qu'à changer de Conseil, ou se corriger de cette négligence même. Mais lorsque, dans un gouvernement populaire, les lois ont cessé d'être exécutées, comme cela ne peut venir que de la corruption de la république, l'État est déjà perdu. [...]

Les politiques grecs, qui vivaient dans le gouvernement populaire, ne reconnaissaient d'autre force qui pût les soutenir que celle de la vertu. Ceux d'aujourd'hui ne nous parlent que de manufactures, de commerce, de finances, de richesses et de luxe même.

Lorsque cette vertu cesse, l'ambition entre dans les cœurs qui peuvent la recevoir, et l'avarice entre dans tous. Les désirs changent d'objets : ce qu'on aimait, on ne l'aime plus ; on était libre avec les lois, on veut être libre contre elles ; chaque citoyen est comme un esclave échappé de la maison de son maître ; ce qui était *maxime,* on l'appelle *rigueur ;* ce qui était *règle,* on l'appelle *gêne ;* ce qui y était *attention,* on l'appelle *crainte.* C'est la frugalité qui y est l'avarice, et non pas le désir d'avoir. Autrefois le bien des particuliers faisait le trésor public ; mais pour lors le trésor public devient le patrimoine des particuliers. La république est une dépouille ; et sa force n'est plus que le pouvoir de quelques citoyens et la licence de tous.

Charles-Louis de Montesquieu, *De l'esprit des lois*
(livre III, chapitre III), 1748

1. L'histoire humaine dans son ensemble.

DU PRINCIPE DE LA MONARCHIE

Le gouvernement monarchique suppose, comme nous avons dit, des prééminences, des rangs et même une noblesse d'origine. La nature de l'HONNEUR est de demander des préférences et des distinctions ; il est donc, par la chose même, placé dans ce gouvernement.

L'ambition est pernicieuse dans une république. Elle a de bons effets dans la monarchie ; elle donne la vie à ce gouvernement ; et on y a cet avantage, qu'elle n'y est pas dangereuse, parce qu'elle y peut être sans cesse réprimée.

Vous diriez qu'il en est comme du système de l'univers, où il y a une force qui éloigne sans cesse du centre tous les corps, et une force de pesanteur qui les y ramène. L'honneur fait mouvoir toutes les parties du corps politique ; il les lie par son action même ; et il se trouve que chacun va au bien commun, croyant aller à ses intérêts particuliers.

Il est vrai que, philosophiquement parlant, c'est un honneur faux qui conduit toutes les parties de l'État ; mais cet honneur faux est aussi utile au public, que le vrai le serait aux particuliers qui pourraient l'avoir.

Et n'est-ce pas beaucoup d'obliger les hommes à faire toutes les actions difficiles, et qui demandent de la force, sans autre récompense que le bruit de ces actions ?

Charles-Louis de Montesquieu, *De l'esprit des lois,* (Livre III, chapitre VII), 1748

DU PRINCIPE DU GOUVERNEMENT DESPOTIQUE

Comme il faut de la vertu dans une république, et dans une monarchie, de l'honneur, il faut de la CRAINTE dans un gouvernement despotique : pour la vertu, elle n'y est point nécessaire, et l'honneur y serait dangereux.

Le pouvoir immense du prince y passe tout entier à ceux à qui il le confie. Des gens capables de s'estimer beaucoup eux-mêmes seraient en état d'y faire des révolutions. Il faut donc que la crainte y abatte tous les courages, et y éteigne jusqu'au moindre sentiment d'ambition.

Un gouvernement modéré peut, tant qu'il veut, et sans péril, relâcher ses ressorts. Il se maintient par ses lois et par sa force même. Mais lorsque, dans le gouvernement despotique, le prince cesse un moment de lever le bras ; quand il ne peut pas anéantir à l'instant ceux qui ont les premières places, tout est perdu : car le ressort du gouvernement, qui est la crainte, n'y étant plus, le peuple n'a plus de protecteur.

C'est apparemment dans ce sens que des cadis[1] ont soutenu que le grand seigneur[2] n'était point obligé de tenir sa parole ou son serment, lorsqu'il bornait par là son autorité. […]

L'histoire nous dit que les horribles cruautés de Domitien[3] effrayèrent les gouverneurs, au point que le peuple se rétablit un peu sous son règne. C'est ainsi qu'un torrent, qui ravage tout d'un côté, laisse de l'autre des campagnes où l'œil voit de loin quelques prairies.

Charles-Louis de Montesquieu, *De l'esprit des lois,* (Livre III, chapitre IX), 1748

***1.** Magistrats musulmans. – **2.** Sultan. – **3.** Empereur romain (81-96).*

COMPRÉHENSION ET LANGUE

Texte 1 :

1 – Quel est le sens du mot *probité* (l. 1) ?

2 – Pourquoi le mot *vertu* est-il écrit en capitales (l. 5) ?

3 – Relevez le champ lexical des valeurs morales dans ce passage.

4 – Comment la vertu agit-elle sur la vie politique ?

5 – Quel élément peut perdre un État ? Pourquoi ?

6 – Commentez les mots en italique dans le cinquième paragraphe.

7 – Relevez un exemple de *chiasme.*

Texte 2 :

8 – Comparez l'honneur à la vertu ; leurs effets sont-ils semblables ? Lequel des deux principes est le plus avantageux ?

Texte 3 :

9 – La crainte est-elle une passion de même nature que la vertu et l'honneur ?

10 – Expliquez : « le peuple n'a plus de protecteur » (l. 14).

11 – Dans quelle classe sociale Montesquieu situe-t-il particulièrement la crainte ?

ACTIVITÉS DIVERSES, EXPRESSION ÉCRITE

1 – Recherchez des exemples de gouvernements monarchiques, despotiques et démocratiques.

2 – Ces textes de Montesquieu vous paraissent-ils encore valables de nos jours ? Donnez votre avis en vous appuyant sur des exemples précis.

Voltaire

François Marie Arouet (1694-1778), qui prit le nom de Voltaire, a mené un inlassable combat contre le fanatisme, au nom des valeurs de tolérance, de liberté, de progrès civilisateur. Familier des cours royales, puis patriarche des lettres européennes, retiré à Ferney, près de la frontière suisse, il a écrit une œuvre considérable, touchant à tous les genres littéraires : poésie, théâtre, réflexion philosophique (*Lettres anglaises*, 1734 ; *Dictionnaire philosophique*, 1764), ouvrages d'histoire (*le Siècle de Louis XIV*, 1751), et surtout pamphlets, où il déploie une ironie incomparable, contes philosophiques (*Zadig*, 1748 ; *Candide*, 1759) et correspondance (près de 20 000 lettres, qui composent un vivant portrait de l'auteur et de son siècle).

« Eh bien, Messieurs, avais-je tort ? »

La Relation de la maladie, de la confession, de la mort et de l'apparition du jésuite Berthier, *1759, est l'un des premiers pamphlets de Voltaire. Il y ridiculise les adversaires du mouvement philosophique à travers la figure de Berthier, rédacteur en chef du* Journal de Trévoux, *revue des jésuites, qui dénonçait sans relâche les hardiesses de l'*Encyclopédie.

Ce fut le 12 octobre 1759 que frère Berthier alla, pour son malheur, de Paris à Versailles avec frère Coutu, qui l'accompagne ordinairement. Berthier avait mis dans la voiture quelques exemplaires du *Journal de Trévoux,* pour les présenter à ses protecteurs et protectrices ; comme à la femme de chambre de madame la nourrice, à un officier de bouche [1], à un des garçons apothicaires du roi, et à plusieurs autres seigneurs qui font cas des talents. Berthier sentit en chemin quelques nausées ; sa tête s'appesantit : il eut de fréquents bâillements. « Je ne sais ce que j'ai, dit-il à Coutu, je n'ai jamais tant bâillé. – Mon Révérend Père, répondit frère Coutu, ce n'est qu'un rendu. – Comment ! que voulez-vous dire avec votre rendu ? dit frère Berthier. – C'est, dit frère Coutu, que je bâille aussi, et je ne sais pourquoi, car je n'ai rien lu de la journée, et vous ne m'avez point parlé depuis que je suis en route avec vous. » Frère Coutu, en disant ces mots, bâilla plus que jamais. Berthier répliqua par des bâillements qui ne finissaient point. Le cocher se retourna, et les voyant ainsi bâiller, se mit à bâiller aussi ; le mal gagna tous les passants : on bâilla dans toutes les maisons voisines. Tant la seule présence d'un savant a quelquefois d'influence sur les hommes !

Cependant une petite sueur froide s'empara de Berthier. « Je ne sais ce que j'ai, dit-il, je me sens à la glace. – Je le crois bien, dit le frère compagnon. – Comment, vous le croyez bien ! dit Berthier ; qu'entendez-vous par là ? – C'est que je suis gelé aussi, dit Coutu. – Je m'endors, dit Berthier. – Je n'en suis pas surpris, dit l'autre. – Pourquoi cela ? dit Berthier. – C'est que je m'endors aussi », dit le compagnon. Les voilà saisis tous deux d'une affection soporifique et léthargique, et en cet état ils s'arrêtèrent devant la porte des coches de Versailles. Le cocher, en leur ouvrant la portière, voulut les tirer de ce profond sommeil ; il n'en put venir à bout : on appela au secours. Le compagnon, qui était plus robuste que frère Berthier, donna enfin quelques signes de vie ; mais Berthier était plus froid que jamais. Quelques médecins de la cour, qui revenaient de dîner, passèrent auprès de la chaise [2] ; on les pria de donner un coup d'œil au malade : l'un d'eux, lui ayant tâté le pouls, s'en alla en disant qu'il ne se mêlait plus de médecine depuis qu'il était à la cour. Un autre, l'ayant considéré plus attentivement, déclara que le mal venait de la vésicule du fiel, qui était toujours trop pleine ; un troisième assura que le tout provenait de la cervelle, qui était trop vide.

Pendant qu'ils raisonnaient, le patient empirait, les convulsions commençaient à donner des signes funestes, et déjà les trois doigts dont on tient la plume étaient tout retirés[3], lorsqu'un médecin principal, qui avait étudié sous Mead[4] et sous Boerhaave[5], et qui en savait plus que les autres, ouvrit la bouche de Berthier avec un biberon[6], et, ayant attentivement réfléchi sur l'odeur qui s'en exhalait, prononça qu'il était empoisonné.

À ce mot tout le monde se récria. « Oui, Messieurs, continua-t-il, il est empoisonné ; il n'y a qu'à tâter sa peau, pour voir que les exhalaisons d'un poison froid se sont insinuées par les pores ; et je maintiens que ce poison est pire qu'un mélange de ciguë, d'ellébore noire, d'opium, de solanum, et de jusquiame[7]. Cocher, n'auriez-vous point mis dans votre voiture quelque paquet pour nos apothicaires ? – Non, Monsieur, répondit le cocher ; voilà l'unique ballot que j'y ai placé par ordre du Révérend Père. » Alors il fouilla dans le coffre, et en tira deux douzaines d'exemplaires du *Journal de Trévoux*. « Eh bien, Messieurs, avais-je tort ? » dit ce grand médecin.

Tous les assistants admirèrent sa prodigieuse sagacité ; chacun reconnut l'origine du mal : on brûla sur-le-champ sous le nez du patient le paquet pernicieux, et les particules pesantes s'étant atténuées par l'action du feu, Berthier fut un peu soulagé ; mais comme le mal avait fait de grands progrès, et que la tête était attaquée, le danger subsistait toujours. Le médecin imagina de lui faire avaler une page de l'*Encyclopédie* dans du vin blanc, pour remettre en mouvement les humeurs de la bile épaissie : il en résulta une évacuation copieuse ; mais la tête était toujours horriblement pesante, les vertiges continuaient, le peu de paroles qu'il pouvait articuler n'avaient aucun sens ; il resta deux heures dans cet état, après quoi on fut obligé de le faire confesser.

(Berthier confesse ses fautes et meurt. Mais le surlendemain, il apparaît à son successeur et lui raconte comment il est arrivé en enfer : il lui conseille donc d'abandonner la direction du Journal de Trévoux, *s'il veut éviter la damnation.)*

Voltaire, *Relation de la maladie, de la confession, de la mort et de l'apparition du jésuite Berthier,* 1759

COMPRÉHENSION ET LANGUE

1 – Quelle idée se dégage du premier paragraphe ?
2 – Comment Coutu explique-t-il les raisons des bâillements ?
3 – Commentez la dernière phrase du premier paragraphe.
4 – Quelles critiques Voltaire fait-il à l'égard des médecins et de la médecine ?
5 – Comment le médecin principal raisonne-t-il ?
6 – Expliquez le mot *sagacité* (l. 55).
7 – Pouvez-vous expliquer les causes de l'évolution du mal ?
8 – Pourquoi l'auteur fait-il allusion à l'*Encyclopédie* ?

ACTIVITÉS DIVERSES, EXPRESSION ÉCRITE

1 – Qu'est-ce qu'un pamphlet ? Cet extrait caractérise-t-il le texte pamphlétaire ?
2 – Documentez-vous sur l'*Encyclopédie*.
3 – *Exposé*. Les jésuites. Essayez de présenter objectivement la compagnie de Jésus, son origine, son histoire, son rôle en Europe et dans le monde.

1. Domestique chargé de servir le roi à table. – 2. Voiture. – 3. Contractés. – 4. Médecin anglais, spécialisé dans l'étude des poisons. – 5. Médecin hollandais, réputé pour la qualité de ses observations cliniques. – 6. Instrument pour donner à boire aux malades. – 7. Poisons très puissants.

Le Nègre de Surinam

Candide ou l'Optimisme, *1759, est un conte d'un humour souvent féroce où Voltaire se plaît à ridiculiser les philosophies optimistes (Rousseau, Leibniz). Son héros, Candide, chassé de son heureux séjour dans un château de Westphalie, traverse, en compagnie de son précepteur Pangloss (qui professe imperturbablement la théorie de l'optimisme), une succession de malheurs et de catastrophes qui révèlent que le mal est omniprésent sur la terre et que la vie est incohérente et absurde.*
Sur la route de Surinam, en Guyane hollandaise, Candide rencontre un nouvel exemple du mal universel : l'esclavage.

En approchant de la ville, ils rencontrèrent un nègre étendu par terre, n'ayant plus que la moitié de son habit, c'est-à-dire d'un caleçon de toile bleue ; il manquait à ce pauvre homme la jambe gauche et la main droite. « Eh ! mon Dieu ! lui dit Candide en hollandais, que fais-tu là, mon ami, dans l'état horrible où je te vois ? – J'attends mon maître, monsieur Vanderdendur, le fameux négociant, répondit le nègre. – Est-ce monsieur Vanderdendur, dit Candide, qui t'a traité ainsi ? – Oui, Monsieur, dit le nègre, c'est l'usage. On nous donne un caleçon de toile pour tout vêtement deux fois l'année. Quand nous travaillons aux sucreries, et que la meule nous attrape le doigt, on nous coupe la main ; quand nous voulons nous enfuir, on nous coupe la jambe : je me suis trouvé dans les deux cas. C'est à ce prix que vous mangez du sucre en Europe. Cependant, lorsque ma mère me vendit dix écus patagons [1] sur la côte de Guinée, elle me disait : “Mon cher enfant, bénis nos fétiches, adore-les toujours, ils te feront vivre heureux ; tu as l'honneur d'être esclave de nos seigneurs les blancs, et tu fais par là la fortune de ton père et de ta mère.” Hélas ! je ne sais pas si j'ai fait leur fortune, mais ils n'ont pas fait la mienne. Les chiens, les singes et les perroquets sont mille fois moins malheureux que nous. Les fétiches [2] hollandais qui m'ont converti me disent tous les dimanches que nous sommes tous enfants d'Adam, blancs et noirs. Je ne suis pas généalogiste ; mais si ces prêcheurs disent vrai, nous sommes tous cousins issus de germains. Or vous m'avouerez qu'on ne peut pas en user avec ses parents d'une manière plus horrible.

– Ô Pangloss ! s'écria Candide, tu n'avais pas deviné cette abomination ; c'en est fait, il faudra qu'à la fin je renonce à ton optimisme. – Qu'est-ce qu'optimisme ? disait Cacambo [3]. – Hélas ! dit Candide, c'est la rage de soutenir que tout est bien quand on est mal. » Et il versait des larmes en regardant son nègre, et, en pleurant, il entra dans Surinam.

Voltaire, *Candide ou l'Optimisme*, 1759

COMPRÉHENSION ET LANGUE

1 – Quelle est la vision de la vie du « nègre de Surinam » ?
2 – Trouve-t-il des excuses à son maître ?
3 – Comment explique-t-il sa double mutilation ?
4 – Relevez et commentez un exemple de périphrase.
5 – Quels traits de l'ironie voltairienne se manifestent dans ce passage ?
6 – Qui Voltaire condamne-t-il ?
7 – Comment Candide définit-il l'optimisme ? Que pensez-vous de cette définition ?

ACTIVITÉS DIVERSES, EXPRESSION ÉCRITE

1 – Après avoir fait une rapide histoire de l'esclavage dans le monde, vous montrerez comment la philosophie des Lumières a pu concourir à sa dénonciation et à son abolition.
2 – Faites une fiche de lecture sur le conte philosophique : *Candide ou l'Optimisme.*

1. *Monnaie d'argent espagnole et flamande.*
2. *Prêtres.*
3. *Valet de Candide.*

Le statut de l'écrivain

La fondation de la Société des auteurs dramatiques, en 1777, sous l'impulsion de Beaumarchais, vise à procurer aux auteurs une meilleure rétribution de leur travail de la part des comédiens. C'est une date importante, car elle marque le début de la reconnaissance de la propriété littéraire au bénéfice de l'écrivain (cette propriété intellectuelle sera institutionnalisée par la Révolution, en 1791 et 1793). Jusqu'alors, il n'existe pas de système organisé de « droits d'auteur ». Ainsi, au XVIIe siècle, est-ce souvent l'écrivain qui paye tout ou partie des frais du libraire-éditeur et il n'attend aucune contrepartie financière directe de la publication de son œuvre. En revanche, il peut bénéficier de diverses formes de mécénat : faveur du roi ou d'un grand personnage, pensions, sinécures (Boileau et Racine sont nommés historiographes du roi).

D'une manière générale, les chiffres de tirage des livres sont faibles, comparés à ceux de l'édition actuelle : l'*Encyclopédie* n'est achetée que par 4 300 souscripteurs ; *le Siècle de Louis XIV* de Voltaire, un des grands succès de librairie du XVIIIe siècle, n'est tiré qu'à 3 000 exemplaires.

De quoi vivent les écrivains ?

La situation matérielle des écrivains du XVIIIe siècle est souvent difficile, à moins qu'ils ne disposent d'une importante fortune personnelle, comme les philosophes Helvétius (qui est fermier général, c'est-à-dire financier chargé de recouvrer les impôts pour le compte de l'État) ou d'Holbach (riche rentier à vingt-sept ans). Montesquieu vit de la vente du vin de Bordeaux produit sur sa propriété. Voltaire accroît sa fortune par des spéculations de commerce et des placements financiers : il confie souvent gratuitement ses œuvres aux éditeurs.

L'écrivain pauvre ne peut pas vivre de sa plume. Jean-Jacques Rousseau complète les revenus que lui apportent *la Nouvelle Héloïse* ou *Émile* en copiant de la musique. Diderot, qui reçoit un salaire mensuel pour son travail de maître d'œuvre de l'*Encyclopédie,* est amené à vendre en viager sa bibliothèque à Catherine II, l'impératrice de Russie.

Pourtant, l'idée se fait jour que l'écrivain n'est pas seulement un amateur cherchant par l'écriture à occuper ses loisirs. Dès 1780, l'expression « homme de lettres » a pris son sens moderne et désigne un état dans la société, une profession. Les écrivains professionnels se voient peu à peu reconnaître une mission, politique ou spirituelle : on prend conscience qu'ils élaborent une nouvelle image de l'homme, qu'ils préparent des réaménagements de la société.

Royauté de l'esprit

Si l'écrivain du XVIIe siècle fréquentait les salons et était parfois admis à la cour, c'était pour y introduire le divertissement de la littérature. Au XVIIIe siècle, les écrivains sont souvent appelés par les rois qui veulent s'instruire auprès d'eux, bénéficier de leurs conseils. Éloigné par Louis XV, Voltaire séjourne auprès de Frédéric II de Prusse. Diderot, pendant quatre mois de 1773, est reçu quotidiennement par Catherine II de Russie pour s'entretenir avec elle de questions de politique, d'économie, de morale... Même si ces relations des philosophes et des « despotes éclairés » restent ambiguës, elles témoignent de la « royauté de l'esprit » que les rois eux-mêmes reconnaissent aux écrivains-philosophes.

En France, l'Académie française devient un lieu de consécration du talent littéraire. D'Alembert exalte le rôle qu'elle pourrait jouer, comme dispensatrice d'un mécénat académique.

Le retour triomphal de Voltaire à Paris, en 1778 (son buste est couronné en sa présence sur la scène de la Comédie-Française, devant un public enthousiaste), manifeste la gloire désormais reconnue aux écrivains. En 1791, la Révolution transférera en grande pompe ses cendres au Panthéon.

Surveillances

L'édition est depuis toujours étroitement surveillée par les pouvoirs. Les théologiens de la Sorbonne veillent à ce que rien ne se publie de contraire à l'orthodoxie religieuse. Le Parlement a pouvoir de condamner des ouvrages, dès lors interdits d'impression et de diffusion.

Depuis le XVIe siècle, toute personne qui souhaite éditer un livre est censée en obtenir la permission officielle, sous forme d'un « privilège » royal, dont le texte est imprimé sur l'ouvrage. Ce privilège, qui est une censure préalable, est aussi une protection donnée à l'éditeur contre les contrefaçons, puisqu'il lui réserve le droit exclusif de publier cet ouvrage.

Malesherbes, nommé en 1750 directeur de la Librairie (c'est-à-dire du service officiel qui surveille la fabrication et le commerce du livre), introduit beaucoup de souplesse dans le fonctionnement de la censure : il laisse s'instituer la pratique de la « permission tacite » (la police fait semblant d'ignorer la publication de livres non spécifiquement autorisés). Cependant, la censure frappe encore des ouvrages comme l'*Encyclopédie* (« suppression » des deux premiers volumes en 1752), *De l'esprit* d'Helvétius (révocation du privilège) ou l'*Émile* de Jean-Jacques Rousseau (en 1762, le livre est condamné à être brûlé). La censure préalable ne sera abolie qu'à la Révolution.

Beaucoup d'ouvrages circulent donc clandestinement. Les plus hardis sont imprimés à l'étranger : *De l'esprit des lois* à Genève, *Du contrat social* et *la Nouvelle Héloïse* à Amsterdam, les œuvres de Voltaire à Berlin, Londres ou Genève. Des colporteurs les introduisent ensuite en France.

FRANCE

DENIS

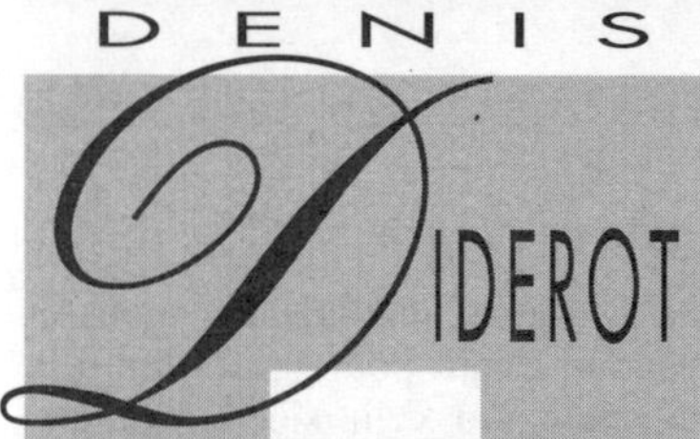

XVIIIe siècle

« Jacques ne connaissait ni le nom de vice, ni le nom de vertu »

Denis Diderot (1713-1784) écrit dans les genres les plus divers. Sa pensée philosophique l'entraîne du côté de l'athéisme et du matérialisme (ce qui lui vaut, en 1749, d'être emprisonné pendant trois mois au donjon de Vincennes). Il explore les possibilités d'un nouveau genre théâtral, le « drame bourgeois » (*le Fils naturel,* 1757). Il invente dans ses *Salons* la critique d'art. Sa sensibilité toujours en mouvement donne une vivacité particulière à sa correspondance avec son amie, Sophie Volland, comme à ses dialogues romanesques (*le Neveu de Rameau,* 1762 ; *Jacques le Fataliste,* 1778-1780). Sa grande œuvre, à laquelle il consacre tous ses efforts, reste l'*Encyclopédie,* qu'il réussit à mener à terme malgré d'innombrables difficultés.

Jacques le Fataliste, *écrit à partir de 1765, paru en feuilleton dans la* Correspondance littéraire *de Grimm de 1778 à 1780, est repris et amendé par Diderot jusqu'à sa mort. Il y raconte, sous forme d'un dialogue bifurquant en récits divers et en digressions philosophiques, le voyage de Jacques et de son maître. Mais le dialogue entre Jacques et son maître se double de celui qui s'engage entre l'auteur et son lecteur : Diderot annonce ainsi la réflexion moderne sur le genre romanesque et la mise en question du contrat de lecture qui le fonde.*

Je vous entends, lecteur, vous me dites : Et les amours de Jacques [1] ?... Croyez-vous que je n'en sois pas aussi curieux que vous ? Avez-vous oublié que Jacques aimait à parler et surtout à parler de lui, manie générale des gens de son état, manie qui les tire de leur abjection, qui les place dans la tribune [2], et qui les transforme tout à coup en personnages intéressants ? Quel est, à votre avis, le motif qui attire la populace aux exécutions publiques ? L'inhumanité ? Vous vous trompez : le peuple n'est pas inhumain ; ce malheureux autour de l'échafaud duquel il s'attroupe, il l'arracherait des mains de la justice s'il le pouvait. Il va chercher en Grève [3] une scène qu'il puisse raconter à son retour dans le faubourg, celle-là ou une autre, cela lui est indifférent pourvu qu'il fasse un rôle, qu'il rassemble ses voisins, et qu'il s'en fasse écouter. Donnez au boulevard une fête amusante, et vous verrez que la place des exécutions sera vide. Le peuple est avide de spectacles et y court, parce qu'il est amusé quand il en jouit, et qu'il est encore amusé par le récit qu'il en fait quand il en est revenu. Le peuple est terrible dans sa fureur, mais elle ne dure pas. Sa misère propre l'a rendu compatissant, il détourne les yeux du spectacle d'horreur qu'il est allé chercher, il s'attendrit, il s'en retourne en pleurant... Tout ce que je vous débite là, lecteur, je le tiens de Jacques ; je vous l'avoue, parce que je n'aime pas à me faire honneur de l'esprit d'autrui. Jacques ne connaissait ni le nom de vice, ni le nom de vertu ; il prétendait qu'on était heureusement ou malheureusement né. Quand il entendait prononcer les mots récompenses ou châtiments, il haussait les épaules. Selon lui la récompense était l'encouragement des bons, le châtiment, l'effroi des méchants. « Qu'est-ce autre chose, disait-il, s'il n'y a point de liberté et que notre destinée soit écrite là-haut ? [4] » Il croyait qu'un homme s'acheminait aussi nécessairement à la gloire ou à l'ignominie qu'une boule qui aurait la conscience d'elle-même suit la pente d'une montagne ; et que si l'enchaînement des causes et des effets qui forment la vie d'un homme depuis le premier instant de sa naissance jusqu'à son dernier soupir nous était connu, nous resterions convaincus qu'il n'a fait que ce qu'il était nécessaire de faire. Je l'ai plusieurs fois contredit, mais sans avantage et sans fruit. En effet que répliquer à celui qui vous dit : Quelle que soit la somme des éléments dont je suis composé, je suis un ; or une cause une n'a qu'un effet ; j'ai toujours été une cause une ; je n'ai donc jamais eu qu'un effet à produire ; ma durée n'est donc qu'une suite d'effets nécessaires. C'est ainsi que Jacques raisonnait d'après son capitaine. La distinction d'un monde physique et d'un monde moral lui semblait vide de sens. Son capitaine lui avait fourré dans la tête toutes ces opinions qu'il avait puisées, lui, dans son Spinoza[5] qu'il savait par cœur. D'après ce système, on pourrait imaginer que Jacques ne se réjouissait, ne s'affligeait de rien ; cela n'était pourtant pas vrai. Il se conduisait à peu près comme vous et moi. Il remerciait son bienfaiteur, pour qu'il lui fît encore du bien ; il se mettait en colère contre l'homme injuste, et quand on lui objectait qu'il ressemblait alors au chien qui mord la pierre qui l'a frappé : « Nenni, disait-il, la pierre mordue par le chien ne se corrige pas ; l'homme injuste est modifié par le bâton. » Souvent il était inconséquent comme vous et moi, et sujet à oublier ses principes, excepté dans quelques circonstances où sa philosophie le dominait évidemment ; c'était alors qu'il disait : « Il fallait que cela fût, car cela était écrit là-haut. » Il tâchait à prévenir le mal, il était prudent avec le plus grand mépris pour la prudence. Lorsque l'accident était arrivé, il en revenait à son refrain, et il était consolé. Du reste bon homme, franc, honnête, brave, attaché,fidèle, très têtu, encore plus bavard, et affligé comme vous et moi d'avoir commencé l'histoire de ses amours sans presque aucun espoir de la finir.

Denis Diderot,
Jacques le Fataliste,
1778-1780

COMPRÉHENSION ET LANGUE

1 – D'après vous, qui est le narrateur ?

2 – Par quels procédés le narrateur évite-t-il de répondre aux deux premières questions ?

3 – Quel est, selon Jacques, le rôle de la récompense et du châtiment ?

4 – Commentez, après l'avoir expliqué, le raisonnement de Jacques sur l'enchaînement des causes et des effets (l. 27 à l. 38).

5 – Quel est le comportement de Jacques dans la vie quotidienne ?

6 – À la lecture de ce passage, quelle définition de la philosophie de Jacques pouvez-vous donner ?

ACTIVITÉS DIVERSES, EXPRESSION ÉCRITE

1 – Jacques prétend qu'on est « heureusement ou malheureusement né ». Que pensez-vous de cette affirmation ?

2 – Recherchez des documents sur la vie et l'œuvre de Spinoza.

1. *C'est le récit qu'on nous promet depuis le début du roman…*
2. *Lieu surélevé d'où parle l'orateur.*
3. *Place de Grève, à Paris, où avaient lieu les exécutions capitales.*
4. *Pour Jacques, le « fataliste », le destin de chaque homme est prédéterminé, écrit « sur le grand rouleau ».*
5. *Philosophe hollandais (1632-1677).*

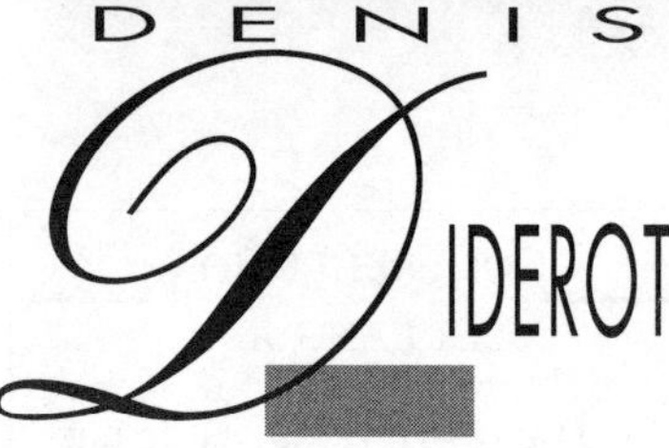

« Tout est en un flux perpétuel »

Diderot suppose, dans le Rêve de d'Alembert, *1769, qu'il a eu avec le mathématicien et philosophe d'Alembert une conversation où il a développé ses conceptions matérialistes. Rentré chez lui, d'Alembert s'endort, mais, encore tout à la discussion, il rêve à haute voix, en formulant des hypothèses hardies : l'homme est comme un amas de molécules sensibles qui, en se dissociant, puis en se recomposant, peuvent former d'autres êtres, suscitant un échange infini entre tous les êtres…*

Tous les êtres circulent les uns dans les autres ; par conséquent toutes les espèces… tout est en un flux perpétuel… tout animal est plus ou moins homme ; tout minéral est plus ou moins plante ; toute plante est plus ou moins animal. Il n'y a rien de précis en nature… Le ruban du père Castel[1]… Oui, père Castel ; c'est votre ruban et ce n'est que cela. Toute chose est plus ou moins une chose quelconque, plus ou moins terre ; plus ou moins eau ; plus ou moins air ; plus ou moins feu ; plus ou moins d'un règne ou d'un autre… Donc rien n'est de l'essence[2] d'un être particulier… Non, sans doute, puisqu'il n'y a aucune qualité dont aucun être ne soit participant… Et que c'est le rapport plus ou moins grand de cette qualité qui nous la fait attribuer à un être exclusivement à un autre… Et vous parlez d'individus, pauvres philosophes ; laissez là vos individus ; répondez-moi. Y a-t-il un atome en nature rigoureusement semblable à un autre atome ?… Non… Ne convenez-vous pas que tout tient en nature et qu'il est impossible qu'il y ait un vide dans la chaîne ? Que voulez-vous donc dire avec vos individus ? Il n'y en a point. Non, il n'y en a point… Il n'y a qu'un seul grand individu ; c'est le tout. Dans ce tout, comme dans une machine, dans un animal quelconque, il y a une partie que vous appellerez telle ou telle ; mais quand vous donnerez le nom d'individu à cette partie du tout, c'est par un concept aussi faux que si, dans un oiseau, vous donniez le nom d'individu à l'aile, à une plume de l'aile… Et vous parlez d'essences, pauvres philosophes ; laissez là vos essences. […] Ô Archytas[3], vous qui avez mesuré le globe, qu'êtes-vous ? Un peu de cendre… Qu'est-ce qu'un être ? La somme d'un certain nombre de tendances… Est-ce que je puis être autre chose qu'une tendance ?… Non. Je vais à un terme… Et les espèces ? Les espèces ne sont que des tendances à un terme commun qui leur est propre… Et la vie ?… La vie ? une suite d'actions et de réactions… Vivant, j'agis et je réagis en masse… mort, j'agis et je réagis en molécules… Je ne meurs donc point… Non, sans doute je ne meurs point en ce sens, ni moi ni quoi que ce soit… Naître, vivre et passer, c'est changer de formes… Et qu'importe une forme ou une autre ! Chaque forme a le bonheur et le malheur qui lui est propre… Depuis l'éléphant jusqu'au puceron… depuis le puceron, jusqu'à la molécule sensible et vivante, l'origine de tout… pas un point dans la nature entière qui ne souffre ou qui ne jouisse.

Denis Diderot, *le Rêve de d'Alembert*, 1769

Compréhension et langue

1 – Quel rôle les points de suspension jouent-ils dans le texte ?
2 – Pourquoi l'auteur établit-il une comparaison avec le ruban du père Castel ?
3 – Pourquoi répète-t-il « plus ou moins » ?
4 – Que veut-il démontrer ?
5 – Pourquoi qualifie-t-il les philosophes de « pauvres » (l. 12) ?

Activités diverses, expression écrite

1 – Qu'est-ce que le *matérialisme* ?
2 – Cherchez les noms des plus illustres représentants de cette philosophie.
3 – À quels obstacles idéologiques s'est-elle fréquemment heurtée ?

1. *Inventeur d'un* clavecin oculaire, *transposant pour les sourds les morceaux de musique en successions de couleurs sur un ruban : les notes de couleur devaient s'y enchaîner par un passage insensible, comme dans l'arc-en-ciel.*
2. *Ce qui définit un être.*
3. *Philosophe et savant grec (IVe siècle av. J.-C.).*

D'abord simple projet de traduction d'un dictionnaire anglais, l'*Encyclopédie,* dont la maîtrise est confiée à Diderot par le libraire Le Breton, devient vite une œuvre originale, qui ambitionne de dresser le bilan des connaissances humaines, de souligner l'importance des techniques et de participer au combat des Lumières contre les préjugés. Le *Prospectus* décrivant le programme de l'ouvrage paraît en 1750 et le premier volume en 1751. Mais les difficultés s'amoncellent : attaques des jésuites, condamnation des premiers volumes, défections de certains collaborateurs, révocation de l'autorisation de publication, « trahison » de Le Breton qui a censuré certains articles… L'entreprise s'achève cependant en 1772 avec la parution des volumes de planches.

Autorité politique

*Dû à Diderot lui-même, l'article « Autorité politique », qui figure dans le premier volume de l'*Encyclopédie, *provoqua une multitude de protestations, particulièrement dans le* Journal de Trévoux, *publication des jésuites. Il paraissait en effet audacieux d'affirmer que le consentement du peuple peut seul fonder l'autorité du souverain.*

Aucun homme n'a reçu de la nature le droit de commander aux autres. La liberté est un présent du ciel, et chaque individu de la même espèce a le droit d'en jouir aussitôt qu'il jouit de la raison. Si la nature a établi quelque *autorité,* c'est la puissance paternelle : mais la puissance paternelle a ses bornes ; et dans l'état de nature elle finirait aussitôt que les enfants seraient en état de se conduire. Toute autre *autorité* vient d'une autre origine que la nature. Qu'on examine bien et on la fera toujours remonter à l'une de ces deux sources : ou la force et la violence de celui qui s'en est emparé ; ou le consentement de ceux qui s'y sont soumis par un contrat fait ou supposé entre eux et celui à qui ils ont déféré l'*autorité.*

La puissance qui s'acquiert par la violence n'est qu'une usurpation et ne dure qu'autant que la force de celui qui commande l'emporte sur celle de ceux qui obéissent ; en sorte que si ces derniers deviennent à leur tour les plus forts, et qu'ils secouent le joug, ils le font avec autant de droit et de justice que l'autre qui le leur avait imposé. La même loi qui a fait l'*autorité* la défait alors : c'est la loi du plus fort.

Quelquefois l'*autorité* qui s'établit par la violence change de nature ; c'est lorsqu'elle continue et se maintient du consentement exprès de ceux qu'on a soumis : mais elle rentre par là dans la seconde espèce dont je vais parler ; et celui qui se l'était arrogée devenant alors prince cesse d'être tyran [1].

La puissance qui vient du consentement des peuples suppose nécessairement des conditions qui en rendent l'usage légitime utile à la société, avantageux à la république [2], et qui la fixent et la restreignent entre des limites ; car l'homme ne peut ni ne doit se donner entièrement et sans réserve à un autre homme, parce qu'il a un maître supérieur au-dessus de tout, à qui seul il appartient en entier. C'est Dieu dont le pouvoir est toujours immédiat [3] sur la créature, maître aussi jaloux qu'absolu, qui ne perd jamais de ses droits et ne les communique point. Il permet pour le bien commun et le maintien de la société que les hommes établissent entre eux un ordre de subordination, qu'ils obéissent à l'un d'eux ; mais il veut que ce soit par raison et avec mesure, et non pas aveuglément et sans réserve, afin que la créature ne s'arroge pas les droits du créateur. Toute autre soumission est le véritable crime d'idolâtrie. […]

***Encyclopédie,* tome I, article « Autorité politique », 1751**

1. Despote usurpant le pouvoir.
2. La « chose publique », l'État.
3. Sans intermédiaire.

S U I S S E
F R A N C E

JEAN-JACQUES

ROUSSEAU

Jean-Jacques Rousseau (1712-1778), né à Genève, est resté profondément marqué par cette origine suisse et protestante. Il a retracé dans ses *Confessions* sa vie aventureuse, ses errances en Savoie, puis en France, ses ambitions. En 1749, sur le chemin de Vincennes, il est traversé par une intuition qui gouvernera toute sa vie et sa pensée : l'homme est naturellement bon, c'est la société qui corrompt sa vertu originelle. Ses *Discours sur les sciences et les arts,* 1750, et *sur l'origine de l'inégalité,* 1755, mettent en forme sa critique de la vie sociale, la *Lettre à d'Alembert sur les spectacles,* 1758, montre, sur l'exemple du théâtre, comment la civilisation est corruptrice, *Du contrat social,* 1762, propose les principes d'une construction sociale idéale. Le roman de *la Nouvelle Héloïse,* 1761, recherche des valeurs positives dans l'exaltation de la nature, tandis que le traité de l'*Émile,* 1762, définit une méthode d'éducation naturelle. Les *Confessions,* 1765-1770, les *Dialogues,* 1772-1776, les *Rêveries du promeneur solitaire,* 1776-1778, poursuivent le projet de justification personnelle, mêlant aveux et apologie, analyse intérieure et poésie de la mémoire dans un idéal de vertu et de sensibilité.

« Je forme une entreprise qui n'eut jamais d'exemple »

Voici trois extraits des Confessions, *le texte d'ouverture de l'ouvrage, puis, situé quelques pages plus loin dans le livre I, un premier autoportrait moral, enfin un fragment d'un long développement du livre III, dans lequel Rousseau s'efforce d'expliquer le principe le plus intime de son intelligence.*

Je forme une entreprise qui n'eut jamais d'exemple et qui n'aura point d'imitateur. Je veux montrer à mes semblables un homme dans toute la vérité de la nature ; et cet homme, ce sera moi.

Moi seul. Je sens mon cœur, et je connais les hommes. Je ne suis fait comme aucun de ceux que j'ai vus ; j'ose croire n'être fait comme aucun de ceux qui existent. Si je ne vaux pas mieux, au moins je suis autre. Si la nature a bien ou mal fait de briser le moule dans lequel elle m'a jeté, c'est ce dont on ne peut juger qu'après m'avoir lu.

Que la trompette du jugement dernier sonne quand elle voudra ; je viendrai, ce livre à la main, me présenter devant le souverain juge. Je dirai hautement : Voilà ce que j'ai fait, ce que j'ai pensé, ce que je fus. J'ai dit le bien et le mal avec la même franchise. Je n'ai rien tu de mauvais, rien ajouté de bon ; et s'il m'est arrivé d'employer quelque ornement indifférent[1], ce n'a jamais été que pour remplir un vide occasionné par mon défaut de mémoire. J'ai pu supposer vrai ce que je savais avoir pu l'être, jamais ce que je savais être faux. Je me suis montré tel que je fus ; méprisable et vil quand je l'ai été, bon, généreux, sublime, quand je l'ai été : j'ai dévoilé mon intérieur[2] tel que tu l'as vu toi-même, Être éternel. Rassemble autour de moi l'innombrable foule de mes semblables ; qu'ils écoutent mes confessions, qu'ils rougissent de mes indignités, qu'ils gémissent de mes misères. Que chacun d'eux découvre à son tour son cœur au pied de ton trône avec la même sincérité ; et puis qu'un seul te dise, s'il l'ose : « Je fus meilleur que cet homme-là. »

(Livre I)

Je sentis avant de penser : c'est le sort commun de l'humanité. Je l'éprouvai plus qu'un autre. J'ignore ce que je fis jusqu'à cinq ou six ans ; je ne sais comment j'appris à lire ; je ne me souviens que de mes premières lectures et de leur effet sur moi : c'est le temps d'où je date sans interruption la conscience de moi-même. Ma mère avait laissé des romans. Nous nous mîmes à les lire après souper, mon père et moi. Il n'était question d'abord que de m'exercer à la lecture par des livres amusants ; mais bientôt l'intérêt devint si vif, que nous lisions tour à tour sans relâche, et passions les nuits à cette occupation. Nous ne pouvions jamais quitter qu'à la fin du volume. Quelquefois mon père, entendant le matin les hirondelles, disait tout honteux : « Allons nous coucher ; je suis plus enfant que toi. »

En peu de temps, j'acquis, par cette dangereuse méthode, non seulement une extrême facilité à lire et à m'entendre[3], mais une intelligence unique à mon âge sur les passions. Je n'avais aucune idée des choses, que tous les sentiments m'étaient déjà connus. Je n'avais rien conçu, j'avais tout senti.

(Livre I)

Cette lenteur de penser, jointe à cette vivacité de sentir, je ne l'ai pas seulement dans la conversation, je l'ai même seul et quand je travaille. Mes idées s'arrangent dans ma tête avec la plus incroyable difficulté : elles y circulent sourdement, elles y fermentent jusqu'à m'émouvoir, m'échauffer, me donner des palpitations ; et, au milieu de toute cette émotion, je ne vois rien nettement, je ne saurais écrire un seul mot, il faut que j'attende. Insensiblement, ce grand mouvement s'apaise, ce chaos se débrouille, chaque chose vient se mettre à sa place, mais lentement, et après une longue et confuse agitation. N'avez-vous point vu quelquefois l'opéra en Italie ? Dans les changements de scène, il règne sur ces grands théâtres un désordre désagréable et qui dure assez longtemps ; toutes les décorations sont entremêlées, on voit de toutes parts un tiraillement qui fait peine, on croit que tout va renverser ; cependant peu à peu tout s'arrange, rien ne manque, et l'on est tout surpris de voir succéder à ce long tumulte un spectacle ravissant. Cette manœuvre est à peu près celle qui se fait dans mon cerveau quand je veux écrire. Si j'avais su premièrement attendre, et puis rendre dans leur beauté les choses qui s'y sont ainsi peintes, peu d'auteurs m'auraient surpassé.

De là vient l'extrême difficulté que je trouve à écrire. Mes manuscrits, raturés, barbouillés, mêlés, indéchiffrables, attestent la peine qu'ils m'ont coûtée. Il n'y en a pas un qu'il ne m'ait fallu transcrire quatre ou cinq fois avant de le donner à la presse[4]. Je n'ai jamais pu rien faire la plume à la main, vis-à-vis d'une table et de mon papier : c'est à la promenade, au milieu des rochers et des bois, c'est la nuit dans mon lit, et durant mes insomnies, que j'écris dans mon cerveau ; l'on peut juger avec quelle lenteur, surtout pour un homme absolument dépourvu de mémoire verbale, et qui de la vie n'a pu retenir six vers par cœur. Il y a telle de mes périodes[5] que j'ai tournée et retournée cinq ou six nuits dans ma tête avant qu'elle fût en état d'être mise sur le papier. De là vient encore que je réussis mieux aux ouvrages qui demandent du travail qu'à ceux qui veulent être faits avec une certaine légèreté, comme les lettres, genre dont je n'ai jamais pu prendre le ton, et dont l'occupation me met au supplice. Je n'écris point de lettres sur les moindres sujets qui ne me coûtent des heures de fatigue, ou si je veux écrire de suite[6] ce qui me vient, je ne sais ni commencer ni finir ; ma lettre est un long et confus verbiage ; à peine m'entend-on quand on la lit.

(Livre III)

Jean-Jacques Rousseau, *Confessions*, 1765-1770

COMPRÉHENSION ET LANGUE

1 – Comment se définit le projet de J.-J. Rousseau dans le premier texte ?
2 – Quelle est l'origine de l'expression « la trompette du jugement dernier » (l. 9) ?
3 – Quel est le thème du troisième paragraphe (premier extrait) ?
4 – Dans le deuxième extrait, comment l'apprentissage de la lecture se trouve-t-il présenté ?
5 – Expliquez la réaction du père du narrateur.
6 – Quelle est la manière de penser de J.-J. Rousseau telle qu'il l'explique dans le troisième texte ?
7 – Pourquoi fait-il allusion à l'opéra ? Expliquez la comparaison.
8 – Comment juge-t-il sa manière d'écrire ?
9 – Quelle différence fait-il entre écrire un livre et écrire une lettre ? Pourquoi ?

ACTIVITÉS DIVERSES, EXPRESSION ÉCRITE

1 – Dans un texte structuré, faites votre autoportrait moral en considérant le plus objectivement possible vos défauts et vos qualités.
2 – *Recherche.* Documentez-vous sur l'*opéra*, ses origines, son histoire, les diverses formes de cet art.

1. Sans importance.
2. Ma vie intérieure.
3. Comprendre.
4. Impression.
5. Phrases.
6. À la suite.

PIERRE CHODERLOS DE LACLOS

Pierre Choderlos de Laclos (1741-1803) publie en 1782, alors qu'il est capitaine d'artillerie, un roman épistolaire qui fait scandale : *les Liaisons dangereuses*. Il y montre des héros lucides et froids se jouant de la naïveté d'âmes sensibles qu'ils conduisent à leur perte. Mais la technique du roman par lettres permet de multiplier les points de vue et de rendre problématique l'intrigue romanesque. La signification du roman reste donc énigmatique, ce qui peut expliquer la fascination qu'il n'a cessé d'exercer. Laclos reste l'homme de ce seul livre. Homme de confiance du duc d'Orléans, au début de la Révolution, il a ensuite des sympathies pour les Jacobins. Il est promu maréchal de camp en 1792, puis général après le 18 Brumaire.

« Un moyen de plaire »

Madame de Merteuil et le vicomte de Valmont, son ancien amant, sont liés par une complicité de libertins. Le vicomte a parié avec la marquise qu'il parviendrait à séduire la vertueuse Présidente de Tourvel : il est sûr que, par une habile stratégie, on peut parvenir à se faire aimer sans aimer soi-même. Pour se donner belle image, il vient de faire l'aumône à des paysans dont on avait saisi les meubles, tout en s'arrangeant pour que la Présidente l'apprenne. Il raconte dans une lettre à Mme de Merteuil comment il a exploité cette ruse.

Lettre XXIII, Le vicomte de Valmont à Madame de Merteuil

Après le dîner[1], les Dames voulurent aller voir les infortunés que j'avais si pieusement secourus ; je les accompagnai. Je vous sauve[2] l'ennui de cette seconde scène de reconnaissance et d'éloges. Mon cœur, pressé d'un souvenir délicieux, hâte le moment du retour au Château[3]. Pendant la route, ma belle Présidente, plus rêveuse qu'à l'ordinaire, ne disait pas un mot. Tout occupé de trouver les moyens de profiter de l'effet qu'avait produit l'événement du jour, je gardais le même silence. Madame de Rosemonde seule parlait et n'obtenait de nous que des réponses courtes et rares. Nous dûmes l'ennuyer : j'en avais le projet, et il réussit. Aussi, en descendant de voiture, elle passa dans son appartement, et nous laissa tête à tête ma Belle et moi, dans un salon mal éclairé ; obscurité douce, qui enhardit l'amour timide.

Je n'eus pas la peine de diriger la conversation où je voulais la conduire. La ferveur de l'aimable Prêcheuse me servit mieux que n'aurait pu faire mon adresse. « Quand on est si digne de faire le bien, me dit-elle, en arrêtant sur moi son doux regard : comment passe-t-on sa vie à mal faire ? – Je ne mérite, lui répondis-je, ni cet éloge, ni cette censure[4] ; et je ne conçois pas qu'avec autant d'esprit que vous en avez, vous ne m'ayez pas encore deviné. Dût ma confiance me nuire auprès de vous, vous en êtes trop digne, pour qu'il me soit possible de vous la refuser. Vous trouverez la clef de ma conduite dans un caractère malheureusement trop facile. Entouré de gens sans mœurs, j'ai imité leurs vices ; j'ai peut-être mis de l'amour-propre à les surpasser. Séduit de même ici par l'exemple des vertus, sans espérer de vous atteindre, j'ai au moins essayé de vous suivre. Eh ! peut-être l'action dont vous me louez aujourd'hui perdrait-elle tout son prix à vos yeux, si vous en connaissiez le véritable motif ! (Vous voyez, ma belle amie[5], combien j'étais près de la vérité.) Ce n'est pas à moi, continuai-je, que ces malheureux ont dû mes secours. Où vous croyez voir une action louable, je ne cherchais qu'un moyen de plaire. Je n'étais, puisqu'il faut le dire, que le faible agent de la Divinité que j'adore (ici elle voulut m'interrompre ; mais je ne lui en donnai pas le temps). Dans ce moment même, ajoutai-je, mon secret ne m'échappe que par faiblesse. Je m'étais promis de vous le taire ; je me faisais un bonheur de rendre à vos vertus comme à vos appas[6] un hommage pur que vous ignoreriez toujours ; mais, incapable de tromper, quand j'ai sous les yeux l'exemple de la candeur, je n'aurai point à me reprocher avec vous une dissimulation coupable. Ne croyez pas que je vous outrage par une criminelle espérance. Je serai malheureux, je le sais ; mais mes souffrances me seront chères ; elles me prouveront l'excès de mon amour ; c'est à vos pieds, c'est dans votre sein que je déposerai mes peines. J'y puiserai des forces pour souffrir de nouveau ; j'y trouverai la bonté compatissante, et je me croirai consolé, parce que vous m'aurez plaint. Ô vous que j'adore ! écoutez-moi, plaignez-moi, secourez-moi. » Cependant j'étais à ses genoux, et je serrais ses mains dans les miennes : mais elle, les dégageant tout à coup, et les croisant sur ses yeux avec l'expression du désespoir : « Ah ! malheureuse ! » s'écria-t-elle ; puis elle fondit en larmes. Par bonheur je m'étais livré à tel point, que je pleurais aussi ; et, reprenant ses mains, je les baignais de pleurs. Cette précaution était bien nécessaire ; car elle était si occupée de sa douleur, qu'elle ne se serait pas aperçue de la mienne, si je n'avais pas trouvé ce moyen de l'en avertir. J'y gagnai de plus de considérer à loisir cette charmante figure, embellie encore par l'attrait puissant des larmes. Ma tête s'échauffait, et j'étais si peu maître de moi, que je fus tenté de profiter de ce moment.

Quelle est donc notre faiblesse ? quel est l'empire des circonstances, si moi-même, oubliant mes projets, j'ai risqué de perdre, par un triomphe prématuré, le charme des longs combats et les détails d'une pénible défaite ; si, séduit par un désir de jeune homme, j'ai pensé exposer le vainqueur de Mme de Tourvel à ne recueillir, pour fruit de ses travaux, que l'insipide avantage d'avoir eu une femme de plus ! Ah ! qu'elle se rende, mais qu'elle combatte ; que, sans avoir la force de vaincre, elle ait celle de résister ; qu'elle savoure à loisir le sentiment de sa faiblesse, et soit contrainte d'avouer sa défaite. Laissons le Braconnier obscur tuer à l'affût le cerf qu'il a surpris ; le vrai Chasseur doit le forcer.

Pierre Choderlos de Laclos, *les Liaisons dangereuses*, 1782

COMPRÉHENSION ET LANGUE

1 – Quelle est la stratégie de Valmont dans le premier paragraphe ?
2 – Expliquez l'expression « obscurité douce, qui enhardit l'amour timide » (l. 12).
3 – Comment le vicomte explique-t-il sa façon d'agir à Mme de Tourvel ?
4 – Quel est le rôle des parenthèses dans le deuxième paragraphe ?
5 – Quelles sont les armes de la séduction du vicomte ?
6 – Comment cette manière d'agir vous apparaît-elle ?
7 – Relevez les figures de rhétorique les plus remarquables.
8 – Qu'est-ce qui caractérise le style de Laclos ?
9 – Expliquez la dernière phrase du texte.

ACTIVITÉS DIVERSES, EXPRESSION ÉCRITE

1 – *Débat.* L'attitude de Mme de Merteuil et de Valmont vous paraît-elle condamnable ?
2 – *Exposé.* Qu'est-ce que le *libertinage* ? Recherchez des documents sur le XVIIIe siècle et commentez-les.

***1.** Le* dîner *était alors le repas du milieu de la journée.*
***2.** Épargne.*
***3.** Le château de Mme de Rosemonde, où Valmont et la Présidente se sont rencontrés.*
***4.** Blâme, critique.*
***5.** Madame de Merteuil.*
***6.** Charmes.*

FRANCE

PIERRE AUGUSTIN

Pierre Augustin Caron de Beaumarchais (1732-1799) a mené une vie d'intrigues et d'aventures : tour à tour horloger, professeur de harpe des filles de Louis XV, impliqué dans des procès à scandale, agent secret, trafiquant d'armes, éditeur des œuvres complètes de Voltaire... Il débute au théâtre par des drames bourgeois, comme Diderot. La comédie lui apporte le succès avec *le Barbier de Séville,* 1775, et surtout *le Mariage de Figaro,* 1778, que la censure ne laisse jouer qu'en 1784. La verve puissante du dialogue, la hardiesse et la violence de la satire annoncent les turbulences de la Révolution. Beaumarchais a aussi été l'initiateur de la Société des auteurs dramatiques, qui entend protéger les droits des auteurs.

« C'est une belle langue que l'anglais »

Le Mariage de Figaro *met en scène, quelques années plus tard, les mêmes personnages que* le Barbier de Séville. *Le Comte Almaviva et la Comtesse Rosine (qui se sont épousés grâce aux ruses de Figaro) vivent maintenant dans un château, dont Figaro est le portier. Figaro doit épouser Suzanne, femme de chambre de la Comtesse. Mais le Comte, volage, courtise la jeune femme. Dans la scène V de l'acte III, le Comte cherche à savoir si Suzanne s'en est plainte à Figaro. Celui-ci, qui devine ses intentions, entend garder l'avantage.*

LE COMTE, *radouci.* — [...] J'avais... oui, j'avais quelque envie de t'emmener à Londres, courrier de dépêches... mais, toutes réflexions faites...

FIGARO. — Monseigneur a changé d'avis ?

LE COMTE. — Premièrement, tu ne sais pas l'anglais.

FIGARO. — Je sais *God-dam*[1].

LE COMTE. — Je n'entends pas[2].

FIGARO. — Je dis que je sais *God-dam.*

LE COMTE. — Hé bien ?

FIGARO. — Diable ! c'est une belle langue que l'anglais ; il en faut peu pour aller loin. Avec *God-dam* en Angleterre, on ne manque de rien nulle part. Voulez-vous tâter d'un bon poulet gras ? entrez dans une taverne et faites seulement ce geste au garçon. *(Il tourne la broche.) God-dam !* on vous apporte un pied de bœuf salé sans pain. C'est admirable ! Aimez-vous à boire un coup d'excellent bourgogne ou de clairet ? rien que celui-ci. *(Il débouche une bouteille.) God-dam !* on vous sert un pot de bière, en bel étain, la mousse aux bords. Quelle satisfaction ! Rencontrez-vous une de ces jolies personnes qui vont trottant menu, les yeux baissés, coudes en arrière, et tortillant un peu des hanches ? mettez mignardement tous les doigts unis sur la bouche. Ah ! *God-dam !* elle vous sangle[3] un soufflet de crocheteur[4]. Preuve qu'elle entend. Les Anglais, à la vérité, ajoutent par-ci par-là quelques autres mots en conversant ; mais il est bien aisé de voir que *God-dam* est le fond de la langue ; et si Monseigneur n'a pas d'autre motif de me laisser en Espagne...

LE COMTE, *à part.* — Il veut venir à Londres ; elle[5] n'a pas parlé.

FIGARO, *à part.* — Il croit que je ne sais rien ; travaillons-le un peu, dans son genre.

LE COMTE. — Quel motif avait la Comtesse pour me jouer un pareil tour[6] ?

FIGARO. — Ma foi, Monseigneur, vous le savez mieux que moi.

LE COMTE. — Je la préviens sur tout[7], et la comble de présents.

FIGARO. — Vous lui donnez, mais vous êtes infidèle. Sait-on gré du superflu, à qui nous prive du nécessaire ?

LE COMTE. — ... Autrefois tu me disais tout.

FIGARO. — Et maintenant je ne vous cache rien.

LE COMTE. — Combien la Comtesse t'a-t-elle donné pour cette belle association ?

FIGARO. — Combien me donnâtes-vous pour la tirer des mains du docteur[8] ? Tenez, Monseigneur, n'humilions pas l'homme qui nous sert bien, crainte d'en faire un mauvais valet.

LE COMTE. — Pourquoi faut-il qu'il y ait toujours du louche en ce que tu fais ?

FIGARO. — C'est qu'on en voit partout quand on cherche des torts.

LE COMTE. — Une réputation détestable !

FIGARO. — Et si je vaux mieux qu'elle ? Y a-t-il beaucoup de seigneurs qui puissent en dire autant ?

LE COMTE. — Cent fois je t'ai vu marcher à la fortune, et jamais aller droit.

FIGARO. — Comment voulez-vous ? la foule est là : chacun veut courir, on se presse, on pousse, on coudoie, on renverse, arrive qui peut ; le reste est écrasé. Aussi c'est fait ; pour moi, j'y renonce.

LE COMTE. — À la fortune ? *(À part.)* Voici du neuf.

FIGARO, *à part.* — À mon tour maintenant. *(Haut.)* Votre Excellence m'a gratifié de la conciergerie du château ; c'est un fort joli sort : à la vérité, je ne serai pas le courrier étrenné[9] des nouvelles intéressantes ; mais, en revanche, heureux avec ma femme au fond de l'Andalousie…

LE COMTE. — Qui t'empêcherait de l'emmener à Londres ?

FIGARO. — Il faudrait la quitter si souvent, que j'aurais bientôt du mariage par-dessus la tête.

LE COMTE. — Avec du caractère et de l'esprit, tu pourrais un jour t'avancer dans les bureaux.

FIGARO. — De l'esprit pour s'avancer ? Monseigneur se rit du mien. Médiocre et rampant : et l'on arrive à tout.

LE COMTE. — … Il ne faudrait qu'étudier un peu sous moi la politique.

FIGARO. — Je la sais.

LE COMTE. — Comme l'anglais, le fond de la langue !

FIGARO. — Oui, s'il y avait ici de quoi se vanter. Mais feindre d'ignorer ce qu'on sait, de savoir tout ce qu'on ignore ; d'entendre ce qu'on ne comprend pas, de ne point ouïr ce qu'on entend ; surtout de pouvoir au-delà de ses forces ; avoir souvent pour grand secret de cacher qu'il n'y en a point ; s'enfermer pour tailler des plumes et paraître profond, quand on n'est, comme on dit, que vide et creux ; jouer bien ou mal un personnage ; répandre des espions et pensionner des traîtres ; amollir des cachets[10] ; intercepter des lettres et tâcher d'ennoblir la pauvreté des moyens par l'importance des objets : voilà toute la politique, ou je meure[11] !

LE COMTE. — Eh ! c'est l'intrigue que tu définis !

FIGARO. — La politique, l'intrigue, volontiers ; mais, comme je les crois un peu germaines[12], en fasse qui voudra ! *J'aime mieux ma mie, ô gué !* comme dit la chanson du bon roi[13].

LE COMTE, *à part.* — Il veut rester. J'entends… Suzanne m'a trahi.

FIGARO, *à part.* — Je l'enfile[14] et le paye en sa monnaie.

Pierre Augustin de Beaumarchais, *le Mariage de Figaro,* 1778, acte III, scène v

COMPRÉHENSION ET LANGUE

1 – Comment la scène peut-elle se découper ?

2 – Quel est le rôle des apartés ?

3 – Comment la tirade de Figaro sur *God-dam* doit-elle se comprendre ?

4 – Que signifie la remarque de Figaro : « Sait-on gré du superflu, à qui nous prive du nécessaire ? » (l. 33-34) ? Quelle est sa portée politique ?

5 – Quel effet produit la figure de style des lignes 36-37 ?

6 – Quels liens unissent Figaro et son maître ?

7 – Comment Figaro se moque-t-il des gens en place ?

ACTIVITÉS DIVERSES, EXPRESSION ÉCRITE

La critique des idées et la satire des mœurs au siècle des Lumières. Que symbolise le personnage de Figaro ? En quoi peut-il être considéré comme révolutionnaire ? Quelles sont ses principales revendications ?

1. Vieux juron anglais (= Dieu me damne), *repris par les Français comme sobriquet pour désigner les Anglais.*

2. Jeu de mots sur les deux sens du verbe.

3. Applique comme un coup de sangle.

4. Porteur soulevant de lourdes charges avec son crochet.

5. Suzanne.

6. Dans une scène précédente, le Comte a été mystifié par la Comtesse.

7. Je vais au-devant de ses désirs.

8. De Bartholo : allusion à l'intrigue du Barbier de Séville.

9. Qui reçoit des étrennes, un pourboire.

10. Pour pouvoir ouvrir les lettres.

11. = que je meure (si je mens).

12. Sœurs.

13. Chanson reprise par Alceste dans le Misanthrope *de Molière.*

14. Je le trompe (terme de joueur).

FRANCE

JACQUES-HENRI

Jacques-Henri Bernardin de Saint-Pierre (1737-1814) est envoyé en 1769-1771 comme ingénieur à l'île de France (aujourd'hui île Maurice). Il en rapporte un récit de voyage, l'un des premiers à jouer sur le pittoresque exotique, ainsi que le roman de *Paul et Virginie*, 1788, l'un des plus grands succès de lecture du XIXe siècle. La réflexion philosophique qu'il développe dans les *Études de la nature*, 1788, et les *Harmonies de la nature*, posthume, 1815, prend souvent appui sur de belles images tropicales. Disciple de Rousseau, Bernardin de Saint-Pierre exalte l'infinie variété de la nature, dans laquelle il relève un jeu multiplié de correspondances, qui sont autant d'effets de l'harmonie voulue par la Providence.

XVIIIe siècle

« À qui se plaindraient-ils ? »

Le Voyage à l'île de France *est publié en 1773, sous forme de lettres, centrées chacune sur un thème : observations scientifiques, réflexion sur la colonisation ou sur l'esclavage, récit d'un voyage à pied autour de l'île. La lettre XII, intitulée « Des Noirs », raconte les traitements inhumains infligés aux esclaves auxquels Bernardin affirme avoir assisté en témoin direct. Il y ajoute un* post-scriptum *reprenant quelques grands thèmes de la critique philosophique de l'esclavage.*

Je ne sais pas si le café et le sucre sont nécessaires au bonheur de l'Europe, mais je sais bien que ces deux végétaux ont fait le malheur de deux parties du monde. On a dépeuplé l'Amérique afin d'avoir une terre pour les planter ; on dépeuple l'Afrique afin d'avoir une nation pour les cultiver.

Il est, dit-on, de notre intérêt de cultiver des denrées qui nous sont devenues nécessaires, plutôt que de les acheter de nos voisins. Mais puisque les charpentiers, les couvreurs, les maçons et les autres ouvriers européens travaillent ici[1] en plein soleil, pourquoi n'y a-t-on pas des laboureurs Blancs ? Mais que deviendraient les propriétaires actuels ? Ils deviendraient plus riches. Un habitant[2] serait à son aise avec vingt fermiers, il est pauvre avec vingt esclaves. On en compte ici vingt mille qu'on est obligé de renouveler tous les ans d'un dix-huitième. Ainsi la colonie, abandonnée à elle-même, se détruirait au bout de dix-huit ans ; tant il est vrai qu'il n'y a point de population sans liberté et sans propriété, et que l'injustice est une mauvaise ménagère !

On dit que le Code noir[3] est fait en leur faveur. Soit ; mais la dureté des maîtres excède les punitions permises, et leur avarice soustrait la nourriture, le repos et les récompenses qui sont dus. Si ces malheureux voulaient se plaindre, à qui se plaindraient-ils ? Leurs juges sont souvent leurs premiers tyrans. [...]

Je suis fâché que des philosophes qui combattent les abus avec tant de courage n'aient guère parlé de l'esclavage des Noirs que pour en plaisanter. Ils se détournent au loin ; ils parlent de la Saint-Barthélemy[4], du massacre des Mexicains[5] par les Espagnols, comme si ce crime n'était pas celui de nos jours, et auquel la moitié de l'Europe prend part. Y a-t-il donc plus de mal à tuer tout d'un coup des gens qui n'ont pas nos opinions, qu'à faire le tourment d'une nation à qui nous devons nos délices ? Ces belles couleurs de rose et de feu dont s'habillent nos dames ; le coton dont elles ouatent leurs jupes, le sucre, le café, le chocolat de leurs déjeuners, le rouge dont elles relèvent leur blancheur : la main des malheureux Noirs a préparé tout cela pour elles. Femmes sensibles, vous pleurez aux tragédies, et ce qui sert à vos plaisirs est mouillé des pleurs et teint du sang des hommes !

Jacques-Henri Bernardin de Saint-Pierre,
***Voyage à l'île de France*, 1773**

1. À l'île de France.
2. Propriétaire terrien.
3. Édicté par Colbert en 1685, il définissait la condition juridique inférieure des esclaves, mais prévoyait une relative protection contre l'arbitraire des maîtres.
4. Massacre général des protestants de Paris, le 24 août 1572.
5. À l'arrivée des Espagnols à Mexico, capitale des Aztèques (1521).

XVIIIe siècle

« Méfiez-vous des Blancs »

Évariste Parny (Saint-Paul, île Bourbon [la Réunion], 1753 - Paris, 1814), compte parmi les « poètes créoles » (Blancs nés aux îles tropicales) qui s'illustrent à Paris à la fin du XVIIIe siècle (le Guadeloupéen Léonard, le Réunionnais Bertin...). Il fait apprécier son goût d'une poésie élégiaque, vaguement exotique (*Poésies érotiques,* 1778), qui chante ses amours malheureuses pour une jeune fille de son île natale. Il a été célèbre pour ses poèmes anticléricaux (*la Guerre des dieux,* 1799). Ses *Chansons madécasses* ont été mises en musique en 1925 par Maurice Ravel, qui sut découvrir leur charme et leur ton parfois anticolonialiste.

Les Chansons madécasses *(Chansons malgaches), publiées en 1787, présentées comme des traductions, sont en fait des « poèmes en prose », les premiers de la littérature française. Dans cette « Chanson V », Parny évoque très directement le destin du poste de Fort-Dauphin, établi sur la côte malgache au* XVIIe *siècle par les Français. Quand le gouverneur Flacourt dut abandonner le fort en 1653, il avait laissé sur le rivage une inscription en latin qui disait : « Étranger, méfie-toi des habitants... »*

Méfiez-vous des Blancs, habitants du rivage. Du temps de nos pères, des Blancs descendirent dans cette île ; on leur dit : « Voilà des terres ; que vos femmes les cultivent. Soyez justes, soyez bons, et devenez nos frères. »

Les Blancs promirent, et cependant ils faisaient des retranchements. Un fort menaçant s'éleva ; le tonnerre fut renfermé dans des bouches d'airain[1] ; leurs prêtres voulurent nous donner un Dieu que nous ne connaissons pas ; ils parlèrent enfin d'obéissance et d'esclavage : plutôt la mort ! Le carnage fut long et terrible ; mais, malgré la foudre qu'ils vomissaient, et qui écrasait des armées entières, ils furent tous exterminés. Méfiez-vous des Blancs.

Nous avons vu de nouveaux tyrans, plus forts et plus nombreux, planter leur pavillon sur le rivage : le ciel a combattu pour nous. Il a fait tomber sur eux les pluies, les tempêtes et les vents empoisonnés. Ils ne sont plus, et nous vivons, et nous vivons libres. Méfiez-vous des Blancs, habitants du rivage.

Évariste Parny, *Chansons madécasses,* 1787

COMPRÉHENSION ET LANGUE	ACTIVITÉS DIVERSES, EXPRESSION ÉCRITE
1 – Quel est le thème de ce texte ? Qui sont les « habitants du rivage » ? 2 – Comment les Blancs ont-ils été accueillis ? Quels furent leurs remerciements ? 3 – Quel est le temps dominant des trois paragraphes ? Expliquez le changement du temps dominant au dernier paragraphe.	1 – Recherchez dans une encyclopédie les caractéristiques d'une *chanson.* Quelles sont celles que vous trouvez, ou ne trouvez pas, dans ce texte ? 2 – L'épisode raconté ici vous semble-t-il représentatif de ce que furent les conquêtes coloniales ? Exposez votre avis en fondant votre position sur deux ou trois exemples historiques.

1. Bronze (bouche d'airain = canon).

FRANCE

Louis Antoine de Bougainville (1729-1811), avocat, mathématicien, marin, accomplit, de 1766 à 1769, un voyage autour du monde qui lui fit découvrir plusieurs îles encore inconnues et le conduisit à Tahiti (ou Otaïti). Il en rapporta de nombreuses observations scientifiques, mais surtout un récit de voyage (*Voyage autour du monde*, 1771) qui fit beaucoup rêver sur le thème du « bon sauvage ». Diderot surenchérit dans son *Supplément au Voyage de Bougainville*, 1773, en dénonçant l'irruption désastreuse de la civilisation occidentale dans le monde de bonté naturelle et de liberté sexuelle des Otaïtiens.

XVIIIe siècle

« Dans le jardin d'Éden »

Arrivé devant l'île de Tahiti au début d'avril 1768, Bougainville entre en contact avec les habitants, dont il se plaît à louer la beauté et les bonnes manières. Ses marins descendent à terre et sont reçus « de la manière la plus aimable ». Lui-même va se promener dans l'intérieur de l'île.

Je me croyais transporté dans le jardin d'Éden : nous parcourions une plaine de gazon, couverte de beaux arbres fruitiers et coupée de petites rivières qui entretiennent une fraîcheur délicieuse, sans aucun des inconvénients qu'entraîne l'humidité. Un peuple nombreux y jouit des trésors que la nature verse à pleines mains sur lui. Nous trouvions des troupes d'hommes et de femmes assises à l'ombre des vergers ; tous nous saluaient avec amitié ; ceux que nous rencontrions dans les chemins se rangeaient à côté pour nous laisser passer ; partout nous voyions régner l'hospitalité, le repos, une joie douce et toutes les apparences du bonheur.

Je fis présent au chef du canton où nous étions d'un couple de dindes et de canards mâles et femelles ; c'était le denier de la veuve[1]. Je lui proposai aussi de faire un jardin à notre manière et d'y semer différentes graines, proposition qui fut reçue avec joie. En peu de temps Ereri[2] fit préparer et entourer de palissades le terrain qu'avaient choisi nos jardiniers. Je le fis bêcher ; ils admiraient nos outils de jardinage. Ils ont bien aussi autour de leurs maisons des espèces de potagers garnis de giraumons[3], de patates, d'ignames et d'autres racines. Nous leur avons semé du blé, de l'orge, de l'avoine, du riz, du maïs, des oignons et des graines potagères de toute espèce. Nous avons lieu de croire que ces plantations seront bien soignées, car ce peuple nous a paru aimer l'agriculture, et je crois qu'on l'accoutumerait facilement à tirer parti du sol le plus fertile de l'univers.

Les premiers jours de notre arrivée, j'eus la visite du chef d'un canton voisin, qui vint à bord avec un présent de fruits, de cochons, de poules et d'étoffes. Ce seigneur, nommé *Toutaa*, est d'une belle figure et d'une taille extraordinaire. Il était accompagné de quelques-uns de ses parents, presque tous hommes de six pieds. Je leur fis présent de clous, d'outils, de perles fausses et d'étoffes de soie. Il fallut lui rendre sa visite chez lui ; nous fûmes bien accueillis, et l'honnête Toutaa m'offrit une de ses femmes fort jeune et assez jolie. L'assemblée était nombreuse, et les musiciens avaient déjà entonné les chants de l'hyménée. Telle est la manière de recevoir les visites de cérémonie.

Louis Antoine de Bougainville, *Voyage autour du monde*, 1771

1. L'aumône faite par le plus pauvre (le denier était une pièce de très faible valeur). – 2. Chef des Tahitiens. – 3. Sorte de courge.

« Fuyez, malheureux Hottentots »

Diderot a largement contribué à la rédaction du chapitre XVIII *du livre II de l'*Histoire philosophique et politique des deux Indes, *qui traite des Hottentots (habitants de la pointe sud de l'Afrique). Il rappelle leurs mœurs frustes de peuple pasteur et finalement les exhorte à repousser par la violence les tentatives d'établissement colonial.*

L'abbé Raynal (1713-1796) est l'auteur d'une compilation sur la colonisation, écrite à la demande du ministère de la Marine, qui souhaitait relancer une politique coloniale française. Cette *Histoire philosophique et politique des établissements et du commerce des Européens dans les deux Indes,* publiée d'abord en six volumes en 1770, puis considérablement augmentée au fil des nombreuses rééditions, est un ouvrage composite, qui puisait sa documentation dans l'*Histoire générale des voyages* de l'abbé Prévost et faisait appel à de nombreux collaborateurs, dont Diderot, qui donna dans l'édition de 1780 des passages d'une grande violence rhétorique, pour condamner le principe même de la colonisation. L'ouvrage fut interdit par le parlement de Paris en 1781 et l'abbé Raynal dut s'exiler.

Encore si, lorsque vous [1] avez abordé sur ses rivages, vous vous étiez proposé de l'amener à une vie plus policée, à des mœurs qui vous paraissaient préférables aux siennes, on vous excuserait. Mais vous êtes descendus dans son pays pour l'en dépouiller. Vous ne vous êtes approchés de sa cabane que pour l'en chasser, que pour le substituer, si vous le pouviez, à l'animal qui laboure sous le fouet de l'agriculteur, que pour achever de l'abrutir, que pour satisfaire votre cupidité.

Fuyez, malheureux Hottentots, fuyez ! enfoncez-vous dans vos forêts. Les bêtes féroces qui les habitent sont moins redoutables que les monstres sous l'empire desquels [2] vous allez tomber. Le tigre vous déchirera peut-être mais il ne vous ôtera que la vie. L'autre vous ravira l'innocence et la liberté. Ou, si vous vous en sentez le courage, prenez vos haches, tendez vos arcs, faites pleuvoir sur ces étrangers vos flèches empoisonnées. Puisse-t-il n'en rester aucun pour porter à leurs citoyens la nouvelle de leur désastre !

Mais hélas ! vous êtes sans défiance, et vous ne les connaissez pas. Ils ont la douceur peinte sur leurs visages. Leur maintien promet une affabilité qui vous en imposera. Et comment ne vous tromperait-elle pas ? c'est un piège pour eux-mêmes. La vérité semble habiter sur leurs lèvres. En vous abordant, ils s'inclineront. Ils auront une main placée sur la poitrine. Ils tourneront l'autre vers le ciel, ou vous la présenteront avec amitié. Leur geste sera celui de la bienfaisance, leur regard celui de l'humanité, mais la cruauté, mais la trahison sont au fond de leur cœur. Ils disperseront vos cabanes, ils se jetteront sur vos troupeaux, ils corrompront vos femmes, ils séduiront vos filles. Ou vous vous plierez à leurs folles opinions, ou ils vous massacreront sans pitié. Ils croient que celui qui ne pense pas comme eux est indigne de vivre. Hâtez-vous donc, embusquez-vous ; et, lorsqu'ils se courberont d'une manière suppliante et perfide, percez-leur la poitrine. Ce ne sont pas les représentations de la justice qu'ils n'écoutent pas, ce sont vos flèches qu'il faut leur adresser. Il en est temps, Riebeck [3] approche.

Abbé Raynal, *Histoire philosophique et politique des deux Indes,* 1780

1. À travers le lecteur, c'est le colonisateur qui est interpellé. – 2. Les colonisateurs. – 3. L'un des fondateurs de la colonie hollandaise du Cap au XVIIe *siècle.*

XIXe siècle

« Tous les mots à présent planent dans la clarté. Les écrivains ont mis la langue en liberté. »

Victor Hugo, « Réponse à un acte d'accusation »,* les Contemplations, *1856

Présentation du XIXe siècle

Les crises révolutionnaires (révolutions de 1789 et 1848, Commune de 1871) donnent au XIXe siècle son visage particulier. À travers elles s'imposent à toute l'Europe les valeurs de liberté et d'égalité, en même temps que s'affirme le sentiment d'identité des diverses nationalités. L'idée s'installe que le cours de l'Histoire est commandé par une marche vers le progrès. Ce que semblent confirmer l'avancée prodigieuse de la science, le développement de l'industrie, soutenu par de multiples bouleversements technologiques, la prépondérance prise par la sphère économique en perpétuelle croissance. Le mot de *socialisme* fédère les espoirs et les rêves de ceux qui souhaitent un progrès général et partagé ; mais le sens qu'on lui donne varie selon les théoriciens. Pour Saint-Simon, c'est l'association des citoyens productifs ; pour Fourier, le groupement harmonieux des individus équilibrant dans la cellule sociale (le *phalanstère*) leurs spécificités et leurs antagonismes ; pour Proudhon, la mise en cause de la propriété privée ; pour Marx, une réflexion scientifique fondée sur la critique radicale du capitalisme.

Les écrivains, au moins dans la première partie du siècle, échappent rarement à la tentation de tenir leur partie dans le concert politique (Chateaubriand, Hugo, Lamartine…). Plus subtilement, leurs œuvres rendent compte des bouleversements moraux et psychologiques, des nouvelles visions du monde que suscite la succession des révolutions.

Romantisme

Le terme de *romantisme* est suffisamment flou pour désigner l'ensemble des aspirations nouvelles qui se font jour, dans l'ordre intellectuel et artistique, pendant la première moitié du siècle. Le succès fait en 1820 aux *Méditations poétiques* de Lamartine, la bataille d'*Hernani* en 1830 marquent des étapes importantes dans la reconnaissance du mouvement. On peut définir superficiellement le romantisme comme le triomphe de la sensibilité et de l'imagination, l'exaltation du moi et le goût du lyrisme personnel, le désir de communier avec la nature, l'affirmation du principe de liberté en art (le rejet des règles du classicisme prend volontiers des allures révolutionnaires : « Je mis un bonnet rouge au vieux dictionnaire », proclame Hugo).

Ces déterminations ne sont pas fausses. Mais elles ne soulignent pas assez que le romantisme est d'abord un renouvellement de la vision du monde, une révolution de la pensée. Les jeunes gens qui arrivent à l'âge d'homme dans les années 1800 (les « enfants du siècle » comme les appelle Musset) ont entendu les leçons de la critique philosophique et ses appels à l'idée de relativité ; ils ne peuvent plus accepter les certitudes rassurantes de la raison classique ; ils ne croient plus en l'universalité de principes organisant harmonieusement l'univers. Le « mal du siècle » traduit leur inadaptation, leur sentiment de vivre un déclin (l'automne est leur saison mentale), leur sensation d'appartenir à une classe condamnée (Chateaubriand, Vigny). Plus profondément, le « mal du siècle » exprime le malaise métaphysique de jeunes gens pour qui la vie humaine et l'univers ont perdu leur sens.

Prenant le contrepied de l'intellectualisme du XVIIIe siècle, le romantisme croit découvrir dans la poésie la voie permettant d'approcher, mieux que par la raison, l'essence même du monde. En des moments d'illumination, que le rêve, l'intuition poétique, l'exaltation amoureuse peuvent susciter, l'homme accède à la révélation de mystères suprêmes. Malheureusement, la forme poétique traditionnelle que pratique encore la première génération romantique ne lui permet d'obtenir qu'imparfaitement cette illumination poétique. C'est surtout la génération symboliste qui réalisera l'idéal de la poésie révélatoire. De ce point de vue, les poètes de la fin du siècle, de Baudelaire à Rimbaud ou Mallarmé, s'inscrivent dans la continuité du mouvement romantique.

Modernités

Le romantisme prend une conscience très aiguë du devenir historique et de l'historicité de l'instant. Les changements à l'œuvre dans les domaines politiques ou sociaux montrent que l'homme et le monde sont entraînés dans un courant fatal, qu'il serait vain de tenter de remonter : c'est la leçon que Chateaubriand invite à tirer de ses *Mémoires d'outre-tombe*. Puisque le monde change, il faut être de son temps et donner à ce temps l'art qui lui convienne. Stendhal, avant Baudelaire, érige la modernité en critère esthétique.

Sur le plan moral, le romantisme exalte les valeurs de participation au devenir historique : non plus l'idéal de l'équilibre et de l'art de vivre agréablement, mais l'enthousiasme de la générosité, le culte de la passion et de l'énergie, le désir d'action. Balzac et Stendhal choisissent volontiers comme héros de leurs romans des personnages hors série, voire des aventuriers.

La volonté d'agir s'inscrit dans le concret historique et cet affrontement au réel rend particulièrement sensible le caractère unique, irremplaçable de chaque instant (« Aimez ce que jamais on ne verra deux fois », recommande Vigny). Le romantisme aime dégager l'originalité, la spécificité d'un moment, d'un lieu, d'une sensation : il a le goût de la couleur locale, de l'exactitude historique.

Engagé dans le courant de l'Histoire, l'écrivain romantique se flatte volontiers de contribuer par ses actes ou par

Illustration page 80 : *Le Coin de table* par Fantin-Latour ; à gauche, Verlaine et Rimbaud.

ses écrits à la marche du futur. Il a le sentiment d'exercer une mission, d'être un « mage », en charge du progrès de l'humanité. La « fonction du poète » consiste, selon Hugo, à servir de guide aux peuples, à leur annoncer l'avenir :

Le poète en des jours impies
Vient préparer des jours meilleurs.
Il est l'homme des utopies,
Les pieds ici, les yeux ailleurs.

De toutes les utopies dont se nourrissent les romantiques, la croyance en la régénération est peut-être la plus généralement partagée : régénération du moi individuel au creuset de l'amour (Musset, G. Sand) ; réhabilitation du forçat ou du criminel (le Jean Valjean des *Misérables*) ; lutte inlassable du bien contre le mal, qui se termine par le rachat des damnés (c'est le maître mot de la philosophie de Victor Hugo). Le XIXe siècle romantique est bien un siècle optimiste.

Des voix discordantes, cependant, insinuent parfois le doute. Dès les années 1830, Théophile Gautier s'interroge, pour en refuser le principe, sur l'utilité sociale de l'art. Et la fin du siècle, en prononçant le divorce de l'art et de l'utilité, semblera parfois tourner le dos aux valeurs qui étaient celles du romantisme. L'écrivain ne se réclamera plus du modèle prestigieux du « mage », mais de la figure plus modeste de l'« artiste ».

L'artiste

Il serait néanmoins trompeur d'établir des oppositions tranchées. Les valeurs romantiques continuent d'irriguer la vie intellectuelle et artistique de la seconde moitié du XIXe siècle. Baudelaire, par exemple, se réclame ostensiblement de l'*Art romantique* (c'est le titre qu'il donne à un essai de 1852). Mais sur certains points, des clivages apparaissent, des idées nouvelles se font jour.

On se méfie du messianisme romantique. L'échec de la révolution de 1848 incline au pessimisme ceux qui ont vu leurs rêves s'y abîmer (Leconte de Lisle). Flaubert trace dans *l'Éducation sentimentale* un portrait impitoyable de la génération des vaincus et déçus de 1848. De Maupassant à Mallarmé, la vision du monde est commandée par un pessimisme systématique.

On est fatigué de l'étalage des sentiments personnels, de l'épanchement des confessions, de l'exhibition des grandes douleurs (« Les plus désespérés sont les chants les plus beaux, / Et j'en sais d'immortels qui sont de purs sanglots », affirmait Musset). Le lyrisme personnel fait place à un devoir d'impersonnalité, voire à des proclamations d'impassibilité (Baudelaire, Flaubert, Leconte de Lisle).

On ne s'abandonne plus à l'enthousiasme de l'inspiration, on proclame la nécessité du travail austère, objectif, discipliné. Ce qui va de pair avec la volonté d'asseoir la création littéraire sur une recherche de type scientifique. Le romantisme avait lui aussi été fasciné par les progrès de la science (le positivisme, qui fait de la science la base d'une religion laïque de l'Humanité et dont le philosophe Auguste Comte énonce les principes, imprègne *les Destinées* de Vigny). Avec Zola, le romancier affiche une volonté d'observation presque clinique et prétend emprunter à la science la rigueur de ses méthodes.

On préfère la beauté impeccable de la forme achevée à l'ampleur échevelée des ambitions romantiques. L'artiste de la fin du siècle cultive volontiers la virtuosité. À l'idéal de « naturel » des romantiques, il oppose son goût de l'artifice (Baudelaire, Mallarmé).

Écoles et tendances

Des manifestes, des mots drapeaux, des affinités personnelles, des habitudes partagées regroupent écrivains et artistes en familles d'esprits, voire en écoles littéraires. Mais les délimitations sont parfois arbitraires, les glissements nombreux d'une tendance à une autre.

Le Parnasse a rassemblé, dans le sillage de Théophile Gautier et des théoriciens de l'art pour l'art, autour d'une publication collective de jeunes poètes (*le Parnasse contemporain,* 1866, 1871 et 1875), ceux qui recherchent la perfection d'une forme plastique, obtenue par le travail contre une matière rebelle. Leconte de Lisle donne le goût des reconstitutions historiques érudites et de l'objectivité en poésie.

Il n'y a pas eu à proprement parler d'école *réaliste,* même si Champfleury en a proposé la théorie. Néanmoins, Flaubert incarnait pour ses contemporains une tendance romanesque fondée sur l'observation minutieuse, usant d'une écriture apparemment neutre, pour raconter des faits divers banals et des vies médiocres.

Le *naturalisme,* en revanche, s'est constitué autour d'écrits théoriques de Zola, qui fixe à la littérature une ambition scientifique. Revendiquant le regard clinique du médecin, il considère le roman comme le lieu d'une expérience à conduire selon le protocole de la méthode expérimentale. Mais aucun des membres de l'école naturaliste (Zola lui-même, comme Huysmans, Maupassant, Alphonse Daudet ou Jules Vallès) ne s'est enfermé dans ce strict programme littéraire.

Le *symbolisme,* au sens large, désigne tout le mouvement de la poésie moderne, qui croit pouvoir déchiffrer l'allégorie du monde grâce au système des « correspondances », qui se propose de saisir les impressions et les sensations plutôt que les objets eux-mêmes, qui laisse l'initiative à la musique des mots et aux puissances latentes du langage. Mais, dans un sens plus limité, le *symbolisme* a été une école littéraire, active de 1886 à 1891, autour de Mallarmé.

L'esprit *décadent* de la fin du siècle (expression du sentiment de vivre les derniers raffinements d'une civilisation exténuée) prend plaisir à multiplier les théories littéraires et les classifications en écoles aussi bruyantes qu'éphémères.

Points de vue sur le XIXᵉ siècle

Romantisme et révolution

« Toute la maladie du siècle présent vient de deux causes : le peuple qui a passé par 93 et par 1814 porte au cœur deux blessures. Tout ce qui était n'est plus ; tout ce qui sera n'est pas encore. Ne cherchez pas ailleurs le secret de nos maux. »

Alfred de Musset, *la Confession d'un enfant du siècle,* 1836

[Pour Victor Hugo, le romantisme est l'art révolutionnaire accordé au monde nouveau issu de la Révolution de 1789.]

« La Révolution a clos un siècle et commencé l'autre.

Un ébranlement dans les intelligences prépare un bouleversement dans les faits ; c'est le dix-huitième siècle. Après quoi la révolution politique faite cherche son expression, et la révolution littéraire et sociale s'accomplit. C'est le dix-neuvième. Romantisme et socialisme, c'est, on l'a dit avec hostilité, mais avec justesse, le même fait. Souvent la haine, en voulant injurier, constate, et, autant qu'il est en elle, consolide.

Une parenthèse. Ce mot, *romantisme,* a comme tous les mots de combat, l'avantage de résumer vivement un groupe d'idées ; il va vite, ce qui plaît dans la mêlée ; mais il a, selon nous, par sa signification militante, l'inconvénient de paraître borner le mouvement qu'il représente à un fait de guerre ; or ce mouvement est un fait d'intelligence, un fait de civilisation, un fait d'âme. »

Victor Hugo, *William Shakespeare,* 1864

[Stendhal définit le romantisme (qu'il appelle « romanticisme », ce qui montre que le mot n'est pas encore bien fixé) comme un effet de modernité.]

« Le *romanticisme* est l'art de présenter aux peuples les œuvres littéraires qui, dans l'état actuel de leurs habitudes et de leurs croyances, sont susceptibles de leur donner le plus de plaisir possible.

Le *classicisme,* au contraire, leur présente la littérature qui donnait le plus grand plaisir possible à leurs arrière-grands-pères. »

Stendhal, *Racine et Shakespeare,* 1823

L'art pour l'art

[Dans la « Préface » de *Mademoiselle de Maupin,* Théophile Gautier donne une formulation très ferme aux thèses de l'art pour l'art : l'œuvre d'art ne doit pas se mettre au service de quelque cause que ce soit, morale, politique, sociale, etc.]

« Rien de ce qui est beau n'est indispensable à la vie. – On supprimerait les fleurs, le monde n'en souffrirait pas matériellement ; qui voudrait cependant qu'il n'y eût plus de fleurs ? Je renoncerais plutôt aux pommes de terre qu'aux roses, et je crois qu'il n'y a qu'un utilitaire au monde capable d'arracher une plate-bande de tulipes pour y planter des choux.

À quoi sert la beauté des femmes ? Pourvu qu'une femme soit médicalement bien conformée, en état de faire des enfants, elle sera toujours assez bonne pour des économistes. À quoi bon la musique ? À quoi bon la peinture ? Qui aurait la folie de préférer Mozart à M. Carrel, et Michel-Ange à l'inventeur de la moutarde blanche ?

Il n'y a de vraiment beau que ce qui ne peut servir à rien ; tout ce qui est utile est laid, car c'est l'expression de quelque besoin, et ceux de l'homme sont ignobles et dégoûtants, comme sa pauvre et infirme nature. – L'endroit le plus utile d'une maison, ce sont les latrines. »

Théophile Gautier, *Mademoiselle de Maupin,* 1834

L'universelle analogie

[Après avoir rappelé les fondements de la théorie des « correspondances » (« tout, forme, mouvement, nombre, couleur, parfum, dans le *spirituel* comme dans le *naturel,* est significatif, réciproque, converse, *correspondant* »), Baudelaire définit le poète comme un déchiffreur de symboles.]

« [...] Tout est hiéroglyphique, et nous savons que les symboles ne sont obscurs que d'une manière relative, c'est-à-dire selon la pureté, la bonne volonté ou la clairvoyance native des âmes. Or qu'est-ce qu'un poète (je prends le mot dans son acception la plus large), si ce n'est un traducteur, un déchiffreur ? Chez les excellents poètes, il n'y a pas de métaphore, de comparaison ou d'épithète qui ne soit d'une adaptation mathématiquement exacte dans la circonstance actuelle, parce que ces comparaisons, ces métaphores et ces épithètes sont puisées dans l'inépuisable fonds de l'*universelle analogie,* et qu'elles ne peuvent être puisées ailleurs. »

Baudelaire, *l'Art romantique,* 1861

La voyance

[Dans sa lettre à Paul Demeny du 15 mai 1871, Rimbaud énonce en formules souvent elliptiques sa théorie de la voyance.]

« Je dis qu'il faut être *voyant,* se faire *voyant.*

Le poète se fait *voyant* par un long, immense et raisonné *dérèglement de tous les sens.* Toutes les formes d'amour, de souffrance, de folie ; il cherche lui-même, il épuise en lui tous les poisons pour n'en garder que les quintessences. Ineffable torture où il a besoin de toute la foi, de toute la force surhumaine, où il devient entre tous le grand malade, le grand criminel, le grand maudit, – et le suprême Savant ! – Car il arrive à l'*inconnu !* Puisqu'il a cultivé son âme, déjà riche, plus qu'aucun ! Il arrive à l'*inconnu,* et quand, affolé, il finirait par perdre l'intelligence de ses visions, il les a vues ! [...]

Donc le poète est vraiment voleur de feu.

Il est chargé de l'humanité, des *animaux* même ; il devra faire sentir, palper, écouter ses inventions ; si ce qu'il rapporte de *là-bas* a forme, il donne forme ; si c'est informe, il donne de l'informe. Trouver une langue [...]. »

Rimbaud, *Lettre à Paul Demeny,* 15-5-1871

« L'absente de tous bouquets »

[Dans des textes souvent difficiles, en raison d'une syntaxe très travaillée, Mallarmé expose un projet littéraire, très ambitieux. À l'opposé de l'usage ordinaire et utilitaire du langage (ce qu'il appelle le *reportage* et qui se contente de refléter le monde), il vise à produire l'idéal pur qui se dégage de la vibration et de l'entrechoc des mots (« L'œuvre pure implique la disparition élocutoire du poète qui cède l'initiative aux mots »).]

« Narrer, enseigner, même décrire, cela va et encore qu'à chacun suffirait peut-être pour échanger la pensée humaine, de prendre ou de mettre dans la main d'autrui en silence une pièce de monnaie, l'emploi élémentaire du discours dessert l'universel *reportage* dont, la littérature exceptée, participe tout entre les genres d'écrire contemporains.

À quoi bon la merveille de transposer un fait de nature en sa presque disparition vibratoire selon le jeu de la parole, cependant ; si ce n'est pour qu'en émane, sans la gêne d'un proche ou concret rappel, la notion pure.

Je dis : une fleur ! et, hors de l'oubli où ma voix relègue aucun contour, en tant que quelque chose d'autre que les calices sus, musicalement se lève, idée même et suave, l'absente de tous bouquets. »

Mallarmé, « Crise de vers », 1886-1896

L'impersonnalité

« L'auteur dans son œuvre doit être comme Dieu dans l'univers, présent partout et visible nulle part ; l'Art étant une seconde nature, le créateur de cette nature-là doit agir par des procédés analogues ; que l'on sente dans tous les atomes, à tous les aspects une impassibilité cachée et infinie ; l'effet pour le spectateur doit être une espèce d'ébahissement. Comment tout cela s'est-il fait ? doit-on dire, et qu'on se sente écrasé sans savoir pourquoi... »

Gustave Flaubert, *Lettre à Louise Colet,* 9-12-1852

Un roman sur rien

[À l'heure où Flaubert travaille à *Madame Bovary,* il définit ainsi son idéal du « roman pur ».]

« Ce qui me semble beau, ce que je voudrais faire, c'est un livre sur rien, un livre sans attache extérieure, qui se tiendrait de lui-même par la force interne de son style, comme la terre sans être soutenue se tient en l'air, un livre qui n'aurait presque pas de sujet ou du moins où le sujet serait presque invisible, si cela se peut. Les œuvres les plus belles sont celles où il y a le moins de matière ; plus l'expression se rapproche de la pensée, plus le mot colle dessus et disparaît, plus c'est beau. Je crois que l'avenir de l'Art est dans ces voies ; je le vois à mesure qu'il grandit s'éthérisant tant qu'il peut, depuis les pylônes égyptiens jusqu'aux lancettes gothiques, et depuis les poèmes de vingt mille vers des Indiens jusqu'aux jets de Byron ; la forme en devenant habile s'atténue ; elle quitte toute liturgie, toute règle, toute mesure ; elle abandonne l'épique pour le roman, le vers pour la prose ; elle ne se connaît plus d'orthodoxie et est libre comme chaque volonté qui la produit. »

Gustave Flaubert, *Lettre à Louise Colet,* 16-12-1852

Le roman expérimental

[Zola annonce le remplacement du roman de « pure imagination » par celui « d'observation et d'expérimentation ».]

« La science entre dans notre domaine, à nous romanciers, qui sommes à cette heure des analystes de l'homme, dans son action individuelle et sociale. Nous continuons, par nos observations et nos expériences, la besogne du physiologiste, qui a continué celle du physicien et du chimiste. Nous faisons en quelque sorte de la psychologie scientifique, pour compléter la physiologie scientifique ; et nous n'avons, pour compléter l'évolution, qu'à apporter dans nos études de la nature et de l'homme l'outil décisif de la méthode expérimentale. »

Émile Zola, *le Roman expérimental,* 1880

Les événements

1804-1814	Empire (Napoléon Ier)
1814-1830	La Restauration
1815	Les Cent-Jours. Waterloo
1815-1824	Règne de Louis XVIII
1824-1830	Règne de Charles X
1830	Expédition d'Alger Révolution de Juillet Proclamation de l'indépendance de la Belgique
1830-1848	Règne de Louis-Philippe (monarchie de Juillet)
1837-1838	Rébellion des patriotes du Bas-Canada
1847	Guerre civile en Suisse
1848	Révolution de février à Paris Abolition de l'esclavage
1848-1851	Deuxième République
1851	Coup d'État du 2 décembre
1852-1870	Second Empire (Napoléon III)
1852	Faidherbe au Sénégal
1870-1871	Guerre franco-prussienne
1870	Proclamation de la IIIe République
1871	La Commune de Paris
1881	Protectorat français en Tunisie
1885	Création de l'« État indépendant du Congo »
1896	Annexion de Madagascar
1899	Affaire Dreyfus

Vie littéraire & philosophique

1802	Chateaubriand, *Génie du christianisme*
1820	Lamartine, *Méditations poétiques*
1826-1837	Vigny, *Poèmes antiques et modernes*
1829	Hugo, *les Orientales*
1829-1848	Balzac, *la Comédie humaine*
:1830	Bataille d'*Hernani*
1831	Hugo, *Notre-Dame de Paris* Stendhal, *le Rouge et le Noir*
1835	Musset, *Lorenzaccio*
1838	Hugo, *Ruy Blas*
1839	Stendhal, *la Chartreuse de Parme*
1844	Dumas, *les Trois Mousquetaires*
1848-1850	Chateaubriand, *Mémoires d'outre-tombe*
1853	Hugo, *les Châtiments* Nerval, *les Chimères*
1856	Hugo, *les Contemplations*
1857	Baudelaire, *les Fleurs du mal* Flaubert, *Madame Bovary*
1859	Hugo, *la Légende des siècles* (première série)
1862	Hugo, *les Misérables* Leconte de Lisle, *Poèmes barbares*
1869	Flaubert, *l'Éducation sentimentale* Lautréamont, *les Chants de Maldoror*
1871-1893	Zola, *les Rougon-Macquart*
1873	Rimbaud, *Une saison en enfer*
1880-1890	Maupassant, *Contes*
1897	Mallarmé, *Un coup de dés…*

Vie artistique

1807	Beethoven, *Ve Symphonie* David, *le Sacre*
1814	Ingres, *la Grande Odalisque*
1816	Rossini, *le Barbier de Séville*
1819	Géricault, *le Radeau de la Méduse*
1827	Ingres, *Apothéose d'Homère*
1831	Delacroix, *La liberté guidant le peuple*
1833	Chopin, *Nocturnes*
1845	Wagner, *Tannhäuser*
1849	Courbet, *l'Enterrement à Ornans*
1853	Verdi, *la Traviata*
1861-1875	Garnier construit l'Opéra de Paris
1863	Manet, *le Déjeuner sur l'herbe*
1865	Wagner, *Tristan et Iseult*
1870	Cézanne, *le Déjeuner sur l'herbe*
1874	Monet, *Impression, soleil levant* Moussorgski, *Boris Godounov*
1875	Bizet, *Carmen*
1880	Rodin, *le Penseur*
1889	Tour Eiffel
1890	Van Gogh, *le Champ de blé aux corbeaux*
1893	Dvorak, *Symphonie du Nouveau Monde*
1894	Debussy, *Prélude à l'après-midi d'un faune*
1898	Gauguin, *le Cheval blanc*
1900	Le Douanier Rousseau, *Bohémienne endormie*

Inventions & découvertes

1800	Volta met au point la pile électrique
1809	Lamarck, *Philosophie zoologique* (théorie du transformisme)
1814	Stephenson réalise la traction à vapeur sur voie ferrée
1816	Niepce : première photographie
1821	Cuvier fonde la paléontologie
1822	Champollion déchiffre les hiéroglyphes
1824	Carnot établit la thermodynamique moderne
1826	Lobatchevski expose la géométrie non euclidienne
1832	Morse conçoit le télégraphe électrique
1838	Daguerre met au point le daguerréotype
1849-1871	Voyages de Livingstone en Afrique orientale
1859	Début de l'exploitation du pétrole en Pennsylvanie Darwin, *De l'origine des espèces*
1860	Lenoir : le moteur à explosion
1863	Pasteur et la « pasteurisation »
1865	Cl. Bernard, *Introduction à l'étude de la médecine expérimentale*
1867	Mendeleiev : classification des éléments
1876	Bell invente le téléphone
1877	Edison, Ch. Cros et le phonographe
1885	Pasteur et le vaccin contre la rage
1891	Panhard et Levassor : première automobile à essence
1895	Les frères Lumière et le cinématographe
1899	Liaisons T.S.F. par Branly et Marconi

FRANÇOIS RENÉ DE

François René de Chateaubriand (1768-1848) a traversé des expériences multiples : enfance mélancolique au château de Combourg, jeunesse aventureuse, voyages en Amérique et plus tard en Orient, émigration et exil, succès littéraire, secrétariat d'ambassade à Rome, opposition à Napoléon, carrière d'homme d'État au service des rois de la Restauration à qui il reste fidèle sous Louis-Philippe. Son œuvre, inclassable, lui procure la gloire avec deux romans, *Atala,* 1801 et *René,* 1802, et surtout un ouvrage d'apologétique, *le Génie du christianisme,* 1802, parus au moment où Napoléon restaure la religion. L'épopée en prose des *Martyrs,* 1809, prolonge cette inspiration. Mais son chef-d'œuvre reste ses *Mémoires d'outre-tombe,* commencés en 1809, repris après 1830, achevés en 1841 et publiés seulement après sa mort. Chateaubriand, le « magicien », y peint, dans une langue rêveuse et superbe, à la fois son autoportrait et l'épopée de son temps.

« Le calme morne du château de Combourg »

Le château familial de Combourg en Bretagne dresse son imposante silhouette féodale sur un paysage de landes et de bois. Chateaubriand y a passé deux années entières (1784-1786), qu'il raconte dans un chapitre des Mémoires d'outre-tombe *(1re partie, livre III, chapitre III). Le travail du souvenir tend à accentuer le caractère presque fantastique de cette évocation.*

Le calme morne du château de Combourg était augmenté par l'humeur taciturne et insociable de mon père. Au lieu de resserrer sa famille et ses gens autour de lui, il les avait dispersés à toutes les aires de vent [1] de l'édifice. Sa chambre à coucher était placée dans la petite tour de l'est, et son cabinet dans la petite tour de l'ouest. Les meubles de ce cabinet consistaient en trois chaises de cuir noir et une table couverte de titres et de parchemins. Un arbre généalogique de la famille des Chateaubriand tapissait le manteau de la cheminée, et dans l'embrasure d'une fenêtre on voyait toutes sortes d'armes depuis le pistolet jusqu'à l'espingole [2]. L'appartement de ma mère régnait au-dessus de la grand'salle, entre les deux petites tours : il était parqueté et orné de glaces de Venise à facettes. Ma sœur habitait un cabinet dépendant de l'appartement de ma mère. La femme de chambre couchait loin de là, dans le corps de logis des grandes tours. Moi, j'étais niché dans une espèce de cellule isolée, au haut de la tourelle de l'escalier qui communiquait de la cour intérieure aux diverses parties du château. Au bas de cet escalier, le valet de chambre de mon père et le domestique gisaient dans des caveaux voûtés, et la cuisinière tenait garnison dans la grosse tour de l'ouest.

Mon père se levait à quatre heures du matin, hiver comme été : il venait dans la cour intérieure appeler et éveiller son valet de chambre, à l'entrée de l'escalier de la tourelle. On lui apportait un peu de café à cinq heures ; il travaillait ensuite dans son cabinet jusqu'à midi. Ma mère et ma sœur déjeunaient chacune dans leur chambre à huit heures du matin. Je n'avais aucune heure fixe, ni pour me lever, ni pour déjeuner ; j'étais censé étudier jusqu'à midi : la plupart du temps je ne faisais rien.

À onze heures et demie, on sonnait le dîner que l'on servait à midi. La grand'salle était à la fois salle à manger et salon : on dînait et l'on soupait à l'une de ses extrémités du côté de l'est ; après les repas, on se venait placer à l'autre extrémité du côté de l'ouest, devant une énorme cheminée. La grand'salle était boisée, peinte en gris blanc et ornée de vieux portraits depuis le règne de François Ier jusqu'à celui de Louis XIV ; parmi ces portraits, on distinguait ceux de Condé et de Turenne [3] : un tableau, représentant Hector tué par Achille sous les murs de Troie [4], était suspendu au-dessus de la cheminée.

Le dîner fait, on restait ensemble jusqu'à deux heures. Alors, si l'été, mon père prenait le divertissement de la pêche, visitait ses potagers, se promenait dans l'étendue du vol du chapon [5] ; si l'automne et l'hiver, il partait pour la chasse, ma mère se retirait dans la chapelle, où elle passait quelques heures en prières. Cette chapelle était un oratoire sombre, embelli de bons tableaux des plus grands maîtres, qu'on ne s'attendrait guère à trouver dans un château féodal, au fond de la Bretagne. J'ai aujourd'hui, en ma possession, une *Sainte Famille* de l'Albane[6], peinte sur cuivre, tirée de cette chapelle : c'est tout ce qui me reste de Combourg.

Mon père parti et ma mère en prières, Lucile[7] s'enfermait dans sa chambre ; je regagnais ma cellule, ou j'allais courir les champs.

À huit heures, la cloche annonçait le souper. Après le souper, dans les beaux jours, on s'asseyait sur le perron. Mon père, armé de son fusil, tirait les chouettes qui sortaient des créneaux à l'entrée de la nuit. Ma mère, Lucile et moi, nous regardions le ciel, les bois, les derniers rayons du soleil, les premières étoiles. À dix heures, on rentrait et l'on se couchait.

Les soirées d'automne et d'hiver étaient d'une autre nature. Le souper fini et les quatre convives revenus de la table à la cheminée, ma mère se jetait, en soupirant, sur un vieux lit de jour[8] de siamoise flambée[9] ; on mettait devant elle un guéridon avec une bougie. Je m'asseyais auprès du feu avec Lucile ; les domestiques enlevaient le couvert et se retiraient. Mon père commençait alors une promenade, qui ne cessait qu'à l'heure de son coucher. Il était vêtu d'une robe de ratine[10] blanche, ou plutôt d'une espèce de manteau que je n'ai vu qu'à lui. Sa tête, demi-chauve, était couverte d'un grand bonnet blanc qui se tenait tout droit. Lorsqu'en se promenant, il s'éloignait du foyer, la vaste salle était si peu éclairée par une seule bougie qu'on ne le voyait plus ; on l'entendait seulement encore marcher dans les ténèbres : puis il revenait lentement vers la lumière et émergeait peu à peu de l'obscurité, comme un spectre, avec sa robe blanche, son bonnet blanc, sa figure longue et pâle. Lucile et moi, nous échangions quelques mots à voix basse, quand il était à l'autre bout de la salle ; nous nous taisions quand il se rapprochait de nous. Il nous disait, en passant : « De quoi parliez-vous ? » Saisis de terreur, nous ne répondions rien ; il continuait sa marche. Le reste de la soirée, l'oreille n'était plus frappée que du bruit mesuré de ses pas, des soupirs de ma mère et du murmure du vent.

Dix heures sonnaient à l'horloge du château : mon père s'arrêtait ; le même ressort, qui avait soulevé le marteau de l'horloge, semblait avoir suspendu ses pas. Il tirait sa montre, la montait, prenait un grand flambeau d'argent surmonté d'une grande bougie, entrait un moment dans la petite tour de l'ouest, puis revenait, son flambeau à la main, et s'avançait vers sa chambre à coucher, dépendante de la petite tour de l'est. Lucile et moi, nous nous tenions sur son passage ; nous l'embrassions, en lui souhaitant une bonne nuit. Il penchait vers nous sa joue sèche et creuse sans nous répondre, continuait sa route et se retirait au fond de la tour, dont nous entendions les portes se refermer sur lui.

Le talisman était brisé ; ma mère, ma sœur et moi, transformés en statues par la présence de mon père, nous recouvrions les fonctions de la vie. Le premier effet de notre désenchantement se manifestait par un débordement de paroles : si le silence nous avait opprimés, il nous le payait cher.

François René de Chateaubriand,
***Mémoires d'outre-tombe,* 1848-1850**

Compréhension et langue

1 – Quel personnage contribue à accentuer le « calme morne » du château ?
2 – Où les divers membres de la famille sont-ils logés ?
3 – Comment est meublé chacun des appartements ?
4 – Quelle atmosphère se dégage de ce décor ? Étudiez le champ lexical.
5 – Quel est l'emploi du temps du père ?
6 – Recherchez l'étymologie du mot « oratoire » (l. 41).
7 – Pourquoi l'auteur compare-t-il sa chambre à une cellule (l. 48) ?
8 – Quel portrait fait-il de son père ?
9 – Expliquez pourquoi « le talisman était brisé » (l. 85).

Activités diverses, expression écrite

1 – Quels sont les sens et les emplois du mot *mémoire ?*
2 – *L'autobiographie*. Recherchez les caractéristiques grammaticales, sémantiques et thématiques de ce genre. Citez les écrivains les plus importants qui l'ont illustré.

1. Terme de marine : les aires de vent *découpent l'horizon en trente-deux parties.*
2. Fusil court à canon évasé.
3. Généraux de Louis XIV.
*4. Épisode de l'*Iliade *d'Homère.*
5. Formule juridique ancienne : environ un demi-hectare autour d'un manoir.
6. Peintre italien (1587-1660).
7. Sœur de Chateaubriand.
8. Sorte de divan.
9. Étoffe de coton, en principe fabriquée au Siam, passée à la flamme pour brûler le duvet.
10. Tissu de laine à poil long.

FRANCE

ALPHONSE DE LAMARTINE

Alphonse de Lamartine (1790-1869) connaît un immense succès avec son recueil des *Méditations poétiques,* 1820, qui traduit ses incertitudes et ses élans de poète romantique. Diplomate en Italie sous la Restauration, il voyage en Orient, 1832-1833, puis commence une carrière politique. Député, il se révèle homme de progrès et se situe de plus en plus à gauche. La révolution de 1848 le porte à la tête du gouvernement provisoire : c'est lui qui proclame la République et signe l'acte d'abolition de l'esclavage. Mais, largement battu lors des élections pour la présidence de la République, il se retire de la vie publique. Il ne cessera jamais d'écrire, et son œuvre est particulièrement abondante : poésie lyrique (*Harmonies poétiques et religieuses,* 1830 ; *Recueillements poétiques,* 1839) ; épopée (*Jocelyn,* 1836 ; *la Chute d'un ange,* 1838) ; histoire (*Histoire des Girondins,* 1847) ; critique littéraire, etc.

XIXe siècle

L'Automne

Ce vingt-troisième poème des Méditations poétiques *a été écrit à l'automne de 1819. Lamartine le commentait ainsi : « Ces vers sont une lutte entre l'instinct de tristesse qui fait accepter la mort et l'instinct de bonheur qui fait regretter la vie. » Il y évoque le souvenir d'Elvire (Mme Charles), qu'il a aimée en 1816-1817 et qui est morte de tuberculose, mais il songe peut-être déjà à « une jeune Anglaise », qui deviendra sa femme en juin 1820.*

Salut ! bois couronnés d'un reste de verdure !
Feuillages jaunissants sur les gazons épars [1] !
Salut, derniers beaux jours ! le deuil de la nature
Convient à la douleur et plaît à mes regards.

Je suis d'un pas rêveur le sentier solitaire ;
J'aime à revoir encor, pour la dernière fois,
Ce soleil pâlissant, dont la faible lumière
Perce à peine à mes pieds l'obscurité des bois.

Oui, dans ces jours d'automne où la nature expire,
À ses regards voilés je trouve plus d'attraits ;
C'est l'adieu d'un ami, c'est le dernier sourire
Des lèvres que la mort va fermer pour jamais !

Ainsi, prêt à quitter l'horizon de la vie,
Pleurant de mes longs jours l'espoir évanoui [2],
Je me retourne encore, et d'un regard d'envie
Je contemple ses biens [3] dont je n'ai pas joui !

Terre, soleil, vallons, belle et douce nature,
Je vous dois une larme, aux bords de mon tombeau ;
L'air est si parfumé ! la lumière est si pure !
Aux regards d'un mourant le soleil est si beau !

Je voudrais maintenant vider jusqu'à la lie
Ce calice mêlé de nectar et de fiel !
Au fond de cette coupe où je buvais la vie,
Peut-être restait-il quelque goutte de miel ?

Peut-être l'avenir me gardait-il encore
Un retour de bonheur dont l'espoir est perdu ?
Peut-être dans la foule, une âme que j'ignore
Aurait compris mon âme et m'aurait répondu ?…

La fleur tombe en livrant ses parfums au zéphire [4] ;
À la vie, au soleil, ce sont là ses adieux ;
Moi, je meurs ; et mon âme, au moment qu'elle expire,
S'exhale comme un son triste et mélodieux.

Alphonse de Lamartine, *Méditations poétiques,* 1820

1. Épithète de feuillages.
2. L'espoir de vivre longtemps (maintenant évanoui).
3. Les biens de la vie.
4. Vent léger et agréable.

Éclaircie

Dans son exil de Jersey puis de Guernesey, Victor Hugo contemple l'océan et écoute la grande voix de la nature, qui lui apporte la révélation que « tout est plein d'âmes ». Vaste célébration de l'amour et de la vie, le poème conduit le poète, extasié, au bord de l'Infini *(c'est le titre du sixième et dernier livre des* Contemplations, *dans lequel il figure).*

L'océan resplendit sous sa vaste nuée.
L'onde, de son combat sans fin exténuée,
S'assoupit, et, laissant l'écueil se reposer,
Fait de toute la rive un immense baiser.
On dirait qu'en tous lieux, en même temps, la vie
Dissout le mal, le deuil, l'hiver, la nuit, l'envie,
Et que le mort couché dit au vivant debout :
Aime ! et qu'une âme obscure, épanouie en tout,
Avance doucement sa bouche vers nos lèvres.
L'être, éteignant dans l'ombre et l'extase ses fièvres,
Ouvrant ses flancs, ses seins, ses yeux, ses cœurs épars,
Dans ses pores profonds reçoit de toutes parts
La pénétration de la sève sacrée.
La grande paix d'en haut vient comme une marée.
Le brin d'herbe palpite aux fentes du pavé ;
Et l'âme a chaud. On sent que le nid est couvé.
L'infini semble plein d'un frisson de feuillée.
On croit être à cette heure où la terre éveillée
Entend le bruit que fait l'ouverture du jour,
Le premier pas du vent, du travail, de l'amour,
De l'homme, et le verrou de la porte sonore,
Et le hennissement du blanc cheval aurore.
Le moineau d'un coup d'aile, ainsi qu'un fol esprit,
Vient taquiner le flot monstrueux qui sourit ;
L'air joue avec la mouche et l'écume avec l'aigle ;
Le grave laboureur fait ses sillons et règle
La page où s'écrira le poème des blés ;
Des pêcheurs sont là-bas sous un pampre[1] attablés ;
L'horizon semble un rêve éblouissant où nage
L'écaille de la mer, la plume du nuage,
Car l'Océan est hydre[2] et le nuage oiseau.
Une lueur, rayon vague, part du berceau
Qu'une femme balance au seuil d'une chaumière,
Dore les champs, les fleurs, l'onde et devient lumière
En touchant un tombeau qui dort près du clocher.
Le jour plonge au plus noir du gouffre, et va chercher
L'ombre, et la baise au front sous l'eau sombre et hagarde
Tout est doux, calme, heureux, apaisé ; Dieu regarde.

Victor Hugo, *les Contemplations,* VI, X, 1856

Victor Hugo (1802-1885) domine le XIXe siècle. Son recueil des *Contemplations,* 1856, se présente comme une autobiographie spirituelle (« les mémoires d'une âme »), fracturée par la mort de sa fille Léopoldine qui se noie en 1843. Les titres des parties dessinent un itinéraire (*Aurore, l'Âme en fleur, les Luttes et les Rêves, Pauca meae* [Quelques mots pour ma fille], *En marche, Au bord de l'Infini*). Recueillant de la « bouche d'ombre » la révélation hallucinée d'un animisme universel, il se fait mage ou voyant et magnifie le pouvoir de connaissance qu'il attribue à la poésie.

1. Tonnelle couverte d'une vigne grimpante.
2. Animal fabuleux (dans la mythologie grecque, l'hydre de Lerne était un serpent qui vivait dans les marais et dont les sept têtes repoussaient quand on les coupait).

Victor Hugo, d'abord poète officiel de Louis XVIII, respectueux des formes traditionnelles et des idées conservatrices, devient vite le chef incontesté du mouvement romantique, revendiquant pour l'art une absolue liberté et évoluant parallèlement vers le libéralisme en politique. Il se fixe l'ambition d'être l'« écho sonore » de son siècle et défend les causes généreuses (abolition de l'esclavage, de la peine de mort). Son opposition au coup d'État du 2 décembre 1851 le contraint à l'exil à Jersey, puis Guernesey. Proscrit et devenu républicain, il joue le rôle d'une conscience politique de la France opprimée. C'est depuis son exil qu'il publie, en 1862, *les Misérables*, vaste roman de la rédemption de l'homme : le forçat Jean Valjean, traqué par la justice et les préjugés, est sauvé par la bonté ; il devient à son tour l'apôtre du bien. Rentré en France après la chute du second Empire, Hugo est fêté comme le poète officiel de la République et le prophète annonçant l'avenir meilleur.

« C'est la faute à Voltaire »

La quatrième partie des Misérables *dresse la chronique de la vie française des années 1831-1832. Le 5 juin 1832, les obsèques du général Lamarque donnent lieu à une manifestation républicaine, qui tourne à l'émeute. Le petit Gavroche est l'âme de la barricade de la rue de la Chanvrerie.*

Une vingtaine de morts gisaient çà et là dans toute la longueur de la rue sur le pavé. Une vingtaine de gibernes [1] pour Gavroche. Une provision de cartouches pour la barricade.

La fumée était dans la rue comme un brouillard. Quiconque a vu un nuage tombé dans une gorge de montagnes entre deux escarpements à pic peut se figurer cette fumée resserrée et comme épaissie par deux sombres lignes de hautes maisons. Elle montait lentement et se renouvelait sans cesse : de là un obscurcissement graduel qui blêmissait même le plein jour. C'est à peine si, d'un bout à l'autre de la rue, pourtant fort courte, les combattants s'apercevaient.

Cet obscurcissement, probablement voulu et calculé par les chefs qui devaient diriger l'assaut de la barricade, fut utile à Gavroche.

Sous les plis de ce voile de fumée et grâce à sa petitesse, il put s'avancer assez loin dans la rue sans être vu. Il dévalisa les sept ou huit premières gibernes sans grand danger.

Il rampait à plat ventre, galopait à quatre pattes, prenait son panier aux dents, se tordait, glissait, ondulait, serpentait d'un mort à l'autre, et vidait la giberne ou la cartouchière comme un singe ouvre une noix.

De la barricade, dont il était encore assez près, on n'osait lui crier de revenir, de peur d'appeler l'attention sur lui.

Sur un cadavre, qui était un caporal, il trouva une poire à poudre.

« Pour la soif », dit-il, en la mettant dans sa poche.

À force d'aller en avant, il parvint au point où le brouillard de la fusillade devenait transparent.

Si bien que les tirailleurs de la ligne [2] rangés et à l'affût derrière leur levée de pavés, et les tirailleurs de la banlieue massés à l'angle de la rue, se montrèrent soudainement quelque chose qui remuait dans la fumée.

Au moment où Gavroche débarrassait de ses cartouches un sergent gisant près d'une borne, une balle frappa le cadavre.

« Fichtre ! fit Gavroche. Voilà qu'on me tue mes morts. »

Une deuxième balle fit étinceler le pavé à côté de lui. Une troisième renversa son panier.

Gavroche regarda, et vit que cela venait de la banlieue.

Il se dressa tout droit, debout, les cheveux au vent, les mains sur les hanches, l'œil fixé sur les gardes nationaux qui tiraient, et il chanta :

On est laid à Nanterre [3],
C'est la faute à Voltaire,
Et bête à Palaiseau [3],
C'est la faute à Rousseau.

Puis il ramassa son panier, y remit, sans en perdre une seule, les cartouches qui en étaient tombées, et, avançant vers la fusillade, alla dépouiller une autre giberne. Là une quatrième balle le manqua encore. Gavroche chanta :

> Je ne suis pas notaire,
> C'est la faute à Voltaire,
> Je suis petit oiseau,
> C'est la faute à Rousseau.

Une cinquième balle ne réussit qu'à tirer de lui un troisième couplet :

> Joie est mon caractère,
> C'est la faute à Voltaire,
> Misère est mon trousseau,
> C'est la faute à Rousseau.

Cela continua ainsi quelque temps.

Le spectacle était épouvantable et charmant. Gavroche, fusillé, taquinait la fusillade. Il avait l'air de s'amuser beaucoup. C'était le moineau becquetant les chasseurs. Il répondait à chaque décharge par un couplet. On le visait sans cesse, on le manquait toujours. Les gardes nationaux et les soldats riaient en l'ajustant. Il se couchait, puis se redressait, s'effaçait dans un coin de porte, puis bondissait, disparaissait, reparaissait, se sauvait, revenait, ripostait à la mitraille par des pieds de nez, et cependant pillait les cartouches, vidait les gibernes et remplissait son panier. Les insurgés, haletants d'anxiété, le suivaient des yeux. La barricade tremblait ; lui, il chantait. Ce n'était pas un enfant, ce n'était pas un homme ; c'était un étrange gamin fée. On eût dit le nain invulnérable de la mêlée. Les balles couraient après lui, il était plus leste qu'elles. Il jouait on ne sait quel effrayant jeu de cache-cache avec la mort ; chaque fois que la face camarde du spectre s'approchait, le gamin lui donnait une pichenette.

Une balle pourtant, mieux ajustée ou plus traître que les autres, finit par atteindre l'enfant feu follet. On vit Gavroche chanceler, puis il s'affaissa. Toute la barricade poussa un cri ; mais il y avait de l'Antée[4] dans ce pygmée ; pour le gamin toucher le pavé, c'est comme pour le géant toucher la terre ; Gavroche n'était tombé que pour se redresser ; il resta assis sur son séant, un long filet de sang rayait son visage, il éleva ses deux bras en l'air, regarda du côté d'où était venu le coup, et se mit à chanter :

> Je suis tombé par terre,
> C'est la faute à Voltaire,
> Le nez dans le ruisseau,
> C'est la faute à…

Il n'acheva point. Une seconde balle du même tireur l'arrêta court. Cette fois il s'abattit la face contre le pavé et ne remua plus. Cette petite grande âme venait de s'envoler.

Victor Hugo, *les Misérables,* 1862

Compréhension et langue

1 – Dans quelle atmosphère la rue est-elle plongée après la bataille ?

2 – Comment « cet obscurcissement » aurait-il pu être calculé par les chefs (l. 11) ?

3 – Quel effet produit l'énumération des verbes conjugués à l'imparfait (l. 16 à l. 18, puis l. 60 à l. 64) ?

4 – Qu'est-ce qu'une « poire à poudre » (l. 21) ?

5 – Pourquoi l'auteur qualifie-t-il le spectacle de la fusillade d'« épouvantable et charmant » (l. 56) ? Comment appelle-t-on cette figure de style ?

6 – Comment expliquez-vous les réactions de Gavroche ?

7 – Relevez les mots et expressions qui décrivent le jeune garçon.

8 – Expliquez : « cette petite grande âme venait de s'envoler » (l. 85).

Activités diverses, expression écrite

La chanson. Constituez un dossier sur ce sujet. Quelles sont les origines de ce genre littéraire ? Quelle est sa fonction sociale ? En quoi peut-elle avoir un impact politique ? Analysez le style et les caractéristiques de la chanson citée dans *les Misérables.*

1. Boîtes où les soldats mettaient leurs cartouches.

2. Soldats d'infanterie qui combattaient en ligne.

3. Villages de la banlieue parisienne.

4. Géant de la mythologie antique, qui récupérait ses forces en touchant la terre.

Gérard Labrunie, dit Gérard de Nerval (1808-1855), qui a fréquenté la bohème littéraire et traduit le *Faust* de Goethe, laisse peu à peu le rêve envahir son œuvre et sa vie (il doit séjourner à plusieurs reprises en maison de santé pour troubles mentaux). Il se passionne pour les mythologies, dont un grand voyage en Orient lui révèle la force toujours active (*Voyage en Orient,* 1843-1851). Les nouvelles des *Filles du feu* (publiées en 1854) amorcent « l'épanchement du rêve dans la vie réelle » qu'accomplit l'étrange texte d'*Aurélia,* récit d'une descente dans les illuminations de la folie. Les sonnets des *Chimères* (regroupés à la fin des *Filles du feu*), volontairement hermétiques, forment un bloc de poésie mystérieusement pure.

XIXe siècle

Fantaisie

Poème de jeunesse, publié pour la première fois en 1832, jouant sur les rythmes anciens du décasyllabe et sur la légèreté d'images simples, Fantaisie *(il faut sans doute rendre au mot son sens premier d'« imagination ») fait déjà pénétrer dans le monde propre à Nerval, où souvenir et rêve donnent à la réalité une tonalité mystérieuse.*

Il est un air pour qui je donnerais
Tout Rossini, tout Mozart et tout Weber[1],
Un air très vieux, languissant et funèbre,
Qui pour moi seul a des charmes secrets !

Or chaque fois que je viens à l'entendre,
De deux cents ans mon âme rajeunit…
C'est sous Louis treize ; et je crois voir s'étendre
Un coteau vert, que le couchant jaunit.

Puis un château de brique à coins de pierre,
Aux vitraux teints de rougeâtres couleurs,
Ceint de grands parcs, avec une rivière
Baignant ses pieds, qui coule entre des fleurs ;

Puis une dame, à sa haute fenêtre,
Blonde aux yeux noirs, en ses habits anciens,
Que, dans une autre existence peut-être,
J'ai déjà vue… et dont je me souviens !

Gérard de Nerval, *Odelettes,* 1832

COMPRÉHENSION ET LANGUE	ACTIVITÉS DIVERSES, EXPRESSION ÉCRITE
1 – Donnez un titre à chaque quatrain. 2 – Expliquez l'analogie des trois adjectifs du vers 3. 3 – Quel rôle le paysage joue-t-il dans ce poème ? 4 – Distinguez les aspects réels et irréels de cette « fantaisie ».	1 – Étudiez de façon précise la versification et les sonorités de ce poème. À quoi sa musique est-elle due ? 2 – Faites une biographie sommaire de Rossini, Mozart et Weber.

1. Trois musiciens de la fin du XVIIIe et du début du XIXe siècle. Pour respecter la rime, il faut prononcer « Wèbre », à l'allemande.

Alfred de Vigny (1797-1863), élevé dans la fierté d'être noble, dans le culte des armes et de l'honneur, doit constater que les nobles, dans le monde d'après la Révolution, sont considérés comme des « parias », que la carrière militaire condamne à l'ennui, brisant les ambitions des meilleurs. Il confie ses amertumes au roman historique (*Cinq-Mars*, 1826) et à la poésie (*Poèmes antiques et modernes*, 1826-1827). Il connaît le succès au théâtre, en traduisant Shakespeare (*Othello*, 1829) et en magnifiant la condition du poète incompris (*Chatterton*, 1835). Il célèbre le stoïcisme du soldat dans *Servitude et grandeur militaires*, 1835. Déçu par la révolution de 1830, retiré dans la solitude provinciale, il mûrit de grands poèmes philosophiques qui disent son pessimisme – ils ne seront publiés qu'après sa mort (*les Destinées*, 1864).

XIXe siècle

Le Mont des Oliviers

Des onze poèmes des Destinées, *qui forment un itinéraire philosophique sur le thème de la condition humaine,* le Mont des Oliviers, *écrit entre 1839 et 1843, est le plus angoissé. Suivant avec beaucoup de liberté le récit évangélique de la mort du Christ, Vigny invite à méditer sur la solitude et l'angoisse métaphysique du « fils de l'Homme ». Dans la suite du poème, le Christ demande, en vain, à son Père divin de dissiper le doute et d'éclairer les hommes sur leur destin…*

Alors il était nuit, et Jésus marchait seul,
Vêtu de blanc ainsi qu'un mort de son linceul ;
Les disciples dormaient au pied de la colline,
Parmi les oliviers, qu'un vent sinistre incline ;
Jésus marche à grands pas en frissonnant comme eux ;
Triste jusqu'à la mort, l'œil sombre et ténébreux,
Le front baissé, croisant les deux bras sur sa robe
Comme un voleur de nuit cachant ce qu'il dérobe,
Connaissant les rochers mieux qu'un sentier uni,
Il s'arrête en un lieu nommé Gethsémani[1].
Il se courbe à genoux, le front contre la terre ;
Puis regarde le ciel en appelant : « Mon Père ! »
– Mais le ciel reste noir, et Dieu ne répond pas.
Il se lève étonné, marche encore à grands pas,
Froissant les oliviers qui tremblent. Froide et lente
Découle de sa tête une sueur sanglante.
Il recule, il descend, il crie avec effroi :
« Ne pourriez-vous prier et veiller avec moi ? »
Mais un sommeil de mort accable les apôtres.
Pierre à la voix du maître est sourd comme les autres.
Le Fils de l'Homme alors remonte lentement ;
Comme un pasteur d'Égypte, il cherche au firmament
Si l'Ange ne luit pas au fond de quelque étoile.
Mais un nuage en deuil s'étend comme le voile
D'une veuve, et ses plis entourent le désert.
Jésus, se rappelant ce qu'il avait souffert
Depuis trente-trois ans, devint homme, et la crainte
Serra son cœur mortel d'une invincible étreinte.
Il eut froid. Vainement il appela trois fois :
« Mon Père ! » Le vent seul répondit à sa voix.
Il tomba sur le sable assis, et, dans sa peine,
Eut sur le monde et l'homme une pensée humaine.
– Et la terre trembla, sentant la pesanteur
Du Sauveur qui tombait aux pieds du Créateur.

Alfred de Vigny, *les Destinées*, 1864

1. *Jardin de Jérusalem.*

L'apogée du roman

Le mot *roman,* qui désigne aujourd'hui le genre littéraire le plus répandu (un dictionnaire le définit ainsi : « Récit de fiction en prose, relativement long – à la différence de la nouvelle –, qui présente comme réels des personnages dont il décrit les aventures, le milieu social, la psychologie »), a d'abord servi à désigner la langue française en gestation. Le genre romanesque naît quand on passe d'un sens à l'autre, de la langue à la forme littéraire. Les premiers « romans » étaient des textes écrits en langue romane et souvent en prose, par opposition à la tradition orale, à la langue savante qu'était le latin et à la versification des chansons de geste. Dès le XIIe siècle, le roman se détache des grands genres : il trouve sa spécificité en abandonnant peu à peu le merveilleux et les personnages héroïques, en se fondant sur le vraisemblable (non sans garder le souvenir des grands modèles légendaires et mythiques).

Du romanesque au roman

Jusqu'au XVIe siècle, le roman reste un genre qui se cherche. Aux XVIIe et XVIIIe siècles, il connaît un premier épanouissement, en corrélation avec les changements de la société et des représentations du monde. L'émergence progressive de la notion d'individu tend à donner consistance au personnage, qui n'est plus le représentant d'une caste sociale (le chevalier, le paysan), ni l'allégorie d'une attitude dans le monde (le bon ou le méchant) : il acquiert une épaisseur psychologique, il a une histoire personnelle, qui mérite d'intéresser. La conception du temps se modifie : on ne le conçoit plus immobile, ni cyclique, mais conduisant peut-être vers un progrès. Les individus sont donc entraînés dans le devenir : ils peuvent se former et évoluer, tenter de se glisser dans le jeu de la mobilité sociale, chercher à « parvenir », envisager de transformer le monde.

Si le XVIIe siècle commence à demander au roman vérité historique et densité psychologique (Mme de La Fayette, *la Princesse de Clèves,* 1678), il reste encore sensible au foisonnement romanesque de l'époque baroque : histoires extraordinaires, aventures héroïques, exaltation du sentiment amoureux, utopies bucoliques (Honoré d'Urfé, *l'Astrée,* 1607-1627).

À partir de cette tradition héroïque et galante, le XVIIIe siècle invente le roman d'apprentissage (Lesage, *Histoire de Gil Blas de Santillane,* 1715 à 1735), puis le roman de l'ascension sociale (Marivaux, *la Vie de Marianne,* 1731-1741 ; *le Paysan parvenu,* 1734-1735). D'abord cruellement meurtri lors de ses premiers pas dans le monde, le héros de Lesage (qui, devenu vieux, raconte lui-même sa propre histoire) est peu à peu façonné par les leçons qu'il tire de ses aventures. Les romans de Marivaux prennent acte des transformations sociales en cours : émigration urbaine, formation d'une petite bourgeoisie.

Le roman reste cependant un genre mineur et méprisé par les autorités littéraires. Il n'a aucune légitimation qui puisse remonter aux Anciens : Aristote l'ignore dans sa classification des genres littéraires et Boileau l'oublie dans son *Art poétique*. Les jésuites ne lui font pas place dans leur méthode d'enseignement (pour eux, la fiction relève des genres poétiques, la prose étant réservée à l'histoire).

Paradoxalement, l'un des critiques les plus sévères du genre romanesque, Jean-Jacques Rousseau, lui apporte la consécration, avec *la Nouvelle Héloïse,* 1761, l'un des grands succès éditoriaux du siècle. Par sa construction symphonique, sous forme d'un échange de lettres, ce roman introduit la durée comme composante de la structure romanesque et garde son mystère à l'intimité des personnages. Laclos, dans *les Liaisons dangereuses,* 1782, use du même principe épistolaire et polyphonique pour maintenir l'ambiguïté sur le sens moral de son roman.

Les philosophes prennent vite conscience des possibilités nouvelles offertes par le genre romanesque. La forme du roman par lettres (et la relativité qu'elle impose) permet à Montesquieu de faire la critique de la société française (*Lettres persanes,* 1721).Voltaire transforme la parodie des romans baroques échevelés en contes philosophiques. Diderot met déjà en question les codes et protocoles du roman (*Jacques le Fataliste,* 1778-1780).

Le genre dominant

Même si Lamartine ou Victor Hugo connaissent de grands succès de librairie avec des recueils poétiques, le roman devient le genre dominant au XIXe siècle. Il profite de l'élargissement et de la diversification du public, favorisés par les progrès de l'alphabétisation. Le nouveau public, moins nourri de culture classique et de savoir rhétorique hérité des Anciens, trouve plaisir à la liberté formelle du roman, à son pouvoir (qui semble inépuisable) de raconter des histoires. C'est alors que le roman met en place des modèles de fonctionnement qui vont sembler inséparables du genre : système des personnages, fonctions de la description, acceptation générale d'un principe de réalisme.

Triomphe du roman : tous les grands poètes romantiques veulent devenir romanciers. Prolongeant le lyrisme de la poésie, le roman se fait intimiste et sentimental, « confession » comme le dit un titre de Musset (*la Confession d'un enfant du siècle,* 1836). Cette tendance « autobiographique », apparue sous l'Empire avec une génération littéraire attachée à l'analyse des troubles du moi, de ses doutes, de ses désirs contraires (Chateaubriand, *René,* 1802 ; Senancour, *Oberman,* 1804 ; Mme de Staël, *Corinne,* 1807 ; Benjamin Constant, *Adolphe,* écrit en 1806), continue avec Sainte-Beuve (*Volupté,* 1834) et les premiers romans de George Sand (*Indiana,* 1832) et se prolonge avec Fromentin (*Dominique,* 1862).

L'engouement romantique pour l'histoire fait le succès de *Notre-Dame de Paris,* 1831, de Victor Hugo, qui donne à la narration un souffle épique et mythique. Plus guindé avec Vigny (*Cinq-Mars,* 1826), le roman historique tend à devenir roman populaire avec les fresques d'Alexandre Dumas, publiées en feuilletons dans les journaux à bon marché et grands tirages (*les Trois Mousquetaires,* 1844).

L'accession à la lecture d'un public populaire entraîne le développement d'un romanesque social : romans humanitaires et rustiques de George Sand (*la Mare au diable,* 1846) ; romans-feuilletons d'Eugène Sue (*les Mystères de Paris,* 1842-1843). Avec *les Misérables,* 1862, Victor Hugo donne le chef-d'œuvre du roman social.

Le roman total

Balzac, doté d'un solide appétit romanesque, affiche, dans l'*Avant-propos,* 1842, de *la Comédie humaine* une ambition presque démesurée : « L'immensité d'un plan qui embrasse à la fois l'histoire et la critique de la Société, l'analyse de ses maux et la discussion de ses principes. » Il se propose de « faire l'inventaire de la société française » dans une série de romans qu'il organise de manière méthodique. Ayant inauguré avec *le Père Goriot* (1834-1835) le principe du retour des personnages, Balzac construit, sous forme cyclique, une œuvre qui puisse « faire concurrence à l'état civil ». Le catalogue général de *la Comédie humaine,* qu'il dresse en 1845, comprend 137 romans et compte près de 4 000 personnages (mais 46 ouvrages sont seulement ébauchés ou restent à l'état de projets).

Le roman balzacien se conçoit donc comme une encyclopédie du réel. Le romancier est sûr de lui autant qu'il se sent maître du monde. Savant historien de son temps, il veut en rendre compte de manière exhaustive, pour l'instruction du lecteur enfermé dans l'étroitesse de sa propre vie. La technique narrative s'accorde à l'assurance du romancier. Le narrateur omniscient peut expliquer les événements qu'il raconte en les unifiant dans une structure temporelle, en les enchaînant dans des séries de circonstances, en les déterminant par le milieu qui les sécrète. Le romancier règne sur son œuvre comme le Créateur sur le monde.

Tout le roman du XIXe siècle participe de cette assurance conquérante. L'assimilation du romancier au savant est même revendiquée par Zola. Cependant, la confiance dans le genre romanesque procède aussi d'un contrat tacite entre romancier et lecteur. Celui-ci attend un plaisir particulier, procuré par l'intérêt narratif, la progression et la dramatisation de l'intrigue. Le roman présente de beaux conflits (heurts des caractères et des personnages, conflits de classes, affrontements mythiques) qui reflètent le monde réel ou font rêver de vivre d'autres vies.

Tout en respectant ce modèle général, d'autres possibles romanesques peuvent se dessiner. Ainsi avec Stendhal : son œuvre semble accomplir la fameuse définition citée dans *le Rouge et le Noir* (« Un roman : c'est un miroir qu'on promène le long du chemin ») et elle brosse une fresque historique et sociale de l'époque. Mais la distance ironique de l'écriture, la présence diffuse du moi au cœur du dispositif narratif, le pointillisme subjectif dans l'accumulation des « petits faits vrais » écartent Stendhal d'une stricte esthétique de la représentation (*le Rouge et le Noir,* 1830 ; *la Chartreuse de Parme,* 1839).

Dépassements du réalisme

Le terme de « réalisme » devient au milieu du XIXe siècle un mot passe-partout pour définir le roman moderne. Pour le public de son temps, Flaubert en est le maître incontesté. De fait, ses romans (*Madame Bovary,* 1857 ; *l'Éducation sentimentale,* 1869 ; *Bouvard et Pécuchet,* inachevé, 1874-1880) accumulent de prodigieuses documentations, multiplient les descriptions (« Il faut faire des tableaux, montrer la nature telle qu'elle est, mais des tableaux complets, peindre le dessus et le dessous des cartes »). Mais tout ce travail, minutieux et colossal, est mis au service d'une volonté de dévaluation, de désagrégation (tous ses romans sont des romans de l'échec). Il ne cesse de manifester l'ironie la plus féroce à l'égard de ses personnages. Il rassemble d'énormes échafaudages de documentations pour mieux porter le discrédit contre le réel et tenter d'en suggérer l'envers silencieux. Son nihilisme s'accompagne d'une sorte de sacralisation de l'Art, quand il rêve d'écrire « un livre sur rien [...] qui se tiendrait de lui-même par la force interne de son style ».

La position de Zola est non moins paradoxale. Il se fait le champion d'un réalisme extrême, qu'il baptise « naturalisme » et qu'il expose dans un manifeste (*le Roman expérimental,* 1880) : le roman n'est plus seulement élaboré à partir d'une observation rigoureuse, il devient le lieu d'une expérimentation sur le modèle scientifique. Son cycle des *Rougon-Macquart,* 1871-1893, reprend l'ambition totalisante de Balzac et se présente comme l'« histoire naturelle et sociale d'une famille sous le second Empire ». Il y a sans doute beaucoup d'illusion dans le scientisme de ce projet, car Zola se laisse emporter par le dynamisme épique de son imagination, pour construire de véritables *mythes* modernes : la mine de *Germinal,* les halles du *Ventre de Paris,* la locomotive de *la Bête humaine.*

Naissance du soupçon

Vers 1890, la belle confiance mise dans le roman, ses pouvoirs et ses vertus, commence à s'effriter. Le monde change, comme l'idéologie. « Enfin, Balzac a vieilli ! », s'écrie Maurice Barrès. André Gide publie en 1895 *Paludes,* sorte d'antiroman, histoire de l'idée d'un livre contenant en lui-même « sa propre réfutation ». C'est comme une bombe (l'époque connaît les premiers et violents attentats anarchistes) qui rêve de supprimer le genre même du roman. Mais ceci est une autre histoire.

Honoré de Balzac (1799-1850) a construit, au travers de ses nombreux désastres financiers, une œuvre romanesque colossale, réaliste et visionnaire. Sa *Comédie humaine* regroupe 95 romans et plus de 3 000 personnages en un système qu'il présente en 1842 et qui doit dessiner, à la manière des naturalistes, une classification générale des espèces humaines et une explication du monde. Il brosse ainsi une vaste fresque de la société française de la première moitié du XIXe siècle, au moment où s'installe une puissante bourgeoisie d'argent et où apparaissent les nouveaux pouvoirs de la presse, de la bureaucratie et de la banque (*Eugénie Grandet,* 1833 ; *le Père Goriot,* 1835 ; *César Birotteau,* 1837 ; *Illusions perdues,* 1837-1843 ; *la Cousine Bette,* 1846 ; *le Cousin Pons,* 1847).

« *Parvenir !* »

La pension Vauquer, rue Neuve-Sainte-Geneviève à Paris, rassemble une étrange galerie de personnages, parmi lesquels se détachent le père Goriot (qui donne son nom au roman), l'énigmatique Vautrin, bagnard masqué, et le jeune et ambitieux Eugène de Rastignac, venu à Paris étudier le droit. Par sympathie autant que par intérêt, Vautrin s'attache à Rastignac. Pour son édification, il lui expose sa conception personnelle, lucide et cynique de l'existence.

Le baron de Rastignac veut-il être avocat ? Oh ! joli. Il faut pâtir pendant dix ans, dépenser mille francs par mois, avoir une bibliothèque, un cabinet, aller dans le monde, baiser la robe d'un avoué pour avoir des causes, balayer le palais avec sa langue. Si ce métier vous menait à bien, je ne dirais pas non ; mais trouvez-moi dans Paris cinq avocats qui, à cinquante ans, gagnent plus de cinquante mille francs par an ? Bah ! plutôt que de m'amoindrir ainsi l'âme, j'aimerais mieux me faire corsaire. D'ailleurs, où prendre des écus ? Tout ça n'est pas gai. Nous avons une ressource dans la dot d'une femme. Voulez-vous vous marier ? ce sera vous mettre une pierre au cou ; puis, si vous vous mariez pour de l'argent, que deviennent nos sentiments d'honneur, notre noblesse ! Autant commencer aujourd'hui votre révolte contre les conventions humaines. Ce ne serait rien que se coucher comme un serpent devant une femme, lécher les pieds de la mère, faire des bassesses à dégoûter une truie, pouah ! si vous trouviez au moins le bonheur. Mais vous serez malheureux comme les pierres d'égout avec une femme que vous aurez épousée ainsi. Vaut encore mieux guerroyer avec les hommes, que de lutter avec sa femme. Voilà le carrefour de la vie, jeune homme, choisissez. Vous avez déjà choisi : vous êtes allé chez notre cousin de Beauséant, et vous y avez flairé le luxe. Vous êtes allé chez Mme de Restaud, la fille du père Goriot, et vous y avez flairé la Parisienne. Ce jour-là vous êtes revenu avec un mot écrit sur votre front, et que j'ai bien su lire : *Parvenir !* parvenir à tout prix. Bravo ! ai-je dit, voilà un gaillard qui me va. Il vous a fallu de l'argent. Où en prendre ? Vous avez saigné vos sœurs. Tous les frères *flouent* plus ou moins leurs sœurs. Vos quinze cents francs arrachés, Dieu sait comme ! dans un pays où l'on trouve plus de châtaignes que de pièces de cent sous, vont filer comme des soldats à la maraude. Après, que ferez-vous ? vous travaillerez ? Le travail, compris comme vous le comprenez en ce moment, donne, dans les vieux jours un appartement chez maman Vauquer, à des gars de la force de Poiret [1]. Une rapide fortune est le problème que se proposent de résoudre en ce moment cinquante mille jeunes gens qui se trouvent tous dans votre position. Vous êtes une unité de ce nombre-là. Jugez des efforts que vous avez à faire et de l'acharnement du combat. Il faut vous manger les uns les autres comme des araignées dans un pot, attendu qu'il n'y a pas cinquante mille bonnes places. Savez-vous comment on fait son chemin ici ? par l'éclat du génie ou par l'adresse de la corruption. Il faut entrer dans cette masse d'hommes comme un boulet de canon, ou s'y glisser comme une peste. L'honnêteté ne sert à rien. L'on plie sous le pouvoir du génie, on le hait, on tâche de le calomnier, parce qu'il prend sans partager ; mais on plie s'il persiste ; en un mot, on l'adore à genoux quand on n'a pu l'enterrer sous la boue. La corruption est en force, le talent est rare. Ainsi, la corruption est l'arme de la médiocrité qui abonde, et vous en sentirez partout la pointe.

Honoré de Balzac, *le Père Goriot,* 1835

Le père Goriot.

COMPRÉHENSION ET LANGUE

1 – Qui parle ? À qui ?
2 – Comment le narrateur conçoit-il le métier d'avocat ?
3 – Qu'est-ce qu'un corsaire ?
4 – Expliquez la comparaison entre l'avocat et le corsaire.
5 – Que signifie ici le verbe *parvenir* ? Quels mots de la même famille connaissez-vous ?
6 – Quel but Rastignac poursuit-il ?
7 – Comment peut-on faire son chemin à l'époque de Balzac ?
8 – Relevez tous les mots et images du texte qui se rapportent au champ lexical de l'argent.

ACTIVITÉS DIVERSES, EXPRESSION ÉCRITE

1 – *Morale et société.* Quelles sont les classes sociales en présence ? Quelle est alors l'organisation politique de la France ? Comment Balzac considère-t-il le travail, l'honnêteté, la corruption, le talent ?
2 – *Le réalisme.* Qu'est-ce qui caractérise l'inspiration réaliste de ce texte ?

1. Un des pensionnaires de la pension Vauquer.

Henri Beyle, dit Stendhal (1783-1842), est romantique par sa religion de la passion, son culte de l'énergie, son amour de l'Italie, sa prédilection pour la Renaissance. Mais il est aussi un analyste lucide et ironique, le maître d'une prose nerveuse et exacte, un réaliste précis, attaché aux petits faits vrais. Formé par la Révolution, officier de 1800 à 1814, diplomate en Italie après 1830, il tient, de 1801 à 1823, un *Journal*, qui veut être une étude méthodique de lui-même (complétée par diverses œuvres autobiographiques, dont la *Vie de Henry Brulard*) ; il écrit un minutieux traité d'analyse psychologique de la passion amoureuse (*De l'amour*, 1822). Ses romans (*le Rouge et le Noir*, 1830 ; *la Chartreuse de Parme*, 1839) ne connaissent de son vivant qu'un succès d'estime. *Lucien Leuwen*, commencé en 1834, reste inachevé. Le détachement amusé du romancier, la rigueur et la finesse de ses analyses, le souffle de protestation contre la « bassesse » du monde, qu'il partage avec ses héros, rendent un son très moderne.

« Son âme fut inondée de bonheur »

Le Rouge et le Noir *a pour héros Julien Sorel, fils de paysan, mais d'apparence fragile, remarquablement intelligent, initié au latin par le curé du village. Pour sortir de sa condition, il songe à entrer au séminaire. En attendant, il accepte la place de précepteur que lui offre M. de Rênal, le maire du village. Sa fierté ombrageuse ne déplaît pas à la douce Mme de Rênal. Julien, sans l'aimer encore vraiment, va décider de la conquérir, pour se prouver à lui-même son énergie.*
Un soir, alors qu'il gesticule en parlant, il touche la main de Mme de Rênal. « Cette main se retira bien vite ; mais Julien pensa qu'il était de son devoir d'obtenir que l'on ne retirât pas cette main quand il la touchait. »

Ses regards, le lendemain, quand il revit Mme de Rênal, étaient singuliers ; il l'observait comme un ennemi avec lequel il va falloir se battre. Ces regards, si différents de ceux de la veille, firent perdre la tête à Mme de Rênal : elle avait été bonne pour lui, et il paraissait fâché. Elle ne pouvait détacher ses regards des siens.

La présence de Mme Derville [1] permettait à Julien de moins parler et de s'occuper davantage de ce qu'il avait dans la tête. Son unique affaire, toute cette journée, fut de se fortifier par la lecture du livre inspiré [2] qui retrempait son âme.

Il abrégea beaucoup les leçons des enfants, et ensuite, quand la présence de Mme de Rênal vint le rappeler tout à fait aux soins de sa gloire, il décida qu'il fallait absolument qu'elle permît ce soir-là que sa main restât dans la sienne.

Le soleil en baissant, et rapprochant le moment décisif, fit battre le cœur de Julien d'une façon singulière. La nuit vint. Il observa, avec une joie qui lui ôta un poids immense de dessus la poitrine, qu'elle serait fort obscure. Le ciel chargé de gros nuages, promenés par un vent très chaud, semblait annoncer une tempête. Les deux amies se promenèrent fort tard. Tout ce qu'elles faisaient ce soir-là semblait singulier à Julien. Elles jouissaient de ce temps, qui, pour certaines âmes délicates, semble augmenter le plaisir d'aimer.

On s'assit enfin, Mme de Rênal à côté de Julien, et Mme Derville près de son amie. Préoccupé de ce qu'il allait tenter, Julien ne trouvait rien à dire. La conversation languissait.

« Serai-je aussi tremblant et malheureux au premier duel qui me viendra ? » se dit Julien, car il avait trop de méfiance et de lui et des autres pour ne pas voir l'état de son âme.

Dans sa mortelle angoisse, tous les dangers lui eussent semblé préférables. Que de fois ne désira-t-il pas voir survenir à Mme de Rênal quelque affaire qui l'obligeât de rentrer à la maison et de quitter le jardin ! La violence que Julien était obligé de se faire était trop forte pour que sa voix ne fût pas profondément altérée ; bientôt la voix de Mme de Rênal devint tremblante aussi, mais Julien ne s'en aperçut point.

L'affreux combat que le devoir livrait à la timidité était trop pénible pour qu'il fût en état de rien observer hors lui-même. Neuf heures trois quarts venaient de sonner à l'horloge du château, sans qu'il eût encore rien osé. Julien, indigné de sa lâcheté, se dit : « Au moment précis où dix heures sonneront, j'exécuterai ce que, pendant toute la journée, je me suis promis de faire ce soir, ou je monterai chez moi me brûler la cervelle. »

Après un dernier moment d'attente et d'anxiété, pendant lequel l'excès de l'émotion mettait Julien comme hors de lui, dix heures sonnèrent à l'horloge qui était au-dessus de sa tête. Chaque coup de cloche fatale retentissait dans sa poitrine, et y causait comme un mouvement physique.

Enfin, comme le dernier coup de dix heures retentissait encore, il étendit la main et prit celle de Mme de Rênal, qui la retira aussitôt. Julien, sans trop savoir ce qu'il faisait, la saisit de nouveau. Quoique bien ému lui-même, il fut frappé de la froideur glaciale de la main qu'il prenait ; il la serrait avec une force convulsive ; on fit un dernier effort pour la lui ôter, mais enfin cette main lui resta.

Son âme fut inondée de bonheur, non qu'il aimât Mme de Rênal, mais un affreux supplice venait de cesser. Pour que Mme Derville ne s'aperçût de rien, il se crut obligé de parler ; sa voix alors était éclatante et forte. Celle de Mme de Rênal, au contraire, trahissait tant d'émotion, que son amie la crut malade et lui proposa de rentrer. Julien sentit le danger : « Si Mme de Rênal rentre au salon, je vais retomber dans la position affreuse où j'ai passé la journée. J'ai tenu cette main trop peu de temps pour que cela compte comme un avantage qui m'est acquis. »

Au moment où Mme Derville renouvelait la proposition de rentrer au salon, Julien serra fortement la main qu'on lui abandonnait.

Mme de Rênal, qui se levait déjà, se rassit, en disant d'une voix mourante :

– Je me sens, à la vérité, un peu malade, mais le grand air me fait du bien.

Ces mots confirmèrent le bonheur de Julien, qui, dans ce moment, était extrême[…].

Stendhal, *le Rouge et le Noir,* 1830

Julien Sorel précepteur.

COMPRÉHENSION ET LANGUE

1 – Pourquoi Julien considère-t-il Mme de Rênal comme son ennemie ?

2 – Quelle est la stratégie imaginée par Julien ?

3 – Pourquoi la forte obscurité de la nuit le soulage-t-elle (l. 15 à l. 17) ?

4 – En quoi cette conquête amoureuse ressemble-t-elle à un combat ? Relevez les termes qui justifient votre réponse.

5 – Quelles sont les réactions de Mme de Rênal ?

6 – S'accordent-elles avec celles de Julien ?

ACTIVITÉS DIVERSES, EXPRESSION ÉCRITE

1 – Recherchez des documents sur le romantisme. Qu'est-ce qui caractérise cette époque littéraire ?

2 – Cet extrait vous paraît-il romantique ? Justifiez votre réponse.

1. *Une amie de Mme de Rênal.*
2. *Le* Mémorial de Sainte-Hélène, *écrit par Las Cases sous la dictée de Napoléon.*

FRANCE

GUSTAVE

FLAUBERT

Gustave Flaubert (1831-1880), maître du roman réaliste, a toujours refusé et critiqué la fascination qu'il éprouvait pour le romantisme. *Madame Bovary,* 1857, transpose un fait divers banal en un vaste tableau de la vie provinciale. *L'Éducation sentimentale,* 1869, est le roman de l'échec d'une génération, issue du romantisme et qui s'empêtre dans la révolution de 1848. *Bouvard et Pécuchet* (que Flaubert laisse inachevé à sa mort) est comme l'épopée de la médiocrité humaine. La modernité de son écriture, l'audace de son projet romanesque (écrire « un livre sur rien [...] qui se tiendrait de lui-même par la force interne de son style ») font de Flaubert un grand révolutionnaire du roman.

XIXe siècle

« Impitoyables »

Frédéric Moreau, le héros de l'Éducation sentimentale, *rentre à Paris au moment des « journées de juin 1848 », quand l'émeute ouvrière est violemment réprimée. C'est l'occasion pour Flaubert de montrer la grande peur des bourgeois devant les revendications sociales (qu'il n'approuve d'ailleurs pas nécessairement).*

Ils[1] étaient là, neuf cents hommes, entassés dans l'ordure, pêle-mêle, noirs de poudre et de sang caillé, grelottant la fièvre, criant de rage ; et on ne retirait pas ceux qui venaient à mourir parmi les autres. Quelquefois au bruit soudain d'une détonation, ils croyaient qu'on allait tous les fusiller ; alors, ils se précipitaient contre les murs, puis retombaient à leur place, tellement hébétés par la douleur qu'il leur semblait vivre dans un cauchemar, une hallucination funèbre. La lampe suspendue à la voûte avait l'air d'une tache de sang ; et de petites flammes vertes et jaunes voltigeaient, produites par les émanations du caveau. Dans la crainte des épidémies, une commission fut nommée. Dès les premières marches, le président se rejeta en arrière, épouvanté par l'odeur des excréments et des cadavres. Quand les prisonniers s'approchaient d'un soupirail, les gardes nationaux[2] qui étaient de faction pour les empêcher d'ébranler les grilles fourraient des coups de baïonnette, au hasard, dans le tas.

Ils furent, généralement, impitoyables. Ceux qui ne s'étaient pas battus voulaient se signaler. C'était un débordement de peur. On se vengeait à la fois des journaux, des clubs, des attroupements, des doctrines, de tout ce qui exaspérait depuis trois mois ; et, en dépit de la victoire, l'égalité (comme pour le châtiment de ses défenseurs et la dérision de ses ennemis) se manifestait triomphalement, une égalité de bêtes brutes, un même niveau de turpitudes sanglantes ; car le fanatisme des intérêts équilibra les délires du besoin, l'aristocratie eut les fureurs de la crapule, et le bonnet de coton[3] ne se montra pas moins hideux que le bonnet rouge[4]. La raison publique était troublée comme après les grands bouleversements de la nature. Des gens d'esprit en restèrent idiots pour toute leur vie.

Le père Roque[5] était devenu très brave, presque téméraire. Arrivé le 26 à Paris avec les Nogentais, au lieu de s'en retourner en même temps qu'eux, il avait été s'adjoindre à la garde nationale qui campait aux Tuileries ; et il fut très content d'être placé en sentinelle devant la terrasse du bord de l'eau. Au moins, là, il les avait sous lui, ces brigands ! Il jouissait de leur défaite, de leur abjection, et ne pouvait se retenir de les invectiver.

Un d'eux, un adolescent à longs cheveux blonds, mit sa face aux barreaux en demandant du pain. M. Roque lui ordonna de se taire. Mais le jeune homme répétait d'une voix lamentable :

« Du pain !

– Est-ce que j'en ai, moi ! »

D'autres prisonniers apparurent dans le soupirail, avec leurs barbes hérissées, leurs prunelles flamboyantes, tous se poussant et hurlant :

« Du pain ! »

Le père Roque fut indigné de voir son autorité méconnue. Pour leur faire peur, il les mit en joue ; et, porté jusqu'à la voûte par le flot qui l'étouffait, le jeune homme, la tête en arrière, cria encore une fois :

« Du pain !

– Tiens ! en voilà ! », dit le père Roque, en lâchant son coup de fusil. Il y eut un énorme hurlement, puis, rien.

Gustave Flaubert, *l'Éducation sentimentale,* 1869

Illustration de Dunoyer de Segonzac pour *l'Éducation sentimentale*.

Compréhension et langue

1 – Pourquoi les insurgés vivent-ils dans un « cauchemar » (l. 7) ?

2 – Expliquez l'expression : « une hallucination funèbre » (l. 7).

3 – Pourquoi les gardes nationaux sont-ils impitoyables ?

4 – Qui désigne *on* (l. 17) ?

5 – De quelle égalité le narrateur parle-t-il ?

6 – Que signifie le mot « turpitudes » (l. 22) ?

7 – Qui est le père Roque ? Comment se comporte-t-il à l'égard des prisonniers ?

Activités diverses, expression écrite

1 – Quel est le ton de cet extrait de *l'Éducation sentimentale* ?

2 – Indiquez sous forme de tableau quelles sont les forces en présence.

3 – Vers qui les sympathies de l'auteur vous semblent-elles aller ?

4 – À votre tour, rédigez un court essai dans lequel vous donnerez votre point de vue sur la révolution.

1. Les insurgés, qui sont enfermés sous la terrasse des Tuileries, au bord de la Seine.

2. La garde nationale, créée pendant la Révolution de 1789, enrôlait tous les bourgeois et était affectée au maintien de l'ordre.

3. Symbole de la bourgeoisie.

4. Symbole de la classe ouvrière.

5. Père d'une jeune fille qui aime Frédéric.

FRANCE

Guy de Maupassant (1850-1893), disciple de Flaubert, puis de Zola (tout en prenant ses distances avec le naturalisme), publie de 1881 à 1891 près de 300 contes et nouvelles et 6 romans subtilement novateurs par leur technique narrative. Son inspiration pessimiste mêle sarcasme et pitié devant le spectacle de la médiocrité humaine. Comme hanté par le pressentiment de sa fin précoce dans la démence, il laisse peu à peu l'angoisse et l'hallucination envahir son œuvre.

XIXe siècle

« Chacun son tour »

Les contes inspirés par le terroir normand constituent la partie la plus pittoresque et peut-être la plus cruelle de l'œuvre de Maupassant. Dans le Vieux, *Maître Chicot et sa femme, un couple de paysans, attendent l'agonie du vieux père de celle-ci. Pour gagner du temps, ils ont déjà prévenu tout le pays du décès imminent, préparé les « douillons*[1] *» aux pommes que l'on offre traditionnellement aux obsèques. Mais le vieux tarde à mourir…*

Les femmes entraient pour regarder le mourant. Elles se signaient auprès du lit, balbutiaient une prière, ressortaient. Les hommes, moins avides de ce spectacle, jetaient un seul coup d'œil de la fenêtre qu'on avait ouverte.

Mme Chicot expliquait l'agonie :

« V'là deux jours qu'il est comme ça, ni plus ni moins, ni plus haut ni plus bas. Dirait-on point eune pompe qu'a pu d'iau ? »

Quand tout le monde eut vu l'agonisant, on pensa à la collation ; mais, comme on était trop nombreux pour tenir dans la cuisine, on sortit la table devant la porte. Les quatre douzaines de douillons dorés, appétissants, tiraient les yeux, disposés dans deux grands plats. Chacun avançait le bras pour prendre le sien, craignant qu'il n'y en eût pas assez. Mais il en resta quatre.

Maître Chicot, la bouche pleine, prononça :

« S'i nous véyait, l'pé, ça lui f'rait deuil. C'est li qui les aimait d'son vivant. »

Un gros paysan jovial déclara :

« I n'en mangera pu, à c't'heure. Chacun son tour. »

Cette réflexion, loin d'attrister les invités, sembla les réjouir. C'était leur tour, à eux, de manger des boules.

Mme Chicot, désolée de la dépense, allait sans cesse au cellier chercher du cidre. Les brocs se suivaient et se vidaient coup sur coup. On riait maintenant, on parlait fort, on commençait à crier comme on crie dans les repas.

Tout à coup une vieille paysanne qui était restée près du moribond, retenue par une peur avide de cette chose qui lui arriverait bientôt à elle-même, apparut à la fenêtre, et cria d'une voix aiguë :

« Il a passé ! il a passé ! »

Chacun se tut. Les femmes se levèrent vivement pour aller voir.

Il était mort, en effet. Il avait cessé de râler. Les hommes se regardaient, baissaient les yeux, mal à leur aise. On n'avait pas fini de mâcher les boules. Il avait mal choisi son moment, ce gredin-là.

Les Chicot, maintenant, ne pleuraient plus. C'était fini, ils étaient tranquilles. Ils répétaient :

« J'savions bien qu' ça n' pouvait point durer. Si seulement il avait pu s' décider c'te nuit, ça n'aurait point fait tout ce dérangement. »

Guy de Maupassant, « le Vieux », *Contes du jour et de la nuit,* 1885

1. Les douillons *sont des pommes enveloppées de pâte et cuites au four*

« La vision rouge de la révolution »

Émile Zola (1840-1902), influencé par le « scientisme » régnant de son époque, s'est voulu le maître du roman « naturaliste ». En écrivant, à partir de 1868, *les Rougon-Macquart,* « histoire naturelle et sociale d'une famille sous le second Empire », il se présente comme un romancier expérimentateur, qui étudie les marques de l'hérédité sur le corps social. Ses enquêtes sur le terrain nourrissent son souci d'observation méthodique. Mais la puissance de l'imagination, l'ampleur épique du style, le raffinement sensuel des descriptions, l'aptitude à créer des mythes font éclater le corset documentaire. L'intervention courageuse de Zola en faveur de Dreyfus injustement condamné l'oblige un moment à s'exiler.

Germinal, *1885, prend son sujet dans la vie d'une mine du nord de la France. Poussés à bout par leurs salaires de misère, les mineurs ont déclenché la grève. Ils se dirigent en cortège vers la demeure du directeur, M. Hennebeau. L'épouse de celui-ci et ses invités, surpris dans leur promenade, se réfugient dans une grange et observent, apeurés, le déferlement de la masse humaine.*

Les femmes avaient paru, près d'un millier de femmes, aux cheveux épars, dépeignés par la course, aux guenilles montrant la peau nue, des nudités de femelles lasses d'enfanter des meurt-de-faim. Quelques-unes tenaient leur petit entre les bras, le soulevaient, l'agitaient, ainsi qu'un drapeau de deuil et de vengeance. D'autres, plus jeunes, avec des gorges gonflées de guerrières, brandissaient des bâtons ; tandis que les vieilles, affreuses, hurlaient si fort, que les cordes de leurs cous décharnés semblaient se rompre. Et les hommes déboulèrent ensuite, deux mille furieux, des galibots[1], des haveurs[2], des raccommodeurs[3], une masse compacte qui roulait d'un seul bloc, serrée, confondue, au point qu'on ne distinguait ni les culottes déteintes, ni les tricots de laine en loques, effacés dans la même uniformité terreuse. Les yeux brûlaient, on voyait seulement les trous des bouches noires, chantant la *Marseillaise,* dont les strophes se perdaient en un mugissement confus, accompagné par le claquement des sabots sur la terre dure. Au-dessus des têtes, parmi le hérissement des barres de fer, une hache passa, portée toute droite ; et cette hache unique, qui était comme l'étendard de la bande, avait, dans le ciel clair, le profil aigu d'un couperet de guillotine.

– Quels visages atroces ! balbutia Mme Hennebeau. [...]

À ce moment, le soleil se couchait, les derniers rayons, d'un pourpre sombre, ensanglantaient la plaine. Alors, la route sembla charrier du sang, les femmes, les hommes continuaient à galoper, saignants comme des bouchers en pleine tuerie.

– Oh ! superbe ! dirent à demi-voix Lucie et Jeanne, remuées dans leur goût d'artistes par cette belle horreur. [...]

C'était la vision rouge de la révolution qui les emporterait tous, fatalement, par une soirée sanglante de cette fin de siècle. Oui, un soir, le peuple lâché, débridé, galoperait ainsi sur les chemins ; et il ruissellerait du sang des bourgeois, il promènerait des têtes, il sèmerait l'or des coffres éventrés. Les femmes hurleraient, les hommes auraient ces mâchoires de loups, ouvertes pour mordre. Oui, ce seraient les mêmes guenilles, le même tonnerre de gros sabots, la même cohue effroyable, de peau sale, d'haleine empestée, balayant le vieux monde, sous leur poussée débordante de barbares.

Émile Zola, *Germinal,* 1885

1. Manœuvres chargés du « boisage » des galeries de mine. – 2. Piqueurs qui entaillent les galeries. – 3. Ouvriers chargés de l'entretien.

La forme poétique

La versification

La plupart des dictionnaires définissent encore la poésie comme une forme littéraire trouvant son mode d'expression privilégié dans le vers, alors même que le « poème en prose » est devenu depuis Baudelaire (et avant lui Évariste Parny et Aloysius Bertrand) un des genres majeurs de la modernité. C'est qu'il existe une organisation particulière de la langue, la *versification,* qui est toujours associée à ce que nous appelons *poésie*. L'étymologie permet d'opposer la circularité du *vers* (en latin *versus* = le fait de tourner) à la linéarité de la *prose* (*oratio prosa* = discours qui va de l'avant). Le vers est donc une structure linguistique qui privilégie les retours. Le linguiste Roman Jakobson a fait du *parallélisme* la spécificité du langage poétique. Le compte égal des syllabes, la rime, la répartition homologue des accents permettent de repérer de tels parallélismes dans le vers français. Mais tous les phénomènes linguistiques peuvent servir, selon les langues, à définir différents types de vers.

L'origine du vers français

Le vers français s'oppose radicalement à son ancêtre direct, le vers latin. Il repose sur le décompte des syllabes, sur le retour réglé d'accents d'intensité et sur la rime, alors que le vers latin se fondait sur une alternance régulière de syllabes brèves et longues (qui n'ont pas de valeur phonologique en français). Le vers français a sans doute été élaboré dans les églises du haut Moyen Âge, pour faire chanter des hymnes et des psaumes à des fidèles sans éducation musicale. Les paroles s'accordaient étroitement aux lignes mélodiques et rythmiques. Le décompte strict des syllabes permettait de repérer les différentes unités d'un ensemble.

La *césure* et la *rime* sont sans doute apparues comme des aides à la délimitation des vers. En effet, notre oreille ne peut guère reconnaître l'égalité de séquences verbales au-delà de huit syllabes. Dans les vers longs, il faut donc une séparation interne en sous-ensembles équivalents qui permettent de nous assurer de l'égalité générale. La césure, constituée à l'origine par la présence à une place fixe d'une syllabe sur laquelle la voix puisse appuyer, est donc moins une pause qu'un séparateur, une frontière facilitant le décompte syllabique. Pas de césure dans les vers courts (jusqu'à huit syllabes inclus), mais césure nécessaire dans tous les vers plus longs. La rime, apparaissant en fin de vers, vient souligner le retour du nombre égal de syllabes.

Les règles du vers français classique

Ces règles ont été codifiées à l'époque classique (par Malherbe et Boileau), mais, dans leur principe, elles commandent déjà *la Chanson de Roland* et elles continuent d'être respectées par beaucoup de poètes du XXe siècle (Valéry, Queneau), quand elles ne sont pas sous-jacentes à bien des expérimentations des « libérateurs » du vers. L'échec de toutes les tentatives pour instaurer un autre type de vers français (les vers quantitatifs mesurés d'Agrippa d'Aubigné ou les vers accentuels du poète belge Van Hasselt) montre bien la nécessaire permanence de la forme du vers français syllabique.

La règle fondamentale (il y a vers quand des séquences verbales présentent des égalités syllabiques) fait problème dans la mesure où elle a été fixée sur un état ancien de la langue. La difficulté essentielle tient à l'évolution de la prononciation du *e* dit *muet,* qui n'est, comme son nom l'indique, plus guère prononcé dans le français actuel, mais qui doit l'être généralement dans les vers. Le *e muet* reste muet en fin de vers et à l'intérieur devant voyelle ou *h* muet, dans les terminaisons verbales en *-aient* ou *-oient,* entre voyelle et consonne à l'intérieur d'un mot *(avouera)*. Dans tous les autres cas, le *e muet* doit s'entendre. Ce qui montre bien que la diction du vers se sépare de la « langue ordinaire ».

Les poètes modernes (mais déjà dès le XVIIe siècle) s'interdisent d'employer certaines associations de mots, qui créeraient des suites syllabiques « imprononçables » : ainsi de la suite voyelle + *e muet* + consonne. En revanche, Ronsard n'hésite pas à écrire :

> Marie, qui voudrait votre nom retourner,
> Il trouverait « aimer ». Aimez-moi donc, Marie

Pour respecter l'alexandrin, quand on lit ce poème à haute voix, il faut trouver le moyen de faire entendre le *e muet* du premier « Marie » (mais non du second).

La *diérèse* (séparation en deux syllabes de deux voyelles en contact dans le même mot et normalement prononcées ensemble) et la *synérèse* (phénomène inverse : réunion de deux voyelles en une seule syllabe) peuvent produire des effets poétiques, jouant sur ces prononciations particulières. Ainsi dans ce vers d'Aragon, où la double diérèse *(nu-age, ju-in)* produit comme un allongement de douceur (douceur terrible, puisque le vers évoque le printemps 1940 et le déclenchement de la Seconde Guerre mondiale) :

> Mai qui fut sans nuage et juin poignardé

Les poètes classiques renforcent un trait évolutif de la langue française qui est la tendance à l'élimination de l'*hiatus* (choc de voyelles). L'hiatus est interdit de poésie par le classicisme : il réapparaît discrètement avec le romantisme, et les poètes modernes en redécouvrent la valeur expressive.

Tous les types de vers, d'une syllabe jusqu'à treize, quatorze, quinze, voire plus, ont été expérimentés. Il est bien clair que les vers trop longs ne sont guère viables : l'oreille ne parviendrait plus à percevoir le retour de groupes syllabiques égaux. Au Moyen Âge, les vers les plus employés étaient le décasyllabe (dix syllabes) et l'octosyllabe (huit syllabes). L'alexandrin (douze syllabes) est devenu le vers majeur de la poésie française à partir du XVIe siècle. On a expliqué son succès par l'évolution du lexique et de la syntaxe, par le goût pour l'ampleur et la symétrie.

La rime

La première poésie française (comme *la Chanson de Roland*) pratiquait l'*assonance :* identité de la dernière voyelle accentuée (donc à l'exception du *e muet*). La *rime* ajoute à cette règle une contrainte supplémentaire : l'identité de tous les sons consonantiques qui éventuellement suivent cette dernière voyelle accentuée. *Terre* et *verte* forment une assonance ; *terre* et *verre* une rime. Suivant le plus ou moins grand nombre de sons identiques, on distingue les rimes pauvres, suffisantes, riches. Selon leur enchaînement, on parle de rimes plates (elles se suivent : a a b b c c d d, etc.), de rimes croisées (elles alternent d'un vers sur l'autre : a b a b c d c d, etc.) ou de rimes embrassées (elles s'emboîtent : a b b a c d d c, etc.).

La rime a été tantôt magnifiée, tantôt réprimée, selon les époques et les conceptions de la poésie. La fin du Moyen Âge voit fleurir des systèmes complexes de rimes étendues (*rimes léonines* sur deux syllabes ; *rimes équivoquées* qui tournent au calembour ; et bien d'autres encore). Le classicisme préfère des rimes réduites à la simple marque de fin de vers (il ajoute cependant une contrainte supplémentaire, en proscrivant les rimes qui ne jouent pas aussi pour l'œil : pour un strict classique, « amour » ne devrait pas pouvoir rimer avec « toujours »).

Dès le XVIe siècle, l'habitude était prise de faire alterner *rimes féminines* (terminées par un *e muet*) et *rimes masculines* (terminées par n'importe quelle voyelle sauf *e muet,* ou par une consonne). Cette contrainte a été remarquablement respectée. Mais des poètes modernes ont suggéré une autre règle d'alternance, qui serait fondée sur l'opposition de rimes terminées sur un son vocalique ou sur un son consonantique :

Mon beau navire ô ma mémoire
Avons-nous assez navigué
Dans une onde mauvaise à boire
Avons-nous assez divagué
De la belle aube au triste soir.

(Apollinaire)

L'accentuation

Sans être franchement accentuel, le vers français donne au rythme, par le jeu des accents, un rôle important. Les accents du vers utilisent les accents linguistiques naturels de la langue française : accent d'intensité à la fin d'un mot ou d'un groupe de mots ; accent expressif qui peut apparaître à l'initiale, etc. Le vers classique a conservé des origines du vers français une règle accentuelle fondamentale : il existe des places fixes qui doivent recevoir des accents marqués. Ces places fixes sont : la fin de vers et, dans les vers de plus de huit syllabes, la césure. Ce qui explique que, dans le vers parfaitement classique, la césure coïncide avec une fin de mot, et si possible une fin de mot solidement accentuée. L'*hémistiche* (le demi-vers) doit être nettement souligné.

Que toujours dans vos vers le sens coupant les mots
Suspende l'hémistiche, en marque le repos.

(Boileau)

Dans le même ordre d'idée, le poète classique répugne à opposer la syntaxe et la mesure du vers : il refuse donc les *enjambements* (rejets d'un vers sur l'autre, d'une phrase ou d'un membre de phrase qui ne parvient pas à se loger intégralement dans le vers).

L'histoire du vers français peut être racontée comme celle d'une construction (affinement progressif de structures marquées, jusqu'à la rigidité des règles classiques) et d'une déconstruction (dès le romantisme, on multiplie les enjambements et l'on met en question le soulignement de la césure).

On rencontre chez Corneille des vers comme celui-ci :

Toujours aimer, toujours souffrir, toujours mourir

Une césure y est possible à la sixième syllabe, mais on sent bien qu'elle est concurrencée par les deux coupes fortes, aux quatrième et huitième syllabes. Victor Hugo fera de ce type de vers, qu'on appelle ternaire, le cheval de bataille de sa versification romantique :

J'ai disloqué / ce grand niais / d'alexandrin

Avec Verlaine, la possibilité de césurer à l'hémistiche disparaît, quand il place au milieu du vers un mot qui enjambe sur la sixième syllabe :

Et la tigresse / épouvantable / d'Hyrcanie

Rimbaud admirait particulièrement ce vers. Lui-même pousse à la limite la désintégration de l'alexandrin, en rendant le vers ternaire aussi impossible que la césure :

Et de braise, et mille meurtres, et les longs cris

Il y a bien douze syllabes dans ce vers, mais l'oreille ne peut plus y repérer de régularité métrique. Il suffira d'abandonner le décompte égal des syllabes, le retour de la rime, pour obtenir le vers libre. Il suffira de refuser les blancs délimitant des vers sur la page pour obtenir le poème en prose. Mais ceci est une autre forme.

FRANCE

CHARLES BAUDELAIRE

Charles Baudelaire (1821-1867) a lentement préparé et mûri sa grande œuvre poétique, à l'architecture très concertée, *les Fleurs du mal,* dont la première édition, en 1857, est poursuivie et condamnée en justice. Il remanie et augmente son recueil en 1861. Sa poésie exprime l'angoisse de la solitude et de l'exil (le *spleen*), à laquelle répond la nostalgie de l'idéal. Par le jeu des correspondances, par les effets de réminiscence, il dévoile tout un arrière-plan symbolique du monde réel. Il s'intéresse au genre nouveau du poème en prose (*Petits Poèmes en prose*, publiés après sa mort en 1867), qui lui semble plus apte à exprimer la modernité de la vie urbaine et les « ondulations de la rêverie ». Critique d'art, il est très attentif aux nouveautés esthétiques (Wagner, Manet).

La Vie antérieure

Publié en revue en 1855, ce sonnet, construit sur les correspondances et la réminiscence, exprime la nostalgie d'un ailleurs idéal. Il transfigure peut-être les images exotiques que Baudelaire avait conservées de son voyage aux mers du Sud et de son bref séjour aux Mascareignes en 1841-1842.

J'ai longtemps habité sous de vastes portiques [1]
Que les soleils marins teignaient de mille feux,
Et que leurs grands piliers, droits et majestueux,
Rendaient pareils, le soir, aux grottes basaltiques.

Les houles, en roulant les images des cieux,
Mêlaient d'une façon solennelle et mystique
Les tout-puissants accords de leur riche musique
Aux couleurs du couchant reflété par mes yeux.

C'est là que j'ai vécu dans les voluptés calmes,
Au milieu de l'azur, des vagues, des splendeurs
Et des esclaves nus, tout imprégnés d'odeurs,

Qui me rafraîchissaient le front avec des palmes,
Et dont l'unique soin était d'approfondir
Le secret douloureux qui me faisait languir.

Charles Baudelaire, *les Fleurs du mal,* 1857

COMPRÉHENSION ET LANGUE

1 – Quel est le thème du poème ? Correspond-il au titre ?
2 – Expliquez l'adjectif qualificatif « basaltiques » (v. 4).
3 – Quelles sont les sonorités dominantes du vers 5 ?
4 – Dans quels lieux le poème se situe-t-il ?
5 – Quels souvenirs Baudelaire évoque-t-il ?
6 – Relevez et commentez les images du texte.

ACTIVITÉS DIVERSES, EXPRESSION ÉCRITE

Faites une étude détaillée de la versification de ce sonnet.

1. Faut-il voir dans ces portiques les varangues *(galeries couvertes autour des grandes maisons de style colonial) que le poète avait pu voir à Maurice et à Bourbon ?*

Charles Marie Leconte de Lisle (1818-1894) quitte la Réunion, son île natale, pour venir étudier le droit à Rennes. Journaliste dans la presse d'inspiration socialiste, il milite pour l'abolition de l'esclavage. Mais déçu par l'orientation de la révolution de 1848, il se réfugie dans un pessimisme hautain et se consacre à son œuvre poétique (*Poèmes antiques,* 1852 ; *Poèmes barbares,* 1862 ; *Poèmes tragiques,* 1884 ; *Derniers Poèmes,* 1895). Son goût d'une versification très plastique, s'employant à faire revivre les formes des mythologies et des civilisations disparues, fait de lui le chef de file de l'école parnassienne. Mais le frémissement vitaliste de nombreux poèmes garde le souvenir des séjours dans l'île natale.

XIXe siècle

Le frais matin dorait

Le poème semble confondre en une même image l'île natale et le Paradis, le souvenir d'une présence féminine disparue et la figure d'Ève, la première femme.

Le frais matin dorait de sa clarté première
La cime des bambous et des gérofliers.
Oh ! les mille chansons des oiseaux familiers
Palpitant dans l'air rose et buvant la lumière !

Comme lui tu brillais, ô ma douce lumière,
Et tu chantais comme eux vers les cieux familiers !
À l'ombre des letchis et des gérofliers,
C'était toi que mon cœur contemplait la première.

Telle, au Jardin céleste, à l'aurore première,
La jeune Ève, sous les divins gérofliers,
Toute pareille encore aux anges familiers,
De ses yeux innocents répandait la lumière.

Harmonie et parfum, charme, grâce, lumière,
Toi vers qui s'envolaient mes songes familiers,
Rayon d'or effleurant les hauts gérofliers,
Ô lys, qui m'as versé mon ivresse première !

La Vierge aux pâles mains t'a prise la première,
Chère âme ! Et j'ai vécu loin des gérofliers,
Loin des sentiers charmants à tes pas familiers,
Et loin du ciel natal où fleurit ta lumière.

Des siècles ont passé, dans l'ombre ou la lumière,
Et je revois toujours mes astres familiers,
Les beaux yeux qu'autrefois, sous nos gérofliers,
Le frais matin dorait de sa clarté première !

Charles Marie Leconte de Lisle, *Poèmes tragiques,* 1884

XIXe siècle

Arthur Rimbaud (1854-1891) a été un enfant prodige, révolté et fugueur, dont les premiers poèmes, de forme encore classique, ont séduit par leur ferveur sensuelle et leur goût du sarcasme. Par la méthode de la « voyance », fondée sur un « dérèglement de tous les sens », il entend parvenir à l'inconnu et « trouver une langue ». *Une saison en enfer,* autobiographie lyrique et violente, imprimée en 1873, qui rend compte de cette recherche et de l'aventure poétique entreprise avec Verlaine, se termine sur un adieu à la littérature. Mais Rimbaud, dont les derniers poèmes disloquaient les modèles classiques du vers, continue de mettre au point une œuvre en prose poétique, *Illuminations,* publiée seulement en 1886. À partir de 1875, il renonce à l'activité littéraire, voyage, devient commerçant à Aden et au Harrar, d'où la maladie le contraint à revenir en France pour y mourir.

Sensation

Écrit par un poète de seize ans, ce poème, qui se souvient de modèles aimés (Hugo, les parnassiens), annonce déjà une thématique très personnelle : ferveur sensuelle et désir de départ…

Par les soirs bleus d'été, j'irai dans les sentiers,
Picoté par les blés, fouler l'herbe menue :
Rêveur, j'en sentirai la fraîcheur à mes pieds.
Je laisserai le vent baigner ma tête nue.

Je ne parlerai pas, je ne penserai rien :
Mais l'amour infini me montera dans l'âme,
Et j'irai loin, bien loin, comme un bohémien,
Par la Nature, – heureux comme avec une femme.

20 avril 1870.

Les Chercheuses de poux

De date incertaine, ce poème semble illustrer une première forme de « voyance » poétique. Les images jouent sur des correspondances de sensations.

Quand le front de l'enfant, plein de rouges tourmentes,
Implore l'essaim blanc des rêves indistincts,
Il vient près de son lit deux grandes sœurs charmantes
Avec de frêles doigts aux ongles argentins.

Elles assoient l'enfant auprès d'une croisée
Grande ouverte où l'air bleu baigne un fouillis de fleurs,
Et dans ses lourds cheveux où tombe la rosée
Promènent leurs doigts fins, terribles et charmeurs.

Il écoute chanter leurs haleines craintives
Qui fleurent de longs miels végétaux et rosés,
Et qu'interrompt parfois un sifflement, salives
Reprises sur la lèvre ou désirs de baisers.

Il entend leurs cils noirs battant sous les silences
Parfumés ; et leurs doigts électriques et doux
Font crépiter parmi ses grises indolences
Sous leurs ongles royaux la mort des petits poux.

Voilà que monte en lui le vin de la Paresse,
Soupir d'harmonica qui pourrait délirer ;
L'enfant se sent, selon la lenteur des caresses [1],
Sourdre et mourir sans cesse un désir de pleurer.

Arthur Rimbaud, *Poésies,* publiées en 1895

1. Faire rimer un pluriel et un singulier est une audace que s'interdisait la versification classique.

Aube

On a beaucoup discuté sur le sens à donner au titre même du recueil des Illuminations : *images colorées, enluminures, visions, hallucinations… La difficulté de lecture des textes tient à leur dérèglement calculé. Mais ici la lecture peut s'organiser à partir de l'image d'une course dans le matin, à la poursuite de l'aube imaginée comme une déesse.*

J'ai embrassé [1] l'aube d'été.

Rien ne bougeait encore au front des palais. L'eau était morte. Les camps d'ombres ne quittaient pas la route du bois. J'ai marché, réveillant les haleines vives et tièdes, et les pierreries regardèrent, et les ailes se levèrent sans bruit.

La première entreprise fut, dans le sentier déjà empli de frais et blêmes éclats, une fleur qui me dit son nom.

Je ris au wasserfall [2] blond qui s'échevela à travers les sapins : à la cime argentée je reconnus la déesse.

Alors je levai un à un les voiles. Dans l'allée, en agitant les bras. Par la plaine, où je l'ai dénoncée au coq. À la grand'ville elle fuyait parmi les clochers et les dômes, et courant comme un mendiant sur les quais de marbre, je la chassais [3].

En haut de la route, près d'un bois de lauriers, je l'ai entourée avec ses voiles amassés, et j'ai senti un peu son immense corps. L'aube et l'enfant tombèrent au bas du bois.

Au réveil il était midi.

Arthur Rimbaud, *Illuminations,* publiées en 1886

Compréhension et langue

1 – Sous quelle forme se présente chacun des trois poèmes de Rimbaud ?
2 – Quel est le thème de *Sensation ?*
3 – Quelles sont les images les plus remarquables dans *les Chercheuses de poux ?*
4 – Quel est le champ lexical dominant ?
5 – Indiquez le plan du poème *Aube.*
6 – Pourquoi l'auteur compare-t-il l'aube à une déesse ?
7 – Étudiez le vocabulaire choisi par le poète.

Activités diverses, expression écrite

Le poème en prose. Documentez-vous sur ce genre littéraire. Quand apparaît-il ? Quels auteurs l'ont illustré ? Quelles en sont les principales caractéristiques ? Pourquoi ce texte de Rimbaud doit-il être considéré comme un poème ?

1. Entouré de mes bras.
2. Cascade (mot allemand).
3. = je la poursuivais pour tenter de l'attraper.

FRANCE

PAUL VERLAINE

XIXe siècle

Art poétique

Écrit dans la prison de Mons (en Belgique) en avril 1874, publié pour la première fois en 1882, dédié à Charles Morice, un des principaux théoriciens de l'esthétique symboliste, cet Art poétique, *dont Verlaine soulignait qu'il n'était qu'une chanson, devint très vite une sorte de manifeste de la nouvelle poésie.*

De la musique avant toute chose,
Et pour cela préfère l'Impair [1]
Plus vague et plus soluble dans l'air,
Sans rien en lui qui pèse ou qui pose.

Il faut aussi que tu n'ailles point
Choisir tes mots sans quelque méprise :
Rien de plus cher que la chanson grise
Où l'Indécis au Précis se joint.

C'est des beaux yeux derrière des voiles,
C'est le grand jour tremblant de midi,
C'est par un ciel d'automne attiédi,
Le bleu fouillis des claires étoiles !

Car nous voulons la Nuance encor,
Pas la Couleur, rien que la nuance !
Oh ! la nuance seule fiance
Le rêve au rêve et la flûte au cor !

Fuis du plus loin la Pointe [2] assassine,
L'Esprit cruel et le Rire impur,
Qui font pleurer les yeux de l'Azur [3],
Et tout cet ail de basse cuisine !

Prends l'éloquence et tords-lui son cou !
Tu feras bien, en train d'énergie,
De rendre un peu la Rime assagie.
Si l'on n'y veille, elle ira jusqu'où ?

Ô qui dira les torts de la Rime ?
Quel enfant sourd ou quel nègre fou
Nous a forgé ce bijou d'un sou
Qui sonne creux et faux sous la lime ?

De la musique encore et toujours !
Que ton vers soit la chose envolée
Qu'on sent qui fuit d'une âme en allée
Vers d'autres cieux à d'autres amours.

Que ton vers soit la bonne aventure
Éparse au vent crispé du matin
Qui va fleurant la menthe et le thym...
Et tout le reste est littérature.

Paul Verlaine, *Jadis et naguère*, 1883

Paul Verlaine (1844-1896), de tempérament faible et velléitaire, s'est très tôt reconnu prédestiné au malheur. Une mélancolie discrète imprègne ses premiers poèmes (*Poèmes saturniens*, 1866 ; *Fêtes galantes*, 1869). Il célèbre son amour pour sa jeune épouse dans les poèmes apaisés de *la Bonne Chanson*, 1870. Mais il prend l'habitude de la boisson, entretient une relation tumultueuse avec Rimbaud, qu'il blesse d'un coup de revolver – ce qui le conduit en prison pour deux ans. Les *Romances sans paroles*, 1874, réussissent le miracle d'une poésie aérienne et comme transparente. La prison suscite un retour à la foi qui inspire la poésie ardemment mystique de *Sagesse*, 1881. L'alcoolisme et la maladie embrument ses dernières années. Il reste pourtant un poète inégalé, versificateur hardi et rythmicien hors pair.

1. Le vers impair.
2. Trait d'esprit.
3. L'Idéal.

STÉPHANE

ALLARMÉ

Stéphane Mallarmé (1842-1898) écrit d'abord sous l'influence de Baudelaire et d'Edgar Poe : ses poèmes, d'une forme impeccablement savante, disent l'opposition du spleen et de l'idéal, le rêve d'un mystérieux ailleurs. Il s'oriente vers une poésie impressionniste (qui veut « peindre non la chose, mais l'effet qu'elle produit »). Dans le désir d'écrire son *grand œuvre* (un livre qui serait comme le point d'aboutissement du monde), il travaille à de longs poèmes *(Hérodiade, l'Après-midi d'un faune)*. Sa poésie devient de plus en plus hermétique : le travail sur les mots, le ciselage minutieux du vers, la désarticulation calculée de la syntaxe veulent suggérer l'anéantissement des objets et la plénitude de l'être par la vibration du langage.

Son appartement est, à la fin de sa vie, le point de ralliement des jeunes poètes d'avant-garde.

XIXe siècle

Brise marine

À Baudelaire ce poème emprunte une thématique : spleen et idéal, désir du voyage vers l'inconnu… Mais il esquisse déjà une manière plus personnelle : insistance des tournures négatives, jeu des reflets, audaces syntaxiques, fascination de la page blanche.

La chair est triste, hélas ! et j'ai lu tous les livres.
Fuir ! là-bas fuir ! Je sens que des oiseaux sont ivres
D'être parmi l'écume inconnue et les cieux !
Rien, ni les vieux jardins reflétés par les yeux
Ne retiendra ce cœur qui dans la mer se trempe
Ô nuits ! ni la clarté déserte de ma lampe
Sur le vide papier que la blancheur défend[1]
Et ni la jeune femme allaitant son enfant[2].
Je partirai ! Steamer[3] balançant ta mâture,
Lève l'ancre pour une exotique nature !

Un Ennui, désolé par les cruels espoirs,
Croit encore à l'adieu suprême des mouchoirs[4] !
Et, peut-être, les mâts, invitant les orages
Sont-ils de ceux qu'un vent penche sur les naufrages
Perdus, sans mâts, sans mâts, ni fertiles îlots…
Mais, ô mon cœur, entends le chant des matelots !

Stéphane Mallarmé, *Poésies,* 1887

COMPRÉHENSION ET LANGUE	ACTIVITÉS DIVERSES, EXPRESSION ÉCRITE
1 – Donnez un titre à chaque strophe. 2 – Quel est le rôle de la ponctuation dans ce poème ? 3 – Quel est le but poursuivi par le poète ? 4 – Pourquoi emploie-t-il avec insistance les tournures négatives ? 5 – Justifiez la majuscule du terme « Ennui » (v. 11). 6 – Relevez, classez et étudiez le champ lexical du voyage.	1 – Recherchez dans une encyclopédie la définition de l'*hermétisme*. 2 – Mallarmé est considéré comme un poète au style recherché. En quoi consiste l'hermétisme de ce poème ? Citez d'autres exemples de poètes « hermétiques ».

__1.__ Le poète hésite à détruire cette blancheur en écrivant. – __2.__ Geneviève, fille de Mallarmé, était née en 1864 (la première version de ce poème a été écrite en 1865). – __3.__ Bateau à vapeur. – __4.__ Que l'on agite au moment du départ.

SUISSE

HENRI FRÉDÉRIC

Henri Frédéric Amiel (Genève, 1821 - *id.*, 1881) a mené la vie effacée d'un professeur d'esthétique et de philosophie à l'académie de Genève. L'œuvre littéraire qu'il publie de son vivant (poèmes, articles de critique littéraire) ne lui apporte qu'un succès d'estime. Il est surtout connu pour un chant patriotique composé en 1857, quand la Prusse menaçait d'envahir la Suisse. Mais, à sa mort, la publication partielle de son *Journal* fait sensation. Les quelque 17 000 pages de ce *Journal* (dont la publication complète n'est pas encore achevée) témoignent d'une intelligence prodigieuse et d'une grande ambition intellectuelle. Mais Amiel s'est épuisé ou s'est enfermé dans l'écriture au jour le jour de ses cahiers intimes, par passion de se connaître ou par plaisir de jouir de sa propre irrésolution.

XIXe siècle

« C'est l'heure de faire ses comptes »

Le Journal intime *de l'année 1857 (publié pour la première fois en 1965) commence par une sorte de bilan de l'année écoulée, qui est aussi examen de conscience et tentative de ressaisissement d'Amiel lui-même.*

La journée d'hier a été donnée à la famille, à l'intimité et à l'espérance. Maintenant c'est l'heure de faire ses comptes et de ceindre ses reins pour un nouveau départ…

Je vois se multiplier les fils d'argent dans mes cheveux noirs, et les avertissements plus sérieux se succéder dans ma vie. Ma vie est restée dans son sillon. Je suis toujours chez ma sœur, vieux garçon, rêveur, tantôt indifférent, tantôt triste, et depuis mon voyage[1] remis en gaieté. Mes cours, la société de quelques amis, les livres et le voyage, c'est tout le tissu de mon existence. Je me retire de ce qui se retire de moi, et ainsi mon isolement grandit d'année en année. Je ne suis de rien, personne n'a besoin de moi, je m'exerce à la vie impersonnelle, pis-aller devenu nécessaire. Pourtant, j'ai eu l'occasion de faire du bien à quelques personnes, du plaisir à quelques autres. J'ai même fait un effort sur moi-même et écrit quelques petites choses (dans la *Revue suisse* et la *Bibliothèque universelle*). La timidité, la paresse et le dégoût m'ont beaucoup fait perdre de temps. Heureusement le courage m'est revenu cet hiver. Je crois que je veux changer de principe ; essayer de vivre plus positivement, plus utilement, plus productivement, tandis que jusqu'ici j'ai surtout esquivé le chagrin, l'inconnu et l'effort. – Je n'ai gagné que sur deux points : je comprends mieux l'homme et je me détache peu à peu des bagatelles. Mais dans cette contemplation passive, mon caractère a pris toujours plus d'irrésolution, toujours plus d'appréhension de la vie subjective et de la décision tragique. Une pensée, une œuvre, une famille ! disais-je l'an dernier. Ce vœu est encore inaccompli. Je n'ai point concentré ma pensée, écrit un livre, ni choisi une compagne. Je ne suis pas encore sérieux et j'éternise le provisoire.

Et maintenant, l'époque des sacrifices est venue. La patrie est en danger. La guerre est déclarée aujourd'hui entre la Prusse et la Suisse[2]. Tout s'ébranle, s'émeut, s'enthousiasme. Et moi je rêve encore ! Je ne suis pas bien éveillé. Mes affaires sont en désordre, mes idées confuses, je ne suis pas prêt. C'est toujours la même chose. Je ne sais pas encore si j'ai du courage. – En un mot, la timidité m'a rendu solitaire et la solitude égoïste, et l'égoïsme inerte. Et pour satisfaire une seule de mes aspirations, le besoin de connaître, j'ai perdu de vue et laissé s'endormir toutes les autres. Honteux d'avoir besoin d'autrui, j'ai si bien fait que j'ai l'air de ne vivre que pour moi-même et qu'en somme je ne vis pas réellement.

Henri Frédéric Amiel, *Journal intime, l'Année 1857*

1. Voyage à Turin et en Italie du Nord, accompli l'été précédent.
2. La Prusse voulait alors faire valoir ses droits sur le canton de Neuchâtel.

BELGIQUE

CHARLES DE COSTER

Charles De Coster (Munich, 1827 - Ixelles, 1879) joue un rôle important dans la vie littéraire belge du XIXe siècle. Il publie des *Légendes flamandes*, 1858, puis des *Contes brabançons*, 1867. Il travaille une dizaine d'années à la rédaction de son « roman », *la Légende et les Aventures héroïques, joyeuses et glorieuses d'Ulenspiegel et de Lamme Goedzak au pays de Flandre et d'ailleurs*, 1867, dont le héros est emprunté à la littérature et à l'imagerie populaires de colportage et dont la langue s'inspire du français de Rabelais.

XIXe siècle

« Frères en misère et longues oreilles »

Le farceur légendaire Ulenspiegel, héros national des Pays-Bas du XVIe siècle, symbolise la résistance flamande à l'occupation espagnole, l'esprit d'anticléricalisme et la révolte populaire contre les pouvoirs.

Dans l'entre-temps, Ulenspiegel califourchonnait sur le dos de Jef[1], à travers les terres et marais du duc de Lunebourg[2]. Les Flamands nomment ce duc *Water-Signorke*[3], à cause qu'il fait toujours humide chez lui.

Jef obéissait à Ulenspiegel comme un chien, buvait de la *bruinbier*[4], dansait mieux qu'un Hongrois maître ès arts de souplesses, faisait le mort et se couchait sur le dos au moindre signe.

Ulenspiegel savait que le duc de Lunebourg, marri et fâché de ce qu'Ulenspiegel s'était gaussé de lui, à Darmstadt[5], en la présence du landgrave de Hesse, lui avait interdit l'entrée de ses terres sous peine de la hart[6]. Soudain il vit venir Son Altesse Ducale en personne, et comme il savait qu'elle était violente, il fut pris de peur. Parlant à son âne :

« Jef, dit-il, voici Monseigneur de Lunebourg qui vient. J'ai au cou une grande démangeaison de corde ; mais que ce ne soit pas le bourreau qui me gratte ! Jef, je veux bien être gratté, mais non pendu. Songe que nous sommes frères en misère et longues oreilles ; songe aussi quel bon ami tu perdrais me perdant. »

Et Ulenspiegel s'essuyait les yeux, et Jef commençait à braire.

Continuant son propos :

« Nous vivons ensemble joyeusement, lui dit Ulenspiegel, ou tristement, suivant l'occurrence ; t'en souviens-tu, Jef ? – L'âne continuait de braire, car il avait faim. – Et tu ne pourras jamais m'oublier, disait son maître, car quelle amitié est forte sinon celle qui rit des mêmes joies et pleure des mêmes peines ? Jef, il faut te mettre sur le dos. »

Le doux âne obéit et fut vu par le duc les quatre sabots en l'air. Ulenspiegel s'assit prestement sur son ventre. Le duc vint à lui :

« Que fais-tu là ? dit-il. Ignores-tu que, par mon dernier placard, je t'ai défendu, sous peine de la corde, de mettre ton pied poudreux en mes pays ? »

Ulenspiegel répondit :

« Gracieux seigneur, prenez-moi en pitié ! »

Puis montrant son âne :

« Vous savez bien, dit-il, que par droit et loi, celui-là est toujours libre qui demeure entre ses quatre pieux[7]. »

Le duc répondit :

« Sors de mes pays, sinon tu mourras.

– Monseigneur, répondit Ulenspiegel, j'en sortirais si vite monté sur un florin[8] ou deux !

– Vaurien, dit le duc, vas-tu, non content de ta désobéissance, me demander encore de l'argent ?

– Il le faut bien, monseigneur, puisque je ne peux pas vous le prendre. »

Charles De Coster, *la Légende d'Ulenspiegel*, 1867

1. C'est le nom de son âne.
2. Ville d'Allemagne, près de Hambourg.
3. « Maître des eaux ».
4. Bière brune.
5. Ville d'Allemagne.
6. Pendaison.
7. Ulenspiegel rappelle les termes d'une vieille loi assurant la liberté des individus (Charles De Coster avait travaillé pour la commission royale belge chargée de publier les lois anciennes).
8. Pièce de monnaie.

BELGIQUE

MAURICE

MAETERLINCK

Maurice Maeterlinck (Gand, Belgique, 1862 - Nice, 1949) a écrit des poèmes dans la mouvance symboliste (*Serres chaudes,* 1889 ; *Douze Chansons,* 1896, qui deviendront *Quinze Chansons* en 1900). Mais c'est le théâtre qui l'a rendu célèbre, avec notamment *la Princesse Maleine,* 1889, ou *Pelléas et Mélisande,* 1892. Il y excelle à rendre le mystère des états d'âme, l'aspiration à l'inconnu, la densité du silence. Il a aussi écrit de nombreux essais sur la vie de la nature et le mystère de l'homme (*la Sagesse et la Destinée,* 1898 ; *la Vie des abeilles,* 1901).

XIXe siècle

Chanson

Au confluent des cultures latine et germanique, Maurice Maeterlinck veut retrouver, dans ses Chansons, *la langue épurée et presque « blanche », le rythme naïf des berceuses et des ballades populaires, l'équivalent du* lied *de la tradition allemande. Sous la nudité et la sérénité du ton se glisse une secrète angoisse devant le mystère de la vie et de la mort.*

Et s'il revenait un jour
Que faut-il lui dire ?
– Dites-lui qu'on l'attendit
Jusqu'à s'en mourir…

Et s'il m'interroge encore
Sans me reconnaître ?
– Parlez-lui comme une sœur,
Il souffre peut-être…

Et s'il demande où vous êtes
Que faut-il répondre ?
– Donnez-lui mon anneau d'or
Sans rien lui répondre…

Et s'il veut savoir pourquoi
La salle est déserte ?
– Montrez-lui la lampe éteinte
Et la porte ouverte…

Et s'il m'interroge alors
Sur la dernière heure ?
– Dites-lui que j'ai souri
De peur qu'il ne pleure…

Maurice Maeterlinck,
***Douze Chansons,* 1896**

COMPRÉHENSION ET LANGUE

1 – Quels sont, selon vous, les deux personnages de ce dialogue ?
2 – Dans quelle circonstance les deux personnages dialoguent-ils ?
3 – Qui est le personnage jamais nommé, désigné par *il ?*
4 – Quels sont les sentiments exprimés à l'égard du personnage désigné par *il ?*
5 – Quelle remarque pouvez-vous faire sur la forme de *s'en mourir* ?
6 – Quelle sorte de strophes composent cette chanson ?
7 – Que pouvez-vous dire des rimes ?
8 – Quels types de phrases sont ici utilisés ? Quel effet en résulte-t-il ?

ACTIVITÉS DIVERSES, EXPRESSION ÉCRITE

Le thème de *la séparation* est un thème littéraire représenté par de nombreux textes, et également des chansons populaires. Constituez un petit recueil des textes dont vous vous souvenez, ou que vous rechercherez dans des ouvrages de littérature à votre disposition.

GEORGES RODENBACH

Georges Rodenbach (Tournai, Belgique, 1855 - Paris, 1898) est, avec Verhaeren, l'aîné de la génération symboliste belge. Sa poésie, musicale et mélancolique, s'attache aux paysages mentaux de la Flandre belge (*le Règne du silence,* 1891 ; *les Vies encloses,* 1896). Son roman *Bruges-la-Morte,* 1892, qui joue sur les reflets des choses et des êtres se perdant dans les ressemblances vraies ou fausses, lui a apporté la célébrité.

Bruges : vue d'un canal.

XIXe siècle

« L'eau des anciens canaux »

Le monde poétique de Georges Rodenbach privilégie les reflets et les brouillards, les miroirs et les eaux mortes, les paysages troublés, le labyrinthe des apparences.

L'eau des anciens canaux est débile et mentale,
Si morne, parmi les villes mortes, aux quais
Parés d'arbres et de pignons en enfilade
Qui sont, dans cette eau pauvre, à peine décalqués,
Eau vieillie et sans force ; eau malingre et déprise
De tout élan pour se raidir contre la brise
Qui lui creuse trop de rides… Oh ! la triste eau
Qui va pleurer sous les ponts noirs et qui s'afflige
Des reflets qu'elle doit porter, eau vraiment lige[1],
Et qui lui sont comme un immobile fardeau.
Mais, trop âgée, à la surface qui se moire,
Elle perd ses reflets, comme on perd la mémoire,
Et les délaie en de confus mirages gris.
Eau si dolente, au point qu'elle en semble mortelle.
Pourquoi si nue et si déjà nulle ? Et qu'a-t-elle,
Tout à sa somnolence, à ses songes aigris,
Pour n'être ainsi plus qu'un traître miroir de givre
Où la lune elle-même a de la peine à vivre ?

Georges Rodenbach, *les Vies encloses,* 1896

COMPRÉHENSION ET LANGUE

1 – Quels qualificatifs le poète attribue-t-il à l'eau ?
2 – Quelle image donne-t-il de la ville ?
3 – Relevez et commentez les symboles contenus dans ce poème.
4 – Quel est le rôle des interrogatives à la fin du texte ?

ACTIVITÉS DIVERSES, EXPRESSION ÉCRITE

Étude de la versification du poème. Quels sont les éléments classiques ? symbo- listes ? annonciateurs du vers libre moderne ?

1. Dans le vocabulaire de la féodalité, cet adjectif désigne celui qui est lié à son seigneur par une promesse de fidélité et de dévouement absolus ; par extension, celui qui est entièrement dévoué à une personne, à une cause, etc.

D'anciennement transposé

La langue poétique de Max Elskamp joue sur des « incorrections » volontaires : archaïsmes, régionalismes, emprunts au néerlandais, etc.

J'ai triste d'une ville en bois,
– Tourne, foire de ma rancœur,
Mes chevaux de bois de malheur –
J'ai triste d'une ville en bois,
J'ai mal à mes sabots de bois.

J'ai triste d'être le perdu
D'une ombre et nue et mal en place,
– Mais dont mon cœur trop sait la place –
J'ai triste d'être le perdu
Des places, et froid et tout nu.

J'ai triste de jours de patins
– Sœur Anne ne voyez-vous rien ? –
Et de n'aimer en nulle femme ;
J'ai triste de jours de patins,
Et de n'aimer en nulle femme.

J'ai triste de mon cœur en bois,
Et j'ai très-triste de mes pierres,
Et des maisons où, dans du froid,
Au dimanche des cœurs de bois,
Les lampes mangent la lumière.

Et j'ai triste d'une eau-de-vie
Qui fait rentrer tard les soldats.
Au dimanche ivre d'eau-de-vie,
Dans mes rues pleines de soldats,
J'ai triste de trop d'eau-de-vie.

Max Elskamp, *la Louange de la vie*, 1898

Max Elskamp (Anvers, Belgique, 1862 - *id.*, 1931) choisit de créer un univers poétique d'humilité et de naïveté d'âme, inspiré du folklore et de la chanson populaire (*la Louange de la vie,* 1898). Sa pratique du métier d'imagier (fabricant d'images gravées sur bois et mises en couleur selon les méthodes anciennes) se transpose dans *Enluminures,* 1898. Il cesse de publier et s'initie au bouddhisme, puis il donne plusieurs recueils d'une poésie encore plus dépouillée, traduisant son ascèse intérieure (*la Chanson de la rue Saint-Paul,* 1922 ; *Chanson désabusées,* 1922).

COMPRÉHENSION ET LANGUE	ACTIVITÉS DIVERSES, EXPRESSION ÉCRITE
1 – Relevez les anaphores. 2 – Qui désigne le pronom de la première personne ? 3 – Quels sont les états d'âme du poète ? 4 – De quel conte célèbre est tiré le vers 12 ? 5 – Chaque strophe évoque un thème précis. Lequel ? 6 – Expliquez le titre et son rapport avec le poème.	*Atelier d'écriture.* Relevez toutes les « incorrections » du langage poétique de Max Elskamp et corrigez-les ; puis récrivez le poème avec ses corrections. Comparez les deux textes. Lequel préférez-vous ? Pourquoi ?

BELGIQUE

Émile Verhaeren (Sint-Amands, près d'Anvers, Belgique, 1855 - Rouen, 1916) est un poète abondant, qui a chanté sa Flandre natale (*les Flamandes,* 1883, ou le cycle de *Toute la Flandre,* 1904-1911) et ses crises intérieures (*les Débâcles,* 1888 ; *les Flambeaux noirs,* 1891). Il trouve une matière poétique originale, qui annonce la poésie du XXe siècle, dans les transformations du monde moderne : déclin des campagnes, révolution industrielle, gigantisme des villes (*les Campagnes hallucinées,* 1893 ; *les Villes tentaculaires,* 1895). Son socialisme généreux, son optimisme naturel inspirent l'ample lyrisme des *Forces tumultueuses,* 1902, ou de *la Multiple Splendeur,* 1908. Verhaeren a aussi célébré le bonheur tranquille des tendresses intimes (*les Heures claires,* 1896).

XIXe siècle

Les Usines

Le long poème (104 vers) les Usines, *dont voici un extrait, est représentatif de la fascination ambiguë du regard que Verhaeren porte sur le développement du monde industriel.*

Se regardant avec les yeux cassés de leurs fenêtres
Et se mirant dans l'eau de poix et de salpêtre
D'un canal droit, tirant sa barre à l'infini,
Face à face, le long des quais d'ombre et de nuit
Par à travers les faubourgs lourds
Et la misère en guenilles de ces faubourgs,
Ronflent terriblement les fours et les fabriques.

Rectangles de granit, cubes de briques,
Et leurs murs noirs durant des lieues,
Immensément, par les banlieues ;
Et sur leurs toits, dans le brouillard, aiguillonnées
De fer et de paratonnerres,
Les cheminées.
Et les hangars uniformes qui fument ;
Et les préaux, où des hommes, le torse au clair
Et les bras nus, brassent et ameutent d'éclairs
Et de tridents ardents, les poix et les bitumes ;
Et de la suie et du charbon et de la mort ;
Et des âmes et des corps que l'on tord
En des sous-sols plus sourds que des Avernes[1] ;
Et des files, toujours les mêmes, de lanternes
Menant l'égout des abattoirs vers les casernes.

Se regardant de leurs yeux noirs et symétriques,
Par la banlieue, à l'infini,
Ronflent le jour, la nuit,
Les usines et les fabriques.
Oh les quartiers rouillés de pluie et leurs grand'rues !
Et les femmes et leurs guenilles apparues
Et les squares, où s'ouvre, en des caries
De plâtras blanc et de scories,
Une flore pâle et pourrie.

Émile Verhaeren, *les Villes tentaculaires,* 1895

1. Lace Averne : lac d'Italie, considéré par les Anciens comme l'entrée des Enfers.

XIXe siècle

« Ce grand hébété-là »

Le récit d'Aubert de Gaspé est entrecoupé de narrations secondaires, confiées à l'un ou l'autre des personnages. Ce qui autorise à farcir le texte d'expressions populaires, donnant à entendre la vieille « parlure » canadienne.

Il est bon de vous dire [...] qu'un nommé Davi Larouche était établi, il y a longtemps de ça, dans la paroisse de Saint-Roch. C'était un assez bon habitant, ni trop riche, ni trop pauvre : il tenait le mitan [1]. Il me ressemblait le cher homme, il n'était guère futé ; ce qui ne l'empêchait pas de rouler proprement parmi le monde.

Si donc que Davi se lève un matin plus de bonne heure que de coutume, va faire son train aux bâtiments (étable, écurie), revient à la maison, se fait la barbe comme un dimanche, et s'habille de son mieux.

« Où vas-tu, mon homme ? que lui dit sa femme, comme tu t'es mis faraud ! Vas-tu voir les filles ? »

Vous entendez que tout ce qu'elle en disait était histoire de farce : elle savait bien que son mari était honteux [2] avec les femmes, et point carnassier [3] pour la créature [4] ; mais la *Têque* (Thècle) tenait de son oncle Bernuchon Castonguay, le plus *facieux* (facétieux) corps de toute la côte du sud [5]. Elle disait souvent en montrant son ami : Vous voyez ben ce grand hébété-là (vous l'excuserez, dit José, ce n'était guère poli d'une femme à son mari), eh bien ! il n'aurait jamais eu le courage de me demander en mariage, moi, la plus jolie créature de la paroisse, si je n'avais fait au moins la moitié du chemin ; et, pourtant, les yeux lui en flambaient dans la tête quand il me voyait ! J'eus donc compassion de lui, car il ne se pressait guère ; il est vrai que j'étais un peu plus pressée que lui : il avait quatre bons arpents de terre sous les pieds, et moi je n'avais que mon gentil corps.

Elle mentait un peu, la *farceuse,* ajouta José : elle avait une vache, une taure d'un an, six mères moutonnes, son rouet, un coffre si plein de hardes [6] qu'il fallait y appuyer le genou pour le fermer ; et dans ce coffre cinquante beaux francs.

« J'en eus donc compassion, dit-elle, un soir qu'il veillait chez nous, tout honteux dans un coin, sans oser m'accoster ! je sais bien que tu m'aimes, grand bêta : parle à mon père, qui t'attend dans le cabinet, et mets les bans à l'église. Là-dessus, comme il était rouge comme un coq d'Inde, sans bouger pourtant, je le poussai par les épaules dans le cabinet. Mon père ouvre une armoire, tire le flacon d'eau-de-vie pour l'enhardir : eh bien ! malgré toutes ces avances, il lui fallut trois coups dans le corps pour lui délier la langue. »

Philippe Aubert de Gaspé, *les Anciens Canadiens,* 1863

1. Le milieu. – 2. Timide. – 3. Ardent. – 4. La femme. – 5. La côte du Saint-Laurent. – 6. Vêtements (le mot n'est pas péjoratif).

Philippe Aubert de Gaspé (Québec, 1786 - *id.,* 1871), qui a passé la plus grande partie de sa vie dans le manoir familial de Saint-Jean-Port-Joli, entreprend à soixante-quinze ans d'évoquer dans un roman les mœurs canadiennes du temps de son enfance. *Les Anciens Canadiens,* 1863, veulent fixer, avant qu'elles ne disparaissent, les tournures de langage, les traditions populaires, les habitudes de vie. D'où la grande valeur documentaire et la fraîcheur d'inspiration de cette œuvre.

HAÏTI

Oswald Durand (1840-1906) a été le plus populaire des poètes haïtiens du XIXe siècle. Sa versification élégante et classique faisait merveille pour chanter la beauté féminine ou polir quelques couplets patriotiques. Il a eu le mérite de donner à la langue créole la dignité d'une langue littéraire avec sa « Choucoune », chanson pleine de malice et de mélancolie.

COMPRÉHENSION ET LANGUE

1 – Étudiez l'effet produit par la césure du premier vers.
2 – Quel est l'état d'esprit du poète dans les deux premiers quatrains ?
3 – Quel rapport existe-t-il entre les deux sonnets ? Comment s'opère la transition ?
4 – Quel message se dégage de ces deux poèmes ?

ACTIVITÉS DIVERSES, EXPRESSION ÉCRITE

1 – Expliquez le mot *diptyque*. Cherchez-en des exemples dans l'iconographie classique.
2 – *Dossier*. Les mariages mixtes sont-ils voués à l'échec ? Appuyez votre enquête sur l'étude précise de représentations littéraires, filmographiques, etc.

XIXe siècle

Le Fils du Noir

Ce diptyque en deux sonnets vaut moins par sa forme, sans doute surannée, que par tout ce qu'il suggère des frontières de race traversant Haïti.

I

Je ne puis plus aimer. Le souffle d'une femme
Ne fera plus frémir mon cœur maintenant froid,
Car, il a fui, ce temps, où deux yeux, en mon âme,
Allumaient un désir mêlé d'un vague effroi !

Vieillard de trente étés, mon sein n'a plus de flamme.
Je m'en vais las, courbé, sans joie, et sans émoi,
La colombe roucoule et l'amante se pâme,
Tout s'aime et se caresse, en vain, autour de moi.

Et, cependant, mon cœur est jeune encor ! Le monde
Ne l'a pas desséché de son haleine immonde,
Ni flétri des baisers impurs de ses Phrynés [1].

À vingt ans, j'aimais Lise. Elle était blanche et frêle.
Moi, l'enfant du soleil, hélas, trop brun pour elle,
Je n'eus pas un regard de ses yeux étonnés !

II

Et ma mère était blanche, aussi blanche que Lise !
Elle avait des yeux bleus où scintillaient les pleurs.
Quand elle rougissait de crainte ou de surprise,
On croyait voir soudain une grenade en fleurs.

Sa chevelure était blonde aussi ; sous la brise,
Elle couvrait son front pâli dans les douleurs.
Mon père était plus noir que moi ; pourtant l'église,
Dans un pieux hymen, maria leurs couleurs.

Puis l'on vit, – doux contraste ! – à sa blanche mamelle,
Pendre un enfant doré comme nos blonds maïs,
Ardent comme un soleil de notre chaud pays.

Orphelin, je vis Lise, et je l'aimai comme elle.
Mais son front pur pâlit à mes aveux tremblants :
Le fils du Noir fit peur à la fille des Blancs…

Oswald Durand, *Rires et pleurs*, 1890

1. Courtisanes (Phryné était une joueuse de flûte et une courtisane légendaire dans l'Athènes du IVe siècle av. J.-C.).

SÉNÉGAL

XIXe siècle

« Dans les épaisses profondeurs des forêts »

L'abbé Boilat raconte ici un voyage en compagnie du père Arragon, le long de la « petite côte » du Sénégal, entre Mbour et Joal. Mais, en s'éloignant de la mer, les deux prêtres se sont perdus.

Ayant une fois abandonné le grand sentier battu, et voulant regagner le bord de la mer, notre boussole nous fit défaut, nous ne fûmes plus capables de nous orienter, et dès lors nous voyageâmes à l'aventure dans un pays dont nous ignorions la carte. Plus nous voulions nous approcher du rivage que nous avions perdu, plus nous nous en éloignions, et plus nous nous enfoncions dans les épaisses profondeurs des forêts.

La journée du lundi se passe tout entière, et nous cherchons le bord de la mer !!! Celles du mardi et du mercredi, et nous le cherchons encore, sans manger ni boire, sous ce ciel brûlant qui nous dévore et nous dessèche le palais avec toutes les ardeurs d'une soif brûlante ! Et cela sans autre abri que le ciel et sans autre couche que la terre nue [...].

Enfin, le jeudi matin, lorsque, exténués de fatigues et succombant sous les brûlantes ardeurs d'une soif dévorante, nous en étions réduits à un point dont il est difficile de se faire une idée, voici luire un dernier rayon d'espérance. C'est une ruche d'abeilles placée au haut d'un tamarinier ! Si petite que nous paraît cette dernière ressource, elle nous en semble cependant une dans notre désespoir. Je dépose mes chaussures et ma soutane, et monte avec peine et bien des reprises jusqu'au haut de l'arbre, d'où, après un grand effort, je précipite la ruche sur le P. Arragon qui tendait les bras pour la recevoir. Mais, ô ciel ! quel supplice et quels tourments affreux ! Les abeilles irritées se précipitent sur nous, nous piquent et nous dévorent. Il ne se passe qu'un instant et nous sommes métamorphosés en ruches vivantes ; nous nous roulons par terre, sans pouvoir nous délivrer de la fureur de ces insectes. Au contraire, nous ne faisons que les exciter, que les irriter davantage. Le danger est imminent ; vite nous faisons notre confession dernière et nous nous donnons l'absolution *in articulo mortis*[1], n'attendant plus dans notre douloureuse agonie que notre heure dernière, et pleinement convaincus que c'est fait de notre vie, et que Dieu s'est contenté de[2] notre sacrifice ! Toute la journée durant, ces cruelles cannibales en fureur nous tourmentent, nous piquent et nous dévorent ; et nos têtes, nos fronts, nos yeux, nos lèvres, nos narines et nos oreilles, nos bras et nos jambes, toutes les parties du corps, en un mot, sont hérissées de dards acérés de ces terribles abeilles, dont la piqûre venimeuse nous fait enfler d'une manière informe, effrayante ! Enfin le soir arrive bien tardivement au gré de nos désirs, et la fraîcheur de la nuit, en nous délivrant de ces parasites incommodes, nous permet enfin de respirer et de recueillir[3] les quelques souffles qui nous animent encore.

Abbé Boilat, *Esquisses sénégalaises*, 1853

L'abbé Boilat (Sénégal, 1814 - Nantouillet, France, 1901), mulâtre sénégalais, envoyé en France par la mère Javouhey, ordonné prêtre, fonde, de retour au Sénégal, un collège secondaire et est nommé inspecteur de l'instruction publique. En conflit avec certains missionnaires, il vient s'établir en France où il publie ses *Esquisses sénégalaises*, 1853, précieuse somme de renseignements sur le Sénégal du XIXe siècle. Il est aussi l'auteur d'une *Grammaire de la langue ouoloffe*, 1858.

*1. « À l'article de la mort » ; au moment de mourir, les catholiques confessent leurs péchés au prêtre qui les assiste et leur donne l'*absolution *(le pardon).*
2. Est content de.
3. Rassembler.

PIERRE

OTI

Pierre Loti (pseudonyme de Julien Viaud, 1850-1923) a trouvé dans ses voyages d'officier de marine autour du monde l'inspiration de romans exotiques (*Aziyadé,* sur un sujet turc, 1879 ; *le Mariage de Loti,* sur Tahiti, 1880 ; *le Roman d'un spahi,* d'inspiration sénégalaise, 1881). Ses récits de voyage, empreints d'une mélancolie discrètement décadente, ont longtemps fourni le modèle de la rêverie orientale. Ils valent surtout par leur vision impressionniste, sensuelle, presque onirique des villes et paysages d'ailleurs. Mais Loti n'est pas qu'un voyageur dilettante, il a aussi su voir et dénoncer les massacres des guerres coloniales.

« Une mélancolie à part »

D'une visite à Mahé, ville du sud de l'Inde (qui fut comptoir français jusqu'en 1956), Loti rapporte la vision d'une ville tropicale étrangement française. Mais il est surtout sensible, comme dans tous les pays où il voyage, à la tonalité mélancolique du lieu.

Le jardin franchi, voici devant moi quelque chose comme une rue, qui fait péniblement sa percée dans les palmes ; on croirait voir un de nos villages du midi de la France, très vieux et un peu désert, qu'on aurait transplanté là et qui y serait écrasé par la puissante sève tropicale. Les palmiers superbes mettent tout dans l'ombre ; mais ils sont encore invraisemblablement dorés à leur cime par le soleil couchant. Il y a une petite mairie avec le drapeau tricolore, des cipayes[1] bronzés, en veste rouge, montant la garde à la porte ; il y a un petit hôtel drôle pour je ne sais quels voyageurs ; une petite maison d'école, de petites boutiques où des Indiens vendent des bananes et des épices. Après il n'y a plus rien ; cela est prolongé par des avenues d'arbres, cela se perd dans les profondeurs vertes. La terre est rouge comme de la sanguine, faisant paraître plus éclatante et surnaturelle la couleur des feuillages. En haut, les échappées de ciel, aperçues çà et là dans les intervalles des palmes, sont étincelantes de lumière, paraissent d'une extrême profondeur. Et entre ces arbres flexibles, qui balancent au-dessus des chemins leurs grands bouquets de plumes, des nuées de gerfauts passent et repassent en jetant des cris rauques. Une vie exubérante et magnifique est dans la nature, dans les bêtes et dans les plantes ; mais la petite ville enfouie là-dessous semble morte.

Les gens qu'on rencontre dans ces chemins d'ombre sont tous beaux, calmes, nobles, avec de grands yeux de velours, de ces yeux de l'Inde au mystérieux charme noir. Le torse à demi-nu, ils sont drapés à l'antique dans leurs mousselines blanches ou rouges. Les femmes, aux allures de déesse, montrent d'admirables gorges fauves qui semblent des copies en bronze, presque exagérées, des marbres grecs. Les hommes, la poitrine bombée et la taille mince comme elles, seulement les épaules plus larges, la barbe d'un noir bleu, frisée à l'antique. Ils disent bonjour en français, comme les paysans de chez nous, ayant l'air fiers d'être restés des nôtres ; on voit qu'ils ont envie de s'arrêter et de causer ; ceux qui savent un peu notre langue sourient et engagent la conversation sur la guerre, sur les affaires de Chine, disant : *nos matelots, nos soldats...* C'est inattendu et étrange. Oui, on est bien en France, ici. Alors je me rappelle, une fois, au tribunal de Saigon, un de ces Indiens répondant à un magistrat corse qui le traitait de sauvage : « Nous étions Français deux cents ans avant vous. »

Pierre Loti, *Propos d'exil,* 1887

1. Soldats indiens au service d'une armée européenne.

d'Adam
Nuruddin Farah
belles-soeurs
du village
nouvelles
GALLIMARD
L'Amérique
à sec
Marcel
Dubé
MARGUERITE DURAS
L'AMANT
FRANCOPOCHE
Pélagie-la-Charrette
pièce de
MICHEL
TREMBLAY
LEMÉAC
Bamboté
PRINCESSE
MANDAPU
Les jambes
du fils de
B.Dadié
La carte
d'identité
J-M.Adiaffi
J.M.G. LE CLEZIO
la fièvre
Haddad
Le quai
aux fleurs
ne répond
plus
ALBERT CAMUS
FRANCOPOCHE
Masseni
Tidiane Dem
Cheikh Hamidou Kane
L'aventure ambiguë
10
18
THÉATRE
RÉCITS
NOUVELLES
Ferdinand Oyono
Le vieux nègre
et la médaille
Si le soleil
ne revenait pas
C.F. Ramuz
10
18
MARGUERITE DURAS
LES YEUX BLEUS
CHEVEUX NOIRS
fatou bolli
Mongo Beti
Mission terminée
L'enfant
dans
le
grenier
récit
MARGUERITE YOURCENAR
QUOI?
L'ÉTERNITÉ
Véronique Tadjo
A VOL
D'OISEAU
DJIGBÔ
ceda - abidjan
Clément Mbom
LE THEATRE
D'AIME
CESAIRE
Romain
Chien
J.M.G. LE CLÉZIO
ONITSHA
Ferdinand
Oyono
Une vie de boy
Kateb
Yacine
Nedjma
Les soleils
des indépendances
Ahmadou
Kourouma
Hampaté Bâ
L'étrange
destin
de Wangrin
10
18
MICHEL BUTOR
Portrait
de l'artiste
en jeune singe
KIM LEFÈVRE
MÉTISSE
BLANCHE
Ô Pays,
mon beau
peuple!
Sembene
Ousmane
SEGOU
Maryse Condé
Les murailles
de terre
de la
miséricorde
Marcelle Lagesse
La diligence
s'éloigne
à l'aube
Tahar
Ben
Jelloun
Gide
La porte
étroite

XXe siècle

« La Francophonie, c'est cet humanisme intégral qui se tisse autour de la terre : cette symbiose des "énergies dormantes" de tous les continents, de toutes les races, qui se réveillent à leur chaleur complémentaire. »

Léopold Sédar Senghor,
Liberté I, *1964*

Présentation du XXe siècle

Le XXe siècle connaît une transformation accélérée des conditions d'existence et de pensée : moyens de transport, télécommunications, ordinateurs et intelligence artificielle, progrès de la médecine, il n'est aucun domaine où la vie des hommes n'ait été davantage modifiée, bouleversée, parfois en quelques années.

Deux guerres mondiales, de grandes révolutions qui abattent les systèmes politiques avant d'être contestées à leur tour, des bouleversements géopolitiques considérables, qui voient le renversement de dominations anciennes, la fin des empires coloniaux : la carte du monde se modifie en permanence.

Mondialisation

Le rayonnement de la culture française reste considérable. Dans la première moitié du siècle, Paris tient son rôle de grande capitale des arts : Picasso, Chagall, Modigliani et beaucoup d'autres peintres étrangers font le renom de l'« école de Paris ». Des écrivains du monde entier viennent trouver en France un climat favorable au développement de leur œuvre. *Paris est une fête :* ce titre d'un roman de Hemingway dit bien la fascination éprouvée.

Ces convergences internationales vont se multiplier. Le XXe siècle voit un effacement des frontières culturelles nationales. Les traductions font circuler les œuvres littéraires, qui paraissent parfois presque simultanément dans différents pays.

Dans la seconde moitié du siècle, l'hégémonie américaine favorise l'essor des productions culturelles en langue anglaise. Certains craignent le laminage des esprits sous l'effet d'une culture de masse. Mais des mouvements en sens inverse se dessinent. On s'intéresse à l'expression des minorités, on revivifie des sources culturelles oubliées.

L'épanouissement d'une pluralité culturelle francophone, surtout depuis 1945, participe de l'éclatement mondial de la culture. Paris n'est plus la seule capitale culturelle de langue française.

Modernités

Maître mot de la réflexion esthétique de la fin du XIXe siècle, la modernité commande le déploiement culturel du siècle nouveau (avant de céder à une postmodernité désabusée). À l'aube de 1914, Apollinaire insuffle un « esprit nouveau » en poésie, Claudel réinvente le théâtre, Proust s'avance au-delà du roman cyclique, façon Balzac ou Zola, pour unir par un principe d'infinies variations l'histoire d'une époque et celle d'une conscience. Avec Gide et Valéry, l'œuvre d'art se retourne sur elle-même pour saisir sa propre démarche créatrice. La création littéraire (le même mouvement se déploie dans les autres arts) se double d'une réflexion critique sur elle-même. *Les Faux-Monnayeurs,* le seul « roman » écrit par Gide, est inséparable du *Journal des Faux-Monnayeurs,* qui en décrit les difficultés et l'évolution.

Le dadaïsme, puis le surréalisme poussent jusqu'à l'extrême la critique des valeurs de l'humanisme traditionnel. Après eux, bien d'autres avant-gardes se disputeront le plaisir de moderniser la modernité. L'adjectif « nouveau », le préfixe « anti- » désigneront les multiples tentatives de renouvellement formel : « nouveau roman », « nouveau théâtre », « nouvelle critique », « antiroman », « antithéâtre », etc.

Engagements

Les écrivains ne sont pas hors du siècle. Beaucoup ont fait la guerre de 1914 ou de 1940. Ils sont entrés en résistance. Ils ont milité dans des partis ou pour des causes généreuses. Une part essentielle de la littérature du XXe siècle témoigne des accélérations et des ratés de l'histoire. Avec Malraux ou Saint-Exupéry, l'œuvre ne se sépare pas de l'aventure de l'écrivain-héros. L'écrivain a une responsabilité, l'intellectuel une fonction : être la conscience de sa société, dresser la force morale de son engagement contre la montée de tous les périls. L'existentialisme, avec Jean-Paul Sartre et Albert Camus, a donné une justification théorique au devoir d'engagement. Mais les désenchantements idéologiques de la fin du siècle laissent beaucoup d'intellectuels orphelins de leur croyance.

Crises

L'explosion de mai 1968, où l'on a pu voir comme un triomphe posthume du surréalisme, annonce déjà le déclin des méthodes d'analyse jusqu'alors dominantes : marxisme, psychanalyse... Le structuralisme, fortement marqué par une science linguistique encore neuve, évacue un moment la pensée de l'histoire de l'horizon mental. Le postmodernisme, dans son éclectisme ironique, traduit sans doute un certain désarroi, et la volonté de rassembler un héritage global dans lequel on ne discerne plus les valeurs authentiques. Comme toutes les fins de siècle, celle du XXe donne l'impression à ceux qui la vivent de se replonger dans une turbulence peut-être annonciatrice de renaissance.

Tout au long du siècle, on avait annoncé la « mort de la littérature », tuée par le journalisme, le cinéma, la télévision, les loisirs de masse, etc. Or, elle n'est pas morte. On écrit et on publie toujours davantage de nouveaux titres. Le succès fait aux œuvres novatrices, fortes et belles (et si différentes), de Claude Simon ou Marguerite Duras, de Jean-Marie G. Le Clézio ou Georges Perec peut nous rendre optimistes.

Le sens d'un parcours

On peut imaginer différents parcours à travers la littérature de langue française du XXe siècle. Celui qui est proposé dans les pages qui suivent vise à faire découvrir la riche diversité des littératures francophones. Pour ce qui est de la littérature française (au sens limité de « littérature de la France ») ont été privilégiés les auteurs ouverts à la rencontre des cultures et ressortissant, parfois, de plusieurs « nationalités littéraires ». Il fallait cependant donner toute leur place aux « phares », d'Apollinaire à Sartre. Il fallait aussi mettre en valeur la recherche des inventeurs de modernité et des explorateurs de limites, qui donnent à la littérature du XXe siècle son caractère propre.

Le plan adopté refuse le cloisonnement en littératures nationales ou régionales. Cependant, une lecture qui voudrait regrouper les textes selon leurs affinités d'origine est tout à fait envisageable. La présentation géographique des littératures francophones (p. 172-187) rappelle, région par région, les caractères particuliers de chaque ensemble littéraire.

Les auteurs et les textes introduisant aux mondes francophones ont été regroupés en sept rubriques, de façon à mettre en évidence quelques-unes des spécificités littéraires de la francophonie. Il s'imposait de commencer par *la prise de la parole :* l'écriture francophone est toujours fondatrice d'une identité ou revendication d'une appartenance. *L'écriture du réel* prolonge ce mouvement d'affirmation de soi, quand les textes affichent le désir d'explorer le pays, de montrer la vérité des hommes. La *modernité* apparaît comme un trait presque consubstantiel aux littératures francophones. Leur décentrement, quand elles s'écrivent à l'écart, voire contre la métropole parisienne, et qu'elles jouent de leur marginalité, produit de beaux effets de rupture et invite au « change » des formes. Naissant dans de complexes situations de contacts de langues, là où les traditions orales sont encore souvent très fortes, les littératures francophones explorent toutes les possibilités d'intégrer *l'oralité à l'écriture :* c'est une de leurs constantes esthétiques. L'étrange étrangeté francophone, cette subtile différence dans le partage d'une même langue, se révèle particulièrement par la *voix des femmes,* sur la scène des *théâtres francophones,* dans la recherche des *poètes de toute la francophonie :* trois exemples de l'usage littéraire de l'altérité. L'écriture féminine joue toujours sur la figure de l'altérité radicale (la femme, pour l'homme, c'est l'autre absolu) : d'une écriture féminine *et* francophone on peut donc attendre de belles nouveautés. Le théâtre contemporain, la poésie d'aujourd'hui attendent leur renouvellement de l'invention d'autres espaces, d'autres gestes, d'autres façons de dire les mots. C'est ce que la francophonie sait offrir.

Guernica de Pablo Picasso.

Points de vue sur le XXe siècle

Modernité futuriste

« Accepter le présent, se plier aux rythmes du monde moderne et prendre conscience de sa nouveauté, dire oui passionnément à la civilisation "mécanicienne", telle fut l'ambition majeure d'un Verhaeren. Les manifestes de Marinetti [futuriste italien, dont le manifeste paraît directement en français, en 1909], avec leur prophétisme confinant à l'hystérie, semblent l'écho désordonné du credo de Verhaeren : "Futur, vous m'exaltez comme autrefois mon Dieu !"

En fait, le paroxysme incohérent des futuristes, à la veille de la guerre, n'était que le plus récent avatar d'une tradition datant du romantisme et la conséquence à la fois naïve et barbare d'une volonté légitime, la volonté de s'adapter à un univers où le pouvoir de l'homme sur la matière (et de la matière sur l'homme) augmente chaque jour. Du même coup, il s'agissait d'en finir avec la tyrannie des sentiments, avec les "besoins du cœur", avec les "aspirations de l'âme", d'oublier enfin cette nature aux charmes désuets et monotones. »

Marcel Raymond, *De Baudelaire au surréalisme,*
José Corti, 1952

Procès de la littérature

[Dans *les Faux-Monnayeurs,* André Gide fait prononcer par un de ses personnages, Strouvilhou, vaguement anarchiste, une attaque en règle contre la littérature (où l'on peut entendre des échos du nihilisme dadaïste).]

« De toutes les nauséabondes émanations humaines, la littérature est une de celles qui me dégoûtent le plus. Je n'y vois que complaisances et flatteries. Et j'en viens à douter qu'elle puisse devenir autre chose, du moins tant qu'elle n'aura pas balayé le passé. Nous vivons sur des sentiments admis et que le lecteur s'imagine éprouver, parce qu'il croit tout ce qu'on imprime ; l'auteur spécule là-dessus comme sur des conventions qu'il croit les bases de son art. Ces sentiments sonnent faux comme des jetons, mais ils ont cours. Et, comme l'on sait que "la mauvaise monnaie chasse la bonne", celui qui offrirait au public de vraies pièces semblerait nous payer de mots. Dans un monde où chacun triche, c'est l'homme vrai qui fait figure de charlatan. Je vous en avertis, si je dirige une revue, ce sera pour y crever des outres, pour y démonétiser tous les beaux sentiments, et ces billets à ordre : les mots. [...]

– Les jeunes gens les plus dégourdis sont prévenus de reste aujourd'hui contre l'inflation poétique. Ils savent ce qui se cache de vent derrière les rythmes savants et les sonores rengaines lyriques. Qu'on propose de démolir, et l'on trouvera toujours des bras. Voulez-vous que nous fondions une école qui n'aura d'autre but que de tout jeter bas ?... »

André Gide, *les Faux-Monnayeurs,*
Gallimard, 1925

Le projet surréaliste

[Le critique Gaëtan Picon définit ainsi les lignes de force essentielles du surréalisme.]

« Le surréel est à la fois réalité et rêve, esprit et monde : au-delà de toutes les antinomies et de toutes les séparations, il est totalité parce qu'il est surrationalité. Un effort véhément pour vaincre le monde divisé de la raison et atteindre la réalité absolue qui est réalité une : le surréalisme n'est rien d'autre. "Je crois à la résolution future de ces deux états, en apparence si contradictoires, que sont le rêve et la réalité, en une sorte de réalité absolue, de surréalité" (Breton). Et encore : "Tout porte à croire qu'il existe un certain point de l'esprit d'où la vie et la mort, le réel et l'imaginaire, le passé et le futur, le communicable et l'incommunicable, le haut et le bas cessent d'être perçus contradictoirement. Or, c'est en vain qu'on chercherait à l'activité surréaliste un autre mobile que l'espoir de déterminer ce point."

Pour atteindre ce surréel, il n'est que de libérer complètement la conscience, de l'affranchir de toute règle, de toute convention, de toute intention, de la restituer à sa "vie immédiate", à sa spontanéité nue. Que la grande nappe souterraine s'épande, et la vie humaine est pratiquement transformée. Le surréalisme est ainsi « une solution particulière du problème de notre vie », une éthique, mais une éthique de l'incohérence vécue, et non de la cohérence spirituelle construite. De la même manière, il est une esthétique, mais une esthétique qui rompt avec l'art, la littérature, le langage comme formes organisées : la seule beauté est cette "beauté convulsive" qui – éliminés toute "direction de l'esprit", tout ce qui tend vers "l'arrangement en poème", toute "préoccupation esthétique ou morale" – jaillit d'une spontanéité rendue à son chaos primitif. »

Gaëtan Picon, « La poésie contemporaine »,
in *Histoire des littératures,* Tome II,
Encyclopédie de la Pléiade, Gallimard, 1968

Défense du roman

[Malgré toutes les critiques portées contre lui et les annonces de sa mort, maintes fois réitérées, le roman reste le genre littéraire dominant. Maurice Nadeau propose l'explication suivante de cette permanence.]

« Le roman se fonde sur un savoir, une expérience, une méditation qui sont par lui transmués en une vision globale qu'échoueront toujours à donner le seul savoir, l'expérience nue, la méditation sans support. [...] Ce dont le roman garde la trace, c'est toujours d'une révélation sur nous-mêmes, faite par nous-mêmes, en étroite collaboration avec le romancier qui nous la découvre. [...]

Tout ce chemin difficile entre chaos et ruines nous conduit à ce que nous sommes, à ce qu'est le monde autour de nous. Il nous permet de ne pas continuer à vivre en étrangers dans notre propre vie.

Et c'est bien parce que le roman est une leçon de vie, non une leçon d'écriture, qu'on peut nourrir quelque scepticisme sur les résultats auxquels parviendront ceux qui voudraient lui assigner les limites d'un exercice intellectuel à base de pur langage. Un texte, quel qu'il soit, n'est pas la somme des mots qui le composent. Ce doit être un organisme qui vit, respire, suscite ou non la sympathie et qui jouit d'un étrange pouvoir sur le lecteur. Quelque forme que prenne le roman – et dût-il y perdre son nom –, tant qu'il sera cet organisme vivant chargé de pouvoirs, il sera inutile de se préoccuper de son avenir. On peut briser les cadres, s'évader des anciennes formes, en inventer de nouvelles, mettre le genre en doute, la littérature en question, nier la réalité, aspirer au silence et au néant, tous ces massacres, ces négations, ces renaissances prennent corps dans une "fable" dont nous avons besoin parce qu'elle s'adresse à l'ensemble du complexe humain, sur tous les plans, de la réalité quotidienne au mythe. Elle durera aussi longtemps que les hommes, afin d'expliquer leur présence au monde, auront recours aux métaphores. »

Maurice Nadeau, *le Roman français depuis la guerre,*
Gallimard, 1970

Un nouveau théâtre

« Donner corps à nos "vérités fondamentales" et, par une innovation radicale (celle que pressentait Artaud), faire de la scène le lieu même d'un nouveau réel, aussi étranger au naturalisme qu'aux conceptions idéalistes, telle est l'originalité profonde de notre "avant-garde", la seule démarche qui soit commune, par-delà leurs évidentes divergences, à tous les dramaturges dits de l'absurde. [La génération théâtrale des années 1950.] "Nous voulons faire du théâtre une réalité à laquelle on puisse croire, écrit Antonin Artaud dès 1938 (dans *le Théâtre et son double*), et qui contienne pour le cœur et les sens cette espèce de morsure concrète que comporte toute sensation vraie." De ce réalisme-là, de cette "morsure concrète", toute l'avant-garde des années 50 se réclame, qu'il s'agisse de l'univers intensément concret de Beckett, de la littéralité chère à Adamov, du langage-objet de Ionesco, du théâtre dans le théâtre propre à Genet. »

Geneviève Serreau, *Histoire du « Nouveau Théâtre »,*
Gallimard, 1966

Qu'est-ce que l'écriture ?

[Roland Barthes définit l'écriture comme « une fonction ; elle est le rapport entre la création et la société, elle est le langage littéraire transformé par sa destination sociale, elle est la forme saisie dans son intention humaine et liée ainsi aux grandes crises de l'Histoire ».]

« Ainsi le choix, puis la responsabilité d'une écriture désignent une liberté, mais cette liberté n'a pas les mêmes limites selon les différents moments de l'Histoire. Il n'est pas donné à l'écrivain de choisir son écriture dans une sorte d'arsenal intemporel des formes littéraires. C'est sous la pression de l'Histoire et de la tradition que s'établissent les écritures possibles d'un écrivain donné : il y a une Histoire de l'écriture ; mais cette Histoire est double : au moment même où l'Histoire générale propose – ou impose – une nouvelle problématique du langage littéraire, l'écriture reste encore pleine du souvenir de ses usages antérieurs, car le langage n'est jamais innocent : les mots ont une mémoire seconde qui se prolonge mystérieusement au milieu des significations nouvelles. L'écriture est précisément ce compromis entre une liberté et un souvenir, elle est cette liberté souvenante qui n'est liberté que dans le geste du choix, mais déjà plus dans sa durée. Je puis sans doute aujourd'hui me choisir telle ou telle écriture, et dans ce geste affirmer ma liberté, prétendre à une fraîcheur ou à une tradition ; je ne puis déjà plus la développer dans une durée sans devenir peu à peu prisonnier des mots d'autrui et même de mes propres mots. »

Roland Barthes, *le Degré zéro de l'écriture,*
Éditions du Seuil, 1953

Francophonie et poésie

[Préfaçant en 1948 l'*Anthologie de la nouvelle poésie nègre et malgache de langue française* de Léopold Sédar Senghor, Jean-Paul Sartre y affirmait que la poésie écrite en français par les Négro-Africains était nécessairement la seule « poésie révolutionnaire ».]

« À la ruse du colon ils répondent par une ruse inverse et semblable : puisque l'oppresseur est présent jusque dans la langue qu'ils parlent, ils parleront cette langue pour la détruire. Le poète européen d'aujourd'hui tente de déshumaniser les mots pour les rendre à la nature ; le héraut noir, lui, va les *défranciser ;* il les concassera, rompra leurs associations coutumières, les accouplera par la violence. C'est seulement lorsqu'ils ont dégorgé leur blancheur qu'il les adopte, faisant de cette langue en ruine un superlangage solennel et sacré, la Poésie. [...]

Destructions, autodafé du langage, symbolisme magique, ambivalence des concepts, toute la poésie moderne est là, sous son aspect négatif. Mais il ne s'agit pas d'un jeu gratuit. [...] Il s'agit pour le Noir de mourir à la culture blanche pour renaître à l'âme noire, comme le philosophe platonicien meurt à son corps pour renaître à la vérité. »

Jean-Paul Sartre, « Orphée noir »,
in Situations III, Gallimard, 1948

Les événements

1894-1906	Affaire Dreyfus
1905	Séparation de l'Église et de l'État
1914-1918	Première Guerre mondiale
1917	Révolution russe
1929	Krach de Wall Street
1933	Hitler arrive au pouvoir
1936	Victoire du Front populaire Début de la guerre civile espagnole
1939-1945	Seconde Guerre mondiale
1940-1944	Régime de Vichy
1945-1958	Quatrième République
1946	Début de la guerre d'Indochine
1947	Début de la guerre froide
1950-1953	Guerre de Corée
1954-1962	Guerre d'Algérie
1956	Indépendance du Maroc et de la Tunisie
1957	Installation de la Communauté économique européenne
1958	Le général de Gaulle revient au pouvoir. Début de la Ve République
1960	Indépendance des anciennes colonies françaises en Afrique
1962	Indépendance de l'Algérie
1968	Mouvement de mai
1969-1974	Présidence de Georges Pompidou
1974-1981	Présidence de Valéry Giscard d'Estaing
1981	François Mitterrand est élu président de la République

Vie littéraire & philosophique

1906	Claudel, *Partage de midi*
1911	Saint-John Perse, *Éloges*
1913	Apollinaire, *Alcools* Proust, *Du côté de chez Swann*
1917	Max Jacob, *le Cornet à dés* Dada à Zurich
1918	Apollinaire, *Calligrammes*
1922	Valéry, *Charmes*
1924	Breton, *Manifeste du surréalisme*
1925	Gide, *les Faux-Monnayeurs*
1932	Céline, *Voyage au bout de la nuit*
1933	Malraux, *la Condition humaine*
1938	Sartre, *la Nausée*
1939	Césaire, *Cahier d'un retour au pays natal*
1942	Camus, *l'Étranger*
1948	Char, *Fureur et mystère* Senghor, *Anthologie de la nouvelle poésie nègre et malgache*
1949	Simone de Beauvoir, *le Deuxième Sexe*
1950	Ionesco, *la Cantatrice chauve*
1953	Beckett, *En attendant Godot* Robbe-Grillet, *les Gommes*
1955	Lévi-Strauss, *Tristes Tropiques*
1956	Kateb Yacine, *Nedjma*
1966	Foucault, *les Mots et les Choses*
1968	Cohen, *Belle du Seigneur*
1977	Marguerite Yourcenar, *Archives du Nord*
1978	Perec, *la Vie, mode d'emploi*
1984	Marguerite Duras, *l'Amant*
1985	Le Clézio, *le Chercheur d'or*

Vie artistique

1901	Le style « naïf » du Douanier Rousseau
1907	Picasso, *les Demoiselles d'Avignon*
1909	Diaghilev et les ballets russes à Paris
1913	Stravinski, *le Sacre du printemps*
1914	Monet, *Nymphéas*
1925	Première exposition du groupe surréaliste Eisenstein, *le Cuirassé Potemkine*
1928	Louis Armstrong, *West End Blues*
1930	Duke Ellington, *Mood Indigo*
1931	Matisse, *la Danse*
1932	Ravel, *Concerto pour la main gauche*
1936	Chaplin, *les Temps modernes*
1938	Jean Renoir, *la Bête humaine*
1939	Fleming, *Autant en emporte le vent*
1941	Welles, *Citizen Kane*
1944	Thelonious Monk, *Round About Midnight*
1945	Carné, *les Enfants du paradis*
1946	Charlie Parker, *Lover Man*
1951	Bresson, *Journal d'un curé de campagne*
1952	Becker, *Casque d'or*
1959	La « nouvelle vague » au cinéma
1960	John Coltrane, *My Favorite Things*
1961	Resnais, *l'Année dernière à Marienbad*
1965	Godart, *Pierrot le Fou*
1969	Visconti, *les Damnés*
1977	Inauguration du centre Georges Pompidou à Paris
1985	Kurosawa, *Ran*

Inventions & découvertes

1900	Ouverture de la première ligne du métro parisien Planck et la théorie des quantas Découverte des groupes sanguins
1903	Premier vol en aéroplane
1905	Einstein et la relativité
1909	Blériot traverse la Manche en avion
1911	Funk découvre les vitamines
1921	Découverte de l'insuline
1924	Louis de Broglie et la mécanique ondulatoire
1925	Première station de T.S.F.
1927	Fleming découvre la pénicilline Lindbergh traverse l'Atlantique en avion
1928	Le téléphone automatique
1933	Fabrication du caoutchouc synthétique
1934	Les Curie et la radioactivité artificielle
1937	Invention du Nylon
1939	Premier avion à réaction
1945	Première explosion atomique
1948	Premier ordinateur
1956	Première production d'électricité nucléaire en Europe
1957	Lancement par l'U.R.S.S. du premier satellite artificiel (le spoutnik)
1961	Youri Gagarine, premier homme dans l'espace
1965	Début de la révolution informatique
1967	Première greffe du cœur
1969	Les premiers hommes sur la Lune
1972	Prototype du T.G.V.
1974	Invention de la « carte à mémoire »
1979	Premier lancement de la fusée européenne Ariane

Les auteurs phares

Le recul des années permet aujourd'hui d'avoir une vue cavalière sur le XXe siècle finissant. Si aucun écrivain ne peut prétendre le dominer tout entier (à la façon dont un Voltaire règne sur le XVIIIe siècle, ou un Victor Hugo sur le XIXe), plusieurs *phares* brillent d'un éclat particulier : œuvres témoignant d'une originalité radicale, qui ont fait évoluer les mentalités, changé la sensibilité, transformé les modes d'écriture. Apollinaire et Proust, Céline et Sartre n'ont pas laissé intact le monde dans lequel ils ont écrit.

Quand elle fascine et accapare le regard, l'intensité lumineuse de ces phares peut rendre aveugle sur la richesse concomitante de la vie littéraire. Mais, à l'inverse, elle éclaire le foisonnement de la création et rend sensibles parentés ou hiérarchies.

Apollinaire, de l'ancienne à la nouvelle poésie

Ce qui fait la situation particulière de Guillaume Apollinaire, c'est qu'il s'établit à la jonction de la tradition et de la nouveauté. Il participe encore du symbolisme, il s'intéresse aux nouvelles écoles du début du siècle (naturisme, unanimisme), il continue la voie du lyrisme élégiaque, qui scande la tradition poétique française, de Villon à Musset, Hugo ou Verlaine. Mais, en même temps, il invente une nouvelle forme du vers français : non pas le vers libre, qui existe au moins depuis les derniers poèmes versifiés de Rimbaud, mais plutôt le vers libéré de la ponctuation, jouant souplement avec le souvenir de l'ancienne versification, inventant de nouveaux modèles de rimes (l'alternance de rimes vocaliques et consonantiques, à la place des rimes masculines et féminines). La familiarité d'Apollinaire avec les peintres cubistes (Picasso, Braque…) a parfois fait baptiser « cubiste » la poésie très construite qu'il invente ainsi. Tels ses « poèmes-conversations », qui sont faits du collage et du montage de mots et de phrases prélevés dans la réalité extérieure. Dans le *calligramme* il explore la dimension spatiale du phénomène poétique. De grands poètes comme Max Jacob, Pierre Reverdy, Blaise Cendrars participent eux aussi à la mise en œuvre de cette poétique moderne.

André Breton a emprunté à Apollinaire le mot « surréalisme », promis à un bel avenir. Certes, Apollinaire n'est qu'un précurseur du mouvement. Mais, en faisant de la *surprise* le grand ressort poétique nouveau, il fournit l'une des clés essentielles de la modernité.

De Proust à Céline : transformation des formes romanesques

La grandeur de l'œuvre de Proust et de Céline n'a pas été immédiatement reconnue. Les éditeurs ont refusé le premier volume d'*À la recherche du temps perdu*. Quant à Céline, il était trop scandaleux pour que la valeur de son œuvre fût unanimement acceptée. Aujourd'hui, leurs œuvres, si différentes au demeurant, sont celles qui attirent le plus de lecteurs et de commentaires.

L'œuvre de Proust se présente comme l'une de ces grandes cathédrales de mots (à la manière des œuvres sommes de Balzac et de Zola), mais elle garde la poussée toujours recommencée, l'inachèvement peut-être nécessaire du dynamisme vital. Par le principe de variation, de reprise incessante, elle dérobe toujours le sens et la vérité, qu'elle laisse seulement miroiter dans le travail de la lecture. Roman moderne, qui décrit moins qu'il ne suggère par les longues sinuosités de phrases tout en multiples décrochements. Roman multiple, qui est peinture d'une société, étude psychologique, autobiographie, roman initiatique, réflexion esthétique, poésie sans aucune des marques de la poésie, et beaucoup d'autres choses…

L'œuvre de Céline, elle, rompt avec l'ambition documentaire qui a toujours plus ou moins été celle du roman du XIXe siècle. Elle n'est jamais proprement témoignage ou reportage, car elle est toujours emportée par une émotion : elle prend parti, se fait dénonciation, mise en accusation. Céline n'accepte pas la vie que le monde lui fait, ce *voyage au bout de la nuit :* depuis la jeunesse et l'illusion jusqu'à la connaissance désabusée et la mort (« La vie c'est ça, un bout de lumière qui finit dans la nuit. Et puis peut-être qu'on ne saurait jamais, qu'on ne trouverait rien. C'est ça la mort »). Toute l'œuvre de Céline est un pamphlet qui dénonce cet inacceptable et qui trouve un ton d'émotion immédiate, la « petite musique » d'un style proche de la parole, qui redonne à la langue française une vitalité, une créativité oubliées par le langage des scribes.

La puissance et le rayonnement de Proust et de Céline ne doivent pas occulter la richesse romanesque du siècle : le genre est trop protéiforme et vivace pour être étouffé par la réussite incomparable d'auteurs hors du commun. Sa capacité de renouvellement rajeunit les formes éprouvées. Le roman fleuve connaît d'admirables épanouissements avec Jules Romains, Roger Martin du Gard ou Louis Aragon. La mise en œuvre de nouvelles techniques narratives accompagne la redécouverte du plaisir romanesque de raconter des histoires : de Mauriac à Julien Green, de Bernanos à Montherlant, de Giono à Ramuz… Le roman intègre peu à peu les traits propres aux autres genres : il se fait poétique, fantastique, philosophique, historique, etc. (Colette, Giraudoux, Malraux, Camus…). Les attaques contre le roman, préludant au lancement du « nouveau roman » dans les années 1950, témoignent *a contrario* de la prééminence du genre.

Gide et Valéry : permanence de l'humanisme

Gide et Valéry accumulent les gloires et les honneurs (avec leur ami Claudel, qu'il faut leur associer dans leur rôle de « patriarches des lettres françaises ») : l'Académie française, le prix Nobel 1947 pour Gide, de multiples charges officielles pour Valéry. Ils conservent cependant toute la liberté de l'esprit, qui a été leur raison de vivre et d'écrire.

Valéry a consacré toute son existence à l'analyse de la pensée : « Toute ma philosophie ne consiste qu'à exercer mon esprit et d'abord, puis enfin, sur lui-même. » D'où cet étonnant chef-d'œuvre d'application et de lucidité, les *Cahiers,* qu'il écrit chaque matin, entre cinq et six heures, et qui composent une extraordinaire radiographie d'un des esprits les plus subtils du siècle. Poète, Valéry réussit ce tour de force d'associer « fête de l'intellect » et fête des sens en mettant en vers sa propre démarche de pensée. La forme néoclassique de ses poèmes contraste heureusement avec le principe de variation, de reprise, d'inachèvement, dont il fait le fondement du travail du poète.

Gide a promené à travers l'époque un « intrépide amour de la vérité », qui n'alla pas sans scandaliser. Rebelle à toutes les orthodoxies, Gide ne pouvait s'enfermer dans la voie étroite d'une seule foi. Il s'est pourtant engagé courageusement, contre le colonialisme, en faveur du communisme (quitte à reconnaître très vite qu'il se fourvoie dans ce dernier cas) ; il a proclamé son homosexualité de la manière la plus directe. Il a voulu enseigner la liberté personnelle et la responsabilité. La boussole qui oriente sa trajectoire, c'est sa confiance dans l'humanisme, à laquelle il donne, dans la bouche de son Œdipe, cette belle formulation : « J'ai compris, moi seul ai compris, que le seul mot de passe, pour n'être pas dévoré par le Sphinx, c'est : l'Homme. Sans doute fallait-il un peu de courage pour le dire, ce mot. Mais je le tenais prêt avant d'avoir entendu l'énigme ; et ma force est que je n'admettais pas d'autre réponse, à quelle que pût être la question. »

André Breton et la révolution surréaliste

Le surréalisme apparaît comme une réponse à la crise de la conscience européenne provoquée par la guerre de 1914-1918. Il procède directement du mouvement Dada, qui est lancé à Zurich en 1916 par le Roumain Tristan Tzara et qui arrive à Paris en 1919. Contestation radicale, table rase de toutes les valeurs, Dada est une force de révolte absolue, mais son nihilisme peut le faire se dévorer lui-même. Le surréalisme, inauguré par le *Manifeste* d'André Breton, en 1924, apparaît comme une exploration systématique de l'inconnu, comme une tentative de libération et de réhabilitation de toutes les facultés humaines. La première expérience surréaliste a été la libération de la parole par la confiance donnée à l'*écriture automatique* et la définition étroite du surréalisme, proposée par Breton, insiste sur cette libération de l'automatisme (« Surréalisme : Automatisme psychique pur par lequel on se propose d'exprimer, soit verbalement, soit par écrit, soit de toute autre manière, le fonctionnement réel de la pensée »). La poésie est la voie royale de l'expérience surréaliste : elle devient un lieu créateur (« Le poète n'est pas celui qui est inspiré, mais celui qui inspire », dit le surréaliste Éluard), où se libèrent les puissances de l'inconscient et du rêve, les associations libres de l'image.

Le surréel n'est nullement caché dans un autre monde. Il est à découvrir ici et maintenant, grâce aux grandes forces que le surréalisme entend libérer : l'amour fou ; le hasard objectif, qui suscite les rencontres émerveillantes ; le rêve ; l'humour noir...

Malgré la désagrégation finale du mouvement, le glissement de certains de ses membres vers le communisme militant et l'enlisement dans la redite de certaines pratiques, la constellation des écrivains, des peintres, des cinéastes surréalistes (Breton, Aragon, Éluard, Desnos, Salvador Dali, Max Ernst, Luis Buñuel...) a réussi la plus puissante révolution intellectuelle et esthétique du siècle. Le mouvement a exercé une influence sur des artistes du monde entier. Il a, sinon changé la vie, du moins changé la sensibilité, inventé une beauté nouvelle.

Sartre et l'existentialisme

Surgissant de la guerre de 1939-1945, l'existentialisme est un mouvement littéraire né d'une réflexion philosophique accordant à l'homme le pouvoir de se construire par sa manière d'exister : *l'existence précède l'essence,* ce qui induit que l'homme se constitue dans son existence. Mais l'expérience première est celle de la contingence : découverte de l'absurde qui régit les rapports de l'homme et de l'être. Le climat de la guerre et de la Libération fournit un terrain très favorable à la littérature influencée par l'existentialisme. Les romans de Sartre, de Camus, de Simone de Beauvoir en popularisent les thèmes.

En fait, il n'y a jamais eu de mouvement existentialiste organisé. Sartre et Camus se séparent, en 1952, sur des clivages politiques. Sartre poursuit sa réflexion critique et son cheminement militant, tentant de penser la jonction de l'existentialisme et du matérialisme dialectique. Mais il s'est toujours refusé à soumettre la liberté à quelque déterminisme historique.

Par la constance de son engagement, par l'ampleur des nombreuses et rudes polémiques qu'il soutient, Sartre devient pour la fin du siècle la figure majeure de l'intellectuel. Son enterrement, en 1980, accompagné par une foule immense, consacre le retentissement de sa pensée.

L'éclectisme postmoderne de la fin du siècle ne permet guère la révélation de nouveaux « phares », dominant l'époque de leur éclat. Mais le travail silencieux des lecteurs, qui a peu à peu fait la gloire de Proust ou de Céline, dégage déjà sans doute, de la masse des nouveaux livres, les chefs-d'œuvre de demain.

GUILLAUME APOLLINAIRE

Les Colchiques – Signe

Wilhelm-Apollinaris de Kostrowitzky, dit Guillaume Apollinaire (Rome, 1880 - Paris, 1918), très lié aux peintres d'avant-garde de l'« école de Paris », publie en 1913 un recueil de poèmes, *Alcools,* au confluent de la tradition symboliste et de toutes les modernités. Sans renoncer au lyrisme le plus poignant, il prône l'« esprit nouveau », qui fait de la surprise le principe moderne de la poésie (une de ses trouvailles sera la suppression de toute ponctuation dans le vers). Quand il fut envoyé au front en 1914, il préparait un nouveau recueil, *Calligrammes,* publié seulement en 1918, dont les « idéogrammes lyriques » dessinent sur la page avec les mots mêmes du poème.

Les Colchiques *comme* Signe *témoignent de l'alliance du lyrisme et de la modernité dans la poésie d'Apollinaire. Dans* les Colchiques, *on peut entendre l'écho d'une malheureuse histoire d'amour. Le poème joue sur la forme ancienne du sonnet (qui est totalement déconstruite ici) et sur des images parfois déroutantes.*

Les Colchiques [1]

Le pré est vénéneux mais joli en automne
Les vaches y paissant
Lentement s'empoisonnent
Le colchique couleur de cerne et de lilas
Y fleurit tes yeux sont comme cette fleur-là
Violâtres comme leur cerne [2] et comme cet automne
Et ma vie pour tes yeux lentement s'empoisonne

Les enfants de l'école viennent avec fracas
Vêtus de hoquetons [3] et jouant de l'harmonica
Ils cueillent les colchiques qui sont comme des mères
Filles de leurs filles [4] et sont couleur de tes paupières
Qui battent comme les fleurs battent au vent dément

Le gardien du troupeau chante tout doucement
Tandis que lentes et meuglant les vaches abandonnent
Pour toujours ce grand pré mal fleuri par l'automne

Guillaume Apollinaire, *Alcools,* Éditions Gallimard, 1913

* * *

Signe

Je suis soumis au Chef du Signe de l'Automne
Partant j'aime les fruits je déteste les fleurs
Je regrette chacun des baisers que je donne
Tel un noyer gaulé [5] dit au vent ses douleurs

Mon Automne éternelle ô ma saison mentale
Les mains des amantes d'antan jonchent ton sol
Une épouse me suit c'est mon ombre fatale
Les colombes ce soir prennent leur dernier vol

Guillaume Apollinaire, *Alcools,* Éditions Gallimard, 1913

***1.** Plantes des prés humides, qui fleurissent en automne, dans les tons violets. – **2.** Cercle mauve autour des yeux battus. – **3.** Vestes de grosse toile. – **4.** Les colchiques forment leur fleur avant les feuilles. D'où le nom latin ancien que leur ont donné certains botanistes :* filius ante patrem *(le fils avant le père). – **5.** Dont on a fait tomber les fruits avec une* gaule *(= une grande perche).*

La Cravate et la Montre

Le principe du calligramme est d'attirer l'attention sur l'aspect visuel du texte, de dessiner avec les mots, de rendre impossible la lecture linéaire habituelle : tous les mots objets sont présents en même temps sous le regard du « lecteur ». « Lire » un calligramme, c'est essayer d'établir toutes les connexions possibles entre le texte et le dessin et entre les éléments verbaux.
D'après le témoignage d'un ami d'Apollinaire, ce calligramme aurait été composé dans les bureaux d'une revue. Apollinaire avait dénoué sa cravate et l'avait jetée sur la table. Son interlocuteur, pour rappeler qu'il était l'heure d'aller déjeuner, avait posé sa montre à côté. Mais cela, qui explicite les circonstances de la genèse du poème, ne rend guère compte des effets de sens qu'il peut produire. Ne peut-on pas, en effet, lire dans ce calligramme comme une invitation à méditer sur le temps qui presse et nous serre à la gorge… comme la cravate ?

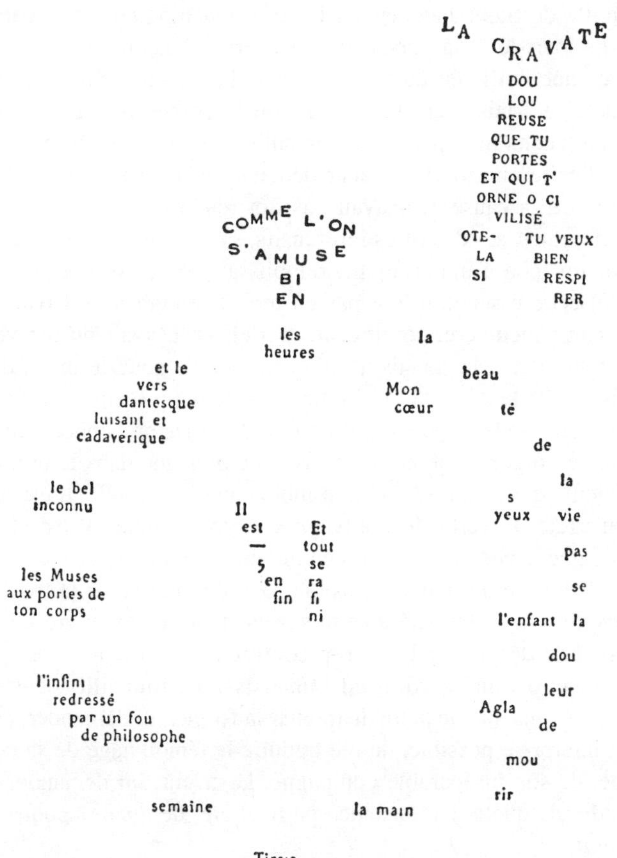

Guillaume Apollinaire, *Calligrammes,* © Éditions Gallimard.

COMPRÉHENSION ET LANGUE

1 – Quels sont les différents mouvements du premier poème ?
2 – Quelle est l'opposition contenue dans le vers 1 ?
3 – Expliquez les comparaisons de la deuxième strophe.
4 – Quel est l'état d'esprit du poète dans *Signe* ?
5 – Pourquoi le premier vers comporte-t-il trois mots commençant par une majuscule ?
6 – À quelle « épouse » est-il fait allusion au vers 7 ?
7 – Étudiez les sonorités et le rythme des deux poèmes. En quoi sont-ils caractéristiques de la poésie moderne ?

ACTIVITÉS DIVERSES, EXPRESSION ÉCRITE

1 – Quelle est la signification des mots suivants :
– idéogramme,
– pictogramme,
– calligramme ?
2 – Recherchez d'autres exemples de calligrammes. Étudiez l'utilisation de la typographie dans la publicité. À votre tour, imaginez un calligramme sur un sujet de votre choix.

MARCEL

PROUST

Marcel Proust (1871-1922) élabore vers 1909 le premier projet de ce qui va devenir la plus fascinante somme romanesque du XXe siècle : *À la recherche du temps perdu.* En conjuguant « l'histoire d'une époque et l'histoire d'une conscience », Proust continue l'ambition du roman balzacien, en même temps qu'il invente la subjectivité romanesque moderne. Le narrateur de la *Recherche* recrée son monde intérieur par le jeu des réminiscences et des sensations, tout en brossant le tableau du monde aristocratique dans lequel il vit. Le premier volume, *Du côté de chez Swann,* refusé par plusieurs éditeurs, paraît à compte d'auteur en 1913. Mais Proust reçoit le prix Goncourt 1919 pour le deuxième volume, *À l'ombre des jeunes filles en fleurs.* Remaniant sans cesse son œuvre et pressé par la maladie, il n'a pas le temps d'achever la révision des derniers volumes.

« L'édifice immense du souvenir »

L'un des thèmes centraux de la Recherche *est l'idée que le passé qui semble nous échapper vit en fait dans notre mémoire et qu'il suffit d'un télescopage de sensations pour qu'il soit ranimé. Ainsi le goût d'une madeleine trempée dans une tasse de thé peut-il faire resurgir tout un pan d'existence.*

Il y avait déjà bien des années que, de Combray, tout ce qui n'était pas le théâtre et le drame de mon coucher[1], n'existait plus pour moi, quand un jour d'hiver, comme je rentrais à la maison, ma mère, voyant que j'avais froid, me proposa de me faire prendre, contre mon habitude, un peu de thé. Je refusai d'abord et, je ne sais pourquoi, me ravisai. Elle envoya chercher un de ces gâteaux courts et dodus appelés Petites Madeleines qui semblent avoir été moulés dans la valve rainurée d'une coquille de Saint-Jacques. Et bientôt, machinalement, accablé par la morne journée et la perspective d'un triste lendemain, je portai à mes lèvres une cuillerée du thé où j'avais laissé s'amollir un morceau de madeleine. Mais à l'instant même où la gorgée mêlée des miettes du gâteau toucha mon palais, je tressaillis, attentif à ce qui se passait d'extraordinaire en moi. Un plaisir délicieux m'avait envahi, isolé, sans la notion de sa cause. Il m'avait aussitôt rendu les vicissitudes de la vie indifférentes, ses désastres inoffensifs, sa brièveté illusoire, de la même façon qu'opère l'amour, en me remplissant d'une essence précieuse : ou plutôt cette essence n'était pas en moi, elle était moi. J'avais cessé de me sentir médiocre, contingent, mortel. D'où avait pu me venir cette puissante joie ? Je sentais qu'elle était liée au goût du thé et du gâteau, mais qu'elle le dépassait infiniment, ne devait pas être de même nature. D'où venait-elle ? Que signifiait-elle ? Où l'appréhender ? Je bois une seconde gorgée où je ne trouve rien de plus que dans la première, une troisième qui m'apporte un peu moins que la seconde. Il est temps que je m'arrête, la vertu du breuvage semble diminuer. Il est clair que la vérité que je cherche n'est pas en lui, mais en moi. […]

Certes, ce qui palpite ainsi au fond de moi, ce doit être l'image, le souvenir visuel, qui, lié à cette saveur, tente de la suivre jusqu'à moi. Mais il se débat trop loin, trop confusément ; à peine si je perçois le reflet neutre où se confond l'insaisissable tourbillon des couleurs remuées ; mais je ne peux distinguer la forme, lui demander, comme au seul interprète possible, de me traduire le témoignage de sa contemporaine, de son inséparable compagne, la saveur, lui demander de m'apprendre de quelle circonstance particulière, de quelle époque du passé il s'agit.

Arrivera-t-il jusqu'à la surface de ma claire conscience, ce souvenir, l'instant ancien que l'attraction d'un instant identique est venue de si loin solliciter, émouvoir, soulever tout au fond de moi ? Je ne sais. Maintenant je ne sens plus rien, il est arrêté, redescendu peut-être ; qui sait s'il remontera jamais de sa nuit ? Dix fois il me faut recommencer, me pencher vers lui. Et chaque fois la lâcheté qui nous détourne de toute tâche difficile, de toute œuvre importante, m'a conseillé de laisser cela, de boire mon thé en pensant simplement à mes ennuis d'aujourd'hui, à mes désirs de demain qui se laissent remâcher sans peine.

Et tout d'un coup le souvenir m'est apparu. Ce goût, c'était celui du petit morceau de madeleine que le dimanche matin à Combray (parce que ce jour-là je ne sortais pas avant l'heure de la messe), quand j'allais lui dire bonjour dans sa chambre, ma tante Léonie m'offrait après l'avoir trempé dans son infusion de thé ou de tilleul. La vue de la petite madeleine ne m'avait rien rappelé avant que je n'y eusse goûté ; peut-être parce que, en ayant souvent aperçu depuis, sans en manger, sur les tablettes des pâtissiers, leur image avait quitté ces jours de Combray pour se lier à d'autres plus récents ; peut-être parce que, de ces souvenirs abandonnés si longtemps hors de la mémoire, rien ne survivait, tout s'était désagrégé ; les formes – et celle aussi du petit coquillage de pâtisserie, si grassement sensuel sous son plissage sévère et dévot – s'étaient abolies, ou, ensommeillées, avaient perdu la force d'expansion qui leur eût permis de rejoindre la conscience. Mais, quand d'un passé ancien rien ne subsiste, après la mort des êtres, après la destruction des choses, seules, plus frêles mais plus vivaces, plus immatérielles, plus persistantes, plus fidèles, l'odeur et la saveur restent encore longtemps, comme des âmes, à se rappeler, à attendre, à espérer, sur la ruine de tout le reste, à porter sans fléchir, sur leur gouttelette presque impalpable, l'édifice immense du souvenir.

Et dès que j'eus reconnu le goût du morceau de madeleine trempé dans le tilleul que me donnait ma tante (quoique je ne susse pas encore et dusse remettre à bien plus tard de découvrir pourquoi ce souvenir me rendait si heureux), aussitôt la vieille maison grise sur la rue, où était sa chambre, vint comme un décor de théâtre s'appliquer au petit pavillon donnant sur le jardin, qu'on avait construit pour mes parents sur ses derrières (ce pan tronqué que seul j'avais revu jusque-là) ; et avec la maison, la ville, depuis le matin jusqu'au soir et par tous les temps, la Place où on m'envoyait avant déjeuner, les rues où j'allais faire des courses, les chemins qu'on prenait si le temps était beau. Et comme dans ce jeu où les Japonais s'amusent à tremper dans un bol de porcelaine rempli d'eau, de petits morceaux de papier jusque-là indistincts qui, à peine y sont-ils plongés, s'étirent, se contournent, se colorent, se différencient, deviennent des fleurs, des maisons, des personnages consistants et reconnaissables, de même maintenant toutes les fleurs de notre jardin et celles du parc de M. Swann, et les nymphéas de la Vivonne, et les bonnes gens du village et leurs petits logis et l'église et tout Combray et ses environs, tout cela qui prend forme et solidité, est sorti, ville et jardins, de ma tasse de thé.

Marcel Proust, *Du côté de chez Swann,* 1913

Compréhension et langue

1 – Quelles sont les différentes étapes de ce texte ? L'observation des temps grammaticaux permet-elle de préciser le découpage ?
2 – À quoi les petites madeleines ressemblent-elles ?
3 – Que ressent le narrateur lorsqu'il les goûte ?
4 – Étudiez l'importance des questions et de la ponctuation interrogative.
5 – Pourquoi la vertu du breuvage semble-t-elle diminuer (l. 24) ?
6 – Quels mots marquent l'incertitude de l'observateur ?
7 – Quels souvenirs évoque-t-il ? Avec quels termes les décrit-il ?
8 – Comment la mémoire apparaît-elle ?

Activités diverses, expression écrite

1 – Comme le narrateur, avez-vous déjà éprouvé une impression de réminiscence ? Expliquez les circonstances de ce type de souvenirs. Quels sentiments avez-vous ressentis ?
2 – Étudiez le style de Proust. En quoi sa poésie consiste-t-elle ?

1. Séjour de vacances du narrateur et de sa famille. Le coucher, qui éloigne celui-ci de sa mère et de sa grand-mère, y est chaque soir un supplice.

FRANCE

ANDRÉ GIDE

André Gide (1869-1951) s'est lui-même défini dans son *Journal* comme un « inquiéteur ». Moraliste, toujours appliqué à l'examen de soi, mais cherchant à se libérer de toutes les contraintes, il avait célébré la ferveur de l'esprit et des sens dans *les Nourritures terrestres*, 1897. Ses romans (*l'Immoraliste*, 1902 ; *la Porte étroite*, 1909) disent le combat entre l'appétit de liberté et les exigences de la vie spirituelle. Mais il choisit d'aller jusqu'au bout de lui-même, en se libérant du passé par l'écriture autobiographique (*Si le grain ne meurt*, 1926), en professant ouvertement son homosexualité (*Corydon*, 1924), en expérimentant une forme romanesque libérée de ses anciens modèles (*les Faux-Monnayeurs*, 1925). Il s'engage contre le colonialisme (*Voyage au Congo*, 1927) et en faveur du communisme (mais il revient déçu d'un voyage en U.R.S.S.). Il publie son *Journal*, inépuisable étude de l'homme conduite à partir de sa propre expérience.

« Trouver cette règle en soi-même »

Les Faux-Monnayeurs *est un roman foisonnant : intrigues enchevêtrées et rebondissantes, personnages multiples, apparaissant ou disparaissant de manière inopinée, présence d'un romancier parmi les personnages de premier plan – un romancier qui écrit un roman dont le titre sera* les Faux-Monnayeurs…
*À la fin du roman, Bernard Profitendieu, un adolescent qui au début du livre avait décidé de rompre avec sa famille, vient d'obtenir son baccalauréat, mais il traverse une crise de conscience, dont il s'entretient avec le romancier Édouard. C'est l'occasion de poser le problème de l'*engagement *et du sens que l'on donne à sa vie.*

« Je suis reçu ; cela n'a pas d'importance. Ce qui m'importe, c'est ce que je vais faire à présent. Savez-vous ce qui me retient surtout de retourner chez mon père ? C'est que je ne veux pas de son argent. Vous me trouvez sans doute absurde de faire fi de cette chance ; mais c'est une promesse que je me suis faite à moi-même, de m'en passer. Il m'importe de me prouver que je suis un homme de parole, quelqu'un sur qui je peux compter.

– Je vois surtout là de l'orgueil.

– Appelez cela du nom qu'il vous plaira : orgueil, présomption, suffisance… Le sentiment qui m'anime, vous ne le discréditerez pas à mes yeux. Mais, à présent, voici ce que je voudrais savoir : pour se diriger dans la vie, est-il nécessaire de fixer les yeux sur un but ?

– Expliquez-vous.

– J'ai débattu cela toute la nuit. À quoi faire servir cette force que je sens en moi ? Comment tirer le meilleur parti de moi-même ? Est-ce en me dirigeant vers un but ? Mais ce but, comment le choisir ? Comment le connaître, aussi longtemps qu'il n'est pas atteint ?

– Vivre sans but, c'est laisser disposer de soi l'aventure.

– Je crains que vous ne me compreniez pas bien. Quand Colomb découvrit l'Amérique, savait-il vers quoi il voguait ? Son but était d'aller devant, tout droit. Son but, c'était lui, et qui le projetait devant lui-même…

– J'ai souvent pensé, interrompit Édouard, qu'en art, et en littérature en particulier, ceux-là seuls comptent qui se lancent vers l'inconnu. On ne découvre pas de terre nouvelle sans consentir à perdre de vue, d'abord et longtemps, tout rivage. Mais nos écrivains craignent le large ; ce ne sont que des côtoyeurs.

– Hier, en sortant de mon examen, continua Bernard sans l'entendre, je suis entré, je ne sais quel démon me poussant, dans une salle où se tenait une réunion publique. Il y était question d'honneur national, de dévouement à la patrie, d'un tas de choses qui me faisaient battre le cœur. Il s'en est fallu de bien peu que je ne signe certain papier où je m'engageais, sur l'honneur, à consacrer mon activité au service d'une cause qui certainement m'apparaissait belle et noble[1].

– Je suis heureux que vous n'ayez pas signé. Mais, ce qui vous a retenu ?

– Sans doute quelque secret instinct… Bernard réfléchit quelques instants, puis ajouta en riant : – Je crois que c'est surtout la tête des adhérents ; à commencer par celle de mon frère aîné, que j'ai reconnu dans l'assemblée. Il m'a paru que tous ces jeunes gens étaient animés par les meilleurs sentiments du monde et qu'ils faisaient fort bien d'abdiquer leur initiative car elle ne les eût pas menés loin, leur jugeotte car elle était insuffisante, et leur indépendance d'esprit car elle eût été vite aux abois. Je me suis dit également qu'il était bon pour le pays qu'on pût compter parmi les citoyens un grand nombre de ces bonnes volontés ancillaires[2] ; mais que ma volonté à moi ne serait jamais de celles-là. C'est alors que je me suis demandé comment établir une règle, puisque je n'acceptais pas de vivre sans règle, et que cette règle je ne l'acceptais pas d'autrui.

– La réponse me paraît simple : c'est de trouver cette règle en soi-même ; d'avoir pour but le développement de soi.

– Oui… c'est bien là ce que je me suis dit. Mais je n'en ai pas été plus avancé pour cela. Si encore j'étais certain de préférer en moi le meilleur, je lui donnerais le pas sur le reste. Mais je ne parviens pas même à connaître ce que j'ai de meilleur en moi… J'ai débattu toute la nuit, vous dis-je. Vers le matin, j'étais si fatigué que je songeais à devancer l'appel de ma classe ; à m'engager[3].

– Échapper à la question n'est pas la résoudre.

– C'est ce que je me suis dit, et que cette question, pour être ajournée, ne se poserait à moi que plus gravement après mon service. Alors je suis venu vous trouver pour écouter votre conseil.

– Je n'ai pas à vous en donner. Vous ne pouvez trouver ce conseil qu'en vous-même, ni apprendre comment vous devez vivre, qu'en vivant.

– Et si je vis mal, en attendant d'avoir décidé comment vivre ?

– Ceci même vous instruira. Il est bon de suivre sa pente, pourvu que ce soit en montant. »

André Gide, *les Faux-Monnayeurs*, Éditions Gallimard, 1925

Compréhension et langue

1 – Pourquoi le narrateur ne veut-il pas retourner chez son père ?
2 – Quelle différence faites-vous entre l'orgueil, la suffisance et la présomption (l. 9-10) ?
3 – Quels sont les problèmes de conscience que se pose Bernard ?
4 – Pourquoi les écrivains sont-ils comparés à des « côtoyeurs » (l. 27) ?
5 – Pourquoi Bernard ne s'est-il pas engagé ? Expliquez ses raisons.
6 – Recherchez l'étymologie d'*ancillaire.*
7 – Que pensez-vous de la remarque d'Édouard (l. 58) ? Que signifie-t-elle ? Sur quelle figure de style repose-t-elle ?
8 – Expliquez la dernière phrase du texte.

Activités diverses, expression écrite

1 – *Le roman « d'analyse ».* Pouvez-vous, à votre tour, répondre à la question que se pose le narrateur. Pour se diriger dans la vie, est-il nécessaire de fixer les yeux sur un but ?
2 – Vous est-il arrivé de traverser une crise de conscience ? En quoi l'art et la littérature peuvent-ils aider à surmonter les difficultés psychologiques ?

__1.__ On peut penser que le roman évoque ici le mouvement nationaliste de l'Action française. – __2.__ Soumises, obéissantes, comme des domestiques. – __3.__ Dans l'armée.

PAUL VALÉRY

Paul Valéry (1871-1945) s'est, depuis sa jeunesse, interrogé sur la nature et le fonctionnement de la pensée : il a tenté de cerner ses limites et ses pouvoirs sur les exemples de Léonard de Vinci ou de Monsieur Teste (personnage imaginé dans *la Soirée avec Monsieur Teste,* 1896, figurant l'intellectualité pure). Cette réflexion nourrit ses essais divers (*Variété,* 1924-1944 ; *Regards sur le monde actuel,* 1931), les quelque 26 000 pages manuscrites des *Cahiers* (résultat de longues confrontations matinales avec lui-même), tout comme sa poésie (*Charmes,* 1922), qui est « fête de l'intellect », équilibre miraculeux de la sensation et de l'idée.

La Dormeuse

Le poète contemple une jeune femme endormie : fascination de ce beau corps abandonné à la paix *du sommeil, méditation sur l'absence (la conscience, l'*âme, *est ailleurs : appelée* aux Enfers, *au-delà de la réalité tangible, par on ne sait quels rêves) et la présence pourtant si forte de la* forme *visible (toute la machinerie du corps, la combustion intime de la respiration…).*

À Lucien Fabre.

Quels secrets dans son cœur brûle ma jeune amie,
Âme par le doux masque aspirant une fleur ?
De quels vains aliments sa naïve chaleur
Fait ce rayonnement d'une femme endormie ?

Souffle, songes, silence, invincible accalmie,
Tu triomphes, ô paix plus puissante qu'un pleur,
Quand de ce plein sommeil l'onde grave et l'ampleur
Conspirent sur le sein d'une telle ennemie.

Dormeuse, amas doré d'ombres et d'abandons,
Ton repos redoutable est chargé de tels dons,
Ô biche avec langueur longue auprès d'une grappe,

Que malgré l'âme absente, occupée aux enfers,
Ta forme au ventre pur qu'un bras fluide drape,
Veille ; ta forme veille, et mes yeux sont ouverts.

Paul Valéry, *Charmes,* Éditions Gallimard, 1922

Les Demoiselles du bord de Seine, Gustave Courbet.

« Nous autres, civilisations »

En 1919, au lendemain de la Première Guerre mondiale, Valéry s'interroge sur la crise intellectuelle et morale de l'Europe. La phrase d'ouverture, formulation d'une inquiétude majeure du XXe siècle, deviendra immédiatement célèbre.

Nous autres, civilisations, nous savons maintenant que nous sommes mortelles.

Nous avions entendu parler de mondes disparus tout entiers, d'empires coulés à pic avec tous leurs hommes et tous leurs engins ; descendus au fond inexplorable des siècles avec leurs dieux et leurs lois, leurs académies et leurs sciences pures et appliquées, avec leurs grammaires, leurs dictionnaires, leurs classiques, leurs romantiques et leurs symbolistes, leurs critiques et les critiques de leurs critiques. Nous savions bien que toute la terre apparente est faite de cendres, que la cendre signifie quelque chose. Nous apercevions à travers l'épaisseur de l'histoire, les fantômes d'immenses navires qui furent chargés de richesse et d'esprit. Nous ne pouvions pas les compter. Mais ces naufrages, après tout, n'étaient pas notre affaire.

Élam, Ninive, Babylone[1] étaient de beaux noms vagues, et la ruine totale de ces mondes avait aussi peu de signification pour nous que leur existence même. Mais *France, Angleterre, Russie...* ce seraient aussi de beaux noms. *Lusitania*[2] aussi est un beau nom. Et nous voyons maintenant que l'abîme de l'histoire est assez grand pour tout le monde. Nous sentons qu'une civilisation a la même fragilité qu'une vie. Les circonstances qui enverraient les œuvres de Keats[3] et celles de Baudelaire rejoindre les œuvres de Ménandre[4] ne sont plus du tout inconcevables : elles sont dans les journaux.

Ce n'est pas tout. La brûlante leçon est plus complète encore. Il n'a pas suffi à notre génération d'apprendre par sa propre expérience comment les plus belles choses et les plus antiques, et les plus formidables et les mieux ordonnées sont périssables *par accident ;* elle a vu, dans l'ordre de la pensée, du sens commun, et du sentiment, se produire des phénomènes extraordinaires, des réalisations brusques de paradoxes, des déceptions brutales de l'évidence.

Je n'en citerai qu'un exemple : les grandes vertus des peuples allemands ont engendré plus de maux que l'oisiveté jamais n'a créé de vices. Nous avons vu, de nos yeux vu, le travail consciencieux, l'instruction la plus solide, la discipline et l'application les plus sérieuses, adaptés à d'épouvantables desseins.

Tant d'horreurs n'auraient pas été possibles sans tant de vertus. Il a fallu, sans doute, beaucoup de science pour tuer tant d'hommes, dissiper tant de biens, anéantir tant de villes en si peu de temps ; mais il a fallu non moins de *qualités morales*. Savoir et Devoir, vous êtes donc suspects ?

Paul Valéry, « la Crise de l'esprit », 1919,
in « Essais quasi politiques » issu de *Variété*,
© Éditions Gallimard, Paris

COMPRÉHENSION ET LANGUE

1 – Dégagez les différentes parties de ce texte.
2 – Quel impact la première phrase a-t-elle sur le lecteur ?
3 – Quel effet la succession de noms communs provoque-t-elle (deuxième paragraphe) ?
4 – En quoi la civilisation peut-elle être comparée à une vie (l. 19) ?
5 – Relevez et commentez les métaphores.
6 – Pourquoi Valéry cite-t-il en exemple le peuple allemand ?
7 – Certains termes sont en italique. À votre avis, pour quelle raison ?

ACTIVITÉS DIVERSES, EXPRESSION ÉCRITE

Histoire et prospective. Le point de vue de Valéry vous paraît-il justifié par les grands événements politiques du XXe siècle ? Comment vous représentez-vous l'avenir du monde ?

1. Anciens États du Proche-Orient, glorieux aux IIe et Ier millénaires avant Jésus-Christ.
2. Paquebot américain, coulé par les Allemands en 1915 – ce qui accéléra l'entrée en guerre des États-Unis.
3. Poète romantique anglais.
4. Auteur grec de comédies (IVe siècle av. J.-C.), dont presque toutes les œuvres ont été perdues.

ANDRÉ BRETON

André Breton (1896-1966), en menant de front recherche intérieure exigeante et engagement permanent dans les combats de son temps, a été le grand inspirateur de l'aventure surréaliste. Dans une langue altière et brûlante, il proclame la possibilité de « changer la vie », par le recours à l'imaginaire, au rêve, à l'inconscient, dans l'attente lyrique de la « merveille ». Les textes des *Champs magnétiques*, écrits en 1919 avec Philippe Soupault, selon la technique de l'« écriture automatique », bouleversent la conception de la littérature. Mais l'œuvre de Breton est indissociable de celle des compagnons du surréalisme qui, malgré brouilles et différends, l'ont escorté sur les chemins de la poésie, de la liberté et de l'amour : Aragon, Éluard, Desnos, Péret, Crevel…

« Tant va la croyance à la vie »

Le Premier Manifeste du surréalisme, *publié en 1924, commence par un appel à restaurer les pouvoirs de l'imagination que néglige l'homme ordinaire, abandonné « à son destin sans lumière ».*

Tant va la croyance à la vie, à ce que la vie a de plus précaire, la vie *réelle* s'entend, qu'à la fin cette croyance se perd[1]. L'homme, ce rêveur définitif, de jour en jour plus mécontent de son sort, fait avec peine le tour des objets dont il a été amené à faire usage, et que lui a livrés sa nonchalance, ou son effort, son effort presque toujours, car il a consenti à travailler, tout au moins il n'a pas répugné à jouer sa chance (ce qu'il appelle sa chance !). Une grande modestie est à présent son partage : il sait quelles femmes il a eues, dans quelles aventures risibles il a trempé ; sa richesse ou sa pauvreté ne lui est de rien, il reste à cet égard l'enfant qui vient de naître et quant à l'approbation de sa conscience morale, j'admets qu'il s'en passe aisément. S'il garde quelque lucidité, il ne peut que se retourner alors vers son enfance qui, pour massacrée qu'elle ait été par le soin des dresseurs, ne lui en semble pas moins pleine de charmes. Là, l'absence de toute rigueur connue lui laisse la perspective de plusieurs vies menées à la fois ; il s'enracine dans cette illusion ; il ne veut plus connaître que la facilité momentanée, extrême, de toutes choses. Chaque matin, des enfants partent sans inquiétude. Tout est près, les pires conditions matérielles sont excellentes. Les bois sont blancs ou noirs, on ne dormira jamais.

Mais il est vrai qu'on ne saurait aller si loin, il ne s'agit pas seulement de la distance. Les menaces s'accumulent, on cède, on abandonne une part du terrain à conquérir. Cette imagination qui n'admettait pas de bornes, on ne lui permet plus de s'exercer que selon les lois d'une utilité arbitraire ; elle est incapable d'assumer longtemps ce rôle inférieur et, aux environs de la vingtième année, préfère, en général, abandonner l'homme à son destin sans lumière. […]

Chère imagination, ce que j'aime surtout en toi, c'est que tu ne pardonnes pas.

André Breton, *Manifestes du surréalisme,*

1. Transformation du proverbe traditionnel « Tant va la cruche à l'eau qu'à la fin elle se casse ». La mise en italique de réelle *invite à confronter la formule de Breton (« la vie réelle ») et celle de Rimbaud (« la vraie vie ») : chez Breton comme chez Rimbaud,* la *vie est absente de la vie…*

« Prisonniers des gouttes d'eau »

L'écriture automatique, qu'André Breton et Philippe Soupault expérimentent en 1919 par la rédaction en commun des Champs magnétiques, *suppose qu'il est possible de noter le jaillissement de la pensée, en écrivant le plus vite possible, sans rature ni contrôle de la conscience, dans la liberté la plus totale de l'imagination, en laissant se construire comme d'eux-mêmes les textes qui en résultentl*
Voici le début du texte qui ouvre le recueil, sous le titre « la Glace sans tain ». Il faut sans doute se couler dans le mouvement même du texte pour en saisir l'étrange mélancolie.

Prisonniers des gouttes d'eau, nous ne sommes que des animaux perpétuels. Nous courons dans les villes sans bruits et les affiches enchantées ne nous touchent plus. À quoi bon ces grands enthousiasmes fragiles, ces sauts de joie desséchés ? Nous ne savons plus rien que les astres morts ; nous regardons les visages ; et nous soupirons de plaisir. Notre bouche est plus sèche que les plages perdues ; nos yeux tournent sans but, sans espoir. Il n'y a plus que ces cafés où nous nous réunissons pour boire ces boissons fraîches, ces alcools délayés et les tables sont plus poisseuses que ces trottoirs où sont tombées nos ombres mortes de la veille.

Quelquefois, le vent nous entoure de ses grandes mains froides et nous attache aux arbres découpés par le soleil. Tous, nous rions, nous chantons, mais personne ne sent plus son cœur battre. La fièvre nous abandonne.

Les gares merveilleuses ne nous abritent plus jamais : les longs couloirs nous effraient. Il faut donc étouffer encore pour vivre ces minutes plates, ces siècles en lambeaux. Nous aimions autrefois les soleils de fin d'année, les plaines étroites où nos regards coulaient comme ces fleuves impétueux de notre enfance. Il n'y a plus que des reflets dans ces bois repeuplés d'animaux absurdes, de plantes connues.

Les villes que nous ne voulons plus aimer sont mortes. Regardez autour de vous : il n'y a plus que le ciel et ces grands terrains vagues que nous finirons bien par détester. Nous touchons du doigt ces étoiles tendres qui peuplaient nos rêves. Là-bas, on nous a dit qu'il y avait des vallées prodigieuses : chevauchées perdues pour toujours dans ce Far West aussi ennuyeux qu'un musée.

Lorsque les grands oiseaux prennent leur vol, ils partent sans un cri et le ciel strié ne résonne plus de leur appel. Ils passent au-dessus des lacs, des marais fertiles ; leurs ailes écartent les nuages trop langoureux. Il ne nous est même plus permis de nous asseoir : immédiatement, des rires s'élèvent et il nous faut crier bien haut tous nos péchés. [...]

André Breton et Philippe Soupault,
***les Champs magnétiques,* Éditions Gallimard, 1919**

COMPRÉHENSION ET LANGUE

1 – Quel est le thème du premier extrait ?
2 – Quel est le thème du second passage ?
3 – Que ressentez-vous à la lecture de ces deux textes ?
4 – Relevez et classez les principaux champs lexicaux.
5 – Quelles sont les figures de style les plus remarquables ?

ACTIVITÉS DIVERSES, EXPRESSION ÉCRITE

1 – *Recherche.* Procurez-vous des documents sur le surréalisme : présentez ce mouvement littéraire, pictural et musical.
2 – À votre tour, pratiquez le jeu de l'écriture automatique et des « cadavres exquis ».
3 – *Surréalisme et psychanalyse.* Exposez les liens qui se tissent entre la découverte freudienne de l'inconscient et l'esthétique surréaliste.

LOUIS-FERDINAND

CÉLINE

Louis-Ferdinand Destouches (1894-1961), qui a pris en littérature le nom de Céline, est aujourd'hui reconnu comme l'un des écrivains majeurs du XXe siècle, malgré l'ombre terrible que fait peser sur son œuvre l'antisémitisme virulent de ses pamphlets. Son projet littéraire, qu'il met d'abord en œuvre dans *Voyage au bout de la nuit* (prix Goncourt 1932) et dans *Mort à crédit,* 1936, est de transposer ses souvenirs en fiction dérisoire, drôle et désespérée, transfigurée par l'oralisation de la langue et de la technique romanesque. Les tribulations de Destouches-Céline au moment de la débâcle allemande de 1944-1945 fournissent la matière de la trilogie *D'un château l'autre, Nord, Rigodon,* qu'il a juste le temps d'achever avant sa mort.

« Du chagrin de l'époque ? »

Voyage au bout de la nuit, *dont le narrateur, Bardamu, est un médecin de banlieue sans prestige, fit scandale lors de sa publication. La critique de la guerre, du colonialisme (toute une partie du roman se situe en Afrique), de l'organisation sociale, formait en effet un tableau impitoyable de l'absurdité de la vie. Mais l'écriture même du roman était très dérangeante : Céline ne se contentait pas de copier le langage parlé, il faisait de l'oralisation le principe même de sa construction romanesque.*

J'aurais été content de ne jamais avoir à retourner à Rancy[1]. Depuis ce matin même que j'étais parti de là-bas j'avais presque oublié déjà mes soucis ordinaires ; ils y étaient encore incrustés si fort dans Rancy qu'ils ne me suivaient pas. Ils y seraient peut-être morts mes soucis, à l'abandon, comme Bébert[2], si je n'étais pas rentré. C'étaient des soucis de banlieue. Cependant vers la rue Bonaparte[3], la réflexion me revint, la triste. C'est une rue pourtant qui donnerait plutôt du plaisir au passant. Il en est peu d'aussi bienveillantes et gracieuses. Mais, en m'approchant des quais, je devenais tout de même craintif. Je rôdais. Je ne pouvais me résoudre à franchir la Seine. Tout le monde n'est pas César[4]. De l'autre côté, sur l'autre rive, commençaient mes ennuis. [...]

L'eau venait clapoter à côté des pêcheurs et je me suis assis pour les regarder faire. Vraiment, je n'étais pas pressé du tout moi non plus, pas plus qu'eux. J'étais comme arrivé au moment, à l'âge peut-être, où on sait bien ce qu'on perd à chaque heure qui passe. Mais on n'a pas encore acquis la force de sagesse qu'il faudrait pour s'arrêter pile sur la route du temps et puis d'abord si on s'arrêtait on ne saurait quoi faire non plus sans cette folie d'avancer qui vous possède et qu'on admire depuis toute sa jeunesse. Déjà on en est moins fier d'elle de sa jeunesse, on n'ose pas encore l'avouer en public que ce n'est peut-être que cela sa jeunesse, de l'entrain à vieillir.

On découvre dans tout son passé ridicule tellement de ridicule, de tromperie, de crédulité qu'on voudrait peut-être s'arrêter tout net d'être jeune, attendre la jeunesse qu'elle se détache, attendre qu'elle vous dépasse, la voir s'en aller, s'éloigner, regarder toute sa vanité, porter la main dans son vide, la voir repasser encore devant soi, et puis soi partir, être sûr qu'elle s'en est bien allée sa jeunesse et tranquillement alors, de son côté, bien à soi, repasser tout doucement de l'autre côté du Temps pour regarder vraiment comment qu'ils sont les gens et les choses.

Au bord du quai les pêcheurs ne prenaient rien. Ils n'avaient même pas l'air de tenir beaucoup à en prendre des poissons. Les poissons devaient les connaître. Ils restaient là tous à faire semblant. Un joli dernier soleil tenait encore un peu de chaleur autour de nous, faisant sauter sur l'eau des petits reflets coupés de bleu et d'or. Du vent, il en venait du tout frais d'en face à travers les grands arbres, tout souriant le vent, se penchant à travers mille feuilles, en rafales douces. On était bien.

Deux heures pleines, on est resté ainsi à ne rien prendre, à ne rien faire. Et puis, la Seine est tournée au sombre et le coin du pont est devenu tout rouge du crépuscule. Le monde en passant sur le quai nous avait oubliés là, nous autres, entre la rive et l'eau.

La nuit est sortie de dessous les arches, elle est montée tout le long du château[5], elle a pris la façade, les fenêtres, l'une après l'autre, qui flambaient devant l'ombre. Et puis, elles se sont éteintes aussi les fenêtres.

Il ne restait plus qu'à partir une fois de plus.

Les bouquinistes des quais fermaient leurs boîtes. « Tu viens ! » que criait la femme par-dessus le parapet à son mari, à mon côté, qui refermait lui ses instruments, et son pliant et les asticots. Il a grogné et tous les autres pêcheurs ont grogné après lui et on est remontés, moi aussi, là-haut, en grognant, avec les gens qui marchent. Je lui ai parlé à sa femme, comme ça pour lui dire quelque chose d'aimable avant que ça soye la nuit partout. Tout de suite, elle a voulu me vendre un livre. C'en était un de livre qu'elle avait oublié de rentrer dans sa boîte à ce qu'elle prétendait. « Alors ce serait pour moins cher, pour presque rien... » qu'elle ajoutait. Un vieux petit « Montaigne » un vrai de vrai pour un franc. Je voulais bien lui faire plaisir à cette femme pour si peu d'argent. Je l'ai pris son « Montaigne ».

Sous le pont, l'eau était devenue toute lourde. J'avais plus du tout envie d'avancer. Aux boulevards, j'ai bu un café crème et j'ai ouvert ce bouquin qu'elle m'avait vendu. En l'ouvrant, je suis juste tombé sur une page d'une lettre qu'il écrivait à sa femme le Montaigne, justement pour l'occasion d'un fils à eux qui venait de mourir. Ça m'intéressait immédiatement ce passage, probablement à cause des rapports que je faisais tout de suite avec Bébert. *Ah !* qu'il lui disait le Montaigne, à peu près comme ça à son épouse. *T'en fais pas va, ma chère femme ! Il faut bien te consoler !... Ça s'arrangera !... Tout s'arrange dans la vie... Et puis d'ailleurs,* qu'il lui disait encore, *j'ai justement retrouvé hier dans des vieux papiers d'un ami à moi une certaine lettre que Plutarque*[6] *envoyait lui aussi à sa femme dans des circonstances tout à fait pareilles aux nôtres... Et que je l'ai trouvée si joliment bien tapée sa lettre ma chère femme, que je te l'envoie sa lettre !... C'est une belle lettre ! D'ailleurs je ne veux pas t'en priver plus longtemps, tu m'en diras des nouvelles pour ce qui est de guérir ton chagrin !... Ma chère épouse ! Je te l'envoie la belle lettre ! Elle est un peu là comme lettre celle de Plutarque !... On peut le dire ! Elle a pas fini de t'intéresser !... Ah ! non ! Prenez-en connaissance ma chère femme ! Lisez-la bien ! Montrez-la aux amis. Et relisez-la encore ! Je suis bien tranquille à présent ! Je suis certain qu'elle va vous remettre d'aplomb !... Vostre bon mari. Michel.* Voilà que je me dis moi, ce qu'on peut appeler du beau travail. Sa femme devait être fière d'avoir un bon mari qui s'en fasse pas comme son Michel. Enfin, c'était leur affaire à ces gens. On se trompe peut-être toujours quand il s'agit de juger le cœur des autres. Peut-être qu'ils avaient vraiment du chagrin ? Du chagrin de l'époque ?

Louis-Ferdinand Céline, *Voyage au bout de la nuit*, Éditions Gallimard, 1932

Compréhension et langue

1 – Comment ce passage est-il construit ?
2 – Étudiez le système narratif (énonciation, dialogue, pensée des personnages – ou de l'auteur...).
3 – Quel jugement le narrateur porte-t-il sur la jeunesse ?
4 – Quelle comparaison établit-il entre Montaigne et Bébert ?
5 – Qui était Montaigne (voir p. 24 à p. 26) ?
6 – À votre avis, la lettre de Montaigne est-elle réelle ou fictive (autographe ou apocryphe) ? Justifiez votre réponse.
7 – Dans quel registre de langue Céline s'exprime-t-il ?
8 – Qu'est-ce qui caractérise son style ?

Activités diverses, expression écrite

1 – Répondez aux deux questions que se pose le narrateur à la fin de l'extrait.
2 – *L'autobiographie romanesque.* Comparez ce texte avec les autres récits rédigés à la première personne que vous trouverez dans ce livre. Dégagez sous forme de tableau les ressemblances et les différences.

1. Le narrateur est médecin à La Garenne-Rancy (dont le nom est forgé d'après celui de deux communes de la banlieue parisienne : La Garenne-Colombes *et* Le Raincy.
2. Gamin maladif, soigné par le narrateur.
3. Rue du 6e arrondissement de Paris, sur la rive gauche de la Seine.
4. Allusion à la décision hardie de Jules César de franchir le Rubicon et de marcher sur Rome (50 av. J.-C.).
5. Le Louvre, que l'on voit depuis la rive gauche de la Seine, quand on débouche de la rue Bonaparte.
6. Écrivain grec (du Ier siècle ap. J.-C.), auteur des Vies parallèles.

Jean-Paul Sartre (1905-1980) a été le pivot de la vie intellectuelle et littéraire dans la seconde partie du XXe siècle. Philosophe existentialiste, il propose une métaphysique de la liberté et une morale de l'engagement. Romancier, adepte du « réalisme subjectif », il donne un chef-d'œuvre du roman philosophique (*la Nausée*, 1938). Dramaturge, rencontrant un grand succès public, il met sur la scène, sous forme de paraboles très frappantes, sa problématique de la liberté (*Huis clos*, 1944). Essayiste, il tente une approche très novatrice des œuvres littéraires (Baudelaire, Genet et surtout Flaubert, à qui il consacre une œuvre colossale et inachevée, *l'Idiot de la famille*, 1971-1972, qui ambitionne de rendre compte d'un homme dans sa totalité). Dans *les Mots*, 1963, il analyse la naissance de sa vocation d'écrivain, dans un style superbement ironique.

« J'inscrivis sur la couverture : "Cahier de romans" »

Publiée en 1963, mais écrite dès 1954, l'autobiographie des Mots *pose la question « Comment suis-je devenu écrivain ? » et y répond par le récit d'une longue névrose, née du goût précoce pour les livres et des encouragements d'un grand-père émerveillé. L'enfant Sartre demandait à l'écriture qu'elle lui apportât le salut, et l'écrivain Sartre en a longtemps attendu la légitimation de sa vie.* Les Mots *dénoncent cette longue imposture. Mais l'écrivain ne renonce pas à écrire : « Je fais, je ferai des livres, il en faut ; cela sert tout de même. La culture ne sert rien ni personne, elle ne justifie pas. Mais c'est un produit de l'homme : il s'y projette, s'y reconnaît ; seul ce miroir critique offre son image. »*

Au début de l'été nous partions pour Arcachon, les deux femmes [1] et moi, avant que mon grand-père eût terminé ses cours. Il nous écrivait trois fois la semaine : deux pages pour Louise, un post-scriptum pour Anne-Marie, pour moi toute une lettre en vers. Pour me faire mieux goûter mon bonheur ma mère apprit et m'enseigna les règles de la prosodie. Quelqu'un me surprit à gribouiller une réponse versifiée, on me pressa de l'achever, on m'y aida. Quand les deux femmes envoyèrent la lettre, elles rirent aux larmes en pensant à la stupeur du destinataire. Par retour du courrier je reçus un poème à ma gloire ; j'y répondis par un poème. L'habitude était prise, le grand-père et son petit-fils s'étaient unis par un lien nouveau ; ils se parlaient, comme les Indiens, comme les maquereaux de Montmartre [2], dans une langue interdite aux femmes. On m'offrit un dictionnaire de rimes, je me fis versificateur : j'écrivais des madrigaux [3] pour Vévé, une petite fille blonde qui ne quittait pas sa chaise longue et qui devait mourir quelques années plus tard. La petite fille s'en foutait : c'était un ange ; mais l'admiration d'un large public me consolait de cette indifférence. J'ai retrouvé quelques-uns de ces poèmes. Tous les enfants ont du génie, sauf Minou Drouet [4], a dit Cocteau en 1955. En 1912, ils en avaient tous sauf moi : j'écrivais par singerie, par cérémonie, pour faire la grande personne : j'écrivais surtout parce que j'étais le petit-fils de Charles Schweitzer. On me donna les fables de La Fontaine ; elles me déplurent : l'auteur en prenait à son aise ; je décidai de les récrire en alexandrins. L'entreprise dépassait mes forces et je crus remarquer qu'elle faisait sourire : ce fut ma dernière expérience poétique. Mais j'étais lancé : je passai des vers à la prose et n'eus pas la moindre peine à réinventer par écrit les aventures passionnantes que je lisais dans *Cri-Cri* [5]. Il était temps : j'allais découvrir l'inanité de mes songes. Au cours de mes chevauchées fantastiques [6], c'était la réalité que je voulais atteindre. Quand ma mère me demandait, sans détourner les yeux de sa partition : « Poulou, qu'cst-cc que tu fais ? » il m'arrivait parfois de rompre mon vœu de silence et de lui répondre : « Je fais du cinéma. » En effet, j'essayais d'arracher les images de ma tête et de les *réaliser* hors de moi, entre de vrais meubles et de vrais murs, éclatantes et visibles autant que celles qui ruisselaient sur les écrans. Vainement ; je ne pouvais plus ignorer ma double imposture : je feignais d'être un acteur feignant d'être un héros.

À peine eus-je commencé d'écrire, je posai ma plume pour jubiler. L'imposture était la même mais j'ai dit que je tenais les mots pour la quintessence des choses. Rien ne me troublait plus que de voir mes pattes de mouche échanger peu à peu leur luisance de feux follets contre la terne consistance de la matière : c'était la réalisation de l'imaginaire. Pris au piège de la nomination, un lion, un capitaine du second Empire, un Bédouin s'introduisaient dans la salle à manger ; ils y demeureraient à jamais captifs, incorporés par les signes ; je crus avoir ancré mes rêves dans le monde par les grattements d'un bec d'acier. Je me fis donner un cahier, une bouteille d'encre violette, j'inscrivis sur la couverture : « Cahier de romans ». Le premier que je menai à bout, je l'intitulai : « Pour un papillon ». Un savant, sa fille, un jeune explorateur athlétique remontaient le cours de l'Amazone en quête d'un papillon précieux. L'argument, les personnages, le détail des aventures, le titre même, j'avais tout emprunté à un récit en images paru le trimestre précédent. Ce plagiat délibéré me délivrait de mes dernières inquiétudes : tout était forcément vrai puisque je n'inventais rien. Je n'ambitionnais pas d'être publié mais je m'étais arrangé pour qu'on m'eût imprimé d'avance et je ne traçais pas une ligne que mon modèle ne cautionnât. Me tenais-je pour un copiste ? Non. Mais pour un auteur original : je retouchais, je rajeunissais ; par exemple, j'avais pris soin de changer les noms des personnages. Ces légères altérations m'autorisaient à confondre la mémoire et l'imagination. Neuves et tout écrites, des phrases se reformaient dans ma tête avec l'implacable sûreté qu'on prête à l'inspiration. Je les transcrivais, elles prenaient sous mes yeux la densité des choses. Si l'auteur inspiré, comme on croit communément, est autre que soi au plus profond de soi-même, j'ai connu l'inspiration entre sept et huit ans.

Jean-Paul Sartre, *les Mots,* Éditions Gallimard, 1963

COMPRÉHENSION ET LANGUE

1 – Dégagez le plan du texte.
2 – Qu'appelle-t-on les « règles de la prosodie » ?
3 – Qui désignent les *on* des lignes 6 et 7 ?
4 – Pourquoi le narrateur parle-t-il d'une « langue interdite aux femmes » (l. 12-13) ?
5 – À quel jeu se livre le jeune Sartre (l. 26-27) ?
6 – Expliquez le mot *inanité* (l. 28).
7 – Que signifie l'expression : « je tenais les mots pour la quintessence des choses » (l. 38-39) ?
8 – Par quelle périphrase l'écriture est-elle désignée (l. 45) ?

ACTIVITÉS DIVERSES, EXPRESSION ÉCRITE

1 – Vous arrive-t-il d'exprimer par écrit des textes que l'on puisse considérer comme littéraires ? Dans quelles conditions peut-on parler de création artistique ?
2 – Sartre est-il critique à l'égard de l'écriture ou en fait-il l'éloge ? Justifiez votre point de vue.

1. *Sa mère, Anne-Marie, et sa grand-mère, Louise (le jeune Jean-Paul est orphelin de père).*
2. *Voyous qui vivent de la prostitution des femmes.*
3. *Petits poèmes.*
4. *Petite fille rendue célèbre par la publication de ses poèmes.*
5. *Journal illustré pour enfants.*
6. *Au cours desquelles Jean-Paul s'amuse à mimer les films qu'il a vus.*

La mutation des formes

Le XXe siècle se place sous le signe de cette *modernité* que Baudelaire, déjà, avait érigée en valeur esthétique. Contre la continuation respectueuse de la tradition, il privilégie l'audace, l'innovation, le changement, voire la rupture. La notion d'*avant-garde,* avec ses connotations militaires, désigne ce mouvement qui porte certains écrivains et artistes à transgresser la tradition, à combattre l'académisme, à multiplier les expériences, à inventer et proposer des utopies. Mais l'avant-garde est presque par définition condamnée à se retourner contre elle-même. Dès qu'une innovation a réussi, elle risque de se fixer en tradition nouvelle. D'où les surenchères avant-gardistes et la multiplication des mouvements et des écoles toujours en avance d'une nouveauté.

Cependant, ces gesticulations ne doivent pas cacher l'essentiel : la *modernité* apparaît comme la lente mutation des habitudes rhétoriques héritées de l'Antiquité. La distinction des genres s'abolit peu à peu. Le roman est mis en crise, ou plutôt devient un genre protéiforme, susceptible d'accueillir tous les autres genres. La poésie abandonne ses marques formelles séculaires pour se prêter à toutes les libertés. Le théâtre se renouvelle en abattant toutes les frontières : invention de nouveaux espaces scéniques, mise en forme théâtrale de textes à l'origine nullement destinés à la scène, rôle de plus en plus important des metteurs en scène…

Le roman protéiforme

La « crise du roman », au début du siècle, est en fait une mise en question de l'esthétique réaliste traditionnelle. Gide, dans *les Faux-Monnayeurs,* 1925, cherche à montrer les limites du genre romanesque : il le renouvelle par des procédés divers (manipulation de la chronologie ; intrusion de l'auteur dans le roman ; collage de textes d'autres genres littéraires : lettres, journal intime, etc.) et il met en scène un romancier qui, finalement, ne parvient pas à rendre compte de la réalité qu'il vit. André Breton dans le *Premier Manifeste du surréalisme,* 1924, et Paul Valéry (qui se refuse à écrire des phrases comme « La marquise sortit à cinq heures ») condamnent le roman en raison de sa platitude réaliste.

Même si l'on continue à écrire beaucoup de romans, de facture très traditionnelle, ou peut-être à cause de cette persévérance du genre dans ses formes anciennes, le roman est, au début des années 1950, à nouveau vivement contesté (un essai sur le genre romanesque, dû à Nathalie Sarraute et paru en 1956, s'intitule précisément *l'Ère du soupçon*). Alain Robbe-Grillet, Michel Butor, Claude Simon, Nathalie Sarraute, qui forment, avec quelques autres, ce que les critiques littéraires ont appelé « l'école du nouveau roman », systématisent la critique du roman traditionnel dont ils contestent la conception de l'intrigue et des personnages et le souci de la vraisemblance.

Le nouveau roman multiplie pourtant les descriptions, mais c'est pour les rapporter à la subjectivité du narrateur ou pour les rendre hallucinées à force d'objectivité. Les chronologies se désaccordent, par des failles dans l'écoulement du temps, à moins que le roman ne joue de l'épaisseur temporelle pour télescoper temps de la fiction et temps de l'Histoire. Les personnages ne sont plus corsetés dans la psychologie traditionnelle et ils ne sont plus fabriqués comme supports de l'éventuelle identification du lecteur invité à se projeter sur eux : ils ne sont que des êtres de papier, des assemblages de signes et d'indices proposés à une lecture créatrice. L'intrigue linéairement construite est abandonnée au profit de mises en série, de jeux de variations et répétitions.

Mais chaque romancier invente ses propres formes, toujours plus larges et souples, proches souvent du poème. Une constante : introduisant une relation nouvelle entre le romancier et son lecteur (celui-ci étant invité à construire une lecture active), le roman devient de plus en plus roman de l'écriture, de l'œuvre en train de se faire. Le « roman du roman » est la grande tentation du roman moderne.

Le trait fondamental de cette rénovation est de donner la priorité à l'écriture. Le roman ne prétend plus être le reflet d'une réalité, il est un cheminement de mots, la construction d'un univers verbal. Avec Raymond Queneau ou Boris Vian, il invente dans la cocasserie un monde de fantaisie et de fantasmes. Avec Julien Gracq, il retrouve la magie de l'attente surréaliste de la merveille. Avec Georges Perec, il se fait ludique – machinerie ou machination piégeant le lecteur.

La poésie en liberté

La grande rupture, en poésie, se situe au début du siècle, quand, avec Apollinaire, des écrivains comme Pierre Reverdy, Max Jacob, Raymond Roussel montrent que le travail littéraire doit abandonner tout souci de représentation, toute référence à la rhétorique classique, à la sentimentalité romantique ou à la rêverie symboliste, pour créer des objets faits de mots, existant pour eux-mêmes, explorant les détours de l'imaginaire et les cheminements de l'écriture.

Le surréalisme met la poésie au cœur de son dispositif de rénovation de l'homme intégral. La poésie y apparaît comme le moyen de surmonter le divorce de l'action et du rêve. Récupératrice des pouvoirs perdus, elle capte la parole de l'inconscient et du désir. Elle « donne à voir », selon la formule de Paul Éluard : « L'hallucination, la candeur, la fureur, la mémoire, ce Protée lunatique, les vieilles histoires, la table et l'encrier, les paysages inconnus, la nuit tournée, les souvenirs inopinés, les prophéties de la passion, les conflagrations d'idées, de sentiments, d'objets, la nudité aveugle, les entreprises systématiques à des fins inutiles devenant de première utilité, le dérèglement de la logique jusqu'à l'absurde, l'usage de l'absurde jusqu'à l'indomptable raison, c'est cela – et non l'assemblage plus ou moins savant, plus ou moins heureux des voyelles, des consonnes, des syllabes, des mots – qui contribue à l'harmonie d'un poème » (*Donner à voir,* 1939).

L'influence du surréalisme s'étend sur la majorité des poètes du siècle : Michaux, Leiris ont participé à l'action du groupe ; d'autres, comme Saint-John Perse, sont restés à l'écart, mais non sans affinités avec certaines de ses intuitions. La passion des images fortes, dérangeantes, révélatoires (« le stupéfiant image », disait Aragon) reste la marque majeure du surréalisme sur la poésie moderne.

L'abandon de la métrique traditionnelle, qui était fondée sur le décompte des syllabes et la rime, conduit les poètes à privilégier l'inscription visuelle du poème. Ce qui fait le vers, ce n'est plus le retour réglé de certaines marques, ni même l'unité de souffle (Claudel), mais le blanc en fin de ligne, la disposition de l'écriture sur la page. Avec Reverdy, le poète se fait typographe. Mais il peut aussi devenir dessinateur avec les mots : ce sont les *calligrammes* d'Apollinaire ou les *logogrammes* du poète belge Christian Dotremont.

La grande règle poétique du siècle, c'est que tout est permis en poésie : au poète d'inventer la forme neuve qui fera entendre – et voir – l'inouï. Avec le risque de sombrer parfois dans l'informe : piétinement de l'automatisme surréaliste ou degré zéro de la poésie, quand on croit qu'il suffit d'aller à la ligne pour composer un poème.

Une esthétique du changement

L'esthétique classique se plaisait aux chefs-d'œuvre réalisant la perfection d'une forme, d'un genre : œuvres accomplies, achevées, intangibles, fixées à jamais dans leur éclatante réussite. L'œuvre classique est refermée sur elle-même dans sa perfection arrêtée. La modernité déplace l'intérêt esthétique, de l'objet fini à sa fabrication. Ce n'est plus tant l'œuvre qui fascine que le processus de sa création. On va parfois jusqu'à mettre en question l'idée même qu'il soit possible d'achever une œuvre. De fait, quelques-unes des œuvres majeures du siècle restent inachevées (comme les grands romans de Kafka ou de Musil – Proust lui-même ayant eu beaucoup de mal à terminer *la Recherche*).

L'écrivain moderne expérimente, manipule, invente. C'est la recherche qui le passionne, la quête d'un usage nouveau du langage, de l'écriture. Incarnant cet esprit de recherche, Michel Butor fait de la discontinuité le principe d'organisation de ses romans, poèmes ou essais. Il cherche à faire sortir le livre de la prison de l'écrit, par le recours à toutes les techniques nouvelles (« Nous pouvons avoir aujourd'hui l'idée d'une littérature de je ne sais quel siècle futur qui serait à la fois architecture et livres : des sites, des monuments travaillés de telle sorte que puissent s'y produire des événements admirables dans lesquels le langage apparaîtrait sous tous ses aspects », *Répertoire III,* 1968).

L'évolution de Francis Ponge est tout à fait révélatrice de la fascination moderne pour le changement des formes et la variation. Après avoir publié des textes qui semblaient des poèmes en prose (donc des œuvres achevées, closes dans leur perfection recherchée), il publie à nouveau certains de ces textes en les augmentant de leurs variantes, transformations, brouillons, ainsi que de commentaires, explications, précisions sur les conditions et les principes de leur écriture, etc. L'œuvre n'est plus un objet, mais le spectacle et l'expérience de son élaboration.

Au rendez-vous des Amis : les écrivains et peintres surréalistes. Max Ernst.

FRANCE

PIERRE

REVERDY

Pierre Reverdy (1889-1960), proche des peintres cubistes, à l'écart du surréalisme, à qui il a pourtant inspiré la théorie de l'image poétique, d'autant plus forte qu'elle rapproche des réalités plus éloignées, a composé une œuvre poétique austère, presque ascétique, très construite, jouant de la disposition typographique des mots et des blancs sur la page. Sa poésie crée une attente vide : « La poésie, c'est le lien entre nous et le réel *absent*. C'est l'absence qui fait naître tous les poèmes. » Ses poèmes figurent en de nombreuses plaquettes, rassemblées en quelques recueils collectifs (*Plupart du temps*, 1945 ; *Main-d'œuvre*, 1949).

Sur la pointe des pieds

Que reste-t-il quand il ne reste rien, sinon le poème qui naît du dénuement même ?

Il n'y a plus rien qui reste
              entre mes dix doigts
Une ombre qui s'efface
              Au centre
              un bruit de pas
Il faut étouffer la voix qui monte trop
Celle qui gémissait et qui ne mourait pas
Celle qui allait plus vite
C'est vous qui arrêtiez ce magnifique élan
          L'espoir et mon orgueil
            qui passaient dans le vent
Les feuilles sont tombées
          pendant que les oiseaux comptaient
                    les gouttes d'eau
Les lampes s'éteignaient derrière les rideaux
Il ne faut pas aller trop vite
Crainte de tout casser en faisant trop de bruit.

Pierre Reverdy, *Sources du vent*,
© Mercure de France, Paris, 1949

COMPRÉHENSION ET LANGUE

1 – Sous quelle forme ce poème se présente-t-il ?
2 – Quels pronoms personnels peut-on relever ?
3 – Quels sont les personnages en présence ?
4 – Pourquoi faut-il « étouffer la voix qui monte trop » (v. 6) ?
5 – Quel message le poète veut-il laisser ?
6 – Imaginez un autre titre. Quel serait alors le sens du poème ?

ACTIVITÉS DIVERSES, EXPRESSION ÉCRITE

Le manque de ponctuation est-il gênant pour la compréhension du texte ?
Essayez de rétablir une ponctuation « normale ». Que remarquez-vous ?

Francis Ponge (1899-1988) a d'abord été connu par son recueil *le Parti pris des choses,* 1942, célébré par Sartre parce qu'il imposait un nouveau rapport de l'homme au monde. Mais « prendre le parti des choses », ce n'est pas seulement leur céder l'initiative pour qu'elles se révèlent comme si elles prenaient la parole, c'est aussi tenir compte des mots et de toute leur épaisseur sémantique. Les textes de Ponge, où les choses deviennent paroles et les paroles choses, sont inclassables et mêlés, comme le suggère le titre du recueil de 1949 : *Proêmes*. L'écriture de Ponge a évolué vers une esthétique de la variation et de la gestation : il présente à la fois le texte et ses variantes, reprises, retouches, transformations, ainsi que des réflexions critiques ou de méthode (*la Fabrique du pré,* 1971).

Le Verre d'eau

« Le Verre d'eau » est un texte de 1949, qui comprend une cinquantaine de pages : un développement à partir de recherches dans le dictionnaire, une page sur le verre d'eau du conférencier, une autre sur les rapports du verre et de l'eau, et beaucoup d'autres textes et variations. Voici un fragment qui joue sur la relation entre le mot et l'objet qu'il désigne.

Le mot VERRE D'EAU serait en quelque façon adéquat à l'objet qu'il désigne... Commençant par un V, finissant par un U, les deux seules lettres en forme de vase ou de verre. Par ailleurs, j'aime assez que dans VERRE, après la forme (donnée par le V), soit donnée la matière par les deux syllabes ER RE, parfaitement symétriques comme si, placées de part et d'autre de la paroi du verre, l'une à l'intérieur, l'autre à l'extérieur, elles se reflétaient l'une en l'autre. Le fait que la voyelle utilisée soit la plus muette, la plus grise, le E, fait également très adéquat. Enfin, quant à la consonne utilisée, le R, le roulement produit par son redoublement est excellent aussi, car il semble qu'il suffirait de prononcer très fort ou très intensément le mot VERRE en présence de l'objet qu'il désigne pour que, la matière de l'objet violemment secouée par les vibrations de la voix prononçant son nom, l'objet lui-même vole en éclats. (Ce qui rendrait bien compte d'une des principales propriétés du verre : sa fragilité.)

Ce n'est pas tout. Dans VERRE D'EAU, après VERRE (et ce que je viens d'en dire) il y a EAU. Eh bien, EAU à cette place est très bien aussi : à cause d'abord des voyelles qui le forment. Dont la première, le E, venant après celui répété qui est dans VERRE, rend bien compte de la parenté de matière entre le contenant et le contenu, – et la seconde, le A (le fait aussi que comme dans ŒIL il y ait là diphtongue suivie d'une troisième voyelle) rend compte de l'œil que la présence de l'eau donne au verre qu'elle emplit (œil, ici, au sens de lustre mouvant, de poli mouvant). Enfin, après le côté suspendu du mot VERRE (convenant bien au verre vide), le côté lourd, pesant sur le sol, du mot EAU fait s'asseoir le verre et rend compte de l'accroissement de poids (et d'intérêt) du verre empli d'eau. J'ai donné mes louanges à la forme du U.

... Mais, encore une fois, je ne voudrais pas m'éblouir de ce qui précède... Plutôt me l'être rendu transparent, l'avoir franchi...

Francis Ponge, « le Verre d'eau »,
in *Méthodes,* © Éditions Gallimard, 1961

FRANCE

ANTONIN ARTAUD

Antonin Artaud (1896-1948), qui a un temps adhéré au groupe surréaliste, descend par l'écriture au fond de lui-même, dans l'enfer des troubles psychiques (« Je souffre d'une effroyable maladie de l'esprit. Ma pensée m'abandonne à tous les degrés »). *L'Ombilic des limbes* et *le Pèse-Nerfs*, 1925, tiennent le journal de cette apocalypse mentale. Acteur et metteur en scène, Artaud attend du théâtre, créateur de mythes, un accord renouvelé avec les forces élémentaires de la vie (*le Théâtre et son Double*, 1938). La fin de sa vie est marquée par de longs séjours en asile psychiatrique et par la publication de textes qui crient sa détresse et sa rage (*Van Gogh, le suicidé de la société*, 1947).

« Par suppression de pensée »

Le Pèse-Nerfs *est l'exploration intérieure d'une souffrance, la tentative de description clinique d'un sentiment de dépossession de soi-même, d'effondrement mental, d'absence à soi-même et au monde (« Une espèce de déperdition constante du niveau normal de la réalité »).*

Je suis imbécile, par suppression de pensée, par mal-formation de pensée, je suis vacant par stupéfaction de ma langue.

Mal-formation, mal-agglomération d'un certain nombre de ces corpuscules vitreux, dont tu fais un usage si inconsidéré. Un usage que tu ne sais pas, auquel tu n'as jamais assisté.

Tous les termes que je choisis pour penser sont pour moi des TERMES au sens propre du mot, de véritables terminaisons, des aboutissants de mes [1] mentales, de tous les états que j'ai fait subir à ma pensée. Je suis vraiment LOCALISÉ par mes termes, et si je dis que je suis LOCALISÉ par mes termes, c'est que je ne les reconnais pas comme valables dans ma pensée. Je suis vraiment paralysé par mes termes, par une suite de terminaisons. Et si AILLEURS que soit en ces moments ma pensée, je ne peux que la faire passer par ces termes, si contradictoires à elle-même, si parallèles, si équivoques qu'ils puissent être, sous peine de m'arrêter à ces moments de penser.

Si l'on pouvait seulement goûter son néant, si l'on pouvait se bien reposer dans son néant, et que ce néant ne soit pas une certaine sorte d'être mais ne soit pas la mort tout à fait.

Il est si dur de ne plus exister, de ne plus être dans quelque chose. La vraie douleur est de sentir en soi se déplacer sa pensée. Mais la pensée comme un point n'est certainement pas une souffrance.

J'en suis au point où je ne touche plus à la vie, mais avec en moi tous les appétits et la titillation[2] insistante de l'être. Je n'ai plus qu'une occupation, me refaire.

Antonin Artaud, *le Pèse-Nerfs*,

1. Un mot absent : comme pour montrer concrètement l'impossibilité de dire cette expérience mentale. – 2. Démangeaison.

Henri Michaux (1899-1984), d'origine belge, a beaucoup voyagé, en Amérique et en Asie (Équateur, Inde, Chine), mais aussi par l'imagination, en s'aidant parfois de substances hallucinogènes. Tous ses livres (*Qui je fus,* 1927 ; *Un barbare en Asie,* 1932 ; *La nuit remue,* 1934 ; *la Vie dans les plis,* 1949, etc.), comme ses dessins et ses gouaches, sont des comptes rendus d'explorations, à la recherche de l'essentiel : un secret toujours à découvrir. Le goût de l'insolite et de l'inconnu, l'attention portée aux phénomènes les plus subtils, le corps à corps avec un langage parfois imaginaire, font de Michaux un écrivain hors du commun.

Un homme paisible

Michaux peint avec le plus grand sérieux un univers qu'il ne semble jamais prendre vraiment au sérieux. Ainsi dans les quatorze textes courts qu'il consacre à un personnage de son invention, Plume, rêveur imperturbable au milieu des plus ahurissantes catastrophes, souverainement indifférent à ce qui peut arriver dans un monde décidément absurde. « Un homme paisible » est le texte d'ouverture de la série Un certain Plume *(écrite en 1930).*

Étendant les mains hors du lit, Plume fut étonné de ne pas rencontrer le mur. « Tiens, pensa-t-il, les fourmis l'auront mangé… » et il se rendormit.

Peu après, sa femme l'attrapa et le secoua : « Regarde, dit-elle, fainéant ! Pendant que tu étais occupé à dormir, on nous a volé notre maison. » En effet, un ciel intact s'étendait de tous côtés. « Bah, la chose est faite », pensa-t-il.

Peu après, un bruit se fit entendre. C'était un train qui arrivait sur eux à toute allure. « De l'air pressé qu'il a, pensa-t-il, il arrivera sûrement avant nous » et il se rendormit.

Ensuite, le froid le réveilla. Il était tout trempé de sang. Quelques morceaux de sa femme gisaient près de lui. « Avec le sang, pensa-t-il, surgissent toujours quantité de désagréments ; si ce train pouvait n'être pas passé, j'en serais fort heureux. Mais puisqu'il est déjà passé… » et il se rendormit.

– Voyons, disait le juge, comment expliquez-vous que votre femme se soit blessée au point qu'on l'ait trouvée partagée en huit morceaux, sans que vous, qui étiez à côté, ayez pu faire un geste pour l'en empêcher, sans même vous en être aperçu ? Voilà le mystère. Toute l'affaire est là-dedans.

– Sur ce chemin, je ne peux pas l'aider, pensa Plume, et il se rendormit.

– L'exécution aura lieu demain. Accusé, avez-vous quelque chose à ajouter ?

– Excusez-moi, dit-il, je n'ai pas suivi l'affaire. Et il se rendormit.

Henri Michaux, « Un homme paisible », in « Un certain Plume »
issu de *Plume,* © Éditions Gallimard, 1963

COMPRÉHENSION ET LANGUE	ACTIVITÉS DIVERSES, EXPRESSION ÉCRITE
1 – Que pensez-vous de la réaction de Plume à son réveil ? Cette réaction évolue-t-elle ? 2 – Qui sont les autres protagonistes de l'histoire ? Quelle est leur importance ? 3 – Comment interprétez-vous la répétition de « et il se rendormit » ?	1 – Différenciez dans ce passage le *récit* et le *discours.* 2 – À quel genre littéraire ce texte se rattache-t-il selon vous ? Argumentez votre réponse.

Michel Butor, né en 1926, a d'abord été l'un des artisans essentiels du renouvellement du roman, par des constructions qui se fondent sur la discontinuité et la révélation d'un ordre et d'un sens cachés (*Passage de Milan,* 1954 ; *la Modification,* 1957). Délaissant le roman pour l'essai, le récit de rêve ou la poésie, il explore toutes les possibilités du voyage littéraire (*le Génie du lieu,* 1958) et se laisse porter par les possibilités polyphoniques du langage, par tous les jeux sur le signifiant et l'auto-engendrement du texte littéraire (*Mobile,* 1962 ; *Travaux d'approche,* 1972).

« Cette attention portée à la mort »

Le Génie du lieu *rassemble huit essais sur des sites (de Cordoue à Mantoue, de Delphes à Istanbul) que Michel Butor tient pour exemplaires, par leur capacité à conjuguer l'espace et l'écriture, le spectacle et la littérature, comme s'ils formaient un texte totalisant une expérience du monde. Dans le chapitre consacré à la vallée de Minîèh, en Égypte, il suggère ainsi une corrélation entre le texte coranique et le paysage lui-même.*

« Ô serviteur de Dieu, ô fils d'une servante de Dieu, sache que maintenant vont descendre vers toi deux anges chargés de toi et de tes semblables : quand ils te diront : “Qui est ton Seigneur ?” réponds-leur : “Dieu est mon Seigneur”, en vérité ; et quand ils t'interrogeront sur ton Prophète ou sur l'homme qui vous a été envoyé, dis-leur : “Mohammed est « l'apôtre de Dieu »”, en vérité ; et quand ils t'interrogeront sur ta religion, dis-leur : “L'islam est ma religion” ; et quand ils t'interrogeront sur ton livre de direction, dis-leur : “Le Coran est mon livre de direction, et les musulmans sont mes frères” ; et quand ils t'interrogeront sur la Qibleh [1], dis-leur : “La Kaabeh[2] est ma Qibleh ; et j'ai vécu et je suis mort en affirmant qu'il n'y a pas d'autre dieu que Dieu et que Mohammed est l'apôtre de Dieu” ; et ils te diront : “Dors, ô serviteur de Dieu, dans la protection de Dieu”. »

Cette attention portée à la mort, cette familiarité avec le cadavre, dont l'odeur les jours les plus chauds imprègne tout dans la vallée, cette conscience constante du caractère transitoire de l'individu, si différente de cette espèce d'oubli vis-à-vis de cette condition qu'il y a maintenant dans la plupart des pays de l'Europe occidentale, de telle sorte que, lorsque quelqu'un meurt, cet événement apparaît toujours comme quelque chose d'imprévu, que nous ne savons pas comment nous tenir, comment parler, comment nous débarrasser de ce corps scandaleux.

Cette énorme importance accordée à la tombe est liée très étroitement à la structure du paysage de la vallée, à cette humiliation si claire de l'humain transitoire et de son domaine par un monde autre permanent, et il est par conséquent nécessaire que dans sa réponse à une telle situation toute civilisation venue d'ailleurs, venue d'une région dans laquelle la question du cadavre se posait avec beaucoup moins de violence, de telle sorte qu'il était possible de l'occulter, de la négliger plus ou moins, adopte les solutions, les coutumes de celles qui l'y ont précédée.

Michel Butor, « Égypte », in *le Génie du lieu,*
© Éditions B. Grasset, Paris, 1958

1. Direction vers laquelle se tourne celui qui prie.
2. Pierre sacrée, au centre de la grande mosquée de La Mecque.

Compréhension et langue

1 – De quel livre l'extrait du premier paragraphe est-il tiré ?
2 – Comment le deuxième paragraphe est-il construit ?
3 – Quelles sont les réactions face à la mort ?
4 – Quelle corrélation l'auteur établit-il entre la tombe et le personnage ?

Activités diverses, expression écrite

Comment la peur de la mort est-elle exorcisée d'une civilisation à une autre ?

JULIEN GRACQ

Julien Gracq (pseudonyme de Léon Poirier), né en 1910, accomplit le programme, esquissé par André Breton, d'un « roman surréaliste », tournant le dos à la psychologie et aux vraisemblances du roman classique. Chacun de ses romans s'organise autour du thème de l'absence et construit de somptueuses architectures de mots, comme de longs poèmes en prose, pour laisser affleurer la grande force du désir, la fascination de l'inconnu ou la hantise de la mort. En 1951, pour prendre ses distances avec l'institution littéraire, il refuse le prix Goncourt attribué au *Rivage des Syrtes.*

« Quelque chose m'était promis »

Le narrateur du Rivage des Syrtes *quitte Orsenna, la capitale du pays (imaginaire…) où sa famille joue un rôle important, pour aller tenir un poste militaire sur la côte des Syrtes, où la guerre menace de se rallumer avec un peuple voisin. Il y découvre d'abord la fascination du voyage et du dépaysement.*

Lorsque je revis en souvenir les premiers temps de mon séjour dans les Syrtes, c'est toujours avec une vivacité intense que revient à moi l'impression anormalement forte de dépaysement que je ressentis dès mon arrivée, et toujours à ce rapide voyage qu'elle s'attache pour moi avec le plus de prédilection. Nous glissions comme dans le fil d'un fleuve d'air froid que la route poussiéreuse jalonnait de vagues pâleurs ; de part et d'autre de la route, l'obscurité se refermait opaque ; au long de ces chemins écartés, où toute rencontre paraissait déjà si improbable, rien n'égalait le vague indécis des formes qui s'ébauchaient de l'ombre pour y rentrer aussitôt. Dans l'absence de tout repère visible, je sentais monter en moi cette atonie légère et progressive du sens de l'orientation et de la distance qui nous immobilise avant tout indice, comme l'étourdissement commençant d'un malaise, au milieu d'une route où l'on s'est égaré. Sur cette terre engourdie dans un sommeil sans rêves, le brasillement énorme et stupéfiant des étoiles déferlait de partout en l'amenuisant comme une marée, exaspérant l'ouïe jusqu'à un affinement maladif de son crépitement d'étincelles bleues et sèches, comme on tend l'oreille malgré soi à la mer devinée dans l'extrême lointain. Emporté dans cette course exaltante au plus creux de l'ombre pure, je me baignais pour la première fois dans ces nuits du Sud inconnues d'Orsenna, comme dans une eau initiatique. Quelque chose m'était promis, quelque chose m'était dévoilé ; j'entrais sans éclaircissement aucun dans une intimité presque angoissante, j'attendais le matin, offert déjà de tous mes yeux aveugles, comme on s'avance les yeux bandés vers le lieu de la révélation.

Julien Gracq, *le Rivage des Syrtes*, José Corti, 1951

COMPRÉHENSION ET LANGUE

1 – Quelle est la grande impression vivace du narrateur ?
2 – Quelle atmosphère se dégage du voyage ?
3 – Que ressent le voyageur face à l'absence de tout repère visible ?
4 – Que dire de la fascination du narrateur pour la nuit ?
5 – L. 14-19 : relevez les images en distinguant métaphores et comparaisons.

ACTIVITÉS DIVERSES, EXPRESSION ÉCRITE

Êtes-vous attiré par les voyages ? Dans une discussion argumentée, dites s'il vous semble préférable d'être un nomade ou de «naître, vivre et mourir dans la même maison ».

GEORGES

PEREC

Georges Perec (1936-1982), prodigieux expérimentateur, se plaît aux contraintes formelles les plus ahurissantes, comme celle d'écrire un roman dans lequel aucun mot ne doit comporter la lettre « e » (*la Disparition,* 1969), ou bien l'inverse, un roman où la seule voyelle permise soit ce même « e » (*les Revenentes,* 1972). Dans *W. ou le Souvenir d'enfance,* 1975, la prouesse formelle déguise mal la souffrance de la remémoration : l'enfance de Perec a été marquée par l'extermination de sa famille (juive) dans les camps de la mort. Son chef-d'œuvre, *la Vie, mode d'emploi,* 1978, cherche à épuiser toutes les possibilités littéraires par le foisonnement d'histoires s'emboîtant à la manière des éléments d'un puzzle.

« Le démon de la recherche »

Le projet de la Vie, mode d'emploi *est de former une « encyclopédie » de la vie moderne, en racontant la vie d'un immeuble parisien et de ses habitants, non pas comme un roman-fresque traditionnel, mais comme un roman-puzzle, relié par l'histoire génératrice d'un certain Bartlebooth, lui-même amateur de puzzles. Chaque histoire, traitée sur le mode hyperréaliste, se creuse d'allusions, de citations, de références multiples, de perspectives sans fin. Le nommé Morellet, qui habite au huitième étage, une chambre de bonne, a exercé divers métiers avant de devenir préparateur de chimie à l'École polytechnique ; il rencontre Bartlebooth, qui le charge de mettre au point une colle spéciale pour assembler ses puzzles et qui le rémunère pour cela.*

Débarrassé de tout souci financier, mais saisi par le démon de la recherche, Morellet mit à profit son temps libre pour se livrer, chez lui, à des expériences de physique et de chimie dont ses longues années de préparateur semblaient l'avoir particulièrement frustré. Distribuant dans tous les cafés du quartier des cartes de visite le qualifiant pompeusement de « Chef de Travaux Pratiques à l'École Pyrotechnique », il offrit généreusement ses services et reçut d'innombrables commandes pour des shampooings super-actifs, à cheveux ou à moquette, des détachants, des économiseurs d'énergie, des filtres pour cigarettes, des martingales de 421[1], des tisanes antitussives et autres produits miracles.

Un soir de février mille neuf cent soixante, alors qu'il faisait chauffer dans une Cocotte-minute un mélange de colophane et de carbure diterpénique destiné à l'obtention d'un savon dentifrice à goût de citron, l'appareil explosa. Morellet eut la main gauche déchiquetée et perdit trois doigts.

Cet accident lui coûta son travail – la préparation du treillis métallique[2] exigeait une dextérité minimale – et il n'eut plus pour vivre qu'une retraite incomplète mesquinement versée par l'École polytechnique et une petite pension que lui fit Bartlebooth. Mais sa vocation de chercheur ne se découragea pas ; au contraire, elle s'exacerba. Bien que sévèrement sermonné par Smautf, par Winckler et par Valène, il persévéra dans des expériences qui pour la plupart se révélèrent inefficaces, mais inoffensives, sauf pour une certaine Madame Schwann qui perdit tous ses cheveux après les avoir lavés avec la teinture spéciale que Morellet avait préparée à son exclusif usage ; deux ou trois fois cependant, ces manipulations se terminèrent par des explosions plus spectaculaires que dangereuses, et des débuts d'incendie vite maîtrisés.

Georges Perec, *la Vie, mode d'emploi,* Hachette, 1978

1. Combinaison plus ou moins scientifique pour être assuré de gagner au jeu (ici le jeu de dés appelé 421). – 2. Travail qu'avait à accomplir Morellet à l'École polytechnique.

« À de certains signes, il reconnut qu'il approchait »

Boris Vian (1920-1959), ingénieur et trompettiste de jazz, ami de Jean-Paul Sartre, écrit des pastiches de romans noirs, des chansons (qui font parfois scandale, comme *le Déserteur*), des pièces de théâtre d'avant-garde (*les Bâtisseurs d'Empire*, 1959) et quelques romans d'une ironie farfelue et poétique (*l'Écume des jours*, 1947 ; *l'Automne à Pékin*, 1947 ; *l'Arrache-Cœur*, 1953). Il rencontre après sa mort précoce un étonnant succès auprès de jeunes lecteurs, fascinés par la fantaisie cruelle et tendre de son œuvre.

L'univers de Boris Vian est peuplé de plantes, d'animaux, d'objets étranges (comme ces fleurs de calamines *qu'aucun botaniste ne connaît). Voici un fragment du premier chapitre de* l'Arrache-Cœur : *des détails insolites tirent le récit du côté de la bande dessinée ou du dessin animé.*
Jacquemort suit un sentier qui longe une falaise.

Des récifs noirs émergeaient de place en place, huilés par le ressac et couronnés d'un anneau de vapeur. Le soleil corrodait la surface de la mer et la salissait de graffiti obscènes.

Jacquemort se releva, reprit sa marche. Le chemin tournait. À gauche il vit des fougères déjà marquées de roux et des bruyères en fleur. Sur les rocs dénudés brillaient des cristaux de sel apportés par le chasse-marée. Le sol, vers l'intérieur du pays, s'élevait en pente escarpée. Le sentier contournait des masses brutales de granit noir, jalonné, par places, de nouvelles crottes de bique. De biques, point. Les douaniers les tuaient, à cause des crottes.

Il accéléra l'allure, et se trouva brusquement dans l'ombre car les rayons du soleil ne parvenaient plus à le suivre. Soulagé par la fraîcheur, il allait encore plus vite. Et les fleurs de calamines passaient en ruban de feu continu devant ses yeux.

À de certains signes, il reconnut qu'il approchait et prit le soin de mettre en ordre sa barbe rousse et effilée. Puis, il repartit allégrement. Un instant, la Maison lui apparut tout entière entre deux pitons de granit, taillés par l'érosion en forme de sucette et qui encadraient le sentier comme les piliers d'une poterne géante. Le chemin tournait à nouveau, il la perdit de vue. Elle était assez loin de la falaise, tout en haut. Lorsqu'il passa entre les deux blocs sombres, elle se démasqua entièrement, très blanche, entourée d'arbres insolites. Une ligne claire se détachait du portail, serpentait paresseusement sur le coteau et rejoignait, à bout de course, le sentier. Jacquemort s'y engagea. Arrivé presque en haut de la côte, il se mit à courir car il entendait les cris.

Du portail grand ouvert au perron de la maison une main prévoyante avait tendu un ruban de soie rouge. Le ruban montait l'escalier, aboutissait à la chambre. Jacquemort le suivit. Sur le lit, la mère reposait, en proie aux cent treize douleurs de l'enfantement. Jacquemort laissa tomber sa trousse de cuir, releva ses manches et se savonna les mains dans une auge de lave brute [1].

Boris Vian, *l'Arrache-Cœur*,

1. On apprendra plus tard que Jacquemort est bien médecin, comme on peut le deviner ici, mais sa spécialité est la psychiatrie.

La rencontre des cultures

La littérature française ne s'est jamais limitée au seul devoir d'exprimer la France et la civilisation française. Elle a été, depuis ses origines, au contact et à l'écoute du monde extérieur et des cultures autres. La littérature du Moyen Âge, pourtant peu portée sur l'exotisme, s'aventure aux portes de l'Espagne et du monde musulman avec *la Chanson de Roland* ou raconte *la Conquête de Constantinople* avec Villehardouin. Au XVIe siècle, la rencontre de l'Amérique et de ses civilisations si contrastées suscite moins une mode exotique qu'un véritable choc culturel, que traduit le succès du « mythe du bon sauvage ». Le XVIIIe siècle (de La Hontan à Voltaire, Rousseau ou Diderot) articulera sur ce mythe la critique systématique de la civilisation européenne et la construction de belles utopies. Le mythe reste encore agissant : il nourrit de sa séduction bien des thèses écologistes.

L'exotisme

Le monde extérieur s'impose en littérature par les récits des voyageurs, qui sont de plus en plus nombreux à partir du XVIIe siècle : ils donnent la curiosité de lire de belles relations, exactes et suggestives à la fois. Bernardin de Saint-Pierre, à la fin du XVIIIe siècle (*Voyage à l'île de France,* 1773), puis Chateaubriand (*Voyage en Amérique,* publié pour la première fois en 1827 ; *Itinéraire de Paris à Jérusalem,* 1811) imposent le modèle d'une prose descriptive et poétique. Après l'Italie, but de voyage de nombreux touristes littéraires (de Montaigne à Stendhal), ce sont les pays à l'est et au sud de la Méditerranée, de la Turquie au Maghreb, qui deviennent la matière littéraire des écrivains-voyageurs. L'un des genres littéraires les plus pratiqués au XIXe siècle est le « Voyage en Orient » : Volney, Chateaubriand, Lamartine, Nerval, Flaubert, Théophile Gautier, Fromentin, Renan, Maurice Barrès, Loti l'illustrent, chacun à sa manière.

Le triomphe de l'exotisme marque tout le XIXe siècle. On s'intéresse à la variété des paysages, des races et des mœurs. On découvre les plaisirs de la couleur locale. La poésie elle-même emprunte au charme des pays lointains (Victor Hugo, *les Orientales,* 1829). Les écrivains voyagent pour aller puiser ou contrôler sur place les couleurs qu'ils verseront sur leurs textes (Flaubert écrit à sa mère, depuis l'Orient : « Je me fiche une ventrée de couleurs comme un âne s'emplit d'avoine »). À la fin du siècle, l'exotisme s'exténue. Le succès de Loti est déjà ambigu : ses romans mélancoliques annoncent le déclin de la nouveauté exotique ; le temps du monde fini commence. Peuples et paysages, mieux connus, perdent la fraîcheur de l'inconnu. La modernité uniformise déjà un monde rapetissé.

La multiplication des voyages au XXe siècle précipite cette évolution. En effet, s'il n'y a sans doute jamais eu autant de touristes et si l'on compte parmi eux beaucoup d'écrivains qui racontent leurs voyages (Valery Larbaud, Paul Morand, Blaise Cendrars, et tant d'autres), l'exotisme naïf, simple besoin d'évasion ou aimable curiosité du pittoresque, n'est littéralement plus possible. Tout a déjà été vu et raconté. Le déluge d'images que les moyens audiovisuels déversent partout banalise les hommes et les paysages des pays lointains. L'exotisme du XXe siècle est pris à son propre piège : le récit de voyage prépare la mort de la nouveauté séduisante qu'il voulait dévoiler. Nul mieux que Claude Lévi-Strauss (*Tristes Tropiques,* 1955) n'a dit la séduction et la tromperie des récits de voyage, qui « apportent l'illusion de ce qui n'existe plus ».

Des écrivains venus d'ailleurs

L'écrivain exotique écrit sur des pays lointains, étrangers, et donc étranges et séduisants par là même. Nécessairement, son point de vue d'écrivain, les références qu'il mobilise, le lieu d'où procède son écriture, sont ceux de son propre pays. L'exotique reste extérieur. Loti, dans ses romans et ses récits de voyage, ne cesse pas d'être un marin français, visitant Constantinople, Tahiti ou le Sénégal. Tout change quand l'écriture s'enracine dans le pays autre. Cet enracinement peut provenir d'une naissance ou d'un long séjour en pays étranger, d'une familiarité acquise avec une culture différente, d'un choix d'appartenance... L'écrivain n'est plus un touriste : il participe alors de l'ailleurs dont il parle.

Nombreux sont les écrivains de la littérature française qui sont venus de ces ailleurs plus ou moins lointains. Les uns sont nés dans des familles de langue, de culture ou d'origine française : André Chénier, déjà, à Constantinople, Leconte de Lisle à Saint-Paul de la Réunion, José Maria de Heredia près de Santiago de Cuba, Isidore Ducasse, dit le comte de Lautréamont, Jules Laforgue et Jules Supervielle à Montevideo en Uruguay, Claude Simon à Tananarive, Marguerite Duras en Cochinchine (aujourd'hui Viêt-nam), Albert Camus en Algérie, etc. Pour beaucoup d'entre eux, l'enfance vécue hors de France, en particulier dans des territoires alors coloniaux, marque en profondeur l'imaginaire. La relation intime avec le pays de l'enfance en fait une patrie mentale.

D'autres sont nés dans des cultures et des langues étrangères et sont venus, par choix contraint ou volontaire, à l'écriture en français, sans forcément adopter la nationalité française : au siècle passé, le Polonais Potocki (auteur du *Manuscrit trouvé à Saragosse,* 1804-1805), plus près de nous, Eugène Ionesco, né en Roumanie, comme Tristan Tzara ou E.M. Cioran, Samuel Beckett, né en Irlande, Julien Green, né à Paris, mais de parents américains, etc.

Il serait difficile d'imaginer que ces écrivains n'apportent pas dans leur écriture de langue française quelques traces de leurs origines.

Il arrive enfin que des voyageurs prennent le temps de s'arrêter, parfois de s'installer dans le pays de rencontre : ils se familiarisent avec sa différence, la pénètrent de l'intérieur. Victor Segalen, médecin de marine, donc voyageur par profession, a théorisé cette forme supérieure et féconde de l'exotisme, qui n'est plus vision fugitive, ni évaluation à partir de valeurs importées, mais acceptation de l'autre et de la différence, dans son irréductible opacité. Segalen se proposait tout un programme de rénovation de l'exotisme : « Avant tout, déblayer le terrain. Jeter par-dessus bord tout ce que contient de mésusé et de rance ce mot d'exotisme. Le dépouiller de tous ses oripeaux : le palmier et le chameau ; casque de colonial ; peaux noires et soleil jaune [...]. Poser la sensation d'Exotisme : qui n'est autre que la notion du différent ; la perception du Divers ; la connaissance que quelque chose n'est pas soi-même. »

L'exotisme n'est donc pas « cet état kaléidoscopique du touriste et du médiocre spectateur, mais la réaction vive et curieuse au choc d'une individualité forte contre une objectivité dont elle perçoit et déguste la distance ». Segalen dénonce le travers de l'exotisme traditionnel qui est de prétendre comprendre ce qui est extérieur à soi, et donc, finalement, de le réduire à une projection du même : l'exotisme rénové est « la perception aiguë et immédiate d'une incompréhensibilité éternelle ». Si l'autre existe, il m'est nécessairement impénétrable. C'est cette « impénétrabilité » qui nous réserve la chance de sentir « le Divers ».

Quelques écrivains ont tenté de manifester ce « pouvoir d'exotisme » au sens de Segalen (« le pouvoir de concevoir autre », la force de sortir de soi-même). Ainsi Claudel, subjugué par les civilisations de la Chine et du Japon, écrit *Connaissance de l'Est* (1900-1907), essai de co-naissance (de naissance participative) à une culture étrangère. Les voyages de Michaux en Amérique latine ou en Orient, d'Antonin Artaud au Mexique sont autant de plongées dans des étrangetés absolues.

Cette forme nouvelle de l'exotisme transforme le projet des meilleurs récits modernes de voyage : non plus promenades pittoresques, mais découverte de l'autre et exploration de soi-même dans une relation avec l'autre (Michel Leiris, André Malraux ou le Suisse Nicolas Bouvier).

Appartenances et identités

Si la littérature française a su être accueillante à des écrivains et à des textes venus d'ailleurs, l'inverse est tout aussi vrai : des auteurs, qui semblaient tout à fait intégrés à la littérature française, peuvent revendiquer leur appartenance à d'autres ensembles. Jean-Marie G. Le Clézio, par exemple, a souvent souligné qu'il se considérait comme un « écrivain mauricien ». Saint-John Perse apparaît à Patrick Chamoiseau et Raphaël Confiant, historiens de la littérature antillaise, comme l'un des écrivains majeurs de cette littérature.

Cette question de l'appartenance littéraire en fonction de critères d'identité nationale ou culturelle est parfois embrouillée à plaisir. On peut proposer la distinction suivante. La *littérature de langue française* ou *littérature francophone* (au singulier, qui généralise) comprend tous les textes littéraires qui s'écrivent en français, quelles que soient l'identité et la nationalité de l'écrivain. Les *littératures francophones* (au pluriel, qui particularise selon les pays ou les régions concernés) sont les ensembles de textes qui ont une circulation littéraire (écriture, édition, diffusion, lecture, usages divers...) dans des pays particuliers ou en relation avec eux : la littérature française est donc une littérature francophone parmi les autres. Ce qui fait entrer un texte dans une littérature francophone particulière, c'est qu'en un point au moins de sa circulation littéraire, ce texte appartient au pays en question et contribue ainsi à façonner sa culture et son identité. Peuvent entrer, par exemple, dans la littérature sénégalaise des textes qui sont écrits par des Sénégalais ou au Sénégal ou qui sont édités ou diffusés ou lus ou étudiés en classe dans ce pays. Plus un texte répond à ces divers critères, plus solidement il témoigne de son appartenance littéraire.

Un texte, un écrivain peuvent donc présenter des appartenances multiples, quand ils entrent dans plusieurs circulations littéraires. C'est ce qui se passe pour Le Clézio et pour Saint-John Perse, voire pour Alexandre Dumas. Ce dernier était le petit-fils d'une ancienne esclave de Saint-Domingue. Ce qui en soi ne suffit pas à le classer comme « écrivain négro-africain ». Mais en 1843, Dumas publie un roman, *Georges,* où il traite du problème du métissage. Ce roman se déroule à l'île Maurice et a probablement été écrit avec l'aide d'informateurs ou de collaborateurs mauriciens. Il se trouve qu'une réédition récente en collection de poche a de nouveau attiré l'attention sur l'ouvrage, qui s'est alors beaucoup vendu et lu à l'île Maurice, où on l'a étudié dans les classes : *Georges* est alors entré dans la circulation littéraire mauricienne.

L'itinéraire de Jean-Marie G. Le Clézio est particulièrement révélateur : tout se passe comme s'il lui avait fallu le détour par des terres « exotiques » (le désert, le Mexique) avant d'oser revenir par la littérature au pays de ses parents : cette île Maurice, dont il fait peu à peu le centre rayonnant de son œuvre.

Quand Édouard Glissant écrit l'épopée des *Indes* pour « répondre » au vaste poème de Saint-John Perse, *Vents,* il fait entrer du même coup celui-ci dans une circulation littéraire antillaise, montrant la portée particulière que ce poème de la venue en Amérique pouvait prendre pour les lecteurs des îles.

Puisque les textes et les écrivains peuvent ainsi migrer dans le vaste domaine de la littérature, les notions d'appartenance et d'identité servent moins à délimiter des frontières et des exclusions qu'à repérer les lieux où ils s'offrent à des lectures plus riches et plus fécondes.

FRANCE

VICTOR

Victor Segalen (1878-1919), médecin de marine, forme à Tahiti l'admirable projet de redonner vie à la parole traditionnelle des Maoris, qui se meurt à la suite de l'irruption brutale de la civilisation européenne (*les Immémoriaux,* 1907). Des séjours en Chine suscitent des poèmes (*Stèles,* 1912), qui transposent en français la poétique chinoise, et des romans *(le Fils du ciel ; René Leys).* Segalen propose une conception neuve de l'exotisme, comme esthétique du divers, fondée sur la reconnaissance et l'acceptation de l'altérité radicale de l'autre.

« L'extermination des mots »

Les Immémoriaux *sont à la fois un roman et une chronique : l'histoire du conflit entre* le parler ancien *des Maoris, qui rayonnait la joie, et* le nouveau parler *du nouveau dieu,* Ièsu Kerito *(Jésus-Christ), qui annonce la mort des dieux et de l'homme maori.*
Dès le premier chapitre, le thème du pouvoir et de la mort des mots est mis en place.

Cette baie était petite, emplie d'air immobile qui n'affraîchissait pas les épaules. Les ruisseaux cheminaient sans abondance, et les hauteurs, trop voisines de la mer, empiétaient sur les plaines habitables. Elles n'avaient point la tombée lente – favorable aux divinations – des montagnes Mataïéa ; ni le ruissellement fécondant de la grande eau Punaáru ; ni la base étendue et fertile de la plaine Taütira. Les sommets, vêtus de brousse maigre, étaient vides d'atua, et le corail frangeant dépourvu même du maraè prescrit. La rade, sous-ventée par les cimes majeures, traversée de souffles inconstants réfléchis sur Faá, ou de brusques risées retournées par l'île-jumelle, apparaissait défavorable aux grosses pirogues étrangères – qui sont dépourvues de pagayeurs. On dénommait cette rive, Papé-été [1].

Ou du moins, ses nouveaux maîtres la désignaient ainsi. C'étaient deux chefs de petite origine. Tunui et son père Vaïraatoa s'apparentaient, peut-être, par les femmes, à la race d'Amo à l'œil-clignotant. Mais on les savait plus proches des manants Paümotu que des Arii de la noble terre Papara. Néanmoins leur puissance croissait d'une lunaison à une autre lunaison. Vaïraatoa, qui gouvernait péniblement jadis la vallée Piraè, détenait maintenant les terres voisines, Atahuru, Faá, Matavaï et Papénoo. Il devait ses conquêtes à la persistante faveur de Oro dont on le disait serviteur habile : le dieu le privilégiait en conduisant vers ses rivages la plupart des étrangers aux armes bruyantes qui secondaient ses querelles et prêtaient main-forte à ses expéditions. Suivant les coutumes, il avait transmis ses pouvoirs à son fils adolescent, l'ayant déclaré grand-chef de l'île, et Arii-rahi des îles Huahiné, Tupuaï-manu et Raïateá, qui sont des terres flottant par-delà le ciel visible. Pour affirmer sa conquête dans la vallée Piraè, il en avait aboli tous les noms jadis en usage.

Car on sait qu'aux changements des êtres, afin que cela soit irrévocable, doit s'ajouter l'extermination des mots, et que les mots périssent en entraînant ceux qui les ont créés. Le vocable ancien de la baie, Vaïété, frappé d'interdit, était donc mort à la foule. – Les prêtres seuls le formulaient encore, dont le noble parler, obscur, imposant et nombreux, se nourrit de tous les verbes oubliés.

Victor Segalen, *les Immémoriaux,* © Plon, Paris, 1907

1. On reconnaît le nom de Papeete, capitale actuelle de Tahiti.

Saint-John Perse (pseudonyme d'Alexis Saint-Leger Leger, 1887-1975) est né à la Guadeloupe, qu'il quitte sans retour en 1899 et qu'il célèbre dans les somptueux poèmes d'*Éloges*, 1911. Les surréalistes sont fascinés par *Anabase*, 1924. Mais, en raison de ses hautes fonctions diplomatiques (directeur politique du ministère des Affaires étrangères), il renonce à publier les textes qu'il continue à écrire. Révoqué par le gouvernement de Vichy, il s'exile aux États-Unis. Le prix Nobel 1960 couronne la grandeur de cette œuvre exigeante et solennelle, dont l'ambition proclamée est d'énumérer et d'exalter les richesses du monde (*Exils*, 1942 ; *Vents*, 1946 ; *Amers*, 1957 ; *Chronique*, 1960).

« Et les servantes de ma mère »

Dans Éloges, *la section « Pour fêter une enfance » rassemble les poèmes de célébration de l'enfance guadeloupéenne du poète. Le poème se construit sur la juxtaposition de souvenirs : images de la nature tropicale ; événements de la vie familiale ; accidents marquants (la fin du poème semble rappeler le passage d'un cyclone qui avait projeté un bateau depuis la mer jusque dans le jardin de la famille).*

Et les servantes de ma mère, grandes filles luisantes...
Et nos paupières fabuleuses... Ô
clartés ! ô faveurs !
Appelant toute chose, je récitai qu'elle était grande, appelant toute bête, qu'elle était belle et bonne.
Ô mes plus grandes
fleurs voraces, parmi la feuille rouge, à dévorer tous mes plus beaux insectes verts ! Les bouquets au jardin sentaient le cimetière de famille. Et une très petite sœur était morte : j'avais eu, qui sent bon, son cercueil d'acajou entre les glaces de trois chambres [1]. Et il ne fallait pas tuer l'oiseau-mouche d'un caillou... Mais la terre se courbait dans nos jeux comme fait la servante,
celle qui a droit à une chaise si l'on se tient dans la maison.

... Végétales ferveurs, ô clartés ô faveurs !...
Et puis ces mouches, cette sorte de mouches, vers le dernier étage du jardin, qui étaient comme si la lumière eût chanté !

... Je me souviens du sel, je me souviens du sel que la nourrice jaune dut essuyer à l'angle de mes yeux.
Le sorcier noir sentenciait à l'office : « Le monde est comme une pirogue, qui, tournant et tournant, ne sait plus si le vent voulait rire ou pleurer... »
Et aussitôt mes yeux tâchaient à peindre
un monde balancé entre les eaux brillantes, connaissaient le mât lisse des fûts, la hune sous les feuilles, et les guis et les vergues, les haubans de liane,
où trop longues, les fleurs
s'achevaient en des cris de perruches [2].

Saint-John Perse, « Et les servantes... »,
in « Pour fêter une enfance » issu de *Éloges*,

1. Cette jeune sœur était morte en 1895.
2. Oiseaux vivement colorés, mais aussi, sur un bateau, voiles du mât d'artimon.

Paul Claudel (1868-1955), l'un des écrivains majeurs de la première moitié du siècle, a été transformé par sa conversion de 1886, véritable surgissement de Dieu en lui-même. Il tente alors de retrouver la violente irruption du souffle et de la parole de Dieu par le théâtre (*Tête d'or,* 1890) et la poésie (*Cinq Grandes Odes,* 1910). Il renouvelle le théâtre par la puissance de son verbe et sa force dramatique (*Partage de midi,* 1906 ; *le Soulier de satin,* 1923). Sa poésie impose le rythme du verset pour chanter la communion avec le monde et Dieu. Conduit par sa carrière de diplomate à séjourner en Extrême-Orient, il en rapporte quelques grands textes où il fait passer l'expérience et la connaissance qu'il a acquises de la Chine et du Japon (*Connaissance de l'Est,* 1900-1907).

La Pluie

Le romancier vietnamien Pham Van Ky reconnaît à Claudel le mérite d'avoir tenté dans Connaissance de l'Est *la transposition en français de l'esthétique extrême-orientale : « Saisir la nature [...] moins par l'observation sensible (manière occidentale par excellence) que par une analyse et un classement (manière orientale) en [s']aidant de représentations idéographiques. »*
Ce poème, qui évoque une pluie tropicale, a été écrit à Hank'éou en Chine, où Claudel était en poste.

Par les deux fenêtres qui sont en face de moi, les deux fenêtres qui sont à ma gauche et les deux fenêtres qui sont à ma droite, je vois, j'entends d'une oreille et de l'autre tomber immensément la pluie. Je pense qu'il est un quart d'heure après midi : autour de moi, tout est lumière et eau. Je porte ma plume à l'encrier, et jouissant de la sécurité de mon emprisonnement, intérieur, aquatique, tel qu'un insecte dans le milieu d'une bulle d'air, j'écris ce poème.

Ce n'est point de la bruine qui tombe, ce n'est point une pluie languissante et douteuse. La nue attrape de près la terre et descend sur elle serrée et bourrue, d'une attaque puissante et profonde. Qu'il fait frais, grenouilles, à oublier, dans l'épaisseur de l'herbe mouillée, la mare ! Il n'est point à craindre que la pluie cesse ; cela est copieux, cela est satisfaisant. Altéré, mes frères, à qui cette très merveilleuse rasade ne suffirait pas. La terre a disparu, la maison baigne, les arbres submergés ruissellent, le fleuve lui-même qui termine mon horizon comme une mer paraît noyé. Le temps ne me dure pas, et, tendant l'ouïe, non pas au déclenchement d'aucune heure, je médite le ton innombrable et neutre du psaume.

Cependant la pluie vers la fin du jour s'interrompt, et tandis que la nue accumulée prépare un plus sombre assaut, telle qu'Iris[1] du sommet du ciel fondait tout droit au cœur des batailles, une noire araignée s'arrête, la tête en bas et suspendue par le derrière au milieu de la fenêtre que j'ai ouverte sur les feuillages et le Nord couleur de brou[2]. Il ne fait plus clair, voici qu'il faut allumer. Je fais aux tempêtes la libation[3] de cette goutte d'encre.

Paul Claudel, *Connaissance de l'Est,*
Éditions Mercure de France

1. Dans la mythologie gréco-romaine, messagère des dieux, dont l'écharpe était assimilée à l'arc-en-ciel.
2. Enveloppe encore verte de la noix, dont on tire une substance colorante très foncée, utilisée pour teinter le bois.
3. Offrande d'un liquide que l'on répand pour honorer une divinité.

« Je notai simplement »

Michel Leiris (1901-1990) a été l'un des membres les plus actifs du groupe surréaliste (il avait inventé une méthode de décomposition des mots en violents calembours). Il est devenu ethnologue en participant de 1931 à 1933 à la mission scientifique Dakar-Djibouti. Sa découverte de l'Afrique (qu'il raconte dans *l'Afrique fantôme,* 1934) le conduit à entreprendre un voyage à l'intérieur de lui-même : en s'analysant en train de scruter son passé, il renouvelle la pratique autobiographique (*l'Âge d'homme,* 1939 ; *Biffures,* 1948 ; *Fourbis,* 1955 ; *Fibrilles,* 1966).

L'Afrique fantôme *se présente comme un journal de voyage, où « sont notés pêle-mêle les événements, observations, sentiments, rêves, idées ».*
Ici, les notes de deux journées successives juxtaposent un compte rendu neutre des activités du jour et un récit de rêve : confrontation du réel (que l'Afrique révèle alors à Leiris) et de l'imaginaire, présentés avec la même objectivité.

31 juillet

Villages, montagne. Dans des poses à se casser le cou (au sens propre, car il a le plus généralement la tête complètement renversée en arrière), Griaule[1] décalque les graffiti[2] qu'il a déjà photographiés. Cela devient un sport, comme il y a quelque temps les achats de serrures ou de poupées. Quant à moi je converse avec mon vieux copain Mamadou Vad, qui me parle des sorciers mangeurs d'hommes et des grands esprits protecteurs, le *nama* qui va plus vite et le *koma* qui est plus grand et plus fort, un peu comme la panthère et le lion.

Dans la matinée, alors que nous revenions d'un village, un gros cynocéphale[3] avait traversé la route à une dizaine de mètres à peine devant l'auto. Lutten en avait l'écume aux lèvres, littéralement ; mais moi, que ne volcanise aucun instinct cynégétique[4], je notai simplement le derrière bleu du singe, d'un bleu tirant plus sur l'acier que je ne l'aurais cru.

1er août

Rêve : la mission est un bateau qui sombre. Ce bateau est lui-même l'immeuble du 12, rue Wilhem où j'habite à Paris. Des graffiti rappelant ceux que tous ces jours-ci nous avons examinés sur les rochers décrivent l'ultime phase de la catastrophe : les officiers (en groupes de pointillé) massés sur le dernier carré – en langage maritime[5] – qui du reste est un triangle. Au moment où tout va s'abîmer, je fais observer à mon frère qui est là qu'il serait beaucoup plus simple de descendre l'escalier. Mais il faut un héroïsme passif et tout l'équipage se laissera couler. Les yeux hagards, je réclame une bouteille pour y enfouir les dernières pages de ce journal. Puis une enveloppe, qu'on mettra à la poste, car c'est plus sûr qu'une bouteille. Mon affolement est à son comble, car je ne découvre pas le premier de ces engins indispensables et crains que l'enveloppe (que je trouve) ne soit gâtée par l'humidité. À ce moment, je prends conscience qu'on ne court aucun risque de naufrage dans un immeuble de 7 étages, même si la rue est inondée de pluie, et peu après je m'éveille.

Michel Leiris, *l'Afrique fantôme,* Éditions Gallimard, 1934

1. Marcel Griaule (1898-1956), célèbre anthropologue, chef de l'expédition.
2. Dessins et inscriptions que l'expédition a découverts sur les parois de plusieurs grottes.
3. Singe.
4. De chasseur.
5. C'est-à-dire la pièce qu'on appelle, sur un bateau, le carré des officiers. Mais ce « dernier carré » est une image de Waterloo. (Note de Leiris.)

ANDRÉ MALRAUX

André Malraux (1901-1976) a toujours étroitement uni l'écriture et le vécu : de sa découverte des réalités coloniales en Indochine et de la révolution en Chine procèdent ses premiers romans (*les Conquérants,* 1928 ; *la Voie royale,* 1930 ; *la Condition humaine,* 1933) ; de son engagement dans la guerre d'Espagne naissent un roman (*l'Espoir,* 1937) et un film (*Sierra de Teruel,* 1939). Il participe à la Résistance, rencontre en 1945 le général de Gaulle, pour qui il éprouve une admiration fascinée : le général le nommera, en 1959, ministre des Affaires culturelles. Interrogeant depuis longtemps les chefs-d'œuvre de toutes les cultures, mis en dialogue par le « Musée imaginaire », Malraux découvre dans l'art la chance d'une victoire sur le destin (*les Voix du silence,* 1951 ; *la Métamorphose des dieux,* 1957). *Le Miroir des limbes,* 1967-1976, rassemble sous forme d'épopée du siècle des textes autobiographiques.

« Une colonne de majesté »

En 1966, André Malraux, alors ministre du général de Gaulle, se rend à Dakar, à l'invitation de Léopold Sédar Senghor, président de la république du Sénégal. Entre la visite protocolaire au président et l'inauguration du musée, qui justifie son voyage officiel, il trouve le temps de se rendre en Casamance, dans le sud du pays. Il y découvre « l'énorme Afrique », des « bourgs sans âge », qui ont conservé leurs rois-prêtres, toujours prestigieux, en raison, dit-il, de leur mode d'élection : à la mort d'un roi, le groupe désigne un successeur, qui fait valoir qu'il n'est pas digne ; on le bat à mort ; s'il survit, il est roi...

Au village suivant, personne : les femmes étaient à la pêche, les hommes à la récolte du vin de palme. Sur de hautes marches, un vieux roi jouait avec un enfant. Il reçut notre tabac et nous regarda partir vers de longues cours sans poussière.

Nous atteignîmes alors la région de la reine.

Dans son palais de terre et de chaume, au fond d'un couloir aux piliers de bois, elle passait en hâte une toge bouillonnante de tulle pistache (je n'avais jamais vu bouillonner une toge) qui retomba pour dégager un visage hilare et inspiré. Des familiers l'entouraient, sa famille, les enfants du village – et ceux qui m'accompagnaient. Elle tenait les avant-bras levés, comme si elle eût présenté des offrandes, avec un port de prêtresse. On traduisit :

« Dites au général de Gaulle que je pense à lui, monsieur le ministre.

– Il en sera heureux, reine Sebeth. »

Pourquoi pas ? L'ambassadeur d'Angleterre (ou quelque gouverneur de la Gambie [1] ?) lui avait offert une bouteille de whisky :

« Sa Gracieuse Majesté offre à Votre Majesté la meilleure liqueur du monde. »

Je dis au préfet sénégalais, surpris mais content, que dans ces cérémonies burlesques, elle avait plus de dignité que l'ambassadeur et que moi. Elle m'avait pris par la main.

« Elle vous conduit au fétiche », murmura le traducteur.

Je m'attendais à des sculptures. Le fétiche de la reine était un arbre, semblable à un platane géant ; autour de lui, on avait dégagé une place ; on devinait qu'il dominait la forêt. D'un enchevêtrement ganglionnaire montaient des pans de racines droits comme des tôles, rassemblés en un fût colossal qui déployait, trente mètres plus haut, un épanouissement souverain. Une encoignure des pattes du tronc, hautes de plus de cinq mètres, formait une chapelle triangulaire, séparée de la place par une petite barrière que la reine seule pouvait franchir, et surtout par un sol nettoyé avec soin, comme celui des cases du village ; car la place était couverte de la neige étincelante du kapok [2] qui tombait. Dans cette pureté onirique, le sang des sacrifices se caillait sur l'arbre.

Je ne contemplais pas un prince-des-arbres, bien qu'il fût aussi cela, mais une colonne de majesté, maîtresse d'un monde où elle entraînait

André Malraux et Léopold Sédar Senghor.

surnaturellement les hommes. Soudain, la reine me sauta au cou, et m'embrassa.

« Est-ce que la puissance de l'Arbre protège les morts ? » demandai-je.

Nous revenions au palais, et son chat la suivait, un chat égyptien de la taille d'un lynx, fauve et noir comme nos chats de sorcière. Les enfants se taisaient ; leur silence semblait émaner de l'irréelle propreté du village. La reine ne répondait pas.

« Personne ne doit parler des morts », dit-elle enfin d'une voix irréfutable – la voix de secret des reines qui se succédaient ici depuis tant de siècles –, et que leur apportait la cérémonie meurtrière à laquelle cette vieille femme avait survécu ?

Dans ma mémoire errait la citation : « Et pour le supplice, Brunehaut[3] fut attachée à la queue du cheval par ses cheveux blancs… »

Quand nous partîmes, la reine mérovingienne, debout sur le perron de son palais de terre, étendit ses avant-bras levés, en un geste de bénédiction. Du grand arbre, la neige étincelante du kapok tombait solennellement et s'accrochait à la toge verte, sous laquelle tintaient ses colliers dans le silence.

Bientôt, les villages seront dispersés. Purifié par les cyclones, l'arbre continuera d'étendre sur la forêt ses branches souveraines, et ne se souviendra plus du temps où il parlait aux hommes.

André Malraux, *le Miroir des limbes*,
II « la Corde et les Souris », (I « Hôtes de passage »),

Compréhension et langue

1 – Montrez comment le personnage de la reine est caractérisé à la fois par la simplicité et la noblesse.
2 – Pourquoi l'auteur parle-t-il de « cérémonie burlesque » lors de son premier échange avec la reine ?
3 – Expliquez le comportement du préfet sénégalais « surpris mais content » (l. 20).
4 – Que signifie l'expression : « enchevêtrement ganglionnaire » (l. 26) ?
5 – Pourquoi, selon l'auteur, la reine est-elle douée de cette « voix de secret » l. 46 ?
6 – Pour quelles raisons l'auteur associe-t-il le personnage tragique de Brunehaut et celui de la reine ?
7 – Quel sentiment l'auteur éprouve-t-il, à votre avis, devant la disparition inéluctable des villages tels que celui qu'il visite ? Justifiez votre réponse par des éléments du texte.

Activités diverses, expression écrite

1 – Relevez les passages qui appartiennent au récit et au discours. Transcrivez les phrases du discours direct au style indirect.
2 – À quoi attribuez-vous la disparition d'une certaine manière de vivre à l'ancienne ? la jugez-vous normale ? Justifiez votre réponse.

1. Petit État étiré le long du fleuve Gambie, autrefois colonie britannique, séparant la Casamance du reste du Sénégal.
2. Fibres entourant les graines tombant de l'arbre (kapokier ou fromager), soyeuses et blanches.
3. Brunehaut : reine mérovingienne (534-613), suppliciée sur l'ordre de Clotaire II.

FRANCE

ALBERT

CAMUS

Albert Camus (1913-1960) a développé, dans la mouvance de l'existentialisme, une philosophie de l'absurde, dont le point de départ est le constat du non-sens de la vie, auquel l'homme peut opposer sa liberté et sa lucidité, dans l'acceptation de la tâche humaine à accomplir. En s'attachant à l'intensité de chaque instant de l'existence, l'homme peut « apprendre à vivre et à mourir et, pour être homme, refuser d'être un dieu ». Cet humanisme courageux s'exprime dans des essais (*Noces,* 1938), des romans (*l'Étranger,* 1942 ; *la Peste,* 1947), des pièces de théâtre (*les Justes,* 1950). Né en Algérie, Camus a vécu douloureusement la guerre de libération de ce pays.

« Le ciel de Djémila »

L'appartenance algérienne de Camus transparaît dans beaucoup de ses textes (l'événement capital de l'Étranger *est le meurtre d'un jeune Arabe, sur une plage algérienne ; la ville d'Oran sert de décor mythique à* la Peste*). Dans les essais réunis sous le titre de* Noces *en 1938, Camus demande aux paysages algériens de lui donner des leçons de vie. À Djémila, parmi les ruines romaines qui témoignent de la mort des hommes et des dieux, il découvre sa « présence au monde » et la joie d'exister dans l'instant.*

Il est des lieux où meurt l'esprit [1] pour que naisse une vérité qui est sa négation même. Lorsque je suis allé à Djémila [2], il y avait du vent et du soleil, mais c'est une autre histoire. Ce qu'il faut dire d'abord, c'est qu'il y régnait un grand silence lourd et sans fêlure – quelque chose comme l'équilibre d'une balance. Des cris d'oiseaux, le son feutré de la flûte à trois trous, un piétinement de chèvres, des rumeurs venues du ciel, autant de bruits qui faisaient le silence et la désolation de ces lieux. De loin en loin, un claquement sec, un cri aigu, marquaient l'envol d'un oiseau tapi entre des pierres. Chaque chemin suivi, sentiers parmi les restes des maisons, grandes rues dallées sous les colonnes luisantes, forum immense entre l'arc de triomphe et le temple sur une éminence, tout conduit aux ravins qui bordent de toutes parts Djémila, un jeu de cartes ouvert sur un ciel sans limites. Et l'on se trouve là, concentré, mis en face des pierres et du silence, à mesure que le jour avance et que les montagnes grandissent en devenant violettes. Mais le vent souffle sur le plateau de Djémila. Dans cette grande confusion du vent et du soleil qui mêle aux ruines la lumière, quelque chose se forge qui donne à l'homme la mesure de son identité avec la solitude et le silence de la ville morte.

Il faut beaucoup de temps pour aller à Djémila. Ce n'est pas une ville où l'on s'arrête et que l'on dépasse. Elle ne mène nulle part et n'ouvre sur aucun pays. C'est un lieu d'où l'on revient. La ville morte est au terme d'une longue route en lacet qui semble la promettre à chacun de ses tournants et paraît d'autant plus longue. Lorsque surgit enfin sur un plateau aux couleurs éteintes, enfoncé entre de hautes montagnes, son squelette jaunâtre comme une forêt d'ossements, Djémila figure alors le symbole de cette leçon d'amour et de patience qui peut seule nous conduire au cœur battant du monde. Là, parmi quelques arbres, de l'herbe sèche, elle se défend de toutes ses montagnes et de toutes ses pierres, contre l'admiration vulgaire, le pittoresque ou les jeux de l'espoir.

Dans cette splendeur aride, nous avions erré toute la journée. Peu à peu, le vent, à peine senti au début de l'après-midi, semblait grandir avec les heures et remplir tout le paysage. Il soufflait depuis une trouée entre les montagnes, loin vers l'est, accourait du fond de l'horizon et venait bondir en cascades parmi les pierres et le soleil. Sans arrêt, il sifflait avec force à travers les ruines, tournait dans un cirque de pierres et de terre, baignait les amas de blocs grêlés, entourait chaque colonne de son souffle et venait se répandre en cris incessants sur le forum qui s'ouvrait dans le ciel. Je me sentais claquer au vent comme une mâture. Creusé par le milieu, les yeux brûlés, les lèvres craquantes, ma peau se desséchait jusqu'à ne plus être mienne. Par elle, auparavant, je déchiffrais l'écriture du monde. Il y traçait les signes de sa tendresse ou de sa colère, la réchauffant de son souffle d'été ou la mordant de ses dents de givre. Mais si longuement frotté du vent, secoué depuis plus d'une heure, étourdi de résistance, je perdais conscience du dessin que traçait mon corps. Comme le galet verni par les marées, j'étais poli par le vent, usé jusqu'à l'âme. J'étais un peu de cette force selon laquelle je flottais, puis beaucoup, puis elle enfin, confondant les battements de mon sang et les grands coups sonores de ce cœur partout présent de la nature. Le vent me façonnait à l'image de l'ardente nudité qui m'entourait. Et sa fugitive étreinte me donnait, pierre parmi les pierres, la solitude d'une colonne ou d'un olivier dans le ciel d'été.

Ce bain violent de soleil et de vent épuisait toutes mes forces de vie. À peine en moi ce battement d'ailes qui affleure, cette vie qui se plaint, cette faible révolte de l'esprit. Bientôt, répandu aux quatre coins du monde, oublieuse, oublié de moi-même, je suis ce vent et dans le vent, ces colonnes et cet arc, ces dalles qui sentent chaud et ces montagnes pâles autour de la ville déserte. Et jamais je n'ai senti, si avant, à la fois mon détachement de moi-même et ma présence au monde.

Oui, je suis présent. Et ce qui me frappe à ce moment, c'est que je ne peux aller plus loin. Comme un homme emprisonné à perpétuité – et tout lui est présent. Mais aussi comme un homme qui sait que demain sera semblable et tous les autres jours. Car pour un homme, prendre conscience de son présent, c'est ne plus rien attendre. S'il est des paysages qui sont des états d'âme[3], ce sont les plus vulgaires. Et je suivais tout le long de ce pays quelque chose qui n'était pas à moi, mais de lui, comme un goût de la mort qui nous était commun. Entre les colonnes aux ombres maintenant obliques, les inquiétudes fondaient dans l'air comme des oiseaux blessés. Et à leur place, cette lucidité aride. […]

Peu de gens comprennent qu'il y a un refus qui n'a rien de commun avec le renoncement. Que signifient ici les mots d'avenir, de mieux être, de situation ? Que signifie le progrès du cœur ? Si je refuse obstinément tous les « plus tard » du monde, c'est qu'il s'agit aussi bien de ne pas renoncer à ma richesse présente. Il ne me plaît pas de croire que la mort ouvre sur une autre vie. Elle est pour moi une porte fermée. Je ne dis pas que c'est un pas qu'il faut franchir : mais que c'est une aventure horrible et sale. Tout ce qu'on me propose s'efforce de décharger l'homme du poids de sa propre vie. Et devant le vol lourd des grands oiseaux dans le ciel de Djémila, c'est justement un certain poids de vie que je réclame et que j'obtiens. Être entier dans cette passion passive et le reste ne m'appartient plus. J'ai trop de jeunesse en moi pour pouvoir parler de la mort. Mais il me semble que, si je le devais, c'est ici que je trouverais le mot exact qui dirait, entre l'horreur et le silence, la certitude consciente d'une mort sans espoir.

Albert Camus, *Noces,* © Éditions Gallimard, 1938

Compréhension et langue

1 – Donnez un titre à chaque paragraphe.
2 – Quel effet le silence produit-il ?
3 – Comment le style de l'auteur traduit-il le silence ?
4 – Relevez les termes qui attestent de la présence de ruines romaines.
5 – Qu'est-ce qui caractérise Djémila ?
6 – Pourquoi la ville est-elle comparée à un squelette (l. 26) ?
7 – Quel rôle le vent joue-t-il ?
8 – Que ressent le narrateur aux prises avec le vent ?
9 – Sur quelles méditations philosophiques la pensée de l'auteur débouche-t-elle ?

Activités diverses, expression écrite

1 – Vous est-il déjà arrivé de vous poser des questions d'ordre métaphysique ? Lesquelles ? Les réponses vous ont-elles fait peur ?
2 – *Le vent.* Relevez toutes les images qui permettent à Camus de le décrire. À votre tour, rédigez un paragraphe où vous raconterez les impressions que vous laisse un paysage, sous la pluie par exemple.

***1.** Cf. la phrase, devenue proverbiale, de Maurice Barrès, dans* la Colline inspirée *: « Il est des lieux où souffle l'esprit. »*
***2.** Ville romaine, aujourd'hui en ruines, à une centaine de kilomètres à l'ouest de Constantine.*
***3.** Cf. la formule d'Amiel : « Un paysage est un état de l'âme. »*

FRANCE

CLAUDE LÉVI-STRAUSS

Claude Lévi-Strauss, né en 1908, est le fondateur de l'« anthropologie structurale », discipline dont l'ambition est de déterminer les schémas réguliers qui, en se combinant de multiples manières, produisent les diverses formes d'organisation sociale. Il publie en 1955 un livre inclassable, *Tristes Tropiques,* sorte d'autobiographie d'un voyageur haïssant les voyages, nourrie de son expérience d'ethnographe en Amérique latine et de sa méditation désabusée d'homme habitué à confronter sociétés modernes et sociétés dites « primitives ».

« Voyages, coffrets magiques »

Placé sous l'invocation de Jean-Jacques Rousseau, Tristes Tropiques *sait retrouver le sens polémique de son modèle. Comme ici, pour faire le procès de la civilisation occidentale et du développement des voyages, accusés de rétrécir, uniformiser et finalement détruire notre planète.*

Voyages, coffrets magiques aux promesses rêveuses, vous ne livrerez plus vos trésors intacts. Une civilisation proliférante et surexcitée trouble à jamais le silence des mers. Les parfums des tropiques et la fraîcheur des êtres sont viciés par une fermentation aux relents suspects, qui mortifie nos désirs et nous voue à cueillir des souvenirs à demi corrompus.

Aujourd'hui où des îles polynésiennes noyées de béton sont transformées en porte-avions pesamment ancrés au fond des mers du Sud, où l'Asie tout entière prend le visage d'une zone maladive, où les bidonvilles rongent l'Afrique, où l'aviation commerciale et militaire flétrit la candeur de la forêt américaine ou mélanésienne avant même d'en pouvoir détruire la virginité, comment la prétendue évasion du voyage pourrait-elle réussir autre chose que nous confronter aux formes les plus malheureuses de notre existence historique ? Cette grande civilisation occidentale, créatrice des merveilles dont nous jouissons, elle n'a certes pas réussi à les produire sans contrepartie. Comme son œuvre la plus fameuse, pile [1] où s'élaborent des architectures d'une complexité inconnue, l'ordre et l'harmonie de l'Occident exigent l'élimination d'une masse prodigieuse de sous-produits maléfiques dont la terre est aujourd'hui infectée. Ce que d'abord vous nous montrez, voyages, c'est notre ordure lancée au visage de l'humanité.

Je comprends alors la passion, la folie, la duperie des récits de voyage. Ils apportent l'illusion de ce qui n'existe plus et qui devrait être encore, pour que nous échappions à l'accablante évidence que 20 000 ans d'histoire sont joués. Il n'y a plus rien à faire : la civilisation n'est plus cette fleur fragile qu'on préservait, qu'on développait à grand-peine dans quelques coins abrités d'un terroir riche en espèces rustiques, menaçantes sans doute par leur vivacité, mais qui permettaient aussi de varier et de revigorer les semis. L'humanité s'installe dans la monoculture ; elle s'apprête à produire la civilisation en masse, comme la betterave. Son ordinaire ne comportera plus que ce plat.

Claude Lévi-Strauss, *Tristes Tropiques,* Plon, 1955

1. Côté (cf. la pile *d'une pièce de monnaie, par opposition à la* face*).*

Claude Simon, né à Tananarive (Madagascar) en 1913, fut peintre avant de devenir romancier. Inventeur d'une structure romanesque très originale, il joue du divorce entre temps et durée vécue, laisse affleurer une débâcle de sensations et de souvenirs, se laisse guider par l'exploration de l'espace du langage, dans des phrases interminables et rebondissantes (*la Route des Flandres,* 1960 ; *Histoire,* 1967 ; *les Géorgiques,* 1981). Le prix Nobel 1985 a couronné l'ampleur et l'exigence de cette œuvre.

« Un primitif Éden »

Dans l'Acacia, *1989, Madagascar (le lieu de naissance du romancier...) est transfiguré en Paradis par les souvenirs du personnage féminin central, veuve de guerre (comme tous les personnages du roman, elle n'est pas désignée par un nom propre). Jeune épouse, elle avait suivi son mari, officier, dans la Grande Île et y avait donné naissance à un fils, mais la guerre de 1914 devait la ramener en France. Dans le fragment proposé, le roman joue sur les stéréotypes et les mythologies de la mémoire coloniale.*

Plus tard elle raconta que là-bas les gens avaient coutume d'entretenir un boa dans leur jardin, comme en Europe un chien ou un chat, parce qu'il (le boa) était le meilleur moyen de se débarrasser des rats, mais qu'elle n'en avait pas voulu, d'abord par une instinctive répulsion, puis, quand elle se fut peu à peu habituée à en voir, par peur, à cause de l'enfant. Avec la quotidienne régularité de l'arrivée de la pluie pendant la saison humide (elle raconta qu'elle tombait chaque jour à cinq heures précises, qu'on pouvait jouer au tennis jusqu'à moins le quart – car là aussi elle y jouait, ou du moins elle conservait des photographies où on pouvait encore la voir munie d'une raquette, toujours coiffée d'un de ces écrasants chapeaux et vêtue de ses jupes qui balayaient la poussière, silencieusement observée de loin, elle et ses partenaires masculins aux tenues de sportsmen, par une immobile frise de silhouettes drapées de blanc, aux impassibles visages d'ébène – après quoi on avait juste le temps de rentrer s'abriter avant que les épaisses trombes d'eau tiède transforment les rues en torrents et le jardin en lac), avec aussi la brièveté des crépuscules où sans transition la nuit remplaçait le jour, les palanquins [1] dans lesquels elle se faisait véhiculer, mollement balancée au pas de porteurs noirs, les boas domestiques et les fabuleux menus des dîners chez le gouverneur semblaient constituer à peu près tout ce qu'elle avait retenu, où plutôt tout ce qui, du monde extérieur, était parvenu jusqu'à elle à travers les protectrices épaisseurs de cette béatitude au sein de laquelle elle flottait, impondérable, dans une sorte d'état pour ainsi dire fœtal, elle-même bientôt porteuse dans les tièdes ténèbres de son ventre d'une vie au stade embryonnaire ou plutôt élémentaire. Comme si (quoique continuant à se rendre le dimanche à l'église de la Mission, à porter sur ses austères guimpes [2] une croix de grenat, à réciter mécaniquement ses prières et à lire des romans aux couvertures jaunes) elle avait vertigineusement remonté le temps, transportée dans un primitif Éden, un primitif état de nature, au côté de l'homme à la barbe sauvage [3], entourée de serpents et de sauvages également domestiqués.

Claude Simon, *l'Acacia,* Éditions de Minuit, 1989

1. Chaises à porteurs. – 2. Chemisettes sans manches, très montantes. – 3. Son mari.

FRANCE

ALAIN ROBBE-GRILLET

Alain Robbe-Grillet, né en 1922, ingénieur agronome de formation, spécialisé dans les fruits et agrumes des pays tropicaux, entre en littérature en 1953 avec *les Gommes*, « nouveau roman » en rupture avec les techniques romanesques traditionnelles. Il donne une place prépondérante à la description minutieuse des objets et des décors, refuse toute profondeur psychologique à ses personnages, joue sur le « montage » de scènes se répétant selon des variations insensibles (*le Voyeur*, 1955 ; *la Jalousie*, 1957 ; *Dans le labyrinthe*, 1959 ; *la Maison de rendez-vous*, 1965). Le cinéma lui a offert les moyens d'un art encore plus « objectif » : *l'Année dernière à Marienbad*, 1961, en collaboration avec Alain Resnais ; *l'Immortelle*, 1963.

« Toujours pareil »

La Jalousie *joue sur les deux sens du mot formant le titre : jalousie d'un personnage qui est aussi le narrateur, jamais nommé et ne disant jamais « je », observant, parfois à travers une « jalousie », sa femme (désignée par une initiale : « A... ») et Franck, le voisin, qui est peut-être son amant. Le roman se situe en Afrique, dans une maison coloniale, au cœur d'une bananeraie.*
La Jalousie *se construit donc avec les stéréotypes du roman colonial (par exemple, celui que lisent les personnages). La technique romanesque de Robbe-Grillet permet de rendre le vide du regard colonial, qui traverse l'Afrique sans rien voir.*

Les fenêtres sont closes. Aucun bruit ne pénètre à l'intérieur quand une silhouette passe au dehors devant l'une d'elles, longeant la maison à partir des cuisines et se dirigeant du côté des hangars. C'était, coupé à mi-cuisses, un noir en short, tricot de corps, vieux chapeau mou, à la démarche rapide et ondulante, pieds nus probablement. Son couvre-chef de feutre, informe, délavé, reste en mémoire et devrait le faire reconnaître aussitôt parmi tous les ouvriers de la plantation. Il n'en est rien, cependant.

La seconde fenêtre se trouve située en retrait, par rapport à la table ; elle oblige donc à une rotation du buste vers l'arrière. Mais aucun personnage ne se profile devant celle-là, soit que l'homme au chapeau l'ait déjà dépassée, de son pas silencieux, soit qu'il vienne de s'arrêter ou de changer soudain sa route. Son évanouissement n'étonne guère, faisant au contraire douter de sa première apparition.

« C'est mental, surtout, ces choses-là », dit Franck.

Le roman africain, de nouveau, fait les frais de leur conversation.

« On parle de climat, mais ça ne signifie rien.

– Les crises de paludisme...

– Il y a la quinine.

– Et la tête, aussi, qui bourdonne à longueur de journée. »

Le moment est venu de s'intéresser à la santé de Christiane[1]. Franck répond par un geste de la main : une montée suivie d'une chute plus lente, qui se perd dans le vague, tandis que les doigts se referment sur un morceau de pain posé près de l'assiette. En même temps la lèvre inférieure s'est avancée et le menton a indiqué rapidement la direction de A..., qui a dû poser une question identique, un peu plus tôt.

Le boy fait son entrée, par la porte ouverte de l'office, tenant à deux mains un grand plat creux.

A... n'a pas prononcé les commentaires que le mouvement de Franck était censé introduire. Il reste une ressource : prendre des nouvelles de l'enfant. Le même geste – ou peu s'en faut – se reproduit, qui s'achève encore dans le mutisme de A...

« Toujours pareil », dit Franck.

En sens inverse, derrière les carreaux, repasse le chapeau de feutre. L'allure souple, vive et molle à la fois, n'a pas changé. Mais l'orientation contraire du visage dissimule entièrement celui-ci.

Alain Robbe-Grillet, *la Jalousie*, Éditions de Minuit, 1957

1. La femme de Franck.

JEAN-MARIE G.
LE CLÉZIO

Jean-Marie G. Le Clézio, né à Nice en 1940, impose dès son premier roman (*le Procès-verbal,* 1963) son ton particulier : attention aux sensations les plus concrètes, aux réalités primordiales. Il a d'abord dit la ville, la fascination terrible de la société industrielle (*la Guerre,* 1970 ; *les Géants,* 1973). Mais des voyages et de longs séjours au Mexique le conduisent à une méditation sur la situation de l'homme dans l'univers, à une quête ontologique de l'origine. Il traduit des textes mayas anciens, écrit pour les enfants (*Mondo et autres histoires,* 1978), connaît un beau succès public avec *Désert,* 1980. Avec *le Chercheur d'or,* 1985, c'est sa propre origine qu'il interroge (sa famille est originaire de l'île Maurice, qui sert de cadre au roman). Il aime d'ailleurs se présenter comme « écrivain mauricien », puisqu'il a conservé la nationalité mauricienne.

« Tout est neuf comme aux premiers jours du monde »

Le Chercheur d'or, *dont le héros est imaginé d'après le grand-père de l'auteur, raconte la quête d'un trésor qu'un pirate aurait enterré sur l'île Rodrigues. Sur le bateau qui l'emmène vers ce trésor mythique, le narrateur écoute les récits du timonier, un Comorien, qui a circulé dans toutes les îles de la région, de Zanzibar aux Chagos.*

J'aime quand il parle de Saint Brandon[1], parce qu'il en parle comme d'un paradis. C'est le lieu qu'il préfère, où il revient sans cesse par la pensée, par le rêve. Il a connu beaucoup d'îles, beaucoup de ports, mais c'est là que le ramènent les routes de la mer. « Un jour, je retournerai là-bas pour mourir. Là-bas, l'eau est aussi bleue et aussi claire que la fontaine la plus pure. Dans le lagon elle est transparente, si transparente que vous glissez sur elle dans votre pirogue, sans la voir, comme si vous étiez en train de voler au-dessus des fonds. Autour du lagon, il y a beaucoup d'îles, dix, je crois, mais je ne connais pas leurs noms. Quand je suis allé à Saint Brandon, j'avais dix-sept ans, j'étais encore un enfant, je venais de m'échapper du séminaire. Alors j'ai cru que j'arrivais au paradis, et maintenant je crois encore que c'était là qu'était le paradis terrestre, quand les hommes ne connaissaient pas le péché. J'ai donné aux îles les noms que je voulais : il y avait l'île du fer à cheval, une autre la pince, une autre le roi, je ne sais plus pourquoi. J'étais venu avec un bateau de pêche de Moroni[2]. Les hommes étaient venus là pour tuer, pour pêcher comme des animaux rapaces. Dans le lagon, il y avait tous les poissons de la création, ils nageaient lentement autour de notre pirogue, sans crainte. Et les tortues de mer, qui venaient nous voir, comme s'il n'y avait pas de mort dans le monde. Les oiseaux de mer volaient autour de nous par milliers… Ils se posaient sur le pont du bateau, sur les vergues, pour nous regarder, parce que je crois qu'ils n'avaient jamais vu d'hommes avant nous… Alors nous avons commencé à les tuer. » Le timonier parle, ses yeux verts sont pleins de lumière, son visage est tendu vers la mer comme s'il voyait encore tout cela. Je ne peux m'empêcher de suivre son regard, au-delà de l'horizon, jusqu'à l'atoll où tout est neuf comme aux premiers jours du monde. […] Il parle de la tempête qui vient chaque été, si terrible que la mer recouvre complètement les îles, balaie toute trace de vie terrestre. Chaque fois, la mer efface tout, et c'est pourquoi les îles sont toujours neuves. Mais l'eau du lagon reste belle, claire, là où vivent les plus beaux poissons du monde et le peuple des tortues.

Jean-Marie G. Le Clézio, *le Chercheur d'or,*

1. Une des « îles éparses » de l'océan Indien, « qui n'appartient qu'aux tortues de mer et aux oiseaux ». – 2. Capitale des Comores.

Les littératures d'Afrique noire

(au sud du Sahara)

La langue française, introduite avec la colonisation, est maintenant l'une des grandes langues de communication de l'Afrique moderne. Jouant un rôle essentiel dans la scolarisation des enfants et donc dans le passage à l'écriture de l'Afrique, habituée à la transmission orale, elle est tout naturellement devenue la langue de la littérature moderne. Les langues africaines continuent de donner vie à l'expression traditionnelle des cultures et, elles aussi, s'intègrent à la modernité, par la chanson, le théâtre et parfois les formes écrites.

Les précurseurs

Des Africains ont écrit en langues européennes dès les premiers contacts entre l'Afrique et l'Europe. Les premières œuvres notables en français sont, au XIXe siècle, celles de métis sénégalais : *Esquisses sénégalaises* de l'abbé Boilat ou récit du voyage de Léopold Panet à travers le Sahara. Le prix Goncourt couronne, en 1921, René Maran avec *Batouala,* « véritable roman nègre ». Même si l'auteur est antillais, son livre annonce une littérature authentiquement africaine. Quelques œuvres paraissent avant la Seconde Guerre mondiale : romans-témoignages plus ou moins complaisants (Bakary Diallo), romans de mœurs (Ousmane Socé), romans historiques (Paul Hazoumé). Félix Couchoro donne en feuilletons dans un journal le premier roman africain publié en Afrique.

La négritude

La première génération d'intellectuels négro-africains à se rencontrer sur les bancs de l'Université française (les Africains L.S. Senghor, Birago Diop, Alioune Diop, l'Antillais Aimé Césaire...) élabore, dès la fin des années 1930, dans des revues comme *l'Étudiant noir,* des revendications d'identité culturelle, que résume le mot de *négritude.* La publication des recueils poétiques de Senghor et surtout de son *Anthologie de la nouvelle poésie nègre et malgache de langue française,* avec la retentissante préface de Jean-Paul Sartre, marque la vraie naissance de la littérature africaine d'expression française. Lancé par la revue *Présence africaine,* fondée en 1947 et bientôt relayée par une maison d'édition, le principe de la négritude commande, de manière diffuse, les premières productions de cette jeune littérature : poèmes militants de David Diop, essais romanesques, adaptations de contes traditionnels par Birago Diop, etc. Mais, comme le suggérait Jean-Paul Sartre, c'est sans doute la poésie qui est le genre le mieux apte à cristalliser l'énergie de la négritude : grands déploiements lyriques, poèmes-cris ou poèmes-tracts, mise à mal de la langue, forcée à dire l'altérité nègre.

L'épanouissement du roman

Prenant logiquement la suite du « roman colonial », le roman négro-africain en subvertit l'esprit, pour montrer l'Afrique dans sa réalité profonde, ce qui n'est pas allé sans débats, car, pour certains, la forme romanesque restait comme engluée dans les complaisances du roman colonial. *L'Enfant noir* de Camara Laye a été critiqué parce qu'il présentait un tableau trop idyllique de la vie africaine sous le régime colonial. En fait, en une dizaine d'années (1953-1963), l'existence d'un roman africain très vivant s'impose, avec Mongo Beti, Bernard Dadié, Jean Malonga, Abdoulaye Sadji, David Ananou, Ferdinand Oyono, Sembène Ousmane, Benjamin Matip, Olympe Bhêly-Quenum, Aké Loba, Cheikh Hamidou Kane, Nazi Boni, Seydou Badian... Si le roman d'apprentissage, qui montre le passage d'un monde à l'autre, de l'enfance à l'âge adulte, du village à la ville, de la tradition à la modernité, de l'Afrique à l'Europe, reste le genre dominant de cette abondante production, le roman africain sait aussi se faire historique (conservant et magnifiant la mémoire des temps anciens), critique (pour stigmatiser la situation coloniale), philosophique (pour opposer les valeurs africaines à celles importées d'Europe). Ces romans, souvent écrits pour un public autant, sinon davantage européen qu'africain, sont peu à peu devenus les « classiques » de la littérature africaine moderne, en étant régulièrement inscrits dans les programmes scolaires.

Interrogations et désillusions

Les années 1960 semblent marquées par un relatif tarissement de la littérature africaine. Comme si les indépendances mobilisaient les énergies intellectuelles pour des tâches plus urgentes. De fait, des écrivains majeurs, devenus ministres, diplomates, hommes politiques (F. Oyono, C.H. Kane...), n'ont plus rien publié. D'autre part, les conditions de la circulation des textes changent. Des maisons d'édition africaines tentent de se créer. Un public littéraire africain se constitue. Les textes trouvent un lectorat plus adéquat, mais aussi plus limité.

Des tendances nouvelles apparaissent. La primauté de la négritude commence à être remise en question. Tchicaya U Tam'Si revendique l'autonomie du poète par rapport aux idéologies (« ma poésie est une politique »). Certes, la poésie militante continue de fleurir. Mais les poètes (de Jean-Baptiste Tati-Loutard à Noël X. Ebony) explorent les voies du lyrisme, des jeux de langage, de l'imaginaire libéré.

En 1968, le roman de Yambo Ouologuem, *le Devoir de violence,* introduit une rupture féconde : sa verve iconoclaste s'attaque aussi bien à la sottise de l'africanisme européen qu'aux mythologies de la négritude triomphante. Ahmadou Kourouma (dont le roman *les Soleils des indépendances* est publié au Québec avant d'être repris par une grande maison d'édition parisienne) rompt, lui, avec la langue d'écriture conventionnelle. Il donne congé au français académique, scolaire, normatif, qui était de mise dans le roman africain, pour inventer une langue riche de tous les possibles des langues africaines sous-jacentes.

Certains des romanciers de la première génération (Mongo Beti, Sembène Ousmane) renouvellent leur thématique et leur mode d'expression. Le sujet romanesque premier devient l'évolution des sociétés africaines politiquement indépendantes. Après les romans de l'espérance de libération vient le temps des romans problématiques, qui posent jusqu'à en désespérer la question du devenir de l'Afrique : romans du despotisme tropical, centrés sur la figure de l'ogre du pouvoir (Alioum Fantouré, Henri Lopès, Tierno Monénembo, Sony Labou Tansi), romans de la souffrance de l'Afrique, victime de calamités naturelles ou de la corruption des pouvoirs (Sylvain Bemba, M.A. Diarra, M. Keita, Guy Menga, V.Y. Mudimbé).

Les héros de ces romans sont en proie au malaise et à l'incertitude sur leur identité, ils flottent dans un univers romanesque décentré (Williams Sassine, Jean-Marie Adiaffi). Tout un travail se fait sur la forme même du roman, que l'on veut parfois métisser avec le discours africain de la tradition (M. a M. Ngal).

Autre nouveauté importante : la venue à l'écriture de femmes africaines, qui veulent faire entendre des voix longtemps occultées (Aminata Sow Fall, Nafissatou Diallo, Werewere Liking, Mariama Bâ).

L'Afrique des écrivains

Divers signes manifestent l'autonomie croissante de la littérature africaine : augmentation régulière du nombre des publications, apparition de formes littéraires populaires (romans-feuilletons, littérature de marché), diffusion des œuvres par des circuits proprement africains (rôle de l'école, des bibliothèques, etc.). Certes, cette évolution est fragile, et le livre reste un objet rare et cher. Mais il est entré résolument dans l'imaginaire social africain.

Des littératures africaines, nationales et plurielles, s'affirment un peu partout, en bénéficiant de réseaux spécifiques de circulation littéraire. Il n'y a plus *une* littérature africaine monolithique, mais déjà des domaines littéraires camerounais, congolais, ivoiriens, sénégalais, etc.

Les écrivains ne se sentent plus investis, comme les « pères fondateurs » de la négritude, d'une imposante mission historique. Ils ne veulent plus confondre les rôles d'écrivain et de tribun. Leur vocation et leur travail consistent d'abord à écrire de bons livres. C'est sans doute l'exigence qui rassemble les œuvres d'auteurs comme Massa Makan Diabaté, Tchicaya U Tam'Si (dont la carrière de romancier a commencé seulement en 1980) ou Sony Labou Tansi, qui ont tous trois acquis une renommée internationale.

Un écrivain africain a peu à peu affermi son audience, jusqu'à devenir comme emblématique de la littérature africaine : Amadou Hampaté Bâ, homme de grande spiritualité, dépositaire de la sagesse ancestrale, historien, ethnographe, romancier hors des normes, autobiographe, il réussit à couler dans l'écriture une parole africaine très lointainement enracinée.

1921 René Maran (Antilles), *Batouala*, prix Goncourt [roman]

1938 Paul Hazoumé (Bénin), *Doguicimi* [roman]

1945 Léopold Sédar Senghor (Sénégal), *Chants d'ombre* [poésie]

1947 Birago Diop (Sénégal), *les Contes d'Amadou Koumba* [contes]
Premier numéro de *Présence africaine*

1948 Léopold Sédar Senghor, *Anthologie de la nouvelle poésie nègre et malgache de langue française*

1953 Camara Laye (Guinée), *l'Enfant noir* [roman]

1955 Tchicaya U Tam'Si (Congo), *Mauvais Sang* [poésie]

1956 Mongo Beti (Cameroun), *le Pauvre Christ de Bomba* [roman]
Bernard Dadié (Côte-d'Ivoire), *Climbié* [roman]
Ferdinand Oyono (Cameroun), *Une vie de boy* [roman] ; *le Vieux Nègre et la Médaille* [roman]

1960 Djibril Tamsir Niane (Guinée), *Soundjata ou l'épopée mandingue* [épopée transcrite]
Sembène Ousmane (Sénégal), *les Bouts de bois de Dieu* [roman]

1961 Cheikh Hamidou Kane (Sénégal), *l'Aventure ambiguë*, [roman]

1967 Francis Bebey (Cameroun), *le Fils d'Agatha Moudio* [roman]

1968 Ahmadou Kourouma (Côte-d'Ivoire), *les Soleils des indépendances* [roman]

1972 Alioum Fantouré (Guinée), *le Cercle des Tropiques* [roman]

1973 Amadou Hampaté Bâ (Mali), *l'Étrange Destin de Wangrin* [roman]

1979 Mariama Bâ (Sénégal), *Une si longue lettre* [roman]
Williams Sassine (Guinée), *le Jeune Homme de sable* [roman]
Sony Labou Tansi (Congo), *la Vie et demie* [roman]

1980 Tchicaya U Tam'Si (Congo), *les Cancrelats* [roman]

1982 Henri Lopès (Congo), *le Pleurer-Rire* [roman]

1990 Ahmadou Kourouma (Guinée), *Monnè, outrages et défis* [roman]

Les littératures de la Caraïbe

L'usage (plus ou moins répandu) du français, introduit dès le XVIIe siècle, et la pratique de créoles voisins permettent de suggérer une parenté culturelle entre Guadeloupe, Martinique et Guyane (actuellement départements français d'outre-mer), Haïti (première colonie à proclamer son indépendance, en 1804) et Louisiane (ancienne colonie française, devenue l'un des « États-Unis » d'Amérique en 1803). Si, en Louisiane, l'activité littéraire reste modeste (cantonnée dans la chanson), elle est particulièrement florissante dans les îles.

Haïti

Les conditions difficiles de l'accession d'Haïti à l'indépendance expliquent la prépondérance des thèmes nationaux (et donc de l'histoire) dans la production littéraire du XIXe siècle, qui est au demeurant l'une des plus abondantes de toute l'Amérique. Oswald Durand écrit en vers parnassiens ; Émeric Bergeaud compose le premier roman haïtien (*Stella,* 1859) ; la revue *la Ronde* (fondée en 1898) encourage une régénération littéraire, qui s'épanouit avec les romans de mœurs haïtiennes de Frédéric Marcelin, Justin Lhérisson ou Fernand Hibbert.

L'occupation américaine du pays (1915-1934) cause un véritable traumatisme, contre lequel l'ethnologue Jean Price-Mars veut réagir en prônant un retour aux sources africaines de la culture haïtienne. Les poètes Léon Laleau et Émile Roumer (qui glissera vers l'écriture en créole) témoignent de l'attachement à la tradition littéraire française comme de la volonté de revenir à l'Afrique. La *Revue indigène* (fondée en 1927) invite à retrouver « la vraie poésie [...] dans les refrains que nous chantaient les nourrices noires qui berçaient notre enfance ».

Des romanciers s'attachent à peindre la vie populaire : Stephen Alexis encore timidement, Jean-Baptiste Cinéas, puis les frères Philippe-Thoby et Pierre Marcelin avec davantage d'âpreté pour conter les mœurs paysannes. Une poésie engagée s'affirme (Carl Brouard, René Bélance, René Depestre, Jean Brierre).

Après la Seconde Guerre mondiale, le roman haïtien s'épanouit dans la floraison de ce que l'on a appelé le « réalisme merveilleux » de Jacques Roumain ou Jacques-Stephen Alexis : mélange d'inspiration rurale, animiste et érotique. Cette inspiration se prolonge dans les romans de René Depestre.

Le surréalisme marque la poésie de Magloire Saint-Aude ou de Davertige. Des mouvements aux proclamations vibrantes (*spiralisme* de René Philoctète, Frank Étienne et Jean-Claude Fignolé ; *pluréalisme* de Gérard Dougé) rassemblent les jeunes talents. Le créole devient avec Frank Étienne une superbe langue de la poésie et du théâtre. Mais la vie littéraire haïtienne souffre du laminage du pays sous la dictature des Duvalier, qui a laissé une terrible empreinte. Beaucoup d'intellectuels se retrouvent en exil : Gérard Chenet, Émile Ollivier ou Anthony Phelps au Québec, le poète et romancier Jean Metellus en France. Les écrivains restent les témoins douloureux des longues souffrances d'un peuple exténué.

Antilles et Guyane

Une littérature de folklore et de nostalgie s'y est développée dès le XIXe siècle. L'œuvre altière de Saint-John Perse tranche sur la médiocrité générale de ces poèmes et romans « doudouistes ».

Le coup de colère des jeunes rédacteurs de *Légitime Défense* en 1932 marque la rupture avec la littérature d'assimilation et de décalcomanie. Gilbert Gratiant ose quelques poèmes en créole. Mais c'est Aimé Césaire qui inaugure une authentique littérature antillaise. En lançant le mot de *négritude* dans son *Cahier d'un retour au pays natal,* il donne l'« arme miraculeuse » de la reconquête de soi-même. Sa revue, *Tropiques,* ses recueils ultérieurs, son théâtre poursuivent cette œuvre de libération.

Le Guyanais Léon Gontran Damas a lui aussi joué un rôle essentiel dans l'émergence de la négritude, dont il a modulé la thématique douloureuse. Une littérature de combat se lève avec Guy Tirolien, Paul Niger et surtout l'essayiste Frantz Fanon, dont *les Damnés de la terre* reste le manifeste le plus radical d'une décolonisation par la violence.

Avec l'*antillanité,* Édouard Glissant propose de dépasser les déterminations seulement raciales, pour articuler la prise de conscience antillaise sur l'histoire et l'environnement culturel des îles. Son œuvre, d'une admirable tenue littéraire, a l'ambition de réaccorder les Antillais à leur histoire et à leur pays. Sa réflexion, développée dans *le Discours antillais,* fondée sur l'éloge du Divers, aboutit à une « poétique de la relation ».

Même si la littérature antillaise souffre de sa difficulté à assurer son autonomie (peu d'éditions locales, public encore mal assuré), elle est déjà riche en œuvres de qualité. Joseph Zobel a donné le chef-d'œuvre du roman de mœurs antillaises avec *la Rue Cases-Nègres*. Vincent Placoly, Xavier Orville, Daniel Maximin jouent sur la subtilité de la construction romanesque et sur la saveur poétique de la langue. Plusieurs romancières (Mayotte Capécia, Michèle Lacrosil) décrivent le destin d'héroïnes aux prises avec les clivages raciaux. Maryse Condé s'interroge sur les retrouvailles des Antillais et de l'Afrique.

Simone Schwarz-Bart, dans une œuvre magistrale, *Pluie et vent sur Télumée Miracle,* retrace la chronique de la vie guadeloupéenne en suivant le destin d'une lignée de femmes courageuses, seuls éléments de stabilité d'une société à la dérive.

Dans les années 1980, la publication d'un *Éloge de la créolité* (de Jean Bernabé, Patrick Chamoiseau et Raphaël Confiant), dans la continuité des idées défendues par Édouard Glissant, coïncide avec l'épanouissement d'une nouvelle littérature antillaise, s'inventant dans le bonheur d'une langue imagée et somptueuse, tirant profit de l'émergence d'une jeune littérature écrite en créole. Les romans de Patrick Chamoiseau *(Chronique des sept misères),* de Raphaël Confiant (*(Eau de Café),* de Maryse Condé *(Traversée de la mangrove)* touchent un large public.

1859 Émeric Bergeaud (Haïti), *Stella* [roman]

1897 Oswald Durand (Haïti), *Rires et pleurs* [poésie]

1921 René Maran (Guyane/Martinique), *Batouala* [roman]

1926 Jean Price-Mars (Haïti), *Ainsi parla l'oncle* [essai]

1933 Stephen Alexis (Haïti), *le Nègre masqué* [roman]

1937 Léon Gontran Damas (Guyane), *Pigments* [poésie]

1939 Aimé Césaire (Martinique), *Cahier d'un retour au pays natal* [poésie]

1944 Jacques Roumain (Haïti), *Gouverneurs de la rosée* [roman]

1947 Jean-François Brierre (Haïti), *Black Soul* [poésie]

1950 Joseph Zobel (Martinique), *la Rue Cases-Nègres* [roman]

1952 Frantz Fanon (Martinique), *Peaux noires, masques blancs* [essai]

1955 Jacques-Stephen Alexis (Haïti), *Compère Général Soleil* [roman]

1956 Léon Gontran Damas (Guyane), *Black-Label* [poésie]
René Depestre (Haïti), *Minerai noir* [poésie]

1958 Édouard Glissant (Martinique), *la Lézarde* [roman]
Gilbert Gratiant (Martinique), *Fab'Compè'Zicaque* [poésie créole]

1960 Jacques-Stephen Alexis (Haïti), *Romancero aux étoiles* [contes]
Michèle Lacrosil (Guadeloupe), *Sapotille et le serin d'argile* [roman]

1961 Frantz Fanon (Martinique), *les Damnés de la terre* [essai]
Guy Tirolien (Guadeloupe), *Balles d'or* [poésie]

1963 Aimé Césaire (Martinique), *la Tragédie du roi Christophe* [théâtre]

1964 Édouard Glissant (Martinique), *le Quatrième Siècle* [roman]

1971 Daniel Boukman (Martinique), *les Négriers* [théâtre]

1972 Simone Schwarz-Bart (Guadeloupe), *Pluie et vent sur Télumée Miracle* [roman]

1973 René Depestre (Haïti), *Alleluia pour une femme jardin* [nouvelles]

1974 Gérard Étienne (Haïti), le *Nègre crucifié* [roman]

1976 Maryse Condé (Guadeloupe), *Heremakhonon* [roman]

1978 Jean Metellus (Haïti), *Au pipirite chantant* [poésie]

1979 Simone Schwarz-Bart (Guadeloupe), *Ti Jean l'Horizon* [roman]

1981 Édouard Glissant (Martinique), *le Discours antillais* [roman]
Daniel Maximin (Haïti), *l'Isolé Soleil* [roman]
Jean Metellus (Haïti), *Jacmel au crépuscule* [roman]

1982 Aimé Césaire (Martinique), *Moi, laminaire* [poésie]

1983 Émile Ollivier (Haïti), *Mère-solitude* [roman]

1984 Maryse Condé (Guadeloupe), *Segou* [roman]

1985 Xavier Orville (Martinique), *le Marchand de larmes* [roman]

1986 Patrick Chamoiseau (Martinique), *Chronique des sept misères* [roman]

1988 René Depestre (Haïti), *Hadriana dans tous mes rêves* [roman]

1991 Raphaël Confiant (Guadeloupe), *Eau de Café* [roman]

Les littératures des îles de l'océan Indien

Les îles situées à l'ouest de l'océan Indien, au sud de l'équateur et au large de l'Afrique – il s'agit de la grande île de Madagascar et de trois archipels : Comores, Seychelles et Mascareignes (île Maurice et Réunion) – ont en commun d'être entrées relativement tard dans l'histoire humaine (certaines sont même restées désertes jusqu'aux XVIIe ou XVIIIe siècles), d'avoir été peuplées par des vagues successives d'immigrations diverses et d'avoir appartenu, à des moments différents, à un ensemble politique français. La langue française y est donc partout pratiquée, à des degrés variables, et elle constitue un facteur de rapprochement entre des pays nettement individualisés par leurs peuplements et leurs évolutions historiques particulières.

La vie littéraire s'y est développée selon les formes traditionnelles de l'oralité, dans les langues natives de chacune des îles (malgache, créole, comorien), mais aussi sous une double forme moderne, dans les langues introduites à la suite de la colonisation (surtout le français, parfois l'anglais) et dans les langues natives écrites (le malgache depuis le XIXe siècle, le créole plus récemment).

Madagascar

À l'époque coloniale, Madagascar connaît une activité littéraire de langue française, notamment grâce à des revues comme *18° Latitude Sud,* animées par des Français installés dans l'île. Dès les années 1920, ces revues accueillent quelques auteurs malgaches, comme le jeune et talentueux Jean-Joseph Rabearivelo, dont l'ambition proclamée était de développer la littérature nationale en parallèle dans ses deux langues d'expression, le français et le malgache. En français, sa « langue adoptive », après quelques tâtonnements postsymbolistes, il invente une forme poétique très suggestive, fondée sur la transposition de formules poétiques empruntées à sa langue natale : jeux d'énigmes ou images au symbolisme multiple, comme dans le *hain teny* (joute poétique malgache traditionnelle, dans laquelle deux récitants s'affrontent en échangeant proverbes et formulaires, parfois mystérieux).

Mal dans sa peau et dans sa société, Rabearivelo se suicide en 1937. Dix ans plus tard, Jacques Rabemananjara, du fond de la prison où l'a relégué un inique procès colonial, fait entendre le cri de protestation d'un patriote combattant pour la libération nationale. Sa poésie trouve les accents de violence et de révolte en accord avec l'urgence du moment. Mais elle dit aussi la nostalgie du paradis natal et célèbre en l'île le lieu d'une possible renaissance, au-delà des épreuves surmontées.

Flavien Ranaivo, de son côté, continue Rabearivelo par une subtile « poésie de traduction ». Après l'indépendance, la littérature malgache de langue française se raréfie. Les romans incisifs de Michèle Rakotoson la réveillent. Et une nouvelle génération d'écrivains s'annonce pour dire le désarroi d'un pays malmené, en attente du ressaisissement.

Île Maurice

L'activité littéraire, à Maurice, est née quand l'île est passée en 1810 sous la domination britannique, comme un moyen pour les colons franco-mauriciens de manifester et de préserver leur identité culturelle. Les nombreux journaux mauriciens du XIXe siècle accueillent volontiers les textes de poètes et de conteurs. Léoville L'Homme, par sa poésie d'inspiration parnassienne, marque, à la fin du siècle, l'entrée en littérature des hommes de couleur. L'existence d'une édition mauricienne de qualité, imprimant et diffusant sur place, permet, dans l'entre-deux-guerres, aux romanciers de la vie mauricienne (Clément Charoux, Arthur Martial, Savinien Mérédac) de trouver un public fidèle. Robert-Edward Hart, l'écrivain majeur de la première moitié de ce siècle, sait, dans sa poésie élégante, faire sa place à la polyphonie culturelle mauricienne. Au travers d'un cycle romanesque, il élabore, à partir de rêveries cosmogoniques, une étrange mythologie de l'île natale.

Malcolm de Chazal amplifie ces rêveries par une poétique fondée sur une systématique des « correspondances », qu'André Breton et Jean Paulhan, en 1947, saluent avec enthousiasme. S'étant construit un étonnant personnage de génie insulaire, prophète d'une mythique Lémurie, Chazal exerce une grande influence sur de nombreux poètes mauriciens (Raymond Chasle, Jean-Claude d'Avoine).

Pour beaucoup d'exilés, la littérature constitue le plus sûr moyen de retrouver un contact avec l'île natale. Ainsi de Loys Masson, dans ses romans des mers du Sud, de Marie-Thérèse Humbert, de Jean Fanchette. Jean-Marie G. Le Clézio, né en France, revient lui aussi par le roman au pays de ses ancêtres. Quant à Édouard Maunick, il fait de l'exil la trame de sa poésie : c'est sa langue d'expression, habitée par son créole maternel, qui devient son pays.

La Réunion

Les « poètes de l'île Bourbon » connaissent au XIXe siècle un itinéraire parallèle : enfance heureuse dans l'île, exil pour aller étudier ou s'établir en France, nostalgie, retour par l'écriture au pays perdu : tel est le cheminement de Lacaussade, Leconte de Lisle ou Léon Dierx. En même temps, comme à Maurice, journaux et revues locales font une place à des auteurs du pays. La gloire consacre Marius-Ary Leblond avec le prix Goncourt 1909 pour leur roman *En France,* qui raconte la découverte de la vie d'étudiants à Paris par de jeunes créoles réunionnais ; pendant un demi-siècle, ils seront les ardents propagandistes du roman colonial.

Longtemps endormie, la littérature réunionnaise se réveille avec Jean Albany, qui découvre les ressources poétiques de la langue créole. Sa recherche se prolonge avec Alain Loraine, Gilbert Aubry, Jean-Henry Azéma et surtout Boris Gamaleya. L'écriture romanesque (Anne Cheynet, Jean-François Sam-Long) permet de dire la spécificité culturelle, sociale, historique de la Réunion. Axel Gauvin ouvre au roman réunionnais la voie d'une écriture poétique, jouant sur le métissage de la langue.

* * *

Plus modestes, les tentatives littéraires des autres archipels ont déjà produit des œuvres dignes d'intérêt : les contes et récits seychellois d'Antoine Abel ou le roman comorien à clefs de Mohamed Toihiri.

1787 Évariste Parny (La Réunion), *Chansons madécasses* [poésie]

1839 Auguste Lacaussade (La Réunion), *les Salaziennes* [poésie]

1924 Marius-Ary Leblond (La Réunion), *Ulysse, cafre* [roman]

1925 Robert-Edward Hart (Maurice), *Mer indienne* [poésie]

1926 Savinien Mérédac (Maurice), *Polyte* [roman]

1928 Robert-Edward Hart (Maurice), *Mémorial de Pierre Flandre* [roman]

1934 Jean-Joseph Rabearivelo (Madagascar), *Presque songes* [poésie bilingue]

1935 Jean-Joseph Rabearivelo (Madagascar), *Traduit de la nuit* [poésie bilingue]
Clément Charoux (Maurice), *Ameenah* [roman]

1939 Jean-Joseph Rabearivelo (Madagascar), *Vieilles Chansons des pays d'Imerina* [traductions de *hain teny*]

1948 Malcolm de Chazal (Maurice), *Sens plastique* [poésie]
Jacques Rabemananjara (Madagascar) *Antsa* [poésie]

1951 Jean Albany (La Réunion), *Zamal* [poésie]

1956 Jacques Rabemananjara (Madagascar) *Lamba* [poésie]

1961 Loys Masson (Maurice), *le Notaire des Noirs* [roman]

1962 Loys Masson (Maurice), *les Noces de la vanille* [roman]

1964 Édouard Maunick (Maurice), *les Manèges de la mer* [poésie]

1971 Gilbert Aubry (La Réunion), *Rivages d'alizé* [poésie]

1973 Boris Gamaleya (La Réunion), *Vali pour une reine morte* [poésie]

1975 Raymond Chasle (Maurice), *l'Alternance des solstices* [poésie]
Jean Fanchette (Maurice), *Alpha du centaure* [roman]

1979 Marie-Thérèse Humbert (Maurice), *À l'autre bout de moi* [roman]

1985 Jean-Marie G. Le Clézio (Maurice), *le Chercheur d'or* [roman]

1988 Michèle Rakotoson (Madagascar), *le Bain des reliques* [roman]

1990 Axel Gauvin (La Réunion), *l'Aimé* [roman]

Les littératures du Maghreb

Plusieurs ensembles littéraires coexistent et interfèrent au Maghreb. Ils se définissent par la langue d'écriture (arabe, littéraire ou national, berbère, français...) et par leur statut, leur fonctionnement, leur public (tradition orale et littératures modernes écrites ; littérature algérienne ou marocaine ou tunisienne ; littérature judéo-maghrébine ; littérature française du Maghreb...).

La littérature maghrébine d'expression française

La littérature maghrébine d'expression française se spécifie dans la mesure où elle garde au Maghreb son centre de gravité. Elle est produite par des écrivains qui revendiquent une identité maghrébine. Née au moment des combats de libération nationale, elle visait alors un public international qu'il fallait gagner à la cause de l'indépendance. Elle est devenue « classique » au Maghreb même par son inscription dans les programmes scolaires. Alors qu'on avait pronostiqué son dépérissement progressif à la suite des politiques d'arabisation, elle a survécu et s'est même développée, touchant aujourd'hui un public maghrébin autant que français et instaurant un dialogue des cultures entre les deux rives de la Méditerranée.

Cette littérature est fortement marquée par le statut problématique du français, langue de l'aliénation dans laquelle on proclame l'indéfectible amour de la langue maternelle, mais aussi langue du combat identitaire ou langue du recul critique proposé par le détour de la langue étrangère ou de l'exil.

En Algérie

La francisation de l'enseignement dans l'Algérie coloniale conduisait comme naturellement au choix du français comme langue d'écriture. Jean Amrouche et sa sœur, Marguerite Taos Amrouche, recueillent les traditions berbères. Mouloud Feraoun témoigne de la vie dans les montagnes kabyles. L'année 1952 voit la publication de plusieurs romans comme prémonitoires de la guerre qui va éclater (Mohammed Dib, Mouloud Mammeri). Une poésie de combat se développe alors (Noureddine Aba, Malek Haddad, Jean Sénac). Kateb Yacine publie une œuvre protéiforme et exaltante, glissant du roman au théâtre, pour saisir et dire l'âme déchirée de l'Algérie.

Après l'indépendance (1962), à côté d'une littérature de la célébration nationale magnifiant l'héroïsme des combattants se développe une littérature plus audacieuse, qui appelle une mutation plus complète de la vie algérienne et qui paraît parfois scandaleuse (Rachid Boudjedra, Mourad Bourboune). Mohammed Dib évolue vers une écriture plus poétique, presque ascétique. Nabile Farès, Habib Tengour s'interrogent sur l'identité individuelle ou collective dans des textes volontairement opaques, bourrés d'allusions et d'emprunts. Assia Djebar veut capter une parole féminine algérienne.

Dans les années 1980, un renouvellement se cherche dans la lucidité, voire le désenchantement du constat posé sur la société algérienne (Tahar Djaout, Rachid Mimouni). Rabah Belamri impose la pudique acuité de son « regard blessé » (il est aveugle) et la sérénité poétique de son écriture. La présence en France d'une immigration nombreuse d'origine algérienne donne naissance à la « littérature beur » (Mehdi Charef, Leila Sebbar).

Au Maroc

C'est, comme en Algérie, au début des années 1950 que paraissent les premiers textes d'auteurs marocains de langue française : romans ethnographiques (Ahmed Sefrioui) ou romans contestataires (Driss Chraïbi). La revue *Souffles,* d'inspiration révolutionnaire, fédère, à partir de 1966, les recherches de jeunes intellectuels (Abdellatif Laâbi, Mohammed Khaïr-Eddine, Abdelkebir Khatibi, Tahar Ben Jelloun), désireux d'allier la critique de l'idéologie bourgeoise marocaine au travail sur les formes littéraires. Longtemps emprisonné, Laâbi pratique la transgression des genres comme principe d'écriture, de même que le volcanique et virulent Khaïr-Eddine. Khatibi poursuit une longue réflexion sur l'identité et l'altérité. Tahar Ben Jelloun entend donner la parole aux reclus et aux exclus ; il joue un rôle capital de « passeur » entre les cultures maghrébine et française, consacré par l'obtention du prix Goncourt en 1987.

Dans les années 1970 et 1980, Driss Chraïbi renouvelle son inspiration en la ressourçant au Maroc et en découvrant les ressources du comique. Abdelhak Serhane retrouve le chemin de la révolte. Edmond Amran El Maleh, qui se revendique « marocain, juif, arabe », rassemble les éléments de la mémoire judéo-marocaine.

En Tunisie

L'enseignement en arabe n'y ayant pas été démantelé par la colonisation, la Tunisie possède une riche littérature de langue arabe, alors que la littérature en français est longtemps restée marginale. Le seul écrivain francophone reconnu dans les années 1950, Albert Memmi, affiche la spécificité judéo-maghrébine de son œuvre. Il est aussi devenu l'analyste lucide de la situation du colonisé, et plus généralement le théoricien de l'oppression et de la dépendance.

La littérature tunisienne en français se développe à partir de la fin des années 1960, avec des poètes nombreux (Salah Garmadi, Moncef Ghachem, Chems Nadir, plus récemment Tahar Bekri ou Samir Marzouki) et des romanciers (Mustapha Tlili, marqué par l'exil ; Hélé Béji, attentive à ses souvenirs d'enfance). Abdelwahab Meddeb s'est fait remarquer par une œuvre de recherche, ambitieuse et obsédante. La littérature tunisienne en français n'a plus rien à envier à celle des pays voisins.

1939 Jean Amrouche (Algérie), *Chants berbères de Kabylie* [poèmes collectés et traduits]

1950 Mouloud Feraoun (Algérie), *le Fils du pauvre* [roman]

1952 Mohammed Dib (Algérie), *la Grande Maison* [roman]
Mouloud Mammeri (Algérie), *la Colline oubliée* [roman]

1953 Albert Memmi (Tunisie), *la Statue de sel* [roman]

1954 Driss Chraïbi (Maroc), *le Passé simple* [roman]
Mohammed Dib (Algérie), *l'Incendie* [roman]
Ahmed Sefrioui (Maroc), *la Boîte à merveilles* [roman]

1956 Kateb Yacine (Algérie), *Nedjma* [roman]

1959 Kateb Yacine (Algérie), *le Cercle des représailles* [théâtre]

1961 Malek Haddad (Algérie), *Le quai aux Fleurs ne répond plus* [roman]

1962 Driss Chraïbi (Maroc), *Succession ouverte* [roman]

1963 Noureddine Aba (Algérie), *la Toussaint des énigmes* [poésie]

1966 Kateb Yacine (Algérie), *le Polygone étoilé* [roman]
Marguerite Taos Amrouche (Algérie), *le Grain magique* [poèmes, contes et proverbes kabyles]

1967 Mohammed Khaïr-Eddine (Maroc), *Agadir* [roman]

1968 Mourad Bourboune (Algérie), *le Muezzin* [roman]

1969 Rachid Boudjedra (Algérie), *la Répudiation* [roman]

1970 Nabile Farès (Algérie), *Yahia pas de chance* [roman]

1971 Abdelkebir Khatibi (Maroc), *la Mémoire tatouée*
Jean Sénac (Algérie), *Anthologie de la nouvelle poésie algérienne*

1972 Driss Chraïbi (Maroc), *la Civilisation, ma mère !...* [roman]

1975 Mohammed Dib (Algérie), *Omneros* [poésie]
Salah Garmadi (Tunisie), *Nos ancêtres les Bédouins* [poésie]

1977 Rachid Boudjedra (Algérie), *l'Escargot entêté* [roman]
Mohammed Dib (Algérie), *Habel* [roman]

1979 Abdelwahab Meddeb (Tunisie), *Talismano* [roman]

1980 Assia Djebar (Algérie), *Femmes d'Alger dans leur appartement* [nouvelles]

1982 Driss Chraïbi (Maroc), *la Mère du printemps* [roman]
Mustapha Tlili (Tunisie), *la Gloire des sables* [roman]

1983 Habib Tengour (Algérie), *le Vieux de la montagne*

1985 Hélé Beji (Tunisie), *l'Œil du jour* [roman]
Assia Djebar (Algérie), *l'Amour, la fantasia* [roman]

1987 Tahar Ben Jelloun (Maroc), *la Nuit sacrée* [roman], prix Goncourt
Rabah Belamri (Algérie), *Regard blessé* [roman]
Tahar Djaout (Algérie), *l'Invention du désert* [roman]

1990 Rachid Mimouni (Algérie), *l'Honneur de la tribu* [roman]

Les littératures du Proche-Orient

Le français est implanté depuis plusieurs siècles en Méditerranée orientale, comme langue internationale : langue du commerce, des écoles, des missions, de la protection des chrétiens de l'Empire ottoman... Des foyers de francophonie se sont développés au Liban, en Égypte, mais aussi en Syrie, en Irak, en Turquie, en Iran... Au XXe siècle, un véritable bilinguisme arabo-français s'épanouit au Liban, avant d'être menacé par les dramatiques soubresauts des guerres qui ont ravagé ce pays. En Égypte, le français, langue de la modernisation au XIXe siècle, est longtemps resté langue de culture et d'ouverture pour les classes aisées. Dans tout l'Orient ottoman, la culture française a apporté des ferments de modernité et sans doute influencé la renaissance des lettres arabes (ou *nahda*).

Aux XVIIe et XVIIIe siècles, des voyageurs français (Chardin, Tavernier, Thévenot...) s'étaient faits écrivains pour raconter leurs périples en Orient. Au XIXe siècle, ce sont les écrivains célèbres (Chateaubriand, Lamartine, Nerval, Théophile Gautier, Flaubert...) qui partent pour l'Orient en quête d'images exotiques et de beaux mythes. La littérature francophone du Proche-Orient est souvent née du désir de préciser, nuancer ou corriger leurs visions d'Orient.

Égypte

Dès 1919, Adès et Josipovici composent, à partir d'un folklore commun au monde arabe, leur *Livre de Goha le simple,* qui conte les aventures d'un simple d'esprit très malicieux. La romancière Out-el-Kouloub, née dans une vieille famille de l'aristocratie musulmane, restitue dans ses contes et romans l'atmosphère de la vie égyptienne traditionnelle *(Harem ; la Nuit de la destinée).* Dans ses romans égyptiens, Andrée Chedid sacrifie le pittoresque au désir de dire une vérité mythique et tragique du pays *(le Sixième Jour).* Albert Cossery peint, dans des romans violents ou picaresques, le monde des démunis *(les Hommes oubliés de Dieu ; Mendiants et orgueilleux).*

Si d'aimables poètes de salon riment, parfois agréablement, des compositions académiques, quelques jeunes gens, à la fin des années 1930, introduisent le surréalisme : Georges Henein, Edmond Jabès, Marie Cavadia, Joyce Mansour se retrouvent autour d'une revue, *la Part du sable,* qui diffuse leurs textes provocants et forts. Mais l'évolution politique de l'Égypte a contraint beaucoup de ces écrivains à s'exiler à partir des années 1950.

Liban

Dans l'entre-deux-guerres, les pièces de Chekri Ganem et les œuvres diffusées par *la Revue phénicienne* exaltent le patriotisme libanais.

Si la poésie est le genre le plus pratiqué, le roman a connu de belles réussites avec Farjallah Haïk (qui peint la vie profonde des villages libanais), Laurice Schehadé, Evelyne Accad (qui dénonce la situation faite à la femme), Andrée Chedid (qui s'inquiète, dans *la Maison sans racines,* de l'avenir du Liban).

L'interrogation sur l'identité libanaise et sur la relation de l'Orient et de l'Occident a suscité une littérature d'idées de très haute tenue (Salah Stétié, Selim Abou). Les récits historiques d'Amin Maalouf ont été très lus.

Georges Schehadé participe, avec son théâtre onirique, au renouvellement du théâtre de langue française. Sa poésie rêveuse et imagée le met au niveau des plus grands. Mais d'autres voix manifestent l'étonnante vitalité poétique libanaise : Fouad Gabriel Naffah, qui conserve l'alexandrin ; Nadia Tueni, comme hantée par sa mort précoce ; Venus Khoury-Ghata, fiévreuse et passionnée ; Salah Stétié, tout à sa hantise de l'exil ; Andrée Chedid, célébrant le bonheur simple d'une vie pleinement humaine.

De tous les Orients

Tous les pays de l'Orient participent à la francophonie littéraire. De Syrie est venu le poète Kamal Ibrahim. Fereydoun Hoveyda, né en Syrie, mais Iranien, nourrit ses romans de son expérience d'Oriental formé à l'école de l'Occident. Naïm Kattan, d'origine juive irakienne, devenu canadien, raconte son adolescence dans *Adieu Babylone.*

1937 Out-El-Kouloub (Égypte), *Harem* [roman]

1941 Albert Cossery (Égypte), *les Hommes oubliés de Dieu* [nouvelles]

1948-1951 Farjallah Haïk (Liban), *les Enfants de la terre* [roman]

1951 Georges Schehadé (Liban), *Monsieur Bob'le* [théâtre]

1952 Georges Schehadé (Liban), *Poésies* [poésie]

1958 Joyce Mansour (Égypte), *les Gisants satisfaits* [poésie]

1959 Edmond Jabès (Égypte), *Je bâtis ma demeure* [poésie]

1963 Fouad Gabriel Naffah (Liban), *la Description de l'homme, du cadre et de la lyre* [poésie]

1975 Nadia Tueni (Liban), *le Rêveur de terre* [poésie]

1978 Salah Stétié (Liban), *Fragments : Poème* [poésie]

1985 Andrée Chedid (Liban), *la Maison sans racines* [roman]

Les littératures de l'Asie et du Pacifique

Plusieurs ensembles de textes en langue française (œuvres d'imagination, témoignages et essais, traductions des littératures orales ou anciennes) procèdent des contacts entre la France et les pays de l'Asie du Sud-Est et du Pacifique, et notamment ceux où la colonisation avait implanté l'usage du français.

Au Cambodge

Installé par la colonisation, le français est resté, malgré les épreuves traversées par le Cambodge, langue étrangère étudiée à l'école. C'est en français que s'était constituée une abondante littérature scientifique sur la civilisation khmère, fruit des décennies de travaux de l'orientalisme français. Le prince Areno Iukanthor ou Makhâli Phâl, Eurasienne installée à Paris, ont publié des poèmes ou des romans pour exposer le débat de civilisation opposant l'Orient et l'Occident. Tout récemment, des rescapés des bouleversements qui ont ravagé le pays ont apporté leur témoignage sur les souffrances subies.

Au Laos

La situation de la francophonie laotienne est semblable à celle du Cambodge. L'enseignement du français, peu développé par l'école coloniale, a connu une remarquable expansion dans les années 1960. Les orientalistes français ont contribué à la connaissance de la riche littérature laotienne ancienne et Charles Rochet, dans les années 1930, a favorisé le renouveau du *Théâtre lao.*

Au Viêt-nam

Beaucoup plus peuplé que ses voisins, le Viêt-nam possède une importante littérature ancienne et moderne, qui s'est peu à peu détachée des modèles chinois. La colonisation, en aidant le développement du *quôc-ngu* (transcription de la langue vietnamienne en caractères latins) a favorisé cette évolution. Le Viêt-nam a alors connu un système scolaire assez bien développé, mettant en place, dès 1918, une université.

La littérature vietnamienne en français commence, avec Pham Quynh, par des textes de réflexion sur la culture vietnamienne et sur le difficile dialogue des cultures entre l'Orient et l'Occident. Pham-Duy Khiêm publie des légendes et un roman autobiographique. Pham Van Ky, installé à Paris, poursuit une œuvre romanesque où s'approfondit le dialogue de l'Orient et de l'Occident. Alors que l'évolution historique semblait devoir tarir cette littérature, l'arrivée en France de nombreux réfugiés a suscité une littérature de témoignage (Kim Lefèvre), mais aussi de recherche d'identité.

En Nouvelle-Calédonie

La littérature de Nouvelle-Calédonie est nécessairement disparate. Elle comprend aussi bien l'oralité mélanésienne (dont certains textes sont traduits en français) que les écrits des Caldoches (c'est-à-dire des Blancs natifs) et ceux des touristes littéraires. Enfin, la déportation et le bagne ont nourri une importante littérature de témoignage ou de débat. On retiendra surtout les contes et légendes adaptés par Georges Baudoux, remarquable connaisseur du monde canaque, les romans de Jean Mariotti et, plus récemment, la fresque historique de Jacqueline Sénès.

En Polynésie

Bougainville et les voyageurs du XVIIIe siècle avaient cru retrouver le paradis à Tahiti et dans les îles des mers du Sud. D'où la nouvelle jeunesse que Diderot et quelques autres ont donnée au « mythe du bon sauvage ». La Polynésie est encore victime de ces images complaisantes.

En revanche, Victor Segalen a su redonner une admirable vie littéraire à la tradition orale condamnée à disparaître par les progrès des religions importées. Tandis que Jean Reverzy a trouvé dans un voyage à Tahiti l'inspiration d'un roman de l'exotisme et de la mort.

Malgré quelques publications locales, la littérature des insulaires eux-mêmes reste encore embryonnaire.

1771 Bougainville, *Voyage autour du monde* [récit]
1773 Diderot, *Supplément au Voyage de Bougainville* [récit]
1907 Victor Segalen, *les Immémoriaux* [roman]
1913 Pham Quynh, (Viêt-nam) *Essais franco-annamites* [essai]
1940 Makhâli Phâl (Cambodge), *la Favorite de dix ans* [roman]

1941 Pham-Duy Kiêm (Viêt-nam), *De Hanoï à La Courtine* [roman]
1954 Jean Reverzy, *le Passage* [roman]
1961 Pham Van Ky (Viêt-nam), *Perdre la demeure* [roman]
1987 Jacqueline Sénès (Nouvelle-Calédonie), *Terre violente* [roman]
1989 Kim Lefèvre (Viêt-nam), *Métisse blanche* [récit autobiographique]

Les littératures de l'Amérique du Nord

La littérature de la Nouvelle-France (c'est-à-dire des colonies françaises d'Amérique aux XVIIe et XVIIIe siècles) est d'abord constituée par les récits des voyageurs et des premiers colons (Jacques Cartier, Champlain, Lescarbot...), souvent très savoureux dans leur curiosité pour le nouveau pays. Le baron philosophe de La Hontan fait l'éloge des « sauvages ». Des poésies de circonstance, des chroniques, des lettres édifiantes ou mystiques (Marie de l'Incarnation) amorcent une production littéraire plus autonome, que favorise l'introduction de l'imprimerie après la conquête anglaise. Le journalisme se développe, lié aux luttes politiques. Crémazie, dans ses poèmes, adapte l'inspiration romantique au patriotisme canadien. Philippe Aubert de Gaspé inaugure le genre romanesque en évoquant les mœurs des *Anciens Canadiens*.

L'« école littéraire de Montréal », fondée en 1895, stimule l'écriture poétique. L'œuvre émouvante de Nelligan, guetté par la démence, en est le plus remarquable témoignage. Le succès de *Maria Chapdelaine*, du romancier français Louis Hémon, encourage une littérature du terroir, tantôt animée d'un grand souffle lyrique (Félix Antoine Savard), tantôt plus naturaliste (Ringuet). Ce courant se prolonge dans les romans populistes de Roger Lemelin ou la peinture de minorités plus ou moins marginales par Yves Thériault.

La poésie se renouvelle à la veille de la Seconde Guerre mondiale : après le traditionalisme de Robert Choquette ou Alfred Desrochers, une modernité dominée caractérise l'œuvre de quatre grands poètes, – Alain Grandbois, Saint-Denys Garneau, Anne Hébert, Rina Lasnier –, tous quatre confrontés à l'angoisse de la solitude et engagés dans une quête existentielle ou spirituelle.

La prise de conscience québécoise

La « Révolution tranquille » qui, dans les années 1960, transforme radicalement la société du Québec, est d'abord une révolution culturelle. Bouleversement démographique, exode rural, laïcisation de la société, revendication d'indépendance obligent les intellectuels à penser la transformation du Québec. Dès 1948, le manifeste de l'automatisme pictural de Borduas, *Refus global,* affirmait un désir de table rase. Quelques revues (*Parti pris, Mainmise, la Barre du Jour,* etc.) accélèrent la mutation idéologique. La querelle linguistique autour du *joual* (parler populaire de Montréal) exacerbe la conscience de la spécificité linguistique québécoise : Michèle Lalonde publie en 1973 sa *Défense et illustration de la langue québécoise.* Certains (Pierre Vallières, Pierre Vadeboncœur) mettent en parallèle situation du Québec et situation coloniale. On se tourne vers l'Histoire, pour opérer une nouvelle lecture du passé canadien français et pour se réapproprier tout un patrimoine culturel.

La poésie du pays

C'est autour des éditions de l'Hexagone, fondées en 1953 et principalement animées par Gaston Miron, que se rassemblent en un mouvement cohérent les poètes qui veulent reprendre par la parole poétique possession d'eux-mêmes et de leur pays. Poésie de ressourcement, de reconquête, de libération : il s'agit de rompre avec un passé de dépendance et d'agir sur le présent. Mais si le but est le même pour tous, chaque poète apporte la différence de sa voix individuelle : force de Roland Giguère, exaltation d'Yves Préfontaine, fluidité lyrique de Jean-Guy Pilon, fidélité au réel de Paul-Marie Lapointe, ampleur épique de Gatien Lapointe, fulgurances de Fernand Ouellette, poèmes-tracts de Michèle Lalonde... Gaston Miron demeure le plus écouté de ces poètes et le titre de son recueil, *l'Homme rapaillé* (c'est-à-dire « l'homme rassemblé et réunifié »), dit l'ambition de cette génération qui a inventé le Québec comme patrie poétique.

Dans la ligne de l'Hexagone, Paul Chamberland ou Jacques Brault continuent d'explorer la mémoire et la géographie mythique du pays. Mais une poésie plus dégagée du militantisme direct se révèle, dans l'exploration de la langue populaire (Gérald Godin), à l'écoute de la contre-culture américaine (Claude Peloquin, Lucien Francœur) ou dans l'ascèse du langage (Nicole Brossard).

Permanence de l'oralité

Les poètes québécois lisent volontiers leurs textes en public à l'occasion de récitals très populaires. C'est que leur poésie est fortement marquée par l'oralité. Ce qui est d'ailleurs un trait dominant de l'ancienne tradition québécoise qui privilégiait la communication orale.

Les chanteurs (Félix Leclerc, Gilles Vigneault) ont cristallisé et popularisé le mouvement de reconquête de l'identité. La tradition des conteurs qui, autrefois, animaient les veillées villageoises dans les campagnes, s'est continuée dans le succès des diseurs de monologues (Yvon Deschamps, Sol). *La Sagouine* d'Antonine Maillet évoque, de la même manière, à travers ses savoureux monologues, toute la vie d'un village acadien.

Le théâtre québécois s'est développé en étroites relations avec l'expression radiophonique (Gratien Gélinas,

Marcel Dubé). Il a connu un très grand succès quand il a pu s'enraciner, avec Michel Tremblay, dans la langue populaire du *joual*.

Vitalité du roman

Un « nouveau roman » québécois commence avec Hubert Aquin, qui mêle récit d'espionnage déconstruit et réflexion critique sur la révolution et l'amour. Mais c'est surtout l'irruption dans le roman d'une langue et d'une culture populaires urbaines qui façonne cette modernité.

Jacques Ferron emprunte aux contes d'autrefois humour et mélange de fantastique et de tragique. André Major ou Jacques Renaud pratiquent une sorte de réalisme linguistique. Michel Tremblay glisse du théâtre vers le « roman parlé ». Jacques Godbout donne à la littérature du *joual* un aboutissement maîtrisé et truculent. Ses romans désignent, avec beaucoup de finesse, les points sensibles de la société québécoise.

Victor-Lévy Beaulieu élève, dans un style fiévreux, un hymne aux ancêtres et aux grandes forces de la nature. Roch Carrier retrouve la verve rabelaisienne. Jacques Poulin unit tendresse, lucidité, goût des collages hyperréalistes. Louis Caron renouvelle les grandes fresques historiques.

Marie-Claire Blais et Anne Hébert peignent un Québec dur, parfois fantastique, soumis aux fatalités du sang et des passions, habité sourdement par des puissances surnaturelles.

Réjean Ducharme, le plus mystérieux et le plus fascinant des romanciers québécois, est un virtuose de l'invention verbale. Ses romans jouent sur les mots et les mythes les plus quotidiens, pour accompagner ses héros, enfants ou adultes immatures, dans leur rêve de pureté et d'amitié fraternelle.

De l'Acadie à la Louisiane

Le rôle culturel pilote du Québec en Amérique du Nord ne doit pas occulter l'originalité d'autres foyers littéraires. Au Nouveau-Brunswick, cœur de l'ancienne Acadie, comme en Ontario ou dans les provinces de l'ouest du Canada, partout où vivent des communautés francophones, on a pu assister à des renaissances culturelles récentes, se traduisant par l'émergence de jeunes écrivains. Même si les écrivains les plus en vue, comme l'excellente romancière Gabrielle Roy, née au Manitoba, ou l'Acadienne Antonine Maillet sont attirés par le rayonnement québécois, des revues, des anthologies, des études, publiées localement, font connaître les nouveaux poètes ou romanciers.

Même en Louisiane, où l'activité littéraire, florissante au XIXe siècle, s'était progressivement tarie, un renouveau s'est manifesté, dont le chanteur et poète Zachary Richard s'est fait le porte-parole.

1631 Marie de l'Incarnation, *Lettres*

1863 Philippe Aubert de Gaspé, *les Anciens Canadiens* [roman]

1903 Publication par Louis Dantin de l'œuvre poétique de Nelligan

1914 Publication en feuilleton de *Maria Chapdelaine* de Louis Hémon dans *le Temps de Paris*

1937 Saint-Denys Garneau, *Regards et jeux dans l'espace* [poésie]
Félix Antoine Savard, *Menaud, maître-draveur* [roman]

1939 Ringuet, *Trente Arpents* [roman]

1944 Alain Grandbois, *les Îles de la nuit* [poésie]

1945 Gabrielle Roy, *Bonheur d'occasion,* prix Fémina [roman]

1948 *Refus global,* manifeste des automatistes

1953 Fondation des éditions de L'Hexagone
Marcel Dubé, *Zone* [théâtre]

1956 Rina Lasnier, *Présence de l'absence* [poésie]

1958 Yves Thériault, *Agaguk* [roman]

1961 Jacques Ferron, *Contes du pays incertain* [contes]

1963 Fondation de la revue *Parti pris*
Gatien Lapointe, *Ode au Saint-Laurent* [poésie]

1964 Paul Chamberland, *Terre Québec* [poésie]

1965 Hubert Aquin, *Prochain Épisode* [roman]
Marie-Claire Blais, *Une saison dans la vie d'Emmanuel,* prix Médicis [roman]
Jacques Brault, *Mémoire* [poésie]
Roland Giguère, *l'Âge de la parole* [poésie]

1966 Réjean Ducharme, *l'Avalée des avalés* [roman]

1967 Jacques Godbout, *Salut Galarneau* [roman]

1968 Création des *Belles-Sœurs* de Michel Tremblay [théâtre]

1970 Gaston Miron, *l'Homme rapaillé* [poésie]
Anne Hébert, *Kamouraska* [roman]

1971 Antonine Maillet, *la Sagouine* [monologues]

1974 Michèle Lalonde, *Speak White* [poésie]

1975 Victor-Lévy Beaulieu, *Blanche forcée* [roman]

1977 Louis Caron, *l'Emmitouflé* [roman]

1978 Jacques Poulin, *les Grandes Marées* [roman]

1979 Antonine Maillet, *Pélagie-la-Charrette,* prix Goncourt [roman]

1981 Yves Beauchemin, *le Matou* [roman]

1988 Gérald Leblanc/Claude Beausoleil, *la Poésie acadienne* [anthologie]

Les littératures de Belgique et du Luxembourg

Dès le Moyen Âge, les territoires qui forment aujourd'hui la Belgique et le Luxembourg participent à une production littéraire de langue française : on citera le chroniqueur Jean le Bel ou le poète Jean Lemaire de Belges, le dernier des grands rhétoriqueurs. Au XVIIIe siècle, le prince Charles-Joseph de Ligne, brillant polygraphe, incarne l'esprit cosmopolite de l'époque.

La Belgique moderne est la création artificielle des grandes puissances européennes qui la construisent en 1830, en réunissant la Flandre, où l'on parle flamand (c'est-à-dire la version belge du néerlandais), et la Wallonie, où l'on parle français, et en choisissant comme capitale Bruxelles, où l'on parle les deux langues et un dialecte, le brusselaire, toujours vivant. Le pays a toujours eu du mal à vivre cette dualité originaire : malaise constitutif accentué par le conflit des langues, car le flamand a longtemps été langue populaire et minorée en Flandre, où la bourgeoisie parlait et écrivait en français (beaucoup d'écrivains belges de langue française sont d'origine flamande). La réhabilitation de la langue flamande en Flandre s'est faite contre la domination du français. La littérature porte évidemment témoignage sur cette problématique identité belge.

Autre source de malaise : l'écrivain belge, quelle que soit sa langue d'écriture, attend sa véritable légitimation des métropoles littéraires, Paris ou Amsterdam. Il ira même, dans certains cas, jusqu'à choisir de s'intégrer à la littérature du pays voisin. D'où le débat toujours repris : faut-il parler de « littérature belge d'expression française » ou de « littérature française de Belgique » ?

Du réalisme au symbolisme

Le désir de fonder une littérature nationale incite les premiers écrivains du nouvel État belge à privilégier le roman historique et le roman de mœurs. Charles De Coster donne, avec *la Légende d'Ulenspiegel,* 1867, une épopée de la résistance populaire, qui est un chef-d'œuvre de truculence. Camille Lemonnier, puis Georges Eekhoud, imposent la vigueur de leurs romans réalistes.

Autour de revues comme *la Wallonie* (fondée en 1886) se déploie un symbolisme belge très original, alliant à la nostalgie cultivée le sens du fantastique et la force d'un lyrisme visionnaire. Les principaux représentants de ce courant sont tous des poètes d'origine flamande : Georges Rodenbach, Émile Verhaeren, Maurice Maeterlinck, Max Elskamp, Charles Van Lerberghe...

Le roman : du régionalisme au fantastique

Au XXe siècle, la spécificité littéraire belge, qu'atteste l'existence de nombreuses revues littéraires de qualité, s'épanouit moins dans le régionalisme assumé que dans le curieux assemblage du réalisme social et de la prolifération baroque.

Neel Doff fait le procès de l'exploitation sociale. Avec le mineur Constant Malva et l'ancien carrier Jean Tousseul, ce sont les ouvriers qui deviennent écrivains. Charles Plisnier invite, par ses grandes fresques familiales, à la révolte contre l'ordre établi. Georges Simenon, dans ses romans d'atmosphère belge et surtout dans ses autobiographies, excelle à suggérer tout un arrière-monde sous la grisaille quotidienne.

Avec Robert Vivier ou Constant Burniaux, le populisme glisse vers le fantastique, qui s'épanouit dans l'œuvre de Franz Hellens, Jean de Boschère ou Jean Ray (abondant auteur de romans populaires, excellant à développer le thème des « univers parallèles »). Suzanne Lilar, attentive à explorer les frontières du réel et de l'imaginaire, Hubert Juin ou Marie Gevers revendiquent leur enracinement dans un terroir.

Le surréalisme belge

Après Dada représenté par Clément Pansaers, le surréalisme s'implante en Belgique avec Louis Scutenaire, Marcel Lecompte, E.L.T. Mesens, Paul Nougé, Achille Chavée, le peintre René Magritte... Très indépendant du mouvement parisien, ce groupe belge cultive un esprit de révolte radicale et une exploration systématique des pouvoirs de rupture du langage.

Le théâtre

Maeterlinck avait inventé un étonnant théâtre symboliste. Fernand Crommelynck et Michel de Ghelderode imposent l'originalité de leur théâtre baroque, jouant sur la truculence, les paroxysmes et les farces tragiques. René Kalisky a tenté de renouveler la dramaturgie.

Continuités et avant-gardes

Les romanciers belges récents (Marcel Moreau, Conrad Detrez) cultivent volontiers l'exubérance, voire la démesure : continuité d'un tempérament flamand. Des avant-gardes brillantes (comme le groupe *Cobra* animé par Christian Dotremont) choisissent l'enracinement nordique. L'interrogation sur la *belgitude* (droit à l'altérité dans le métissage culturel qui constitue la problématique identité belge) nourrit les romans de Pierre Mertens.

Littérature luxembourgeoise

À côté d'une littérature en allemand et en dialecte luxembourgeois, une littérature en français s'est développée dans le Grand Duché, avec notamment l'œuvre encore traditionnelle de Marcel Noppeney ou, plus récemment, les recherches poétiques d'Edmond Dune ou d'Anise Koltz.

1867 Charles De Coster, *la Légende d'Ulenspiegel* [roman]

1881 Camille Lemonnier, *Un mâle* [roman]
Fondation de *la Jeune Belgique*

1886 Fondation de la revue *la Wallonie*

1889 Maurice Maeterlinck, *Serres chaudes* [poésie]

1892 Georges Rodenbach, *Bruges-la-Morte* [roman]

1893 Émile Verhaeren, *les Campagnes hallucinées* [poésie]

1896 Maurice Maeterlinck, *Chansons* [poésie]

1911 Neel Doff, *Jours de famine et de misère* [roman]

1921 Fondation de l'Académie royale de langue et de littérature françaises de Belgique

1922 Max Elskamp, *la Chanson de la rue Saint-Paul* [poésie]

1924 Camille Goemans et Paul Nougé, *Correspondance*
Marcel Thiry, *Toi qui pâlis au nom de Vancouver* [poésie]

1925 Fernand Crommelynck, *Tripes d'or* [théâtre]

1931 Franz Hellens, *Réalités fantastiques* [nouvelles]

1936 Charles Plisnier, *Mariages* [roman]

1937 Michel de Ghelderode, *l'École des bouffons* [théâtre]

1948 Georges Simenon, *Pedigree* [roman autobiographique]

1949 Géo Norge, *les Râpes* [poésie]

1950 Marie Gevers, *Vie et mort d'un étang* [roman]

1958-1968 Hubert Juin, *les Hameaux* [cycle romanesque]

1975 Christian Dotremont, *Logbook*

1976 Suzanne Lilar, *Une enfance gantoise* [autobiographie]

1987 Pierre Mertens, *les Éblouissements* [roman]

Golconde, Magritte.

La littérature suisse

Le poète Othon de Grandson au Moyen Âge, le chroniqueur de la Réforme François de Bonivard au XVIe siècle témoignent de l'ancienneté de la littérature suisse de langue française. Jean-Jacques Rousseau, si fortement marqué par l'esprit protestant de Genève, lui acquiert un rayonnement universel. Asile de nombreux protestants français, la Suisse découvre tôt sa vocation cosmopolite de lieu d'accueil pour les intellectuels et les idées. Voltaire se réfugie à ses portes. Mme de Staël et Benjamin Constant rassemblent à Coppet des écrivains et des penseurs venus de toute l'Europe.

À la fin du XVIIIe siècle, Mme de Charrière avait écrit de subtils romans psychologiques. Le XIXe voit s'affirmer l'originalité littéraire de la Suisse romande. Le Genevois R. Toepffer invente dans ses albums de caricatures le principe de la bande dessinée. H.F. Amiel tient tout au long de sa vie un *Journal intime* qui est un modèle du genre.

Cependant, la proximité de la France rend parfois problématique l'affirmation d'une identité spécifique : Blaise Cendrars ou Robert Pinget, après Rousseau, semblent se fondre dans la littérature française. Par ailleurs, le particularisme des cantons, les clivages religieux donnent à la littérature suisse un visage diversifié, voire contrasté.

Une renaissance romande

Deux revues, *la Voile latine* et *les Cahiers vaudois* animent, à l'aube du XXe siècle, la renaissance des lettres en Suisse romande, en proclamant la nécessité de l'enracinement dans le pays. Charles-Ferdinand Ramuz prêche d'exemple, en revenant s'installer dans le pays de Vaud après avoir fréquenté les milieux littéraires parisiens. Il renouvelle le roman en traduisant la vision du monde des vignerons et des montagnards au moyen d'une langue littéraire modelée sur le parler vaudois. Mais son isolement volontaire du circuit littéraire français a souvent empêché que justice soit rendue à la toute première importance de son œuvre.

Charles-Albert Cingria, ami de Ramuz, propose une image radicalement différente de l'imaginaire suisse : cosmopolite, baroque, épris d'aventures et d'érudition encyclopédique, flâneur invétéré. Ses chroniques, souvent déconcertantes, invitent à pratiquer un esprit de curiosité universelle.

René Morax, Edmond Gilliard, Paul Budry appartiennent aussi à cette génération des *Cahiers vaudois.*

Les Vaudois

Les poètes vaudois, comme Pierre-Louis Matthey ou Edmond-Henri Crisinel, ont souvent connu des existences solitaires et tragiques, guettées par la névrose et le silence. Gustave Roud, poète de la densité campagnarde, a été reconnu comme un maître. Jacques Chessex s'est fait le portraitiste truculent de ses compatriotes et le peintre des âmes tourmentées. Catherine Colomb invente une écriture romanesque discontinue très originale. Alice Rivaz et Anne Cuneo disent la solitude féminine. Les romans ambitieux de Jacques Mercanton, Yves Velan ou Étienne Barilier témoignent d'une grande fascination pour l'écriture de recherche.

1551 François de Bonivard, *Chroniques de Genève* [histoire]

1756 Jean-Jacques Rousseau, *Julie ou la Nouvelle Héloïse* [roman]

1842 Isabelle de Charrière, *Lettres neuchâteloises* [roman]

1842 Rodolphe Toepffer, *Voyages en zigzag* [récits]

1847-1881 Amiel, *Journal intime*

1904-1910 Parution de la revue *la Voile latine*

1914-1919 Parution des *Cahiers vaudois*

1931 Charles-Ferdinand Ramuz, *Farinet ou la Fausse Monnaie* [roman]

1934 Charles-Ferdinand Ramuz, *Derborence* [roman]

1936 Guy de Pourtalès, *la pêche miraculeuse* [roman]

1950 Edmond-Henri Crisinel, *Poésies*
Gustave Roud, *Écrits* [poésie]

1957 Philippe Jaccottet, *la Promenade sous les arbres* [poésie]

1959 Yves Velan, *Je* [roman]

1963 Nicolas Bouvier, *l'Usage du monde* [récit de voyage]

1966 Georges Haldas, *Boulevard des philosophes* [chroniques]

1968 Corinna S. Bille, *la Fraise sauvage* [nouvelles]
Début de la parution des *Œuvres complètes* de Charles-Albert Cingria
Albert Cohen, *Belle du Seigneur* [roman]

1969 Jacques Chessex, *Portrait des Vaudois* [essai]

1970 Philippe Jaccottet, *Paysages avec figures absentes* [poésie]
Alice Rivaz, *la Paix des ruches* [roman]

1973 Jacques Chessex, *l'Ogre,* prix Goncourt [roman]

1974 Corinna S. Bille, *la Demoiselle sauvage* [nouvelles]
Jacques Mercanton, *l'Été des Sept-Dormants* [roman]

1976 Maurice Chappaz, *Portrait des Valaisans* [essai]

1977 Étienne Barilier, *le Chien Tristan* [roman]

1985 Yves Laplace, *Mes chers enfants* [roman]

Les Valaisans

Maurice Chappaz déplore, dans une langue abrupte et poétique, la fin de la civilisation paysanne du Valais, menacée par la technique et la spéculation. Sa femme, Corinna S. Bille, met en scène, dans d'admirables nouvelles, le destin terrible de figures féminines, parfois happées par le rêve ou le fantastique.

De leur côté, Georges Borgeaud, Maurice Zermatten continuent la tradition du roman psychologique.

Neuchâtel et le Jura

Les paysages du lac de Neuchâtel ont inspiré les romans de Guy de Pourtalès. L'affirmation de l'identité culturelle du Jura (qui forme maintenant un canton indépendant) sous-tend la poésie d'Alexandre Voisard ou de Jean Cuttat.

Genève

Le cosmopolitisme de Genève a été accueillant à des écrivains d'origine parfois lointaine, comme Albert Cohen et Georges Haldas, venus tous deux de Céphalonie, en Méditerranée orientale. L'université de Genève est un grand centre de rayonnement intellectuel, qui a compté parmi ses enseignants Ferdinand de Saussure, fondateur de la linguistique moderne, et quelques-uns des grands maîtres de la critique littéraire contemporaine : Georges Poulet, Marcel Raymond, Albert Béguin, Jean Starobinski.

Suisses d'ici et d'ailleurs

La pluralité culturelle et linguistique suisse favorise contacts et échanges. Le poète Philippe Jaccottet, traducteur de Rilke ou Hölderlin, est un médiateur littéraire exemplaire.

Mais l'enfermement suisse entre les hautes montagnes alpestres peut inviter, comme l'avait déjà constaté Jules César, à des départs définitifs. Blaise Cendrars ou Nicolas Bouvier ont choisi de « bourlinguer » et de faire du voyage leur patrie.

Vallaton, allée sous bois.

La francophonie littéraire

L'existence d'une réalité francophone plurielle, et donc de littératures francophones autonomes, s'est peu à peu imposée. Le mot programme de *francophonie,* « inventé » par le géographe Onésime Reclus dans les années 1870, a été relancé par une livraison de la revue *Esprit* en novembre 1962. Quelques manifestes et professions de foi, et surtout les œuvres d'innombrables écrivains, lui ont donné corps et sens.

Léopold Sédar Senghor (Sénégal)

Pour Léopold Sédar Senghor, agrégé de grammaire, la langue française est d'abord une langue de libération :

« [...] Nous, politiques noirs, nous, écrivains noirs, nous nous sentons, pour le moins, aussi libres à l'intérieur du français que dans nos langues maternelles. Plus libres, en vérité, puisque la liberté se mesure à la puissance de l'outil : à la force de création.

Il n'est pas question de renier les langues africaines. Pendant des siècles, peut-être des millénaires, elles seront encore parlées, exprimant les immensités abyssales de la Négritude. Nous continuerons d'y pêcher les images archétypes : les poissons des grandes profondeurs. Il est question d'exprimer notre authenticité de métis culturels, d'hommes du XXe siècle. Au moment que, par totalisation et socialisation, se construit la Civilisation de l'Universel, il est, d'un mot, question de se servir de ce merveilleux outil, trouvé dans les décombres du Régime colonial. De cet outil qu'est la langue française. »

« Le français, langue de culture », *in Esprit,* novembre 1962 ; repris *in Liberté I,* Éditions du Seuil, 1964

« Mais on me posera la question : “Pourquoi [...] écrivez-vous en français ?” Parce que nous sommes des métis culturels, parce que, si nous sentons en nègres, nous nous exprimons en français, parce que le français est une langue à vocation universelle, que notre message s'adresse *aussi* aux Français de France et aux autres hommes, parce que le français est une langue “de gentillesse et d'honnêteté” [Jean Guéhenno, *la France et les Noirs*]. Qui a dit que c'était une langue grise et atone d'ingénieurs et de diplomates ? Bien sûr, moi aussi, je l'ai dit un jour, pour les besoins de ma thèse. On me le pardonnera, car je sais ses ressources pour l'avoir goûté, mâché, enseigné, et qu'il est la langue des dieux. »

« Comme les lamantins vont boire à la source », 1954, *in Éthiopiques,* Éditions du Seuil, 1956

Michèle Lalonde (Québec)

Le point de vue est nécessairement différent, si l'on écoute les francophones pour qui le français n'a pas été une langue imposée de l'extérieur, mais est une langue de survivance. Michèle Lalonde, née à Montréal en 1937, a poussé en 1969 un cri devenu justement célèbre : son poème *Speak White,* qui dit la colère des Québécois à qui certains anglophones conseillaient naguère de parler « une langue de Blancs », une langue civilisée, et non pas leur français de « Nègres blancs de l'Amérique ».

speak white
il est si beau de vous entendre
parler du Paradise Lost [1]
ou du profil gracieux et anonyme qui tremble dans
[les sonnets de Shakespeare

nous sommes un peuple inculte et bègue
mais ne sommes pas sourds au génie d'une langue
parlez avec l'accent de Milton, et Byron et Shelley
[et Keats
speak white
et pardonnez-nous de n'avoir pour réponse
que les chants rauques de nos ancêtres
et le chagrin de Nelligan [2]

speak white
parlez de choses et d'autres
parlez-nous de la Grande Charte [3]
ou du monument à Lincoln [4]
du charme gris de la Tamise
de l'eau rose du Potomac [5]
parlez-nous de vos traditions
nous sommes un peuple peu brillant
mais fort capable d'apprécier

toute l'importance des crumpets[6]
ou du Boston Tea Party[7]
mais quand vous really speak white
quand vous get down to brass tacks[8]
pour parler du gracious living
et parler du standard de vie
et de la Grande Société[9]
un peu plus fort alors speak white
haussez vos voix de contremaîtres
nous sommes un peu durs d'oreille
nous vivons trop près des machines
et n'entendons que notre souffle au-dessus
[des outils

***Speak White*, Éditions de l'Hexagone, 1969**

1. Le Paradis perdu *(1667-1674), poème épique de Milton, chef-d'œuvre de la littérature anglaise.*
2. Poète québécois (1879-1941), d'inspiration « décadente », qui passa les dernières années de sa vie dans un asile psychiatrique.
3. Charte des droits seigneuriaux anglais, imposée par ses barons, en 1215, au roi Jean sans Terre, considérée comme le premier texte constitutionnel de l'Angleterre et le fondement de ses libertés.
4. Président des États-Unis dont la prise de position en faveur de l'abolition de l'esclavage provoqua la guerre de Sécession. Il fut assassiné en 1865. On lui a élevé de nombreuses statues, dont une au Capitole de Washington.
5. Fleuve des États-Unis, qui arrose Washington.
6. Sorte de crêpes.
7. Incident dans le port de Boston, quand, en 1773, des colons déguisés en Indiens jetèrent à la mer une cargaison de thé importée par la Compagnie des Indes. Ce fut le signal déclencheur de la guerre d'indépendance américaine.
8. C'est-à-dire : « vous en venez aux choses essentielles ».
9. Slogan du président américain Lyndon Johnson (au pouvoir de 1963 à 1968), qui prônait la guerre à la pauvreté.

Raymond Chasle (Île Maurice)

Pour ouvrir le premier numéro d'une revue fondée à Bruxelles par quelques poètes mauriciens, Raymond Chasle publiait en 1975 un manifeste liminaire d'une haute tenue, qui proclamait la volonté de ne pas laisser le français « intact », mais de se l'approprier comme langue de la méditation, de la mémoire, de la connaissance et du combat. Il n'est pas de plus bel hommage que cette célébration du métissage, linguistique et culturel, ferment de l'humanisme des temps nouveaux.

« Une option fondamentale »

« Enfant de corsaire, enfant d'esclave, descendant d'immigré, venus de trois Continents, né sur une île de sang-mêlé et de sang-à-mêler, dépossédé “de langue maternelle par ébranlement de sang et de langage”, ayant grandi au sein de l'opprobre et de l'oppression de la langue créole aggravés par l'aliénation d'un enseignement bâtard qui condamnait ses véhicules, l'anglais et le français, à demeurer langues étrangères, longtemps confronté à un bilinguisme conflictuel et aux interdits d'une notion pseudo-charismatique de monopole linguistique exercé par une minorité, je postule aujourd'hui que la langue française demeure pour moi une option fondamentale. À force de patients sondages, d'interrogations laborieuses, d'incessantes oblitérations et de chemins mille fois recommencés, la langue française m'a permis de résoudre mes tensions intérieures et de transcender mes écartèlements. Langue de toutes les succulences et de toutes les résonances, elle est pour moi le support privilégié de la méditation, de la mémoire, de la connaissance et du combat.

Si le français me permet de confondre ici et là ma voix à d'autres voix revendicatrices du tiers monde, j'ai aussi conscience, poète, de reprendre avec la parole la plus haute des libertés et en transgressant l'ordre des mots d'agir sur la langue et d'exercer ainsi une action transformationnelle sur le monde et sur l'homme. Car poète avant tout est celui qui ne renonce pas à l'honneur de signifier mais dont la parole irréductible et non préalable ne laisse pas intact le langage. Il s'agit là d'un engagement absolu en faveur de l'homme intégral. Je fais ici un pied de nez à ceux qui chercheraient en moi l'imagerie folklorique ou exotique des régionalismes et d'autres particularismes. C'est en français également que j'ai le privilège de refuser toute obédience, toute inféodation, aussi bien que toute condescendance d'ailleurs intermittente.

La vitalité et l'évolution de la langue française ne dépendent plus exclusivement d'une quelconque suprématie de l'hexagone. Tous ceux qui utilisent une langue sont les garants de sa mutation et de son devenir. Aux poètes, plus qu'aux autres hommes, incombe la responsabilité solidaire du rayonnement de leur langue et de sa permanence.

Si la langue française doit échapper à la menace d'épuisement et de sclérose, la réalité de cette langue vécue à travers toutes les sensibilités doit être appréhendée par l'ensemble de la communauté francophone. La méconnaissance de cette vérité entraverait le progrès collectif de l'humanité.

De ce haut lieu de l'œcuménisme avant la lettre qu'est l'île Maurice, à la croisée des chemins de l'hindouisme, de l'islamisme, du bouddhisme, du christianisme, de l'animisme, je proclame que mes frères dans le portage des légendes de la mer et de l'outre-mer, dont le Verbe est nourri de mysticisme et de ferveur, animé par les rythmes noirs et battu par la houle de l'océan, peuvent en méditant leur rêve féconder le savoir de l'homme d'Occident. À l'homme d'Occident de reconnaître plus fraternellement les étoiles qui se lèvent et qui lui font cligner des yeux. »

***L'Étoile et la Clef*, n° 1, septembre 1975**

L'écrivain et sa langue

Le problème de la relation de l'écrivain d'expression française avec sa langue d'écriture alimente des débats toujours renouvelés. La revue *la Quinzaine littéraire* avait adressé en 1985, à l'occasion du Salon du Livre de Paris, un questionnaire à un ensemble d'écrivains représentatifs des littératures francophones. La première question était ainsi libellée : « L'utilisation du français comme moyen d'expression et de création a-t-elle été pour vous un choix naturel, ou vous a-t-elle été imposée pour des raisons institutionnelles, d'enseignement ou de pression sociale ? Dans la nécessité de vous faire entendre, avez-vous choisi le français par opportunité ou par obligation ? »

Les réponses reçues se rassemblent sur quelques options fondamentales. Elles ont, d'une manière générale, refusé les valorisations excessives. Il n'est plus possible de présenter le français, à la manière de Rivarol, comme la langue de toutes les supériorités. Il n'est pas pensable non plus d'en réserver la propriété aux seuls Français. L'accord se fait aussi sur quelques thèmes : c'est la langue qui s'impose à l'écrivain et non l'écrivain qui choisit arbitrairement sa langue d'écriture ; si elle est le lieu d'affirmation de l'identité, elle invite aussi à l'expérience de l'exil et de l'étrangeté ; c'est l'impureté fondatrice du français des francophones qui lui permet d'atteindre à l'universel.

Qui choisit qui ?

« Non, il ne s'agit pas de choix. Imposée ou pas, la langue française était là toute séduction dehors, m'environnant. L'école et l'avenir. Comme le petit Breton, le petit Alsacien. En plus pour moi, la civilisation passait par le français, c'était dit. Mon père (instituteur) aidant, je me suis appliqué à l'apprendre, parler, écrire, penser, regarder..., vivre. »

Tchicaya U Tam'Si (Congo)

« Francophonie, yes. Je n'ai pas choisi la langue française, elle m'a choisi. Et j'en suis très content. Je veux la garder. Je veux pouvoir la tromper itou. Je veux pouvoir mélanger en elle ma raison et ma folie, mon présent difficile et ma mémoire, prolonger ma vie autant que possible sur les reliefs de ses festins, et rallumer ses lampions, lui organiser d'autres fêtes, inviter d'autres mots à partager ses merveilles, et par-dessus ses épaules faire des clins d'yeux assassins à d'autres langues, lui dire que je n'aime qu'elle parce que c'est vrai, la tromper avec d'autres langues parce que ça fait partie de ma vérité, de l'Histoire qui m'a été donnée et dans laquelle je me débats comme je peux. »

Jean-Claude Charles (Haïti)

La langue et l'identité

« Le français est ma langue maternelle. J'écris dans ma langue maternelle. Ma langue paternelle est aussi le français. J'écris aussi dans ma langue paternelle. La langue du Québec est aussi le français. J'écris aussi dans la langue du Québec. [...] C'est ma langue et je n'en ai pas d'autre. »

Suzanne Jacob (Québec)

« La grande leçon que donne l'écrivain africain [de langue française] : faire du français, langue de l'Ancien Maître, le lieu d'assomption de sa propre identité. »

Mukala Kadima-Nzuji (Zaïre)

Nécessaire « étrangeté » de la langue

« Toute langue est étrangère à celui qui écrit. »

Yves Laplace (Suisse)

« Le lieu de l'écriture est à la fois celui de l'enracinement et du déracinement. Un ailleurs sans cesse reconquis. »

Andrée Chedid (Égypte/Liban)

« Rien n'est plus étranger à soi que soi-même. Quel rôle joue la langue, toute langue, dans cette étrangeté ? Elle est la découverte subtile de ce malentendu, elle le notifie, mais elle ne l'élucide pas. C'est pourquoi il n'est pas de question plus inepte, plus vide, que de s'interroger sur l'authenticité ou l'appartenance de la langue que nous utilisons. »

Hélè Béji (Tunisie)

« Langue de soi et de l'autre, la pratique francophone dépasse, en ses significations, les réductions politico-administratives où une pratique historique antérieure – essentiellement celle du second Empire et de la Troisième République – avait voulu clore son sens. C'est pourquoi [...] c'est à un espace de l'étrangeté dans la langue et de la langue que la francophonie doit son développement. »

Nabile Farès (Algérie)

Le mythe de la pureté linguistique

« Mon français c'est du yiddishowallon, du bruxellofrançais, de la lumière et des ciels, entre Bruges et Ostende, qui solarisent et ombrent la langue. C'est moi ma langue, hétéroclite, singulière, de tous et de personne. Une histoire d'excès et de manque. Une évidence et un mystère, le contraire de la monumentalité, de la majuscule. Une patrie et un exil à la fois, le corps de la communication et la preuve de la solitude. »

Jacques Sojcher (Belgique)

« La langue française est-elle pour vous un drame ? Qu'à cela ne tienne. Vivez-la, life, comme un psychodrame en direct, joyeux et douloureux. »

Jean-Pierre Verheggen (Belgique)

« C'est cette langue [l'arabe, langue de mon père] qui m'est familière et inconnue, que je veux présente dans les livres que j'écris en français, ma langue maternelle, à travers des personnages romanesques en exil comme moi, déplacés, dispersés, coupés de la terre familiale et de la langue maternelle. À la croisée, pour toujours, dans le jeu avec la vie, la folie, la mort. »

Leïla Sebbar (France/Algérie)

De temps à autre il est bon et juste
de conduire à la rivière
la langue française
et de lui frotter le corps
avec des herbes parfumées qui poussent en amont
de mes vertiges d'ancien nègre marron

Ce beau travail me fait avancer à cheval
sur la grammaire de notre Maurice Grévisse [1]
la poésie y reprend du poil de la bête
mes mots ne regrettent rien
ils galopent de cicatrices en cicatrices
jusqu'au bout de leur devoir de tendresse.
Debout sur les cendres de mes croyances
mes mots s'élèvent sur tout espoir vrai
au gré des flots émerveillés de ma candeur.
Mes mots ont la vigueur d'un épi de maïs,
mes mots à l'aube ont le chant pur de l'oiseau
qui ne vend pas ses ailes à la raison d'État.
Mes mots sont seulement des matins de labours
éblouis de sève qui force les portes du désert
qu'on nous a fait.
Ce sont les mots frais et nus d'un Français
qui vient de tomber du ventre de sa mère :
ils trouvent un lit, un toit, un gîte
et un feu pour voyager librement
à la voile des mots de la réal-utopie.
Laissez-moi apporter les petites lampes
créoles des mots qui brûlent en aval
des fêtes et des jeux vaudous de mon enfance :
les mots qui savent coudre les blessures
au ventre de la langue française
les mots qui ont la logique du rossignol
et qui font des bonds de dauphins
au plus haut de mon raz de marée,
les mots qui savent grimper
à la folle et douce saison de la femme,
mes mots de joie et d'ensemencement :
tous les mots en moi qui se battent pour
un avenir heureux
oui je chante la langue française
qui défait joyeusement sa jupe
ses cheveux et son aventure
sous mes mains amoureuses de potier.

René Depestre (Haïti)

1. Grammairien belge, auteur du Bon Usage, *célèbre ouvrage de référence.*

Pour conclure

« Pour clore définitivement la question, parce que je ne vais pas passer ma vie à m'expliquer, encore moins à me justifier pourquoi j'écris en français, j'emprunte une phrase à Henry James, cité par Maurice Blanchot dans *le Livre à venir :*

"Nous travaillons dans les ténèbres – nous faisons ce que nous pouvons – nous donnons ce que nous avons. Notre doute est notre passion, et notre passion notre tâche. Le reste est folie de l'art." »

Tahar Ben Jelloun (Maroc)

La prise de la parole

Les littératures francophones procèdent toutes d'un désir parallèle de manifester une présence au monde. Se développant dans des situations de contacts, voire de déséquilibres culturels, la production littéraire d'expression française devient le moyen de définir et de proclamer une identité, qui peut être problématique, brimée ou même niée.

Beaucoup de textes disent l'urgence d'une parole longtemps empêchée, qui s'épanouit enfin dans l'expression littéraire : ce sont les littératures des peuples naguère colonisés, des communautés autrefois asservies, des minorités toujours menacées. L'objectif premier est alors de « prendre la parole », dans toute la force du terme – comme ailleurs on a pris la Bastille. Littératures de cris et de surgissements inouïs, quand les écrivains se font la voix de ceux qui n'avaient pas de voix.

Les littératures francophones se posent en s'opposant à tout ce qui brime la libre affirmation de soi, fût-ce aux modèles littéraires français, quand ils deviennent aliénants.

La négritude

Le prix Goncourt décerné en 1921 à *Batouala,* « véritable roman nègre » de l'Antillais René Maran, déclenche un petit scandale : or le roman n'avait rien de très révolutionnaire ; mais le romancier y donnait la parole à ses personnages, des nègres habitant les rives de l'Oubangui, qui disaient ce qu'ils pensaient de leurs colonisateurs. Cette « prise de parole », insupportable à certains coloniaux, était déjà un acte de libération.

Le mouvement de la négritude, lancé autour d'Aimé Césaire et de Léopold Sédar Senghor, à la fin de la période coloniale, marque lui aussi une volonté de redonner la parole au monde noir. Le mot même de *négritude,* vite devenu comme un « mot de passe » signifiant une appartenance commune, exprimait le sursaut d'intellectuels négro-africains refusant l'assimilation dont ils se découvraient les victimes.

Désir de retrouver une authenticité raciale et rejet d'un vieux racisme antinègre, la négritude se présente donc comme une réhabilitation de l'homme noir et de ses valeurs. Plus que par les théorisations, c'est par les œuvres des écrivains – essentiellement des poètes – qu'elle est devenue agissante. Elle a popularisé une thématique unissant la déploration de la souffrance nègre, l'appel à la révolte, l'exaltation triomphaliste de l'Afrique précoloniale. Avant d'être l'objet de la critique de nouvelles générations, qui lui reprocheront de trop s'ancrer dans les valeurs raciales et de se complaire dans les mythologies, la négritude a exercé un rayonnement incomparable et sans doute influencé des poètes comme le Malgache Jacques Rabemananjara ou le Mauricien Édouard Maunick.

Avec le recul du temps, la négritude apparaît comme ce moment nécessaire où toute une communauté, en s'affirmant par la voix de ses poètes, se libère d'un déni séculaire.

La prise de parole des romanciers

La poésie a été la forme d'expression naturelle de la négritude, comme elle a été le moyen d'action de ses poètes militants (de René Depestre à Boris Gamaleya, de Jean Sénac à Paul Dakeyo), dont les mots ont accompagné les luttes de libération à travers le monde. Poésie-cri, poésie-tract, poésie de combat, la poésie a modulé tous les espoirs de libération.

La forme romanesque est moins immédiatement engagée dans le moment de l'action. Pourtant, c'est bien le roman que privilégie la première génération des écrivains maghrébins de langue française, qui vient à la littérature dans les années où se développent les combats pour l'indépendance. Mohammed Dib, Mouloud Mammeri, Driss Chraïbi accompagnent ce grand mouvement de libération, en montrant les transformations à l'œuvre dans leurs sociétés et le malaise profond sécrété par la situation coloniale.

L'intention est analogue chez les romanciers négro-africains des années 1950 (par exemple Mongo Beti ou Ferdinand Oyono) qui font, eux aussi, le procès du monde colonial. Dans les années 1980, ce sont les enfants de l'émigration (Mehdi Charef, Leïla Sebbar) qui prennent la parole dans des romans-témoignages.

Beaucoup de victimes des bouleversements de l'histoire postcoloniale ont voulu rendre compte, dans des récits parfois terribles, de leurs épreuves et de leurs souffrances. Du fond de sa prison, Abdellatif Laâbi témoigne pour la force de résistance et de liberté que recèle l'écriture.

La littérature du pays québécois

On a souvent comparé l'explosion littéraire québécoise des années 1950 et 1960 aux mouvements libérateurs des intellectuels colonisés. De fait, il s'agissait au Québec, comme pour les animateurs de la négritude, de réaffirmer et de revendiquer une identité laminée par des acculturations et des altérations de toutes sortes. Et de même que le mot « négritude » a servi de catalyseur à la prise de conscience négro-africaine, le mot « Québec », qui remplace peu à peu le terme « Canada français », se charge de la valorisation d'un pays et d'un paysage, d'une langue et

d'une culture. *L'âge de la parole* (titre d'un recueil de Roland Giguère) est celui du *recours au pays* (titre de Jean-Guy Pilon) : célébration d'un espace identifié par le fleuve, les arbres, la neige ; exploration d'une mémoire, pour reconstituer une histoire et retrouver l'origine.

Gaston Miron est le pivot du mouvement littéraire de l'identité québécoise. Mais sa poésie, « raboteuse » et déchirée, annonce toute la difficulté de « faire advenir » le pays. Jacques Godbout, poète et surtout romancier, puise dans l'humour langagier une élégance de ton qui donne le courage d'affronter les obstacles à la pleine reconquête de soi-même.

Contre la métropole parisienne

La francophonie reste dominée par le prestige écrasant de Paris, sa capitale littéraire. Les écrivains belges ou suisses, qui vivent au contact immédiat de la France, ont tous entendu l'appel des sirènes qui les invitent à se fondre dans la « littérature française ». Certains (Henri Michaux, né en Belgique, Blaise Cendrars, en Suisse) ont quitté leur pays et plus ou moins oublié leur appartenance culturelle d'origine. Mais d'autres ont voulu réagir. C'est précisément après avoir séjourné dans le milieu littéraire parisien que Ramuz a choisi de se consacrer au renouveau de la littérature suisse. Les écrivains suisses s'attachent à affirmer, sans tapage, la différence qui fonde leur identité.

En Belgique, dans les années 1980, le débat sur l'« impossible identité » d'un « pays d'entre-deux » a fait le succès du terme « belgitude » – revendication d'une spécificité belge, née du désir de « ne plus vivre par Paris interposé », de faire retour sur le pays et d'en exalter la « bâtardise culturelle ». Mais la francophonie belge refuse de se replier frileusement sur une identité magnifiée : elle est plutôt ouverture à la circulation générale des cultures.

FRANCE
MARTINIQUE

RENÉ

René Maran (Fort-de-France, 1887 - Paris, 1960), lycéen puis étudiant à Bordeaux, devenu administrateur des colonies et envoyé en poste en Oubangui, obtient le prix Goncourt 1921 avec *Batouala.* Sous-titré « Véritable roman nègre », le roman soulève, surtout à cause de sa préface, un scandale dans la presse coloniale et oblige le romancier à démissionner de ses fonctions. René Maran a publié une œuvre abondante : des romans de l'Afrique (*Djouma, chien de brousse,* 1927), des biographies (*Savorgnan de Brazza,* 1951), un roman autobiographique, qui laisse deviner de secrètes blessures (*Un homme pareil aux autres,* 1947). Il est aujourd'hui considéré comme le premier auteur important de la littérature négro-africaine de langue française.

« Ah ! les Blancs »

Batouala *est la chronique de la vie quotidienne dans un village de la colonie de l'Oubangui-Chari (aujourd'hui République centrafricaine). À plusieurs reprises, comme dans les deux extraits ci-après, le romancier cède la parole à ses personnages « indigènes », qui disent tout simplement le peu de bien qu'ils pensent des Blancs. Cela suffit, au moment de la publication du roman, pour susciter l'indignation de certains milieux coloniaux.*

Bien que lourd de sommeil encore, le chef Batouala, Batouala, le mokoundji [1] de tant de villages, percevait parfaitement ces rumeurs [2].

Il bâillait, avait des frissons et s'étirait, ne sachant pas s'il devait se rendormir ou se lever.

Se lever, N'gakoura ! pourquoi se lever ? Il ne voulait même pas le savoir, dédaigneux qu'il était des résolutions à l'excès ou à l'excès compliquées.

Or, rien que pour découcher, ne fallait-il pas faire un énorme effort ? La décision à prendre semblait être très simple en soi. En fait, elle était difficile, réveil et travail n'étant qu'un, du moins pour les Blancs.

Ce n'est pas que le travail l'effrayât outre mesure. Robuste, membru, excellent marcheur, – au lancement de la sagaie ou du couteau de jet, à la course ou à la lutte, il n'avait pas de rival.

D'un bout à l'autre de l'immense pays banda, on renommait sa force légendaire. Ses exploits amoureux ou guerriers, son habileté de vaillant chasseur se perpétuaient en une atmosphère de prodige. Et quand « Ipeu », la Lune au ciel gravitait, – dans leurs lointains villages : m'bis, dacpas, dakouas et langbassis [3] chantaient les prouesses du grand mokoundji Batouala, cependant que les sons discordants des balafons [4] et des koundés [5] s'unissaient au tam-tam des li'nghas [6].

Le travail ne pouvait donc pas l'effrayer.

Seulement, dans la langue des Blancs, ce mot revêtait un sens étonnant. Il signifiait fatigue sans résultat immédiat ou tangible, soucis, chagrins, douleur, usure de santé, poursuite de buts imaginaires.

Ah ! les Blancs. Ils feraient bien mieux de rentrer chez eux, tous. Ils feraient mieux de limiter leurs désirs à des soins domestiques ou à la culture de leurs terres, au lieu de les diriger à la conquête d'un argent stupide.

La vie est courte. Le travail est pour ceux qui ne la comprendront jamais. La fainéantise ne dégrade pas l'homme. À qui voit juste, elle diffère de la paresse.

Quant à lui, Batouala, jusqu'à preuve du contraire, il voulait croire que ne rien faire, c'était, simplement, profiter de tout ce qui nous entoure. Car vivre au jour le jour, sans se rappeler hier, sans se préoccuper du lendemain, ne pas prévoir, – voilà qui est parfait.

Au fond, pourquoi se lever ? On est mieux assis que debout, mieux couché qu'assis.

René Maran, *Batouala,* 1921, © by Albin Michel, Paris

« Des chairs à impôts »

La veillée, le soir, est l'occasion de dire ce qu'on a sur le cœur.

Levé, Batouala criait et gesticulait.

« Je ne me lasserai jamais de dire la méchanceté des Blancs. Je leur reproche surtout leur duplicité. Que ne nous ont-ils pas promis ! Vous reconnaîtrez plus tard, disent-ils, que c'est en vue de votre bonheur que nous vous forçons à travailler.

« L'argent que nous vous obligeons à gagner, nous ne vous en prenons qu'une infime partie. Nous nous en servirons pour vous construire des villages, des routes, des ponts, des machines qui, au moyen du feu, marchent sur des barres de fer.

« Les routes, les ponts, ces machines extraordinaires, où ça ? Mata ! Nini[7] ! Rien, Rien ! Bien plus, ils nous volent jusqu'à nos derniers sous, au lieu de ne prendre qu'une partie de nos gains ! Et vous ne trouvez pas votre sort lamentable ? …

« Il y a une trentaine de lunes, notre caoutchouc, on l'achetait encore à raison de trois francs le kilo.

« Sans l'ombre d'explication, du jour au lendemain, la même quantité de "banga" ne nous a plus été payée que quinze sous, – un méya et cinq bi'mbas ! Et le gouverneur a juste choisi ce moment pour élever notre impôt de cinq à sept et dix francs !

« Or, personne n'ignore que, du premier jour de la saison sèche au dernier de la saison des pluies, notre travail n'alimente que l'impôt, lorsqu'il ne remplit pas, en même temps, les poches de nos commandants.

« Nous ne sommes que des chairs à impôt. Nous ne sommes que des bêtes de portage. Des bêtes ? Même pas. Un chien ? Ils le nourrissent, et soignent leur cheval. Nous ? Nous sommes moins que ces animaux, nous sommes plus bas que les plus bas. Ils nous tuent lentement. »

Une foule suant l'ivresse se pressait derrière la troupe constituée par Batouala, les anciens, les chefs et leurs capitas[8].

Il y eut des injures, des insultes. Batouala avait mille fois raison. Jadis, avant la venue des Blancs on vivait heureux. Travailler peu, et pour soi, manger, boire et dormir, de loin en loin avoir des palabres sanglantes où l'on arrachait le foie des morts pour manger leur courage, et se l'incorporer, – tels étaient les jours heureux que l'on vivait, jadis, avant la venue des Blancs.

René Maran, *Batouala*, 1921, © Albin Michel, Paris

Compréhension et langue

1 – Dans le premier extrait, pourquoi le chef est-il « dédaigneux des résolutions à l'excès » (l. 6) ?
2 – Comment les Blancs sont-ils vus par Batouala ?
3 – Quelles sont les qualités de ce personnage ?
4 – En quoi sont-elles différentes de celles des Blancs ?
5 – Comment le second texte est-il construit ?
6 – Sur quel ton Batouala s'exprime-t-il ?
7 – Lequel des deux textes est le plus péjoratif ? Pourquoi ?

Activités diverses, expression écrite

1 – Vous prenez la défense des Blancs. Répondez aux accusations du chef Batouala.
2 – Le racisme est-il admissible ? Justifiez votre réponse à l'aide d'une argumentation précise.
3 – Recherchez des contes populaires de votre pays dans lesquels les auteurs mettent en évidence les coutumes des villages.

1. Chef.
2. Qui annoncent le jour.
3. Peuples voisins.
4. Sortes de xylophones.
5. Luths à deux cordes.
6. Instruments à percussion.
7. Expressions argotiques signifiant « rien », « fini ».
8. Adjoints des chefs.

Découverte de la négritude

Né en 1913, à Fort-de-France (Martinique), dans une famille modeste, bon élève, reçu à l'École normale supérieure, Aimé Césaire a inventé la notion de négritude, avec ses camarades étudiants noirs de Paris, à la fin des années 1930. Il en fait le mot-pivot du grand poème écrit dans son exil, le *Cahier d'un retour au pays natal,* dont une première version paraît en 1939. Il y développe le thème de la quête de soi-même : descente aux enfers de l'oppression raciale, pour découvrir la fierté d'être nègre.

L'homme d'action

Rentré en Martinique en 1939, pour occuper un poste de professeur (son rayonnement intellectuel exerce une grande influence sur ses élèves de l'époque), il fonde une revue, *Tropiques,* qui veut faire entendre, dans la Martinique coloniale et soumise au régime de Vichy, une parole de résistance. En 1945, il est élu maire de Fort-de-France, puis député au Parlement français (fonctions qu'il exercera sans interruption depuis lors). Il est, en 1946, l'un des principaux artisans du vote du statut de départementalisation pour les vieilles colonies, ce qui lui sera reproché par les partisans d'une émancipation politique radicale. D'abord proche du parti communiste, il rompt avec celui-ci, qu'il juge trop enfermé dans une politique d'assimilation. Deux pamphlets, très abrupts, *Discours sur le colonialisme,* 1953, et *Lettre à Maurice Thorez,* 1956, témoignent de l'âpreté des luttes politiques.

Une poétique de la rébellion

Les poèmes parus dans *Tropiques,* de facture surréaliste dans le jaillissement de leurs images violentes, sont repris en 1946 dans le recueil *les Armes miraculeuses,* dont le titre dit la jouissance de combattre pour la liberté avec les armes des mots et de la poésie.

D'autres recueils suivent : *Soleil cou coupé,* 1948, *Corps perdu,* 1950, dont les poèmes sont corrigés, travaillés, refondus dans deux nouveaux volumes, *Ferrements,* 1959, et *Cadastre,* 1961.

« Je n'ai jamais écrit qu'un seul poème, où quelques émotions premières se révèlent indéfiniment. » Cette déclaration de Césaire souligne la cohérence de son œuvre poétique qui reprend, de poème en poème, un même schéma : presque chaque poème invite (par les temps et les modes incitant à l'action : l'impératif, le futur) à jeter à bas le monde ancien, qui s'écroule dans des désastres multiples et des apocalypses tumultueuses, laissant transparaître le monde nouveau. La poésie de Césaire annonce les révolutions heureuses, les cataclysmes sauveurs, les éruptions somptueuses de volcans libérateurs. D'où la violence des images, la subversion jubilatoire de la langue : le poème accomplit dans un désastre de mots la révolution annoncée, il est lui-même l'équivalent d'un cataclysme libérateur.

Le dernier recueil de Césaire (*Moi, laminaire,* 1982), moins somptueusement optimiste, suggère les désillusions, la résignation de l'homme politique et du poète, non sans de superbes et pathétiques sursauts, pour se tourner « vers les rochers sauvages de l'avenir ».

Une dramaturgie nègre

Le théâtre présente, pour Césaire, l'intérêt de pouvoir toucher directement le public non lettré, en mettant sur la scène la problématique du monde noir. Dans *Une saison au Congo,* 1966, il invite à réfléchir sur l'indépendance du Congo-Zaïre et sur la mort de Lumumba. Dans *Une tempête,* 1968, variation à partir de Shakespeare, il pose le problème des conflits raciaux. Mais son chef-d'œuvre reste *la Tragédie du roi Christophe,* 1963, qui a été jouée à travers le monde et qui, sur un thème emprunté à l'histoire haïtienne, dit superbement, contradictoirement, les ardeurs et les ratés de la libération du Tiers Monde.

1939	*Cahier d'un retour au pays natal* [poésie] (publication en revue)
1946	*Les Armes miraculeuses* [poésie]
1956	*Discours sur le colonialisme* [pamphlet]
1959	*Ferrements* [poésie]
1961	*Cadastre* [poésie]
1963	*La Tragédie du roi Christophe* [théâtre]
1966	*Une saison au Congo* [théâtre]
1968	*Une tempête* [théâtre]
1976	*Œuvres complètes* (3 vol.)
1982	*Moi, laminaire* [poésie]

« Ma négritude »

Le Cahier d'un retour au pays natal *est construit autour d'un centre de gravité : le moment où ce long poème, qui commence par des images de maladie, d'affaissement, de silence, d'horizontalité (« cette ville plate – étalée, trébuchée de son bon sens »), se redresse soudain pour accueillir, debout, un mot miraculeux, dont il a lentement préparé le surgissement : le mot négritude. Voici le point focal du texte, véritable acte de naissance de la négritude.*

Ô lumière amicale
ô fraîche source de la lumière
ceux qui n'ont inventé ni la poudre ni la boussole
ceux qui n'ont jamais su dompter la vapeur ni l'électricité
ceux qui n'ont exploré ni les mers ni le ciel
mais ceux sans qui la terre ne serait pas la terre
gibbosité [1] d'autant plus bienfaisante que la terre déserte
davantage la terre
silo où se préserve et mûrit ce que la terre a de plus terre
ma négritude n'est pas une pierre, sa surdité ruée contre la
clameur du jour
ma négritude n'est pas une taie [2] d'eau morte sur l'œil
mort de la terre
ma négritude n'est ni une tour ni une cathédrale

elle plonge dans la chair rouge du sol
elle plonge dans la chair ardente du ciel
elle troue l'accablement opaque de sa droite patience.

Eia pour le Kaïlcédrat [3] royal !
Eia pour ceux qui n'ont jamais rien inventé
pour ceux qui n'ont jamais rien exploré
pour ceux qui n'ont jamais rien dompté

mais ils s'abandonnent, saisis, à l'essence de toute chose
ignorants des surfaces mais saisis par le mouvement de toute
chose
insoucieux de dompter, mais jouant le jeu du monde

véritablement les fils aînés du monde
poreux à tous les souffles du monde
aire fraternelle de tous les souffles du monde
lit sans drain [4] de toutes les eaux du monde
étincelle du feu sacré du monde
chair de la chair du monde palpitant du mouvement même du monde !

Aimé Césaire, *Cahier d'un retour au pays natal,* 1939 (première publication), © Présence Africaine, 1983

Compréhension et langue

1 – Expliquez le titre donné au poème.
2 – Relevez les anaphores. Quel est leur rôle ?
3 – Pourquoi le poème débute-t-il par une série de négations ?
4 – Comment le poète explique-t-il sa négritude ?
5 – Relevez et expliquez les oppositions.
6 – Expliquez la répétition du mot *monde* à la fin du poème.
7 – Que symbolise ce mot ?

Activités diverses, expression écrite

1 – Recherchez des documents sur l'origine du mouvement de la négritude.
2 – Sous quelle forme le poème de Césaire se présente-t-il ? Vous semble-t-il plutôt lyrique, didactique ou engagé ? Étudiez la versification d'un passage de votre choix.
3 – Présentez, dans une *analyse de contenu,* les idées essentielles de ce document.
4 – Procurez-vous d'autres textes qui aient glorifié la négritude. À quels genres littéraires appartiennent-ils le plus souvent ? Quels sont leurs points communs, leurs différences ?

1. Bosse.
2. Tache sur la cornée de l'œil.
3. Grand arbre de l'Afrique de l'Ouest (abritant souvent les palabres traditionnelles).
4. Conduit d'écoulement.

XXe siècle. La prise de la parole.

Depuis Akkad depuis Élam depuis Sumer

Sous la forme d'un texte rituel, adressé au « Maître des trois chemins » (est-ce une divinité assimilable à Legba, le dieu des carrefours, dans le vaudou haïtien ?), ce poème, tiré de Cadastre, *rappelle la longue endurance des nègres et les travaux innombrables dont on les a chargés depuis l'origine du monde. Mais voici qu'une menace se profile, ou une promesse d'ouragan salvateur...*

Éveilleur, arracheur,
Souffle souffert, souffle accoureur
Maître des trois chemins, tu as en face de toi un homme
qui a beaucoup marché.
Depuis Élam. Depuis Akkad. Depuis Sumer[1].
Maître des trois chemins, tu as en face de toi un homme
qui a beaucoup porté.
Depuis Élam. Depuis Akkad. Depuis Sumer.
J'ai porté le corps du commandant. J'ai porté le chemin de fer
du commandant. J'ai porté la locomotive du commandant, le coton
du commandant. J'ai porté sur ma tête laineuse qui se passe si bien
de coussinet[2] Dieu, la machine, la route – le Dieu du commandant.
Maître des trois chemins j'ai porté sous le soleil, j'ai porté dans le
brouillard j'ai porté sur les tessons de braise des fourmis manians[3]. J'ai
porté le parasol j'ai porté l'explosif j'ai porté le carcan.
Depuis Akkad. Depuis Élam. Depuis Sumer.
Maître des trois chemins, Maître des trois rigoles, plaise que pour une
fois – la première depuis Akkad depuis Élam depuis Sumer – le
museau plus tanné apparemment que le cal de mes pieds mais en réalité
plus doux que le bec minutieux du corbeau et comme drapé des plis
amers que me fait ma grise peau d'emprunt (livrée que les hommes
m'imposent chaque hiver) j'avance à travers les feuilles mortes de mon
petit pas sorcier

vers là où menace triomphalement l'inépuisable injonction des hommes
jetés aux ricanements noueux de l'ouragan.
Depuis Élam depuis Akkad depuis Sumer.

Aimé Césaire, ***Cadastre,***
© Éditions du Seuil, Paris, 1961

Compréhension et langue

1 – En combien de mouvements ce poème peut-il se décomposer ?
2 – Quel rôle la ponctuation joue-t-elle ?
3 – Relevez les allitérations et les assonances. Quel effet produisent-elles ?
4 – Expliquez l'intérêt de la répétition de certains vers.
5 – Quels travaux le poète a-t-il accomplis ?
6 – Qui est le commandant ?
7 – Commentez le choix des mots de la ligne 15.
8 – Que demande le poète ?

Activités diverses, expression écrite

1 – La quête des poètes de la négritude est-elle utopique ? Justifiez votre point de vue.
2 – Après avoir étudié la poésie de Césaire, essayez de définir les caractéristiques de son style.

1. Trois États du Proche-Orient antique. Akkad avait Babylone pour capitale, Élam la ville de Suse ; Sumer était prospère aux IVe *et* IIIe *millénaires avant Jésus-Christ.*
2. Pièce d'étoffe sur laquelle on pose les charges portées sur la tête.
3. Fourmis très voraces.

Hors des jours étrangers

La grandeur de l'œuvre de Césaire est de ne pas s'enfermer dans une parole univoque. Le recueil Ferrements, *1959, montre par son titre l'attention qu'il porte aux contradictions fécondes : les ferrements désignent des ferrures, peut-être les fers, qui enferment les esclaves dans leur condition, mais le ferrement est aussi l'action de ferrer un cheval (pour qu'il use moins ses sabots) ; et le ferment est l'agent organique qui suscite la fermentation, l'effervescence d'une substance, ou qui, comme une levure, provoque une heureuse transformation…*

Mon peuple
quand
hors des jours étrangers
germeras-tu une tête bien tienne sur tes épaules renouées
et ta parole

le congé dépêché aux traîtres
aux maîtres
le pain restitué la terre lavée
la terre donnée

quand
quand donc cesseras-tu d'être le jouet sombre
au carnaval des autres
ou dans les champs d'autrui
l'épouvantail désuet

demain
à quand demain mon peuple
la déroute mercenaire
finie la fête

mais la rougeur de l'est au cœur de balisier[1]

peuple de mauvais sommeil rompu
peuple d'abîmes remontés
peuple de cauchemars domptés
peuple nocturne amant des fureurs du tonnerre
demain plus haut plus doux plus large

et la houle torrentielle des terres
à la charrue salubre de l'orage

La tragédie du roi Christophe au théâtre de France en 1965.

Aimé Césaire, *Ferrements*,
coll. Poésie, © Éditions du Seuil, Paris, 1959

1. Plante aux fleurs très vives, de couleur rouge. Elle a été choisie comme emblème par le parti progressiste martiniquais, qui regroupe les partisans de l'homme politique Césaire.

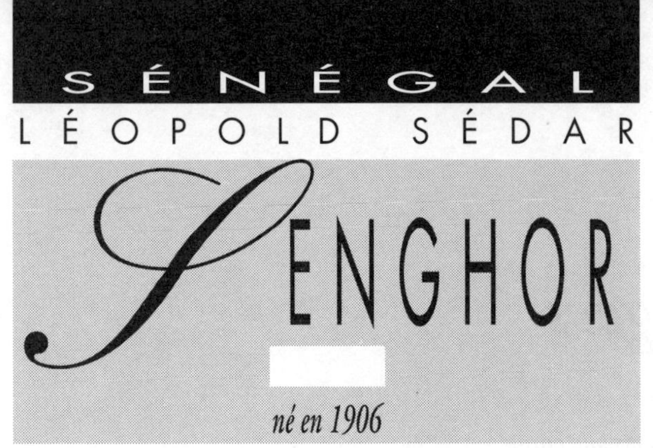

Le royaume d'enfance

Né à Joal, sur la « Petite Côte » du Sénégal, christianisée au XVIe siècle par les Portugais, Léopold Sédar Senghor a connu une enfance heureuse, au sein d'une grande famille. Son père est un Sérère, propriétaire terrien et commerçant aisé, en relation avec les notables de la région. Sa mère est d'origine plus modeste. Il fait d'abord ses études à l'école de la mission, puis au petit séminaire : il se croit un moment une vocation religieuse. Mais son éducation doit beaucoup à son oncle maternel, qui l'a initié aux mystères de la nature, au monde africain ancien, à l'univers des légendes et des esprits. Il a gardé une grande nostalgie de ce « royaume d'enfance », célébré dans maints poèmes.

La découverte de la négritude

Après avoir obtenu son baccalauréat à Dakar, il bénéficie d'une bourse qui lui permet de fréquenter le lycée Louis-le-Grand à Paris, où il prépare l'École normale supérieure et rencontre Georges Pompidou. Il est reçu à l'agrégation de grammaire en 1935. Mais ses années d'exil ont fait naître en lui, comme chez ses amis, les étudiants négro-africains de Paris, un sentiment de dépossession de soi-même : ils vont trouver dans l'exaltation de leur *négritude* une réponse à l'acculturation. Pour Senghor, la *négritude* sera toujours affirmation des valeurs culturelles du monde noir.

L'homme d'État

Après avoir été enseignant de lycée à Tours, puis mobilisé en 1939 et fait prisonnier au début de la guerre, il reprend son enseignement en région parisienne. Mais il commence aussi une carrière politique, en étant élu en 1945 député du Sénégal à l'Assemblée nationale française. Il occupe brièvement, en 1955, un poste ministériel dans le gouvernement français. Au moment des indépendances africaines, en 1960, il est triomphalement élu président de la république du Sénégal. Plusieurs fois réélu, il abandonne volontairement ses hautes fonctions le 31 décembre 1979.

Le poète

Dès la fin des années trente, Senghor a publié des poèmes dans des revues ; il les rassemble dans un recueil de 1945, *Chants d'ombre,* que suivent *Hosties noires, Éthiopiques, Nocturnes,* dont les titres jouent sur des références à la négritude. Sa poésie majestueuse, nommant et célébrant les réalités d'une Afrique profonde, sait maintenir, sous la parfaite maîtrise des ressources du français, le sens du rythme et le vitalisme nègres.

En 1948, la publication de son *Anthologie de la nouvelle poésie nègre et malgache de langue française* est l'acte de naissance de la littérature africaine moderne. Ses nombreux articles et essais théoriques ont été rassemblés en quatre volumes, sous le titre générique *Liberté.* Il y décline la notion de négritude sous tous ses aspects, de l'exaltation d'une « essence » nègre fondée sur « l'émotion » à l'affirmation de sa vocation humaniste à participer à la civilisation de l'universel en jouant le jeu du « métissage culturel ».

L'élection de Senghor à l'Académie française, en 1983, couronnant d'un nouveau fleuron sa carrière des honneurs, consacre aussi sa volonté d'universalisme.

1945	*Chants d'ombre* [poésie]
1948	*Hosties noires* [poésie] *Anthologie de la nouvelle poésie nègre et malgache de langue française*
1956	*Éthiopiques* [poésie]
1961	*Nocturnes* [poésie]
1964	Première édition collective des *Poèmes,* plusieurs fois rééditée et augmentée
1964-1983	*Liberté I, II, III, IV* [essais]
1972	*Lettres d'hivernage* [poésie]
1979	*Élégies majeures* [poésie]

Nuit de Sine

Publié pour la première fois dans la revue les Cahiers du Sud *en 1938, ce poème, écrit en France, célèbre l'Afrique ancestrale pour conjurer l'exil européen du poète.*
Le Sine est le nom d'un des anciens royaumes sérères, installé avant la conquête coloniale le long du fleuve du même nom. Pour Senghor, il se confond avec son « royaume d'enfance ».

Femme, pose sur mon front tes mains balsamiques [1], tes mains douces plus que fourrure.
Là-haut les palmes balancées qui bruissent dans la haute brise nocturne
À peine. Pas même la chanson de nourrice.
Qu'il nous berce, le silence rythmé.
Écoutons son chant, écoutons battre notre sang sombre, écoutons
Battre le pouls profond de l'Afrique dans la brume des villages perdus.

Voici que décline la lune lasse vers son lit de mer étale
Voici que s'assoupissent les éclats de rire, que les conteurs eux-mêmes
Dodelinent de la tête comme l'enfant sur le dos de sa mère
Voici que les pieds des danseurs s'alourdissent, que s'alourdit la langue des chœurs alternés.

C'est l'heure des étoiles et de la Nuit qui songe
S'accoude à cette colline de nuages, drapée dans son long pagne de lait.
Les toits des cases luisent tendrement. Que disent-ils, si confidentiels, aux étoiles ?
Dedans, le foyer s'éteint dans l'intimité d'odeurs âcres et douces.

Femme, allume la lampe au beurre clair [2], que causent autour les
Ancêtres comme les parents, les enfants au lit.
Écoutons la voix des Anciens d'Elissa [3]. Comme nous exilés
Ils n'ont pas voulu mourir, que se perdît par les sables leur torrent séminal.
Que j'écoute, dans la case enfumée que visite un reflet d'âmes propices
Ma tête sur ton sein chaud comme un dang [4] au sortir du feu et fumant
Que je respire l'odeur de nos Morts, que je recueille et redise leur voix vivante, que j'apprenne à
Vivre avant de descendre, au-delà du plongeur, dans les hautes profondeurs du sommeil.

Léopold Sédar Senghor, *Chants d'ombre,*

COMPRÉHENSION ET LANGUE

1 – Quels sont les personnages évoqués dans le poème ?
2 – Comment la femme, destinataire du poème, est-elle décrite ?
3 – Relevez toutes les expressions qui évoquent la *douceur* des bruits et des mouvements.
4 – Recherchez comment le poète rend manifeste l'union du passé et du présent.
5 – Relevez les mots et les expressions par lesquels la nature apparaît comme *animée* dans ce poème.
6 – Que pouvez-vous dire de l'association des mots « silence » et « rythmé » (v. 5). Expliquez le sens de ce groupe.

1. Odorantes et calmantes, comme un baume.
2. Lampe au beurre de karité.
3. Village de Haute-Guinée, d'où sont partis, à la suite de rivalités avec les Peuls, les guerriers mandingues (dont un des ancêtres directs de Senghor) qui sont venus s'installer en pays sérère, au bord du Sine.
4. Boulette de couscous cuite dans une calebasse.

« Je ne sais en quels temps c'était »

Extrait du recueil Éthiopiques, *ce poème est destiné à être accompagné par le* khalam, *instrument traditionnel de l'élégie dans l'Ouest africain, sorte de guitare à quatre cordes.*
Au point de départ du poème : un pèlerinage accompli au sanctuaire de Fa'oye, à une trentaine de kilomètres à l'est de Joal, là où sont enterrés les prestigieux rois sérères d'ascendance malinké. Mais le « poète » en revient au milieu de la journée, à l'heure terrible de midi, où l'on court le risque de rencontrer un « Esprit » et d'être happé par lui – ou par elle, si c'est un « Esprit » féminin…

(pour khalam)

J*e ne sais* en quels temps c'était, je confonds toujours l'enfance
et l'Éden
Comme je mêle la Mort et la Vie – un pont de douceur les relie.

Or je revenais de Fa'oye, m'étant abreuvé à la tombe solennelle
Comme les lamantins [1] s'abreuvent à la fontaine de Simal [2].
Or je revenais de Fa'oye, et l'horreur était au zénith
Et c'était l'heure où l'on voit les Esprits, quand la lumière
est transparente
Et il fallait s'écarter des sentiers, pour éviter leur main fraternelle
et mortelle.
L'âme d'un village battait à l'horizon. Était-ce des vivants ou des Morts ?

« Puisse mon poème de paix être l'eau calme sur tes pieds et ton visage
« Et que l'ombre de notre cour soit fraîche à ton cœur », me dit-elle.
Ses mains polies me revêtirent d'un pagne de soie et d'estime
Son discours me charma de tout mets délectable – douceur du lait
de la mi-nuit
Et son sourire était plus mélodieux que le khalam de son dyâli [3].
L'étoile du matin vint s'asseoir parmi nous, et nous pleurâmes
délicieusement.

– Ma sœur exquise, garde donc ces grains d'or, qu'ils chantent
l'éclat sombre de ta gorge.
Ils étaient pour ma fiancée belle, et je n'avais pas de fiancée.
– Mon frère élu, dis-moi ton nom. Il doit résonner haut comme
un sorong [4],
Rutiler comme le sabre au soleil. Oh ! chante seulement ton nom.
Mon cœur est un coffret de bois précieux, ma tête un vieux parchemin
de Djenné [5].
Chante seulement ton lignage, que ma mémoire te réponde.

Je ne sais en quels temps c'était, je confonds toujours présent et passé
Comme je mêle la Mort et la Vie – un pont de douceur les relie.

Léopold Sédar Senghor, *Éthiopiques*,
Éditions du Seuil, 1956

Compréhension et langue

1 – Pourquoi le poète associe-t-il l'enfance et l'Éden, puis la Mort et la Vie ?
2 – Que faut-il craindre des Esprits ?
3 – Étudiez le rôle de la disposition spatiale, de la typographie, de la ponctuation.
4 – Qui est désigné par le pronom personnel *elle* (v. 13) ?
5 – Expliquez les vers 26 et 27.
6 – Pourquoi l'auteur répète-t-il pratiquement les vers 1 à 4 et 29 à 30 ?

Activités diverses, expression écrite

1 – Sur quoi la poésie de ce texte repose-t-elle ? Peut-on parler d'engagement politique ?
2 – Quelles sont les connotations du titre du recueil : *Éthiopiques* ?

1. *Mammifères aquatiques, vivant dans les embouchures des fleuves tropicaux ; la légende les confond avec les sirènes.*
2. *Puits d'eau douce, dans la région où Senghor a passé une grande partie de son enfance.*
3. *Mot d'origine mandingue désignant un poète traditionnel.*
4. *Mot peul désignant un instrument de musique à cordes (appelé aussi* kôra*).*
5. *Ville de l'actuel Mali, qui a été la capitale de l'Empire songhay et un grand centre culturel et religieux.*

« La raison nègre »

En 1939, Senghor avait publié dans un ouvrage collectif sur l'Homme de couleur *une étude, « Ce que l'homme noir apporte », dans laquelle il esquissait déjà les principaux thèmes de la négritude. Il les a repris et développés dans de nombreux articles, en particulier en 1956, pour la revue* Diogène, *sous le titre « l'Esthétique négro-africaine ». En voici trois extraits, sur des motifs clés de la négritude senghorienne, qui est d'abord affirmation et exaltation de la part prise par l'Afrique et le monde noir en général dans l'épanouissement de la civilisation.*

On l'a dit souvent, le Nègre est l'homme de la nature. Il vit, traditionnellement, de la terre et avec la terre, dans et par le *cosmos*. C'est un *sensuel,* un être aux sens ouverts, sans intermédiaire entre le sujet et l'objet, sujet et objet à la fois. Il est sons, odeurs, rythmes, formes et couleurs ; je dis *tact* avant que d'être œil, comme le Blanc européen. Il *sent* plus qu'il ne voit : il se sent. C'est en lui-même, dans sa chair, qu'il reçoit et ressent les radiations qu'émet tout existant-objet. *É-branlé,* il répond à l'appel et s'abandonne, allant du sujet à l'objet, du moi au Toi, sur les ondes de l'*Autre*. Il meurt à soi pour renaître dans l'Autre. Il n'est pas assimilé ; il s'assimile, il s'identifie à l'autre, ce qui est la meilleure façon de se connaître.

C'est dire que le Nègre n'est pas dénué de *raison,* comme on a voulu me le faire dire. Mais sa raison n'est pas discursive ; elle est synthétique. Elle n'est pas antagoniste ; elle est sympathique. C'est un autre mode de connaissance. La raison nègre n'appauvrit pas les choses, elle ne les moule pas en des schèmes rigides, éliminant les sucs et les sèves ; elle se coule dans les artères des choses, elle en éprouve tous les contours pour se loger au cœur vivant du réel. *La raison européenne est analytique par utilisation, la raison nègre intuitive par participation.*

C'est dire la sensibilité de l'Homme noir, sa puissance d'*émotion.* Mais ce qui saisit le Nègre, c'est moins l'apparence de l'objet que sa réalité profonde, sa surréalité ; moins son signe que son *sens.* L'eau l'émeut parce qu'elle coule, fluide et bleue, surtout parce qu'elle lave, encore plus parce qu'elle purifie. Signe et sens expriment la même réalité ambivalente. Cependant, l'accent porte sur le sens qui est la signification non plus utilitaire, mais morale, mystique du réel : un *symbole.* Il n'est pas sans intérêt que les savants contemporains eux-mêmes affirment la primauté de la connaissance intuitive par *sympathie.* « La plus belle émotion que nous puissions éprouver, écrit Einstein, est l'émotion mystique. C'est là le germe de tout art et de toute science véritable. » [...]

Compréhension et langue

Premier extrait :

1 – Comment le « Nègre » vit-il ?

2 – Qu'est-ce qui le caractérise ?

3 – Expliquez la phrase : « Il meurt à soi pour renaître dans l'Autre » (l. 9).

4 – Quels sont les différents aspects de la raison nègre ?

5 – Quelle différence y a-t-il entre « discursive » et « synthétique » (l. 13-14) ?

6 – Pourquoi certains groupes de mots sont-ils en italique ?

7 – Comment se définit la sensibilité de l'Homme noir ?

8 – Commentez la citation d'Einstein (l. 30-32).

Activités diverses, expression écrite

1 – *Exposé.* Présentez le plan de ce texte et expliquez les étapes de la pensée senghorienne.

2 – Qui était Einstein ? Résumez l'essentiel de ses théories.

3 – *Discussion.* Êtes-vous d'accord avec les idées exposées par Senghor ? Présentez votre argumentation en reprenant point par point la démonstration de l'auteur. À l'aide d'exemples précis, essayez de confirmer, de nuancer ou de critiquer ses thèses.

XXe siècle. La prise de la parole.

La *Parole* nous apparaît comme l'instrument majeur de la pensée, de l'émotion et de l'action. Pas de pensée ni d'émotion sans image verbale, pas d'acte libre sans projet pensé. Et le fait est encore plus vrai chez des peuples dont la plupart dédaignaient l'écrit. Puissance de la parole en Afrique noire. La *parole parlée,* le *Verbe,* est l'expression par excellence de la Force vitale, de l'*être* dans sa plénitude. Dieu créa le monde par le *Verbe* [...]. Chez l'existant, la parole est le souffle animé et animant de l'*orant* [1] ; elle possède une vertu magique, elle réalise la loi de participation et crée le *nommé* pour sa vertu intrinsèque. Aussi tous les autres arts ne sont-ils que des aspects spécialisés de l'art majeur de la parole. [...]

Qu'est-ce que le rythme ? C'est l'architecture de l'être, le dynamisme interne qui lui donne forme, le système d'ondes qu'il émet à l'adresse des *Autres,* l'expression pure de la Force vitale. Le rythme, c'est le choc vibratoire, la force qui, à travers les sens, nous saisit à la racine de l'*être.* Il s'exprime par les moyens les plus matériels, les plus sensuels : lignes, surfaces, couleurs, volumes en architecture, sculpture et peinture ; accents en poésie et musique ; mouvements dans la danse. Mais, ce faisant, il ordonne tout ce concret vers la lumière de l'*Esprit.* Chez le Négro-Africain, c'est dans la mesure même où il s'incarne dans la sensualité que le rythme illumine l'Esprit. La danse africaine répugne au contact des corps. Mais voyez les danseurs. Si leurs membres inférieurs sont agités de la trémulation la plus sensuelle, leur tête participe de la beauté sereine des masques, des Morts.

De nouveau, primauté de la Parole. C'est le rythme qui lui donne sa plénitude efficace, qui la transforme en *Verbe.* C'est le verbe de Dieu, c'est-à-dire la *parole rythmée,* qui créa le monde. Aussi est-ce dans le poème que nous pouvons le mieux saisir la nature du rythme négro-africain.

Léopold Sédar Senghor, « l'Esthétique négro-africaine »,
in *Liberté I,* Éditions du Seuil, 1954

1. Personne en prière.

COMPRÉHENSION ET LANGUE

Deuxième extrait :

1 – Que représente la Parole en Afrique noire ?

2 – Pourquoi la Parole a-t-elle plus de valeur que l'écrit ?

3 – Expliquez le mot *intrinsèque* (l. 8).

Troisième extrait :

4 – Comment Senghor définit-il le rythme ?

5 – Qui « les Autres » désignent-ils (l. 3) ?

6 – Quelle similitude s'établit entre le rythme et l'Esprit ?

7 – Quelle est la portée de la dernière phrase ?

ACTIVITÉS DIVERSES, EXPRESSION ÉCRITE

1 – Que signifie le mot *esthétique* (en tant qu'adjectif et comme nom) ?

2 – Que désigne, sur le plan philosophique, la « Force vitale » ?

3 – Recherchez des exemples de musiques et de chants négro-africains.

4 – Documentez-vous sur la littérature orale.

LÉON GONTRAN DAMAS

Léon Gontran Damas (Cayenne, Guyane, 1912 - Washington, États-Unis, 1978) a été l'un des grands initiateurs du mouvement de la négritude. Dès 1937, *Pigments,* son premier recueil de poèmes, dit sa révolte contre l'acculturation subie. Après avoir été député de la Guyane à l'Assemblée nationale française (1949-1955), il préfère se tenir à son rôle d'homme de culture, travaillant pour l'UNESCO, puis comme professeur dans une université américaine. Il a publié plusieurs autres recueils de poèmes (*Graffiti,* 1962 ; *Black Label,* 1956 ; *Névralgies,* 1966), des contes guyanais (*Veillées noires,* 1943) et divers essais. Sa poésie est tout à fait originale dans sa recherche d'un dynamisme rythmique pur.

Hoquet

Dans son poème le plus célèbre, Hoquet, *Damas fait le procès de l'éducation reçue dans son enfance, trop conforme au modèle français. En voici un court extrait :*

Ma mère voulant d'un fils mémorandum
Si votre leçon d'histoire n'est pas sue
vous n'irez pas à la messe
dimanche
avec vos effets des dimanches

Cet enfant sera la honte de notre nom
cet enfant sera notre nom de Dieu
Taisez-vous
Vous ai-je ou non dit qu'il vous fallait parler français
le français de France
le français du français
le français français

Désastre
parlez-moi du désastre
parlez m'en

Bientôt

Le poème Bientôt *est un parfait exemple de la recherche rythmique de Damas.*

Bientôt
je n'aurai pas que dansé
bientôt
je n'aurai pas que chanté
bientôt
je n'aurai pas que frotté
bientôt
je n'aurai pas que trempé
bientôt
je n'aurai pas que dansé
chanté
frotté
trempé
frotté
chanté
dansé
Bientôt

L. G. Damas, *Pigments,*
Éditions Présence africaine, Paris, 1937

Les Vautours

Ce poème, violente dénonciation de la colonisation, est introduit par la même formule que les paraboles évangéliques : « En ce temps-là... »

En ce temps-là
À coups de gueule de civilisation
À coups d'eau bénite sur les fronts domestiqués
Les vautours construisaient à l'ombre de leurs serres
Le sanglant monument de l'ère tutélaire [1]
En ce temps-là
Les rires agonisaient dans l'enfer métallique des routes
Et le rythme monotone des Pater-Noster
Couvrait les hurlements des plantations à profit
Ô le souvenir acide des baisers arrachés
Les promesses mutilées au choc des mitrailleuses
Hommes étranges qui n'étiez pas des hommes
Vous saviez tous les livres vous ne saviez pas l'amour
Et les mains qui fécondent le ventre de la terre
Les racines de nos mains profondes comme la révolte
Malgré vos chants d'orgueil au milieu des charniers
Les villages désolés l'Afrique écartelée
L'espoir vivait en nous comme une citadelle
Et des mines du Souaziland [2] à la sueur lourde des usines d'Europe
Le printemps prendra chair sous nos pas de clarté.

David Diop, *Coups de pilon,* 1956, Présence Africaine, Paris, 1967

David Diop (Bordeaux, 1927 - Sénégal, 1960), né d'un père sénégalais et d'une mère camerounaise, est l'un des poètes représentant l'Afrique dans l'*Anthologie* de L.S. Senghor, en 1948. Le titre du recueil, qu'il publie en 1956, *Coups de pilon,* suggère l'énergie d'une parole poétique au service de la négritude. Il est mort très jeune, dans un accident d'avion.

1. Protectrice. En langage juridique, une puissance tutélaire est chargée d'administrer un territoire dépendant (colonie, protectorat).
2. État enclavé dans l'Afrique du Sud.

COMPRÉHENSION ET LANGUE

1 – Qui sont les *vautours ?*
2 – Quelles critiques le poète formule-t-il à leur encontre ?
3 – Pourquoi parle-t-il de « sanglant monument » (v. 5) ?
4 – Expliquez le vers 13 : sur quelle figure de style repose sa signification ?
5 – Notez et classez les termes qui relèvent des champs lexicaux de la religion et de la violence.
6 – Commentez les métaphores.

ACTIVITÉS DIVERSES, EXPRESSION ÉCRITE

La colonisation. Après avoir répertorié, dans un ouvrage de votre choix (littéraire ou cinématographique), les arguments utilisés par les colons pour justifier leur attitude, vous les réfuterez en vous appuyant sur une démonstration précise.

LÉON LALEAU

Léon Laleau (Port-au-Prince, Haïti, 1892 - *id.*, 1979), qui avait publié un roman-témoignage sur l'occupation américaine d'Haïti (*le Choc*, 1932), figure en 1948 dans l'*Anthologie* de L.S. Senghor, qui fait connaître la poésie de la négritude. Bien qu'encore marquée par la tradition du badinage créole, sa poésie fait entendre la grande protestation nègre. Son *Œuvre poétique* a été rassemblée en volume à Port-au-Prince en 1978.

Trahison

Ce poème, souvent cité dans les anthologies, est devenu emblématique de la situation du poète de la négritude, partagé entre sa culture maternelle et sa langue d'écriture.

Ce cœur obsédant, qui ne correspond
Pas à mon langage ou à mes costumes,
Et sur lequel mordent, comme un crampon,
Des sentiments d'emprunt et des coutumes
D'Europe, sentez-vous cette souffrance
Et ce désespoir à nul autre égal
D'apprivoiser, avec des mots de France,
Ce cœur qui m'est venu du Sénégal ?

Léon Laleau, poème cité par L.S. Senghor, *Anthologie de la nouvelle poésie nègre et malgache de langue française*, publiée par L.S. Senghor, © P.U.F., Paris, 1948

Sacrifice

La négritude haïtienne s'est cherchée dans la revalorisation de la part nègre de la culture nationale, et particulièrement du vaudou, dont les sacrifices sont ici évoqués.

Sous le ciel, le tambour conique se lamente
Et c'est l'âme même du Noir :
Spasmes lourds d'homme en rut, gluants sanglots d'amante
Outrageant le calme du soir.

Des quinquets sont fixés aux coins de la tonnelle,
Comme des astres avilis.
L'ombre sue un parfum de citronnelle
Séchée à l'acajou des lits.

Et montent, par moments, du *houmfort*[1] tutélaire,
Parmi des guirlandes d'encens,
Les bêlements du bouc qui, dans la brise, flaire
L'odeur prochaine de son sang.

Léon Laleau, poème cité par L.S. Senghor, *Anthologie de la nouvelle poésie nègre et malgache de langue française*, publiée par L.S. Senghor, © P.U.F., Paris, 1948

1. Sanctuaire vaudou.

COMPRÉHENSION ET LANGUE

1 – Dans *Trahison,* relevez et classez les termes qui soulignent le désarroi du poète.
2 – Expliquez les deux derniers vers.
3 – À quelles places le mot « cœur » se trouve-t-il ?
4 – Quel thème est développé dans chacune des strophes de *Sacrifice ?*
5 – Quelle impression se dégage de chaque poème ?

ACTIVITÉS DIVERSES, EXPRESSION ÉCRITE

Qu'est-ce que le vaudou ? Recherchez des documents sur l'origine du vaudou et son existence actuelle.

MADAGASCAR

JACQUES RABEMANANJARA

Jacques Rabemananjara, né à Mangabe (Madagascar) en 1913, élu député de Madagascar aux élections de 1946, est arrêté à la suite du soulèvement malgache de mars 1947 et condamné aux travaux forcés. De sa cellule, il fait parvenir à ses amis un long poème de révolte (*Antsa,* 1947). Ses poèmes de prison (*Lamba,* 1956 ; *Antidote,* 1961) le rapprochent des poètes de la négritude. Mais il célèbre aussi son île natale dans des poèmes qui disent la nostalgie de l'origine et de la pureté primitive (« Lyre à sept cordes », publié en 1948 dans l'*Anthologie* de L.S. Senghor). Il a écrit pour le théâtre : *les Boutriers de l'aurore,* 1957, développent une rêverie sur l'arrivée des premiers Malgaches dans la Grande Île. Il a été ministre dans les gouvernements du président Tsiranana.

« Île aux syllabes de flamme »

Jacques Rabemananjara a raconté comment il avait écrit le poème Antsa *sur le papier qu'on lui avait remis pour faire son testament, alors que ses geôliers venaient de lui annoncer qu'il serait exécuté le lendemain. Il réussit ensuite à faire sortir le texte de la prison et ses amis purent le publier. Voici le début de ce poème de douleur.*

Île !
Île aux syllabes de flamme !
Jamais ton nom
ne fut plus cher à mon âme !
Île,
ne fut plus doux à mon cœur !
Île aux syllabes de flamme,
Madagascar !

Quelle résonance !
Les mots
fondent dans ma bouche :
le miel des claires saisons
dans le mystère de tes sylves[1],
Madagascar !

Je mords ta chair vierge et rouge
avec l'âpre ferveur
du mourant aux dents de lumière,
Madagascar !

Un viatique[2] d'innocence
dans mes entrailles d'affamé,
je m'allongerai sur ton sein avec la fougue
du plus ardent de tes amants,
du plus fidèle,
Madagascar !

Jacques Rabemananjara, *Antsa,*
© Présence Africaine, Paris, 1948

1. Forêts.
2. Provisions pour un voyage, mais aussi sacrement de l'extrême-onction porté à un mourant.

« Là-bas tout est légende »

« Lyre à sept cordes » est une introduction au pays natal à l'intention de la « sœur pâle », la femme aimée, qui vient d'Europe. Le poème invite à voir en Madagascar un lieu privilégié, habité par le sacré, encore tout proche du paradis primordial.

Là-bas, tout est légende et tout est féerie. Et l'azur
s'anime d'un cristal au ton mythologique.
Douce, la vie est douce à l'ombre du vieux mur
qui vit nos grands Aïeux, Conducteurs de tribus, Fondateurs de royaumes
parés de leur jeunesse épique,
parés de pagnes bigarrés,
parés de gloire et de clarté comme les astres du Tropique.

Là-bas, c'est le soleil ! C'est le bel été, caressant et tragique !
C'est l'homme au cœur plus vrai que l'acier le plus pur !
Et c'est la race enfant, chantante et pacifique,
pour avoir vu le jour aux bords harmonieux du Pacifique.

Et sur la natte neuve, au milieu des encens et de rares parfums,
ma mère t'apprendra le saint culte des Morts, la prière aux défunts.
Et t'apprendront mes sœurs, après le bain du soir et les rondes mystiques,
mes sœurs, Vierges d'Assoumboule [1] et Filles de devins,
t'apprendront le secret des paroles magiques
pour envoûter les cœurs des princes nostalgiques.

Et tu l'aimeras, mon pays,
mon pays où le moindre bois s'illumine de prestiges divins !
Et les montagnes et les lacs et les remparts et les ravins,
Un fût de pierre [2] sur la route, un fût de pierre, tout est sacré, tout porte l'empreinte
encore vive des pèlerins captifs du Paradis.

Là-bas, rien n'est stérile et le tombeau lui-même, à l'angle de l'Enceinte,
engendre des bonheurs chaque jour inédits,
nouveaux comme l'aurore et, comme le désir, sans cesse renaissants et toujours agrandis !

Et puis, quand on a bu l'eau du Manangarèze [3],
qu'était-ce du Léthé le sortilège vain ?
Montparnasse et Paris, l'Europe et ses tourments sans fin
nous hanteront parfois comme des souvenirs ou comme des malaises.
Aux derniers cris des Continents,
insensibles nos cœurs renés à la ferveur des hautes solitudes,
ivres de songes seuls, double offrande lyrique au vent des Altitudes
et gardiens de la source où rutile la paix des Astres éminents.

Jacques Rabemananjara, « Lyre à sept cordes », *Anthologie de la nouvelle poésie nègre et malgache de langue française*, publiée par L.S. Senghor, © P.U.F., Paris, 1948

Compréhension et langue

1 – Quels sont les différents mouvements de ce poème ?
2 – Quels sont les temps verbaux ? Comment se répartissent-ils ?
3 – Quel pays est désigné par « là-bas » (v. 9) ?
4 – Expliquez, à partir de son étymologie, le mot *mythologie*.
5 – Relevez les anaphores des vers 6 à 8.
6 – Pourquoi le poète utilise-t-il l'oxymore « caressant et tragique » (v. 9) ?
7 – Que veut enseigner le poète à la femme aimée ?
8 – Comment voit-il son pays ?
9 – Comment voit-il l'Europe ?

Activités diverses, expression écrite

1 – Comment voyez-vous votre pays natal ?
2 – Concevez-vous de le quitter un jour pour vivre sur un autre continent ?

1. Sixième mois de l'année malgache, correspondant au signe zodiacal de la Vierge, symbole de beauté et de liberté.
2. Pierre dressée.
3. Fleuve de la côte Est de Madagascar. Un proverbe affirme que celui qui a bu de son eau revient toujours en boire.

CONGO

GÉRALD-FÉLIX

Gérald-Félix Tchicaya (Mpili, Congo, 1931 - Paris, 1988), dont le nom d'écrivain, Tchicaya U Tam'Si, signifie « petite feuille qui parle pour son pays », a voulu réagir contre la platitude d'une littérature simplement militante. Il écrit pour dire son malaise de rebelle et d'estropié (il a longtemps souffert d'un pied bot), pour allumer la révolte comme un feu de brousse, pour chercher aussi la voie de l'harmonie cosmique et amoureuse (*le Mauvais Sang,* 1955 ; *Feu de brousse,* 1957 ; *À triche-cœur,* 1958 ; *Épitomé,* 1962 ; *la Veste d'intérieur,* 1977). Ses romans (*les Cancrelats,* 1980 ; *les Méduses,* 1982 ; *les Phalènes,* 1984), en donnant l'étrange impression d'être pris en charge par un narrateur collectif, construisent la chronique du Congo, de l'époque coloniale à l'indépendance. Il a porté au théâtre la tragédie et la farce du pouvoir (*le Zulu,* 1977 ; *le Destin glorieux du maréchal Nnikon Nniku prince qu'on sort,* 1979).

Vive la mariée

La poésie de Tchicaya U Tam'Si se caractérise par la brisure des tons et des émotions : luxuriance et bariolage des images, âpreté des sentiments, conscience douloureuse du malheur, rires déchirants. « Ma poésie, dit-il, est comme le fleuve Congo qui charrie autant de cadavres que de jacinthes d'eau. »

Ce soir on marie sainte anne [1]
aux piroguiers congolais

la croix du sud est témoin
avec l'escargot

il y a des goyaves
pour ceux qui ont la nausée
des hosties noires [2]

le fleuve retourne à la boue
au jour le jour
le héraut clame le regard lubrique
laissez-vous faire
quoi
les aubes et les ongles
trop tard
oncle nathanaël [3] m'écrit son étonnement
d'entendre le tam-tam
à radio-brazzaville

sainte anne du congo-la-pruderie
priez pour l'oncle nathanaël
prenez les nénuphars et les libellules
exsangue la parure nuptiale de notre dame

prends la peine
notre journée déborde l'aurore
migrations massives des piroguiers
tendance ferme luxure servile à la bourse coloniale
on n'a plus de totems
alcool à gogo

ce ne sont plus les sèves
ni les rythmiques
le christ sauvera le reste
luxure à qui mieux y gagne

mon catafalque[4] est prêt
et je suis mort assassiné sur l'autel du christ
comment voudrait-on voir mon cadavre
un cadavre utile vert
non ce sont les floraisons mortes
soyons lucides vive la mariée

elle a sa robe faite et de boue et de limaces et de sang
ses encens puent la cervelle gratuite

ô liesse-tam-tam-et-cloches-mes-piroguiers

va pour les sabbats

mais la luxure au nom du christ
halte-là

credo[5]

le fleuve passe
et ça sent la rosée vomie
une résine rance qui ne chassera plus
les papillons de nuit
de la plaie béante – coule
il pleut doucement dans poto-poto[6]
le ciel immobile m'attend

Gérald-Félix Tchicaya U Tam'Si, *Feu de brousse*, 1957,

COMPRÉHENSION ET LANGUE

1 – Le sens du titre est-il justifié par le texte ? Pourquoi ?
2 – Quelles remarques vous suggèrent la ponctuation et la typographie ?
3 – Qu'est-ce que *la croix du Sud* (v. 3) ?
4 – Quelle impression le style du poème laisse-t-il au lecteur ?
5 – À quels personnages est-il fait allusion ?
6 – Comment se révèle la présence des colons ?
7 – Est-il possible de proposer un plan pour ce poème ? Sur quoi le découpage pourrait-il s'appuyer ?

ACTIVITÉS DIVERSES, EXPRESSION ÉCRITE

1 – Étudiez la richesse des images. À quels champs sémantiques appartiennent-elles ? Que traduisent-elles ?
2 – *Discussion.* Commentez la phrase de l'auteur par rapport à sa poésie. Ce texte la justifie-t-il ?

***1.** La cathédrale catholique de Brazzaville est dédiée à sainte Anne.*
***2.** Cf. le recueil* Hosties noires, *1948, de L.S. Senghor, en hommage aux « tirailleurs sénégalais ».*
***3.** On peut reconnaître une allusion à André Gide, qui a séjourné au Congo en 1927 et qui en a rapporté un récit de voyage dénonçant l'exploitation coloniale (Nathanaël est le personnage inventé par André Gide et auquel sont adressés les textes composant* les Nourritures terrestres*).*
***4.** Décoration funèbre au-dessus du cercueil.*
***5.** En latin : « je crois » ; c'est le mot par lequel commence le « symbole des apôtres », texte qui rassemble les principaux articles de la foi catholique.*
***6.** Nom commun : vase, sol boueux. Nom propre : quartier de Brazzaville.*

ÎLE MAURICE

ÉDOUARD J. MAUNICK

Édouard J. Maunick, né à Flacq (île Maurice) en 1931, a choisi très tôt l'exil et est devenu homme de radio, journaliste, fonctionnaire d'organisations internationales. Sa poésie se déploie à partir de quelques figures majeures – ou « mots racines » : la Femme, l'Île, la Mer, le Père, la Parole... – qui se répondent et se reprennent de recueil en recueil (parmi lesquels *les Manèges de la mer,* 1964 ; *Mascaret ou le livre de la mer et de la mort,* 1966 ; *Ensoleillé vif,* 1976 ; *En mémoire du mémorable,* 1979 ; *Paroles pour solder la mer,* 1988 ; *Toi, laminaire,* 1990). L'*Anthologie personnelle,* 1989, établie par le poète lui-même, permet de mesurer l'ampleur et la force de cette œuvre qui célèbre rencontres et métissages, mélanges et échanges, dans une langue syncopée, elliptique, marquée par le rythme créole.

« J'ai autant de poèmes dans la tête »

Le recueil Ensoleillé vif, *composé de cinquante pièces (ou paroles) simplement numérotées, conjugue quelques images dominantes de l'œuvre de Maunick : l'hommage au Père, transfiguré, ensoleillé vif par la mort, la quête de l'île et de l'amour, l'éloge du métissage.*

Parole 47

. . . J'ai autant de poèmes dans la tête
que j'ai de cheveux sur la tête
ma tête   toute tignasse drue
ma tête   toute métisse folle
comme folie de pluie et vent
tramant cyclone qui lavera la terre
de tous les apartheids...

je ne dis plus mourir
je ne dis plus souffrir
j'aborde le temps diamant [1]
j'aborde le temps ébène
je les taille   je les taille
sortira mon visage   le nôtre
race demain déjà chantante...

je ne dis plus prière
je ne dis plus merci missié
j'avoue une apocalypse
niant le refus : je suis

* * *

Parole 48

. . . J'ai autant de vivre dans ma mort
que j'ai de jardins dans les veines
sang rouge d'Occident
sang rouge d'Orient
sang rouge d'Afrique
sang rouge du Sang :
mon fils dit qu'il est beau : Soleil !

je n'écris plus guerre
je n'écris plus peur
je cours en retard sur le soleil
il est seul sans moi   seul sans toi
plus seul sans nous
il va boire à la mer amère   de solitude
de brûlure inutile   d'incendie de pacotille

je n'écris plus le divisé   le séparé
je danse devant vos portes
une danse sans passé   un complot
il s'appelle amour :
viens allumer tes reins à mes reins
les tambours sont des paroles
on n'atomise pas les paroles
elles survivent au désastre
elles ont survécu à notre mise à mort
aux marées acides de la mer négrière...

* * *

Parole 49

. . . J'ai autant d'épices en réserve
que ma peau hurle de pigments
souviens-toi de mon bonheur :
je suis bâtard de colon
petit-fils de coolie[2] et de marron[3] :
je te donnerai grains de cardamome[4]
boules de massala[5] écrasé
enceintes de safran et d'anis
je te brûlerai douce de piment et d'arack[6]
puis vêtirai nos faces de masques de danse

en fin de corps
je te couvrirai d'austral
et nous serons Île de la Terre
la Mer nous ayant désertés
pour d'autres péninsules
en d'autres mondes...

c'est ici notre corps à corps
c'est ici notre assemblée...

Édouard J. Maunick, *Ensoleillé vif*,

Compréhension et langue

1 – Sous quelle forme se présente chacun des trois poèmes ?
2 – *Parole 47 :* Quel thème se dégage de ce poème ?
3 – *Parole 48 :* Expliquez les deux premiers vers.
4 – *Parole 49 :* Qu'est-ce que le poète revendique ?
5 – Que pensez-vous des titres choisis par l'auteur ?
6 – Quel appel le poète lance-t-il ?

Activités diverses, expression écrite

1 – Qu'est-ce qui caractérise le *lyrisme* de ces poèmes ?
2 – Relevez et étudiez les termes caractéristiques de la *négritude*.
3 – Maunick fait l'éloge du métissage. Qu'en pensez-vous ? Donnez votre avis en vous appuyant sur des exemples précis ; puis réalisez un montage-photo qui mettra en valeur votre avis personnel.

1. *Maunick a souvent souligné que son nom est d'origine indienne et qu'il signifie « diamant ».*
2. *Travailleur recruté en Inde (après l'abolition de l'esclavage, en 1835, on a fait venir à Maurice un grand nombre de* coolies *pour remplacer les anciens esclaves sur les champs de cannes).*
3. *Esclave révolté.*
4. *Épice.*
5. *Plat de la cuisine mauricienne très épicé.*
6. *Alcool de canne.*

Dessin de Michel Ange.

HAÏTI

RENÉ DEPESTRE

La Machine Singer

René Depestre, né à Jacmel (Haïti) en 1926, exilé dès l'âge de vingt ans pour raisons politiques, a longtemps vécu à Cuba et a été l'un des plus féconds parmi les poètes engagés, dénonçant inlassablement oppressions et aliénations (*Minerai noir,* 1956 ; *Journal d'un animal marin,* 1964 ; *Poète à Cuba,* 1976). Il est installé en France depuis 1978. Ses nouvelles (*Alleluia pour une femme jardin,* 1973) et ses romans (*le Mât de cocagne,* 1979 ; *Hadriana dans tous mes rêves,* 1988) se plaisent à déployer une écriture de fantaisie et de verve pour chanter les joies de l'amour.

Échappant à la rhétorique souvent lourde et aux images trop convenues de la poésie militante, ce poème suggère tout un imaginaire enfantin, et les premières prises de conscience de l'aliénation sociale.

Une machine Singer [1] dans un foyer nègre
Arabe, indien, malais, chinois, annamite
Ou dans n'importe quelle maison sans
boussole du tiers monde
C'était le dieu lare [2] qui raccommodait
Les mauvais jours de notre enfance.
Sous nos toits son aiguille tendait
Des pièges fantastiques à la faim.
Son aiguille défiait la soif.
La machine Singer domptait des tigres.
La machine Singer charmait des serpents.
Elle bravait paludismes et cyclones
Et cousait des feuilles à notre nudité.
La machine Singer ne tombait pas du ciel
Elle avait quelque part un père,
Une mère, des tantes, des oncles
Et avant même d'avoir des dents pour mordre
Elle savait se frayer un chemin de lionne.
La machine Singer n'était pas toujours
Une machine à coudre attelée jour et nuit
À la tendresse d'une fée sous-développée.
Parfois c'était une bête féroce
Qui se cabrait avec des griffes
Et qui écumait de rage
Et inondait la maison de fumée
Et la maison restait sans rythme ni mesure
La maison ne tournait plus autour du soleil
Et les meubles prenaient la fuite
Et les tables surtout les tables
Qui se sentaient très seules
Au milieu du désert de notre faim
Retournaient à leur enfance de la forêt
Et ces jours-là nous savions que Singer
Est un mot tombé d'un dictionnaire de proie
Qui nous attendait parfois derrière les portes
une hache à la main !

René Depestre, *Poète à Cuba,*

1. Marque de machine à coudre.
2. Dieu protecteur de la maison, dans l'Antiquité gréco-romaine.

COMPRÉHENSION ET LANGUE

1 – Pourquoi le narrateur a-t-il choisi l'exemple d'une « Singer » ?
2 – Pourquoi l'auteur parle-t-il de *pièges fantastiques* (v. 8) ?
3 – Relevez toutes les expressions qui évoquent la perfidie de la machine.

ACTIVITÉS DIVERSES, EXPRESSION ÉCRITE

Étudiez l'imaginaire enfantin qui se dégage de ce poème et son rapport avec l'aliénation sociale.

GUY

TIROLIEN

Guy Tirolien (Pointe-à-Pitre, 1917 ?-1988 ?), compagnon des fondateurs de la négritude et particulièrement de Léopold Senghor dont il a partagé la captivité en Allemagne, a été administrateur en Afrique à l'époque coloniale, puis expert de l'O.N.U. au Mali et au Cameroun. Il a terminé sa vie dans la petite île guadeloupéenne de Marie-Galante. Son œuvre ne comprend que deux recueils poétiques, *Balles d'or* (1961) et *Feuilles vivantes au matin* (1977), mais l'un de ses poèmes, la « Prière d'un petit enfant nègre » qui ne veut pas aller à l'école pour ne pas devenir comme les messieurs de la ville, a été cité par de multiples anthologies. La réussite poétique de Tirolien tient à son art d'assaisonner l'ardeur militante avec un grain d'humour.

Adieu « Adieu foulards »

Ce poème évoque (pour en contester l'exotisme facile !) une chanson du folklore antillais (« Adieu foulards, adieu madras ») que l'on chantait traditionnellement au départ des bateaux.

– nous ne chanterons plus les
tristes spirituals désespérés –
Jacques Roumain

Non nous ne chanterons plus les défuntes romances
que soupiraient jadis les doudous[1] de miel
déployant leurs foulards sur nos plages de sucre
pour saluer l'envol des goélettes ailées.

Nous ne pincerons plus nos plaintives guitares
pour célébrer Ninon ou la belle Amélie,
le cristal pur des rires, le piment des baisers,
ni les reflets de lune sur l'or des peaux brunes.

Nous ne redirons plus ces poèmes faciles
exaltant la beauté des îles fortunées,
odalisques[2] couchées sur des tapis d'azur
que caresse l'haleine des suaves alizés.

Nous unirons nos voix en un bouquet de cris
à briser le tympan de nos frères endormis ;
et sur la proue ardente de nos îles,
les flammes de nos colères
rougeoieront dans la nuit en boucans[3] d'espérance.

Nous obligerons la fleur sanglante du flamboyant
à livrer aux cyclones son message de feu ;
et dans la paix bleutée des aubes caraïbes
nos volcans réveillés cracheront des mots de soufre.

Mais forts de la nudité riche
des peuples sans racine
nous marcherons sereins parmi les cataclysmes.

Guy Tirolien, *Balles d'or*,
© Présence Africaine, 1961

1. Chérie (terme antillais d'affection, adressé à une femme).
2. Femmes de harem.
3. Feux (sur lesquels autrefois aux Antilles on fumait la viande).

CAMEROUN

PAUL DAKEYO

Paul Dakeyo, né à Bafoussan (Cameroun) en 1948, écrit une poésie engagée, d'une expression volontairement dépouillée, reprenant dans ses principaux recueils (*les Barbelés du matin*, 1973 ; *Chants d'accusation*, 1976 ; *Soweto, Soleils fusillés*, 1977 ; *J'appartiens au grand jour*, 1977 ; *Poèmes de demain*, 1982) les grands thèmes de la poésie de combat du monde noir.

COMPRÉHENSION ET LANGUE

1 – Quelle image le poète donne-t-il de sa terre ?
2 – Que ressent-il face à elle ?
3 – Pourquoi la considère-t-il « sans Nord sans Sud » (v. 3) ?
4 – Expliquez l'emploi du pluriel pour le mot « soleils » (v. 12).
5 – Quelle analogie s'établit entre « diamants » et « vents » (v. 20-21) ?

ACTIVITÉS DIVERSES, EXPRESSION ÉCRITE

1 – Qu'est-ce qu'une poésie militante ? Citez des exemples d'écrivains engagés.
2 – En quoi ce poème correspond-il à ce courant ?

« Envoyez-moi des nouvelles »

La poésie militante a souvent recours, comme ici, à la litanie, répétition obsédante d'une formule, qui doit peu à peu s'imposer au lecteur ou à l'auditeur.

Envoyez-moi des nouvelles
Des nouvelles de notre terre
Sans Nord sans Sud
Envoyez-moi des nouvelles de notre terre
De notre terre que je veux prendre
Dans mes bras comme le vent nu
Qui porte mon chant
Aux confins de l'aurore
Envoyez-moi des nouvelles
De notre terre
De notre terre que je veux
Porter parmi les soleils
Parmi les fleurs
Libre comme mon corps
En transe
Libre comme le temps
En friche
Envoyez-moi des nouvelles
De notre terre
De notre terre de diamants
Et de vent

Paul Dakeyo, *J'appartiens au grand jour*,

JEAN SÉNAC

Jean Sénac (Beni Saf, Algérie, 1926 - Alger, 1973), Français d'Algérie engagé aux côtés du F.L.N. pendant la guerre de libération, choisit la nationalité algérienne après l'indépendance. Sa poésie chante la résistance (*le Soleil sous les armes,* 1957 ; *Matinale de mon peuple,* 1961) et le corps désirant (*Avant-corps,* 1968 ; *Dérisions et vertige,* 1983). Fervent éveilleur et animateur d'une jeune poésie algérienne, il a été assassiné dans des conditions restées mystérieuses.

À Rivet parmi…

Voici un poème écrit en 1956, dans les premières années de la guerre de libération de l'Algérie.

Sur la place du marché
ils ont exposé son père.
Dans la nuit froide la pierre
cherche une aile où se poser.

À Rivet [1] parmi
les genêts et les vignes.

La fontaine est silencieuse
où les massacrés venaient boire.
Un grand ciel envenimé
nous empeste la mémoire.

À Rivet parmi
les genêts et les vignes.

Les villageois se barricadent.
La mechta [2] brûlée vient les mordre :
ils ont peur de rêver.
Le cœur aux chardons, les meilleurs se taisent.

Pays de morts et de mourants.
pays de terribles vivants.
pays de l'espérance abrupte !

À Rivet parmi
les genêts et les vignes.

Jean Sénac, « Diwân de l'état-major » (fragments), 1954-1957,
Matinale de mon peuple,

COMPRÉHENSION ET LANGUE

1 – Donnez un titre à chaque strophe.
2 – Comment appelle-t-on le distique répété aux vers 5, 11 et 20 ?
3 – Comment le poète considère-t-il l'état de guerre ?
4 – Justifiez l'emploi de l'imparfait (v. 8).
5 – Relevez et classez les images.
6 – Expliquez les anaphores du dernier tercet.

ACTIVITÉS DIVERSES, EXPRESSION ÉCRITE

Comparez ce poème avec *Liberté* de Paul Éluard. Quelles sont les différences essentielles ? Sur quels points se rejoignent-ils ?

1. *Commune d'Algérie, dans la plaine de la Mitidja.*
2. *Hameau.*

MOHAMMED

DIB

Mohammed Dib est né à Tlemcen (Algérie) en 1920. Sa trilogie romanesque (*la Grande Maison,* 1952 ; *l'Incendie,* 1954 ; *le Métier à tisser,* 1957) présente une fresque de la vie algérienne de 1939 à 1942, quand s'amorce une prise de conscience nationaliste. Il évolue vers un symbolisme onirique dans *Qui se souvient de la mer,* 1962, où une « écriture du cauchemar » emprunte à la science-fiction d'étranges constructions imaginaires. *Dieu en Barbarie,* 1970, et *le Maître de chasse,* 1973, évoquent l'Algérie indépendante, tandis que *Habel,* 1977, ou *les Terrasses d'Orsol,* 1985, approfondissent une quête spirituelle et une recherche d'identité. Parallèlement à ses romans, Dib a publié des recueils de poèmes (dont *Ombre gardienne,* 1961, et *Feu beau feu,* 1979) où l'on retrouve son goût des images fulgurantes et brutalement sensuelles. Par l'ampleur de son œuvre, l'ambition de son projet littéraire, Mohammed Dib est au tout premier rang de la littérature maghrébine de langue française.

« Qui te délivrera Algérie ? »

Parus dans les années qui précèdent immédiatement l'éclatement de l'insurrection algérienne de 1954, plusieurs romans marquent la naissance d'une littérature algérienne de langue française. Le Fils du pauvre, *1950, de Mouloud Feraoun,* la Colline oubliée, *1952, de Mouloud Mammeri disent la vérité traditionnelle de la société rurale, mais aussi le malaise latent de la situation coloniale. Plus ambitieuse, la trilogie romanesque* Algérie *de Mohammed Dib veut peindre une fresque de la vie algérienne de 1939 à 1942, quand s'amorce une prise de conscience nationaliste. Le second volet,* l'Incendie, *1954, au titre prophétique (le roman sort quelques semaines avant l'embrasement insurrectionnel), raconte l'éveil politique des campagnes autour de Tlemcen : « Un incendie avait été allumé, et jamais plus il ne s'éteindrait. Il continuerait à ramper à l'aveuglette, secret, souterrain ; ses flammes sanglantes n'auraient de cesse qu'elles n'aient jeté sur tout le pays leur sinistre éclat. »*
Dans l'extrait suivant, Omar, petit citadin aux champs, écoute les légendes de la terre algérienne que raconte l'infirme Comandar, ancien combattant de la Première Guerre mondiale.

Un foyer proche et lointain éclairait l'espace. Les champs grésillaient. Un immense cheval bondit vers le ciel et hennit. La vieille terre se tut. Et le feu blanc s'éteignit.

Les cigales seules continuaient sans défaillance à creuser le jour de leur tarière.

– L'as-tu vu, le cheval qui a traversé le ciel ?

– Non, Comandar. Il ne pourrait y avoir de cheval qui vole. Tu rêves. Les flammes qui tombent du ciel te tournent la tête. Et tu vois des choses.

– Toi, tu n'as rien vu. C'est pourquoi tu parles comme ça.

Omar s'étendit à l'ombre déchiquetée d'un olivier. Pour quelle raison n'avait-il rien vu ?

Comandar lui raconta ce que les fellahs avaient observé au cours d'une nuit :

« La lune d'été écumait au-dessus des abîmes noirs qui s'ouvraient entre les monts. Ce n'était plus la nuit. L'air, la terre resplendissaient. On pouvait distinguer chaque touffe d'herbe, chaque motte. L'air, la terre et la nuit respiraient d'un souffle imperceptible. Soudain, un bruit de sabots frappant le sol se répercuta à travers la campagne. Tous les fellahs se dressèrent sur leur séant. Le bruit se rapprocha encore : ce fut comme un tonnerre roulant d'une extrémité à l'autre de la contrée. Plus aucun fellah n'avait sommeil. Certains qui s'étaient installés devant leurs gourbis virent sous les murailles de Mansourah un cheval blanc, sans selle, sans rênes, sans cavalier, sans harnais, la crinière secouée par une course folle. Un cheval sans rênes ni selle dont la blancheur les éblouit. Et la bête prodigieuse s'enfonça dans les ténèbres.

« Quelques minutes à peine s'étaient écoulées : et le galop retentit de nouveau, martelant la nuit. Le cheval reparut sous les remparts de

Mansourah. Il fit une seconde fois le tour de l'antique cité disparue. Les tours sarrazines qui avaient résisté à la destruction profilaient leurs ombres intenses dans la clarté nocturne.

« Le cheval fit une troisième fois le tour de l'antique cité. À son passage tous les fellahs courbèrent la tête. Leur cœur devint trouble et sombre. Mais ils ne tremblaient pas. Ils eurent une pensée pour les femmes et les enfants. “Galope, cheval du peuple”, songeaient-ils dans la nuit, à la male heure et sous le signe mauvais, au soleil et à la lune. »

Omar s'endormit dans l'herbe ardente. Comandar le vit plongé si profondément dans le sommeil qu'il se tut.

Il murmura pour lui tout seul dans une réflexion entêtée : « Et depuis, ceux qui cherchent une issue à leur sort, ceux qui, en hésitant, cherchent leur terre, qui veulent s'affranchir et affranchir leur sol, se réveillent chaque nuit et tendent l'oreille. La folie de la liberté leur est montée au cerveau. Qui te délivrera, Algérie ? Ton peuple marche sur les routes et te cherche. »

Mohammed Dib, *l'Incendie*,
coll. Points Roman, © Éditions du Seuil, Paris, 1989

Compréhension et langue

1 – Identifiez les trois parties que comporte le texte.
2 – Dans la première partie du texte, quelle est la vision de Comandar ?
3 – Pourquoi Omar n'a-t-il pas la même vision ?
4 – Quel rapport pouvez-vous établir entre la vision de Comandar et la légende qu'il raconte à Omar ?
5 – Comment est décrite la « bête prodigieuse » ?
6 – Que symbolise le cheval blanc de la légende ?
7 – Comment les fellahs réagissent-ils au passage du cheval ?
8 – Pourquoi les fellahs eurent-ils « une pensée pour les femmes et les enfants » (l. 34-35) ?
9 – En étudiant les propos que se tient Comandar à lui-même dans la dernière partie du texte, montrez quelles sont les revendications du peuple.

Activités diverses, expression écrite

Relevez dans le texte tous les mots ou expressions ayant trait au thème du feu.

DRISS CHRAÏBI

Driss Chraïbi, né à Mazagan, aujourd'hui El Jadida (Maroc) en 1926, ingénieur chimiste de formation, a fait scandale avec *le Passé simple,* 1954, son premier roman, qui disait la révolte contre la loi paternelle. Il montre dans *les Boucs,* 1955, la misère des émigrés. Il évoque les mutations sociales et culturelles du Maghreb contemporain dans plusieurs romans (dont *l'Âne,* 1957 ; *Succession ouverte,* 1962 ; *Civilisation ma mère,* 1972). Après *Mort au Canada,* 1975, il revient à une inspiration maghrébine : évocation de villages anciens confrontés à la modernité (*Une enquête au pays,* 1981) ; méditation sur l'Histoire, l'arrivée de l'islam, les superpositions de civilisations (*la Mère du printemps,* 1982) ; *Naissance à l'aube,* 1986).

« Ils marchaient à la file indienne »

Chraïbi a écrit les Boucs *sous le coup de l'indignation, quand il découvre la condition des travailleurs émigrés maghrébins, parqués dans les bidonvilles, à la lisière des villes et vivant une condition dégradante. L'épigraphe qui précède le chapitre dont est extrait ce texte invite le lecteur à établir une·comparaison avec l'horreur du système concentrationnaire nazi : « Des hommes sans conviction, hâves et violents ; des hommes porteurs de croyances détruites, de dignités défaites ; tout un peuple nu, intérieurement nu, dévêtu de toute culture, de toute civilisation* [...] *», David Rousset,* l'Univers concentrationnaire.

Ils marchaient à la file indienne dans le matin brumeux. Des trilles de rires les accueillaient, instinctifs, vite étouffés – et l'on se demandait ensuite comment on avait pu rire, si même le rire avait une valeur d'instinct.

Ils avaient le pas pesant, les bras ballants et la face effarée. Ceux qui s'arrêtaient pour les voir passer fermaient brusquement les yeux, en une minute de doute intense et subit, où l'origine et la fin conventionnelles de l'homme étaient vélocement révisées, les classifications des règnes et les métaphysiques mises à bas et échafaudées de nouveau comme un château de cartes sur leurs mêmes fondements et suivant la même systématique ; l'étymologie, le sens et l'utilité de mots tels que dignité humaine, pitié, Christ, démocratie, amour... ils ouvraient les yeux : la faillite de la civilisation, sinon de l'humanité, qu'ils avaient vue défiler vêtue de fripes – ou, à tout le moins, des fripes emplies de néant.

Leurs narines fumaient. Ils rasaient les murs, l'un suivant l'autre comme une fuite de rats ; un angle de rue se présentait, saillant et soudain comme une digue : ils s'immobilisaient, éblouis un instant par le tintamarre métallique des klaxons et des freins, le pas fiévreux des foules, les mille et une manifestations menues et disparates d'une vie qui n'était pas la leur. Précipitamment ils tournaient l'angle qui les avait arrêtés, retrouvaient devant eux le dos familier qui les guidait, reprenaient leur pas de pierre – mais c'était ainsi à chaque angle de rue, à chaque aspérité du trottoir, à toutes les saillies, à tous les carrefours... comme des sources de diffraction, comme si leur étonnement eût été un réflexe intermittent et sans fin, pareil à ces vessies de chiens giclant sur tous les réverbères d'une rue, à raison d'un petit jet rapide et furtif par réverbère.

Ils étaient une vingtaine et ils marchaient depuis l'aube. Le soleil levant avait essayé de s'absorber en eux, de les teindre ou, tout au moins, de leur donner des contours, une forme, une ombre. Puis le vent s'était levé, bref et péremptoire comme un policier, déterminé à les balayer. Mais ces deux tentatives avaient été vaines. Maintenant le soleil était tapi derrière un amas de nuages comme autant de témoins, le vent bougonnait – et eux marchaient toujours.

Leurs pieds quittaient à peine le sol, comme si la pesanteur eût reconnu en ces êtres de futurs et excellents minéraux et les eût déjà liés à la terre, chaussés de semelles qu'ils croyaient être du cuir, du caoutchouc ou du bois, simples formes de pieds découpées dans de vieux pneus ou dans de la tôle galvanisée et qui avaient fini par les mouler jusqu'aux ongles des orteils, jusqu'à la mécanisation du pas – et cela représentait d'incroyables godillots graissés au saindoux ou peints à la gouache, qui semblaient vides de tout pied, animés tout juste d'une ancestrale habitude qui les eût soulevés et fait retomber sur le pavé, gauches et dérisoires comme des souliers vides.

[…]

Ils étaient vingt-deux. Ce jour-là, comme tous les jours, l'aube les avait vus surgir de leur taupinière et uriner tous en rond dans la brume et le froid. Le Caporal avait marché devant, un Bicot mélancolique gratifié de ce grade parce qu'il séjournait en France depuis 1920 (toujours chômeur ou presque toujours) et que la taupinière lui appartenait – du moins c'était lui qui l'avait découverte, une ex-cabine de camion Dodge dans un terrain vague de Nanterre – et ils lui avaient emboîté le pas. La veille, à la lueur d'une boule de suif où l'on avait enfoncé une baguette de bois, ils avaient discuté ferme. Ce jour-là ne ressemblerait pas aux autres.

Midi les surprit massés devant un panneau. Le froid devenait intense mais, s'ils se frottaient les mains, c'était de plaisir. Le Caporal savait lire et il épelait l'annonce du placard à haute voix, gravement et en hochant la tête. Les autres répétaient à sa suite, faisant des traductions et des commentaires entre deux syllabes épelées, deux mots laborieusement constitués, toussant, riant, crachant dans leurs mains qu'ils se frottaient avec vigueur. Ils comprirent qu'on demandait des terrassiers et il y eut instantanément une course en bloc, où les coudes et les mâchoires se heurtaient, où les godillots martelaient le pavé et les guenilles en mouvement semblaient figurer un décor de voiles de bateaux trouées et giflées par l'ouragan – avec des ordres contre-ordres injures, avec des arrêts et des départs aussi brusques vers de nouvelles directions – mais il n'y eut pas de débandade comme si la défection ou le simple écart d'un seul d'entre eux eût anéanti d'avance leur chance d'être engagés.

Driss Chraïbi, *les Boucs,* 1955, © by Éditions Denoël, Paris

Compréhension et langue

1 – Qui désigne le pronom personnel « ils » ?
2 – Comment cette file indienne est-elle décrite ?
3 – Pourquoi les passants ferment-ils les yeux ?
4 – Quelle analogie l'auteur établit-il entre le décor de la rue et la file d'êtres humains ?
5 – Relevez et classez le champ lexical de la description physique de ces hommes.
6 – Quels sentiments émanent de cette colonne humaine ?
7 – Qui est le Caporal ?
8 – Qu'est-ce que leur « taupinière » (l. 48) ?
9 – Que leur révèle le panneau ?
10 – Expliquez la dernière phrase.

Activités diverses, expression écrite

1 – Définissez le style de ce récit. Quelle est la figure de style dominante ?
2 – Comment l'émigration est-elle vue ? Que pensez-vous de la position idéologique de l'auteur ?

MOULOUD MAMMERI

Mouloud Mammeri (Taourirt-Mimoun, Algérie, 1917-1989) a publié d'importants travaux d'anthropologie et de linguistique sur la langue berbère et la culture de sa Kabylie natale. Il a traduit et présenté *les Isefra, Poèmes de Si Mohand,* 1969. Ses romans, par le choix de leur sujet, proposent une analyse de l'Algérie moderne : les problèmes d'un village kabyle à l'époque coloniale (*la Colline oubliée,* 1952) ; les désillusions d'un intellectuel acculturé au lendemain de la Seconde Guerre mondiale (*le Sommeil du juste,* 1955) ; la guerre de libération (*l'Opium et le Bâton,* 1965) ; le désenchantement des lendemains d'indépendance (*la Traversée,* 1982).

« Ma liberté a buté sur sa loi »

Arezki, jeune Kabyle, héros du Sommeil du juste, *engagé dans l'armée française pour combattre le nazisme, se trouve accusé (à tort) d'un meurtre commis dans son village à l'occasion d'une vengeance tribale. Le tribunal le condamne d'autant plus durement qu'il est plus intégré à la culture occidentale. Dans des lettres adressées aux témoins de son itinéraire (notamment à son ancien professeur), Arezki fait le bilan de sa vie.*

« Allais-je expliquer que d'être né Arezki des Ait-Wandlous, fils de mon père (cheveux bruns, nez droit, lèvres minces, pommettes saillantes, yeux noirs et menton rond) le 1er avril 1919 (comme si c'était une naissance pour rire), m'avait d'avance condamné à ne connaître de liberté que celle des autres. Le père, qui n'a jamais fréquenté l'université, est plus perspicace que M. le Juge, puisqu'il sait que je suis né avec mon destin comme tous les imams, parce que tous naissent emmurés dans les limites toujours étroites que des accidents stupides, aidés de la stupide volonté des hommes, ont fixées à l'ampleur de leurs gestes. Allais-je expliquer que la vie de chacun de nous est une course d'obstacles sur piste circulaire, que nous passons notre temps à franchir des haies et à sauter des trous sans pour cela que nous avancions. Emmurés ! Que si lui, M. le Juge, ne saute plus et se sent libre, c'est qu'il s'est résigné au mur, que si la laisse est longue sur laquelle il a cessé de tirer ou s'il ne la sent plus à son pied, elle n'en fixe pas moins une longueur mesurable à ses pas. Que j'étais fatigué de tourner en rond et que c'est en faisant le mur que ma liberté a buté sur sa loi.

« Celui qui était encore le plus près du but, c'est Sliman qui, quand il a appris la sentence (lui-même ne sera jugé que plus tard avec les frères du parti), a dit que tout cela c'était à cause du coup de fusil et de l'argument des dominos. Sliman ne ment que pour me consoler. Me consoler, petit frère ? Et de quoi ?

« Quand l'avocat général a demandé ma tête, je crois qu'il a parlé aussi de ma liberté. Je ne sais plus, je n'écoutais que distraitement. Cette langue m'était de toute façon étrangère. Je n'ai entendu que la péroraison. “Regardez, messieurs les jurés. Regardez, au coin de ces lèvres implacables, ce sourire qui voudrait être ironique. Cette conscience est opaque : nulle lueur ne peut en percer la nuit. Seule la justice des hommes en attendant celle de Dieu pourra la réduire sinon l'éclairer.”

« Je pouvais l'écouter sans déplaisir, celui-là. C'était son rôle de défendre la société comme il dit. Il était aussi de bonne guerre d'annexer la divinité : toujours elle a servi aux grands à fonder en droit l'injustice.

« Pendant que l'avocat s'indignait, le juge, visiblement peu ému (c'est son métier d'être impassible, cela dispense à l'occasion d'être impartial) dessinait sur une feuille de papier déjà crayonnée. Quand l'avocat s'assit, le juge lentement me dit :

« – J'ai là devant les yeux un curieux carnet, votre carnet. J'ai tout lieu de croire qu'il n'était destiné qu'à vous : cet accent de sincérité ne trompe pas. J'ai trouvé plaisir à vous lire et, je dois dire, non pas seulement professionnellement…

La main fine a dessiné quelque chose comme un cottage[1] d'où la fumée s'échappe ; cette fraîcheur imaginaire doit reposer M. le Juge de l'aridité des lois.

« – Les derniers mots de votre carnet sont : vienne l'aube et je m'endormirai. J'imagine que c'était là un vœu. Pourquoi ne vous êtes-vous pas donné le loisir d'arriver à l'accomplissement d'un vœu qui apparemment en valait la peine ?

« Je n'ai pas répondu.

« – À votre aise, a dit le juge en coupant d'un trait irrévocable son cottage, qui comme mon aube jamais n'arriverait au jour.

« – Du reste à vrai dire je ne comprends pas le sens d'un tel vœu…

« C'est cela : M. le Juge ne comprenait pas.

« – Vos professeurs vous avaient fait accéder à la pleine lumière du monde et de vous-même, et c'est vous seul, qui par cet acte stupide vous êtes enfoncé dans la nuit.

« Cela non, ce n'était pas vrai. L'aube c'est de la nuit qu'elle s'extrait même quand d'abord elle a l'air d'y être sans recours enlisée, et après l'ombre c'est le grand soleil. Ce crime qui va nous valoir de mourir ou d'être condamnés, je sais que je ne l'ai pas commis ; j'en salue la victime comme un pauvre compagnon de geôle dont elle a essayé de sortir par la veulerie, comme Mohand par le meurtre. La longue observance des lois a masqué à mon juge le visage de la vérité. Ainsi installé dans la certitude sans accroc et l'étourdissement de la tâche quotidiennement achevée mais jamais assumée, il ne sait pas que c'est par accident que nous sommes lui du bon côté de la barre et moi de l'autre. Il ne voit pas combien est fragile entre nous la ligne qui sépare la faute du justicier. S'il cessait un instant d'être bercé par la fausse sécurité du code, si le bref instant d'un lapsus il remplaçait pour une fois par sa conscience d'homme les termes de la loi qui lui en tiennent lieu à bon compte, il reculerait effrayé de découvrir que la société qu'il défend pourrait ne devoir son pardon qu'à ma mansuétude…

« Ce soir après m'avoir condamné vous irez retrouver dans la paix de votre maison le goût émoussé de votre liberté, M. le Juge.

« Les jours, vous avez choisi de vous en acquitter au lieu de les vivre ; la justice, votre métier est de la rendre, non de la chercher : vous en avez désappris la saveur quelquefois âpre. Vous entrez dans le bonheur feutré de votre vie, m'ayant déjà oublié. Il ne vous restera plus qu'à entrer, l'âme blanche, dans la blancheur de vos draps, convaincu que vous avez fait votre devoir puisque vous avez accompli votre tâche. […]

« Vous pouvez dormir, M. le Juge : il est bon après tout que le sommeil du juste suive le sommeil de la justice.

« Mais que m'importe à moi (et aux autres) le sommeil d'une nuit… ou d'un jour… Qu'importe même le sommeil de tout un an : il n'est que de la mort dont on ne s'éveille pas. »

Mouloud Mammeri, *le Sommeil du juste*,

COMPRÉHENSION ET LANGUE

1 – Dégagez les différentes parties de ce texte.
2 – Que représente le 1er avril (l. 3) ?
3 – Qu'est-ce qu'un imam (l. 7) ?
4 – Pourquoi l'auteur répète-t-il deux fois le mot *stupide* (l. 8-9) ?
5 – Quelle comparaison établit-il avec la vie de M. le Juge ?
6 – Citez les arguments de l'avocat général.
7 – Expliquez le dialogue entre le juge et le narrateur.
8 – Commentez la phrase suivante « il reculerait effrayé de découvrir que la société qu'il défend pourrait ne devoir son pardon qu'à ma mansuétude » (l. 72-73).
9 – Quelle est la philosophie du narrateur quant à la liberté ?

ACTIVITÉS DIVERSES, EXPRESSION ÉCRITE

1 – *L'institution judiciaire.* Comment fonctionne-t-elle ? Comment un tribunal est-il habituellement constitué ? Qu'est-ce qui garantit le bon fonctionnement de la justice ?
2 – Quelle est votre propre conception de la liberté ? Recherchez des documents sur les sociétés qui manquent de liberté et constituez un dossier sur ce sujet en proposant des solutions.

1. Maison de campagne élégante et rustique.

MAROC

ABDELLATIF

Abdellatif Laâbi, né à Fez (Maroc) en 1942, est l'un des fondateurs de la revue *Souffles*, foyer de la vie intellectuelle marocaine des années 1960. Arrêté en 1972 et condamné pour délit d'opinion, il est resté en prison jusqu'en 1980. De cette expérience carcérale, qui marque son œuvre en profondeur, il a gardé l'amour fou de la liberté. Il a publié des poèmes (*le Règne de barbarie,* 1980 ; *Sous le bâillon, le poème,* 1981 ; *Tous les déchirements,* 1990), des récits (*l'Œil et la Nuit,* 1967 ; *le Chemin des ordalies,* 1982), un recueil d'admirables lettres de prison (*Chroniques de la citadelle d'exil,* 1983), ainsi que de nombreuses traductions d'œuvres arabes.

« La poésie au secours de ma raison »

Théoricien d'une écriture transgressive (la naissance d'un poème est pour lui « collision brutale, avec coups et blessures, sang, sécrétions, cris, courses, piétinements, mais aussi étincelles, visions chevauchant l'espace-temps »), Laâbi, dans ses lettres de prison, pratique une écriture fonctionnelle de survie, pour triompher des tortionnaires, en écrivant des lettres d'amour, en forçant la pensée à se construire sur le papier.

Ma femme aimée,

Un peu fatigué ces derniers jours et j'ai peu envie de lire, travailler. Je m'habitue assez lentement au climat d'ici. C'est pour cela que ces douleurs ont repris. Mais je me soigne comme toujours, sans excès. Il n'y a pas donc à s'inquiéter. La semaine dernière s'est déroulée à un rythme foudroyant. C'est le temps subjectif qui a changé. Nous nous sommes adaptés à cette nouvelle périodicité de nos rencontres. Mais comme elles sont intenses. Vendredi, j'en ai perdu le cours de mes idées, tant j'avais seulement envie de te regarder et de nous laisser aller à cette « cérémonie », à cette célébration de notre amour. Joie de le dire, de connaître, de sentir sa résonance en l'autre. S'égarer dans le multiple accord pour retrouver sa totalité. Le monde, la vie s'humanisent. Fou d'espoir.

Puis les jours simples, sans faste, sans rumeurs. Comment te les décrire : c'est la traversée, mer de sables ou d'ondes emboîtées dans d'autres déserts, d'autres océans qui se déplacent sous mes pieds alors que mes yeux sont déportés vers tous les horizons à réserves de mains guérisseuses, à forêts d'hommes en marche. Oasis de fureur trouant les citadelles du silence, de la prostration. Nuits si courtes, hérissées de rêves oubliés, éparpillées en lourdes semences dans les sillons de mémoire. Des aubes apportant l'annonce des oiseaux, la lumière des souvenirs tendres. Tac, tac, tac, comme disait le refrain des *Romantiques* de Nazim Hikmet [1], les ruades du temps. Tout coule, change, se transforme, même sous le vide artificiel appliqué à nos peaux. L'homme, ce miracle d'adaptation et de résistance, créant au jour le jour son miracle, pliant sous ses aisselles la barbarie des limites. Suis-je clair ou confus en appelant ainsi la poésie au secours de ma raison ? La poésie est-elle si monstrueuse, au point de voiler pour certains la réalité ? Comme il est difficile d'être poète, c'est-à-dire d'être soi-même, de proposer aux autres une autre forme de compréhension d'eux-mêmes sans leur devenir étranger ou paraître à leurs yeux comme un imposteur. C'est dur aussi de voir, de donner à voir, sans être taxé de parti pris, d'extrapolation. Tu vois, c'est tout décousu. C'était simplement pour te parler comme me viennent les idées et les images, comme si tu t'appuyais contre moi et que je te caressais la tête et que je te donnais la main. […]

Abdellatif Laâbi, Lettre du 12 mai 1974,
Chroniques de la citadelle d'exil,

1. *Poète turc (1902-1963).*

Mehdi Charef, né en 1952, est très représentatif de la littérature née de cette « seconde génération de l'émigration », qui ne se reconnaît plus dans l'identité culturelle des parents, et pas encore dans celle du pays d'accueil, en l'occurrence la France. Son premier roman, *le Thé au harem d'Archi Ahmed,* 1983, chronique anecdotique et un peu crue de la vie dans une cité de banlieue, a été porté au cinéma avec succès. Il a publié un second roman en 1989, *le Harki de Meriem.*

« Quand Josette enjambe la balustrade »

Madjid, adolescent de banlieue, et Malika, sa mère, Algérienne, rentrent dans leur H.L.M., un soir de Noël. Ils découvrent leur voisine, Josette, mère célibataire et jeune chômeuse, qui s'apprête à se jeter du haut de son balcon.

Les flocons aveuglent Malika qui avance, recule, appelle, supplie Josette d'ouvrir à Madjid. Quelques voisins, alertés par ses plaintes, ouvrent leur fenêtre et cherchent à qui elle parle.

Les sapins de Noël enguirlandés, couverts de petites bougies électriques qui clignotent à travers les vitres des salons, Josette ne les voit pas. Du noir, le trou noir, le tunnel interminable d'où l'on croit qu'on ne sortira jamais. Elle est dedans et elle s'est fait larguer par la lanterne rouge. Ils l'ont tous laissée là, les mains agrippées à une rampe de balcon. Ses larmes font fondre les flocons qui lui caressent le visage, sa bouche s'ouvre et grimace de désespoir.

Malika hurle, épuisée, marquant la couche de neige de ses pas. Elle ne sait plus que dire, plus où se mettre. Un voisin crie :

– Faut appeler les flics !

Madjid redescend aussi vite qu'il est monté, sans avoir pu enfoncer la porte. Si seulement Jean-Marc était dans le coin, avec son passe [1], il réussirait peut-être à forcer la lourde [2].

Revenu avec sa mère, Madjid voit la môme Josette passer une jambe par-dessus la rampe, l'épaule basse, et des bras qui n'ont plus envie de tenir quoi que ce soit. On voit bien qu'elle n'a plus les bras à ça, ni le cœur.

Madjid fonce vers une cabine téléphonique au milieu de la cité, tandis que Malika cause, cause toujours, implore, puis pousse un cri terrible quand Josette enjambe la balustrade.

– Ya ! Chousette, fi pas ça, Chousette, et li Stiphane [3] y va pleurer, y va chercher la maman partout…

La maman se plie sur la rampe, son visage repose à même la rampe, elle doit rien entendre.

La cabine est dévastée, il n'y a plus de combiné, Madjid court vers une autre.

– Je ti li trouve di travail, moi, Chousette, je ti li trouve… à la cantine di l'icole… serveuse, ti seras !… Ya ! Chousette ya Allah a Rabbi…

Malika est à genoux dans la neige. Les voisins se concertent, désarmés.

Les flics, les pompiers, faut téléphoner : personne ne bouge, sauf le gardien de la tour qui arrive en remontant son froc. Il lève la tête, reconnaît Josette et lance aux curieux en soufflant entre ses mains :

– Ah ! c'est la môme qui n'a pas payé son loyer depuis deux mois.

Mehdi Charef, *le Thé au harem d'Archi Ahmed,*
© Mercure de France, Paris, 1983

1. Passe-partout, clé permettant d'ouvrir plusieurs serrures.
2. La porte (mot d'argot).
3. L'enfant de Josette.

Le Damned Canuck

« Rapailler », c'est « rassembler », « réunir des éléments épars », « ramasser la paille éparpillée sur le champ ». La poésie selon Miron « rapaille », « refait l'homme ». Les poèmes de l'Homme rapaillé *veulent lutter contre « l'aliénation délirante », pour fonder à neuf l'homme et le pays québécois. Dans « le Damned Canuck », Miron part d'une insulte (le « damned Canuck », c'est le « maudit Canadien-Français », pour les colons anglais qui se sont installés au Québec à partir de 1760) pour en faire le point d'appui d'un futur « ressaut ».*

Nous sommes nombreux silencieux raboteux rabotés
dans les brouillards de chagrin crus
à la peine à piquer du nez dans la souche des misères
un feu de mangeoire aux tripes
et la tête bon dieu, nous la tête
un peu perdue pour reprendre nos deux mains
ô nous pris de gel et d'extrême lassitude

la vie se consume dans la fatigue sans issue
la vie en sourdine et qui aime sa complainte
aux yeux d'angoisse travestie de confiance naïve
à la rétine d'eau pure dans la montagne natale
la vie toujours à l'orée de l'air
toujours à la ligne de flottaison de la conscience
au monde la poignée de porte arrachée

ah sonnez crevez sonnailles de vos entrailles
riez et sabrez à la coupe de vos privilèges
grands hommes, classe écran, qui avez fait de moi
le sous-homme, la grimace souffrante du cro-magnon[1]
l'homme du cheap way, l'homme du cheap work[2]
le damned Canuck

seulement les genoux seulement le ressaut pour dire

Gaston Miron, *l'Homme rapaillé*,
© Éditions de l'Hexagone, Montréal, 1970

Gaston Miron, né à Sainte-Agathe-des-Monts (Québec) en 1928, est l'un des fondateurs (en 1953) et le principal animateur des Éditions de l'Hexagone, dont le projet est de susciter une littérature nationale québécoise. Il milite dans les années 1960 à la gauche du mouvement indépendantiste québécois et participe à un grand nombre de récitals de poésie. Le recueil de *l'Homme rapaillé*, qui rassemble en 1970 ses poèmes dispersés dans des revues ou des plaquettes, consacre sa place au premier rang de la poésie québécoise.

1. Race d'hommes préhistoriques.
2. Anglicisme : cheap way = *vie médiocre ;* cheap work = *travail mal payé.*

Roland Giguère, né à Montréal en 1929, peintre et poète dans la mouvance du surréalisme québécois, a trouvé, en 1965, pour rassembler ses poèmes, un titre *(l'Âge de la parole)* parfaitement accordé à l'esprit du temps et au désir d'expression des Québécois à l'époque de la « Révolution tranquille ».

La main du bourreau finit toujours par pourrir

Souvent cité, ce poème, qui développe comme une allégorie de la lutte québécoise pour la libération nationale, est très représentatif d'une volonté de « prendre la parole ».

Grande main qui pèse sur nous
grande main qui nous aplatit contre terre
grande main qui nous brise les ailes
        grande main de plomb chaud
        grande main de fer rouge
grands ongles qui nous scient les os
grands ongles qui nous ouvrent les yeux
        comme des huîtres
grands ongles qui nous cousent les lèvres
        grands ongles d'étain rouillé
        grands ongles d'émail brûlé

mais viendront les panaris
panaris
panaris

la grande main qui nous cloue au sol
finira par pourrir
les jointures éclateront comme des verres de cristal
les ongles tomberont

la grande main pourrira
et nous pourrons nous lever pour aller ailleurs.

Roland Giguère, « La main du bourreau finit toujours par pourrir », in *l'Âge de la parole,* Éditions de l'Hexagone, Montréal, 1965

Compréhension et langue

1 – Comment s'appelle la figure de style qui consiste à répéter les mêmes mots au début de chaque vers ?
2 – Que désigne la « grande main » puis les « grands ongles » ?
3 – Qu'est-ce qu'un *panaris ?*
4 – Quel est le rapport entre les connotations de ce mot et le thème du poème ?
5 – Le titre aide-t-il à préciser le sens de ce texte ?

Activités diverses, expression écrite

1 – Comment ce poème est-il construit ?
2 – Quelles sont les « règles » de la versification moderne ?
3 – Recherchez des documents sur la lutte québécoise pour la libération nationale.
4 – Quels poètes politiquement engagés connaissez-vous ?

JACQUES GODBOUT

Jacques Godbout, né à Montréal en 1933, écrivain et romancier, fondateur de la revue *Liberté* et de l'Union des Écrivains du Québec, a d'abord écrit des poèmes et un roman (*l'Aquarium,* 1962) inspiré par un séjour de trois ans en Éthiopie. Mais son œuvre est surtout une interrogation sur l'identité québécoise, au travers de quelques thèmes problématiques : condition de l'écrivain du Québec (*Salut Galarneau,* 1967) ; statut de la langue populaire (*D'amour P.Q.,* 1972) ; dualité de la culture et de la constitution canadiennes (*les Têtes à Papineau,* 1981) ; insertion de l'intellectuel québécois dans le monde américain (*Une histoire américaine,* 1986). Proche de la bande dessinée ou de la chanson, l'écriture de Jacques Godbout dissimule une exigence inquiète sous le masque de la facilité et de l'ironie.

« *Je veux vécrire* »

François Galarneau, le héros de Salut Galarneau, *est marchand de saucisses ambulant, près de Québec, et, à ses heures, écrivain et ethnographe de sa société. Il déploie dans un long monologue cocasse et dru toute la saveur de sa langue québécoise. Quand il a trop bu, il rêve de faire fortune en créant une chaîne de stands de vendeurs de saucisses.*
Dans la conclusion du roman, François Galarneau fête solitairement son anniversaire. Partagé entre le double désir de vivre et d'écrire, il choisit de ne pas choisir.

J'ai fait des calculs ; j'avais déjà rêvé, quand j'étais avec Marise[1], de devenir le roi d'une chaîne de stands, pas seulement d'un autobus à frites sur le bord d'une route à l'île Perrot, mais d'avoir quinze, vingt autobus dans la province, un peu partout. C'est une question d'intelligence et d'organisation, j'étendrais mon royaume à pourcentage. Je veux dire : pourquoi est-ce que je ne serais pas capable de faire marcher ça ? Je ne suis pas plus bête qu'un autre. J'ouvrirais une école, la première semaine, dans la cour, pour que tous mes concessionnaires sachent faire les mêmes bons hot dogs, les mêmes hamburgers juteux ; j'aurais des spéciaux, *Texas style,* avec des tomates et de la laitue, je n'aurais qu'à surveiller, circuler d'un stand à l'autre ; ça m'éviterait de penser à Marise, je ne verrais plus Jacques parce qu'il y a des limites à ne pas dépasser. Mais on s'écrirait. Je pourrais même engager des Français comme cuisiniers, ils ont bonne réputation je pense. Jacques dit que les Français ne sont pas tellement vivables, parce qu'ils sont cartésiens. Ça n'est pas moi qui dis ça, c'est lui. Moi, je ne sais pas, j'en connais seulement *deux* Français de France, qui ont acheté des maisons ici, dans l'île, et quand ils viennent chercher au stand un « cornet » de frites, je leur vends un casseau de patates[2] comme à tout le monde. C'est des drôles de gens, ils sont toujours pressés, faut que ça saute, ils sont faciles à insulter : il suffit de les regarder – du monde nerveux ; ça doit être à cause de la guerre, nous autres on n'a pas connu ça, ce devait être terrible, les bombardements, l'occupation, les tortures, la Gestapo. Ils sont difficiles, c'est vrai, mais ils parlent bien, ils ont un accent qui *shine*[3] comme des salières de nickel. Ça se mettrait sur la table à Noël, un accent comme ça, entre deux chandeliers. Je pourrais avoir quatre ou cinq Français sur mes quinze locataires.

J'envisageais un projet d'envergure nationale, non mais, c'est vrai ! nous devons, nous, Canadiens français, reconquérir notre pays par l'économie ; c'est René Lévesque[4] qui l'a dit. Alors, pourquoi pas par le commerce des hot dogs ? Business is business. Il n'y a pas de sot métier, il n'y a que de sots clients. Je ne suis pas séparatiste[5], mais si je pouvais leur rentrer dans le corps aux Anglais[6], avec mes saucisses, ça me soulagerait d'autant. […]

J'ai des visions comme ça, des tas de visions, des rêves qui se bousculent dans le grenier. Je sais bien que de deux choses l'une : ou tu vis, ou tu écris. Moi je veux *vécrire*. L'avantage, quand tu vécris, c'est que c'est toi le patron, tu te mets en chômage quand ça te plaît, tu te réembauches, tu élimines les pensées tristes ou tu t'y complais, tu te laisses mourir de faim ou tu te payes de mots, mais c'est voulu. Les mots, de toute manière, valent plus que toutes les monnaies. Et ils sont là, cordés[7] comme du bois, dans le dictionnaire, tu n'as qu'à ouvrir au hasard :

DOMINER : avoir une puissance absolue – fig. l'ambition domine dans son cœur. Se trouver plus haut. Le château domine sur la plaine. Dominer sa colère. S'élever au-dessus de. La citadelle domine la ville ; se dominer, se rendre maître de soi…

Tu voyages, tu t'instruis, chaque mot, c'est une histoire qui surgit, comme un enfant masqué, dans ton dos, un soir d'halloween[8] ; j'y passe des heures, de surprise en surprise. Quant à moi, Jacques peut bien garder ma femme, la bichonner, la dorloter, lui faire des enfants blonds, les élever, écrire pour la télévision, faire de l'argent, il ne sait pas ce que c'est qu'un cahier dans lequel on s'étale comme en tombant sur la glace, dans lequel on se roule comme sur du gazon frais planté.

Ce midi dix-huit octobre, toutes les feuilles des arbres alentour sont tombées, et celles du salon aussi. Happy Birthday ! faut naître un jour ou l'autre.

Le soleil d'automne se lève plus tard maintenant, il se couche plus tôt, mais il monte droit devant la maison, comme une perdrix effarouchée. Il s'assied sur le mur, le soleil, il réchauffe notre carré de sol, il me regarde dans les yeux, il s'inquiétait peut-être de me voir lui préférer l'ombre. On ne s'était pas vus vraiment, depuis le départ de Marise Doucet, je le fuyais, mais plus maintenant, je ne le fuirai plus. Je reviendrai m'asseoir ici, à la table d'acajou, pour écrire d'autres cahiers, je vais en acheter dix chez Henault's, on sera deux à se lire, tu peux continuer ton tour de terre, cela va beaucoup mieux, merci (réchauffe Martyr en passant il doit être transi) je te verrai demain, j'emprunte l'échelle de Dugas, je fais un saut à l'hôtel Canada, et je m'en vais porter mon livre en ville pour que Jacques, Arthur, Marise, Aldéric, maman, Louise et tous les Gagnon de la terre le lisent… À demain vieille boule, salut Galarneau ! Stie[9].

Jacques Godbout, *Salut Galarneau*, 1967,
© Éditions du Seuil, Paris, 1979

Compréhension et langue

1 – Expliquez la formation du terme : *vécrire* (l. 37).
2 – Quel est le rêve de François ?
3 – Au moyen de quels procédés veut-il faire marcher son entreprise ?
4 – Pourquoi ne veut-il plus voir Jacques ?
5 – Quelle est la réputation des Français ?
6 – Expliquez le projet d'envergure nationale que François envisage.
7 – Quel est l'avantage de vécrire ?
8 – Comment est présenté le mot *dominer* (l. 44) ?
9 – Quelles qualités le narrateur attribue-t-il aux mots et au cahier ?
10 – Recherchez et nommez la figure de style employée par l'auteur aux lignes 25 et 56.

Activités diverses, expression écrite

1 – Quels sont vos rêves d'avenir ? Développez votre idée dans un texte structuré.
2 – Recherchez l'origine du mot *cartésien* et expliquez-le.

__1.__ L'amie de François Galarneau, qui vient de l'abandonner pour suivre son frère, Jacques, écrivain confirmé. – __2.__ C'est, bien sûr, l'équivalent de « cornet de frites » en français populaire québécois. – __3.__ Brille (américanisme). – __4.__ Homme politique québécois (1922-1987), promoteur de l'idée d'indépendance du Québec. – __5.__ Partisan de l'indépendance du Québec. – __6.__ Canadiens anglais. – __7.__ Rangés (la corde *est une unité de mesure utilisée pour évaluer les quantités de bois de chauffage). – __8.__ Fête célébrée en Amérique du Nord le 31 octobre : elle donne l'occasion aux enfants de se déguiser. – __9.__ Juron (ou* sacre *comme on dit au Québec) très courant, dérivé d'*hostie.

SUISSE

JACQUES

CHESSEX

Jacques Chessex, né à Payerne (Suisse) en 1934, a publié des poèmes, essais et romans. *La Confession du pasteur Burg*, 1967, montrant la passion confrontée aux contraintes familiales et aux pesanteurs sociales, prépare *l'Ogre*, qui obtient le prix Goncourt 1973 et qui est suivi par *l'Ardent Royaume*, 1975, *les Yeux jaunes*, 1979, *Judas le transparent*, 1982, *Jonas*, 1987. Les romans de Chessex ont souvent fait scandale auprès de ses compatriotes, notamment *Carabas*, 1971, malgré (ou à cause de) son lyrisme truculent. L'écrivain reste pourtant profondément attaché à sa patrie, dont il sait dire la saveur de terroir comme les secrètes angoisses métaphysiques (*Portrait des Vaudois*, 1969).

« Il y a l'humour »

Dans Portrait des Vaudois, *que son auteur aime définir comme un « essai mimétique », un texte qui se rend semblable à son objet, Jacques Chessex chante son pays natal, le canton de Vaud (situé sur la rive sud du lac Léman), pays religieux et violent de paysans et de mystiques. Ici, il esquisse l'analyse de la forme d'humour particulière à ses compatriotes.*

Il y a l'humour, l'esprit de finesse et de mesure, qui ramène les gens à une taille corrigée – leur plus vraie taille ? –, les choses à des grandeurs possibles, les événements à une dimension acceptable.

C'est que l'humour défend, protège, prend ses distances. Les Vaudois ne veulent pas être bousculés, brusqués. L'humour vaudois est une distance de plus : ni tragique, ni sauvage, il a les nuances de la mesure. C'est aussi un plaisir pour le rieur. Le Vaudois est gourmand d'humour comme d'un vin, d'une nourriture.

Il ne veut pas être dépassé : il n'aime pas trop la grandeur – sauf la grandeur des paysages et de la terre, de la patrie vaudoise, qui n'éveillent jamais son humour. Mais les autres grandeurs, il les moque, pour ne pas être pris de vitesse ou de haut.

Il y a tous les Vaudois possibles.

Est-ce d'avoir eu la même histoire, les mêmes maîtres et par eux la même religion [1] imposée depuis quatre siècles ? les Vaudois de l'alpe [2] et de la vigne et de la charrue et du tabac, qui parlaient des patois différents et qui vivaient différemment, ont en commun la moquerie des parleurs, la méfiance de l'aventure et de l'« étrange », la haine des événements imprévisibles, le mépris de tous les échecs. Un vieil individualisme terrien de propriétaire met en garde contre les meneurs. Le Vaudois est l'homme du verra voir, du ça dépend. Il a besoin de réfléchir avant de se décider, il retourne sept fois sa langue, c'est un lent, apparemment, mais qui sait où il va et y va. Homme du milieu. Un qui s'excite est un perdu, un roillé [3], pour un peu il a la charmante [4].

– L'instituteur réclame une nouvelle classe !

– Dis-donc, il voit les belettes [5] !

Il y a des souvenirs de delirium tremens [6] dans l'expression. Un forcené qui se roule par terre, écume, hurle que les rats le persécutent. Gentil cadeau pour le pédagogue. N'importe comment, on désamorce toutes les charges.

À Payerne, le niobet, le tadié, le nianiou [7], la bedoume [8] ont rencontré l'ours. Une gamine rentre rouge du pré. Un bon ami ? Une frayeur ? Ne cherchez pas. Elle a vu l'ours !

Et si l'ours était un vannier qui lui a tiré la culotte ? Allez, tout ça c'est des histoires !

Une mornifle [9] coupe court aux remords, on envoie la pourrionne [10] à la cuisine.

Jacques Chessex, *Portrait des Vaudois*, 1969, Basel, 1990,

1. Le protestantisme.
2. Pâturage de montagne.
3. Fou.
4. Il tremble comme un alcoolique.
5. Il a des visions.
6. Délire aigu, accompagné de tremblements, propre aux alcooliques.
7. Ces trois mots populaires vaudois ont à peu près le même sens : niais, sot.
8. Femme écervelée ou sotte.
9. Gifle (familier).
10. Gamine.

BELGIQUE

JEAN-PIERRE VERHEGGEN

Jean-Pierre Verheggen, né à Gembloux (Belgique) en 1942, enracine ses jeux de langage, ses calembours, sa verve comique dans le terroir et le langage populaire de la Wallonie. Le simple énoncé des titres de ses recueils suggère son inventivité verbale et son inspiration libertaire : ***la Grande Mitraque,*** **1968 ;** ***le Grand Cacaphone,*** **1974 ;** ***le Degré zorro de l'écriture,*** **1978 ;** ***Divan le terrible,*** **1979 ;** ***Vie et mort pornographique de Madame Mao,*** **1981…**

« Le bas Wallon populaire »

Tirés du Degré zorro de l'écriture, *ces deux textes définissent la pratique d'écriture de Verheggen. Théorisation d'abord, avec une réflexion sur la langue de l'écrivain. Illustration ensuite, avec le début (abrupt, sans majuscule initiale !) d'un monologue parlé, qui juxtapose des tournures populaires.*

Ce qui me plaît par-dessus tout n'a pas de nom, est comme anonyme. C'est une langue, ma langue de fond : le Wallon. Le bas Wallon populaire, le parler wallon fortement teinté de cet accent de basse classe.

Du reste, la façon dont il se transcrit en écriture n'est pas étrangère à l'utilisation que j'en fais dans la mienne : l'apocope [1],
l'élision orale,
le phonétisme interpellant,
de manière constante, le calembour,
l'orthographe volontairement incertaine que j'en ai,
les expressions apparemment débiles que j'affectionne « – ô beauté farouche !
Quand je te vois, je louche !
ô beauté fatale !
Quand je te vois, je détale ! – »

De plus, si toute la misère ancestrale des masses s'y peut lire, toute leur capacité violemment révolutionnaire couve, gronde, sous la cendre de cette langue, en « voix » – croit-on – d'extinction. J'aime beaucoup ça : cette espèce d'arabe monstrueux, cet écart d'écriture qui me rend passionné de la faute de frappe et de l'accouplement bestial, animal – hors nature – de mots très peu congénères.

Ainsi, mon écriture remonte-t-elle au déluge. À ce vaste orage intérieur, fou et illettré.

(Petit texte n° 32)

[…] qui cause d'jà comme un livre, parle, comme un avocat d'jà, qu'est sur l'bonne voie, qui met bien ses attentions, r'garde à deux fois, qui gna rien à r'dire de lui, qu' c'est plaisir, qui r'vient bien, fait comme on l'entend, ouvre l'oreille, qui tape tout d'suite dans l'œil, est à mode de gens, qui sait arranger les bidons, s'mettre à gens, qui prend tout d'suite le pli où que s'n effort le porte, qui s'endurcit, s'fait d'jà l'main, qu'c'n'est pas n'importe qui, qu'est à rendre service, s'fait à, qu'est bien dressé, prend bien manche, sait s'mettre, qui n'tracasse pas sa tête pour rien, songe plus loin, qui voit clair, est à l'bonne, voit quoi, qu'c'est une crème d'homme, qui en sait court et long […].

Jean-Pierre Verheggen, ***le Degré zorro de l'écriture,*** **1978**

1. Chute d'un son phonétique, d'une ou plusieurs syllabes à la fin d'un mot.

L'écriture du réel

Le rapport du littéraire et du réel pose un problème vieux comme la littérature. La doctrine de l'imitation (selon laquelle la littérature propose une image reflétant le réel) commande l'esthétique classique. La modernité met au contraire l'accent sur l'autonomie du littéraire et va jusqu'à postuler que l'écriture ne met en scène qu'elle-même.

Les littératures francophones ne peuvent se concevoir sans une relation particulière au réel. Elles se définissent, en effet, par l'articulation d'une circulation littéraire et d'un pays ou d'une communauté humaine. Par exemple, la littérature québécoise est formée de l'ensemble des textes qui ont à voir avec le Québec. Le Québec est donc concerné, montré, chanté, peut-être inventé par cette littérature. Le même raisonnement vaudrait pour toutes les littératures francophones : ce sont des ensembles littéraires qui disent leurs territoires d'origine.

De là découlent des attitudes de lecture fort diverses. Si le lecteur appartient à la communauté dont procède le texte, il y « reconnaît », en principe, son identité ; et sa lecture joue sur des connivences plus ou moins explicites. Mais si le lecteur est extérieur, sa lecture sera une double découverte : exploration du texte et, au-delà, rencontre de la culture qui l'a sécrété. La lecture des littératures francophones est donc un voyage de découverte culturelle. Ce qui peut d'ailleurs être problématique, car il faut pouvoir accéder à cette dimension culturelle des textes : or, il arrive souvent que les spécificités culturelles passent par l'implicite ou le non-dit.

Mais il est aussi fréquent que les textes francophones jouent clairement le jeu du réalisme presque documentaire : parce qu'on a besoin et qu'on est fier de donner au monde une image authentique de soi.

Les réalismes romanesques

Le roman est par excellence le genre du réalisme. Il est tout naturellement le genre dominant des littératures francophones. Le roman historique s'impose comme genre nécessaire d'une communauté qui veut affirmer sa personnalité nationale en la légitimant par l'Histoire. Ainsi le *Doguicimi* de Paul Hazoumé, un des premiers romans écrits par un Africain, présente-t-il une image exaltante de l'Afrique d'autrefois. On rencontrera dans chaque littérature francophone des exemples de romans historiques de glorification nationale.

Le roman de mœurs peut ne se différencier qu'à peine du roman historique, quand il s'agit de conserver par l'écriture le souvenir d'un état social que l'on sent condamné à disparaître dans les tourbillons de l'Histoire. Philippe Aubert de Gaspé voulait, dans son roman, célébrer la mémoire des *Anciens Canadiens*. Aux Antilles, avec *Pluie et vent sur Télumée Miracle*, Simone Schwarz-Bart a donné le modèle du roman qui est comme l'inventaire ou le conservatoire d'un mode de vie traditionnel déjà presque disparu. Or il est essentiel de pouvoir témoigner de ces genres de vie qui façonnent l'identité nationale.

On a reproché aux romans de Mouloud Feraoun ou d'Ahmed Sefrioui, au moment de leur parution, de se contenter de descriptions « folkloriques » ou « ethnographiques » et de ne pas rendre compte de l'élan militant du Maghreb en lutte contre la colonisation. Reproche analogue envers *l'Enfant noir* de Camara Laye. Avec le recul du temps, ces romans de mœurs apparaissent comme d'indispensables monuments de la mémoire d'une culture.

La force particulière de beaucoup de romans enracinés dans une collectivité tient à leur caractère plus ou moins autobiographique. Georges Simenon racontant son enfance liégeoise brosse un extraordinaire tableau de la Belgique d'avant 1914. Albert Memmi prête au héros de *la Statue de sel* son expérience de jeune juif tunisien. Le roman d'apprentissage, racontant la formation d'un individu à travers les aventures et les épreuves qu'il affronte, est devenu le genre majeur de la littérature africaine, de Camara Laye à Bernard Dadié ou Cheikh Hamidou Kane (Joseph Zobel en procure l'équivalent aux Antilles). Ces romans racontent l'affrontement de deux mondes : le village et la ville, la tradition et la modernité ; les héros sont arrachés à leur paradis d'enfance pour naître douloureusement aux valeurs modernes du monde nouveau.

Romans critiques

Tous les romanciers prennent position sur le monde qu'ils évoquent. Le simple fait de décrire la situation coloniale pouvait constituer un acte militant (d'où le scandale suscité par *Batouala* de René Maran). Mais beaucoup de romans choisissent de donner un point de vue engagé et critique. L'ironie, sous la plume des Camerounais Mongo Beti ou Ferdinand Oyono, devient l'arme majeure pour dénoncer la réalité coloniale. Les Haïtiens Jacques Roumain et Jacques-Stephen Alexis inventent un « réalisme merveilleux », qui entraîne la peinture des douloureuses réalités haïtiennes dans un grand souffle lyrique, puisant sa force dans l'imaginaire luxuriant et la splendeur verbale de la culture créole populaire. Un Loys Masson pour l'île Maurice, un Rabah Belamri pour l'Algérie donnent à leur écriture romanesque un ton poétique très séduisant.

Les écrivains ont été particulièrement attentifs aux évolutions récentes de leurs sociétés. Les romans maghrébins de Tahar Djaout ou de Richard Mimouni montrent, sans complaisance aucune, ce qu'ont été les lendemains d'indépendance. Tout un courant du roman africain (Henri Lopès, Tierno Monénembo, Emmanuel Dongala) fustige le despotisme tropical et les « ogres » du pouvoir.

Invitation au voyage

Il faut apprendre à lire les textes francophones comme des initiations culturelles aux différents pays de la francophonie. Chacun d'entre eux trahit son identité par tel détail, telle allusion (ou au contraire par son silence sur tel point qu'un autre aurait fortement souligné).

Rien de plus subtilement suisse que le « conte » de Maurice Chappaz qui termine ce chapitre consacré à « l'écriture du réel ». Mais tous les textes du chapitre peuvent être lus pour y découvrir la trace des identités « francophones ».

Jacques Cartier descendant le Saint-Laurent.

BÉNIN

PAUL HAZOUMÉ

Paul Hazoumé (Porto-Novo, Bénin, 1890 - Cotonou, Bénin, 1980), instituteur, anthropologue et homme politique, a publié des études ethnographiques (*le Pacte de sang au Dahomey*, 1937) et un roman historique, *Doguicimi*, 1938. On lui a reproché de se faire le chantre de la colonisation, mais il a été l'un des premiers intellectuels africains à s'être préoccupé de la conservation du patrimoine de la tradition orale.

« Le service de la bouche du roi »

Paul Hazoumé, dans Doguicimi, *ressuscite le passé de l'actuel Bénin. Il évoque le règne du roi Guézo (1818-1858), en reconstituant de manière très précise la vie quotidienne à la cour d'Abomey, capitale de l'ancien royaume de Danhomê (ou Dahomey).*

Les reines servantes [1] remplirent le salon. Chargées d'entretenir le ventre du roi et appelées, à cause de leur fonction de toute confiance, « adoratrices de calebasses », ces reines en apportèrent de très grandes et toutes d'une propreté irréprochable. Elles les rangèrent sur la natte étendue au bas du coucher royal et s'agenouillèrent.

Une reine s'avança à genoux vers le roi, sa calebasse dans les mains. Elle déposa sa charge, la découvrit : un foulard blanc plié et trois calebasses moyennes dont deux remplies d'eau y étaient enfermées. La femme plaça la calebasse vide sous les mains du roi qui étendit les bras ; elle prit l'une des calebasses d'eau, avala trois gorgées de ce liquide, puis lava soigneusement les mains du roi et les rinça avec l'eau de la seconde calebasse, après en avoir pris quelques gorgées comme précédemment ; elle essuya ensuite les mains avec le foulard blanc et se retira.

Ses compagnes énuméraient déjà, dans l'ordre de leur rang, les mets et les breuvages apportés pour le service de la bouche du roi. Une reine demeurée en arrière continua à citer les mets restés entre les mains des cuisinières.

Sur un mot presque imperceptible du roi, une servante dont le regard semblait suspendu aux lèvres royales ordonna à la quatrième adoratrice de calebasses d'approcher. Celle dont Sa Majesté avait daigné distinguer le plat s'exécuta joyeuse. Elle découvrit sa calebasse, en sortit une assiette creuse contenant du maïs bouilli ; elle en approcha une minuscule calebasse remplie de grosses amandes de palme.

La reine porteuse de la calebasse de breuvages était à sa droite, deux autres compagnes se trouvaient à sa gauche ; l'une d'elles tenait un foulard blanc.

Le roi regardait les mets sans oser y toucher. L'adoratrice demanda de l'eau, se lava soigneusement les mains et prit deux bouchées de maïs pour démontrer que les mets pouvaient être mangés sans danger. Le roi ne bougeait toujours pas. L'adoratrice ramena dessus ce qui était en dessous et prit derechef deux autres bouchées. Le roi ne se décidait toujours pas à toucher au plat.

« Le Père des Richesses ne veut sans doute pas de ce que l'adoratrice lui présente ! », opina une reine.

Les autres servantes se remirent aussitôt à énumérer les mets qu'elles avaient apportés et à en vanter la saveur. L'immobilité du roi faisait trembler de peur la reine ; elle interrogeait à droite et à gauche, d'un regard inquiet, sur la faute qu'elle avait pu commettre. Mais ses compagnes aussi étaient intriguées par l'attitude du roi. Le visage de la servante s'éclaira soudain, elle crut avoir trouvé. Elle se dit : « Il a lancé des cauris et des pagnes à Ajahimê[2]. Il se plaignait de fatigue et de courbature ; il voudra, sans doute, être alimenté ! »

Elle préleva une bouchée de maïs et la porta vers la bouche du roi. Une reine criait déjà : « Le jour s'éteint ! Le jour s'éteint ! » Toutes les autres, sauf la servante, baissèrent la tête et fermèrent les yeux. Le roi, demi-dieu, était censé n'être jamais soumis aux exigences communes aux autres mortels ; il le serait qu'aucun œil ne devait le voir accomplir les actes comme ceux de manger ou de boire. Quelques rares personnes dans ce Danhomê pouvaient témoigner avoir vu le roi porter un aliment à sa bouche.

L'adoratrice de cabelasses de gauche plaça ses mains ouvertes et jointes à la portée du roi afin qu'il y crachât un corps dur qui pourrait se trouver dans l'aliment ou le résidu de la manducation.

Un énergique « Non » lancé par le roi fit relever les regards qui se braquèrent interrogateurs sur lui et plus inquiets que jamais. Il ne fit pas attendre sa réponse : « Boulettes de haricots frites, vous n'êtes pas au fond ce que vous paraissez extérieurement…

– Nous ? protestaient les reines en se frappant la poitrine de leurs mains. Oh ! pourquoi ne peut-on pas reconnaître, par le simple examen du fond de son ventre, l'innocence d'une personne, comme un simple coup d'œil permet de se rendre compte de la propreté d'une calebasse ? Autrement, nous nous ferions ouvrir le ventre et notre seigneur et maître verrait que nous n'y entretenons aucun sentiment criminel. »

Paul Hazoumé, *Doguicimi,* 1938,
© Éditions Maisonneuve et Larose, Paris

Palabres chez le roi Toffa de Porto-Novo.

COMPRÉHENSION ET LANGUE

1 – Quel épisode de la vie à la cour est évoqué dans le texte ?
2 – Quels sont les personnages en présence ?
3 – Pourquoi la reine chargée de laver les mains du roi avale-t-elle trois gorgées de l'eau destinée à cet usage ?
4 – Recherchez dans le texte les passages témoignant de la méfiance du roi. De quoi a-t-il peur ?
5 – Quels passages du texte vous font croire à l'innocence des reines servantes ?
6 – Recherchez dans le texte toutes les expressions dénotant la soumission et le respect.
7 – Quelle est la personne qu'emploient les reines pour s'adresser au roi ? Que signifie cet usage ?
8 – Comment est expliquée dans le texte l'expression « Le jour s'éteint ! » (l. 45) ? Que signifie-t-elle ?

ACTIVITÉS DIVERSES, EXPRESSION ÉCRITE

Résumez brièvement en une ou deux phrases chaque étape de cet épisode.

1. Les épouses officielles du roi étaient classées selon plusieurs catégories.
2. À l'occasion d'une distribution de cadeaux, lancés dans la foule. Les cauris *sont des petits coquillages servant de monnaie.*

Yambo Ouologuem, né à Bandiagara (Mali) en 1940, prend le contre-pied de la littérature édifiante, suscitée par la négritude, présentant l'Afrique précoloniale comme un paradis de paix et de prospérité. Son roman *le Devoir de violence,* prix Renaudot 1968, a choqué par sa verve iconoclaste et son goût de la provocation. Pastichant ou plagiant la littérature épique, les litanies de l'oralité ou les romanciers réalistes français, il dénonce le système de domination qui a toujours pesé sur l'Afrique (chefferies politiques, religions, colonisation).

« La négraille accepta tout »

Le Devoir de violence *se construit comme la chronique d'un Empire africain imaginaire, le Nakem, qui a été très glorieux au Moyen Âge, avec un souverain prestigieux, Saïf Isaac El Héït, le Juste. Mais voici le* XIXe *siècle : le Nakem va devoir affronter l'intrusion de la colonisation. Or il est déjà en proie à une terrible exploitation.*

Or voici :

Au moment même où le Blanc, arrivant comme mars en carême, se lançait à la conquête de l'Afrique, chefs Randigués, Gondaïtes, Peulhs et N'Godos, se promettaient, ainsi que maintes tribus mineures, respect mutuel d'un statut d'indépendance, cessation des razzias et de la guerre. Mais une fois ces conditions remplies – usage rend maître –, les mêmes chefs, désireux de raffermir dans le calme leur potentat [1], affichèrent un masque progressiste, promettant à leurs serfs, domestiques et anciens captifs que, dans l'attente de quelque éventuelle agression ourdie par la tribu voisine, ils seraient – *oye !* – « considérés comme sujets en liberté et égalité provisoire au sein du peuple ». Puis, une fois la paix revenue entre tribus diverses, la guerre n'ayant nullement éclaté, hi, hi, les mêmes notables promirent à ces mêmes sujets qu'après... hem... un... hem... un petit « apprentissage » aux travaux forcés, ils obtiendraient en récompense les Droits de l'homme... Mention ne fut pas faite de ceux du citoyen. Allelujah !

Les travaux forcés furent donc réglementés le long des artères vitales de l'économie de chaque province de l'empire Nakem, démantelé par la multitude de roitelets, singes les uns des autres de province en province. L'aristocratie religieuse (coopérant avec les notables) annonça au peuple illuminé qu'avec la fin des travaux forcés et l'inauguration du « labeur librement consenti », tous obtiendraient – bing ! – *iru turu inè turu,* « une véritable liberté et une citoyenneté entière »...

Chaque aristocrate, chaque notable donc alloua – quoi de plus démocratique ! – un lopin de terre à ses serfs, lesquels devaient cultiver toute la propriété *« pour le salut de leur âme ».*

Donc, dix-huit ans avant l'arrivée des Blancs, trente ans après la naissance, dans la branche maternelle des Saïfs, de Saïf ben Isaac El Héït (traduisez : le fils de Saïf Isaac El Héït), les notables rappelèrent le peuple au « sens combien élevé du calme et de la tradition, dont Dieu lui-même était l'exemple lumineux ».

... Dans l'attente de ce grand jour de la proche éclosion du monde où le serf est l'égal du roi, la négraille – court lien à méchant chien ! – accepta tout. Pardonnez-nous, Seigneur. *Amba, koubo oumo agoum.*

Saïf ben Isaac El Héït donc – qui ressemblait, dit-on, trait pour trait à son aïeul Saïf Isaac El Héït, dont il s'était fait le fils spirituel –, aidé par les cheiks, les émirs, les ulémas [2] : droite de l'empire Nakem et apôtre de cette théorie de l'*ascension spirituelle,* reconstitua une union générale des aristocrates et des notables de tout l'empire, lesquels, déchaussant leurs babouches jaune citron à la porte des mosquées, pratiquèrent l'islam en grande humilité et convertirent le peuple fétichiste, atterré par la noirceur de son âme. La domination exploitatrice[3] ne s'en fit que mieux. Éloigné soit le Malin !

Et comme depuis longtemps déjà, telle l'eau sur le sable avide, la traite des esclaves était devenue mauvaise affaire pour avoir saigné des régions entières, puisque la main-d'œuvre robuste se faisait rare à court terme, puisqu'il restait préférable, somme toute, de frapper le peuple d'impositions, de taxes, d'en extirper toutes sortes d'impôts indirects, de le pressurer sur les terres, dans les affaires nobiliaires, en échange d'une rétribution dont l'Au-delà se chargerait de compenser la modicité, et enfin, de maintenir – soupape de sécurité – la gymnastique religieuse des cinq prières quotidiennes de l'islam, laquelle occupait les simples d'esprit dans les errances de leur recherche du Royaume éternel d'Allah, la religion, brutalement vomie au Nakem dans sa réalité, se révéla le murmure habilement confus du culte de la dignité humaine : pédagogie liée à la mystification ; mode, action et non point mystique, politique enfin. Marabouts et notables s'y enrichirent, contractèrent de fastueuses alliances polygamiques avec les familles d'alors, coalisant leurs intérêts et se ruant en pèlerinage à La Mecque, « Terre sainte ». L'intelligence est un don du Rétributeur[4] : *ouassalam !*

Yambo Ouologuem, ***le Devoir de violence,***
© Éditions du Seuil, Paris, 1968

Esclaves en Afrique Australe.

COMPRÉHENSION ET LANGUE

1 – Quel est le plan du texte ?
2 – Que se sont promis les différents chefs ?
3 – Expliquez la phrase : « considérés comme sujets en liberté et égalité provisoire au sein du peuple » (l. 10-11).
4 – Commentez le rôle de la ponctuation.
5 – Qui est visé dans cet extrait ?
6 – Qui exploite qui ?
7 – Quel rôle joua Saïf ben Isaac El Héït ?
8 – Faites l'analyse logique de la première phrase du dernier paragraphe du texte, puis expliquez-la (l. 44 à l. 59).
9 – Pourquoi Dieu est-il nommé le Rétributeur (l. 60) ?

ACTIVITÉS DIVERSES, EXPRESSION ÉCRITE

1 – Étudiez le ton général du texte.
2 – Le titre vous semble-t-il péjoratif ? Pourquoi ?
3 – Que dénonce l'auteur dans cet extrait ?

1. Un potentat *est normalement un homme possédant un pouvoir excessif, absolu. Mais ici le mot est employé au sens de « pouvoir absolu ».*
2. Théologiens musulmans.
3. Néologisme. Le terme usuel est « exploiteur ».
4. Un des termes imagés pour désigner Dieu.

Mouloud Feraoun (Tizi Hibel, Grande Kabylie, Algérie, 1913 - El Biar, Alger, 1962), fils de paysans, devenu instituteur, a retracé son itinéraire dans *le Fils du pauvre,* 1950. *La Terre et le Sang,* 1953, et *Les chemins qui montent,* 1957, évoquent la vie dans un village de la montagne kabyle et le difficile retour des émigrés. Feraoun choisit une écriture de témoignage, volontairement descriptive. Son *Journal,* 1962, montre sa lucidité et ses angoisses d'humaniste pendant la guerre d'Algérie. Il a été assassiné par des terroristes de l'O.A.S.

« Le grand plat plein de beignets »

Kamouma est veuve. Son fils est parti travailler en France. Elle est restée seule, dans son village de Kabylie. Pauvre, « elle a pris l'habitude de ne pas manger à sa faim ».

Au début, chaque fête publique était un deuil pour Kamouma. Par la suite, elle s'accoutuma à la pitié des gens ; son orgueil et son désespoir s'usèrent peu à peu. Elle finit par recevoir les dons avec plaisir ; elle s'ingénia même à faire quelques réserves pendant ces jours de liesse. Alors tout rentra dans l'ordre. Sa susceptibilité s'émoussa à la longue, car le pauvre finit toujours par comprendre que la pauvreté n'est pas un vice. Ce n'est pas un vice mais un état qu'il faut remplir, tout comme un autre. Il a ses règles qu'il faut accepter et ses lois auxquelles il faut obéir pour ne pas être un mauvais pauvre. Et cela jamais Kamouma ne le voudra. Un pauvre est avant tout celui qui sait attendre. Dieu donne toujours à qui sait attendre, c'est pour cela que les voisins préfèrent ne pas se substituer à lui et se contentent le plus souvent de s'isoler pour bien manger derrière leurs portes closes. Combien de fois Kamouma sentit son ventre vide s'exaspérer quand lui parvenait l'odeur du bouillon épicé ou en entendant le choc de la pâte qu'on pétrissait pour préparer des beignets !

Un matin d'hiver glacial, elle ne put tenir ; elle entra chez ses voisins et demanda quelques braises pour allumer son foyer. C'était un prétexte. Ses yeux larmoyants et sans cils virent la maîtresse de maison jeter un foulard sur le grand plat plein de beignets. Puis la femme se leva précipitamment pour venir au-devant de Kamouma. Le ton gêné dont elle rendit le bonjour ainsi que l'odeur d'huile chaude qui prenait à la gorge dévoilaient clairement ce que le foulard cachait. La vieille, honteuse, battit en retraite. Elle revint grelotter chez elle et laissa choir près du *kamoun*[1] vide son morceau de plat qui lui servait de pelle à braise. Deux minutes après, la fille de la maison entra, lui portant une pleine louche de charbons écarlates et une bûche à demi consumée qu'elle disposa en toute hâte dans le creux du foyer, puis elle s'éclipsa sans un mot. C'était pour revenir plus vite : cette fois, elle portait deux beignets dorés dégouttants d'huile et une tasse de café toute fumante.

Mouloud Feraoun, ***la Terre et le Sang,*** **1953**

1. Fourneau à charbon de bois.

Ahmed Sefrioui, né à Fès (Maroc) en 1915, dans une famille berbère arabisée, fréquente l'école coranique, puis le collège Moulay-Idriss. Il fait plusieurs métiers (interprète, garçon de bureau...) avant d'être haut fonctionnaire au service des Monuments historiques de Rabat. Ahmed Sefrioui décrit les milieux traditionnels du Maroc, en s'attachant à leurs dimensions vécues et en laissant volontairement de côté les problèmes politiques (*la Boîte à merveilles,* 1954 ; *la Maison de servitude,* 1973).

« *J'étais un enfant seul* »

Tout le roman baigne dans une atmosphère de merveilleux car l'auteur veut donner à voir les aspects intérieurs de l'islam. Ici, l'enfant découvre le fabuleux.

À six ans j'étais seul, peut-être malheureux, mais je n'avais aucun point de repère qui me permît d'appeler mon existence : solitude ou malheur.

Je n'étais ni heureux, ni malheureux. J'étais un enfant seul. Cela je le savais. Point farouche de nature, j'ébauchai de timides amitiés avec les bambins de l'école coranique, mais leur durée fut brève. Nous habitions des univers différents. J'avais un penchant pour le rêve. Le monde me paraissait un domaine fabuleux, une féerie grandiose où les sorcières entretenaient un commerce familier avec des puissances invisibles. Je désirais que l'Invisible m'admît à participer à ses mystères. Mes petits camarades de l'école se contentaient du visible, surtout quand ce visible se concrétisait en sucreries d'un bleu céleste ou d'un rose de soleil couchant. Ils aimaient grignoter, sucer, mordre à pleines dents. Ils aimaient aussi jouer à la bataille, se prendre à la gorge avec des airs d'assassins, crier pour imiter la voix de leur père, s'insulter pour imiter les voisins, commander pour imiter le maître d'école.

Moi, je ne voulais rien imiter, je voulais connaître.

Abdallah, l'épicier, me raconta les exploits d'un roi magnifique qui vivait dans un pays de lumière, de fleurs et de parfums, par-delà les Mers des Ténèbres, par-delà la Grande Muraille. Et je désirais faire un pacte avec les puissances invisibles qui obéissaient aux sorcières afin qu'elles m'emmènent par-delà les Mers des Ténèbres et par-delà la Grande Muraille, vivre dans ce pays de lumière, de parfums et de fleurs.

Mon père me parlait du Paradis. Mais pour y renaître, il fallait d'abord mourir. Mon père ajoutait que se tuer était un grand péché qui interdisait l'accès à ce royaume. Alors, je n'avais qu'une solution : attendre ! Attendre de devenir un homme, attendre de mourir pour renaître au bord du fleuve *Salsabil*. Attendre ! C'est cela exister. À cette idée, je n'éprouvais certainement aucune frayeur. Je me réveillais le matin, je faisais ce qu'on me disait de faire. Le soir, le soleil disparaissait et je revenais m'endormir pour recommencer le lendemain. Je savais qu'une journée s'ajoutait à une autre, je savais que les jours faisaient des mois, que les mois devenaient des saisons, et les saisons l'année. J'ai six ans, l'année prochaine j'en aurai sept et puis huit, neuf et dix. À dix ans on est presque un homme.

Ahmed Sefrioui, *la Boîte à merveilles,* 1954

Albert Memmi, né à Tunis en 1920, s'est trouvé à la rencontre des cultures juive, arabe et française. Philosophe de formation, il a mis dans ses récits son déchirement intime et sa quête d'une identité problématique (*la Statue de sel*, 1953 ; *Agar*, 1955 ; *le Scorpion*, 1969 ; *le Désert*, 1977). Dans ses essais, il a démonté les mécanismes du racisme et les rapports de domination (*Portrait du colonisé*, 1957 ; *Portrait d'un juif*, 1961-1966 ; *l'Homme dominé*, 1968 ; *la Dépendance*, 1979).

« C'est ma mère »

Le héros de la Statue de sel, *jeune juif tunisien, fait la découverte amère et révoltée de son altérité. Il s'est détaché de sa culture orientale (le « patois » tunisien de son enfance ; les rites archaïques du judaïsme familial), mais l'Occident, dont l'école et le lycée lui ont inculqué les valeurs, ne l'accepte guère. Il ne lui reste, à la fin du livre, qu'à s'embarquer pour l'Argentine, sans plus regarder en arrière, pour ne pas être transformé en « statue de sel » (ce qui est arrivé, dans la Bible, à la femme de Loth).*
Dans le chapitre « la Danse », le narrateur rentre chez lui, où les femmes de la famille ont organisé une danse de désenvoûtement pour sauver la tante Maïssa, que l'on croit possédée par les démons.

Plus j'approchais du cœur sonore du mystère, plus l'encombrement augmentait ; les spectatrices se piétinaient, se fondaient en une masse de chair compacte. Je dus être brutal pour arriver au nuage bleu-gris, si épais que je distinguais à peine la braise rouge d'un canoun [1], comme un feu de berger dans le brouillard. Mes yeux me piquèrent, se remplirent de larmes protectrices. Le bruit était si violent, si plein qu'il me sembla ne plus rien entendre. Un moment, je fus dans le vide, sons et formes disparus. Puis mes yeux, s'habituant, me découvrirent péniblement le mouvement de l'atmosphère ; au-dessus du point rouge s'élevaient les lourdes fumées des encens et par-delà, la faune étrange du lieu. Une femme, vêtue d'oripeaux de couleur, dansait sauvagement, lançant ses bras, jetant sa tête en arrière avec une violence saccadée qui me fit mal à la nuque. Elle nous tournait le dos et je voyais ses longs cheveux dénoués qui volaient en furie comme des serpents noirs. Tout au fond, assis à terre, terribles, jouaient les musiciens nègres. Les voilà les démons ! pensai-je, en essayant péniblement de plaisanter avec moi-même. L'homme au biniou, les yeux exorbités, blanc de lait sur noir de houille, les joues gonflées à éclater, soufflait dans sa peau de chèvre ; le tambourin, ivre, au comble de l'excitation, lançait en l'air son instrument, le rattrapait, hurlait sans cesser un instant de battre de toutes ses forces sur la peau tendue ; le cymbaliste assommé, hypnotisé, remuait sa tête au mouvement épileptique des quadruples plaques de métal. [...]

Les cymbales et le biniou se turent et laissèrent le champ au seul tam-tam, qui, grave, lent, espacé, lançait des coups sourds, qui semblaient sortir du sol. La danseuse obéit, se calma, s'adapta au rythme nouveau, laissa retomber ses bras, abandonna ses jambes, fut prise d'un soubresaut périodique accordé au tam-tam, qui voulait la projeter d'une pièce, du sol au ciel. Le silence des instruments, soumis à la dure commande du tam-tam, écrasait les femmes qui s'arrêtèrent de bavarder, une seule masse oppressée. Je les distinguais maintenant. Il y en avait partout, serrées les unes contre les autres, assises, debout, par terre, sur les meubles, contre les murs, elles tapissaient littéralement la pièce. Leur immobilité anxieuse et multipliée figea mon ironie, inquiéta ma colère. Brusquement, comme explosèrent les cymbales et les autres instruments libérés, révoltés, se déchaînèrent, la mêlée devint générale. Le tam-tam, furieux, accéléra, lutta ; le troupeau féminin fut pris de mouvements nerveux ; la danseuse, de nouveau livrée à l'écartèlement saccadé. Ses bras et ses jambes, sa tête semblaient obéir à des appels différents, contradictoires, partaient affolés, chacun dans une direction, voulaient s'arracher au tronc. Je croyais entendre et sentir le déchirement des chairs dans l'atroce bataille contre le rythme, contre les démons, lorsque la danseuse folle se retourna : c'était ma mère ! ma propre mère, ma mère... Mon mépris, mon dégoût, ma honte se concentrèrent, se précisèrent. Au lieu de me sauver, je restai là, écrasé par la foule des femmes sur mon dos. Était-ce bien le visage de ma mère, ce masque primitif, mouillé de sueur, les cheveux fous, les yeux fermés, les lèvres décolorées ? Je reconnus les oripeaux qu'elle avait sortis de ses caisses de bois blanc : la jebba[2] orange constellée de paillettes rouges et vertes, la fouta[3] de soie artificielle, brillante, multicolore, orange, jaune, vert, rouge, le foulard vert et jaune orné d'une main et d'un poisson. Je me répétais : c'est ma mère, c'est ma mère, comme si le mot pouvait renouer le contact, exprimer toute l'affection qu'il devait contenir. Mais il refusait de s'adapter à cette figure de barbarie, dans ces vêtements bizarres. En cette femme qui dansait devant moi, les seins à moitié nus, livrée inconsciente à ces dérèglements magiques, je ne retrouvais rien, je ne comprenais rien. Dans mes livres, la mère était un être plus doux et plus humain que les autres, symbole du dévouement et de l'intelligence intuitive. Comme ses enfants devaient se sentir reconnaissants et heureux, fiers d'une telle mère ! Ma mère, à moi, la voici : cette loque envoûtée par l'épouvantable musique, par ces musiciens sauvages, envoûtés eux-mêmes par leurs obscures croyances... ma mère, la voici, c'est ma mère...

Mais pourquoi ce trouble qui me saisit, voisin de l'angoisse ? Mon Dieu, mon Dieu, j'avais peur de ma mère, ma mère me devenait opaque.

Albert Memmi, *la Statue de sel,* 1953

Compréhension et langue

1 – Donnez un titre aux différentes parties du texte.
2 – Premier paragraphe : distinguez les passages qui concernent le narrateur et le spectacle qu'il voit.
3 – Relevez les métaphores. Pourquoi l'auteur emploie-t-il de nombreuses images ?
4 – Quel est le rythme du deuxième paragraphe ?
5 – L. 39 : quelle gradation y a-t-il dans ce groupe ternaire ?
6 – Que désigne l'expression « cette figure de barbarie » (l. 54) ?
7 – Comment s'expliquent le trouble et l'angoisse qui saisissent le narrateur à la fin du texte ?

Activités diverses, expression écrite

Une scène provocante. En vous inspirant de ce texte, écrivez à la première personne une courte description où vous montrerez vos sentiments à l'égard d'un spectacle qui vous a choqué.

1. Fourneau.
2. et 3. Vêtements traditionnels.

GUINÉE

CAMARA LAYE

Camara Laye (Kouroussa, Guinée, 1928 - Dakar, 1980) a écrit un premier roman, *l'Enfant noir,* 1954, tableau d'une enfance africaine heureuse, qui a été, à sa publication, bien accueilli par les lecteurs français, mais attaqué par une partie de la critique africaine, qui lui reprocha de ne pas porter témoignage sur la situation coloniale. En fait, Camara Laye a composé son roman alors qu'il était ouvrier à Paris, comme pour revenir par l'écriture au pays natal lointain. La paternité de l'étrange deuxième roman qu'il a signé, *le Regard du roi,* 1954, lui a parfois été contestée. *Dramouss,* 1966, constitue une satire à peine voilée du régime de Sékou Touré. *Le Maître de la parole,* 1978, consigne une version de l'épopée mandingue de Soundjata.

« Il n'y a point de travail qui dépasse celui de l'or »

L'Enfant noir *est l'exemple même de ces romans de formation, racontant le passage du monde traditionnel à la modernité urbaine, qui constituent la plus grande partie de la production romanesque africaine dans les années 1950 et 1960. À Kouroussa, village natal du narrateur, les travaux et les jours sont rythmés par les rites anciens. L'enfant s'intéresse particulièrement à ce qui se passe dans l'atelier de son père qui est forgeron, c'est-à-dire à la fois bijoutier et sculpteur, maître des métaux et surtout de l'or, le plus prestigieux. Le travail de l'or est chaque fois comme une fête.*

L'opération qui se poursuivait sous mes yeux n'était une simple fusion d'or qu'en apparence ; c'était une fusion d'or, assurément c'était cela, mais c'était bien autre chose encore : une opération magique que les génies pouvaient accorder ou refuser ; et c'est pourquoi, autour de mon père, il y avait ce silence absolu et cette attente anxieuse. Et parce qu'il y avait ce silence et cette attente, je comprenais, bien que je ne fusse qu'un enfant, qu'il n'y a point de travail qui dépasse celui de l'or. J'attendais une fête, j'étais venu assister à une fête, et c'en était très réellement une, mais qui avait des prolongements. Ces prolongements, je ne les comprenais pas tous, je n'avais pas l'âge de les comprendre tous ; néanmoins je les soupçonnais en considérant l'attention comme religieuse que tous mettaient à observer la marche du mélange dans la marmite.

Quand enfin l'or entrait en fusion, j'eusse crié, et peut-être eussions-nous tous crié, si l'interdit ne nous eût défendu d'élever la voix ; je tressaillais, et tous sûrement tressaillaient en regardant mon père remuer la pâte encore lourde, où le charbon de bois achevait de se consumer. La seconde fusion suivait rapidement ; l'or à présent avait la fluidité de l'eau. Les génies n'avaient point boudé à l'opération !

– Approchez la brique ! disait mon père, levant ainsi l'interdit qui nous avait jusque-là tenus silencieux.

La brique, qu'un apprenti posait près du foyer, était creuse, généreusement graissée de beurre de karité[1]. Mon père retirait la marmite du foyer, l'inclinait doucement, et je regardais l'or couler dans la brique, je le regardais couler comme un feu liquide. Ce n'était au vrai qu'un très mince trait de feu, mais si vif, mais si brillant ! À mesure qu'il coulait dans la brique, le beurre grésillait, flambait, se transformait en une fumée lourde qui prenait à la gorge et piquait les yeux, nous laissant tous pareillement larmoyant et toussant.

Il m'est arrivé de penser que tout ce travail de fusion, mon père l'eût aussi bien confié à l'un ou l'autre de ses aides : ceux-ci ne manquaient pas d'expérience ; cent fois, ils avaient assisté à ces mêmes préparatifs et ils eussent certainement mené la fusion à bonne fin. Mais je l'ai dit : mon père remuait les lèvres ! Ces paroles que nous n'entendions pas, ces paroles secrètes, ces incantations qu'il adressait à ce que nous ne devions, à ce que nous ne pouvions ni voir ni entendre, c'était là l'essentiel. L'adjuration des génies du feu, du vent, de l'or, et la conjuration des mauvais esprits, cette science, mon père l'avait seul, et c'est pourquoi, seul aussi, il conduisait tout.

Telle est au surplus notre coutume, qui éloigne du travail de l'or toute intervention autre que celle du bijoutier même. Et certes, c'est parce que le bijoutier est seul à posséder le secret des incantations, mais c'est aussi parce que le travail de l'or, en sus d'un ouvrage d'une grande habileté, est une affaire de confiance, de conscience, une tâche qu'on ne confie qu'après mûre réflexion et preuves faites. Enfin je ne crois pas qu'aucun bijoutier admettrait de renoncer à un travail – je devrais dire : un spectacle ! – où il déploie son savoir-faire avec un éclat que ses travaux de forgeron ou de mécanicien et même ses travaux de sculpteur ne revêtent jamais, bien que son savoir-faire ne soit pas inférieur dans ces travaux plus humbles, bien que les statues qu'il tire du bois à coup d'herminette[2], ne soient pas d'humbles travaux !

Maintenant qu'au creux de la brique l'or était refroidi, mon père le martelait et l'étirait. C'était l'instant où son travail de bijoutier commençait réellement ; et j'avais découvert qu'avant de l'entamer il ne manquait jamais de caresser discrètement le petit serpent[3] lové sous sa peau de mouton ; on ne pouvait douter que ce fût sa façon de prendre appui pour ce qui demeurait à faire et qui était le plus difficile.

Mais n'était-il pas extraordinaire, n'était-il pas miraculeux qu'en la circonstance le petit serpent noir fût toujours lové sous la peau de mouton ? Il n'était pas toujours présent, il ne faisait pas chaque jour visite à mon père, mais il était présent chaque fois que s'opérait ce travail de l'or. Pour moi, sa présence ne me surprenait pas ; depuis que mon père, un soir, m'avait parlé du génie de sa race, je ne m'étonnais plus ; il allait de soi que le serpent fût là.

Camara Laye, *l'Enfant noir,* © Plon, Paris, 1954

COMPRÉHENSION ET LANGUE

1 – Quelle est la véritable qualité de la fusion d'or ?

2 – Comment se manifeste l'atmosphère ambiante ?

3 – Quelles sont les différentes opérations de la fusion d'or ?

4 – Pourquoi le père continue-t-il à se réserver ce travail ?

5 – Qu'est-ce qu'une incantation ?

6 – En quoi ce travail est-il comparable à un spectacle ?

7 – Que ressent l'enfant face à son père ?

ACTIVITÉS DIVERSES, EXPRESSION ÉCRITE

1 – Commentez, après l'avoir expliquée, la phrase suivante : « le travail de l'or, en sus d'un ouvrage… et preuves faites » (l. 43 à l. 45).

2 – Cherchez dans un dictionnaire des symboles les significations mythiques de l'or.

1. Beurre végétal.
2. Hachette à tranchant recourbé.
3. Un petit serpent dont l'enfant a constaté qu'il était l'animal familier de la forge.

TCHAD

ANTOINE BANGUI

Antoine Bangui, né à Bodo (Tchad) en 1933, a été plusieurs fois ministre entre 1962 et 1972. Entré en disgrâce, il est jeté en prison. Il raconte sa captivité (qui dure de 1972 à 1975) dans un ouvrage autobiographique, *Prisonnier de Tombalbaye*, 1980. Son écriture directe, sa langue châtiée, qui se souvient des modèles scolaires, se retrouvent dans ses souvenirs d'enfance (*les Ombres de Kôh*, 1983).

« L'argent, ça se mange aussi »

Dans les Ombres de Kôh, *Antoine Bangui évoque une enfance tchadienne, à la fin des années 1930, dans la continuité des modes de vie ancestraux, sous la protection des morts retirés au village de Kôh, invisible mais tout proche...*
La vie est pourtant souvent difficile, la faim une compagne obsédante. Un jour, le tout jeune Bangui a trouvé deux vieilles pièces de monnaie, oubliées dans un antique porte-monnaie.

À la vue des piécettes dont le métal avait terni, ma sœur aînée haussa les épaules : qu'est-ce qu'on peut bien en faire ? Il n'y a même pas de quoi acheter un beignet !

« Oui, mais l'argent, ça se mange aussi ! »

C'était vrai, l'argent se mangeait ! et M'Baïssatam le savait comme moi. On se rappelait avoir souvent entendu les parents discuter entre eux de ces gens qui « mangent l'argent », beaucoup d'argent ! Évidemment, ni le père ni la mère n'avaient l'air d'approuver ces dévoreurs de monnaie ! Et pourtant, ce ne serait certainement pas une trop grosse sottise que d'essayer de goûter à ma trouvaille, surtout si la faim vous tortille d'une manière proprement intolérable ! [...]

« Nous ne sommes pas plus bêtes que d'autres ! affirmai-je avec conviction. Nous parviendrons certainement à les faire cuire sans trop de mal ! »

M'Baïssatam me regardait en fronçant les sourcils, un peu indécise.

« On pourrait essayer, admit-elle enfin. »

Pour le ranimer plus vite, on souffla dare-dare sur le feu. On prit ensuite une petite marmite de terre cuite, on y laissa tomber les deux pièces de monnaie qui cascadèrent sur l'argile avec un joli tintement tout à fait encourageant, on y mit de l'eau, du sel, et sans perdre une minute de plus, on fit chauffer l'ensemble. Armé d'une cuillère en bois, on tourna et retourna cette sauce improvisée.

Et en dépit d'une impatience fort compréhensible, on ne lésina pas sur la durée de l'expérience, car on était convaincu que du métal aussi dur devrait longuement mijoter pour devenir mangeable.

Penchés au-dessus de la marmite, nous surveillâmes avec une tendre sollicitude le bouillonnement de l'eau et des pièces, qui, nous n'en doutions pas, nous réserveraient une délicieuse surprise. En cuisinière avertie, M'Baïssatam n'oublia pas d'ajouter au moment propice, ainsi qu'elle l'avait vu faire à maman, une grosse poignée de farine de gombo[1] afin d'améliorer la saveur et la consistance de notre préparation. Enfin, jugeant qu'avec un aussi long temps de mitonnage[2], même les viandes les plus coriaces se seraient attendries, d'un commun accord, nous retirâmes la marmite du feu.

À cette sauce d'une saveur inégalable, il manquerait cependant l'habituelle pâte de mil. C'était en effet regrettable, mais bah ! nous saurions nous passer de cet accompagnement !

Et nous commençâmes par avaler le liquide brûlant afin de garder le meilleur pour la fin. C'est ainsi que procèdent tous les gourmets de la terre ! Et ces pièces, hé ! hé ! ce devait être un régal princier ! Nous aussi nous allions manger l'argent ! Eh ! oui, comme les grands de ce monde !

Les deux pièces de monnaie gisaient maintenant seules au fond du récipient vide. M'Baïssatam en prit une ; je me servis de l'autre. Nous voilà tous deux mordant bravement dans le métal cuit.

Ah ! qu'il restait ferme ! Pour ne pas dire plus ! Il n'avait aucun goût ! Il n'était même pas bon à sucer !

« Beuhh ! fis-je en recrachant le morceau sur lequel j'avais failli me casser les dents.

– C'est trop dur ! gémit à son tour M'Baïssatam, qui récupéra sa monnaie d'une façon beaucoup plus élégante. »

Il fallait chercher les causes d'un tel échec ! Avec de gros soupirs, nous nous rendîmes à l'évidence : nous avions été trop pressés, et il manquait de la cuisson à notre argent.

[Les deux enfants essaient à nouveau et sans plus de succès de faire cuire les deux pièces.]

Peu après, notre mère revint toute chargée de fagots, de tubercules de manioc doux, d'ignames et de noix de karité [3]. Nous n'attendîmes pas qu'elle déposât son butin pour lui poser la question qui nous brûlait les lèvres :

« Comment fait-on pour manger l'argent ? »

D'abord interloquée, elle nous dévisagea tour à tour. Mais, quand elle comprit à nos mines déconfites la raison d'une telle question, elle dut s'asseoir pour mieux rire ! Toute sa fatigue s'envola avec cet accès d'irrésistible gaîté qui l'ébranlait de la tête aux pieds. Oh ! oh ! gros ballots ! on mange l'argent quand on le dépense mal à propos ! On le mange puisqu'il disparaît sans rien apporter ! Oh ! oh ! »

Moi, je la regardais de travers, et je souriais bêtement pour me donner une contenance. L'explication ne me plaisait guère, et j'en voulais à maman qui ne s'arrêtait plus de rire !

J'en voulais aussi à cet argent qui ne s'était pas métamorphosé en mets délicat !

J'en voulais surtout à ces mots-charlatans, à ces sorciers de mots qui se masquent pour mieux nous tromper ! Mots déguisés, mots-doubles, mots-confusions ! Génies malfaisants du langage des grands ! Ils nous avaient bercés de fausses espérances ! Ils nous avaient menti !

Et comment, nous les libres enfants de la brousse, aurions-nous pu savoir que les mots enchaînent parfois des images trompeuses, et que tout ce qui se mange ne remplit pas forcément l'estomac, quand la faim, de l'aube au crépuscule, gémit dans les corps mal nourris ?

Antoine Bangui, *les Ombres de Kôh*,
Collection Monde Noir Poche, © Hatier, Paris, 1983

COMPRÉHENSION ET LANGUE

1 – Qui sont les personnages de ce récit ?

2 – Résumez brièvement l'action de ce récit.

3 – Pourquoi les enfants ont-ils eu l'idée de faire cuire les deux pièces de monnaie ?

4 – Que signifie l'expression « on ne lésina pas sur la durée de l'expérience » (l. 23-24) ?

5 – Dans les lignes 17 à 45, relevez les expressions qui montrent que les enfants sont certains de la réussite de leur préparation culinaire.

6 – Quels sont, selon le narrateur, les responsables de sa déconvenue ?,

7 – Cet épisode, raconté plaisamment, a également un aspect douloureux ; recherchez-en les traces dans l'ensemble du texte.

ACTIVITÉS DIVERSES, EXPRESSION ÉCRITE

Construisez un petit scénario à partir d'une expression de votre choix, qui, prise au pied de la lettre, n'a rien à voir avec son sens véritable.

1. *Fruits, de consistance visqueuse, utilisés pour faire des sauces.*

2. *Action de cuire longtemps et à feu doux dans de l'eau (néologisme forgé par l'auteur).*

3. *Noix contenant une substance qui sert de graisse alimentaire.*

ZOBEL

Joseph Zobel, né à Rivière Salée (Martinique) en 1915, raconte, dans *la Rue Cases-Nègres,* 1950, son chef-d'œuvre, une histoire qui ressemble à la sienne : comment un enfant parvient, grâce à sa réussite scolaire, à s'arracher à la pauvreté de sa famille. Journaliste et professeur, Zobel a longtemps vécu à Dakar. Son premier roman, *Diab'là,* avait été interdit par la censure en 1942. Ses romans (*la Fête à Paris,* 1953 ; *les Mains pleines d'oiseaux,* 1978) comme ses nouvelles (*Laghia de la mort,* 1946 ; *le Soleil partagé,* 1964) disent simplement et efficacement, sans bavardage idéologique, le refus de l'injustice sociale et raciale.

« La proclamation des résultats »

José Hassam est élevé par sa grand-mère, m'man Tine, qui veut le sauver des « petites bandes » (les groupes de jeunes enfants employés à des travaux pénibles et à peine payés sur les champs de cannes à sucre). À force de privations, elle réussit à l'envoyer à l'école du bourg.
Dans cet extrait, José et ses camarades viennent de passer les épreuves du certificat d'études (examen de fin de la scolarité primaire) à la ville de Saint-Esprit. Le soir, M. Roc, l'instituteur, et tous les élèves attendent la proclamation des résultats.

La journée s'écoula avec l'évanouissement de toutes nos craintes, une exaltation de nos espoirs.

Notre maître d'école était satisfait dans l'ensemble des comptes rendus de notre dictée, des brouillons de nos problèmes et de notre rédaction. Il avait même repris confiance en Germé, celle qui était incurablement obsédée par la manie de mettre un *s* à la fin de chaque mot, et en Louisy qui s'embrouillait à la moindre règle de trois.

C'était le soir, et dans l'obscurité de la cour d'école de Saint-Esprit nous attendions la proclamation des résultats.

Nous restions littéralement liés ensemble dans la foule d'élèves et de parents qui emplissait la cour.

Seul, M. Roc nous quittait et revenait. On n'en finissait pas d'entendre épeler, dans la rumeur ambiante, tel mot de la dictée, ou énoncer les résultats des problèmes.

Nous n'éprouvions guère de fatigue à rester debout et piétiner depuis longtemps, mais certains, comme moi, en avaient mal aux pieds. Aussi, profitant de l'obscurité, je fus des premiers à me soulager de mes bottines. Je les avais attachées ensemble par les lacets, et les tenais bien fort pour ne pas les perdre.

Plus le temps passait, plus une nervosité mal contenue nous gagnait, se traduisant chez certains par un bavardage intarissable, en plongeant d'autres dans un silence frisant l'hébétude [1].

Soudain, il y eut un brouhaha, un bond de la foule en avant, un silence : une fenêtre du premier étage s'était ouverte, et son rectangle de clarté encadrait à contre-jour deux bustes d'hommes. L'un d'eux commença aussitôt à prononcer des noms d'élèves.

Au fur et à mesure, des frissons, des élans réfrénés, des exclamations étouffées agitaient la foule. Je ne bougeais pas. Mon sang, mes entrailles avaient été broyés ensemble par l'apparition de ces deux hommes, et je demeurais fixe et suspendu à la voix qui, de la fenêtre magique, libérait des noms qui descendaient sur les élèves comme une pluie d'étoiles. Il y en avait une interminable constellation, et plus il en passait, plus je me détachais de la foule qui, déjà, explosait autour de moi.

Je ne voyais que l'embrasure éclairée de la fenêtre et n'entendais que la seule voix de l'homme qui lisait les résultats… Hassam José !

Ce nom, échappé de la bouche de l'homme, me frappa en pleine poitrine, avec une violence à me faire voler en éclats.

Jamais je ne m'étais entendu appeler de ce ton solennel. Jamais je n'avais senti avec autant d'acuité[2] tout ce qui liait mon être à ces quatre syllabes. Mais ce nom n'eût-il pas été prononcé que j'aurais été tourné en pierre peut-être.

Mes camarades s'embrassaient, m'embrassaient.

– Nous avons tous réussi ! Tous les dix ! criaient-ils.

Je ne sautais pas, je ne criais pas, je me laissais entraîner, souriant, sans trouver rien à dire. M. Roc était très excité et presque submergé par les manifestations des élèves. Il ne faisait que répéter dans un sourire qui ressemblait plutôt à une grimace : « C'est bien, c'est bien », et nous regardait avec des yeux étincelants derrière ses lunettes, et se tournait sans cesse, commençant une phrase, s'interrompant, se retournant, nous criant : « Il est tard, mes enfants, dépêchons. »

Sous la lueur des réverbères, toutes les rues de Saint-Esprit étaient inondées d'élèves et de rumeur.

M. Roc nous amena chez un garagiste et loua un taxi dans lequel on s'entassa tous les dix avec lui.

M'man Tine, comme tous les gens de la Cour Fusil[3], était déjà couchée quand j'arrivai à Petit-Bourg. Elle ne dormait pas ; à peine eus-je touché la porte qui, comme à l'ordinaire, était fermée par une pierre placée derrière sur le plancher, qu'elle avait allumé son lampion, et me demandait :

– José, qu'as-tu fait, mon iche[4] ?

Je lançai mes bras en l'air et je dansai.

– Ah ! merci ! fit m'man Tine en joignant ses mains sur son cœur.

Ce fut tout. Elle se recoucha, me dit que mon dîner était dans un plat couvert sur la table et que mon couchage devait être bien doux, puisqu'elle me l'avait passé au soleil toute la journée.

Joseph Zobel, *la Rue Cases-Nègres,*
Présence Africaine, Paris, 1950

Compréhension et langue

1 – Expliquez le sentiment exprimé dans la première phrase.
2 – Quelles étaient les matières de l'examen ?
3 – Commentez l'évolution des sentiments vécus par les enfants.
4 – Que ressent le narrateur quand il entend la lecture de son nom ?
5 – À quelle classe sociale semble appartenir José ?
6 – Quelle est l'attitude de M. Roc avant et après la lecture des résultats ?
7 – Quelle est la réaction de m'man Tine ?

Activités diverses, expression écrite

1 – Avez-vous déjà passé un examen ? En une vingtaine de lignes, racontez les sentiments que vous avez éprouvés au moment de la proclamation des résultats.
2 – *Le nom.* Relevez et classez dans un tableau tous les noms des lieux (toponymie) et des personnages (anthroponymie). Que remarquez-vous : sonorités, champs sémantiques, etc. ?

***1.** État d'abrutissement.*
***2.** Intensité.*
***3.** Ensemble de maisons où habitent José et sa grand-mère.*
***4.** Fils (créolisme).*

ANTOINE

BEL

Antoine Abel, né à Anse Boileau (dans l'île de Mahé aux Seychelles) en 1934, a fait une carrière d'enseignant et a été le premier Seychellois à écrire en français des contes, récits et poèmes (*Contes et poèmes des Seychelles ; Une tortue se rappelle ; Coco sec*, tous publiés en 1977).

« Comme le veut la coutume »

Coco sec *présente, à partir d'une intrigue très simple, un tableau pittoresque de la vie traditionnelle aux Seychelles. Gaétan, le héros du récit, a décidé de se marier : il vient en cérémonie présenter sa demande aux parents de Théodora.*

Comme Gaétan n'a plus de parents, il doit faire sa demande en personne. Le café est servi. M. et Mme Valcin retournent sous la véranda. Gaétan se sent à nouveau mal à l'aise. L'incertitude lui pèse, il a du mal à s'exprimer. Une demande en mariage n'est pas une bagatelle !

Mme Valcin parle la première.

« Nous avons longtemps réfléchi, Gabriel et moi.

– Oui,...

– Gabriel, dis-le-lui, toi, tu es le père.

Elle presse alors son mouchoir sur sa bouche pour dissimuler le tremblement de ses lèvres.

– Très bien. Écoute, Gaétan ; nous savons que tu es un gros travailleur.

– Ah, ça, certainement, mais... la réponse ? Je ne comprends pas, je croyais que...

– Ne t'emballe pas, rien ne presse.

– J'attends votre réponse, M. Valcin ; vous me mettez sur les charbons ardents...

– Toi, femme, verse-lui à boire. Donne-lui un “sec [1]”.

– Non, merci, je n'ai pas soif.

– Cela ne fait rien. Bref, je disais donc : tu as une maison, et une belle ! Beaucoup n'en ont pas, de nos jours.

– Je la trouve plutôt vide, vous ne trouvez pas ?

– Je comprends très bien.

– J'ai aussi un bateau de pêche, une grande seine [2], comme vous le savez...

– Bon, assez parlé, tu es un homme. Ma femme et moi sommes d'accord : tu peux avoir Théodora.

– C'est merveilleux ! Permettez-moi de vous embrasser tous les deux.

– Tu peux aussi embrasser Théodora ; dès aujourd'hui, tu es mon gendre.

– Allons, avance, Dora, ne fais pas attendre Gaétan. »

L'après-midi s'achève par une promenade sur la plage. Chacun est satisfait de sa journée. Gaétan, lui, est émerveillé. Il repart chez lui quand l'angélus du soir sonne au vieux clocher des Quatre-Bornes. Mais il va leur envoyer sa lettre de demande, comme le veut la coutume...

Antoine Abel, *Coco sec*,
© L'Harmattan Édition, Paris, 1977

1. Verre de rhum. – 2. Filet de pêche.

COMPRÉHENSION ET LANGUE

1 – Pourquoi Gaétan se sent-il mal à l'aise ?
2 – Comment se déroule le dialogue ?
3 – Qui mène la discussion ?
4 – Comment doit se terminer la requête de Gaétan ?
5 – Quelle est la seule personne du texte dont nous ne connaissons pas l'avis ?

ACTIVITÉS DIVERSES, EXPRESSION ÉCRITE

Recueillez des exemples de coutumes typiques de votre pays. Ces coutumes sont-elles toujours pratiquées ? Quelles sont celles qui ont disparu ? Pourquoi ?

Mohamed A. Toihiri, né à Mitsoudjé (Comores) en 1955, est enseignant. *La République des imberbes*, 1985, est son premier roman et aussi la première œuvre littéraire importante publiée en français par un auteur comorien. Son écriture simple, affichant sa volonté démonstrative, est un bon exemple de la littérature critique qui se développe quand retombe l'enthousiasme de la période des indépendances et des révolutions.

« Les temps sont durs »

La République des imberbes *évoque de manière transparente la dictature d'Ali Soilih (1975-1978) et ses campagnes contre les superstitions.*
Dans ce passage, Mma Said veut aller consulter un sorcier pour soigner le genou de son fils, blessé lors d'un match de football. Mais elle craint d'être surprise par les miliciens du régime.

À l'intérieur son âme tremblait. On aurait dit que Izrailou[1] venait l'enlever. Son stratagème marchera-t-il ou bien les miliciens devineront-ils son véritable dessein ? À cinq mètres de chez elle, elle rencontra Mma Giscard, une vieille cousine lointaine.

« Comment vas-tu Mma Said ? lui demanda la cousine. Est-ce que la famille s'est levée ? Et le père de tes enfants ? Et Said et son genou ?

– Said est toujours là avec son genou qui le fait toujours souffrir. On a fait tous les médicaments, les comoriens et les français, rien à faire. Peut-être Dieu lui-même interviendra pour accomplir sa volonté.

– Ah ces jeunes avec le ballon, combien de fois n'ai-je pas dit à mon galopin de Giscard d'arrêter le ballon ! Ah ce ballon, cause de nos malheurs ! Où vas-tu comme ça Mma Said ? »

L'interpellée n'avait pas suffisamment confiance en sa cousine pour lui dévoiler son secret. Aussi lui dit-elle qu'elle allait acheter de l'huile de coco pour aller la revendre à Moroni. Sur ces entrefaites passa loin d'elle Houchour, un milicien pur et dur. Mma Said dit vivement à Mma Giscard qu'elle lui souhaitait de dormir en bonne santé et la quitta. Sentant peser sur sa nuque le regard méfiant de Houchour, elle pénétra dans la première case venue.

Houchour fit demi-tour, vint s'appuyer sur un arbre à pain juste à côté de la case et alluma le mégot humide d'une gauloise. Dans la case Mma Said expliqua qu'elle fuyait quelqu'un et envoya le petit Karihila voir si Houchour était toujours là. Le petit, déjà malin pour son âge, prit un petit fruit à pain tout sale qu'il utilisait en guise de ballon, le lança dehors et se mit à courir derrière. Il ne marqua aucune surprise lorsqu'il vit l'homme. Il lui sourit et poursuivit son chemin. Il s'absenta pendant dix minutes et revint dire que le milicien était toujours là.

Alors Mma Said décida de sortir. Au seuil de la porte, elle lança à haute voix :

« Les temps sont durs. On ne trouve même pas de l'huile à acheter. Je vais voir chez Mayècha si elle en a à me vendre.

– C'est ça. Que Dieu t'en donne », répondit Mma Karihila. Mma Said, en sortant, mit bien en évidence son jerrican et dit bonjour à Houchour, lequel fait partie de sa caste, les Wachirwaliya. Houchour lui répondit en grommelant.

La femme continua son chemin.

Mohamed A. Toihiri, *la République des imberbes*,
© L'Harmattan Édition, Paris, 1985

1. L'ange exterminateur.

Compréhension et langue

1 – Quels sont les personnages en présence ?
2 – Comment sont-ils décrits ?
3 – Qu'est-ce qu'un milicien « pur et dur » ?
4 – Quel est le *stratagème* (l. 2) dont use Mma Said ? Pourquoi ?

Activités diverses, expression écrite

Croyez-vous aux pratiques de sorcellerie ? Pourquoi ? Rédigez un texte en deux parties où vous développerez les arguments pour et contre.

GABRIELLE

« Viens-tu aux vues avec moi ? »

Gabrielle Roy (Saint-Boniface, Manitoba, 1909 - Québec, 1983) a d'abord été institutrice dans l'Ouest canadien. Après un séjour en Europe, elle s'installe à Montréal, puis à Québec. Ses romans rompent avec la tradition rurale du roman québécois pour évoquer la vie urbaine à Montréal (*Bonheur d'occasion*, 1945 ; *Alexandre Chenevert*, 1954). Mais elle raconte aussi son enfance et sa province natale (*la Petite Poule d'eau*, 1950 ; *la Montagne secrète*, 1961 ; *les Enfants de ma vie*, 1977). De forme classique, son œuvre manifeste une très grande sensibilité aux êtres et à leurs souffrances, comme un très grand souci de la précision des lieux et des atmosphères.

Bonheur d'occasion *situe son action dans le quartier populaire de Saint-Henri à Montréal, au début des années 1940. Les personnages, victimes de la dépression économique et du chômage, attendent de la Seconde Guerre mondiale un moyen de sortir de leur misère. Le roman a obtenu un très grand succès au Québec et a été couronné en France par le prix Fémina 1947. Dans le premier chapitre, Florentine, serveuse dans un restaurant, se laisse séduire par un jeune homme, Jean Lévesque, qu'elle a remarqué parmi les clients.*

Elle revint de très loin et lui demanda sur ce ton un peu distant qu'elle prenait pour parler aux clients :

« Allez-vous prendre un dessert ? »

Jean se souleva à demi sur les coudes, carra ses fortes épaules et planta dans les yeux de la jeune fille un regard d'impatience et de gaminerie.

« Non, mais toi, tu m'as pas encore dit si je serais le lucky guy [1] ce soir. Tu y penses depuis dix minutes ; qu'est-ce que tu as décidé ? Oui ou non, viens-tu aux vues [2] avec moi ? »

Dans les prunelles vertes de Florentine, il vit déferler une colère impuissante. Cependant elle abaissait déjà les paupières. Et elle dit d'une voix tout à la fois fâchée, lamentable et qui voulait encore être conciliante :

« Pourquoi ce que j'irais aux vues avec vous, moi ? Je vous connais pas, moi ! Je sais-t-y qui vous êtes, moi ! »

Il se prit à rire sourdement, du fond de la gorge, comprenant qu'elle voulait surtout l'amener à faire quelque confidence sur lui-même.

« Ça, fit-il, tu l'apprendras petit à petit, si le cœur t'en dit. »

Moins effrayée par l'équivoque de la phrase que par le détachement du jeune homme, elle songea, humiliée : « Il veut me faire parler. Peut-être que c'est rien que pour rire de moi. » Et elle-même lança un rire grêle et forcé.

Cependant il ne faisait plus attention à elle. Il paraissait prêter l'oreille aux bruits de la rue. Au bout d'un instant, Florentine commença à entendre un sourd roulement de tambour. Devant les lourds battants vitrés du magasin, un attroupement se formait. Quelques vendeuses qui étaient libres se pressaient à l'avant de leur comptoir. Bien que le Canada eût déclaré la guerre à l'Allemagne depuis déjà plus de six mois, les défilés militaires restaient une nouveauté dans le quartier de Saint-Henri et attiraient la foule sur leur passage.

Le détachement déboucha à la hauteur du *Quinze-Cents* [3]. Florentine se pencha pour le voir passer avec un intérêt presque enfantin, avide et étonné. Les soldats défilaient, des gars costauds, bien plantés dans le solide manteau kaki, les bras également raidis dans un poudroiement de neige. Elle se retourna alors tout d'une pièce vers le jeune homme, la figure enjouée comme pour le prendre à témoin de sa surexcitation puérile, mais l'expression qu'elle vit sur ses traits était si hostile, si dédaigneuse qu'elle haussa les épaules et s'éloigna, attentive à ne plus rien manquer du spectacle de la rue. C'étaient maintenant les nouvelles recrues qui avançaient dans son champ de vision, toutes étaient encore en civil : quelques hommes vêtus d'un complet léger, d'autres portant un mauvais paletot d'automne, troué, rapiécé, dans lequel le vent aigre s'engouffrait. Elle connaissait de visage quelques-uns de ces jeunes gens qui marchaient derrière les soldats. Ils avaient été, comme son père, longtemps secourus par l'assistance publique. Et soudain, prise par ce qu'elle trouvait d'excitant, d'incompréhensible, de spectaculaire dans cette évocation de la guerre, elle eut la très vague intuition d'une horrible misère qui reconnaissait là sa suprême ressource. Elle revit comme en un rêve trouble les années de chômage où elle seule, de sa famille, avait pu apporter quelque argent à la maison. Et avant, quand elle était enfant, le travail de sa mère. L'image de Rose-Anna passa devant ses yeux, très précise, la plongeant dans la détresse quotidienne. Et, un instant, par les yeux de sa mère, elle vit passer ces hommes qui marchaient déjà au pas militaire dans leurs vêtements flottants de gueux. Mais son esprit n'entretenait pas longtemps ces considérations qui la conduisaient à des associations d'idées fatigantes et confuses. Le spectacle tel qu'il était lui paraissait surtout distrayant, bien propre à briser la monotonie des longues heures au magasin. Les yeux agrandis, les joues un peu colorées sous son fard, elle se retourna à nouveau vers Jean Lévesque. Et vive, presque insouciante, elle commenta la scène par deux mots brefs, sans pitié :

« C'est fou, hein ! »

Mais loin de sourire, comme elle avait cru l'y disposer, il la regarda d'un tel air d'animosité qu'elle pensa, presque avec joie, avec une revanche secrète : « Lui aussi, c'est un sapré fou[4] ! » Et de l'avoir ainsi jugé dans son esprit lui procura une minute de véritable satisfaction.

Il passait et repassait la main sur son visage comme pour effacer des pensées importunes ou peut-être simplement par fatigue, par habitude, et enfin, fixant la jeune fille, il lui redemanda :

« Ton nom ? Dis-moi ton nom.

– C'est Florentine Lacasse, reprit-elle sèchement, déjà dégrisée de sa petite victoire et fâchée de ne pouvoir se dérober à une emprise si brutale.

– Florentine Lacasse, murmura-t-il amusé et cherchant une pièce de monnaie dans la poche de son pantalon… Eh bien ! en attendant, Florentine Lacasse, que tu trouves un soldat à ton goût, tu peux toujours me rencontrer ce soir devant le Cartier[5]. Huit heures, ça ferait-y ton affaire ? ajouta-t-il d'un ton presque enjoué. »

Gabrielle Roy, *Bonheur d'occasion*,
© Fonds Gabrielle Roy, Montréal, 1945

COMPRÉHENSION ET LANGUE

1 – Comment est décrite la jeune fille ?

2 – Que ressent-elle à l'égard de Jean ?

3 – Relevez les mots ou expressions populaires québécois.

4 – À quelle période se situe cet extrait ?

5 – Relevez et classez le champ lexical appartenant au domaine militaire.

6 – Pourquoi Florentine a-t-elle une « très vague intuition d'une horrible misère… ressource » (l. 47-48) ?

7 – Quels sentiments Jean semble-t-il éprouver devant le défilé militaire ?

ACTIVITÉS DIVERSES, EXPRESSION ÉCRITE

1 – Constituez un lexique du français québécois et essayez de rechercher l'origine des mots.

2 – Imaginez une suite et une fin à ce texte en respectant le registre de langue.

1. L'heureux gars (américanisme).
2. Au cinéma (américanisme).
3. Le grand magasin où se trouve le restaurant de Florentine.
4. Un sacré fou (prononciation québécoise).
5. Nom d'un cinéma de Montréal.

BELGIQUE

GEORGES SIMENON

Georges Simenon (Liège, Belgique, 1903 - 1989) est d'abord journaliste et auteur prolifique de contes et romans populaires qu'il signe de différents pseudonymes. Il donne sous son véritable nom, à partir de 1932, à raison de plusieurs volumes publiés chaque année, un ensemble de 193 romans (rangés en deux séries : les « Maigret », qui ont pour héros ce célèbre commissaire, et les romans d'atmosphère), plus des dizaines de contes et nouvelles. L'ensemble compose une admirable somme romanesque popularisant les formules de Balzac ou de Zola. Même si l'écriture de Simenon recherche délibérément une langue moyenne, accessible à tous, gommant les mots rares et les particularités nationales, son œuvre reste profondément ancrée dans la Belgique et plus généralement dans les paysages du Nord. Ses écrits autobiographiques (*Je me souviens*, 1945 ; *Pedigree*, 1951) construisent une remarquable fresque de la vie des pauvres à Liège, dans les premières années du siècle.

« On croit qu'ils se détestent »

Un médecin incompétent lui ayant annoncé à tort, en 1941, qu'il était condamné à brève échéance, Simenon rédige, à l'intention de son très jeune fils, un récit de ses origines familiales, plus tard publié sous le titre Je me souviens. *André Gide lui suggère de le reprendre et de le transformer en roman à la troisième personne : c'est l'origine de* Pedigree, *sans doute la plus travaillée des œuvres de Simenon, qui s'y décrit sous le nom de Roger Mamelin. Dans le ressentiment manifesté à l'égard de toutes les humiliations d'une enfance pauvre, on peut deviner l'un des mobiles premiers de la vocation du romancier.*

Il n'y en a plus que pour une demi-minute avant que la cloche, en sonnant neuf heures et demie, ne donne le signal du changement de cours. Les briques, ce matin, dans la cour démesurée, sont d'un rose tendre sous le soleil ; le surveillant, un bras levé, balance déjà la chaîne sur laquelle il va tirer par saccades. Roger le voit, referme sa grammaire allemande d'un geste si sec, sans le vouloir, que cela fait dans la classe comme un bruit de claquettes.

Alors, sans une seconde de transition, comme s'il guettait depuis longtemps cette occasion, le professeur d'allemand laisse en suspens la phrase commencée pour prononcer :

« Monsieur Mamelin, vous me conjuguerez deux fois les verbes séparables et inséparables. »

Les élèves se retournent sur Roger, qui sourit dans un rayon de soleil. Tout le monde voit ainsi son nouveau costume, et Neef le paysan s'efforce d'exprimer son admiration par de grands gestes maladroits qui pourraient lui coûter cher.

« Que dites-vous, monsieur Mamelin ?

– Je ne dis rien, monsieur.

– Dans ce cas, vous… »

La cloche s'ébranle, déclenchant dans toutes les classes un brouhaha familier, des portes s'ouvrent, les professeurs passent d'une classe dans l'autre. L'air sent le printemps. On est saturé de printemps. On en porte l'odeur avec soi, en soi. Et c'est dans cette atmosphère capiteuse que le professeur d'allemand, continuant de parler, comme par la force acquise, rassemble ses livres, ses cahiers, avec des gestes d'automate, des roulements d'yeux furibonds, décroche son chapeau melon, qu'il va – Roger attend ce geste rituel – essuyer d'un revers de manche avant de le poser sur le devant de son crâne.

« … me les conjuguerez quatre fois. »

Ce n'est pas un père jésuite. C'est un laïc [1]. C'est un pauvre homme, un si pauvre homme qu'il éprouve le besoin de jouer les croquemitaines pour s'illusionner. Mamelin est le seul à l'avoir compris. Il ne l'a jamais rencontré en dehors du collège, mais il est certain qu'il habite une maison étriquée dans le genre de celle de la rue de la Loi [2], qu'il a une femme qui se plaint des reins, les jours de lessive, et que ronge la peur de rester veuve sans ressources et sans pension.

Comme il porte un nom compliqué, Roger l'a baptisé J.P.G., car il signe de ces initiales les compositions qu'il corrige à l'encre rouge, sauf celles de Mamelin, qu'il ne se donne pas la peine de lire et sur lesquelles il se contente de tracer une croix vengeresse en travers des pages.

Combien les jésuites peuvent-ils le payer ? Guère davantage, sans doute, que ce que M. Monnoyeur donne à Désiré[3]. Il ne se sent jamais à son aise dans le vaste collège de la rue Saint-Gilles, il doit avoir l'impression d'entendre sur son passage un murmure dédaigneux (c'est pour cela qu'il a adopté une démarche aussi raide) :

« C'est J.P.G., un pauvre type de professeur d'allemand qui crevait de faim avant que les pères n'aillent le chercher ! »

Il s'habille tout en noir, sans une tache de couleur, avec un faux col trop haut qui l'empêche de tourner la tête. Il a toujours l'air de revenir d'une noce ou d'un enterrement, plutôt d'un enterrement. Il cire ses moustaches noires et les redresse farouchement en deux crocs rigides, roule de manière féroce ses gros yeux sombres et globuleux dans un visage de cire.

Tous les élèves en ont peur, sauf Roger, qui ne le prend pas au sérieux, qui s'amuse de ses gesticulations saccadées d'automate et qui, indifférent à la leçon, sourit à ses pensées.

On croit qu'ils se détestent, le professeur et lui. Bon élève en général, premier dans certaines branches, comme la composition française, Roger est le dernier en allemand, tellement loin en arrière des autres qu'il ne se donne plus la peine d'étudier. Il ne s'occupe que des faits et gestes de J.P.G., qu'il épie comme il épierait un scarabée.

Le professeur s'en est aperçu et souffre, en poussant la porte de la classe, de sentir cette curiosité qu'il croit ironique. Il ne rougit pas, parce qu'il n'a pas de sang sous la peau, mais il se trouble et promène sur les élèves un dur regard qui n'ose pas s'appesantir sur Mamelin.

« Il est toujours entendu que ceux que la leçon n'intéresse pas, répète-t-il souvent à sa seule intention, ne m'intéressent pas non plus. Je les prie seulement de conserver une attitude décente, ce qui est le minimum que je puisse exiger d'eux. »

Est-il possible qu'il sente que Roger a tout découvert, les fines crevasses de ses chaussures qu'il noircit avec de l'encre, le bord élimé des manches, toutes ces misères honteuses que le gamin connaît si bien, et aussi la terreur qu'inspirent au professeur ces jeunes gens élégants et bien nourris dont les parents sont des gens influents et qui pourraient lui faire perdre sa place ?

Ils sont les deux seuls, dans la classe, le professeur et l'élève, à appartenir au même milieu, à en souffrir, et, au lieu d'avoir pitié l'un de l'autre, ils se hérissent, comme furieux de retrouver chez autrui leur propre image, ils se sont pris en grippe dès le premier contact et ils se livrent une guerre acharnée.

Georges Simenon, *Pedigree,* 1951,
© G. Simenon, Presses de la Cité

COMPRÉHENSION ET LANGUE

1 – Quels sont les principaux personnages en présence ?
2 – Comment le professeur d'allemand est-il décrit ?
3 – Quelle influence exerce le printemps ?
4 – « Ce n'est pas un père jésuite. C'est un laïc » (l. 14). Quel effet ces deux phrases induisent-elles ?
5 – Comment Mamelin juge-t-il son professeur ?
6 – Quels rapports unissent les deux protagonistes ?
7 – Par quelles similitudes sont-ils éloignés ?

ACTIVITÉS DIVERSES, EXPRESSION ÉCRITE

1 – *Débat.* Après avoir réfléchi sur l'analyse psychologique du dernier paragraphe, analysez à votre tour les rapports que vous entretenez avec vos professeurs. Correspondent-ils ou non à vos souhaits ?
2 – *Étude littéraire.* Repérez dans cet extrait l'alternance récit/description, (portrait)/dialogue.

1. Il n'est pas prêtre.
2. La maison de Roger.
3. Le père de Roger.

PHAM VAN KY

Pham Van Ky (Viêt-nam 1916-1992), est arrivé à Paris en 1938 pour faire des études de lettres à la Sorbonne. Demeuré en France, il y a beaucoup travaillé pour la radio. Il a publié des poèmes, des contes et surtout des romans, qui tentent d'établir, malgré la guerre qui commence à embraser la péninsule indochinoise, un dialogue entre l'Orient et l'Occident (*Frères de sang,* 1947 ; *Celui qui régnera,* 1954 ; *Des femmes assises çà et là,* 1964). *Les Contemporains,* 1959, sont un roman historique sur l'installation des Anglais à Hong Kong. *Perdre la demeure,* 1961, évoque les contacts du Japon et de l'Europe au début de l'ère Meiji (1870) et invite à méditer sur l'opposition de la tradition et de la modernité.

« Vous marchez sur notre histoire »

La première page de Celui qui régnera *interpelle directement le lecteur européen pour l'inviter à comprendre de l'intérieur la civilisation vietnamienne : la littérature est précisément ce qui peut permettre cette compréhension.*

Mes ancêtres étaient des mandarins, pas du pinceau, mais de l'épée. Pourtant, j'hésite à vous raconter leurs faits d'armes : non qu'il y en ait trop, comme vous allez en juger.

Grand-père, par exemple, ne revendiquait que deux actions d'éclat, encore qu'elles fussent d'un genre fort particulier. Il coupa, une fois, la langue à un notable qui avait osé dire : « On honore celui qui forge le soc de la charrue plus que celui qui forge le sabre. » Il coupa, une autre fois, la main à un lettré qui avait osé écrire : « Kwang-Ti, le dieu de la guerre, vient à bout de dix mille buffles, mais une sapèque[1] l'emporte sur Kwang-Ti. »

Oui, de véritables tyranneaux, mes ancêtres, et malheur à quiconque s'avisait de les contredire. Ils se jouaient volontiers de l'épée, car il fallait bien, de temps en temps, montrer qu'ils savaient s'en servir. D'ailleurs, ils sont tous morts de la paix, eux qui, selon toute attente, ne devaient grandir que pour combattre.

Sans être partial, je leur donne raison : le cultivateur laboure le sol, tandis que le guerrier en assume la pérennité. Vous n'ignorez pas, vous autres Occidentaux, dans quelle mesure un sol se révèle sacré. Seulement, vous vous arrêtez à des marques extérieures. Là où vous ne voyez pas de statues équestres, de plaques commémoratives, vous parlez haut et oubliez le passé. Ainsi, chez nous, à chaque pas, vous marchez sur notre histoire, vous piétinez des noms, vous écrasez des dates, vous soulevez une poussière de cendres et de sang séché, vous tombez dans des pièges invisibles, vous profanez des signes évidents…

Vous différez tellement de nous, ne serait-ce que dans l'art de dresser la carte d'un pays : vous représentez le nôtre comme un S, avec des frontières administratives aussi tristes que des barbelés, et des taches bleues, des taches jaunes, des taches rouges, qui excitent encore des convoitises. Nous laissions ce soin à nos géomanciens[2] qui étudiaient le Viêt-nam à la façon de vos biologistes : ils se penchaient sur les veines du Dragon avec autant d'attention que vos savants sur celles de l'homme. Ils ne cherchaient ni les métaux, ni le charbon. Ils ne s'employaient qu'à déceler des indices secrets. C'est en leur nom que je m'adresse à vous. Vous me lirez peut-être à moitié. Mais si vous me suiviez jusqu'au bout, je vous aimerais davantage.

Pham Van Ky, *Celui qui régnera,* 1954, © Éditions Grasset, Paris

1. Pièce de la plus faible valeur de l'ancienne monnaie indochinoise.
2. Devins qui utilisent la terre, la poussière, les cailloux, pour pratiquer leur art.

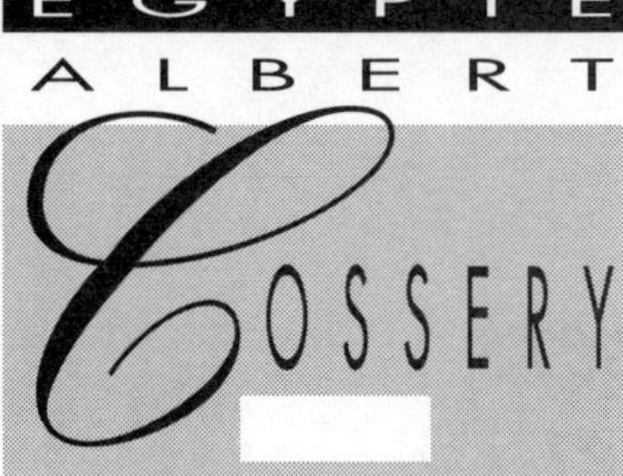

Albert Cossery, né au Caire en 1913, élevé au confluent des cultures arabe, française et anglaise, a publié des romans qui évoquent tous son pays natal, l'Égypte, et son peuple à la sagesse millénaire (*les Hommes oubliés de Dieu,* 1941, qui paraît en même temps en français, en arabe et en anglais ; *la Maison de la mort certaine,* 1944 ; *les Fainéants dans la vallée fertile,* 1948 ; *Mendiants et orgueilleux,* 1955 ; *Un complot de saltimbanques,* 1976). Albert Cossery vit en France depuis 1945.

« C'est un jour comme les autres »

Le recueil de nouvelles les Hommes oubliés de Dieu *avait, à sa parution, beaucoup séduit l'écrivain américain Henry Miller qui y voyait « le genre de livres qui précède la révolution, si du moins la langue de l'homme possède un quelconque pouvoir ». Albert Cossery y peint l'Égypte misérable et l'immense foule des « oubliés de Dieu », qui vit dans l'attente d'un avenir « plein de cris, plein de révoltes ».*

C'est un jour comme les autres : lent, féroce et affamé de victimes humaines. Personne ne peut dire quelles sortes d'horreurs se préparent à naître, ni préciser le genre de désastres nouveaux qui menacent la vie des hommes. Le froid a depuis longtemps commencé sa pernicieuse besogne. Mais, pour le moment, l'unique inquiétude provient de cette masse de nuages, qui traîne lourdement dans le ciel, et derrière laquelle le soleil s'est complètement égaré.

Les mains enfouies dans les poches de son caftan[1], Abou Chawali traverse le sentier de l'Enfant-qui-Pisse, avec l'allure sinistre et menaçante d'un cadavre ambulant. Il cligne constamment ses yeux malades et s'arrête de temps en temps pour réfléchir. C'est un vieillard d'une soixantaine d'années, à la barbe hirsute et au visage hâve et décharné. Un grand châle en lambeaux flotte sur ses maigres épaules comme les ailes effrayantes d'un oiseau de proie. Sa saleté n'offre rien de remarquable ; elle se confond avec la matière cruelle qui l'entoure. À chaque pas, il risque de glisser dans les interminables flaques d'urine, étendues là comme des pièges obscènes. Le sentier de l'Enfant-qui-Pisse conduit à l'école des mendiants. C'est le sentier le plus déchu et aussi le plus étroit du terrain. Les huttes y sont plus misérables et plus crasseuses que nulle part ailleurs ; les vieux bidons à pétrole qui les composent sont crevassés et rouillés à l'extrême. Elles semblent toutes prêtes à crouler, mais la misère éternelle qui les a bâties de ses mains sauvages, a laissé sur elles son empreinte d'éternité. Des êtres vivants y habitent ; leurs voix caverneuses résonnent et remplissent l'air d'étranges menaces. Des relents de disputes et de plaintes sordides filtrent à travers les mornes cloisons. Partout se révèlent d'atroces intimités, gisantes et sans espoir. Des ustensiles de ménage traînent sur le sol, reniés par leurs propriétaires et semblables à des objets impurs et inutiles. Les ordures incalculables de plusieurs générations mortes et oubliées fleurissent le long de ce sentier maudit. C'est la fin du monde ; on ne peut pas aller plus loin. La misère humaine a trouvé ici son tombeau.

Albert Cossery, *les Hommes oubliés de Dieu,* 1941,

1. Vêtement ample et long.

COMPRÉHENSION ET LANGUE

1 – Sur quelle antithèse la première phrase repose-t-elle ?
2 – Quelle atmosphère imprègne le premier paragraphe ?
3 – Qui est Abou Chawali ?
4 – Comment est-il représenté ? Où se trouve-t-il ?
5 – Pourquoi cet endroit ressemble-t-il à la fin du monde ?

ACTIVITÉS DIVERSES, EXPRESSION ÉCRITE

Comment l'homme pourrait-il lutter contre la misère ? Imaginez des solutions nouvelles pour remédier à ce fléau.

Jacques-Stephen Alexis (Gonaïves, Haïti, 1922 - côte nord-ouest d'Haïti, 1961), fils de l'écrivain Stephen Alexis (1890-1963), a publié trois romans (*Compère Général Soleil,* 1955 ; *les Arbres musiciens,* 1957 ; *l'Espace d'un cillement,* 1959) et un recueil de contes (*Romancero aux étoiles,* 1960), qui appliquent sa théorie esthétique du « réalisme merveilleux » : une alliance du politique (pour le choix des sujets), du cosmique (pour le souffle de l'inspiration) et du poétique (dans l'invention d'une langue savoureuse, fortement créolisée). Il est mort lors d'une tentative de débarquement insurrectionnel à Haïti pour renverser la dictature de Duvalier.

« *Six bulldozers s'avançaient* »

Roman mêlant plusieurs fils d'intrigue, les Arbres musiciens *prend comme sujet la réalité haïtienne des années 1941-1942 : en même temps que l'Église catholique entre en campagne contre le vaudou, une compagnie nord-américaine veut s'installer pour planter du caoutchouc. Mais il lui faut obtenir l'expropriation des paysans. Ceux-ci ont été prévenus qu'ils devaient quitter leurs maisons et abandonner leurs villages. Mais comme l'expulsion n'a pas eu lieu au jour dit, les paysans reprennent espoir.*

Au moment où on s'y attendait le moins, un enfant, lancé dans une course échevelée, apparut. Hors de souffle il donna l'alarme. Six bulldozers s'avançaient dans le chemin vicinal, zébrant la poussière des mille dents de leurs chenillettes. Ils avaient dépassé la touffe de bambous jaunes qui se dresse près de la chaumine de Justin Corbeille et se dirigeaient droit sur les agglomérations. La foule se rua. Les premiers arrivants s'arrêtèrent d'eux-mêmes. Sous le regard du lieutenant Osmin qui était entouré d'une troupe de blancs 'méricains et d'une escouade de gendarmes, les bulldozers éventraient un groupe de cases. Les paysans s'élancèrent.

« Halte-là ! cria le lieutenant… Personne n'a le droit d'avancer ! Vous avez été prévenus à l'avance, non ?… Voilà quatre jours que vous auriez dû vider les lieux ! Reculez, ou je vous fais repousser !… »

Les gendarmes, le fusil en arrêt, s'avançaient. Les paysans reculèrent. Puis, après un instant d'hésitation, beaucoup d'entre eux se hâtèrent vers leurs propres chaumières pour sauver ce qui pouvait l'être.

Après le passage des bulldozers il ne reste rien, rien que la poudre livide de la maçonnerie des cases, quelques débris de clissage [1] et l'empennage [2] de chaume doré, froissé, déchiqueté, éparpillé en petites touffes sur le sol. Rien que le cri d'adieu des familles à leurs souvenirs, le cri qui vibre longuement dans l'air, meurt et renaît, de proche en proche, à chaque nouveau foyer abattu. Rien que la toux quinteuse des machines, le ricanement méphistophélique [3] des chaumines en proie à la tétanie [4] de mort, le froissement des arbres, la détresse noire des caös [5] qui tournoient, le hennissement d'effroi d'un cheval cabré dans sa peur, l'aboi des chiens, le craquement sinistre du gréement [6] des superstructures où se balancent des « guanes [7] » de maïs. Les machines sont ivres. Elles galopent d'une touffe de chaumières à une autre. Elles dilacèrent le nid d'un espoir et écrasent entre leurs dents un amas de vieux rêves, elles pulvérisent l'effort et la patience de trois ou quatre générations, effeuillent les bougainvillées rouges éclatées avec le dernier printemps… Les machines s'éloignent semant cendres, sueurs, rages… Tant de désolation ! Tant et tant ! Terre et ciel ! Palmiers verts, cactées blanches, feux d'or, soleil !… Pour ne plus voir les bulldozers, des familles se hâtent sur la route, comme des fourmis, avec leur butin sur le dos. Comme des poules en couvée, d'autres s'accrochent aux ajoupas[8] et s'en font arracher par les gendarmes, armés de crosses, qui s'élancent de toutes parts.

Chanterelle, la compagne de Chavannes Jean-Gilles, se coucha devant les chenillettes des bulldozers. La vieille Clèmèsine Dieubalfeuille, prise d'une folie furieuse, trépigna de rage et voulut se précipiter sur les blancs. On réussit à la ceinturer juste à temps, à grand-peine. Le tambourinaire Melville Larose, debout comme une statue de bronze, pleura des larmes silencieuses. Joyeuse Pitou, entourée de sa marmaille hurlante et sale, vociféra jusqu'à en perdre le souffle, et, de désespoir et d'épuisement, finit par s'effondrer sur le sol. Dans la confusion générale telle famille prenait la route, celle-ci, groupée à l'endroit même où s'amoncelaient les ruines, semblait n'avoir rien compris, celle-là errait dans la campagne.

Quand les bulldozers arrivèrent devant la case du général Miracin[9], celui-ci les espérait[10] au milieu de sa cour, son fusil de chasse Henry 16 millimètres à la main. Il avait renvoyé tous les siens. Les bulldozers s'arrêtèrent. On fit appeler le lieutenant qui arriva en courant et donna des instructions à ses gendarmes. Le général Miracin épaula et attendit. Les gendarmes avancèrent le dos courbé à la suite du lieutenant. Celui-ci progressait, son revolver à la main, s'arrêtant pour faire les sommations au vieillard :

« Jetez votre fusil ! Vous n'empêcherez rien ! Jetez votre fusil, vous dis-je, au nom de la loi !... »

Le général Miracin s'était dressé de toute sa hauteur, le fusil contre la joue, visant avec soin.

« Jetez votre fusil... »

Le coup partit alors que le lieutenant n'avait pas terminé sa phrase. Il s'écroula avec un grand cri. Mettant la crosse de son fusil en terre, le général Miracin fit un rapide signe de croix, s'agenouilla, fit pénétrer le canon de l'arme dans sa bouche et tira de nouveau.

Jacques-Stephen Alexis, *les Arbres musiciens*, Éditions Gallimard, 1957

COMPRÉHENSION ET LANGUE

1 – Quelle est la nouvelle annoncée par l'enfant ?
2 – Comment les bulldozers sont-ils décrits ?
3 – Par qui les opérations sont-elles dirigées ?
4 – Comment les paysans réagissent-ils ?
5 – Relevez et commentez les termes qui décrivent le village après le passage des bulldozers.
6 – À quel champ lexical appartiennent-ils ?
7 – Comment appelle-t-on la répétition du mot *rien* (à partir de la l. 17) ?
8 – Relevez des exemples de comparaisons.
9 – Expliquez les réactions personnelles de certains paysans.
10 – Que pensez-vous de la conclusion de ce passage ?

ACTIVITÉS DIVERSES, EXPRESSION ÉCRITE

1 – Comment pouvez-vous qualifier la réaction du général Miracin ? Est-elle explicable ? Pourquoi ?
2 – Imaginez une autre fin et rédigez-la.

1. Treillis en vannerie.
2. Faîte des toits de chaume, semblable à l'empenne (garniture de plumes) au talon d'une flèche.
3. Diabolique (Méphistophélès est le nom du démon dans la légende de Faust).
4. Convulsion.
5. Oiseaux (sorte de corneilles).
6. Ensemble des éléments nécessaires à la manœuvre d'un navire. Ici = l'ensemble des poteaux, des poutres, des arbres ressemblant plus ou moins à une superstructure de bateau.
7. Grosses grappes d'épis de maïs qu'on accroche à des arbres ou à des fourches près des cases.
8. Abris rudimentaires traditionnels (mot créole).
9. C'est un paysan qui a été soldat et que l'on appelle à cause de cela général *Miracin.*
10. Attendait (créolisme).

JACQUES ROUMAIN

Jacques Roumain (Port-au-Prince, Haïti, 1907 - *id.*, 1944), collaborateur de la *Revue indigène* (1927), fondateur du parti communiste haïtien (1934) et du Bureau d'ethnographie (1941), chargé d'étudier les traditions populaires et le vaudou, a choisi d'être un écrivain engagé, combattant pour réhabiliter la part négro-africaine de la culture haïtienne. Il pratique la nouvelle (*la Proie et l'Ombre,* 1930), le roman (*la Montagne ensorcelée,* 1931), la poésie (*Bois d'ébène,* posthume, 1945). Mais c'est *Gouverneurs de la rosée,* roman publié en 1944, souvent réédité et traduit en de très nombreuses langues, qui lui a mérité une audience internationale. La force du livre procède de l'étroite alliance entre le message de libération et d'espoir et l'invention d'une superbe langue littéraire, transposant le parler paysan des personnages.

« L'eau commença à monter »

Manuel, le héros de Gouverneurs de la rosée, *que la misère avait forcé à s'exiler à Cuba pour travailler à la récolte de la canne à sucre, rentre dans son village haïtien, ravagé par la sécheresse, causée notamment par des déboisements inconsidérés. Parcourant la campagne, il cherche à découvrir une source qui permettrait d'irriguer la vallée.*

Un remuement d'air rapide et soyeux lui fit lever la tête vers un passage de ramiers [1]. « C'est des millets. » Il suivit leur sillage cendré, jusqu'à leur plongée éparpillée sur un morne [2] voisin.

Soudain une idée le frappa qui le mit debout : « Les ramiers, ça préfère le frais. *Caramba* [3], si c'était comme qui dirait un signe du ciel ? » Il redescendit le morne presque en courant. Le cœur lui battait à grands coups. « Qu'est-ce qui t'arrive, oh, Manuel ? se disait-il. On croirait que tu vas à une première rencontre avec une fille. Ton sang est tout bouillant. » Une angoisse singulière lui nouait la gorge. « J'ai peur que ce soit comme les autres fois, une tromperie et une déception, et je sens que si je ne la trouve pas ce coup-ci, j'aurai un grand découragement. Peut-être même que je dirai : eh bien bon, tant pis. Non, c'est pas possible. Est-ce qu'on peut déserter la terre, est-ce qu'on peut lui tourner le dos, est-ce qu'on peut la divorcer, sans perdre aussi sa raison d'existence et l'usage de ses mains et le goût de vivre ? Mais oui, il recommencerait à chercher, il le savait bien, c'était sa mission et son devoir. Ces habitants de Fonds-Rouge [4], ces têtes dures, ces *cabezes* [5] de roche, il leur fallait cette eau pour retrouver l'amitié entre frères et refaire la vie comme elle doit être : un service de bonne volonté entre nègres pareils par la nécessité et la destinée. »

Il traversa le couloir de la plaine, il allait vite, il était pressé, il était impatient et il lui semblait que son sang s'engorgeait et essayait de s'échapper par ce tapage sourd dans le plein de sa poitrine.

« C'est là que les ramiers ont *jouqué* [6]. Un morne bien boisé, il y a même des acajous, et ce feuillage gris qui fait argenté au soleil, je ne me trompe pas : c'est des bois-trompettes [7], et les gommiers [7], naturellement, ne manquent pas, mais de quel côté je vais entrer ? »

Son oreille le guidait plus que le regard. À chaque pas qu'il dégageait à coups de machette [8] dans l'enchevêtrement des plantes et des lianes, il s'attendait à entendre l'envol effarouché des ramiers.

Il taillait son chemin de biais, vers le plus touffu du morne. Il avait déjà remarqué ce retrait, ce tassement assombri où les arbres se ramassaient dans une lumière épaisse.

Une faille abrupte s'ouvrit devant lui. Il la descendit, s'accrochant aux arbustes. Les pierres qui roulèrent sous lui suscitèrent aussitôt un claquement d'ailes multiplié, les ramiers se dégageaient des branchages et par les déchirures du feuillage il les vit se disperser à tous les vents.

« Ils étaient plus haut ; il y en avait sur ce figuier-maudit [7] là-bas. »

Manuel se trouvait au bas d'une sorte d'étroite coulée embarrassée de lianes qui tombaient des arbres par paquets déroulés. Un courant de fraîcheur circulait et c'était peut-être pourquoi les plantes volubiles et désordonnées poussaient si dru et serré. Il monta vers le figuier-maudit, il sentait ce souffle bienfaisant lui sécher la sueur, il marchait dans un grand silence, il entrait dans une pénombre verte et son dernier coup de machette[8] lui révéla le morne refermé autour d'une large plate-forme et le figuier géant se dressait là d'un élan de torse puissant ; ses branches chargées de mousse flottante couvraient l'espace d'une ombre vénérable et ses racines monstrueuses étendaient une main d'autorité sur la possession et le secret de ce coin de terre.

Manuel s'arrêta ; il en croyait à peine ses yeux et une sorte de faiblesse le prit aux genoux. C'est qu'il apercevait des malangas, il touchait même une de leurs larges feuilles lisses et glacées, et les malangas, c'est une plante qui vient de compagnie avec l'eau.

Sa machette s'enfonça dans le sol, il fouillait avec rage et le trou n'était pas encore profond et élargi que dans la terre blanche comme craie, l'eau commença à monter.

Il recommença plus loin, il s'attaqua avec frénésie aux malangas, les sarclant par brassées, les arrachant des ongles par poignées : chaque fois il y avait un bouillonnement qui s'étalait en une petite flaque et devenait un œil tout clair dès qu'elle reposait.

Manuel s'étendit sur le sol. Il l'étreignait à plein corps :

« Elle est là, la douce, la bonne, la coulante, la chantante, la fraîche, la bénédiction, la vie. »

Il baisait la terre des lèvres et riait.

Jacques Roumain, *Gouverneurs de la rosée,* 1944

COMPRÉHENSION ET LANGUE

1 – Quel est le signe annonciateur des ramiers ?

2 – Quelle angoisse le narrateur éprouve-t-il ?

3 – Repérez les séquences appartenant au monologue intérieur.

4 – Soulignez tous les mots appartenant au champ lexical de la nature.

5 – Que ressent Manuel lorsqu'il découvre enfin l'eau ?

6 – Qu'est-ce qu'une « ombre vénérable » (l. 47) ?

7 – Relevez les termes dialectaux.

ACTIVITÉS DIVERSES, EXPRESSION ÉCRITE

1 – Que représente l'eau pour certains pays particulièrement ensoleillés ? Comment est-elle décrite dans ce texte ?

2 – *Enquête.* Par quels moyens peut-on remédier à la sécheresse ?

1. Espèce de pigeons.
2. Colline.
3. Exclamation espagnole (Manuel arrive de Cuba !) marquant la surprise.
4. Le village de Manuel, divisé par des querelles familiales.
5. Caboches, têtes.
6. Se sont posés (créolisme).
7. Espèce d'arbres.
8. Grand coutelas utilisé en Amérique latine pour se frayer un passage.

Loys Masson (Rose Hill, île Maurice, 1915 - Paris, 1969) s'est exilé en France dès 1939. Il a été l'un des principaux « poètes de la Résistance » contre l'occupation allemande. Mais la plupart de ses romans, contant des histoires maritimes, symboliques, souvent hallucinées, situent leur décor dans les mers du Sud et manifestent que le lien ne s'est jamais complètement rompu entre l'écrivain et l'île Maurice natale (*l'Étoile et la Clef*, 1945 ; *les Mutins*, 1951 ; *les Tortues*, 1956 ; *le Notaire des Noirs*, 1961 ; *les Noces de la vanille*, 1962).

« Une épouvantable misère »

Le narrateur du Notaire des Noirs, *qui appartient à une famille de notables mauriciens, où l'on est notaire de génération en génération, prend peu à peu conscience de la misère qui l'entoure.*

Une épouvantable misère succéda aux cyclones. Ceux de ma génération s'en souviennent encore. Toute l'île baignait dans la faim. Que de longs regards sur les chemins ! Des couteaux ! et qui vous suivaient, qui pointaient vers vos omoplates ou venaient au-devant de vous à hauteur d'estomac – tous ces gens, tous ces estomacs qui vous haïssaient d'avoir mangé. Je revois les cortèges de chômeurs allant de porte en porte, ne sachant même plus mendier, à la fois menaçants et peureux ; celui-là notamment où les hommes portaient en guise de bannière le sari [1] jaune d'or d'une Malabaraise [2] attaché à une gaule de bambou. Ils criaient que ses jumeaux étaient morts de privations et que Dieu les multiplierait par cent mille dans la vengeance, et comme chacun j'appréhendais l'émeute, tout en me prouvant que ces malheureux étaient trop faibles pour tenter quoi que ce fût. De temps à autre, la femme elle-même prenait la tête de la procession, demi-nue, ses seins flasques lui pendant presque sur le ventre, hurlant et invectivant, par moments se roulant dans la poussière – hystérique – jusqu'à ce que les policiers la ramènent à la raison à coups de gourdins et de ceinturons, bien plus pour l'obscénité de son attitude que pour le reste. Alors elle avait de rauques plaintes, un peu comme les appels d'un oiseau de mer à l'époque de la pariade [3].

Les cannes à sucre de la future récolte avaient été aux trois quarts détruites. Le riz, la farine et les lentilles et autres grains secs manquaient. Plus d'importations, de l'Inde ou d'ailleurs. Le port était quasi impraticable, un cargo ayant coulé juste dans le chenal et le continuel gros temps retardant le navire-grue envoyé d'Afrique du Sud. Dénuement total, vorace. Le gouverneur avait réquisitionné les stocks de manioc des usines à tapioca en vue de leur distribution gratuite aux sinistrés en place de riz et de pain. Mais ce manioc était généralement pourri, les toitures des greniers ayant beaucoup souffert – et puis, comment satisfaire tout le monde ? C'était vrai que les enfants de la femme au sari étaient morts d'inanition, et c'était vrai qu'on comptait d'autres morts semblables.

Loys Masson, *le Notaire des Noirs,* 1961

1. Étoffe drapée, qui est le vêtement des femmes en Inde. – 2. Femme d'origine indienne. – 3. Saison de l'accouplement.

CÔTE-D'IVOIRE

BERNARD

Bernard Dadié, né à Assinie (Côte-d'Ivoire) en 1916, ancien élève de l'école normale William-Ponty de Dakar, est très représentatif de la première génération des écrivains africains de langue française. Il a publié des contes (*Légendes africaines,* 1954 ; *le Pagne noir,* 1955), des poèmes (*Afrique debout,* 1950), des romans et nouvelles (*Climbié,* 1956 ; *les Jambes du fils de Dieu,* 1980), des chroniques promenant le regard discrètement ironique d'un Africain sur le monde (*un Nègre à Paris,* 1959 ; *Patron de New York,* 1965 ; *La ville où nul ne meurt,* 1968). Son théâtre (*Monsieur Thôgô-Gnini,* 1970 ; *Béatrice du Congo,* 1970 ; *les Voix dans le vent,* 1970 ; *Papassidi maître escroc,* 1975...) a été représenté avec grand succès en Afrique et dans le monde.

« Tu as fait grincer ton lit ? »

Climbié *est un roman largement autobiographique. Dans cet extrait, le héros, Climbié, vient d'être reçu au concours d'entrée à l'école primaire supérieure de Bingerville. Avec ses camarades, il se présente à cette nouvelle école.*

Un Européen regardait par la fenêtre. C'était le Directeur Gongohi. [...]

Gongohi était un homme grand et gros, dont la voix portait loin.

Toujours chaussé de souliers à semelles de crêpe, il arrivait à l'improviste. À son entrée au réfectoire, tous les bruits cessaient. Les fourchettes et les cuillers ne frôlaient même plus les gamelles, malgré le plaisir habituel des élèves à racler le fond des assiettes dans le seul but de faire du bruit. Près d'eux, son ombre pesait tellement que ces garçons se retenaient de mâcher.

Le premier jeudi de la rentrée fut le jour de la distribution du trousseau par l'économe, en la présence du Directeur. L'économe, par une fenêtre, jetait deux tricots, deux pantalons, deux vestes, deux serviettes, à saisir au vol pour immédiatement s'éclipser afin de céder la place à l'élève suivant qui devait arriver en courant, s'arrêter pile, saisir lui aussi son trousseau au vol et détaler à son tour. La veste pouvait être trop grande ou trop petite, le pantalon trop long ou trop court, aucune importance. On ne peut tout de même pas s'arrêter à de telles bagatelles quand on a cent jeunes gens à habiller. Le coucher sonné, Gongohi faisait la ronde des dortoirs. Le jeu favori des internes après le bavardage était de faire grincer les lits. Le surveillant prenait des noms, les lits grinçaient quand même. Il criait, les lits grinçaient plus fort. Il punissait tout le monde, il se trouvait toujours des innocents pour protester. Gongohi, lui, arrivait en silence, une lampe torche à la main. Les bruits aussitôt cessaient. Mais s'arrêtant au hasard devant un lit, il tirait l'occupant par les pieds, en lui demandant :

« Tu as fait grincer ton lit ?

– Non, monsieur.

– Tu dors ?

– Oui, monsieur.

– Ah ! monsieur dort... Il dort ! En voilà un oiseau qui dort les yeux ouverts. Tu dors ?

– Oui, Monsieur le Directeur.

– Tiens ! tiens ! Monsieur dort, c'est donc moi le fou. Est-ce que je suis fou ?

– Non, Monsieur le Directeur.

– Tu dors ?

– Non ! Monsieur le Directeur.

– Et pourquoi ne dors-tu pas encore ? Tu faisais donc grincer ton lit ?

– Non ! Monsieur le Directeur.

– Qui donc faisait grincer les lits ? »

Bernard Dadié, *Climbié,* 1956, © Éditions Seghers, Paris

CHEIKH HAMIDOU

KANE

Cheikh Hamidou Kane, né à Matam (Sénégal) en 1928, issu d'une noble famille peul, a parcouru l'itinéraire qu'il prête au héros de son seul roman, *l'Aventure ambiguë*, 1961, de l'école coranique à l'école française. Mais il s'agit moins d'une autobiographie que d'une méditation grave, angoissée, sur la confrontation de l'Afrique traditionnelle et de la modernité, de la contemplation religieuse et de la technique au service de l'action. L'ouvrage a connu un retentissement considérable, qui en fait l'un des plus lus de la littérature africaine. Cheikh Hamidou Kane, longtemps ministre chargé de dossiers économiques, n'a jusqu'à ce jour publié aucune autre œuvre littéraire.

« Je n'aime pas l'école étrangère »

Samba Diallo, fils du chef des Diallobé (population du groupe toucouleur), est l'élève fervent de l'école coranique. Mais sa tante, la Grande Royale, pousse le chef, son frère, à l'envoyer à l'école française, pour qu'il y apprenne « l'art de vaincre sans avoir raison », en maîtrisant ces nouvelles armes que sont l'éducation et la technique.

Samba Diallo se souvint. « C'est aujourd'hui, se dit-il, que la Grande Royale a convoqué les Diallobé. Ce tam-tam les appelle. »

Il se leva du sol de terre battue où il avait dormi, fit une brève toilette, pria et sortit en hâte de la maison du maître, pour se rendre à la place du village où se réunissaient les Diallobé. La place était déjà pleine de monde. Samba Diallo, en y arrivant, eut la surprise de voir que les femmes étaient en aussi grand nombre que les hommes. C'était bien la première fois qu'il voyait pareille chose. L'assistance formait un grand carré de plusieurs rangs d'épaisseur, les femmes occupant deux des côtés et les hommes les deux autres. L'assistance causait tout bas, et cela faisait un grand murmure, semblable à la voix du vent. Soudain, le murmure décrut. Un des côtés du carré s'ouvrit et la Grande Royale pénétra dans l'arène.

« Gens du Diallobé, dit-elle au milieu d'un grand silence, je vous salue. »

Une rumeur diffuse et puissante lui répondit. Elle poursuivit.

« J'ai fait une chose qui ne nous plaît pas, et qui n'est pas dans nos coutumes. J'ai demandé aux femmes de venir aujourd'hui à cette rencontre. Nous autres Diallobé, nous détestons cela, et à juste titre, car nous pensons que la femme doit rester au foyer. Mais, de plus en plus, nous aurons à faire des choses que nous détestons, et qui ne sont pas dans nos coutumes. C'est pour vous exhorter à faire une de ces choses que j'ai demandé de vous rencontrer aujourd'hui.

« Je viens vous dire ceci : moi, Grande Royale, je n'aime pas l'école étrangère. Je la déteste. Mon avis est qu'il faut y envoyer nos enfants cependant. »

Il y eut un murmure. La Grande Royale attendit qu'il eût expiré, et calmement poursuivit.

« Je dois vous dire ceci : ni mon frère, votre chef, ni le maître des Diallobé [1] n'ont encore pris parti. Ils cherchent la vérité. Ils ont raison. Quant à moi, je suis comme ton bébé, Coumba (elle désignait l'enfant à l'attention générale). Regardez-le. Il apprend à marcher. Il ne sait pas où il va. Il sent seulement qu'il faut qu'il lève un pied et le mette devant, puis qu'il lève l'autre et le mette devant le premier. »

La Grande Royale se tourna vers un autre point de l'assistance.

« Hier, Ardo Diallobé, vous me disiez : "La parole se suspend, mais la vie, elle, ne se suspend pas." C'est très vrai. Voyez le bébé de Coumba. »

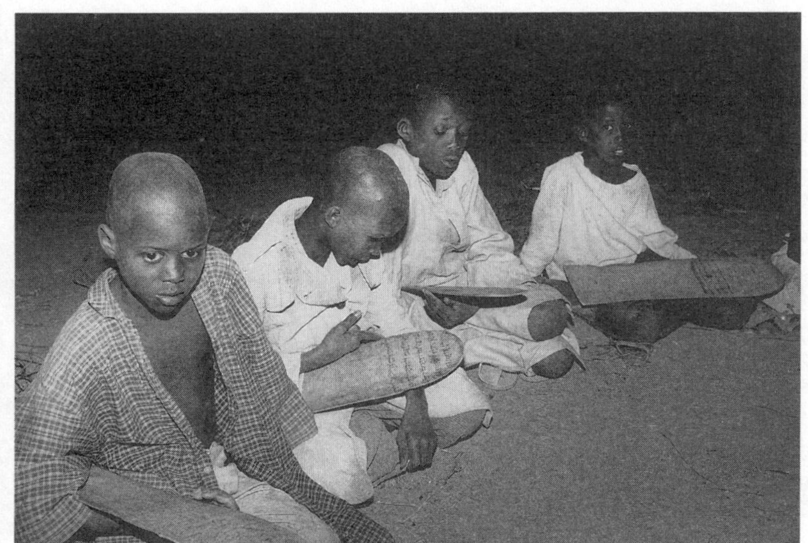

L'assistance demeurait immobile, comme pétrifiée. La Grande Royale seule bougeait. Elle était, au centre de l'assistance, comme la graine dans la gousse.

« L'école où je pousse nos enfants tuera en eux ce qu'aujourd'hui nous aimons et conservons avec soin, à juste titre. Peut-être notre souvenir lui-même mourra-t-il en eux. Quand ils nous reviendront de l'école, il en est qui ne nous reconnaîtront pas. Ce que je propose c'est que nous acceptions de mourir en nos enfants et que les étrangers qui nous ont défaits prennent en eux toute la place que nous aurons laissée libre. »

Elle se tut encore, bien qu'aucun murmure ne l'eût interrompue. Samba Diallo perçut qu'on reniflait près de lui. Il leva la tête et vit deux grosses larmes couler le long du rude visage du maître des forgerons.

« Mais, gens des Diallobé, souvenez-vous de nos champs quand approche la saison des pluies. Nous aimons bien nos champs, mais que faisons-nous alors ? Nous y mettons le fer et le feu, nous les tuons. De même, souvenez-vous : que faisons-nous de nos réserves de graines quand il a plu ? Nous voudrions bien les manger, mais nous les enfouissons en terre.

« La tornade qui annonce le grand hivernage de notre peuple est arrivée avec les étrangers, gens des Diallobé. Mon avis à moi, Grande Royale, c'est que nos meilleures graines et nos champs les plus chers, ce sont nos enfants. Quelqu'un veut-il parler ? »

Nul ne répondit.

« Alors, la paix soit sur vous, gens des Diallobé », conclut la Grande Royale.

Cheikh Hamidou Kane, *l'Aventure ambiguë*, 1961,
© Julliard, Paris

Compréhension et langue

1 – Par quel moyen les Diallobé sont-ils convoqués ?
2 – Quel est le rôle des femmes dans cette tribu ?
3 – Pourquoi la Grande Royale leur a-t-elle aussi demandé de venir ? Quel est son discours ?
4 – Par quels procédés (rhétorique, gestes, etc.) essaie-t-elle de persuader son auditoire ?
5 – Quels avantages espère-t-elle tirer de l'école étrangère ?
6 – Quelles comparaisons utilise-t-elle ?
7 – Comment l'assistance réagit-elle ?

Activités diverses, expression écrite

Débat sur l'enseignement. Quels sont les qualités et les défauts respectifs de l'éducation moderne et de l'éducation traditionnelle. L'instruction est-elle facteur de progrès ? Appuyez vos arguments sur des exemples précis et des références littéraires ou historiques.

1. Le maître de l'école coranique.

Rabah Belamri, né à Bougaâ (Algérie) en 1946, a perdu la vue en 1962 à la suite d'un décollement de rétine mal soigné. Il évoque ce drame au travers d'un roman pudique et lucidement maîtrisé, *Regard blessé,* 1987. *L'Asile de pierre,* 1989, confirme la qualité poétique de son écriture romanesque. *Mémoire en archipel,* 1990, rassemble de brefs textes – souvenirs réels et souvenirs de contes – qui composent le récit onirique d'une enfance algérienne. Rabah Belamri a également publié des contes et des poèmes (*L'olivier boit son ombre,* 1989).

Serpent

Premier texte de Mémoire en archipel, Serpent *mêle le récit d'un événement de la vie quotidienne aux histoires et légendes qu'il réveille dans les mémoires.*

Les soirs de canicule, ma mère alignait devant la porte côté cour trois cuvettes remplies d'eau pour nous assurer un rempart contre le serpent établi sous notre toit qui réapparaissait au retour de l'été, sans doute poussé par la soif. Ma mère, la seule à l'avoir aperçu, disait qu'il était couleur de nuit, avec des poils bouclés sur le dos, signe de la puissance qu'il avait accumulée au long des saisons. Le bûcher, encombré d'objets de rebut, était son refuge. Quand mon père rentrait, ma mère, encore agitée, lui indiquait l'endroit où elle avait entrevu le reptile.

« Ce monstre nous avalera un jour ! »

Inquiets et admiratifs à la fois, nous suivions les efforts de mon père qui, soucieux de nous rassurer, déplaçait tout ce que le bûcher renfermait : bûches, caisses, plaques de zinc, madriers, sacs de ciment, brouette… Il inspectait également le toit, sondant à l'aide du tisonnier la vieille claie d'osier toute vermoulue qui soutenait les tuiles.

« Il est retourné sous terre, disait ma mère avec anxiété. N'était-il pas le complice de Satan ? N'est-ce pas par sa faute que notre père Adam et notre mère Ève ont été chassés du Paradis ? »

Elle brûlait ensuite de l'encens et du benjoin dans une écuelle qu'elle promenait à travers la maison en récitant des versets à voix basse. Et cette nuit-là, nous ne trouvions le sommeil qu'après avoir longuement évoqué des histoires de serpent.

Le serpent que ma mère avait découvert avec effroi lové dans mon berceau.

« Si tu n'as pas été piqué, mon enfant, c'est que les anges avaient déployé leurs ailes sur toi. La bête de l'épouvante avait la tête appuyée sur ta poitrine. Toi, tu dormais dans la paix. »

Ma mère n'avait ni touché au berceau ni appelé à l'aide. Elle était restée debout, à distance, priant dans son cœur jusqu'à ce que le serpent s'en allât de lui-même, en suivant la corde qui retenait le berceau à la poutre. Cet événement extraordinaire ancra en ma mère la certitude qu'une force occulte et bienfaisante mûrissait en moi. Avertie à ma naissance par une chiromancienne[1] nomade, elle ne pouvait plus douter maintenant de l'avenir d'exception qui m'attendait :

« Tu seras, mon fils, un homme de sagesse, de plume, de voyance et peut-être même un saint. »

Le serpent qui s'était introduit dans le pantalon bouffant de mon oncle Mahfoud étendu sous les arbres au bord de l'oued. Mon oncle avait bondi en l'air. Il s'était mis à hurler et, enlevant promptement son pantalon, il en avait fait une boule qu'il avait lancée au loin. Puis, ne pouvant se montrer nu, il s'était caché derrière les mûriers et avait hélé sa femme qui, morte de rire, lui avait envoyé une gandoura[2].

Le serpent que la devineresse de la montagne, tant vénérée par ma mère, logeait entre ses seins et nourrissait à la petite cuiller. Son apparition terrorisait les visiteuses. La voyante riait doucement et, caressant d'une main distraite la tête du reptile qui pointait par l'échancrure de sa robe, répétait d'une voix éteinte :

« Mes petites filles, mes filles innocentes, nos cœurs grouillent de monstres que nous ne voyons pas ! »

Le couple de serpents surpris par mon père en train de se battre au bord d'un ruisseau. S'il avait eu la présence d'esprit de jeter sur eux son burnous ou sa veste, il aurait découvert, après leur fuite, sous le vêtement, un trésor.

Si Dieu refusa, ce jour-là, la fortune à mon père, il lui accorda, vingt ans plus tard, une modeste consolation en lui permettant de trouver, à l'endroit même où les serpents s'étaient affrontés, une pièce d'or. Mon père conservait cette pièce au fond de son portefeuille. Il lui conférait une valeur magique. De temps en temps, quand il comptait ses gains, au soir d'une excellente journée d'affaires, il la posait devant lui, et nous pouvions la regarder, émerveillés.

« C'est la pièce de la chance, disait ma mère. Tant qu'il la porte sur lui, il ne manquera pas d'argent. »

Le serpent réapparut. Il se glissa de nuit dans la pièce où nous dormions pour avaler les petites hirondelles qui venaient d'éclore – le nid se trouvait au-dessus de nos têtes. Quand mon père alluma le quinquet, nous vîmes le reptile enroulé autour de la poutre maîtresse, long, mince, brillant, la tête déjà enfouie dans le nid. Les hirondelles adultes, affolées, tournoyaient autour de lui. Nous évacuâmes la pièce en toute hâte, et mon père, à coups de pelle, lui écrasa la tête contre le bois. Avec un bruit mat, il tomba enfin sur le sol parmi les débris du nid et les petites hirondelles mortes. Cris de soulagement. Nous approchâmes. Il n'était pas noir et son dos n'était pas couvert de poils bouclés.

« C'est le fils de l'autre », dit ma mère en se mordant la main de dépit.

Rabah Belamri, *Mémoire en archipel*,
Coll. Haute Enfance, © Hatier, Paris, 1990

COMPRÉHENSION ET LANGUE

1 – Des serpents et des hommes : quels sont les personnages (autres que l'animal fabuleux) nommés dans ce texte ?
2 – Combien d'histoires ce passage compte-t-il ?
3 – Quel rapport unit la première et la dernière ?
4 – Résumez chacun de ces récits.
5 – Relevez et commentez les allusions symboliques de chacun d'entre eux.
6 – Comment le serpent est-il décrit aux lignes 5, 66 et 71 ?

ACTIVITÉS DIVERSES, EXPRESSION ÉCRITE

Connaissez-vous d'autres fables concernant les animaux ? Choisissez un animal et, en vous aidant d'un dictionnaire des symboles ou des mythes, réunissez quelques-unes des légendes le concernant.

1. Personne qui prédit l'avenir après examen des lignes de la main.
2. Tunique sans manche.

CAMEROUN

MONGO BETI

« Ils abandonnent la religion »

Le Pauvre Christ de Bomba dévoile la réalité du système colonial en prenant pour point de départ l'action des missionnaires. Le texte romanesque joue d'un subtil décalage entre les faits racontés (une tournée en brousse du Révérend Père Drumont) et le ton du récit, qui présente les événements à travers le journal intime tenu par le jeune Denis, domestique du missionnaire.

Alexandre Biyidi, dit Mongo Beti, né à Mbalmayo (Cameroun) en 1932, vit en exil en France, où il est professeur agrégé. Il a d'abord publié des romans stigmatisant la colonisation et ses effets dévastateurs sur la société traditionnelle (*Ville cruelle*, 1954, publié sous le nom d'Eza Boto ; *le Pauvre Christ de Bomba*, 1956 ; *Mission terminée*, 1957 ; *le Roi miraculé*, 1958). Après un silence de plusieurs années, il dénonce par un pamphlet (*Main basse sur le Cameroun*, 1972) et à nouveau des romans (parmi lesquels *Remember Ruben*, 1974 ; *Perpétue ou l'Habitude du malheur*, 1974 ; *les Deux Mères de Guillaume Ismaël Dzewatma, futur camionneur*, 1982) la situation qui prévaut en Afrique après les indépendances. La force dérangeante de son œuvre tient sans doute à son refus de toute orthodoxie comme à son vigoureux humour.

Le R.P.S.[1] n'a presque pas mangé. Zacharie[2], qui assistait au repas, a pris une mine vexée et lui a demandé :

« Père, ma cuisine ne te plaît donc plus ?... »

Naturellement, le R.P.S. a protesté du contraire. Quel hypocrite, ce Zacharie ! Bien sûr, ce n'est pas lui qui avait préparé le repas, mais des gosses, non plus ceux du catéchiste local qui n'en a que de très jeunes, mais des gosses venus de n'importe où, qui ont manipulé la nourriture du R.P.S. et y ont peut-être laissé des germes de maladie. Mon Dieu, que je suis malheureux ! Voir chaque jour les hypocrisies de Zacharie et ne même pas pouvoir en toucher un mot au R.P.S. ! Et j'ai tellement peur de faire une remarque à Zacharie ; il me dirait comme il le fait si souvent : « Non, mais, dis donc, pour qui vas-tu te prendre, maintenant ? Pour le fils du R.P.S. ? Oh ! je ne doute pas qu'il en ait, des enfants, mais ils n'ont certainement pas ta couleur, mon petit père... »

Après le repas, le R.P.S. s'est mis au travail avec le catéchiste qu'il interrogeait. Oui, j'ai suivi cet entretien tant que j'ai pu, puis je suis venu me coucher. D'ailleurs, Zacharie m'avait passablement exaspéré avec ses interventions que personne ne lui demandait. Par exemple, le R.P.S. a posé cette question au catéchiste local :

« À ton avis, pourquoi les gens se détournent-ils ainsi de la religion ? À ton avis, pourquoi y étaient-ils venus en masse au début ? »

Le catéchiste a répondu :

« Mon Père, autrefois nous étions pauvres ; or, le Royaume du Ciel n'appartient-il pas aux pauvres ? Rien d'étonnant si, alors, les nôtres se sont convertis à la religion de Dieu. Mais aujourd'hui, penses-y toi-même, Père, ils viennent d'acquérir des quantités incroyables d'argent en vendant leur cacao aux Grecs ; ils sont riches. Or, n'est-il pas plus facile au dromadaire de passer à travers le trou d'une aiguille qu'à un riche d'aller au ciel ?... »

Mais voilà que soudain Zacharie prend la parole, interrompant les paroles pleines de sagesse du catéchiste :

« Allons donc ! fait-il, ce n'est pas du tout cela, voyons ! Moi, je vais te dire de quoi il retourne exactement, Père. Eh bien, voilà. Les premiers d'entre nous qui sont accourus à la religion, à votre religion, y sont venus comme à... une révélation, c'est ça, à une révélation, une école où ils acquerraient la révélation de votre secret, le secret de votre force, la force de vos avions, de vos chemins de fer, est-ce que je sais, moi... le secret de votre mystère, quoi ! Au lieu de cela, vous vous êtes mis à leur parler de Dieu, de l'âme, de la vie éternelle, etc. Est-ce que vous vous imaginez qu'ils ne connaissaient pas déjà tout cela avant, bien avant votre arrivée ? Ma foi, ils ont eu l'impression que vous leur cachiez quelque chose. Plus tard, ils s'aperçurent qu'avec de l'argent ils pouvaient se procurer bien des choses, et par exemple des phonographes, des automobiles, et un jour peut-être des avions. Et voilà ! Ils abandonnent la religion, ils courent ailleurs, je veux dire vers l'argent. Voilà la vérité, Père ; le reste, ce n'est que des histoires… »

Et parlant ainsi, il prenait un air important. Je bouillais d'indignation en entendant ce discours creux d'illettré, ce bla-bla-bla, comme dirait le Père Le Guen, le nouveau vicaire… Je sentais la sueur dégouliner sur mon front, le long de mon nez, sur mes joues, et se former en gouttelettes à la pointe de mon menton, tellement m'échauffait la colère. Je l'aurais volontiers gratifié de quelques gifles… chose curieuse, le R.P.S. l'écoutait attentivement…

Mongo Beti, *le Pauvre Christ de Bomba,* 1956,

COMPRÉHENSION ET LANGUE

1 – Qui sont les différents personnages mis en scène dans ce passage ?
2 – Comment est représenté Zacharie ?
3 – Quelle explication le catéchiste donne-t-il au Révérend Père sur la non-fréquentation de l'Église ?
4 – Quelle est celle de Zacharie ?
5 – Pourquoi cette intervention exaspère-t-elle le narrateur ?
6 – Cherchez le sens des mots ou expressions : *catéchiste, vicaire, Royaume du Ciel.*
7 – Comment la religion est-elle vue dans ce passage ?
8 – Quelle est la tonalité du texte ? Quels sont les registres de langue employés ?

ACTIVITÉS DIVERSES, EXPRESSION ÉCRITE

Analysez les critiques qui sont portées contre la religion. Les trouvez-vous justifiées ? Quel est votre propre point de vue sur ce sujet ? Appuyez votre argumentation sur une analyse ou une réfutation précise du texte.

1. Le Révérend Père Supérieur.
2. Cuisinier qui accompagne le missionnaire et Denis dans la tournée.

CAMEROUN

FERDINAND OYONO

Ferdinand Oyono, né près d'Ebolowa (Cameroun) en 1929, a publié trois romans (*Une vie de boy*, 1956 ; *le Vieux Nègre et la Médaille*, 1956 ; *Chemin d'Europe*, 1960), remarquables par l'âpreté de l'ironie et le sens de la caricature. Après l'indépendance du Cameroun, il s'est consacré à sa carrière de diplomate.

« Je suis chrétien, mon Commandant »

Une vie de boy *développe des « scènes de la vie coloniale » sous forme d'un journal tenu par le boy du Commandant.*

Le nouveau Commandant a besoin d'un boy. Le père Vandermayer m'a dit de me présenter à la Résidence demain. Cela me soulage car, depuis la mort du père Gilbert, la vie à la Mission m'est devenue intolérable. C'est sans doute aussi un bon débarras pour le père Vandermayer...

Je serai le boy du chef des Blancs : le chien du roi est le roi des chiens.

Je quitterai la Mission ce soir. J'habiterai désormais chez mon beau-frère au quartier indigène. C'est une nouvelle vie qui commence pour moi.

Mon Dieu, que votre volonté soit faite...

Enfin, ça y est ! Le Commandant m'accepte définitivement à son service. Cela s'est passé à minuit. J'avais fini mon travail et m'apprêtais à partir au quartier indigène quand le Commandant m'invita à le suivre dans son bureau. Ce fut un terrible moment à passer.

Après m'avoir longuement observé, mon nouveau maître me demanda à brûle-pourpoint si j'étais un voleur.

– Non, Commandant, répondis-je.

– Pourquoi n'es-tu pas un voleur ?

– Parce que je ne veux pas aller en enfer.

Le Commandant sembla sidéré par ma réponse. Il hocha la tête, incrédule.

– Où as-tu appris ça ?

– Je suis chrétien, mon Commandant, répondis-je en exhibant fièrement la médaille de saint Christophe que je porte à mon cou.

– Alors, tu n'es pas un voleur parce que tu ne veux pas aller en enfer ?

– Oui, mon Commandant.

– Comment est-ce, l'enfer ?

– Ben, c'est les flammes, les serpents et Satan avec des cornes... J'ai une image de l'enfer dans mon livre de prières... Je... je peux vous la montrer.

J'allais sortir le petit livre de prières de la poche arrière de mon short quand le Commandant arrêta mon geste d'un signe. Il me regarda un moment à travers les volutes de fumée qu'il me soufflait au visage. Il s'assit. Je baissai la tête. Je sentais son regard sur mon front. Il croisa et décroisa ses jambes. Il me désigna un siège en face de lui. Il se pencha vers moi et releva mon menton. Il plongea ses yeux dans les miens et reprit :

– Bien, bien, Joseph, nous serons de bons amis.

– Oui, mon Commandant, merci, mon Commandant.

– Seulement si tu voles, je n'attendrai pas que tu ailles en enfer... C'est trop loin...

– Oui, mon Commandant... C'est... c'est où, mon Commandant ?

Je ne m'étais jamais posé cette question. Mon maître s'amusait beaucoup de ma perplexité. Il haussa les épaules et se rejeta sur le dossier de son fauteuil.

– Alors, tu ne connais même pas l'endroit où se trouve l'enfer où tu crains de brûler ?

– C'est à côté du purgatoire, mon Commandant... C'est... c'est... au ciel.

Mon maître étouffa un rire, puis, redevenant sérieux, il me pénétra de son regard de panthère.

– À la bonne heure, nous y voilà. J'espère que tu as compris pourquoi je ne pourrais attendre que « petit Joseph pati rôti en enfer ».

Le Commandant imitait d'une voix bizarre le petit nègre des militaires indigènes. Il était très drôle. Pour ne pas rire, je toussai très fort. Il ne s'aperçut de rien et continua :

– Si tu me volais, je t'écorcherais la peau.

– Pour ça, je suis sûr, Monsieur, si je n'ai pas dit ça tout à l'heure, c'est que je croyais que ça ne valait même pas la peine d'être dit. Je...

– Ça va, ça va, coupa le Commandant visiblement excédé.

Il se leva et commença à tourner autour de moi.

– Tu es un garçon propre, dit-il en me détaillant avec attention. Tu n'as pas de chiques, ton short est propre, tu n'as pas de gale...

Il recula de quelques pas et me toisa de nouveau.

– Tu es intelligent, les prêtres m'ont parlé de toi en termes élogieux. Je peux compter sur petit Joseph, n'est-ce pas ?

– Oui, mon Commandant, répondis-je, les yeux brillants de plaisir et de fierté.

– Tu peux disposer. Sois ici tous les matins à six heures. Compris ?

Quand je fus à la véranda, il me sembla que je venais de livrer une rude bataille. Le bout de mon nez transpirait.

Ferdinand Oyono, *Une vie de boy,*

COMPRÉHENSION ET LANGUE

1 – Qui est le narrateur de cet épisode ?
2 – Où vivait-il avant d'être engagé comme boy ?
3 – Quelles sont les qualités qu'exige le Commandant de son futur boy ?
4 – Expliquez pourquoi « le Commandant sembla sidéré... incrédule » (l. 21-22).
5 – Comment pourriez-vous qualifier les représentations de l'enfer qui sont celles du héros ? Quelle image de la religion donnent-elles ?
6 – Que signifie l'expression « le chien du roi est le roi des chiens » (l. 6-7) ?

ACTIVITÉS DIVERSES, EXPRESSION ÉCRITE

1 – À quelles caractéristiques (temps, personne, style) reconnaissez-vous qu'il s'agit de la forme littéraire du *journal* ?
2 – Dans le passage « Après m'avoir longuement observé... Compris ? » (l. 16 à l. 71), transformez tous les dialogues en discours indirect. Vous utiliserez pour ce faire des verbes déclaratifs simples (dire, répondre, etc.).

SÉNÉGAL

OUSMANE SEMBÈNE

Sembène Ousmane, né à Zinguichor (Sénégal) en 1923, a été pêcheur, maçon, soldat dans l'armée française, docker, avant de devenir écrivain et cinéaste. L'esthétique réaliste, dans la tradition de Zola et du roman militant, convient à son engagement politique affiché. Il brosse un tableau sans complaisance de la fin de la colonisation (*le Docker noir*, 1956 ; *Ô pays, mon beau peuple*, 1957), comme il stigmatise les erreurs des lendemains d'indépendance (*le Mandat*, 1965 ; *Xala*, 1973 ; *le Dernier de l'empire*, 1981). La fresque épique des *Bouts de bois de Dieu*, 1960, évoquant une grève des cheminots de la ligne Dakar-Niger, reste son chef-d'œuvre. Il a cherché dans le cinéma un moyen de toucher plus directement les masses populaires, en adaptant ses propres textes (*le Mandat*, 1968 ; *Xala*, 1974) ou par des créations originales (*Emitaï*, 1971 ; *Ceddo*, 1977).

« La route était trop étroite pour leur procession »

L'un des chapitres les plus justement célèbres des Bouts de bois de Dieu *raconte « la marche des femmes sur Dakar » : les épouses des cheminots grévistes ont décidé d'organiser une longue marche, de Thiès jusqu'à Dakar, pour aller exprimer leur mécontentement aux autorités. La manifestation se terminera dans le sang : plusieurs des femmes tomberont sous les balles des miliciens.*

Depuis qu'elles étaient sorties de Thiès, les femmes n'avaient cessé de chanter. Aussitôt qu'un groupe laissait mourir le refrain, un autre le reprenait, puis, de nouveaux couplets étaient nés, comme ça, au hasard de l'inspiration, une parole en amenant une autre qui trouvait à son tour son rythme et sa place. Personne ne savait plus très bien où commençait le chant ni s'il finirait jamais. Il s'enroulait sur lui-même comme un serpent. Il était long comme une vie.

Maintenant le jour était venu. La route était trop étroite pour leur procession, elles avançaient déployées en éventail si bien que les unes marchaient dans la poussière, les autres dans l'herbe sèche, d'autres encore suivaient les rails du chemin de fer et les plus jeunes s'amusaient à sauter de traverse en traverse. Les couleurs des pagnes, des camisoles, des mouchoirs de tête, enrichissaient le paysage. Les tissus à matelas se mêlaient aux toiles de jute, aux coutils métissés [1], aux broderies multicolores, aux cotonnades usées des vieux boubous. Les manches ouvertes révélaient des épaules bien rondes que la poussière recouvrait d'un duvet blanc, les pagnes relevés des jambes fuselées et des mollets alourdis.

Le soleil était derrière elles, il tapait dur dans leur dos au fur et à mesure qu'il montait de l'horizon, mais elles ne faisaient pas attention à lui, elles le connaissaient bien. Il était du pays, le soleil. En tête marchaient Penda, la taille serrée dans un ceinturon militaire, Mariame Sonko, la femme du soudeur et Maïmouna l'aveugle qui, sans que nul s'en fût aperçu, s'était jointe à la procession, son bébé attaché sur le dos par un vieux châle. Assez loin derrière le moutonnement des femmes suivaient les hommes de l'escorte. Plusieurs d'entre eux avaient leurs bicyclettes. Boubacar, le forgeron, avait accroché au cadre et au guidon de la sienne un chapelet de bidons et de gourdes pleines d'eau ; Samba N'Doulougou était perché sur une bicyclette de fabrication anglaise, son croupion oscillant sur la selle, ses pieds lâchant les pédales à chaque tour.

Hommes et femmes traversaient un paysage que la saison sèche éprouvait durement. Des averses de soleil frappaient au cœur les herbes et les petites plantes, pompant leur sève. Feuilles et tiges s'inclinaient avant de tomber, mortes de chaleur. Seuls semblaient vivre les épineux à l'âme sèche, et, loin vers l'horizon, les baobabs hautains que les allées et venues des saisons ne dérangent guère. Sur le sol qui ressemblait à une croûte malsaine, on distinguait encore le dessin des anciennes cultures : petits carrés de terre craquelée d'où pointaient des moignons de tiges de mil ou de maïs, hérissés comme des dents de peigne. Plus loin entre des seins de terre brune, se profilaient des toits de chaume dansant dans la buée chaude et, venant d'on ne sait où, allant on ne sait où, des petits sentiers, des sentiers enfants, suivaient, croisaient le chemin père d'où des centaines de pieds faisaient monter une poussière rougeâtre car, en ce temps-là, l'asphalte n'avait pas encore recouvert la route de Dakar.

Assez tôt le premier soir, on entra dans un village. Les habitants, étonnés de voir tant de femmes, pressèrent chacune de questions. Mais l'hospitalité fut cordiale bien qu'un peu cérémonieuse tant était grande la surprise d'un tel événement. On repartit à l'aube, soif calmée, ventres satisfaits, pieds douloureux, dans un grand concert de compliments et d'encouragements. Deux heures plus tard, on croisa le car de Thiès et quelques femmes esquissèrent des pas de danse pour répondre aux voyageurs qui les acclamaient, puis on reprit la route.

Et le deuxième jour fut semblable au premier.

Ce fut au milieu du troisième jour que la fatigue commença à se manifester. On avait dépassé Pouth où les villageois avaient formé une double haie pour applaudir les femmes qui chantaient mais peu à peu le cortège s'était étiré. Le soleil versait sur la terre ses marmites de braise, les articulations des genoux et des chevilles devenaient dures et douloureuses. Telle une rivière qui, après avoir amassé ses forces pour passer une gorge étroite, se laisse aller aux douces facilités de la plaine, la troupe des femmes s'étirait, s'allongeait, s'étendait.

– Je n'entends plus chanter, dit Maïmouna qui était toujours dans le groupe de tête, en posant la main sur l'épaule de Penda.

– C'est vrai, je ne l'avais pas remarqué. Depuis combien de temps ?

– Depuis que nous avons vu le serpent écrasé par une auto, dit Mariame Sonko, et elle s'assit ou plutôt se laissa tomber sur le rebord du talus.

Penda regarda l'horizon :

– Lève-toi, Mariame, ce n'est pas un bon endroit pour se reposer, il y a des arbres là-bas.

– Ils sont loin, tes arbres !

Sembène Ousmane, *les Bouts de bois de Dieu*,
Plon, 1960

COMPRÉHENSION ET LANGUE

1 – Quelles sont les différentes parties du texte ?
2 – À quoi la chanson est-elle comparée ?
3 – Comment s'organise la procession des femmes ?
4 – Relevez les termes appartenant au lexique du tissu.
5 – Relevez les images et commentez leur choix (l. 32 à l. 46).
6 – Quel accueil le village a-t-il réservé aux femmes ?
7 – Quelles impressions se dégagent de l'ensemble du passage ? Comment pourrait-on qualifier le style de l'auteur ?

ACTIVITÉS DIVERSES, EXPRESSION ÉCRITE

Le féminisme. L'Histoire, depuis la plus haute Antiquité, a souvent vu des femmes manifester leur mécontentement et prêtes à tout pour faire valoir leur droit. Recherchez des documents et des renseignements sur les différentes étapes et les acquis des luttes féminines.

1. Toiles très serrées et lissées, en mélange de coton et lin.

CONGO

EMMANUEL DONGALA

Emmanuel Dongala, né à Alindao (en Oubangui-Chari, aujourd'hui République centrafricaine) en 1941, de père congolais et de mère centrafricaine, est professeur de chimie. Son premier roman, *Un fusil dans la main, un poème dans la poche*, 1973, tente un bilan des luttes et des rêves dans les années d'après l'indépendance. Les nouvelles réunies dans *Jazz et vin de palme*, 1982, associent la satire burlesque des nouveaux États africains à l'hommage fervent rendu au grand musicien de jazz John Coltrane. *Le Feu des origines*, 1987, se présente comme une chronique de l'évolution récente d'un pays africain, racontée comme une légende ou un mythe traditionnels. Dongala est très représentatif de cette génération du malaise de l'Afrique, qui succède aux enthousiasmes révolutionnaires de la période de l'indépendance.

« Je suis un militant modeste »

La nouvelle la Cérémonie, *tirée de* Jazz et vin de palme, *a pour héros et narrateur un gardien d'usine qui rêve de devenir directeur, depuis qu'il a pris connaissance du décret révolutionnaire du gouvernement, selon lequel le directeur de l'usine devra être choisi parmi les authentiques militants-travailleurs de l'entreprise.*

Moi, vous savez, je suis un militant modeste et je pourrais même ajouter exemplaire dans ma vie publique comme dans ma vie privée, si cela n'était en contradiction avec la qualité que je viens de citer tout à l'heure. La cérémonie devait commencer à neuf heures précises, mais dès sept heures trente j'étais déjà là. Certes, je ne dis pas que cela m'aurait déplu si le secrétaire général de notre syndicat unique avait remarqué que j'étais là avant tous les autres, prêt à donner un coup de main par-ci, à redresser le mât du drapeau rouge par-là, ou encore prêt à épousseter le portrait de notre grand leader immortel ignominieusement assassiné par les forces du mal, c'est-à-dire l'impérialisme et ses valets, ou même tout simplement prêt à aider à donner un coup de chiffon sur le fauteuil capitonné et rouge dans lequel le président du comité central de notre parti unique, président de la République, chef de l'État, président du Conseil des ministres, chef des Armées, proche compagnon et digne successeur de notre guide fondateur devenu immortel depuis son lâche assassinat, allait poser ses fesses révolutionnaires. Non, cela ne m'aurait pas déplu ; mais enfin, j'étais là tôt tout simplement parce que je suis un militant sincère, postulant mon admission au Parti. Évidemment, je vous dis tout de suite que je suis entièrement d'accord avec le communiqué publié à la radio selon lequel cette cérémonie sera un événement politique. Ah ! je vois que je ne vous ai pas encore parlé de cet événement historique. Diable, je n'arriverai jamais à ordonner mes pensées scientifiquement comme le veut notre révolution dans sa dialectique. Voilà, j'y viens.

Vous savez que pour combattre l'impérialisme international et ses valets, il nous faut avoir un développement autogéré et autocentré (j'ai appris tous ces termes par cœur car pour entrer au Parti on nous pose des tas de questions dans ce sens pour savoir si nous sommes de vrais communistes et si nous connaissons bien le marxisme-léninisme) ; or, pour avoir ce développement automobile – pardon, autocentré –, il nous faut combattre la bourgeoisie démocratique – pardon, bureaucratique (excusez-moi, j'ai appris tellement de choses en si peu de temps que tout se mélange parfois dans ma tête). Pour cela, il faut nommer à la tête de nos usines des ouvriers compétents et rouges. Moi, je pense en toute modestie que je suis compétent car voilà plus de dix ans que je suis sentinelle à notre usine, même si après toutes ces années je ne gagne que quinze mille francs CFA par mois. Et pendant toutes ces dix années, aucun vol par effraction n'a été commis ni de jour ni de nuit.

Emmanuel Dongala, *Jazz et vin de palme*, Coll. Monde Noir Poche, Hatier, Paris, 1982

Tierno Monénembo (pseudonyme de Diallo Thierno Saïdou), né à Porédaka (Guinée) en 1947, a dû fuir son pays soumis à la dictature de Sékou Touré. Après des études de biochimie, il enseigne en Algérie, puis en France. Il vient au roman (*les Crapauds-Brousse,* 1979 ; *les Écailles du ciel,* 1986) pour dénoncer, par une écriture du cauchemar, le despotisme tropical des dictatures africaines.

« Un terrible réveil »

Les Écailles du ciel *suit ses héros au long de l'histoire récente d'un pays africain imaginaire, des malheurs de la colonisation aux lendemains désastreux de l'indépendance. Pour évoquer Djimméyabé, la capitale, et Ndourou-Wembîdo, le dictateur, Monénembo y pratique l'art de la caricature à peine appuyée.*

Djimméyabé n'avait plus figure de ville. Ses rues – non plus seulement celles des Bas-Fonds, mais aussi celles du centre-ville que l'on appelait avant l'Indépendance En-Haut avec une tentation mêlée de crainte – ressemblaient à des sillons de labour avec leur gadoue rouge et leurs flaques d'eau bourbeuse. Ses maisons s'étaient lézardées, recouvertes d'une méchante couche de salissure. Ses jardins étaient tombés en friche. Çà et là, caracolaient de vieilles guimbardes aux pneus pleins de fissures et d'aspérités, des carrosseries si rocambolesques[1] qu'on les eût crues destinées à quelque cirque préhistorique. Un terrible réveil avait succédé à l'euphorie. La négraille désenchantée coulait un triste regard sur la nouvelle réalité et étouffait à tout bonheur son amertume. Les flûtes et les coras[2] prêtaient comme elles pouvaient leur alacrité aux hommes à un moment où ils en avaient bien besoin.

Les discours de Ndourou-Wembîdo étaient devenus un rite hebdomadaire auquel tout le monde était impérativement convié. Des colonnes de policiers et de miliciens exhortaient les militants à coups de machette. Les têtes brûlées, qui trouvaient le moyen d'attraper des blessures sous cette vertueuse incitation, étaient tenues de rester conscientes et de retenir l'ensemble du discours faute de quoi ils avouaient explicitement leur opposition au régime et leur soumission à la hyène colonialiste. Des comités de quartier dressaient la liste des absents, et ceux-ci étaient pendus en guise de préliminaire aux meetings ultérieurs. La population de la ville s'entassait donc comme des sardines au stade du Premier-Avril qui, somptueux cadeau d'un peuple ami, ne pouvait contenir tout le monde : des gens mouraient piétinés ou asphyxiés, ou ressortaient du stade avec des membres fracturés et des côtes brisées. Ndourou-Wembîdo s'emparait du micro comme d'un fétiche. Il vociférait des slogans introductifs que la foule reprenait sous la surveillance aiguë des miliciens. Au coin de sa bouche perlait une écume de bave. Il levait les bras aux cieux et dénonçait de nombreux complots sataniques : la terre entière se préparait à l'assassiner.

Tierno Monénembo, *les Écailles du ciel,*
© Éditions du Seuil, Paris, 1986

1. Extravagantes.
2. Instruments de musique à cordes.

CONGO

HENRI LOPÈS

Henri Lopès est né à Kinshasa (dans l'ancien Congo belge, aujourd'hui le Zaïre) en 1937, mais il est de nationalité congolaise. Historien de formation, il a fait une brillante carrière politique, en étant ministre, puis Premier ministre (de 1977 à 1980) de larépublique du Congo. Depuis 1982, il est sous-directeur général de l'UNESCO. Son œuvre romanesque (*Tribaliques*, 1971 ; *la Nouvelle Romance*, 1976 ; *Sans tam-tam*, 1977 ; *le Pleurer-Rire*, 1982 ; *le Chercheur d'Afriques*, 1990) brosse un tableau, souvent plein d'humour mais sans complaisance, de l'Afrique d'après les indépendances.

« La Journée internationale du Livre »

Le Pleurer-Rire *raconte sur un mode humoristique, parfois grinçant, les exploits de Tonton Hannibal Ideloy Bwakamabé Na Sakkadé, militaire devenu, à la faveur d'un coup d'État, maréchal et président de la République... quelque part en Afrique. Le maréchal-président exerce un pouvoir illimité et terrifiant.*

L'événement se situe au cours de la Journée internationale du Livre. Je ne me souviens plus très bien de l'année. Qu'importe, d'ailleurs...

L'Association des Écrivains du Pays avait, pour l'occasion, organisé, au gymnase Hannibal Ideloy Bwakamabé Na Sakkadé, une exposition d'ouvrages de tous nos poètes, romanciers, dramaturges, critiques littéraires, philosophes, sociologues, psychologues, pédagogues, linguistes, historiens, géographes et scientifiques de diverses disciplines. Pour encourager et satisfaire l'amour-propre de certains impatients pressés d'être sacrés auteurs, le comité d'organisation avait, sous l'effet de pressions politiques discrètes aussi bien que grossières, toléré finalement la présence en vitrine des manuscrits dactylographiés et ronéotypés au même titre que les ouvrages édités ou publiés à frais d'auteur. Seuls faisaient défaut les écrits de Matapalé que Tonton avait pourtant libéré de prison, mais qui demeurait victime des décrets de la censure.

Le maréchal en personne, « en dépit de ses lourdes tâches », vint présider la cérémonie d'inauguration au cours de laquelle le discours du président de l'Association des Écrivains lui décerna, sans réticence, le titre de « nouvel Auguste nègre, grand ami des lettres et des arts, protecteur de tous les créateurs », avant de suggérer toute une série de mesures au profit de ceux qui assuraient le renom de notre culture en Afrique et dans le monde. On applaudit, et Tonton s'applaudit. À son tour, le ministre de la Culture, après avoir remercié Tonton d'être venu à cette « combien modeste cérémonie... ce qui prouvait à suffisance, si besoin en était encore, l'intérêt qu'il portait à des trucs de ce genre », établit des comparaisons entre le nombre d'écrivains publiés sous la colonisation et ceux qui se firent éditer sous le régime du « sinistre » Polépolé, puis depuis la prise du pouvoir par le Conseil patriotique de la Résurrection nationale. Ces chiffres, selon lui, permettaient d'affirmer de manière irréfutable que notre président était un « mécène et l'inspirateur infatigable de toute notre production artistique ». Avant Bwakamabé, pas ou très peu d'œuvres dignes d'intérêt. Depuis son avènement, des centaines. On applaudit ce passage, et Tonton s'applaudit bien fort.

Mais les discours repliés dans les poches et le ruban inaugural tranché, le visage du Chef changea d'expression. Brusquement, un nuage vint occulter le soleil de ses pupilles. L'homme était absent, loin des explications que lui fournissait le président de l'Association des Écrivains en passant devant chaque stand. Ses yeux cherchaient désespérément un livre rare sur les rayons.

Il écourta la visite et s'en alla sans participer à l'apéritif d'usage.

Avant qu'on ait pu comprendre et alors qu'on commençait à peine à échafauder des supputations, un communiqué radio convoquait incontinent le conseil des ministres.

Une pile de livres sur sa table, le Chef attendait déjà les membres du gouvernement, à sa place dans la salle du conseil. Les ministres arrivaient un à un et s'asseyaient dans un silence pesant. Des membres du cabinet présidentiel ne cessaient d'apporter d'autres piles du même ouvrage, comme des briques sur la table de Tonton.

Quand le gouvernement fut au complet, le maréchal prit la parole en empruntant, avec un naturel inquiétant, la voix du Guinarou.

« Peut-on m'expliquer pourquoi aucun… »

Il faillit s'étrangler.

« … aucun de mes livres n'a été exposé ? Hein ? Expliquez-moi ça un peu. »

Le ministre de la Culture, la sueur au front, tenta de fournir une réponse, crut fournir une réponse.

« Et ça alors ? »

Tonton montrait de son doigt épais les piles d'ouvrages.

« De la merde, ça ? Con de ta maman ! »

Il donna un coup de poing sur la table. Et il parla, insulta, parla, insulta, parla, montra le poing, insulta, parla jusqu'à… (traîner sur le a).

Et c'est ainsi qu'eut lieu, ce jour même, un autre remaniement ministériel. Le maréchal Bwakamabé Na Sakkadé s'attribuait le portefeuille de la Culture et des Arts.

Henri Lopès, *le Pleurer-Rire*,
© Présence Africaine, Paris, 1982

Compréhension et langue

1 – Pourquoi la date de l'événement a-t-elle peu d'importance ?
2 – Quelles sont les catégories d'auteurs présents à l'exposition d'ouvrages ?
3 – Expliquez le travail de chacun d'eux.
4 – Quelle différence y a-t-il entre les manuscrits dactylographiés et ronéotypés ?
5 – Quel est l'impact de la censure politique ?
6 – Pourquoi le président est-il considéré comme un « mécène… artistique » (l. 30-31) ?
7 – Comment le changement de comportement du chef de l'État s'explique-t-il ?
8 – Quel est l'effet produit par la répétition des verbes du premier groupe au passé simple (l. 61-62) ?

Activités diverses, expression écrite

1 – Relevez les traits d'humour de ce passage et expliquez-les.
2 – Quels sont les dangers d'un pouvoir illimité et reposant sur la terreur ?
3 – L'art peut-il échapper à la dictature politique ?

MALI

MASSA MAKAN

IABATÉ

Massa Makan Diabaté (Kita, Mali, 1938 - Bamako, Mali, 1988), issu d'une célèbre famille de griots traditionnels, a recueilli des contes et des légendes de la tradition malinké, notamment l'épopée de Soundjata (*l'Aigle et l'Épervier,* 1975). Dans une trilogie haute en couleurs (*le Lieutenant de Kouta,* 1979 ; *le Coiffeur de Kouta,* 1980 ; *le Boucher de Kouta,* 1982), il caricature plaisamment la vie quotidienne dans une petite ville du Sahel. Par la rigueur de l'écriture de *Comme une piqûre de guêpe,* 1980, récit d'une circoncision, il invite à pénétrer dans l'intimité de la civilisation du pays mandingue.

« Il reprit la boucherie paternelle »

Le père de Namori, boucher du village de Kouta, souhaite que son fils reprenne son commerce. Mais il faut un apprentissage.

Il confia donc Namori au chef des bouchers afin qu'il apprenne le métier. Celui-ci lui dit qu'un vrai boucher devait tout d'abord s'habituer à l'odeur du sang et le commit au transport des bêtes abattues. À Kouta, on lui donna le surnom de « Namori-chargeur-de-viande ». Le soir, après la fermeture de la boucherie, il avait beau se frotter au toubab-safounani, le savon des Blancs, s'arroser d'eau de Cologne et de parfum, son surnom lui collait à la peau, rappelant une odeur de sang coagulé et le bourdonnement des mouches. Et quand il s'en allait chez une jeune fille, accompagné de Daouda, Solo et Soriba [1], avec un chœur de musiciens, il rencontrait un refus, sec, comme un nerf de bœuf.

Son père constata son désarroi et lui trouva une femme venue d'une brousse si lointaine que le sel devait y être tenu pour une denrée rare.

Un jour on apprit que les enfants blancs du Bon Dieu s'étaient séparés, brutalement, comme les branches d'un même arbre [2]. Des émissaires étaient alors venus à Kouta. Ils triaient les hommes valides sur le vif, comme du bétail, les obligeant à ouvrir toute grande leur bouche comme des caïmans ; regardant la plante de leurs pieds comme des chevaux à ferrer ; tapant sur leur poitrine pour voir si le cœur y était ; soupesant leur sexe pour se convaincre qu'il emplissait bien leur pantalon. Les absents furent déclarés « bons absents ». Namori était du nombre ; il n'avait pas attendu que le conseil de révision l'appelât.

Pendant douze ans, on n'eut aucune nouvelle de lui avec certitude. Les uns le disaient à Séfadougou à la recherche du diamant et les autres, dans les mines d'or du Bouré vers Kourémalen.

À son retour, il ne fit aucune révélation. Pas même à ses frères de case, Daouda, Solo et Soriba. Alors la médisance !... Kompè le coiffeur et ses amis disaient qu'il avait été coupeur de routes, brigand des grands chemins ; et les autres ajoutaient qu'il sortait tout juste de prison.

Trois mois après la mort de son père, il était revenu à Kouta, avec toute la pacotille qui pouvait éblouir ; avec une femme, deux fils et un fusil à canon double.

Les anciens avaient tout aussitôt dépêché Daouda, Solo et Soriba auprès de lui, disant que le dernier vœu de son père fut qu'il reprenne la femme qui l'avait attendu pendant douze ans. Pour toute réponse, Namori se mit à pleurer en se mordant le poing. Ses amis crurent que c'était là sa façon d'exprimer et son regret et son acccord. Ils en informèrent les anciens qui vinrent le féliciter de sa compréhension, disant qu'il était le vrai fils de son père par sa commisération et sa sensibilité. À nouveau, Namori se mit à pleurer, entra dans sa chambre à coucher et revint avec son fusil à canon double. Il tira un coup en l'air, en maudissant ces coutumes et ces usages qui interdisent de tuer les vieillards inutiles, bavards et prodigues en conseils.

Il reprit la boucherie paternelle, licencia tous les employés, égorgeur, porteur, videur de tripes et autres détaillants, ne gardant qu'un vendeur. Il abattait lui-même les bêtes, les dépouillait, les dépeçait et les transportait à son étal à l'aide d'une charrette, avant la prière de l'aube.

Mais quand on sut comment il procédait pour accomplir, tout seul, une si lourde tâche, l'Imam vint le voir en toute confidence et lui demanda d'engager de l'aide. En effet, Namori assommait bœufs, chèvres et brebis avec un énorme marteau et ils mouraient sans avoir été saignés.

Quand l'Imam lui expliqua, patiemment, que des bêtes abattues de la sorte n'étaient que charogne pour un musulman, il engagea Sogoba, un colosse, un sans-emploi qui ne demanda même pas un salaire. Après enquête, on sut que celui-ci venait d'une brousse qu'aucun marabout n'avait jamais foulée. Alors que Namori se fâchait, maudissant les usages et les contraintes, l'Imam lui imposa Bilal, le barbier du village, comme égorgeur, moyennant un kilo de viande par bête égorgée comme le faisait son père. Bilal ne se fit pas prier : depuis l'indépendance et la dégradation des mœurs, seuls les vieillards se faisaient raser ; et comme ils étaient tous atteints d'une calvitie qui gagnait en étendue…

En quelques années, Namori fit fortune au prix d'un travail forcené.

Massa Makan Diabaté, *le Boucher de Kouta*, Coll. Monde Noir Poche, © Hatier, Paris, 1982

Compréhension et langue

1 – Quelle est la première tâche de Namori ?
2 – D'où lui vient son surnom ?
3 – Quelle métaphore l'auteur utilise-t-il pour annoncer la Seconde Guerre mondiale ?
4 – Comment les hommes sont-ils recrutés pour la guerre ?
5 – Combien de temps Namori est-il resté absent ?
6 – Dans quelles circonstances reprend-il la boucherie paternelle ?
7 – Quels sont les rites religieux qui entourent l'abattage des bêtes ?
8 – Relevez les éléments ironiques de la fin du texte (l. 60 à l. 65).

Activités diverses, expression écrite

1 – Quel métier aimeriez-vous exercer ? Pourquoi ? Analysez les avantages et les inconvénients de votre choix.
2 – Selon vous, le métier idéal doit-il se plier à certains rites religieux ? Si oui, lesquels ?

1. Frères de case de Namori (ils ont subi en même temps l'épreuve de la circoncision).
2. C'est le début de la Seconde Guerre mondiale.

GUINÉE

WILLIAMS

ASSINE

Williams Sassine, né à Kankan (Guinée) en 1944, d'un père libanais et d'une mère guinéenne, mathématicien de formation et de profession, est venu à la littérature par des romans (*Saint Monsieur Baly*, 1973 ; *Wirriyamu*, 1976 ; *le Jeune Homme de sable*, 1979 ; *Le Zéhéro n'est pas n'importe qui*, 1985) et par un recueil de contes destinés aux enfants (*l'Alphabète*, 1982), pour dire ce qui ne se résout pas en équations : les problèmes de l'Afrique contemporaine, l'interrogation sur les valeurs anciennes, la critique des pouvoirs despotiques... Refusant les idéologies habituelles, il met en scène des héros solitaires, dans une Afrique qui marginalise ceux qui ne se satisfont pas de l'unanimité imposée. Mais sans doute rend-il ainsi compte des mutations profondes à l'œuvre sur le continent.

« Comme un enfant abandonné »

Oumarou, le héros du Jeune Homme de sable, *mal à l'aise dans son identité, n'accepte pas d'être le fils d'un homme riche, l'influent député Abdou. Sa participation à des manifestations antigouvernementales l'a fait condamner au bannissement dans le désert. Sur le chameau qui l'emmène vers son destin, il se remémore son enfance, quand il rêvait d'être orphelin.*

Il commença à se mêler aux jeux de tous les petits mendiants qu'il rencontrait. Parfois il les suivait jusqu'aux abords des grands magasins et, comme eux, tendait la main. Il s'imaginait facilement perdu et abandonné. Lorsqu'une main laissait tomber une aumône, il levait les yeux en souhaitant découvrir un visage affectueux qui s'éclairerait brusquement à sa vue avec de joyeux cris de reconnaissance : « Mon fils, c'est toi mon fils ; je te cherchais depuis si longtemps... » Mais les charitables ne s'arrêtaient que quand on s'accrochait à eux avec effronterie et pitoyablement. Ils secouaient presque toujours les bras, comme on se débarrasse d'insectes répugnants, ou alors souhaitaient rapidement : « Qu'Allah ait pitié de vous. » Il s'entendit répondre un jour : « Si Dieu avait pitié de nous, il ne nous aurait pas créés pauvres et infirmes. » C'était dit avec tellement de désespoir que tous les passants avaient ri. L'homme se retourna : c'était un ami de la famille qui le reconduisit de force à la maison. Le lendemain, il retrouva les petits mendiants, malgré la colère paternelle. « Si tu continues à te comporter comme un enfant abandonné... » Mais dès qu'ils le virent, ils se moquèrent de lui et l'isolèrent. « Ne lui donnez rien, monsieur, son père est très riche. »

Alors il se renferma sur lui-même, rêvant tout seul, au milieu des sanglots de la cora du vieux Bandia, aux mille visages possibles de son « père », un père puissant et protecteur des pauvres.

Au lycée, pendant que ses camarades ne pensaient qu'à leurs études, Oumarou ouvrait désespérément tous les livres pour y chercher le remède aux maux qui tombaient du ciel. Et puis vint Tahirou, le nouveau proviseur. Il se souvenait de leur première rencontre : c'était après une composition ; il l'avait félicité devant toute la classe : « C'est très bien, Oumarou ; si j'avais un fils comme toi... »

On lui raconta que Tahirou n'avait pas d'enfant, que le Guide et lui s'étaient assis sur le même banc d'école, qu'il n'avait pas peur de critiquer publiquement ses décisions, toutes choses qui le faisaient à la fois craindre, admirer et l'isolaient. Il prit plaisir à comparer leurs deux amères solitudes et, tirant inconsciemment de sa fréquentation avec les mendiants un goût équivoque pour l'attendrissement et une confuse révolte contre l'ordre établi, il ne tarda pas à voir en lui le père qu'il cherchait. Il s'éloigna davantage de son père, occupé à agrandir ses affaires, et dont les activités toujours plus prospères permettaient si mal à son fils de jouer un rôle de petit « orphelin ».

Williams Sassine, ***le Jeune Homme de sable,***
© Présence Africaine, Paris, 1979

Tahar Djaout, né en Algérie en 1954, journaliste à Alger, appartient à ce que l'on appelle parfois « la troisième génération » des écrivains maghrébins de langue française : ceux qui ont été élevés dans l'Algérie déjà indépendante. Son premier roman, *les Chercheurs d'os*, 1984, porte un regard critique sur une Algérie repliée sur son passé récent. *L'Invention du désert*, 1987, se construit de manière complexe, à partir du journal d'un écrivain chargé de raconter l'histoire de la dynastie almoravide (XIe et XIIe siècles) : le passé prestigieux et le quotidien s'y entrechoquent étrangement.

« Nous avons les os »

Au lendemain de l'indépendance, les habitants d'un petit village de Kabylie décident de faire rechercher les corps des villageois tombés aux quatre coins du pays, lors de la guerre de libération. Le narrateur, un jeune garçon, accompagné d'un parent, se joint à une équipe de « chercheurs d'os » pour tenter de retrouver la dépouille de son frère aîné.

Maintenant nous avons les os. Ils s'entrechoquent comme des pièces de monnaie à chaque fois que l'âne trébuche ou aborde les chemins encaissés. Les dernières cigales et les alouettes au cri mélancolique nous accompagnent dans les champs silencieux que l'août a incendiés. Seule la fraîcheur du soir appose un baume sur les brûlures du parcours.

C'est toujours passionnant de partir, avec un imprévu dans la tête. Mais le retour est une défaite. Jamais je n'aurais pensé que je pouvais rester aussi longtemps hors de mon village, mais à peine avons-nous quitté Bordj es-Sbaâ que je le revois, austère et immuable, comme si j'y étais déjà arrivé. Ce village est une vraie prison, je commence à m'en rendre compte après avoir découvert d'autres villages et même des villes. Le monde est bien vaste et certaines gens y vivent heureux. Comment, alors, persister à croire tous ces vieillards qui soutiennent que les saints tutélaires protègent notre contrée ? Foin des saints tutélaires ! Ne peuvent-ils pas nous permettre de manger un peu plus souvent ? de nous habiller un peu mieux ? Ils sont pourtant légion : Sidi M'hamed et ses deux fils, Sidi Abbou né au Ve siècle, Sidi Mahrez à la ceinture dorée, Sidi Yahia gardien des côtes. Mais j'ai l'impression que leur vocation première est celle de bourreaux plutôt que de saints : ils sont là juste pour entraver nos désirs et nos actions, pour nous empêcher d'étirer nos membres et de hausser le ton de nos voix. Gardiens d'une bienséance oppressive, voici ce qu'ils sont tout au plus.

Ce sont ces réflexions, ressassées tout au long d'un trajet ennuyeux, qui m'interdisent de considérer comme un retour triomphal cette mission accomplie à l'avantage de la famille et de la mort, sœurs jumelles dont la hantise ligote en nous tous les désirs.

Quel service avons-nous rendu à mon frère en le ramenant avec nous ? Ce qui nous importe le plus, n'est-ce pas de l'enterrer une seconde fois – et plus profondément encore – afin qu'il ne s'avise plus jamais de venir troubler notre paix et notre bonne conscience ? C'est comme si nous n'étions pas sûrs qu'il fût bien mort tant que nous n'avions pas à portée du regard cette nouvelle tombe sécurisante.

Mon frère aurait-il consenti à ce « déménagement » s'il avait pu nous faire parvenir son point de vue ? Il était si bien, couché face au djebel Dirah, dans cette terre nue comme l'éternité ! et voici que nous le ramenons, captif, les os solidement liés, dans ce village qu'il n'avait sans doute jamais aimé.

Tahar Djaout, *les Chercheurs d'os*, Coll. Méditerranée,

ALGÉRIE

RACHID MIMOUNI

Rachid Mimouni, né à Boudouaou (Algérie) en 1945, issu d'une famille de paysans pauvres, enseigne en Algérie dans une école de commerce. Il a d'abord été publié en Algérie (*Le printemps n'en sera que plus beau,* 1978), puis il fait paraître en France des romans à l'écriture puissante, osant aller jusqu'au bout de l'atroce et composant une satire virulente de la société nouvelle qui se forme dans l'Algérie indépendante. Dans *le Fleuve détourné,* 1982, un combattant de la guerre de libération revient au village et ne reconnaît plus rien. *Tombeza,* 1984, met en scène un héros au physique monstrueux, ancien collaborateur des Français, qui accède, par la corruption et les manœuvres, à la puissance et à la richesse. *L'Honneur de la tribu,* 1989, qui a rencontré un très large succès public, raconte l'histoire d'une communauté habitant un village isolé, depuis la colonisation française jusqu'aux transformations autoritaires qui lui enlèvent son âme sous prétexte de modernisation.

« Le bar vient à peine d'ouvrir »

Tombeza *construit, par développements successifs (les files d'attente devant les magasins sans marchandises, les sempiternelles coupures d'eau, les horreurs des hôpitaux...), un tableau sans complaisance de la vie quotidienne dans l'Algérie contemporaine. Ici, le roman nous fait rencontrer les habitués des bars.*

Les premiers arrivants, solitaires, avaient chacun choisi une table. Mais dix minutes après l'ouverture il n'y en a plus de libre et il faut accepter de s'attabler face à un inconnu. Un reste de digne civilité pour demander si la place est libre. Pour toute réponse, hochement de tête, grognement ou sourire selon l'humeur et le caractère. Bientôt, plus de sièges libres, et les clients continuent d'affluer. Rémanence[1] d'une loi bête comme ses auteurs, le patron refuse de servir la bière au comptoir qu'il destine aux notabilités de la ville, consommateurs de boissons nobles. Viendront plus tard s'y accouder avec une arrogante lenteur des gestes, certains de trouver leur place réservée, ignorant superbement la masse grouillante des gueux qui bourdonnent dans leur dos. Flagrante différenciation sociale. En bout de zinc[2], il y a même le petit mozabite[3], patron de l'usine de confection, son Orangina devant lui, occupé à tenir son rang, et qui n'oubliera pas de régler sa tournée. Plus aucun siège vacant. Désespoir du tard venu. Coups d'œil vers le serveur, vers le patron : appels de détresse. Mais s'en fiche éperdument, le patron, qui discute avec les notables trônant derrière la caisse enregistreuse depuis longtemps hors d'usage, dont il a hérité en même temps que le local[4], ses meubles et ses machines, le frigo massif qui a totalement perdu son gaz réfrigérant, comme avec l'âge on perd ses cheveux, dont l'hélice ne tourne plus que pour soutenir le brouhaha de la salle, ou meubler le silence au cas improbable où viendrait à passer un ange, le percolateur antédiluvien, monstre assoupi avec ses bouts de tuyaux chromés qui émergent de tous côtés, l'enchevêtrement de ses conduites de cuivre qui rampent sous son ventre, sphinx tutélaire et méprisant qui surveille la salle, un jour on a voulu le mettre au rancart, et le lieu est apparu dans sa triste nudité, il vaut mieux le laisser, il restera avec les chaises bancales, les tables éraflées de partout qui se tiennent compagnie depuis plus de quinze ans, le patron, il n'a pas même pris la peine de décrocher le tableau pour résultats sportifs gracieusement offert par la Société Méditerranéenne de Distillerie, Pernod Fils (liqueur anisée en vente ici) 215, rue Sadi-Carnot, Alger, Téléphone 645.55., dépôts à Oran, Bône, Constantine, etc., dont la graphie sinusoïdale du sigle imite le mouvement des vagues, il y a encore dans un coin de la salle les petits casiers réservés aux boulistes amateurs d'apéritifs.

Un mécanicien à la combinaison graisseuse, sorti droit de son garage, pas même pris la peine de se laver les mains, l'allure affranchie, connaît tout le monde ici, promène son regard dans le brouillard de fumée de cigarettes où s'estompent les têtes des consommateurs, adresse par-ci par-là quelques légers saluts, non, pas la moindre chaise libre, à cause de ce connard de client qui m'a retenu, voulait à tout prix prendre son véhicule aujourd'hui, je crois que j'ai omis de replacer un écrou du train de direction, tant pis pour lui, il n'avait qu'à revenir demain, moi je veux ma bière, il aventure parmi les tables quelques pas hésitants, se dirige vers un coin de la salle et laisse glisser son dos contre l'angle mural pour finir par s'asseoir sur le carrelage blanc et noir où s'éparpille la sciure de bois destinée à boire les écoulements d'eau et ramasser la boue des chaussures prolétaires. Il fait signe au garçon et commande une bière d'une voix forte qui simule l'assurance. Ce dernier jette un coup d'œil vers le patron, qui finit par hausser les épaules en guise d'autorisation, qu'est-ce que j'en ai à foutre, ils peuvent même s'y vautrer, comme les pourceaux dans la merde, alors les autres clients en attente l'observent un moment, aucune chance de voir une place se libérer, le bar vient à peine d'ouvrir, toute honte bue, évacuant leur reste de dignité s'accroupissent à leur tour pour aussitôt demander leur ration du liquide blond et mousseux qu'ils boiront aux pieds des premiers arrivés dont ils auront tout loisir de lorgner les godasses. On n'atteint jamais le fond de la déchéance, quand par pans entiers chutent nos restes de liberté. La clientèle sélectionnée du comptoir agonit[5] la masse attablée qui se console en observant ceux qui grouillent à ses pieds. On ne peut pas compter sur un peuple dont on prend plaisir à bafouer la dignité.

Rachid Mimouni, *Tombeza,*

Compréhension et langue

1 – Ce texte correspond-il plutôt à :
- un récit,
- une description,
- un discours ?
Justifiez votre réponse.

2 – Qui sont les habitués des bars ?

3 – Que représentent-ils aux yeux de l'auteur ?

4 – Comment se manifeste la différenciation sociale ?

5 – Quel est l'ameublement du bar ?

6 – Expliquez les mots *sinusoïdal* (l. 33), *bouliste* (l. 35).

7 – Faites une analyse précise du style de ce passage en distinguant les caractéristiques syntaxiques (construction des phrases), lexicales (choix des mots) et rhétoriques (figures).

8 – Commentez la dernière phrase.

Activités diverses, expression écrite

1 – Récrivez au style direct le passage des lignes 36 à 49.

2 – Imaginez, en quelques lignes, une suite qui décrive d'autres aspects de la ville. Choisissez de plagier le langage de l'auteur, adoptez votre propre style, ou utilisez un registre de langue soutenu.

1. Persistance d'un phénomène après disparition de sa cause.
2. Le zinc du comptoir.
3. Originaire des oasis du Mzab, appartenant à la secte musulmane schismatique des kharijites.
4. Avant l'Indépendance, ce bar appartenait à un Français.
5. Injurie.

SUISSE

MAURICE CHAPPAZ

Maurice Chappaz, né à Martigny (Suisse) en 1914, est profondément attaché à sa région de naissance, le Valais, qu'il a parcourue à pied avec son épouse, l'écrivain Corinna Bille, et où il est propriétaire-vigneron. Il célèbre son pays dans des textes poétiques (*Grandes Journées de printemps,* 1944 ; *Testament du Haut-Rhône,*1953) ou dans le *Portrait des Valaisans en légende et vérité,* 1965. Il part en guerre contre tous ceux qui en défigurent le beau visage – promoteurs, spéculateurs immobiliers, industriels, gens de tourisme, militaires, etc. – dans des textes à la verve épique, burlesque et vengeresse (*le Match Valais-Judée,* 1969 ; *les Maquereaux des cimes blanches,* 1975). Refusant l'enfermement dans sa petite patrie, Maurice Chappaz a cherché en Laponie ou dans l'Himalaya des paysages qui lui redonnent la blanche présence de la vallée de son enfance, encore inviolée et comme proche des origines.

La Plus Belle Histoire d'amour

Maurice Chappaz chante son pays avec un lyrisme truculent et ironique (« Je sens le Valais comme un hareng sent la mer »). Dans le Portrait des Valaisans, *il veut retrouver la saveur de sa vallée, au travers de légendes ou d'anecdotes, plaisantes ou tragiques… comme dans ce récit en forme de conte, à l'humour très noir.*

J'ai oublié de vous raconter la plus belle histoire d'amour du Valais.

Dans un village il y avait une jeune fille. Elle ne paraissait pas extraordinaire. J'ai questionné les amis : nul ne l'admirait. Elle ne semblait pas une puissante femme. On remarquait qu'elle avait des yeux gris moins farouches, plus tentants, plus prenants que les autres. Peut-être n'est-on pas habitué dans les villages à être cajolé par de tels yeux ? Nos femmes ont des regards de statues. Elle, elle se faisait presque trouble, presque hypocrite.

Deux hommes rudes firent attention à elle, deux frères, et l'aîné l'épousa. Mais la guerre était déclenchée, la Mondiale 2. Notre Valais devint encore plus une île. Je me satisfaisais, moi, de ce dernier acte de solitude avant le progrès, avant le changement d'âme[1]. Joseph le mari se rendit de Conches à Pomat pour trafiquer. Pomat est une paroisse de Valsers, de l'autre côté du col de Gries en Italie. Mais les Allemands, alors les maîtres, les occupants, l'arrêtèrent et l'obligèrent à s'enrôler chez eux. Joseph partit pour la guerre… en Russie. Or l'avis de sa mort parvint chez ses parents. Et la veuve devint la bien-aimée du cadet. Tant, qu'elle accepta de se remarier et qu'à lui aussi elle fut à son goût. Elle gardait son air de douceur indéfinissable qui nous touchait. Après des années, alors que nous ressassions toujours nos souvenirs, nos petits contes de service militaire sans danger, elle apprit la grande nouvelle : le frère aîné avait échappé. Ce n'était pas vrai qu'il était mort, il était vivant. Elle attendit presque sans bouger. Et vint le jour du rendez-vous, elle n'était pas encore séparée. Personne ne savait ce qu'elle ruminait, ce qu'elle méditait, et personne n'aurait pu la conseiller. Deux heures à pied jusqu'à la ville. Le matin, elle trotta vers la gare et on la suivit des yeux derrière les volets, par ces trous en forme de cœur. J'ai su. Elle a aperçu son premier mari sur le quai au milieu des voyageurs. Aussitôt elle lui a ouvert les bras mais il a juste pu grommeler « Barbara ! » qu'à peine il est tombé mort. Le médecin a dit : « Il avait le cœur trop faible. » L'amour était trop fort.

La femme transporta la dépouille à la chapelle des morts et elle retourna à la maison. Vous réfléchissez que sans doute l'un des maris était de trop. Joseph avait toujours le sourire, il en alluma un en mourant, tandis que l'autre était un montagnard silencieux et froid d'aspect, un grand organisateur taciturne. Certes la jalousie l'avait mordu, il avait parlé par sous-entendus et proverbes aigres et tendres à la femme. Quand celle-ci voulut pénétrer chez elle, tout était fermé. Elle fit

plusieurs fois le tour du jardin en regardant les fenêtres. Cherche, cherche ! Puis elle le trouva. Il avait mis son habit noir. Son deuxième mari était pendu au sommet d'un grand cerisier de mai tout en fleurs blanches.

Des fiancés se suicident ainsi.

Sept ans d'absence, de prison ou de passion.

L'épouse essayait de hurler, le village de la consoler.

Le curé a tranché :

« Ils sont entrés en paradis et en enfer pour toi. »

L'ordre s'est imposé de lui-même. J'assistai à l'enterrement commun, l'un des cercueils interdit[2] attendant l'autre devant la porte de l'église. La mort avait fait place nette. Nous nous inclinons devant vous, Madame. Madame (je parle de la femme ordinaire) est partie prier dans un couvent. Belle ou pas, c'est notre plus belle histoire.

Maurice Chappaz, *Portrait des Valaisans*, 1965,

COMPRÉHENSION ET LANGUE

1 – Le titre et la conclusion doivent-ils se comprendre comme des antiphrases ?
2 – Résumez les différentes étapes du récit.
3 – Comment sont les yeux de la jeune fille ?
4 – Qu'est-ce qu'un « regard de statue » (l. 7) ?
5 – Qu'est-ce qui donne, dans le deuxième paragraphe, une impression d'absurde ?
6 – Quel sentiment éprouve-t-on à la lecture de l'ensemble du texte ?
7 – Quelle place tient le narrateur dans cette histoire ?

ACTIVITÉS DIVERSES, EXPRESSION ÉCRITE

1 – *Débat.* Ce récit vous paraît-il caractéristique d'une région ou d'une époque ? Justifiez votre argumentation à partir du texte.
2 – À votre tour, imaginez une histoire originale et typique de votre pays.

1. *Après la Seconde Guerre mondiale, le « progrès », la « modernisation » vont s'acharner pour transformer la vallée.*
2. *Les suicidés n'ont pas le droit d' être enterrés selon les rites de l'Église catholique.*

Modernités

Au XIXe siècle, les foyers littéraires francophones lointains suivent avec retard les modes de Paris. Au Québec, en Haïti, à l'île Maurice, on est romantique, parnassien ou symboliste avec quelques dizaines d'années de décalage. Ce qui contribue à accentuer un certain caractère « provincial » de ces littératures.

Inversement, au XXe siècle, c'est leur décalage ou leur décentrement qui fait la modernité des littératures francophones. L'étrange étrangeté de textes venus d'ailleurs procure des effets de rupture et manifeste le changement des formes.

Les surréalismes francophones

Le surréalisme est un mouvement qui a très vite essaimé à travers le monde, et bien au-delà des limites de la langue française. Par sa volonté de table rase, de critique systématique des valeurs établies, par son appel à la libération de toutes les facultés humaines, par son désir de « transformer le monde » et de « changer la vie », il a influencé tous ceux qui ne se satisfaisaient pas du monde qui leur était fait.

L'anticolonialisme affirmé des surréalistes les fait soutenir, à leurs débuts, les poètes de la négritude. Robert Desnos préface le premier recueil de Léon Damas, *Pigments ;* plus tard, André Breton fait de même pour le *Cahier d'un retour au pays natal* d'Aimé Césaire. Les jeunes Antillais révoltés de la revue *Légitime Défense* trouvent dans le surréalisme la théorisation de leur volonté de rupture radicale. Aimé Césaire lui emprunte « les armes miraculeuses » de la subversion par la poésie. Léopold Sédar Senghor revendique l'existence d'un surréalisme propre à la civilisation négro-africaine.

Des groupes surréalistes se constituent, dès les années 1920 et 1930, en Belgique et en Égypte ; après la Seconde Guerre mondiale, la pensée surréaliste influence les mouvements d'avant-garde au Québec et en Haïti. Le surréalisme belge se distingue du mouvement français par sa rigueur théorique et son refus des compromissions. Le groupe *Cobra,* animé par Christian Dotremont, a prolongé ce bel esprit d'indépendance.

Le Mauricien Malcolm de Chazal est célébré par André Breton, en 1947, comme « un météore poétique inouï ». Sa poésie, fondée sur la passion des correspondances, sur les métaphores vives, dont il emprunte le modèle à la langue créole, acquiert en traversant les mers un brevet de surréalisme.

Les inventeurs

L'Algérien Kateb Yacine ou le Martiniquais Édouard Glissant introduisent dans le roman en langue française une nouveauté que la critique a parfois méconnue. Ni romans traditionnels, ni « nouveaux romans », leurs œuvres débordaient le cadre romanesque habituel et opposaient de ce fait une relative difficulté de lecture. L'admiration parallèle des deux romanciers pour l'Américain Faulkner éclaire leur originalité. Comme l'écrivain sudiste, ils composent une œuvre complexe et éclatée, prolongée de texte en texte, formant un cycle ouvert. Leur projet est de construire une sorte d'anthropologie littéraire : ils ne veulent plus des fresques bien ordonnées à la manière des romans-fleuves traditionnels, ils préfèrent tenter de rendre par le mouvement même de l'écriture toute la complexité culturelle de leur monde. Leurs romans vont donc restaurer l'Histoire occultée, dire les déplacements et les recompositions, les désordres et les folies que connaissent leurs sociétés. Ancrant leur écriture dans un espace et une temporalité non français, ils imposent un paysage romanesque encore jamais vu.

Le roman maghrébin de langue française a continué d'exploiter l'esthétique de la rupture et de la subversion. Khaïr-Eddine, Meddeb, Farès, Boudjedra tournent résolument le dos à la représentation réaliste pour explorer toutes les possibilités violentes d'une écriture des limites.

Les romanciers des îles créoles ont repris de Glissant le souci d'enraciner leur écriture dans leur langue natale et leur terre insulaire, sans s'enfermer dans les nostalgies régionalistes. Ils jouent, comme Orville, Chamoiseau, Confiant, Gauvin, sur la poétisation de la langue romanesque.

Altérité et modernité

Dans leur désir de dire la spécificité, l'authenticité de cultures « autres », les littératures francophones recoupent le thème majeur de la « modernité », telle que Baudelaire, le premier, la définit : attention à la singularité du moment, à la relativité du transitoire, à la spontanéité de la sensation, et donc adéquation de la modernité et de la beauté mystérieuse de la vie. Ce qu'Apollinaire reprend en proclamant que « la surprise est le grand ressort nouveau ».

En jouant de leur « altérité », les écrivains francophones usent nécessairement de ce ressort nouveau. La naïveté romanesque de Bamboté, le mélange des genres chez Adiaffi, les délires verbaux de Réjean Ducharme, les collages de Jacques Poulin, les pirouettes de Cingria (parmi beaucoup d'autres exemples qui auraient pu être proposés) attestent de tels effets de surprise littéraire.

Or ce qui rend l'altérité francophone visible, c'est qu'elle passe par un travail sur la langue. Le français bouge et des effets de modernité surgissent de ces glissements langagiers. Les littératures francophones sont modernes dans la mesure où elles s'écrivent « dans toutes les langues françaises ».

L'irruption dans la modernité

Analysant les traits communs aux littératures des Amériques, Édouard Glissant constatait : « Ce que nous avons en commun, c'est l'*irruption dans la modernité*. Nous n'avons pas de tradition littéraire lentement mûrie : nous naissons à brutalité, je crois que c'est un avantage et non pas une carence. » La même remarque pourrait être faite à propos de la plupart des littératures francophones, du moins celles qui sont nées loin de l'Europe. Elles ont parfois succombé à la tentation de suivre les modes des capitales littéraires. Mais elles échappent à ce provincialisme quand elles savent rompre avec la tradition et s'inventer en dehors de la continuité littéraire. Reprenant à Segalen la catégorie du Divers (qui est affirmation de la différence opaque de l'autre), Glissant assigne aux littératures des nouveaux mondes la tâche de manifester ce Divers : le surgissement de la différence apparaît nécessairement comme rupture et modernité.

Traditionnellement, les historiens occidentaux fixent le début de la période moderne au milieu du XVe siècle : la chute de Constantinople, puis les grandes découvertes font se rencontrer l'Europe et les autres mondes. La modernité procède alors de cet agrandissement du monde et de la découverte de l'autre. Aujourd'hui encore, remarque Glissant, « la modernité, ne serait-ce pas la totalité contradictoire et réfléchie des cultures ? ». La modernité littéraire fait de cet entremêlement des différences un projet esthétique : la rencontre de l'autre stimule l'imaginaire et l'invention poétique. Est poète celui qui sait ressentir le choc de l'ailleurs, découvrir l'autre dans son opacité rayonnante, et jusqu'à la présence de l'autre en soi-même. « Le Divers [...] est le moteur de l'énergie universelle, qu'il faut préserver des assimilations, des modes passivement généralisées, des habitudes standardisées. »

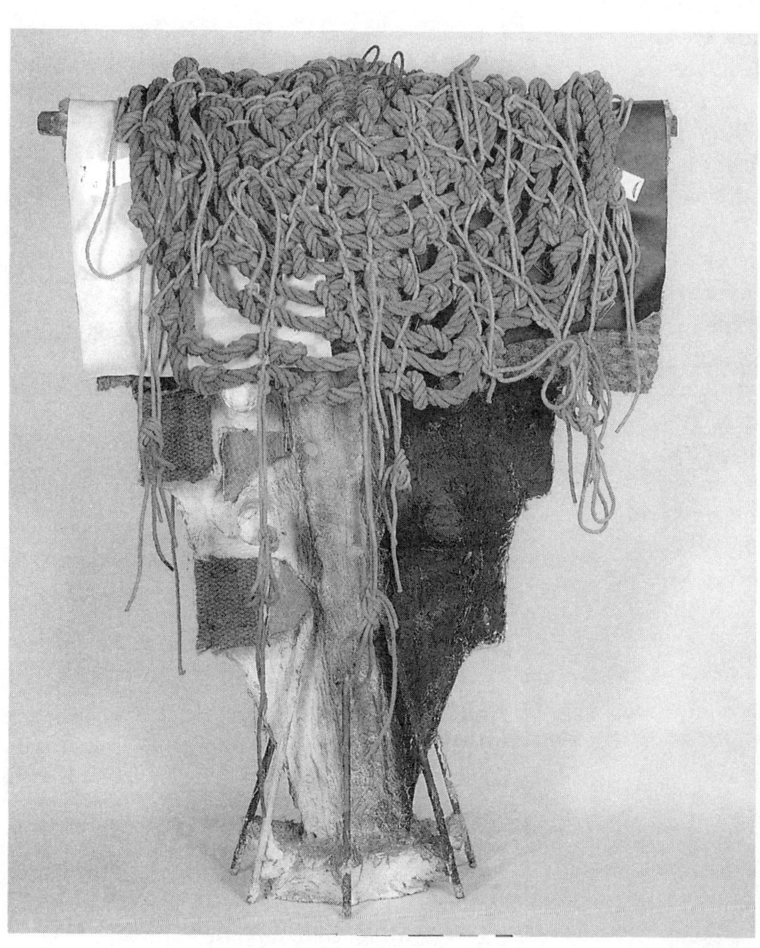

Le collier de la Nuit par Étienne Martin.

BELGIQUE

PAUL

NOUGÉ

Paul Nougé (Bruxelles, 1895 - *id.*, 1967), figure essentielle du surréalisme belge, est surtout un expérimentateur, qui veut intervenir dans le monde et troubler ses contemporains en produisant des « objets bouleversants », susceptibles « des plus grandes déflagrations ». Dès 1924, il lance (avec C. Goemans et M. Lecomte) les feuillets-tracts de *Correspondance ;* ses textes, pour la plupart très brefs, manipulent les charges explosives des jeux de mots, des faux slogans, des détournements de textes. Son engagement politique d'extrême gauche doit être mis en parallèle avec la virulence de son activité littéraire. Son œuvre, très dispersée, a été rassemblée en plusieurs volumes (*Histoire de ne pas rire,* 1956 ; *L'expérience continue,* 1966).

Horloge

Le titre suggère de lire ce texte en forme de « poème en prose » comme une dérive méditative sur l'horloge et sur le temps. L'inachèvement des phrases, les ruptures et les décrochements du texte suggèrent une mise en question de la réalité du temps.

Ses bras inégaux (c'est peut-être une infirme) s'ouvrent et se ferment inlassablement sur…

Elle se meut inlassablement dans ses propres limites qui ont la forme de l'horizon et du symbole des choses parfaites.

… sur le vide où l'on peut glisser tout ce qui est et tout ce qui est possible.

Faite pour nous servir – nous la servons – et c'est ainsi qu'elle nous sert.

Aussi naïvement que nous croyons qu'il y a un haut et un bas (et c'est ainsi que le monde existe) nous croyons qu'il y a un avant, un après : c'est pourquoi elle est née qui, en naissant fait de cette croyance une réalité à l'égal de celle du monde.

Paul Nougé, *Fragments,*
© Éditions Labor, Bruxelles, 1983

COMPRÉHENSION ET LANGUE	ACTIVITÉS DIVERSES, EXPRESSION ÉCRITE
1 – Un être animé : relevez toutes les métaphores de ce texte. 2 – À qui l'horloge est-elle comparée ? 3 – Selon vous, ce poème évoque-t-il le temps ou l'espace ? Justifiez votre réponse.	1 – *Paracritique.* Comparez ce poème avec « Artémis » de Gérard de Nerval *(les Chimères).* 2 – *La fuite du temps.* À l'aide de quelles images la fuite du temps est-elle suggérée dans les poèmes et les contes d'Edgar Poe ?

GEORGES

Georges Henein (Le Caire, 1914 - Paris, 1973), fils d'un diplomate égyptien, publie au Caire, en 1935, un manifeste d'avant-garde, *De l'irréalisme,* et se rallie au surréalisme dont il devient l'émissaire en Égypte, avec le groupe *Art et liberté,* 1937, prolongé par les éditions La Part du Sable, 1947. Il contribue à l'éclosion d'un mouvement d'avant-garde en langue arabe (*Al Tattawor,* 1940). Il s'éloigne du mouvement surréaliste à partir de 1948 ; puis il est contraint de quitter l'Égypte en 1960 et se replie sur son travail de journaliste pour des hebdomadaires parisiens. Il laisse une œuvre rare et dense, sous forme de poèmes et d'essais : *Déraisons d'être,* 1938 ; *Un temps de petite fille,* 1947 ; *le Seuil interdit,* 1956 ; *Notes sur un pays inutile,* 1977.

Perspectives

Extrait du premier recueil de poèmes de Georges Henein, Déraisons d'être, *ce poème dédié à André Breton est parfaitement en accord avec l'orthodoxie du mouvement surréaliste : violence des images, attente de l'amour révélé par le « hasard objectif », préférence donnée au rêve…*

À André Breton

Pourquoi ne pas rencontrer sur une passerelle brusquement tendue entre deux catastrophes une femme aux yeux de galop qui vous raconterait son nom plus beau à parcourir qu'un précipice habillé d'étoffes noires ?

pourquoi ne pas organiser de grands couchers de chevelures multicolores sur la scène toujours déserte de l'horizon ?

pourquoi ne pas organiser de grands couchers de chevelures au sexe de radium qui s'uniraient aux paysages et les brûleraient à chaque étreinte et resteraient seules dans une vertigineuse clarté ?

pourquoi ne pas délivrer d'un seul coup les myriades de miroirs cloués au chevet de la terre ?

pourquoi ne pas rendre la vie habitable ?

pourquoi ne pas déserter les chairs habituelles et les destins suffisamment vécus ?

pourquoi ne pas écarter les paupières des routes maudites et disparaître dans la nuit la plus insoluble en emportant pour tout avenir le corps d'une inconnue coupée en menus morceaux par un rêve à aiguiser sans risque de réveil ?

Georges Henein, *Déraisons d'être,* 1938

COMPRÉHENSION ET LANGUE

1 – Sur quel jeu de mots est formé le titre du recueil ?
2 – Comment le poème est-il construit ?
3 – Autour de quel(s) thème(s) dominant(s) les images s'organisent-elles ?
4 – L'idée contenue dans le poème est-elle une réponse à la question du vers 12 ?
5 – Quelles sont les images les plus typiques du surréalisme ?

ACTIVITÉS DIVERSES, EXPRESSION ÉCRITE

À votre tour, composez un poème surréaliste, soit en utilisant la technique de l'écriture automatique, ou en remplaçant chaque nom d'un poème classique par le septième nom que vous trouverez à sa suite dans un dictionnaire, soit en groupe, en écrivant chacun une phrase sans connaître l'inspiration de votre voisin.

Edmond Jabès (Le Caire, 1912 - Paris, 1991) a d'abord écrit en Égypte des poèmes en forme de chansons, aériens et lumineux, proches de l'esthétique surréaliste (*Je bâtis ma demeure*, 1943-1957). Mais, en 1957, contraint de quitter son pays natal en raison de ses origines juives, il s'est installé à Paris et a pris la nationalité française. Dans son œuvre, il poursuit une quête qui interroge la relation réciproque de l'écriture et de la culture juive (« le judaïsme et l'écriture ne sont qu'une même attente, un même espoir, une même usure »). Bien que non pratiquant, il enracine sa recherche dans le livre-origine, la Bible. Rêvant d'une forme « qui n'appartiendrait à aucun genre, mais qui les contiendrait tous », il explore, comme Mallarmé, le vide et le silence que creuse toute parole. D'où l'attention portée aux mots, à leur écorce sonore, à leur noyau obscur de sens. Il a rassemblé ses textes en cycles : *le Livre des questions*, 1963-1973 ; *le Livre des ressemblances*, 1976-1980 ; *le Livre des limites*, 1982-1987.

« Le poète est son poème »

Le long poème Soirées de concert ou les mots étrangers *se présente comme un inventaire de toutes les qualités qu'on peut attribuer aux mots : « Il y a le mot que l'on sert, que l'on nourrit, qu'on loge (les mots reflets complaisants de l'homme tels que "Liberté", "Amour", "Douleur") et il y a le mot affecté aux besognes ingrates. » Dans ce fragment, c'est la relation du poète ou de l'enfant avec les mots qui est interrogée.*

Le poète est son poème. Il incarne l'aventure offerte au langage. Il est dans l'immense coquillage de l'univers, la tentative absurde et toujours renouvelée de l'huître, de perler l'infini.

Il y a le mot-couple
le mot genèse
Il y a le mot-branches
lettres prédestinées
limpidité biblique

Au commencement était le mot, était l'homme. Anxieux de se connaître, il épela les quatre lettres qui le formaient et, pour la première fois, entendit son nom : *Adam.*

Comme la solitude lui pesait, il imagina un être plus compliqué que lui, composé de lettres inconnues. Il dessina, avec un doigt, sa forme sur le sable, face à la mer et sa voix révéla *Lilith* [1] à l'univers.

Il apprit aussi, avec le temps, qu'il pouvait, pour sa joie, créer une compagne de chair et de sang. Et ce fut *Ève* soumise et menue, aux trois lettres arrachées au vent.

Mais il s'aperçut très vite, l'ayant caressée, qu'elle était la plus rusée. Elle découvrit seule l'Arbre avec lequel il avait en commun sa plus belle lettre, la Majuscule, qu'il grava la première dans la pierre. Elle lui offrit le fruit qui possédait en double la troisième lettre qui l'identifiait, celle que lui avait inspirée la montagne. Adam le croqua et connut la souffrance. Avec Ève et le serpent de sept lettres (pareil aux sept jours de la semaine) il éleva un alphabet d'orgueil à la gloire des poètes futurs.

Pour sa perte et leur tourment.

Il y a le mot-passeur
le fil des veillées

Passage de l'aiguille à l'image, apothéose de la laine.

Il y a le mot-mythe
ambre solaire

Il y a le mot-borne
échec sanglant

On ne détruit pas un mythe, comme on ne peut effacer l'ombre sur le chemin doré d'un homme en marche ; ce serait prétendre nier l'homme qui a fait l'ombre, réfuter le chemin et le soleil qui l'ont rendue apparente.

Il y a le mot-ancre
pieuvre et preuves
Il y a le mot-écharpe
appel pathétique

Le mot hante le mot. Prisonnier des lettres qui le forment – comme l'homme de son corps ou de sa condition – une immense espérance, en pleine mer oisive, l'anime. Que de problèmes d'écriture l'hostilité de l'équipage soulève. Et d'abord celle de la communication, de la circulation des idées. Le mot est l'ennemi de l'idée. L'idée, c'est le péché originel. Le besoin de liberté du mot grandit à mesure que l'écrivain prend conscience de son art. Il y a un appel émouvant, entêté du mot. Le poète y répond, considère essentiel son rôle d'y répondre. La liberté y est en jeu.

Il y a le mot pour mot
Enfant en mal
de croissance
Il y a le mal
du mot-enfant

« Mon Dieu, faites qu'à l'école, demain, je sache orthographier "Chrysanthème" ; qu'entre les différentes façons d'écrire ce mot, je tombe sur la bonne. Mon Dieu, faites que les lettres qui le livrent me viennent en aide, que je n'en mette pas plus ni moins. Mon Dieu, faites que mon maître comprenne qu'il s'agit bien de la fleur qu'il affectionne et non de la pyxide dont je puis à volonté colorier la carcasse, denteler l'ombre et le fond des yeux et qui hante mes rêveries. »

Il y a le mot-mélomane
festival des passions
Il y a le mot-musique
clé des rois

Edmond Jabès, « Soirées de concert ou les mots étranges », in « le Seuil » issu de *le Seuil le Sable,* © Gallimard, Paris, 1990

COMPRÉHENSION ET LANGUE

1 – Expliquez le titre donné à l'extrait.
2 – *Res et verbum :* quels liens l'auteur introduit-il entre le mot et la chose ?
3 – Comment, d'après lui, Adam, Lilith et Ève ont-ils été créés ?
4 – Quels sont les « jeux de mots » les plus révélateurs de l'inspiration poétique d'Edmond Jabès ?
5 – Relevez et commentez les principales images relatives au langage.
6 – Comment s'opère le mélange prose / vers libres ?
7 – Quelle est la signification de la « prière » formulée par le poète à la fin de cet extrait ?

ACTIVITÉS DIVERSES, EXPRESSION ÉCRITE

*Recherche sur l'*ars poetica. Quelle est l'origine des manifestes esthétiques ? Donnez quelques exemples d'« arts poétiques ». Résumez-les en substance. Quelle évolution peut-on constater ?

1. Femme-démon qui, selon certaines traditions, aurait été la première femme d'Adam.

ÉGYPTE

Joyce Mansour, égyptienne, mais née en Angleterre (Bowden, 1928-1986), a très vite été reconnue par le mouvement surréaliste, qui appréciait l'humour acide, la violence parfois morbide, la charge fantasmatique de ses poèmes (*Cris*, 1953 ; *Déchirures*, 1955 ; *les Gisants satisfaits*, 1958). Un recueil de *Poésie complète* a été constitué en 1991.

« Ne mangez pas les enfants des autres »

Toujours en quête d'une place propre, d'une parole juste, Joyce Mansour trouve dans ces deux poèmes, comme dans l'ensemble de son œuvre, des images troublantes, oniriques, agressives, lourdes d'un désir toujours à satisfaire, donc parfaitement surréalistes.

Ne mangez pas les enfants des autres
Car leur chair pourrirait dans vos bouches bien garnies
Ne mangez pas les fleurs rouges de l'été
Car leur sève est le sang des enfants crucifiés
Ne mangez pas le pain noir des pauvres
Car il est fécondé par leurs larmes acides
Et prendrait racine dans vos corps allongés
Ne mangez pas afin que vos corps se flétrissent et meurent
Créant sur la terre en deuil
L'automne

Joyce Mansour, *Cris,* © Éditions Seghers, Paris, 1953

Vous ne connaissez pas mon visage de nuit
Mes yeux tels des chevaux fous d'espace
Ma bouche bariolée de sang inconnu
Ma peau
Mes doigts poteaux indicateurs perlés de plaisir
Guideront vos cils vers mes oreilles mes omoplates
Vers la campagne ouverte de ma chair
Les gradins de mes côtes se resserrent à l'idée
Que votre voix pourrait remplir ma gorge
Que vos yeux pourraient sourire
Vous ne connaissez pas la pâleur de mes épaules
La nuit
Quand les flammes hallucinantes des cauchemars réclament le silence
Et que les murs mous de la réalité s'étreignent
Vous ne savez pas que les parfums de mes journées meurent sur ma langue
Quand viennent les malins aux couteaux flottants
Que seul reste mon amour hautain
Quand je m'enfonce dans la boue de la nuit

Joyce Mansour, *Rapaces,* © Éditions Seghers, Paris, 1960

COMPRÉHENSION ET LANGUE

1 – Cherchez la définition du mot *incipit.*
2 – Comment le titre de cette page a-t-il été choisi ? Pourquoi selon vous ?
3 – Relevez les images du premier poème et expliquez-les.
4 – Quel est le thème du second poème ?
5 – Étudiez les figures de style.

ACTIVITÉS DIVERSES EXPRESSION ÉCRITE

1 – Qu'est-ce qui caractérise un poème surréaliste ?
2 – Présentez à vos camarades un exposé sur le mouvement surréaliste.

« L'eau a des mains »

Malcolm de Chazal (Vacoas, île Maurice, 1902 - Curepipe, île Maurice, 1981), ingénieur de formation, est l'auteur de pensées et d'aphorismes qui séduisirent Jean Paulhan et André Breton et le firent classer parmi les surréalistes (*Sens plastique,* 1948 ; *la Vie filtrée,* 1949). Dans *Petrusmok,* 1951, et de nombreux autres textes, il construit une étrange mythologie : découvrant dans l'île Maurice le vestige d'une « civilisation lémurienne », il fait de son île natale « un écrin [qui] renfermerait tout le *mystère du monde* ».

Dans la préface de Pensées et Sens plastique *(île Maurice, 1945), Malcolm de Chazal explique que tout son système poétique part du principe « qu'il n'y a pas de solution de continuité entre la nature et l'homme » et que « la nature a été faite à l'image de l'homme ». Les images fulgurantes qui composent ses « pensées » veulent mettre en évidence les correspondances qu'il voit partout à l'œuvre : l'homme se retrouvant dans la nature et la nature dans l'homme ; les traits du visage établissant des relations entre eux, comme le haut avec le bas du corps ; les différents sens étant reliés par « des chemins souterrains ». Ce sont ces différentes formes de correspondances que l'on peut retrouver dans ces « pensées » extraites de* Sens plastique.

L'eau a des mains, des bras, mais pas de poignets.

Le champignon est tout en nuques.

Le bruit de l'eau est commun à toutes sortes de voix.

La couleur est le manche du pinceau des sons. Violon des lèvres, cuivres de la peau, piano des dents.

Les dents semblent toujours moins longues, du fait qu'on a le regard court.

L'œil coiffe tout le visage ; la bouche habille tous les traits.

Le corps humain est un visage au ralenti.

La voix humaine est le midi des sons.

Les yeux bandés, on a le toucher coloré.

L'espace palpite dans la couleur. La couleur donne le pouls de la forme.

Les objets sont les fermoirs de la poche de l'espace.

Le vent ajoute une paume aux doigts de la pluie. La gifle de la brise n'est totale que si mêlée de pluie.

Brouillard : la nature fait la barbe au soleil. Sitôt passé le brouillard, le soleil paraîtra glabre comme un sou neuf, ayant perdu dans le floconnement soyeux du brouillard qui s'éloigne les derniers vestiges de ses rayons hirsutes.

Le noir et le blanc sont les deux bras du bleu. Croisements bleuâtres des doigts du crépuscule.

Malcolm de Chazal, *Sens plastique,*
© Éditions Gallimard, 1948

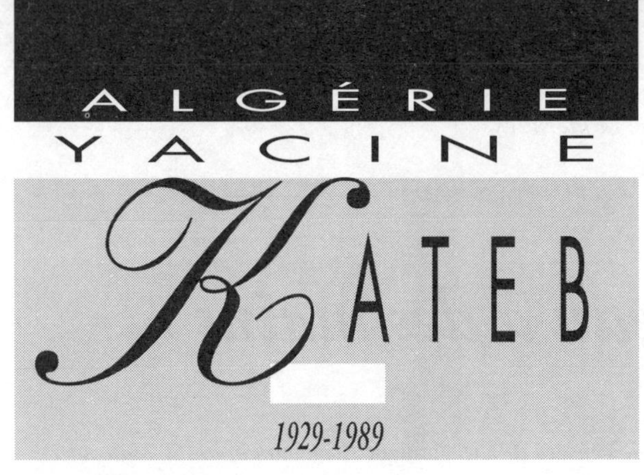

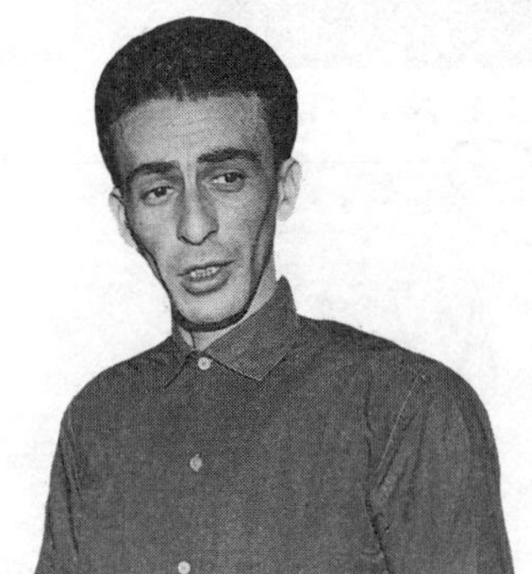

« Dans la gueule du loup »

Kateb Yacine est né en 1929 à Constantine, dans un milieu qui le familiarisa très tôt avec les traditions populaires du Maghreb et qui imprima en lui le sens de l'appartenance tribale. Après l'école coranique, il fut placé par son père à l'école française : « dans la gueule du loup », fait-il remarquer ; mais l'école lui fit découvrir aussi les vertus libératrices de l'esprit critique.

Sa participation à la grande manifestation du 8 mai 1945 à Sétif (quand les musulmans algériens protestent contre la situation inégale qui leur est faite) le conduit quelque temps en prison. Il est exclu du lycée, mais il a découvert dans l'expérience les deux valeurs qui lui seront les plus chères : « la poésie et la révolution ».

L'écrivain engagé

Il est un moment journaliste à *Alger républicain.* Proche des milieux nationalistes qui commencent à s'organiser, il s'inscrit au parti communiste. Mais en 1951 il part pour l'Europe, où il devient l'écrivain que son nom annonçait (en arabe, « kateb » signifie « écrivain »). C'est surtout la mise en scène par Jean-Marie Serreau de sa pièce *le Cadavre encerclé* (parue en 1953 dans la revue *Esprit,* jouée en 1958) qui révèle la force abrupte de sa parole.

Rentré en Algérie en 1972, il dirige une troupe de théâtre, que les autorités préfèrent reléguer dans l'Extrême-Sud oranais. Les prises de position de Kateb, fidèles à son esprit de révolte, ne plaisaient pas toujours au pouvoir.

Un roman en étoile

Dès sa publication, en 1956, *Nedjma* (« l'étoile », en arabe) est apparu comme un roman majeur, même s'il déconcertait les lecteurs par sa fragmentation, sa construction concentrique, ses débordements aussi (le roman reprenait des personnages, des situations déjà évoqués dans ses pièces de théâtre). On sait maintenant que l'éditeur avait fait procéder à des coupes dans un manuscrit jugé « impubliable ». Des textes ultérieurs de Kateb, dans *le Polygone étoilé,* sont venus ajouter de nouvelles branches à l'étoile *« Nedjma ».*

Nedjma entrecroise, dans une structure éclatée et répétitive, le destin de quatre jeunes gens fascinés par l'étrange personnage féminin de Nedjma, qui est aussi comme une incarnation mythique de l'Algérie. Il faut donc lire le roman comme une « anthropologie poétique » de l'Algérie.

Le théâtre

Commencée en français, l'œuvre théâtrale de Kateb s'est poursuivie en arabe dialectal, dans des pièces qu'il a fait jouer en France comme en Algérie, et qu'il conçoit comme un travail de pédagogie libératrice. *Mohammed, prends ta valise* expose leur propre situation à des publics de travailleurs immigrés ou de candidats à l'émigration.

Jusqu'à sa mort, en 1989, Kateb Yacine est resté fidèle à l'exigence révolutionnaire de sa jeunesse : révolté contre la colonisation, il s'est aussi élevé contre l'étouffement bureaucratique, contre les nouvelles oppressions suscitées par l'Algérie nouvelle.

1946 *Soliloques* [poèmes]

1956 *Nedjma* [roman]

1959 *Le Cercle de représailles* [théâtre]. Le volume comprend *le Cadavre encerclé, la Poudre d'intelligence, Les ancêtres redoublent de férocité.*

1966 *Le Polygone étoilé* [roman]

1970 *L'Homme aux sandales de caoutchouc* [théâtre]

1971 *Mohammed, prends ta valise* [théâtre en arabe]

1972 *La Voix des femmes* [théâtre en arabe]

1974 *La Guerre de 2 000 ans* [théâtre en arabe]

1986 *L'Œuvre en fragments* [inédits et textes retrouvés]

« Un désastre inespéré »

Rachid, un des quatre héros de Nedjma, *rapporte à son compagnon Mourad le récit de la conquête de l'Algérie par les Français, tel que son père adoptif le lui a raconté.*

« Ne crois pas qu'à l'époque toutes ces forfaitures aient eu quoi que ce soit d'excessif ; la magnificence des Turcs, la concentration des richesses dans les coffres de quelques tribus, l'étendue du pays, l'inconsistance de la population citadine ne pouvaient résister aux bouleversements imposés par la conquête. Les chefs de l'Algérie tribale, ceux qui avaient la jouissance des trésors, la garde des traditions, furent pour la plupart tués ou dépossédés au cours de ces seize années de sanglants combats, mais leurs fils se trouvaient devant un désastre inespéré : ruinés par la défaite, expropriés et humiliés, mais gardant leurs chances, ménagés par les nouveaux maîtres, riches de l'argent que leurs pères n'avaient jamais rendu liquide, et que leur offraient en compensation les colons qui venaient acquérir leurs terres, ils ignoraient la valeur de cet argent, de même qu'ils ne savaient plus, devant les changements apportés par la conquête, évaluer les trésors sauvés du pillage ; ils se croyaient devenus plus riches qu'ils n'eussent jamais pu s'y attendre si tout était resté dans l'ordre ancien. Les pères tués dans les chevauchées d'Abd el-Kader (seule ombre qui pût couvrir pareille étendue, homme de plume et d'épée, seul chef capable d'unifier les tribus pour s'élever au stade de la nation, si les Français n'étaient venus briser net son effort d'abord dirigé contre les Turcs ; mais la conquête était un mal nécessaire, une greffe douloureuse apportant une promesse de progrès à l'arbre de la nation entamé par la hache ; comme les Turcs, les Romains et les Arabes, les Français ne pouvaient que s'enraciner, otages de la patrie en gestation dont ils se disputaient les faveurs) n'avaient pas dressé d'inventaire : et les fils des chefs vaincus se trouvaient riches d'argent et de bijoux, mais frustrés ; ils n'étaient pas sans ressentir l'offense, sans garder au fond de leurs retraites le goût du combat qui leur était refusé : il fallut boire la coupe, dépenser l'argent et prendre place en dupes au banquet ; alors s'allumèrent les feux de l'orgie. Les héritiers des preux se vengeaient dans les bras des demi-mondaines ; ce furent des agapes, des fredaines de vaincus, des tables de jeu et des passages en première classe à destination de la métropole ; l'Orient asservi devenait le clou des cabarets : les femmes des notaires traversaient la mer dans l'autre sens, et se donnaient au fond des jardins à vendre… »

Kateb Yacine, *Nedjma*, 1956
Coll. Points Romans, © Éditions du Seuil, Paris, 1981

Les ancêtres redoublent de férocité, mise en scène de Jean-Marie Serreau, 1967.

Le principe de composition du *Polygone étoilé* est celui même de l'ensemble de l'œuvre de Kateb Yacine : c'est-à-dire la discontinuité totale des genres et des textes, arrachés au « chaos créateur », à la dissémination de l'exil, empruntés aux sources les plus diverses. Le montage de ces textes donne un sens polyphonique au titre énigmatique : construction géométrique aux multiples dimensions, rayonnement d'une étoile, figuration du sol algérien, rêve d'une Algérie toujours renouvelée, dispersée par la guerre et l'émigration, mais rassemblée par l'exigence éternelle de rébellion, « une pure création d'un peuple inculte et délaissé [...] comme un rêve d'enfant, péremptoire et incommunicable ».

« Dans la gueule du loup »

Kateb Yacine a choisi de terminer le Polygone étoilé *par un texte directement autobiographique qui explicite l'histoire de sa relation à la langue française.*

Quelqu'un qui, même de loin, aurait pu m'observer au sein du petit monde familial, dans mes premières années d'existence, aurait sans doute prévu que je serais un écrivain, ou tout au moins un passionné de lettres, mais s'il s'était hasardé à prévoir dans quelle langue j'écrirais, il aurait dit sans hésiter : « en langue arabe, comme son père, comme sa mère, comme ses oncles, comme ses grands-parents ». Il aurait dû avoir raison, car, autant que je m'en souvienne, les premières harmonies des muses coulaient pour moi naturellement, de source maternelle.

Mon père versifiait avec impertinence, lorsqu'il sortait des Commentaires, ou du Droit Musulman [1], et ma mère souvent lui donnait la réplique, mais elle était surtout douée pour le théâtre. Que dis-je ? À elle seule, elle était un théâtre. J'étais son auditeur unique et enchanté, quand mon père s'absentait pour quelque plaidoirie, dont il nous revenait persifleur ou tragique, selon l'issue de son procès.

Tout alla bien, tant que je fus un hôte fugitif de l'école coranique. C'était à Sédrata, non loin de la frontière algéro-tunisienne, où se trouve encore aujourd'hui l'épave miraculeuse de toute une tribu... C'est là que j'ai gagné ma planchette en couleurs, après avoir innocemment gravi une immense carrière de versets incompris. Et j'aurais pu m'en tenir là, ne rien savoir de plus, en docte personnage, ou en barde local, mais égal à lui-même, heureux comme un poisson, dans un étang peut-être sombre, mais où tout lui sourit. Hélas, il me fallut obéir au destin torrentiel de ces truites fameuses qui finissent tôt ou tard dans l'aquarium ou dans la poêle.

Mais je n'étais encore qu'un têtard, heureux dans sa rivière, et des accents nocturnes de sa gent batracienne, bref ne doutant de rien ni de personne. Je n'aimais guère la férule ni la barbiche du taleb [2], mais j'apprenais à la maison, et nul reproche ne m'était fait. Pourtant, quand j'eus sept ans, dans un autre village (on voyageait beaucoup dans la famille, du fait des mutations de la justice musulmane), mon père prit soudain la décision irrévocable de me fourrer sans plus tarder dans la « gueule du loup », c'est-à-dire à l'école française. Il le faisait le cœur serré :

– Laisse l'arabe pour l'instant. Je ne veux pas que, comme moi, tu sois assis entre deux chaises. Non, par ma volonté, tu ne seras jamais une victime de Medersa [3]. En temps normal, j'aurais pu être moi-même ton professeur de lettres, et ta mère aurait fait le reste. Mais où pourrait conduire une pareille éducation ? La langue française domine. Il te faudra la dominer, et laisser en arrière tout ce que nous t'avons inculqué dans ta plus tendre enfance. Mais une fois passé maître dans la langue française, tu pourras sans danger revenir avec nous à ton point de départ.

Tel était à peu près le discours paternel.

Y croyait-il lui-même ?

Ma mère soupirait ; et lorsque je me plongeais dans mes nouvelles études, que je faisais, seul, mes devoirs, je la voyais errer, ainsi qu'une âme en peine. Adieu notre théâtre intime et enfantin, adieu le quotidien complot ourdi contre mon père, pour répliquer, en vers, à ses pointes satiriques… Et le drame se nouait.

Après de laborieux et peu brillants débuts, je prenais goût rapidement à la langue étrangère, et puis, fort amoureux d'une sémillante institutrice, j'allais jusqu'à rêver de résoudre, pour elle, à son insu, tous les problèmes proposés dans mon volume d'arithmétique !

Ma mère était trop fine pour ne pas s'émouvoir de l'infidélité qui lui fut ainsi faite. Et je la vois encore, toute froissée, m'arrachant à mes livres – tu vas tomber malade ! – puis un soir, d'une voix candide, non sans tristesse, me disant : « Puisque je ne dois plus te distraire de ton autre monde, apprends-moi donc la langue française… » Ainsi se refermera le piège des Temps modernes sur mes frêles racines, et j'enrage à présent de ma stupide fierté, le jour où, un journal français à la main, ma mère s'installa devant ma table de travail, lointaine comme jamais, pâle et silencieuse, comme si la petite main du cruel écolier lui faisait un devoir, puisqu'il était son fils, de s'imposer pour lui la camisole du silence, et même de le suivre au bout de son effort et de sa solitude – dans la gueule du loup.

Jamais je n'ai cessé, même aux jours de succès près de l'institutrice, de ressentir au fond de moi cette seconde rupture du lien ombilical, cet exil intérieur qui ne rapprochait plus l'écolier de sa mère que pour les arracher, chaque fois un peu plus, au murmure du sang, aux frémissements réprobateurs d'une langue bannie, secrètement, d'un même accord, aussitôt brisé que conclu… Ainsi avais-je perdu tout à la fois ma mère et son langage, les seuls trésors inaliénables – et pourtant aliénés !

Kateb Yacine, *le Polygone étoilé*,
© Éditions du Seuil, Paris, 1966

COMPRÉHENSION ET LANGUE

1 – Comment l'auteur présente-t-il ses parents ?
2 – Dans quelle langue pouvait-on prévoir qu'il allait écrire ? Pourquoi ?
3 – Quel enseignement reçut-il tout d'abord ?
4 – Pour quelles raisons son père le plaça-t-il dans une école française ?
5 – Quelle figure de style est utilisée à la ligne 15 ?
6 – Pourquoi l'école française est-elle qualifiée de « gueule de loup » (l. 32) ?
7 – Que signifie le mot *sémillant* (l. 51) ?
8 – Comment la métaphore de la « langue maternelle » est-elle développée tout au long du texte ?

ACTIVITÉS DIVERSES, EXPRESSION ÉCRITE

1 – Aimez-vous les langues étrangères ? Pour vous, quel intérêt peut représenter l'apprentissage d'une langue nouvelle ? Justifiez votre réponse.
2 – Donnez des exemples d'écrivains qui se sont volontiers exprimés dans deux langues (ou plus).

1. Le père de Kateb Yacine était avocat auprès des tribunaux musulmans. – 2. Maître de l'école coranique. – 3. Collège d'enseignement religieux en langue arabe.

« Le retour des Beni Hilal »

Les Beni Hilal, tribu bédouine turbulente, venue d'Égypte au XIe siècle, ont inspiré une geste épique très populaire au Maghreb. Kateb Yacine en fait le symbole du séculaire esprit de résistance des Algériens.

Jamais on n'attendait le retour des Beni Hilal. Toujours ils revenaient bouleverser les stèles, et emporter les morts, jaloux de leur mystère, inconnus et méconnaissables, rejetons préconçus d'une maternité trop douloureuse pour les absoudre, les suivre en leurs tâtonnements avides, leurs luttes intestines, leurs pérégrinations, et qui les dévorait l'un après l'autre démocratiquement, en un ressentiment tragi-comique d'amours interrompues, de mâles taillés en pièces, d'enfantements sans halte, sans aide, sans secours, de fureur vide, mortifiante, comme un suicide recommencé, ne voulant plus connaître, toute espérance prohibée, que les extrêmes visions de mêlées sans merci, dans l'obnubilation, la solitude, et leur pensive tribulation de peuplade égarée, mais qui toujours se regroupait autour du bagne passionnel qu'ils appelaient Islam, Nation, front ou Révolution, comme si aucun mot n'avait assez de sel, et ils erraient, souffle coupé cherchant la lune, l'eau ou le vent, vers les accords de grottes communicantes, le comité exécutif, dédoublé avec son destin de manchot intrépide, ses énergies de dernière chance, sur les chemins embroussaillés de la forme encore titubante, même pas prolétarienne, à peine consciente, et qui leur revenait désolée, souillée, jamais assez brimée, comme pour leur demander le coup de grâce, ou le retour en force et l'oubli des défaites, et comme pour les submerger de puissantes caresses, leur prodiguer la gifle ou le sein maternel, et leur remémorer les exploits légendaires, car elle seule pouvait les faire vivre, leur parler, murmure de brasier faisant peau neuve sous le rapide orage d'été, chants d'aurore destinés aux frères d'insomnie, moqueuse protection de la portée d'oursons que berceraient bientôt des sons d'absurde hostilité sous un nouveau feuillage interdit et blessant, eux, les fous du désert, de la mer, et de la forêt ! Ils ne manqueraient pas d'espace à conquérir, et il faudrait tout exhumer, tout reconstituer, écarter l'hypothèque de ce terrain douteux qui avait attiré soldats et sauterelles, dont le propriétaire avait été tué, dépossédé, mis en prison, et sans doute avait émigré, laissant aux successeurs un vieil acte illisible n'indiquant plus qu'un polygone hérissé de chardons, apparemment inculte et presque inhabité, immense, inaccessible et sans autre limite que les étoiles, les barbelés, la terre nue, et le ciel sur les reins, en souvenir de la fraction rebelle, irréductible en ses replis, et jusqu'à sa racine : la rude humanité prométhéenne, vierge après chaque viol, qui ne devait rien à personne ; Atlas [1] lui-même avait ici déposé son fardeau et constaté que l'univers pouvait fort bien tenir autrement que sur ses épaules.

Kateb Yacine, *le Polygone étoilé,* © Éditions du Seuil, Paris, 1966

1. Géant de la mythologie gréco-romaine condamné à soutenir le ciel sur ses épaules.

COMPRÉHENSION ET LANGUE

1 – Comment ce passage est-il construit ?
2 – Où la deuxième phrase s'arrête-t-elle ?
3 – Pourquoi l'auteur utilise-t-il une phrase aussi longue pour évoquer les Beni Hilal ?
4 – Étudiez le rôle de la ponctuation.
5 – Comment les Beni Hilal sont-ils présentés ?
6 – Quels sont les champs lexicaux utilisés dans ce texte ?

ACTIVITÉS DIVERSES, EXPRESSION ÉCRITE

1 – Récrivez cet extrait en changeant la ponctuation et en réduisant la longueur des phrases.
2 – Faites un résumé de ce texte en le réduisant au tiers de sa longueur initiale.

MAROC

MOHAMMED

Mohammed Khaïr-Eddine, né à Tafraout (Maroc) en 1941, qui a participé à la fondation de la revue d'avant-garde *Souffles* en 1966, a ensuite longtemps vécu en exil en France. Son œuvre (*Agadir,* 1967 ; *Corps négatif,* 1968 ; *Moi l'aigre,* 1970 ; *le Déterreur,* 1973 ; *Une odeur de mantèque,* 1976 ; *Une vie, un rêve, un peuple toujours errants,* 1978 ; *Légende et vie d'Agoun'chich,* 1984) se place sous le signe de la rupture et de la virulence : déconstruction des formes littéraires, ou plutôt goût de l'informe, des coulées de rêves, des éruptions de mots ; effacement des frontières entre réalité, fiction, souvenir, fantasme ; confusion des voix narratives. Dans tous ces textes, le récit ne parvient pas à « prendre » à la façon des récits habituels, parce qu'il est surchargé par la multiplicité des voix (biographiques, familiales, sociales, historiques…) qui traversent la narration.

« *Peut-être ai-je une histoire* »

Agadir *a pour héros-narrateur un fonctionnaire dépêché dans une ville détruite par un séisme. Chargé de préparer la future reconstruction, il essaie d'imaginer la cité à venir, harmonieuse ou terrifiante. Mais faut-il reconstruire sur les mêmes lieux ? (On notera que Mohammed Khaïr-Eddine a été fonctionnaire du gouvernement marocain, en poste à Agadir au moment du tremblement de terre qui a ravagé cette ville le 29 février 1960.)*
Le récit du narrateur est souvent interrompu par des développements poétiques ou par l'intervention de personnages divers. On vient d'entendre un dialogue entre le roi et plusieurs de ses sujets. Mais le narrateur reprend la parole, pour faire le point.

De nouveau ma demeure. Les murs sont couverts de longues taches d'encre noire. Je vous dis que je n'ai pas bougé d'ici. Je ne sais trop comment c'est arrivé. Que suis-je allé faire chez les rois ? À vrai dire, je ne connais pas l'Histoire. Ni la mienne ni celle de mon pays. Peut-être ai-je une histoire. Je ne sais pas. Il est possible que j'en aie une, à moi. Cette ville aussi doit en avoir une. À peu près comme la mienne. Pas tout à fait. Non, pas même comme la mienne. Alors je vous dis que l'histoire n'existe pas. On l'a fabriquée suivant une chronologie plus ou moins juste. On a mis en relief des événements. Et on a nommé ça l'Histoire. On a certainement bien fait les choses. Mais on s'est trompé sur les choses qu'on a ainsi groupées. Elles n'ont rien à voir entre elles. On a eu chaud. D'être isolé de son histoire ? On ne pouvait pas ne pas en concevoir une. Quelle qu'elle fût. Je vais donc tâcher d'obtempérer. Je commence à en avoir assez de mon flottement. Pourtant, il ne me fait pas peur. Je suis né ? Je suis né, donc je vis, donc c'est moi qui suis né. Quand ? En trente-neuf. C'est ce qu'on m'a dit. Est-il vrai que je suis déjà né ? Et qu'est-ce que ça veut dire naître ? C'est un verbe du troisième groupe. Une vraie claque. NAÎTRE. La lettre R a quelque chose de choquant. Elle vous expulse du gouffre presque, les mains devant. Mais ça passe. Non, je ne me suis pas vu naître. Pas vrai ? Je suis, un point c'est moi. J'ai grandi comme tout le monde, comme les bêtes ; ça n'affectait pas mon entourage. On est resté froid. Un que j'aimais, mon grand-père. Il est mort sans que je sache pourquoi je l'aimais. Je l'aime encore. Le seul qui m'ait réellement aimé. Il partageait avec moi son café : moitié moitié. Je prenais ça dans des petits verres épais. Les verres étaient cannelés ; ils rendaient des couleurs… quand j'étais dans la cuisine… n'imaginez pas une cuisine à partir de la vôtre, ce n'était pas comme la vôtre… le soleil entrait par un soupirail circulaire, faisait un rayon rectangulaire plein de poussière bleu et jaune ; j'aimais grand-père.

Mohammed Khaïr-Eddine, *Agadir,*
© Éditions du Seuil, Paris, 1967

ABDELWAHAB

« Le sentiment de l'étrangeté »

Abdelwahab Meddeb, né à Tunis en 1946, se tient en marge des courants dominants de la littérature maghrébine. Dans ses deux« romans », *Talismano,* 1979, et *Phantasia,* 1986, il explore son expérience intérieure, exorcise les tabous, par la pratique d'une écriture hétérogène et délibérément subversive.

Le narrateur revient à Tunis, la ville de son enfance, et refait le même itinéraire à travers la médina (c'est-à-dire la partie ancienne de la ville), qu'il avait évoqué dans un premier roman, Talismano.

Le lendemain matin, je refais l'itinéraire de *Talismano*. Les sentiments se meurent. L'homme change. Ses doubles sont inconstants. Ses idées se décolorent. La médina me paraît pauvre et sale, étriquée et mesquine. Je suis dans l'indifférence. Je suffoque aux odeurs malsaines de la cité bâtie dans un site de marécages et de lacs putrides. Le bleu du ciel est une immensité qui me poursuit dans les venelles. Le soleil réchauffe mes os qui n'ont pas fini de moisir dans la marmite du continent septentrional. Le sentiment de l'étrangeté s'était-il déclaré en moi précocement et au sein de mon monde familier, au contact de la peur qui logeait dans mon cœur quand je traversais la ville ? Je scrute avec détachement cette sensation ancienne que la mémoire ranime. Aurais-je naturellement cheminé vers mon expatriement après que j'eus à visiter dès l'enfance cette région de la conscience ? Dans une rue étroite, je pousse une modeste porte aux piédroits[1] antiques. Comme elle ne propose aucun indice suggestif, seuls les initiés savent qu'elle mène à l'intérieur de la Zitouna[2]. C'est par elle que l'imam pénètre. Après un vestibule sur quoi donnent la pièce d'eau et l'alcôve, la salle hypostyle[3] apparaît, par surprise, comme une vision, vaste et imposante. Je la recueille dans le silence de l'ombre profonde. Toutes les portes sont closes, qu'elles ouvrent sur le cortile[4] en pente ou sur la galerie surélevée. De rares lampions signalent des repères plus qu'ils n'éclairent. Après l'accommodation de l'œil, je parviens, peu à peu, à distinguer. Je déambule dans ce musée de colonnes et de chapiteaux romains et byzantins, dont le remploi est soumis à une minimale rigueur, qui honore l'harmonie des proportions et l'assortiment des couleurs, surtout en des points privilégiés comme l'entrée et la nef centrales qui aboutissent à la travée du *mihrab*[5], elle-même surmontée d'une coupole ajourée. Mes yeux avivés par l'attention recensent les détails qui auront échappé au souvenir. De cette mosquée, tant fréquentée par le garçon que je fus, je ne conserve que l'image d'un espace ombreux, colonnes à intervalles réguliers formant des perspectives fuyant de front comme de biais. Face aux chapiteaux chrétiens et historiés[6] à qui on a brisé les têtes d'oiseaux, je crois discerner la rumeur de mes aïeux transmettant l'orthodoxie à leurs cercles. À la limite du cortile, entre la colonne et le mur nord, une large fente révèle, par contraste, l'intense lumière du jour. L'horloge solaire et les trois puits meublent-ils toujours, avec les pigeons, le vide de la cour dont les dalles blanches et grises éclairent le grès sableux des portiques ? D'être ici seul, hors des offices privés ou communautaires, sans avoir à subir les sermons et les prêches, me rend propriétaire exclusif de cet édifice que j'admire dans la séparation

La Grande Mosquée à Tunis.

esthétique, comme dans un rêve, vestige déposé dans ma mythologie et dont les formes travaillent dans mon imaginaire au point de me procurer une quiétude tempérant ma neutralité à l'égard d'un peuple auquel je n'appartiens plus en priorité. Adossé aux colonnettes géminées[7], l'une blanche, l'autre noire, qui encadrent le *mihrab,* j'entends la voix avouer : comme tu es partout étranger, tu seras chez toi où que tu ailles, car l'individu est la possession de la personne.

Abdelwahab Meddeb, *Phantasia,*
© Éditions Sindbad, Paris, 1986

Compréhension et langue

1 – Quels renseignements vous donne le texte sur la personne du narrateur ?
2 – Résumez le sens des questions qu'il se pose à lui-même (l. 8 à l. 13).
3 – Dans le passage « D'être ici seul » (l. 38) jusqu'à la fin, montrez comment le narrateur, hors de toute émotion religieuse, parvient à un état de « quiétude ».
4 – Expliquez l'expression « la marmite du continent septentrional » (l.7-8).

Activités diverses, expression écrite

1 – Répertoriez les sens du mot *étrangeté.* Retrouvez dans le texte tous les mots qui relèvent de ce champ lexical.
2 – Recherchez dans une encyclopédie le sens du mot *orthodoxie,* et rédigez une fiche lexicale dans laquelle vous insérerez des exemples historiques ou contemporains.

1. Montants verticaux qui soutiennent une voûte ou une arcade.
2. Grande mosquée de Tunis, au cœur de la médina, et très important centre d'enseignement religieux et juridique.
3. Dont le plafond est soutenu par des colonnes.
4. Mot italien = cour intérieure.
5. Mot arabe = niche dans la muraille d'une mosquée, qui indique la direction de La Mecque.
6. Décorés de scènes avec des personnages.
7. Groupées par paires.

RACHID BOUDJEDRA

Rachid Boudjedra, né à Ain Beida (Algérie) en 1941, a publié des romans volontairement provocants, jouant sur le débridement de fantasmes, la complexité de la construction et la multiplicité des références littéraires et culturelles. Sa première œuvre, *la Répudiation,* 1969, exprimant malaise et révolte devant l'attitude de la bourgeoisie algérienne, avant et après l'indépendance, annonçait une nouvelle génération d'écrivains maghrébins de langue française. Dans les romans qui ont suivi (*l'Insolation,* 1972 ; *Topographie idéale pour une agression caractérisée,* 1975 ; *l'Escargot entêté,* 1977 ; *les 1 001 Années de la nostalgie,* 1979 ; *le Vainqueur de coupe,* 1981), il développe la même écriture violente et obsessionnelle, sur les thèmes de l'exil et du déracinement, de l'étouffement bureaucratique, de la reconquête d'une histoire. Depuis *le Démantèlement,* 1982, ses romans sont publiés conjointement en arabe et en « traduction » française.

« Pendant la noce »

La Répudiation *se construit sur les souvenirs obsédants du narrateur. Il évoque ici une scène capitale : la répudiation de sa mère et le remariage de son père, Si Zoubir.*

Le père n'avait pas attendu longtemps pour se remarier. Son plan était précis : habituer la mère à cette idée nouvelle et rompre définitivement avec nous. Il ne fallait pas brusquer les choses, l'affaire étant importante. Il s'agissait pour lui d'attiser notre haine et d'atteindre un point de non-retour à partir duquel toute réconciliation serait impossible. Nos rapports se détérioraient de plus en plus, devenaient plus que crispés. Petits meurtres en puissance… Il avait le beau rôle mais c'était trop facile : Ma[1] avait depuis longtemps abdiqué et s'était laissé prendre par ses prières et ses saints. Nomenclature complexe pour une mise à mort évidente ! Tout le monde avait compris et nous attendions avec fébrilité l'annonce du mariage de Si Zoubir. Le père vint demander conseil à Ma qui fut tout de suite d'accord. Les femmes lancèrent des cris de joie et ma mère, pour ne pas rester en deçà de l'événement, accepta d'organiser les festivités. La mort sur le visage, elle prépara la fête ; d'ailleurs, pouvait-elle s'opposer à l'entreprise de son mari sans aller à contre-courant des écrits coraniques et des décisions des muphtis, prêts à l'entreprendre jour et nuit si elle avait eu la mauvaise idée de ne pas se résigner ? Ma ne querellait plus Dieu, elle se rangeait à son tour du côté des hommes. Ainsi, l'honneur du clan était sauf (louanges à Dieu ! encensements) et Si Zoubir pouvait éclater de bonheur.

Noces drues. La mariée avait quinze ans. Mon père, cinquante. Noces crispées. Abondance de sang. Les vieilles femmes en étaient éblouies en lavant les draps, le lendemain. Les tambourins, toute la nuit, avaient couvert les supplices de la chair déchirée par l'organe monstrueux du patriarche. Pétales de jasmin sur le corps meurtri de la fillette. Zahir[2] n'avait pas paru à la fête. Mes sœurs avaient de vilaines robes, et des larmes aux yeux. Le père était ridicule et s'efforçait de se montrer à la hauteur ; il fallait faire taire les jeunes gens de la tribu. Depuis que sa décision de se remarier avait été prise, il s'était mis à manger du miel pour retrouver la vigueur hormonale d'antan. Zoubida, la jeune mariée, était belle ; elle venait d'une famille pauvre et le père n'avait certainement pas lésiné sur le prix. Sérénité du troc et netteté des comptes ! Pendant la noce, les femmes étaient séparées des hommes ; mais les garçons de la maison profitaient d'une certaine confusion pour aller rejoindre les femmes qui n'étaient là que pour se laisser faire. L'euphorie battait son plein, mais Ma ne quittait pas la cuisine. Tout le monde louait son courage et cela la consolait beaucoup ! Lamentable, ma mère ! Je ne lui adressais plus la parole et je la haïssais, bien que cela pût profiter à Si Zoubir. Zahir n'apparaissait toujours pas et personne ne s'en inquiétait. Vers la fin de la noce, il rentra complètement saoul et jeta l'émoi parmi les femmes en leur faisant publiquement de l'œil. Le père ne lui adressa aucun reproche ; il s'arrangeait pour nous éviter, de peur de tomber dans nos traquenards : il était plus superstitieux que scrupuleux. Il s'occupait d'ailleurs trop de sa nouvelle femme et avait l'œil constamment allumé ; parfois, il promenait des mines confuses et émues et c'était là sa façon d'arborer sa passion devant le corps nubile de celle qui allait être son otage. Ma dut quitter précipitamment la cuisine pour soigner Zahir, l'aîné de ses enfants, tombé dans un délire homicide : il prétendait vouloir tuer un fœtus, sans donner trop de précisions. Moutons tués. Couscous épicé. Montagnes de gâteaux au miel. Défoulement des femmes. Folie de mon frère, de plus en plus délirant. Le peuple braillard était aux premières loges et se bâfrait sans aucune retenue ; tout le monde profitait de l'aubaine.

Rachid Boudjedra, *la Répudiation*,
© by Éditions Denoël, Paris, 1969

Compréhension et langue

1 – Quel est le plan du passage ?
2 – Quels sont les différents personnages ?
3 – Comment leurs rôles se répartissent-ils ?
4 – Montrez en quoi se justifie l'expression de « mise à mort évidente » (l. 9-10).
5 – La « fête » : pourquoi ce mot doit-il être pris comme une antiphrase ?
6 – Quels sont les sentiments du narrateur à l'égard de sa famille ?
7 – Comment ses sentiments s'expliquent-ils (caractère, situation, etc.) ?
8 – Quelles sont les marques de l'autobiographie dans ce passage ?
9 – Qu'est-ce qui caractérise le style de Boudjedra ?

Activités diverses, expression écrite

1 – Quels indices permettent de savoir si ce texte est un reflet réaliste de l'Algérie contemporaine ?
2 – *Individu et société.* Comment se situe l'homme (et *la femme*) par rapport aux institutions ?

1. Mère du narrateur. – 2. Frère du narrateur.

Né dans une famille modeste, sur le morne reculé de Sainte-Marie en Martinique, Édouard Glissant, brillant élève, notamment d'Aimé Césaire au lycée Schoelcher de Fort-de-France, s'est construit une solide culture littéraire et philosophique. Étudiant à Paris, il devient une figure marquante du renouveau culturel négro-africain (il est lié à *Présence africaine*) et participe aux recherches de l'avant-garde littéraire (il collabore à la revue *les Lettres nouvelles*). Le prix Renaudot, décerné à *la Lézarde* en 1958, lui apporte la consécration.

Membre fondateur, en 1959, du front antillo-guyanais, qui réclame la libération du peuple antillais, Édouard Glissant est expulsé des Antilles et assigné à résidence en France. En 1965, il peut retourner en Martinique ; il y fonde un établissement d'enseignement (l'Institut martiniquais d'études) et une revue, *Acoma* (1971-1973), qui entend affirmer l'identité antillaise dans le contexte caribéen. Il est nommé en 1982 à la direction de la revue *le Courrier de l'Unesco.*

L'antillanité et la relation

Le projet d'Édouard Glissant, développé par une suite d'essais de très haute tenue, soutenu par la cohérence d'une réflexion philosophique, a été souvent résumé par le mot programme d'*antillanité,* forgé pour souligner le dépassement plus que le refus de la négritude. À partir d'une apologie du « divers », qui proclame l'éclosion du multiple, la fécondité de l'errance, l'égalité reconnue, le consentement à la différence, l'antillanité célèbre la présence au monde des Antilles, dans leur identité affirmée (« Tout homme est né pour dire la vérité de sa terre ») comme dans leur relation au contexte caribéen. Toute l'œuvre de Glissant se construit contre l'isolement et l'aliénation, contre les lacunes de la mémoire et les déchirures du tissu social insulaire : elle est mise en *relation* des hommes avec le temps et l'espace, avec l'histoire et le paysage.

L'archipel des livres

Le principe de relation, concept central de la pensée de Glissant, commande la construction de son œuvre. Dans l'archipel des livres, chaque ouvrage est relié à tous les autres. Les romans s'organisent en un cycle où réapparaissent les mêmes personnages, leurs parents ou leurs descendants. Les mêmes figures, images, motifs se développent et s'échangent d'une forme littéraire à l'autre : roman, poésie, essai…

Au cœur du cycle romanesque, un chef-d'œuvre, *le Quatrième Siècle,* reconstruit l'inconscient historique antillais autour de deux figures mythiques : l'esclave de plantation et le nègre marron. Cette œuvre complexe et luxuriante fait participer le lecteur à la descente d'un peuple dans la nuit de son passé et à la reconquête des quatre siècles de son histoire.

Poésie et créolité

L'« intention poétique » d'Édouard Glissant a d'abord été d'opposer à Saint-John Perse (qu'il admire, mais dont il conteste les complaisances pour le monde colonial) une poésie d'aussi haute ambition. D'où l'épopée des *Indes,* qui chante la traversée vers l'ouest non plus des conquérants célébrés par Perse dans *Vents,* mais des esclaves transportés sur les navires négriers.

Dans la densité minérale ou dans le cri dénudé des poèmes comme dans la prose imagée des romans, Glissant invente une langue entre oralité et écriture, née de sa relation au créole, pour garder la trace de l'Histoire et marquer la place du corps social antillais, pour chanter la splendeur baroque de la créolité.

La lucidité et l'ampleur de la réflexion, la nouveauté de la construction littéraire placent Glissant au premier rang de la production intellectuelle de la fin du XXe siècle.

1954	*La Terre inquiète* [poésie]
1956	*Les Indes* [poésie]
1958	*La Lézarde* [roman]
1960	*Le Sel noir* [poésie]
1961	*Monsieur Toussaint* [théâtre]
1964	*Le Quatrième Siècle* [roman]
1969	*L'Intention poétique* [essai]
1975	*Malemort* [roman]
1979	*Boises* [poésie]
1981	*La Case du commandeur* [roman] *Le Discours antillais* [essai]
1985	*Pays rêvé, pays réel* [poésie]
1987	*Mahagony* [roman]
1990	*Poétique de la relation* [essai]

« Nous sommes fils de ceux qui survécurent »

Le long poème les Indes *développe en six chants l'épopée de la venue en Amérique (que Christophe Colomb et les premiers « découvreurs » croyaient être les Indes). Il prend tout son sens de l'évocation de « ce qu'on n'effacera jamais de la face de la mer » : cette traite des esclaves, dont plusieurs séquences disent l'horreur (« On a cloué un peuple aux bateaux de haut bord, on a vendu, loué, troqué la chair »).*
Dans ce fragment (qui forme la séquence LI du poème), un bateau négrier arrive aux rivages américains...

Cet enfant monte au plus haut de la terre, il voit sur l'horizon grossir la cargaison : « C'est un nouveau ! qui arrive pour le marché du carême ! » ; alors il souffle dans la gorge du lambi[1], et les marchands là-bas s'apprêtent pour l'acquisition de jeunes filles et de mâles... Où est la flamme, où la splendeur, en ce nouveau Divisement du monde ? L'acquéreur se lève ; à sa ceinture, la liste qu'il marchandera. J'ai fait la liste, la strophe dure, de ceux qui furent sur l'océan de mort, et voici qu'on me dit[2] : « Liste de rustre, sans mesure !... Histoire ancienne, sans levain ! Parole et chant, sans profondeur ni ombre »... Allons ! les crieurs paradent sur les tréteaux, ils débitent la vie ; les marchands s'empressent ; le doux enfant glisse au bas du sentier, abandonnant l'espace d'annonciation. Il ne sait, l'adolescent guetteur de futur, qu'il y aura d'autres criées pour le malheur des prophéties ; qu'il seront quelques-uns, aux talons furieux sur le tambour nocturne, et dont l'ivresse parlera : « Nous sommes fils de ceux qui survécurent. »

Édouard Glissant, *les Indes,* © Éditions du Seuil, 1956

1. *Gros coquillage dont on se sert aux Antilles comme trompe d'appel.*
2. *Allusion aux contestations soulevées par les tentatives de dénombrement des déportés noirs.*

Départ de Lisbonne pour le Brésil.

Compréhension et langue

1 – Qu'est-ce qui donne à ce passage sa tonalité épique ?
2 – Justifiez le choix du titre.
3 – Expliquez la citation des lignes 8-9.
4 – Quel est le rôle du crieur ?
5 – Retrouvez dans le texte l'anagramme du nom de l'auteur.

Activités diverses, expression écrite

1 – *Recherche.* La découverte et la conquête de l'Amérique, les différentes étapes. Comment se sont-elles déroulées ? Quelles en ont été les causes et les conséquences ?
2 – Quel jugement Édouard Glissant porte-t-il sur cet événement historique ?

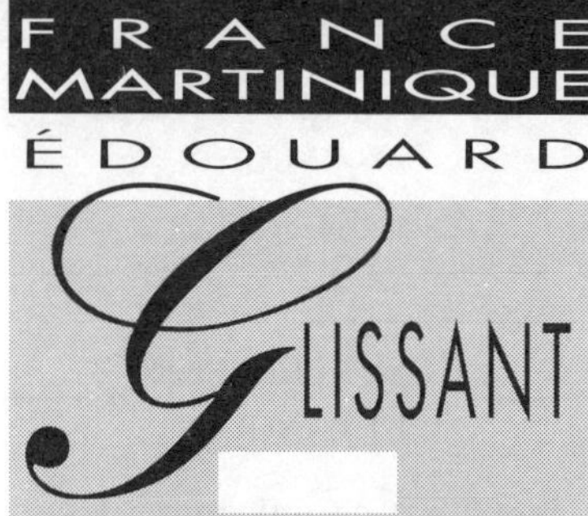

***Le Quatrième Siècle*, 1964, joue sur l'opposition du Maître, de l'Esclave et du Marron (l'esclave fugitif et révolté). Or, le roman déplace le centre de gravité de cette histoire triangulaire, de la dialectique du Maître et de l'Esclave à l'antagonisme de l'Esclave et du Marron. Le texte suit au long des siècles deux lignées majeures qui incarnent deux pôles de la société noire antillaise, les Béluse et les Longoué, ceux qui restèrent sur les plantations et subirent l'esclavage, et ceux qui marronnèrent sur les mornes et connurent la liberté des bois. Mais le roman répudie la fresque historique pour prendre une dimension mythique, au fil de scènes fortement symboliques : évasion du premier Longoué, « le Marron primordial », dès le débarquement du bateau négrier ; rapt d'une esclave dont il fait sa femme ; face-à-face viril avec le « béké » (le grand propriétaire blanc) ; abolition de l'esclavage en 1848… Le premier Marron conquiert sa liberté, mais il doit préparer la réconciliation avec la lignée laborieuse et féconde des Béluse…**

« *Au suivant* »

Le Quatrième Siècle *explore quatre siècles de passé antillais, pour démêler l'enchevêtrement et le brouillage des identités. Le roman évoque ici un épisode essentiel de l'abolition de l'esclavage en 1848 : la nécessité d'attribuer un état civil aux anciens esclaves. L'enjeu symbolique était considérable, puisqu'il s'agissait de définir une identité.*

Parce que[1] ces deux commis, malgré leur stupeur et leur indignation, furent obligés de mener leur tâche jusqu'à sa fin (puisqu'ils étaient appointés pour cela et puisque toute amorce de sabotage dans ce travail aurait pu leur valoir de sérieux ennuis avec les nouveaux employeurs) ; qu'ainsi la légalité triompha partout. La légalité, c'est-à-dire ce postulat que l'esclavage était aboli, que chacun serait pris en compte par les bureaux de l'État Civil, du moins en ce qui concernerait son identité ou les documents qu'il y aurait lieu de certifier à son sujet. Les deux commis avaient donc dressé sur la plus grande place une table derrière laquelle ils s'étaient barricadés, pour se garder de la marée qui battait la place. Embastillés dans leur donjon de registres et de formulaires, sanglés dans leurs redingotes, les oreilles rouge feu et le corps en rivière, ils dévisageaient la houle indistincte de faces noires devant eux. Très officiels, ils ne laissaient rien paraître de leurs sentiments, du moins pas dans le ton de leur voix quand ils criaient : « Au suivant » ou : « Famille Boisseau » ; mais par moments ils se penchaient l'un vers l'autre, s'encourageaient à la farce, ou, terrés derrière leurs papiers, s'excitaient à la colère.

« Ce n'est pas possible, ce n'est pas possible, disait rapidement le premier commis. »

Puis se redressant aussitôt, il criait : « Au suivant ! » – Il était chargé de l'interrogatoire des postulants.

« Habitation Lapalun.

– Combien ?

– Un homme, une femme, trois enfants.

– Famille Détroi, annonçait le premier commis. Un homme, une femme, trois enfants. Au suivant !

– Famille Détroi, deux plus trois, répétait le second commis, chargé des écritures. Et il remettait à chaque main tendue devant lui, au-dessus de la même indistincte face, un papier dont il gardait lui-même copie.

– Quartier Plaisance.

– Combien ?

– Moi, Euphrasie, les enfants…

– Combien d'enfants ?

– Cinq.

– Famille Euphrasie, un homme, une femme, cinq enfants. Au suivant !

– Famille Euphrasie, deux plus cinq, répétait le second commis.

– Moi tout seul, disait le suivant.

– Ni père ni mère ?

– Non.

– Pas de femme ? »

Le « suivant » ricanait.

« Famille Tousseul, un. Au suivant !

– Famille Tousseul, un », répétait le second commis. Il tendait le certificat d'existence, sinon d'identité.

C'était l'épilogue du grand combat : la délivrance de papiers qui consacreraient l'entrée dans l'univers des hommes libres. À l'entour de la table une certaine réserve, et presque une gravité, s'imposaient. Mais à mesure qu'on s'en éloignait, l'agitation grandissait dans la foule. Aux confins, c'était la franche exubérance. À travers le bourg, sous les fenêtres fermées, les persiennes cadenassées, les baies aveugles : la liesse et le bruit. Les anciens esclaves des Plantations étaient là, y compris les femmes. Mais aussi, majestueux dans leurs haillons, traînant comme une parure de dignité leur boue et leur dénuement, et les seuls d'ailleurs à être armés de coutelas, les marrons. Dans le contexte de loques et de hardes, ils trouvaient moyen d'être à la fois les plus démunis et les plus superbes. Ils s'en venaient par petits groupes, comme autant d'îles fermes dans la mer bouillonnante. Ils ne parlaient pas, ne gesticulaient pas, et on pouvait respirer dans leur sillage comme un relent de crainte, vite balayé par l'excitation de la journée. Les marrons étaient partagés entre la satisfaction de celui qui voit légitimer son existence ou ratifier son passé, la curiosité d'aller et venir sans souci dans le dédale des ruelles qu'ils avaient naguère parcourues à la dérobée, et le vague regret des jours révolus, quand le danger de vivre les élisait au plus haut de l'ordre de vie. Ces sentiments mêlés les contraignaient dans leur attitude et jusque dans leur silence. Il leur en venait une apparence outrée de modestie qui les distinguait plus encore. Leur particularité (en plus du coutelas) était qu'une fois arrivés près de la table, ils annonçaient d'eux-mêmes leur nom et celui de leurs proches, au contraire de la masse qui eût été généralement bien en peine de proclamer des noms ou d'exciper d'une vie familiale. Les deux commis ne pouvaient s'y tromper ; cette marque d'indépendance leur semblait une injure : leur indignation s'y renforçait.

Édouard Glissant, *le Quatrième Siècle*,
© Éditions du Seuil, 1964

Compréhension et langue

1 – Quelles sont les différentes parties de ce texte ?

2 – Distinguez les divers aspects de la technique romanesque (récit, description, dialogues).

3 – De quelle légalité est-il question ?

4 – Comment se déroulent les déclarations aux bureaux de l'État Civil ?

5 – Relevez et commentez les termes qui décrivent les anciens esclaves.

6 – Qui sont les « marrons » ?

7 – Pourquoi l'indignation des deux commis se renforce-t-elle (l. 74-75) ?

Activités diverses, expression écrite

1 – Dans quelles conditions l'esclavage a-t-il été aboli ? De quelles lois les anciens esclaves ont-ils pu bénéficier ? dans quels pays ?

2 – Comment la créolité peut-elle se définir ? Qu'est-ce qui la constitue ?

1. *Plusieurs chapitres du roman commencent, comme ici, par une subordonnée sans principale, introduite par « parce que » : manière de souligner le travail d'analyse et d'éclaircissement entrepris par le roman.*

XXe siècle. Modernités.

La barque ouverte

Édouard Glissant a souvent rappelé l'origine de sa parole : « Il me semble que notre projet littéraire se noue au ventre de la bête : dans l'antre du bateau négrier. C'est de si loin qu'il faut partir. » Il y revient dans le texte inaugural de sa Poétique de la relation.

Ce qui pétrifie, dans l'expérience du déportement des Africains vers les Amériques, sans doute est-ce l'inconnu, affronté sans préparation ni défi.

La première ténèbre fut de l'arrachement au pays quotidien, aux dieux protecteurs, à la communauté tutélaire. Mais cela n'est rien encore. L'exil se supporte, même quand il foudroie. La deuxième nuit fut de tortures, de la dégénérescence d'être, provenue de tant d'incroyables géhennes[1]. Supposez deux cents personnes entassées dans un espace qui à peine en eût pu contenir le tiers. Supposez le vomi, les chairs à vif, les poux en sarabande, les morts affalés, les agonisants croupis. Supposez, si vous le pouvez, l'ivresse rouge des montées sur le pont, la rampe à gravir, le soleil noir sur l'horizon, le vertige, cet éblouissement du ciel plaqué sur les vagues. Vingt, trente millions, déportés pendant deux siècles et plus. L'usure, plus sempiternelle qu'une apocalypse. Mais cela n'est rien encore.

Le terrifiant est du gouffre, trois fois noué à l'inconnu. Une fois donc, inaugurale, quand tu tombes dans le ventre de la barque. Une barque, selon ta poétique, n'a pas de ventre, une barque n'engloutit pas, ne dévore pas, une barque se dirige à plein ciel. Le ventre de cette barque-ci te dissout, te précipite dans un non-monde où tu cries. Cette barque est une matrice, le gouffre-matrice. Génératrice de ta clameur. Productrice aussi de toute unanimité à venir. Car si tu es seul dans cette souffrance, tu partages l'inconnu avec quelques-uns, que tu ne connais pas encore. Cette barque est ta matrice, un moule, qui t'expulse pourtant. Enceinte d'autant de morts que de vivants en sursis.

Aussi le deuxième gouffre est-il de l'abîme marin. Quand les régates donnent la chasse au négrier, le plus simple est d'alléger la barque en jetant par-dessus bord la cargaison, lestée de boulets. Ce sont les signes de piste sous-marine, de la côte d'Or aux îles Sous-le-Vent. Ainsi toute navigation sur la splendeur verte d'océan – la mélancolie des traversées en transatlantique, la gloire des régates sportives, la tradition des courses de yoles ou de gommiers – suggère-t-elle, avec une évidence d'algues, ces bas-fonds, ces profonds, ponctués de boulets qui rouillent à peine. Le gouffre est de vrai une tautologie, tout l'océan, toute la mer à la fin doucement affalée aux plaisirs du sable, sont un énorme commencement, seulement rythmé de ces boulets verdis.

Édouard Glissant, *Poétique de la relation*,
© Éditions Gallimard, 1990

Compréhension et langue

1 – Comment ce passage est-il construit ?
2 – Quelle expérience les Africains déportés ont-ils d'abord connue ?
3 – Donnez un titre à chaque partie et résumez-la.
4 – Quels champs lexicaux l'auteur utilise-t-il ?
5 – Quel but poursuit-il ?
6 – Que signifie la phrase de la ligne 16 ? Quelle est sa tonalité ?

Activités diverses, expression écrite

1 – Que ressentez-vous à la lecture de ce texte ? Exposez et expliquez vos sentiments.
2 – L'esclavage existe-t-il encore de nos jours ? Dans quels pays et sous quelles formes ?

1. Tortures comme celles subies en enfer.

FRANCE
MARTINIQUE

Xavier Orville, né à la Martinique en 1932, est professeur agrégé d'espagnol. Il a été conseiller culturel auprès du président de la république du Sénégal, Léopold Sédar Senghor. Il a publié des romans (*Délice et le fromager*, 1977 ; *la Tapisserie du temps présent*, 1979 ; *l'Homme aux sept noms et sept poussières*, 1981 ; *le Marchand de larmes*, 1985 ; *Laissez brûler Laventurcia*, 1989) qui empruntent à la tradition des conteurs créoles le goût d'une langue poétique, gonflée de mots et de saveurs, le sens du merveilleux et du surréel, le jeu sur l'organisation du récit, confié à d'étranges narrateurs : un arbre, un mort bien éveillé dans son cimetière, un personnage qui change sans cesse de nom parce qu'il n'en a pas un en propre…

« Il ne savait plus que les larmes existaient »

Thomas Dieudonné, qui arrive « de l'autre côté du désespoir » (c'est un Haïtien qui a fui la dictature), balayeur dans un village martiniquais, est rejeté par l'ensemble des habitants, sauf par Marie-Triangle, elle-même mise au ban du village parce qu'elle n'a pas voulu dénoncer le père de l'enfant mort-né qui lui est venu.

Dieudonné s'assit à côté d'elle, c'était la première fois qu'il rencontrait quelqu'un de plus malheureux que lui. Ses mains s'ouvrirent en signe de reconnaissance. Il ne savait plus que les larmes existaient. Il vous avait toujours connus durs, chacun à sa vie et sans faille, et la poussière de son balai avait étouffé le vieux fond d'espoir enseveli sous les rêves.

« Moi aussi je pleure en dedans, dit-il, parce que je suis étranger et ici on n'aime pas les étrangers. Chaque fois que je pense à mon pays, je pleure. Je ne savais rien de cette malédiction avant de la vivre. La seule conscience que j'avais d'être au monde c'était le soleil et l'arbre du voyageur qui poussait devant la case de mon père. Je le trouvais beau. Ses palmes s'ouvraient en éventail pour la pluie. Parfois, en plein carême, un vol luisant de gouttes s'éparpillait des tiges. J'aimais surtout le contempler dans la frêle obscurité de la nuit, lorsque sa silhouette se détachait sur la mer. À cette heure, une brise venue de l'autre bord de l'eau prolongeait son élan dans le réseau des feuilles et le ramifiait en grappes d'îles. Je devinais un pays multiple, bercé de chemins et d'hommes ; mon esprit s'égarait en eux. Je me disais :

“À force d'avaler la misère, nos entrailles sont du limon. Au fond de chacun de nous, un canal et des milliers de chiens crevés. Dehors nous sommes un carnaval de vaudou, dedans, une mangrove[1] d'injustice.”

Je me disais encore :

“À quoi nous sert la mer, si c'est une barrière sans tourniquet ? Je veux ouvrir mes ailes et frapper aux portes des esprits et refermer mes mains sur une flamme à sept langues et rencontrer le cœur des autres îles, chaud comme la sève des volcans. Un jour je partirai.”

Qui m'aurait dit alors que j'allais regretter ce rêve ! »

Marie-Triangle lui répondit :

« Quand tu auras abreuvé les hommes de tes larmes, jusqu'à une profondeur de cent brasses, alors tout te deviendra joie. En attendant, passe les bornes, sème des graines de toutes les couleurs : lorsqu'elles auront poussé, tu verras que ton pays c'est partout où tu as des frères. »

Thomas Dieudonné ne sema pas de graines, mais l'idée germa en lui de s'associer à Marie-Triangle dans le commerce des larmes. Il y pensa tous les jours pendant un mois et mit des feuilles de menthe glaciale sous trois pierres pour faire aboutir son projet.

Xavier Orville, *le Marchand de larmes*,
© Éditions B. Grasset, Paris, 1985

1. *Forêt de palétuviers dans les vasières des bords de mers tropicales.*

CÔTE-D'IVOIRE

JEAN-MARIE

Jean-Marie Adiaffi, né à Bettié, près d'Abengourou (Côte-d'Ivoire) en 1941, a été cinéaste avant de venir à l'écriture. Il a publié des poèmes (*D'éclairs et de foudres,* 1980) et surtout un étrange roman, *la Carte d'identité,* 1980, dont la construction s'organise selon le schéma du calendrier rituel agni. Mêlant les formes littéraires (récit, développement didactique, lyrisme), jouant sur les niveaux de langue et les transformations du français en Afrique, le roman est à la fois une dénonciation de la colonisation et la quête initiatique d'une identité.

« Tu es coupable »

Au début de la Carte d'identité, *Mélédouman, prince héritier du royaume de Bettié et fin lettré, est arrêté arbitrairement par le commandant de cercle flanqué de son auxiliaire indigène, ancien combattant des troupes coloniales.*

« Je suis un honnête citoyen.

– Toi citoyen ! Toi citoyen ! Individu que tu es ! Indigène ! Tu te fous de moi. Toi citoyen, un malheureux comme ça. Moi qui connais la France. Médaille militaire. Caporal deuxième classe. Moi été le doudou des Blanches. Toi citoyen, où on a vu ça ? Si ce n'est pas à Bettié… »

Coupant le récit par trop épique des campagnes imaginaires ou réelles de notre héros combattu, Tartarin de Tarascon noir, qui accompagnait le commandant blanc, Mélédouman fixa le Blanc :

« Mais enfin, mon commandant ! Pouvez-vous me dire ce dont je suis accusé ?

– Hé ! toi là, attention à toi ! Tu veux encore la chicotte aux fesses, indigène, cabri, où on a vu ça ?

– Je voudrais qu'on m'explique les chefs d'accusation…

– Chef quoi ! Chef, chef, toi chef, où est ton galon ?

– Au premier chef tu es coupable, répond alors le commandant. Cela suffit, non ? Alors, trêve de questions, suis-moi.

– Non, je suis innocent, je ne vous suivrai pas.

– Suis-moi donc innocemment au cercle, saint Innocent.

– Innocent ! Innocent ! Où on a vu ça ? Je t'en foutrai des innocents. Eh, toi là tu te prends vraiment pour un saint nègre, cochon malade.

– Mais enfin, mon commandant, ai-je le droit de savoir ce dont je suis accusé, oui ou non, insista Mélédouman, sans plus s'occuper du pauvre arlequin, du pauvre pantin qui essayait tant bien que mal de jouer un rôle injouable. Et qui le jouait avec un talent tragi-comique, un talent furieux, comme les fréquentes bastonnades en témoignaient. Pauvre Mélédouman, c'était lui qui payait les notes par trop élevées de l'addition des coups de cet appétit frustré, Mélédouman qui était le dindon farci de cette table quelque peu faisandée.

– C'est moi qui pose les questions, répliqua le commandant, sans prêter la moindre attention à la masse bastonnante de plus en plus enragée de son fébrile compagnon, toujours écartelé entre la tragédie et la comédie.

– Contente-toi d'obéir. C'est tout ce que l'on te demande pour le moment. Tu vois bien que ce n'est pas grand-chose…

– Obéir, obéir, toujours obéir. Enfin, vous défoncez ma porte. Vous vous introduisez chez moi sans crier gare. Vous me mettez les fers aux pieds, les menottes aux poignets. Vous me battez comme un sac de riz. Après cela, il faut que j'obéisse. Que je me taise. Que je ne cherche pas à comprendre… Tout de même ! »

Jean-Marie Adiaffi, ***la Carte d'identité,***
Coll. Monde Noir Poche, © Hatier, Paris, 1980

« Une fourmi dans l'eau »

Pierre Bamboté, né à Bangatsu (République centrafricaine) en 1932, s'est fait connaître par des poèmes militants contre la colonisation (*La poésie est dans l'histoire,* 1960 ; *Chant funèbre pour un héros d'Afrique,* 1962). *Princesse Mandapu,* 1972, constitue une tentative de « roman naïf » restée jusqu'à présent sans lendemain.

Le décalage des codes romanesques donne à ce texte une tonalité étrange et originale. Pas de ligne d'intrigue bien définie, une succession de phrases elliptiques et juxtaposées, un monologue intérieur intermittent, un point de vue narratif indécis… Le personnage principal, Monsieur Boy, est un fonctionnaire d'autorité, potentat local d'une petite ville centrafricaine. Le début du roman le montre rentrant chez lui, attendu par ses trois épouses.

De la place, un garçon d'environ cinq ans arrive en courant.

« Papa a trouvé une fourmi dans l'eau. Il n'est pas content. »

Le garçon repart en courant.

« Une fourmi dans l'eau ? demande la femme enceinte en regardant la première femme de Monsieur Boy qui baisse les yeux ennuyée. J'ai pourtant posé la cuvette sur un banc. » La femme enceinte est sur le point de fondre en larmes. « Ne t'en fais pas, dit brusquement la première femme. Il a des domestiques et c'est leur travail. Tu vas voir comme il en boxera un s'il l'attrape. »

« Es-tu sûre que la serviette soit encore là ? », dit posément la seconde femme qui repart dans ses songes.

La première femme porte la main à son cœur.

« Je vais voir », dit-elle. Elle rase le mur en y allant puis tend le cou : Monsieur Boy, le torse nu, est en train de se laver bruyamment sous la véranda. Les chèvres n'ont pas mangé la serviette-éponge. Un domestique, debout, la tient prête à servir Monsieur Boy. Après s'être essuyé, celui-ci fait les commentaires d'usage.

« Un tas de gens se nourrissent sur mon dos. Je ne suis pas servi. Aujourd'hui encore, j'ai trouvé cette fourmi dans mon eau. Si elle m'avait piqué la figure… Dieu est grand ! Je me vengerai. »

Il regarde de travers le domestique dont on peut dire qu'il est en guenilles et s'assied sur une chaise. S'agenouillant sans bruit, le domestique ôte les chaussures de toile blanche des pieds de Monsieur Boy, les pose au loin pour ne pas les mouiller, et, ces pieds, là posés dans la cuvette, il les lave soigneusement un à un, et un à un sur ses genoux les essuie. Seulement ces sacrées sandales il les a encore oubliées. […]

Monsieur Boy lève la main, mais pourquoi salir la main qu'il vient de laver ? Il lève le pied, mais en dehors de ses cors douloureux, salirait-il le pied que le domestique vient de laver si soigneusement ? Monsieur Boy se calme, enfile les sandales que le domestique vient d'apporter, fait quelques pas, s'allonge dans sa chaise longue face à la grande place. Un moment il reste sans penser à rien comme s'il s'était oublié dans la satisfaction de se dire : « À des centaines de kilomètres à la ronde, c'est moi le maître. Euh !… enfin. » Il est le maître malgré tout, Monsieur Boy. Il n'a pas besoin de se tâter pour savoir que son pistolet se trouve là chargé dans la poche de sa robe de chambre, car il a une robe de chambre, Monsieur Boy.

Pierre Bamboté, *Princesse Mandapu,*
© Éditions Présence Africaine, Paris, 1972

Hubert Aquin (Montréal, 1929 - *id.*, 1977), militant actif du mouvement indépendantiste québécois, interné en 1964 après une arrestation pour port d'armes, s'est crispé dans un refus intransigeant de toute compromission avec les autorités fédérales canadiennes. Épuisé par la « fatigue culturelle du Canada français », il s'est donné la mort en 1977. Ses romans (*Prochain Épisode,* 1965 ; *Trou de mémoire,* 1968 ; *l'Antiphonaire,* 1969 ; *Neige noire,* 1974) reflètent son existence de nationaliste passionné. Il y brouille soigneusement les pistes narratives, mêlant épisodes policiers et introspections de l'écrivain, dédoublant ses personnages, conspirateurs ou criminels, promis à la prison ou à l'asile psychiatrique. On a souvent rapproché sa technique de celle du nouveau roman des années 1950. Il a rassemblé quelques textes autobiographiques dans *Points de fuite,* 1971.

« Me suicider partout et sans relâche »

L'action de Prochain Épisode *se déroule à la fois à Lausanne, où se cache un mystérieux agent secret, et à Montréal, où un narrateur, interné dans une clinique psychiatrique à la suite de ses activités nationalistes subversives, tente de reconstruire sa vie par l'écriture et à la lumière de la psychanalyse.*

Entre un certain 26 juillet et la nuit amazonique du 4 août, quelque part entre la prison de Montréal et mon point de chute, je décline silencieusement en résidence surveillée et sous l'aile de la psychiatrie viennoise ; je me déprime et me rends à l'évidence que cet affaissement est ma façon d'être. Pendant des années, j'ai vécu aplati avec fureur. J'ai habitué mes amis à un voltage intenable, à un gaspillage d'étincelles et de courts-circuits. Cracher le feu, tromper la mort, ressusciter cent fois, courir le mille en moins de quatre minutes, introduire le lance-flammes en dialectique, et la conduite-suicide en politique, voilà comment j'ai établi mon style. J'ai frappé ma monnaie dans le vacarme à l'image du surhomme avachi. Pirate déchaîné dans un étang brumeux, couvert de Colt 38 et injecté d'hypodermiques[1] grisantes, je suis l'emprisonné, le terroriste, le révolutionnaire anarchique et incontestablement fini ! L'arme au flanc, toujours prêt à dégainer devant un fantôme, le geste éclair, la main morte et la mort dans l'âme, c'est moi le héros, le désintoxiqué ! Chef national d'un peuple inédit ! Je suis le symbole fracturé de la révolution du Québec, mais aussi son reflet désordonné et son incarnation suicidaire. Depuis l'âge de quinze ans, je n'ai pas cessé de vouloir un beau suicide : sous la glace enneigée du lac du Diable, dans l'eau boréale de l'estuaire du Saint-Laurent, dans une chambre de l'hôtel Windsor avec une femme que j'ai aimée, dans l'auto broyée l'autre hiver, dans le flacon de Beta-Chlor 500 mg[2], dans le lit du Totem, dans les ravins de la Grande-Casse et de Tour d'Aï, dans ma cellule CG19, dans mes mots appris à l'école, dans ma gorge émue, dans ma jugulaire[3] insaisie et jaillissante de sang ! Me suicider partout et sans relâche, c'est là ma mission. En moi, déprimé explosif, toute une nation s'aplatit historiquement et raconte son enfance perdue, par bouffées de mots bégayés et de délires scripturaires et, sous le choc noir de la lucidité, se met soudain à pleurer devant l'immensité du désastre et l'envergure quasi sublime de son échec. Arrive un moment, après deux siècles de conquêtes et trente-quatre ans de tristesse confusionnelle, où l'on n'a plus la force d'aller au-delà de l'abominable vision. Encastré dans les murs de l'Institut et muni d'un dossier de terroriste à phases maniacospectrales, je cède au vertige d'écrire mes mémoires et j'entreprends de dresser un procès-verbal précis et minutieux d'un suicide qui n'en finit plus.

Hubert Aquin, *Prochain Épisode,* 1965,
© Leméac Éditeur, Ottawa, 1992

1. Piqûres hypodermiques.
2. Médicament.
3. Veine du cou.

JACQUES POULIN

« C'est la fin des guerres indiennes »

Jacques Poulin, né à Saint-Gédéon (Québec) en 1937, est l'auteur de romans à l'écriture simple mais elliptique (dans la mouvance du « minimalisme » américain), qui intègre des fragments de tout ordre (textes, photos, reproduction de documents, etc.), empruntés aussi bien à d'autres livres qu'à la réalité extérieure (*Jimmy*, 1969 ; *les Grandes Marées*, 1978 ; *Volkswagen Blues*, 1984). Le romancier joue sur l'ironie des collages et sur les dérives de l'imaginaire, provoquées par sa technique « hyperréaliste » et ses effets de grossissement de la banalité.

Jack Waterman, le héros de Volkswagen Blues, *est un écrivain québécois qui traverse les États-Unis en minibus Volkswagen pour rechercher son frère disparu. Il est accompagné de la Grande Sauterelle, métisse de mère indienne. Leur trajet, qui suit les traces des premiers voyageurs et retrouve les marques nombreuses du fait français en Amérique du Nord, devient l'occasion de mettre en perspective toute l'histoire américaine.*

Jack profita de l'accalmie pour faire du café et lire un chapitre de leur livre, *The Oregon Trail Revisited*[1]. Il lisait avec une attention spéciale les journaux des émigrants. Peu à peu, il en était venu à considérer ces émigrants comme de vieux amis, et maintenant il connaissait le caractère et les habitudes de chacun d'eux ; ses préférés étaient le jeune Jesse Applegate, le peintre Alfred Jacob Miller, la courageuse Narcissa Whitman, le dilettante Francis Parkman et son guide Henri Chatillon, le vieux Ezra Meeker et le poète William Kelly.

Au retour de sa promenade, la fille s'assit à la table en face de lui et il regarda son visage : les cheveux noirs comme du charbon, les yeux de la même couleur et légèrement bridés, les pommettes saillantes qui accentuaient la maigreur des joues. Sur ce visage maigre, émouvant et beau, il vit passer une ombre fugitive.

Refermant son livre, il dit à la fille qu'elle pouvait y aller si elle avait encore quelque chose à raconter. Elle se mit à parler de Wounded Knee.

« En décembre 1890, dit-elle, Sitting Bull est assassiné et les Sioux abandonnent la lutte armée. On les conduit au bord d'un ruisseau qui s'appelle Wounded Knee, où ils établissent leur campement pour la nuit. Des soldats encerclent les Indiens pour les surveiller ; ce sont les hommes du 7e régiment de cavalerie. Au matin, ils décident de désarmer les Indiens. Ils ont installé quatre mitrailleuses en batterie pour étouffer toute résistance. Soudain une bagarre éclate et un coup de feu est tiré par un Indien. En un instant, les soldats déchargent leurs fusils sur les guerriers sioux. Ensuite les quatre mitrailleuses font pleuvoir des balles sur les femmes et les enfants. Il y a en tout cent quatre-vingts morts. C'est le 29 décembre 1890. Le jour de l'an 1891, des fossoyeurs arrivent à Wounded Knee et creusent une fosse commune pour y jeter les cadavres qui étaient restés étendus dans la neige ; ils trouvent quatre bébés qui respirent encore, enveloppés dans le châle de leur mère. C'est la fin des guerres indiennes. Après le massacre de Wounded Knee, les Indiens ne feront plus la guerre à l'armée des États-Unis. Voilà, c'est tout. »

Jacques Poulin, *Volkswagen Blues*,
© Éditions Jean Picollec, Paris, 1984

1. Ce livre est une histoire de la piste de l'Orégon, empruntée au XIXe siècle par les immigrants qui partirent en caravanes de chariots bâchés vers les terres de l'Ouest. Il est devenu le livre de chevet des deux voyageurs.

Réjean Ducharme, né à Saint-Félix de Valois (Québec) en 1942, est un écrivain mystérieux, qui se tient volontairement à l'écart de la scène publique. Il a été révélé par la publication en France de *l'Avalée des avalés,* 1966, qu'ont suivi *Le nez qui voque,* 1967, *l'Océantume,* 1968, *la Fille de Christophe Colomb,* 1969, *l'Hiver de force,* 1973, *les Enfantômes,* 1976, *Dévadé,* 1990. Il a écrit des chansons (pour Robert Charlebois et Pauline Julien) et des scénarios de films. Sous le nom de Roch Plante, il a entrepris une recherche picturale. Ses romans se singularisent par une tonalité très reconnaissable : usage ludique du langage, humour souvent noir, goût de la répétition obsessionnelle, kaléidoscope de références culturelles, choix de héros jeunes et inadaptés, aspiration à une pureté et une innocence propres à l'enfance. Réjean Ducharme est sans doute l'un des plus novateurs parmi les écrivains québécois.

« Tout m'avale »

Bérénice Einberg, héroïne de l'Avalée des avalés, *est une petite fille étrangement précoce qui raconte son histoire. Elle se présente ainsi dans le premier chapitre du roman.*

Tout m'avale. Quand j'ai les yeux fermés, c'est par mon ventre que je suis avalée, c'est dans mon ventre que j'étouffe. Quand j'ai les yeux ouverts, c'est par ce que je vois que je suis avalée, c'est dans le ventre de ce que je vois que je suffoque. Je suis avalée par le fleuve trop grand, par le ciel trop haut, par les fleurs trop fragiles, par les papillons trop craintifs, par le visage trop beau de ma mère. Le visage de ma mère est beau pour rien. S'il était laid, il serait laid pour rien. Les visages, beaux ou laids, ne servent à rien. On regarde un visage, un papillon, une fleur, et ça nous travaille, puis ça nous irrite. Si on se laisse faire, ça nous désespère. Il ne devrait pas y avoir de visages, de papillons, de fleurs. Que j'aie les yeux ouverts ou fermés, je suis englobée : il n'y a plus assez d'air tout à coup, mon cœur se serre, la peur me saisit.

L'été, les arbres sont habillés. L'hiver, les arbres sont nus comme des vers. Ils disent que les morts mangent les pissenlits par la racine. Le jardinier a trouvé deux vieux tonneaux dans son grenier. Savez-vous ce qu'il en a fait ? Il les a sciés en deux pour en faire quatre seaux. Il en a mis un sur la plage, et trois dans le champ. Quand il pleut, la pluie reste prise dedans. Quand ils ont soif, les oiseaux s'arrêtent de voler et viennent y boire.

Je suis seule et j'ai peur. Quand j'ai faim, je mange des pissenlits par la racine et ça se passe. Quand j'ai soif, je plonge mon visage dans l'un des seaux et j'aspire. Mes cheveux déboulent dans l'eau. J'aspire et ça se passe : je n'ai plus soif, c'est comme si je n'avais jamais eu soif. On aimerait avoir aussi soif qu'il y a d'eau dans le fleuve. Mais on boit un verre d'eau et on n'a plus soif. L'hiver, quand j'ai froid, je rentre et je mets mon gros chandail bleu. Je ressors, je recommence à jouer dans la neige, et je n'ai plus froid. L'été, quand j'ai chaud, j'enlève ma robe. Ma robe ne me colle plus à la peau et je suis bien, et je me mets à courir. On court dans le sable. On court, on court. Puis on a moins envie de courir. On est ennuyé de courir. On s'arrête, on s'assoit et on s'enterre les jambes. On se couche et on s'enterre tout le corps. Puis on est fatigué de jouer dans le sable. On ne sait plus quoi faire. On regarde, tout autour, comme si on cherchait. On regarde, on regarde. On ne voit rien de bon. Si on fait attention quand on regarde comme ça, on s'aperçoit que ce qu'on regarde nous fait mal, qu'on est seul et qu'on a peur. On ne peut rien contre la solitude et la peur. Rien ne peut aider. La faim et la soif ont leurs pissenlits et leurs eaux de pluie. La solitude et la peur n'ont rien. Plus on essaie de les calmer, plus elles se démènent, plus elles crient, plus elles brûlent. L'azur s'écroule, les continents s'abîment : on reste dans le vide, seul.

Je suis seule. Je n'ai qu'à me fermer les yeux pour m'en apercevoir. Quand on veut savoir où on est, on se ferme les yeux. On est là où on est quand on a les yeux fermés : on est dans le noir et dans le vide. Il y a ma mère, mon père, mon frère Christian, Constance Chlore. Mais ils ne sont pas là où je suis quand j'ai les yeux fermés. Là où je suis quand j'ai les yeux fermés, il n'y a personne, il n'y a jamais que moi. Il ne faut pas s'occuper des autres : ils sont ailleurs. Quand je parle ou que je joue avec les autres, je sens bien qu'ils sont à l'extérieur, qu'ils ne peuvent pas entrer où je suis et que je ne peux pas entrer où ils sont. Je sais bien qu'aussitôt que leurs voix ne m'empêcheront plus d'entendre mon silence, la solitude et la peur me reprendront. Il ne faut pas s'occuper de ce qui arrive à la surface de la terre et à la surface de l'eau. Ça ne change rien à ce qui se passe dans le noir et dans le vide, là où on est. Il ne se passe rien dans le noir et dans le vide. Ça attend, tout le temps. Ça attend qu'on fasse quelque chose pour que ça se passe, pour en sortir. Les autres, c'est loin. Les autres, ça se sauve, comme les papillons. Un papillon, c'est loin, loin comme le firmament, même quand on le tient dans sa main. Il ne faut pas s'occuper des papillons. On souffre pour rien. Il n'y a que moi ici.

Réjean Ducharme, *l'Avalée des avalés,*
© Éditions Gallimard, 1966

Compréhension et langue

1 – Quel est le sens du mot *avale* ?
2 – Sur quelle métaphore filée le premier paragraphe repose-t-il ?
3 – Quel lien thématique y a-t-il entre les trois paragraphes suivants ?
4 – Relevez des exemples d'expressions figées détournées de leur emploi habituel.
5 – Troisième paragraphe : quelles sont les principales structures syntaxiques (l. 21 à l. 41) ?
6 – Relevez les figures de style les plus remarquables.
7 – Quelles sont les marques du monologue intérieur ?
8 – Quelle est l'impression dominante de ce texte ?

Activités diverses, expression écrite

Qu'appelle-t-on *univocité, monosémie, monologie* ? En quoi le texte de Réjean Ducharme est-il équivoque, polysémique, dialogique ?

CHARLES-ALBERT

« C'est ainsi que ça doit être »

Ce texte donne un exemple de l'art de voyager de Cingria, qui est toujours à l'affût du « merveilleux moderne ».

Charles-Albert Cingria (Genève, 1883 - *id.*, 1954), voyageur impénitent, dans son pays natal comme en Italie, en Russie ou à Constantinople, a été un homme de curiosité encyclopédique. Il s'est passionné pour la musique médiévale et l'œuvre des troubadours (il a écrit plusieurs essais de musicologie). Son imaginaire le conduit volontiers vers l'ancienne Lotharingie, pays tampon entre la France et l'Allemagne. Il a publié des contes et surtout des chroniques vagabondes, baroques, ironiques, dispersées dans un grand nombre de journaux et revues, reprises en volume (*Florides helvètes*, 1944 ; *Bois sec Bois vert*, 1948), et surtout dans la grande édition de ses *Œuvres complètes*, 1968, qui a permis de prendre la mesure de cet écrivain inclassable et fascinant.

De nouveau le soleil, le vent. Un jour s'est passé. Lever de bonne heure. On part. [...]

C'est fait, les moteurs tournent, mais qu'y a-t-il ? Pourquoi B..., alors que nous sommes pressés et que lui-même le disait, ne vient-il pas ? Quelle peut être la cause de cette disparition ? Ah ! voici ! C'est lui, mais dans quel état ! Que lui est-il arrivé ? Il a du sang au visage et le bras bandé. On s'empresse, on le questionne. Il paraît qu'un chat sauvage s'est introduit dans une pièce du premier en tenant dans ses serres une poule. À la vue de B..., qui, lui aussi, entrait pour autre chose – pour chercher un dictionnaire –, cet étrange félin avait fait un bond sur lui, le marquant au visage et assez profondément à la main, puis d'un autre bond cyclique et absolument insensé par toute la pièce, il avait réussi à atteindre le lierre en face à travers la fenêtre, non sans laisser des poils jaunes dans les persiennes.

Nous nous empressons, nous lui donnons de la teinture d'iode. Le bandage mieux ajusté lui permet de se remettre au volant.

En descendant le village, vite et agréablement balancés par les cailloux qu'il y a sous les beaux pneus tout neufs, des jeunes et des petites filles lèvent les bras d'un geste de prêtresses. Elles ont de précieuses jambes roses bien nues et les agitent aussi. Elles ont des couronnes de feuilles attachées les unes aux autres par des aiguilles. C'est chorégraphique, si on veut, mais pas primaire, pas appris à l'école : c'est libre et d'une bonne tradition helvéto-romaine qui a résisté à tout dans ces replis de rochers à travers des âges où le monde entier s'est rempli d'un bitume de tristesse. Il y a donc là de vraies prêtresses, ces bœufs qui ont des jougs antiques et ces guipures[1] brunes, ces chiens et ces étranges murs d'un appareil[2] non paysan, mais citadin incestueux, bien qu'on soit dans la montagne et que de villes il n'y en ait que très loin. Les cheveux de ces gens sont verts, blond vert, leur regard étonnamment hardi, leur élocution complice et dégagée. Les hommes ont des fronts bas, assez bas, des franges et des petites barbes carrées comme Guillaume Tell[3]. Ils circulent avec des haches sur l'épaule.

Il n'y a dans ce village ni bureau de tabac, ni café, ni coopérative, ni pharmacie. Il n'y a positivement rien, et c'est ainsi que ça doit être.

Charles-Albert Cingria, « Novaloise »,
in *Nouvelle Revue française,* 1er décembre 1955

1. Dentelles sans fond dont les motifs représentent des fleurs, des arabesques... – 2. Agencement des pierres (terme d'architecture). – 3. Héros légendaire suisse du XIVe siècle, célèbre pour ses qualités d'arbalétrier.

CHRISTIAN

Christian Dotremont (Tervuren, Belgique, 1922 - Bruxelles, 1979) a participé aux activités surréalistes belges. De 1948 à 1951, il est le principal animateur du groupe de peintres d'avant-garde *Cobra* (le nom est formé sur les initiales de trois villes du Nord, Copenhague, Bruxelles et Amsterdam). Cette expérience lui laisse le goût des correspondances entre les arts et une grande fascination pour la matérialité des signes langagiers. Il écrit un roman autobiographique (*la Pierre et l'Oreiller,* 1955) et, après le choc d'un voyage en Laponie (1956), des textes fragmentaires en forme de poèmes en prose (*Vues, Laponie,* 1957 ; *De loin aussi d'ici,* 1973). Surtout, il expérimente les *logogrammes,* étonnantes tentatives de représentation plastique de l'écriture, sans doute la recherche la plus aboutie de « poésie plastique », donnant à voir la matière même du langage (*Logbook,* 1974).

« Le 7 février 1662 »

Un logogramme (dont l'idée première est née en Laponie, de dessins de mots sur la neige et la glace) est une écriture illisible : le tracé d'un texte abandonné à l'impulsion de la main qui l'écrit, hors toute norme calligraphique.
Le calligramme d'Apollinaire se soumettait à la forme de son objet.
Le logogramme se déploie dans la liberté de la ligne d'écriture, dans la pulsion du corps qui le projette. Son pouvoir de fascination procède de la confrontation du texte (Dotremont le cite toujours comme en légende du logogramme) et de l'autonomie graphique du geste d'écriture.

Dire que le 7 février 1662, par exemple, des gens se sont dit avec espoir, peut-être avec un sentiment de certitude : « Dans une semaine… » Et ils rêvaient du 14 février 1662, ils pensaient au 14 février 1662. Et sans doute est-ce tout autre chose qui a eu lieu pour plusieurs d'entre eux le 14 février 1662. Ou rien du tout. Ou plus rien du tout. Pour eux, le 14 février 1662, c'était l'avenir, l'avenir qui de toute façon n'est jamais vraiment quelque chose avant de cesser d'être l'avenir. L'avenir qui pourtant nous influence dans le présent, nous tous les gens de toute époque. Par exemple, le 14 février 1974 m'influence aujourd'hui même, 7 février 1974

Christian Dotremont, *Logbook,*
© Yves Rivière Éditeur, Paris

De l'oralité à l'écriture

On ne croit plus aujourd'hui que l'oralité et l'écriture soient deux moyens parfaitement symétriques de l'expression langagière. Certes, les correspondances et interférences de l'oral et de l'écrit sont innombrables, mais leurs modalités et leurs fonctions peuvent considérablement diverger. De cette tension naissent de nombreux effets littéraires, qui donnent aux littératures de la francophonie une couleur particulière.

Écritures de la parole

Dans la francophonie comme en France même, la langue française s'est transformée diversement au fil d'une évolution complexe, donnant naissance à une grande variété de « français régionaux », qui se distinguent non seulement par des prononciations particulières, mais par des différenciations (relativement légères, mais bien marquées) de syntaxe, de morphologie et de vocabulaire, qui ne sont pas acceptées par la norme du français standard écrit. Les écrivains francophones ont souvent cherché à jouer sur les « parlures », d'autant qu'elles leur apparaissent porteuses d'une identité spécifique, liée à leur oralité même (l'expression orale, modulée par la voix, procède directement du corps, donc de l'intimité la plus concrète).

Le Suisse Charles-Ferdinand Ramuz a ostensiblement tourné le dos au français classique pour composer, à partir de son « patois natal », une langue très concertée, jouant d'expressions dialectales et de tournures abruptes propres à la langue parlée. Dans toute la francophonie on rencontre de tels exemples de construction de langues littéraires laissant affleurer les français régionaux aussi bien que les autres langues d'usage : Antonine Maillet en Acadie, Ahmadou Kourouma en Côte-d'Ivoire, Jean-Pierre Verheggen en Belgique, les écrivains de la créolité, etc.

Écritures créoles

Dans les pays créoles s'est développée, à côté d'une littérature créole, souvent militante, une écriture « métisse » qui reste à l'intérieur de la langue française, mais qui y intègre de nombreux traits empruntés au créole pour déployer une poétique particulière : cette « poétique créole » se fonde, selon Édouard Glissant, sur le « détour » ; contre la clarté linéaire et la concision du français classique, elle privilégie la paraphrase, l'hyperbole, l'accumulation, la redondance, la sinuosité des métaphores. Déjà sensible dans l'écriture recherchée de l'Haïtien Jacques Roumain ou de la Guadeloupéenne Simone Schwarz-Bart, ce courant s'épanouit dans les dernières œuvres romanesques d'Édouard Glissant, comme chez Patrick Chamoiseau et Raphaël Confiant aux Antilles ou Axel Gauvin à la Réunion.

Oralité québécoise

Isolées dans les campagnes et l'hiver canadien, sans contact avec la civilisation du livre, les communautés villageoises du Canada français ont réussi à survivre culturellement, malgré la conquête anglaise, grâce à la transmission orale de leurs traditions : « Les gens de mon pays, ce sont gens de paroles », dit la chanson de Gilles Vigneault. Le Québec actuel continue de privilégier la communication orale, les techniques audiovisuelles, les arts de la parole (chanson, conte, théâtre…).

Les formes littéraires écrites gardent un étroit contact avec cette oralité prééminente. La poésie du Québec se parle autant qu'elle s'écrit, dans la trame de l'écriture comme dans le goût partagé pour les récitals en public. Le *joual* (français très populaire, argotique, métissé de beaucoup d'américanismes, parlé dans les faubourgs de Montréal), devenu un temps le cheval de bataille de l'avant-garde littéraire, colore l'œuvre d'écrivains majeurs tels que Réjean Ducharme, Jacques Godbout, Michel Tremblay…

Chanson et théâtre

Par leur nature d'arts en action, chanson et théâtre exigent la mise en œuvre orale des textes qui les sous-tendent. Les chanteurs ou chansonniers du Québec (Félix Leclerc, Gilles Vigneault), de Louisiane (Zachary Richard), de Belgique (Jacques Brel), d'Afrique (Francis Bebey) ont su jouer avec bonheur de la diversité linguistique de leurs francophonies. Le festival de Limoges met chaque année en valeur la créativité théâtrale des pays francophones.

La tradition transcrite

Dans les pays du Sud, les mutations rapides des sociétés réduisent la part de l'oralité traditionnelle, au risque de perdre les trésors culturels qu'elle conservait. À côté du travail de collecte, d'archivage, de transcription des savants soucieux de sauvegarder ce patrimoine menacé, toute une littérature moderne a puisé son inspiration dans la tradition, pour la prolonger par l'écriture. On peut lire, en traduction ou en adaptation, les contes, les récits légendaires, les épopées de l'Afrique ancienne comme de toutes les régions de la francophonie. Le Sénégalais Birago Diop a su réussir la transmutation de l'oral en écrit, dans sa série de *Contes d'Amadou Koumba* (1947 et 1958). Toute l'œuvre du Malien Amadou Hampâté Bâ ou du Nigérien Boubou Hama procède d'une méditation sur le pouvoir de la parole et la tradition orale. Des poètes ont montré la force de suggestion que peuvent prendre les traductions ou les transpositions de poèmes traditionnels oraux. Ainsi Léopold Sédar Senghor au Sénégal, Fily Dabo Sissoko au Mali ou Jean-Joseph Rabearivelo, qui fait passer en français la subtile indécision du *hain teny* malgache.

MALI

AMADOU HAMPÂTÉ BÂ

Amadou Hampâté Bâ (Bandiagara, Mali, 1901-Abidjan, Côte-d'Ivoire, 1991) a fait carrière dans l'administration coloniale comme commis et interprète. Mais il a surtout été le disciple du maître musulman Tierno Bokar et le gardien vigilant de la tradition orale africaine qu'il s'est employé à collecter et conserver. Ses publications concernent aussi bien l'histoire que l'anthropologie ou l'étude des littératures orales (*Koumen,* 1961 ; *Kaïdara,* 1969). Il a publié en 1973 un roman étonnant, *l'Étrange Destin de Wangrin,* qui raconte les aventures et les roublardises d'un interprète africain à l'époque coloniale.

« La puissance du verbe »

Amadou Hampâté Bâ s'est fait l'historien de son maître spirituel, Tierno Bokar (1875-1940), « le Sage de Bandiagara », qui enseignait les rites d'une confrérie musulmane Tidjani, au cœur du pays dogon, dans l'ancien Empire peul du Macina (c'est-à-dire dans le Mali actuel). Hampâté Bâ a remanié en 1980 une première version (1957) de son travail, cosignée alors par Marcel Cardaire.

Dans ce pays où, pendant des millénaires, seuls les sages eurent le droit de parler, dans ce pays où la tradition orale a eu la rigueur des écrits les plus sacrés, la parole est devenue sacrée. Dans la mesure où l'Afrique noire a été dépourvue d'un système d'écriture pratique, elle a entretenu le culte de la parole, du « verbe fécondant ».

Aïssata[1] avait dit à son fils : « Apprends à couvrir la nudité matérielle des hommes avant de couvrir par ta parole leur nudité morale. » Les tisserands traditionnels, initiés au symbolisme de leur métier à tisser où chaque pièce a une signification particulière et dont l'ensemble symbolise la « création primordiale », savent tous qu'en faisant naître sous leurs doigts la bande de tissu qui se déroule comme le temps lui-même, ils ne font rien d'autre que reproduire le mystère de la Parole créatrice.

L'importance du verbe, le souci de sa valeur, bonne ou mauvaise – nouvelle langue d'Ésope – revêt, chez Tierno Bokar, une importance essentielle :

La parole est un fruit dont l'écorce s'appelle « bavardage », la chair « éloquence » et le noyau « bon sens ».

Dès l'instant où un être est doué du verbe, quel que soit son degré d'évolution, il compte dans la classe des grands privilégiés, car le verbe est le don le plus merveilleux que Dieu ait fait à sa créature.

Le verbe est un attribut divin, aussi éternel que Dieu lui-même. C'est par la puissance du verbe que tout a été créé. En donnant à l'homme le verbe, Dieu lui a délégué une part de sa puissance créatrice. C'est par la puissance du verbe que l'homme, lui aussi, crée. Il crée non seulement pour assurer les relations indispensables à son existence matérielle, mais aussi pour assurer le viatique qui ouvre pour lui les portes de la béatitude.

Une chose devient ce que le verbe lui dit d'être. Dieu dit : « Sois ! » et la créature répond : « Je suis. »

Amadou Hampâté Bâ, *Vie et enseignement de Tierno Bokar, le Sage de Bandiagara,* Coll. Points Sagesses, © Éditions du Seuil, Paris, 1980

1. *La mère d'Amadou Hampâté Bâ*

Frédéric Pacéré Titinga, né au village de Manéga, près de Ouagadougou (Burkina, alors Haute-Volta) en 1943, est le fils d'un chef traditionnel du pays mossé. Avocat de profession, il est aussi animateur culturel et passionné de la culture traditionnelle dont il a recueilli de très nombreux enregistrements. Sa poésie s'enracine dans la parole des griots et dans le rythme des tambours traditionnels (*Refrains sous le Sahel*, 1976 ; *Ça tire sous le Sahel*, 1976 ; *Quand s'envolent les grues couronnées*, 1976 ; *la Poésie des griots*, 1982 ; *Du lait pour une tombe*, 1984).

« Au chant du coq »

Pacéré Titinga a enregistré, transcrit et traduit en français la longue cérémonie d'hommage funèbre, chantée par des griots réputés, à la mémoire d'un oncle vénéré, au village de Manéga. Cet extrait, situé vers la fin de la cérémonie, joue sur le nom du défunt (on l'appelait la « poule claire »).

Petite poule
Je reviendrai demain
Au chant du coq ;
Les tam-tams
Couvrent
De leur timbre
Les cris des enfants ;
Mon cœur
Est trop triste
Pour tenir un cœur.
    Je reviendrai
    Au prochain chant du coq.
Demain,
Il sortira de terre
Un épais duvet,
Pour que
La poule
S'y repose.
    Je reviendrai
    Au prochain chant du coq.
Toute l'eau du ciel
Tombera sur le sol
Pour que
La poule s'y repose.
    Je reviendrai
    Au prochain chant du coq.
Adieu
Hommes de Manéga.
    Je reviendrai
    Au prochain chant du coq.

Frédéric Pacéré Titinga, *la Poésie des griots*,

GUINÉE

Djibril Tamsir Niane, né à Conakry (Guinée) en 1932, a mené diverses recherches historiques sur l'empire du Mali. Il a recueilli de la bouche d'un griot guinéen et traduit en français une des versions de la grande épopée de Soundjata (*Soundjata ou l'Épopée mandingue,* 1960), qui prend son sujet dans la fondation, au XIIIe siècle, du glorieux empire mandingue du Mali. Il a aussi porté au théâtre d'autres épisodes célèbres de l'histoire africaine (*Chaka,* 1971).

« Le lion a marché »

Maghan Kon Fatta, roi du Manding, avait épousé en secondes noces une femme laide, Sogolon, la femme-buffle, qui lui donna un fils qu'on appela du double nom de Maghan et de Mari-Djata : c'est le futur Soundjata. Mais ce fils, à trois ans, refusait d'apprendre à marcher, au désespoir de sa mère. À la mort du roi, qui avait pourtant choisi Mari-Djata comme successeur, c'est le fils de Sassouma, sa première femme, qui fut proclamé roi. Un jour que Sogolon demandait à Sassouma des feuilles de baobab pour le repas du soir, celle-ci souligna méchamment que son fils était incapable de subvenir aux besoins de sa mère.

Devant sa case, Mari-Djata, assis sur ses jambes impuissantes, mangeait tranquillement dans une calebasse. Ne pouvant plus se contenir Sogolon éclata en sanglots, se saisit d'un morceau de bois et frappa son fils.

« Ô fils de malheur, marcheras-tu jamais ! Par ta faute je viens d'essuyer le plus grand affront de ma vie ! Qu'ai-je fait, Dieu, pour me punir de la sorte ? »

Mari-Djata saisit le morceau de bois et dit en regardant sa mère :

« Mère, qu'y a-t-il ?

– Tais-toi, rien ne pourra jamais me laver de cet affront.

– Mais quoi donc ?

– Sassouma vient de m'humilier pour une histoire de feuille de baobab. À ton âge son fils à elle marchait et apportait à sa mère des feuilles de baobab.

– Console-toi, mère, console-toi !

– Non, c'est trop, je ne puis.

– Eh bien, je vais marcher aujourd'hui, dit Mari-Djata. Va dire aux forgerons de mon père de me faire une canne en fer la plus lourde possible. Mère, veux-tu seulement des feuilles de baobab, ou bien veux-tu que je t'apporte ici le baobab entier ?

– Ah fils ! je veux pour me laver de cet affront le baobab et les racines à mes pieds devant ma case. »

Balla Fasséké[1] qui était là courut chez le maître des forges Farakourou commander une canne de fer. […]

Mari-Djata avait fini de manger, se traînant sur ses jambes il vint s'asseoir sous le mur de la case, car le soleil devenait brûlant ; à quoi pensait-il ? Lui seul le savait.

Les forges royales se trouvaient hors les murs ; plus d'une centaine de forgerons y travaillaient ; c'était de là que sortaient les arcs, les lances, les flèches et les boucliers des guerriers de Niani[2]. Quand Balla Fasséké vint commander une canne de fer, Farakourou lui dit :

« Le grand jour est donc arrivé ?

– Oui, aujourd'hui est un jour semblable aux autres, mais aujourd'hui verra ce qu'aucun autre jour n'a vu. »

Le maître des forges, Farakourou, était le fils du vieux Nounfaïri ; c'était un devin comme son père. Il y avait dans ses ateliers une énorme barre de fer fabriquée par son père Nounfaïri, tout le monde se demandait à quel usage on destinait cette barre. Farakourou appela six de ses apprentis et leur dit de porter la barre chez Sogolon.

Quand les forgerons déposèrent l'énorme barre de fer devant la case, le bruit fut si effrayant que Sogolon qui était couchée se leva en sursaut. Alors Balla Fasséké, fils de Gnankouman Doua, parla :

« Voici le grand jour, Mari-Djala. Je te parle, Maghan, fils de Sogolon. Les eaux du Djoliba[3] peuvent effacer la souillure du corps ; mais elles ne peuvent laver d'un affront. Lève-toi jeune lion[4], rugis, et que la brousse sache qu'elle a désormais un maître. »

Les apprentis forgerons étaient encore là ; Sogolon était sortie, tout le monde regardait Mari-Djata ; il rampa à quatre pattes et s'approcha de la barre de fer. Prenant appui sur ses genoux et sur une main, de l'autre il souleva sans effort la barre de fer et la dressa verticalement ; il n'était plus que sur ses genoux, il tenait la barre de ses deux mains. Un silence de mort avait saisi l'assistance. Sogolon-Djata[5] ferma les yeux, il se cramponna, les muscles de ses bras se tendirent, d'un coup sec il s'arc-bouta et ses genoux se détachèrent de terre ; Sogolon Kedjou était tout yeux, elle regardait les jambes de son fils qui tremblaient comme sous une secousse électrique. Djata transpirait et la sueur coulait de son front. Dans un grand effort il se détendit et d'un coup il fut sur ses deux jambes, mais la grande barre de fer était tordue et avait pris la forme d'un arc.

Alors Balla Fasséké cria l'hymne à l'arc qu'il entonna de sa voix puissante :

« Prends ton arc, Simbon[6],
« Prends ton arc et allons-y.
« Prends ton arc Sogolon-Djata. »

Quand Sogolon vit son fils debout, elle resta un instant muette et soudain elle chanta des paroles de remerciement à Dieu qui avait donné à son fils l'usage de ses pieds. [...]

Debout, dans l'attitude d'un soldat qui se tient au repos, Mari-Djata appuyé sur son énorme canne transpirait à grosses gouttes, la chanson de Balla Fasséké avait alerté tout le palais ; les gens accouraient de partout pour voir ce qui s'était passé et chacun restait interdit devant le fils de Sogolon ; la reine mère[7] était accourue, quand elle vit Mari-Djata debout, elle trembla de tout son corps. Quand il eut bien soufflé, le fils de Sogolon laissa tomber sa canne, la foule s'écarta : ses premiers pas furent des pas de géant, Balla Fasséké lui emboîta le pas, montrant Djata du doigt, il criait :

« Place, place, faites de la place,
« Le lion a marché.
« Antilopes, cachez-vous,
« Écartez-vous de son chemin. »

Derrière Niani il y avait un jeune baobab ; c'est là que les enfants de la ville venaient cueillir des feuilles pour leur mère. D'un tour de bras, le fils de Sogolon arracha l'arbre et le mit sur ses épaules et s'en retourna auprès de sa mère. Il jeta l'arbre devant la case et dit :

« Mère, voici des feuilles de baobab pour toi. Désormais c'est devant ta case que les femmes de Niani viendront s'approvisionner. »

Djibril Tamsir Niane, *Soundjata ou l'Épopée mandingue*, Présence Africaine, Paris, 1960

COMPRÉHENSION ET LANGUE

1 – Qui est Mari-Djata, nommé également Sogolon-Djata dans le texte ?
2 – Comment est décrit ce personnage au début de l'épisode ?
3 – Quelle circonstance va provoquer sa transformation ?
4 – Quels personnages savaient que Mari-Djata allait « se réveiller » ? Recherchez dans le texte les passages précis qui vous autorisent à l'affirmer.
5 – Quel est le rôle de Balla Fasséké dans cet épisode ?
6 – Relevez dans le passage « Les apprentis... tout le palais » (l. 47 à l. 70) toutes les expressions appartenant au champ sémantique de l'effort.

ACTIVITÉS DIVERSES, EXPRESSION ÉCRITE

1 – Après en avoir cherché la définition, relevez dans le texte tous les éléments du *merveilleux*.
2 – Qu'est-ce qu'une *épopée* ? Cherchez-en la signification dans plusieurs dictionnaires, et proposez-en une définition rédigée, en l'illustrant d'exemples appartenant à des traditions culturelles différentes.

1. Griot personnel de Mari-Djata, ami et précepteur du jeune prince.
2. Capitale du roi Maghan Kon Fatta.
3. Un des noms du fleuve Niger.
4. Par son père, Soundjata était « fils du lion », car le lion est le totem ancêtre de la famille royale des Keita.
5. Djata, fils de Sogolon, une des appellations de Mari-Djata
6. Maître chasseur.
7. Sassouma, mère du prince qui est monté sur le trône à la place de Mari-Djata.

TSIRA

Le *mvett* (ou *mvet*) est la grande épopée fang du Gabon et du Cameroun, racontée par un aède (qu'on appelle aussi *mvet*), accompagnée sur une harpe-cithare à cinq cordes (dont le nom est également *mvet*). Cette épopée est sans doute née au XVIIIe siècle, au moment de la grande migration des Fang, depuis la haute vallée du Nil jusqu'au plateau de l'Adamaoua, quand ils se heurtèrent violemment aux autochtones Bassa et Maka. Comme toute épopée, le *mvet* exalte les valeurs de référence d'une communauté. La version ici présentée a été recueillie et traduite par le chercheur gabonais Tsira Ndong Ndoutoume.

« *Violence inouïe* »

Oveng Ndoumou Obame, le chef prodigieux de la tribu des Flammes, a désormais interdit que quiconque, à part lui, possède du fer. Il charge Ela Minko M'Obiang, fils du grand magicien de la tribu, de faire exécuter son édit : « Prends ce sifflet et ce grelot métalliques. Dès que la ferraille te sera présentée dans un village, siffle. Elle sera happée par le grelot et volatilisée. »

Un coup sur la poitrine, des narines qui palpitent, un éclair dans le ciel embrasé, un grondement de tonnerre, Ela Minko bondit… Comme un galet lancé par une fronde puissante, il passa dans les airs. Dans un sifflement assourdissant, il décrivit une trajectoire gigantesque, tournoya en un large mouvement giratoire au-dessus de la tribu des Orages et atterrit dans la cour d'un grand village. Il regarda de tous côtés, le village était désert.

La tribu des Orages, toujours en état d'alerte, avait aperçu Ela Minko M'Obiang dans le ciel. Immédiatement les femmes, les enfants et les invalides avaient été terrés dans des grottes rocheuses. Les hommes, armés de sagaies, de gourdins et de fusils, guettaient derrière les cases. Au moment où Ela Minko, impatient, allait porter son sifflet aux lèvres, Nkabe Mbourou, le chef de la tribu des Orages, cria : « Ndouane[1] ! »

Ce fut noir. Ce fut charbon. Bientôt le noir vira au bleu touraco[2] et du bleu touraco au rouge queue de perroquet. Ruade inqualifiable. Violence inouïe. D'abord les fusils crépitèrent. Puis les sagaies sifflèrent. Les gourdins s'échappèrent des mains des hommes. Stoïque, Ela Minko M'Obiang reçut l'assaut. Les tam-tams de guerre bourdonnèrent. Comme mue par une puissance invisible la tribu de la Foudre arriva, infernale. Elle cracha le feu. Avec la rapidité de l'ouragan la tribu des Magnans et la tribu des Palabres assaillirent les lieux. La bataille devint chaude. Et le grand fleuve Mveng Metué draina des flots de sang.

Ela Minko M'Obiang regardait ces hommes se battre. Il semblait oublié par ces tribus ennemies qui, une fois de plus, s'adonnaient à leur sport favori : la guerre. Mais il siffla. Les sagaies et les fusils disparurent.

Qu'écoutent vos oreilles ?
Elles écoutent le mvett !
Chantons donc le mvett !
Chantons avec le cœur !
La bouche ne peut tout dire !
La bouche parle avec des mots !
Le cœur seul sait parler,
Le cœur seul sait tout dire.
Ah, si le cœur était la bouche,
Les hommes comprendraient le mvett !
Que les oreilles écoutent !
Qu'elles écoutent le mvett !

L'ahurissement fut général parmi les combattants. Complètement hébétés, les hommes se regardèrent, puis brusquement, comme de véritables automates, devinrent hystériques. Décidément il y avait du nouveau ! D'où provenait ce prodige ? À quoi était due cette disparition inconcevable de toutes les armes qui contenaient du fer ? Sans comprendre, les guerriers contemplaient leurs mains vides. Les plus fanatiques brandissaient leurs poings qu'ils savaient inutiles, le corps à corps, dans ces conditions, ne pouvant assurer de victoire à personne. Peu à peu la panique gagna les innombrables soldats qui, quelques instants auparavant, s'étaient battus courageusement.

Mais au moment où l'hystérie s'emparait de ces hommes ignorant jusqu'alors la démence, Nkabe Mbourou, chef de la tribu des Orages, hurla :

« Que l'homme-crocodile[3] s'imaginant plus puissant que la tribu des Orages se présente ! »

La réponse ne se fit pas attendre, car Ela Minko bondit et se planta devant l'impudent.

« Parler est une chose. Agir en est une autre. Je suis Ela Minko M'Obiang de la tribu des Flammes. Je dois faire disparaître le fer de la surface de la terre. Es-tu mécontent ? »

– Cet affront en vaut la peine.

Ela Minko M'Obiang allait porter son sifflet aux lèvres lorsque, plus prompt que le serpent vert, Nkabe Mbourou se frappa la poitrine. Une corde en sortit, qu'il projeta sur le sifflet d'Ela Minko. Le sifflet magique arraché, Nkabe Mbourou le porta à ses lèvres. Le son métallique retentit. Mais quelle surprise ! Au lieu d'être volatilisé, Ela Minko fut seulement ligoté par des liens invisibles. Nkabe Mbourou lui retira le grelot. La stupéfaction paralysa les témoins de cette scène. Ouvrant un sac de cuir noirci, Nkabe Mbourou empoigna un nerf d'hippopotame avec lequel il rossa durement l'homme de la tribu des Flammes. Ela Minko M'Obiang cria :

« Oveng Ndoumou Obame ! Revivrai-je ? Je ne reverrai probablement pas le coucher du soleil… ! »

Je sème le vent !
Oui !
Je tire l'éléphant !
Oui !
On voit tout, on voit tout !
On voit tout sur la terre des hommes !
On voit la lumière !
On voit l'obscurité
On voit le bonheur !
On voit le malheur !
On rit, on danse, on se réjouit !
On pleure, on souffre, on meurt !
Qu'écoutent vos oreilles ?
Elles écoutent le mvett !

Tsira Ndong Ndoutoume, *le Mvett, épopée fang,*
© Présence africaine, Paris, 1970

COMPRÉHENSION ET LANGUE

1 – Dans quel village Ela Minko M'Obiang atterrit-il ?
2 – Quelles sont les tribus en présence au moment du combat ?
3 – Quelles armes les guerriers emploient-ils ?
4 – Relevez le champ lexical et les figures de style utilisés pour traduire la violence.
5 – Comment Ela Minko fait-il disparaître les sagaies et les fusils ?
6 – Quel est le sens des paroles de la première chanson ?
7 – Qui s'oppose à Ela Minko ? Pourquoi ?

ACTIVITÉS DIVERSES, EXPRESSION ÉCRITE

1 – Qu'est-ce qu'une *épopée,* une *légende,* un *mythe* ?
2 – Relevez les éléments caractéristiques de l'épopée fang.
3 – Imaginez une suite à ce texte.

1. Feu.
2. Sorte d'oiseau.
3. L'homme puissant.

Boubou Hama (Foneko, Niger, 1906 - Niamey, Niger, 1982) a mené une carrière d'homme politique (député, président de l'Assemblée nationale de son pays) et de chercheur en sciences humaines. Il a écrit une œuvre très abondante : *Histoire des Songhaï*, 1968, histoire ; *Contes et Légendes du Niger*, 1972-1976, recueil de contes ; *Le double d'hier rencontre demain*, 1973, essais et réflexions sur l'avenir de l'Afrique ; *Kotia-Nima*, 1968, roman autobiographique.

XXe siècle. De l'oralité à l'écriture.

« Des histoires de tourterelles »

Kotia-Nima, le héros du roman autobiographique de Boubou Hama, fréquente l'école du chef-lieu. Il retrouve ses parents pour les grandes vacances. Le récit de son retour en compagnie de Djido la féticheuse est l'occasion de rappeler une légende fondatrice de l'identité familiale.

Pour rejoindre mon village, ma tante Hamsa me confia à Djido, la féticheuse. Celle-ci, de bonne grâce, et avec une tendresse toute maternelle, consentit à m'amener avec elle. Elle se mit à la cadence de mes petits pas. Il fallait toute la patience de Djido pour me suivre. […]

Du côté de Fonéko vint une tourterelle. À tire-d'aile, tantôt fonçant sur nous, tantôt planant au-dessus de l'arbre où nous nous trouvions, la tourterelle fit entendre un cri ressemblant plus à une sonnerie de bicyclette qu'à un roucoulement de pigeon. […]

Djido me regarda un instant ; voyant que j'étais intrigué par les manèges de l'oiseau, elle me dit, très simplement : « Ce n'est rien, la tourterelle vient nous avertir que nous allons rencontrer des voyageurs sur la route. »

Nous reprîmes notre marche. Après avoir traversé un fourré de gommiers, absolument bleus avec leurs troncs gris d'argent, nous vîmes venir effectivement, devant nous, des hommes qui se dirigeaient vers Téra.

Des histoires de tourterelles, j'en connaissais quelques-unes. Quand l'oiseau corne derrière le chasseur, alors qu'il n'a pas atteint encore la lisière de la haute brousse, ce présage préfigure une mauvaise chasse. Mais lorsque ceci se produit devant lui, c'est un signe de bon augure. De même, la tourterelle perchée sur le toit prévient de l'arrivée imminente d'un hôte de marque.

Ce colombin est le totem de notre famille. Voici pourquoi. Un de nos ancêtres, dit une tradition familiale, avait le ver de Guinée. Son pied enfla. Seul dans la forêt, il se traîna jusqu'à l'ombre d'un arbre. Immobilisé, tenaillé par la faim et la soif, il n'attendait plus qu'une chose : la mort.

Dans sa solitude, dans l'extrême détresse où il était plongé, il entendit : « Kirr ! Kirr ! » et puis encore : « Kirr ! Kirr ! »

Ce n'était pas quelque diable qui s'aventurait dans les alentours. Ce n'était pas non plus la mort qui y rôdait. Ce qui « cornait » ainsi n'était pas non plus un fauve affamé, en quête de quelque proie facile, mais une petite tourterelle « rouge », compatissante, clémente. Elle fit danser un moment son ombre au soleil, voletant de ses ailes légères. Avec son bec elle vint percer l'enflure qui paralysait le pied du malade.

Le pus jaillit de la plaie. Notre ancêtre reprit l'usage de ses membres. Il fut ainsi délivré de la douleur qui le torturait, et de l'angoisse de la mort.

En signe de reconnaissance, il interdit à tous ses descendants de consommer de la viande de tourterelle.

Boubou Hama, *Kotia-Nima,* © Présence Africaine, Paris, 1969

BURKINA

Nazi Boni (Bwan, Burkina, 1912 - Sénégal, 1969), issu d'une vieille famille du Bwamu, était instituteur. Il a fait une carrière politique avant l'indépendance de son pays. Dans *Crépuscule des temps anciens*, 1962, il cherche à restituer trois siècles d'histoire de sa région, le Bwamu. Il intègre à son texte romanesque de nombreux emprunts à la culture orale traditionnelle.

XXe siècle. De l'oralité à l'écriture.

« Que nous chantez-vous ? »

Dans une soirée réservée aux chants et danses de femmes, celles-ci rivalisent pour improviser de brèves chansons.

Nuit de mouvement, de souplesse et d'adresse, de tentation et de désir ! En tête de file, une fille se détacha, partit en courant, s'arrêta à trente enjambées, se retourna vers les autres, rajusta son pagne blanc. Elle chanta une boutade :

« Si j'avais mon garçon désiré, il me suffirait,
– *Yééé Oyaho Yéyaho !* répondit l'ensemble du groupe,
– Je le préfère à neuf autres hommes,
– *Yééé Oyaho Yéyaho !* »

Le rythme des tam-tams s'accéléra. Alors, la danseuse fit une révérence en battant des mains, puis une seconde révérence avec un second battement de mains. À la troisième elle s'élança, glissa comme une colombe et, à un pas du rang, juste au centre, elle pirouetta, se laissa choir à la renverse dans les bras des autres. Celles-ci la reçurent, la relevèrent, la relancèrent. Agile, elle retomba sur la pointe des pieds, se mit à toupiller à la cadence frénétique du *kéré'nko* [1], ne s'arrêta qu'hors d'haleine. Elle se rangea à la queue tandis qu'à l'autre bout, celle qui la suivait se détachait pour la remplacer.

« À la suivante, brailla le chef d'orchestre. » [...]

Chaque fille improvisait sa boutade. Pour chacune d'elles le griot trouvait un mot flatteur. [...]

« *Ahâââ !* hurla le griot, belles filles, je vous attends. Je vous contemple et je vous écoute. Que nous chantez-vous ? »

Les réponses ne se firent pas attendre :

« Par la bourrasque
et par la nuit ténébreuse,
Bien-aimé, viens me chercher ;
Beau gars, n'est-ce pas, viens me chercher
Par la bourrasque
Et par la nuit ténébreuse. »

« Ô douleur !
Mon beau-père au ventre ballonné
Prépare mon malheur,
Hélas ! mon beau-père au ventre ballonné,
Homme plein de rage
Sabote mon mariage. »

« J'ai fait un beau mariage,
Oui, un beau mariage.
Mais je m'enfuirai
Si deviennent insupportables
Les scènes, insupportables,
Je m'enfuirai. »

Nazi Boni, *Crépuscule des temps anciens*, © Présence africaine, Paris, 1962

COMPRÉHENSION ET LANGUE

1 – Comment ce texte est-il construit ?
2 – Que représente cette scène ?
3 – Relevez les verbes qui traduisent le passage d'une action à une autre.
4 – Expliquez à la l. 19 : « Chaque fille improvisait sa *boutade.* »

ACTIVITÉS DIVERSES, EXPRESSION ÉCRITE

La poésie orale. Étudiez les répétitions et le rythme constitutifs des chansons.

1. *Grand tambour.*

MAURITANIE

Les contes sont des histoires que les hommes se racontent depuis les temps les plus reculés. Ils sont l'une des formes premières et essentielles de l'activité littéraire. Mais on a aujourd'hui l'impression qu'ils sont menacés par la modernisation générale des modes de vie. On s'empresse donc de les confier à l'écriture, pour les préserver. En voici un, recueilli en Mauritanie par Bamine Lamrabott et publié à l'occasion d'un concours de jeunes écrivains.

XXe siècle. De l'oralité à l'écriture.

Légende des quatre frères Trarza

Les quatre frères Trarza, partis pour libérer leur tribu de la tutelle qui les soumet à une tribu voisine, rencontrent un homme qui veut savoir s'ils n'ont pas vu son chameau. Les frères demandent si ce chameau était borgne, ombrageux, sans queue, avec des taches blanches.

À chacune de ces questions le vieil homme répondit par l'affirmation. « Nous avons rencontré les traces de votre chameau à une journée de marche d'ici », conclurent les quatre jeunes gens.

« Comment pouvez-vous en savoir si long sur mon chameau, à partir de ses seules traces ? » vociféra le vieillard. Après quoi, il leur ordonna de le suivre jusqu'au cadi[1] du village, tout en les accusant d'avoir volé sa monture.

Le juge musulman était un homme dans la force de l'âge que la rondeur des traits et la barbe luxuriante apparentaient à un prophète juif.

Il pria les accusés de se disculper, sinon il serait obligé de leur couper les mains pour crime de vol.

Les quatre frères se justifièrent comme suit :

Taïb déclara : « Ce chameau est borgne, car il épargne toujours la moitié de l'arbre sur lequel il broute. »

Tahir : « Il est ombrageux puisqu'il ne paît que sur les sommets des dunes. »

Kassim : « Des excréments se trouvant toujours réunis sur le terrain, j'en ai déduit l'absence de sa queue. »

Ibrahim : « L'empreinte de sa patte au sol est auréolée de fines traces de poils, ce qui n'arrive jamais à une bête dont le pelage est uniforme. »

Le juge trouva ces réponses fort satisfaisantes et les félicita de leur intelligence et de l'acuité de leurs sens.

À partir de ce jour leur renommée alla s'amplifiant dans le pays et leur histoire se propagea jusqu'au roi qui les invita dans son palais.

Le roi les reçut fort cordialement, mais il chargea son serviteur Mahmoud, qui devait leur apporter le repas du soir, de se tenir derrière le rideau et de tâcher de retenir tous leurs propos.

Dès qu'ils eurent fini de manger, Taïb remarqua que le bois qui avait fourni le feu pour le repas provenait d'un cimetière.

Tahir émit l'hypothèse que le couscous avait été préparé par une femme enceinte.

Kassim nota que la viande qu'ils avaient mangée était celle d'un mouton qui avait été allaité par un animal à griffes.

Ibrahim constata que le roi était bâtard.

Ces réflexions furent transmises fidèlement par Mahmoud au Monarque.

Celui-ci décida d'en vérifier la vérité : il fit venir successivement l'esclave chargé d'approvisionner la cuisine royale en bois de chauffage, la cuisinière, le berger qui s'occupe du troupeau de Sa Majesté, et sa mère.

L'esclave expliqua le premier que la menace de l'orage et l'approche de la nuit l'avaient effectivement contraint à avoir recours au bois du cimetière voisin.

La cuisinière fit savoir qu'étant malade tout l'après-midi, elle avait confié la préparation du couscous à sa fille, enceinte de six mois.

Le berger affirma que le mouton avait perdu sa mère dès sa naissance et qu'on fut obligé de le nourrir du lait d'une chienne qui gardait le troupeau.

Enfin restait à vérifier le propos d'Ibrahim.

Pour ce faire, le roi chassa tout le monde de sa chambre.

Quand il resta seul avec sa mère, il brandit son épée et ordonna à la vieille femme de lui dire toute la vérité sur sa naissance, à défaut de quoi, elle serait décapitée, instantanément.

Terrifiée, la mère du roi lui balbutia en tremblant ces mots affreux :

« Tout le monde dans ce palais ignorait que ton père était atteint d'une maladie grave qui l'empêchait de procréer.

Aussi, quand nous devînmes assez âgés, lui et moi, j'ai redouté que votre dynastie ne s'éteignît et c'est pour cela que je t'ai conçu dans le lit de notre feu forgeron Issa. »

Le roi appela alors les quatre frères et les somma de justifier leurs remarques.

Voici comment ils répondirent :

Taïb : « Quand j'ai pris ce repas, sire, je fus saisi d'une terreur secrète que seule la présence de la mort pouvait susciter en l'âme d'un homme. J'en ai déduit que le bois provenait d'un cimetière. »

Tahir : « J'ai trouvé que le couscous était préparé par une femme enceinte, car il comportait des grains petits et des grains plus gros, ce qui atteste que la personne qui l'a préparé est incapable d'un effort soutenu. »

Kassim : « La disposition de la chair et de la graisse sur les côtelettes que l'hospitalité de Votre Majesté a daigné nous servir rappelait étrangement celle qui existe chez les carnivores, ce qui me poussa à penser que le mouton avait déjà été nourri par le lait d'un animal carnivore. »

Ibrahim : « Votre gêne, Seigneur, votre timidité et votre manque d'autorité en public témoignent que vous portez un sang étranger à une dynastie royale vieille comme la vôtre. »

Le roi fut ravi par leur intelligence et leur bon sens, et les pria de séjourner quelque temps dans son palais, ce qu'ils acceptèrent de bon cœur.

Bamine Lamrabott, « Légende des quatre frères Trarza »,
Contes de la Gazelle 2, Légendes du Jour et de la Nuit,

COMPRÉHENSION ET LANGUE

1 – Quelles sont les différentes parties de ce conte ?

2 – Quels sont les personnages en présence ?

3 – Quelle est la fonction des « quatre frères » ?

4 – Comment apparaissent-ils aux yeux des autres ?

5 – En quoi consiste leur intelligence ?

6 – Sur quelle aptitude leurs raisonnements sont-ils fondés ?

ACTIVITÉS DIVERSES, EXPRESSION ÉCRITE

1 – Cherchez, parmi les *contes* de Voltaire, un texte semblable à celui-ci.

2 – Quelle différence faites-vous entre un *conte*, une *fable* et un *apologue* ?

3 – Écrivez à votre tour un conte philosophique sur le modèle de celui-ci.

1. Juge musulman.

CONTE

Ce conte du Burundi a été traduit en français par T. Banderembako, A. Ndabakuranye et J. Kayoye. Il s'agit d'un conte à la structure logique très forte, dans lequel la divinité met le héros à l'épreuve en lui imposant des interdictions, parfois difficiles à respecter. Le dieu Imana a répondu aux supplications du pauvre Sebitwi en lui donnant une courge à planter, mais avec défense de la débarrasser des mauvaises herbes. Sebitwi passe outre et la courge se dessèche. Imana accorde à la femme de Sebitwi une grotte qui fait jaillir le lait, la bière, les haricots, mais il ne faut surtout pas toucher à cette grotte. Sebitwi contrevient une seconde fois à l'interdiction et le miracle cesse. Nouvelles prières de Sebitwi, qui promet de s'amender. Le dieu lui donne une belle maison, un grand troupeau, des bijoux pour sa femme, etc. Mais il lui enjoint, lorsqu'il va à la chasse, de ne pas poursuivre les animaux jusqu'à la forêt des tentateurs.

« Le pauvre Sebitwi, fils de Makeba »

Voici la fin du conte. Sebitwi résiste plusieurs fois à la tentation de poursuivre le gibier dans la forêt interdite...

Sebitwi répondit : « Oui. »

Il allait souvent à la chasse. Un jour, il dépista une antilope des marais ; celle-ci, plus rapide que le chasseur, s'enfuit dans la forêt des tentateurs. Sebitwi ne l'y poursuivit pas. Le lendemain, il repartit chasser, et, sans tarder, une gazelle sortit de sa cachette. D'instinct, elle regagna la même forêt. Le chasseur n'alla pas contre l'ordre reçu. Une autre fois, il délogea un lièvre. Au premier élan de sa fuite, l'infortuné lièvre attrapa un coup de massue, droit dans le cou, et tomba raide mort. Il servit de nourriture aux chiens du chasseur. Deux jours après ce succès, il tomba sur une antilope, et elle aussi fila dans la forêt des tentateurs ; là encore, le chasseur ne l'y poursuivit pas ; il regagna son foyer. À une autre occasion, il aperçut une antilope ; il ne put l'attraper et revint à la maison. Le lendemain, il poursuivit un serval[1] qui s'enfuit dans la fameuse forêt.

« Cette fois-ci, dit-il, non ! Tant d'occasions que mon gibier m'a échappé par cette forêt de malheur ! Aujourd'hui, pas question de renoncer à celui-ci, dussé-je y laisser la vie ! Nous y pénétrerons ensemble. »

Il courut après son gibier jusque dans la forêt. Pendant qu'il entrait, l'œil d'Imana ne le quittait pas.

Voilà Sebitwi dans la forêt des tentateurs. Il rencontra des jeunes filles d'une rare beauté. Quant au gibier, il n'en était plus question : il avait disparu on ne sait où. D'ailleurs, le chasseur ne s'en occupait plus. Sebitwi se mit à faire connaissance avec les jeunes filles. Ils passèrent une journée entière à plaisanter et à jouer ensemble. Sebitwi participa même à leur dîner. Comme il se faisait tard, Sebitwi, fils de Makeba, rentra chez lui. La nuit, son épouse lui proposa le massage habituel, avant de se coucher. L'homme de la rabrouer !

« Au diable tes sales massages ! Maintenant, j'en connais qui sont plus expertes que toi. »

Le lendemain matin, il repartit chasser comme de coutume. Il dépista une antilope, qui fuit comme les autres dans la forêt des tentateurs. Sebitwi ne la laissa pas partir ; il la poursuivit jusque dans le cœur de la forêt. Mais l'animal disparut. Sebitwi rencontra de nouveau les belles demoiselles. Elles accoururent, ils échangèrent leurs salutations. Ils se mirent à leurs jeux jusqu'à la fin de la journée. Le soir, il leur dit au revoir. Et les braves demoiselles de le supplier de rester. Lui s'y opposa, et il rentra. Comme d'habitude, sa femme lui demanda de se laisser masser. Sebitwi n'en voulut pas.

Le lendemain, il retourna à la chasse. Il fit lever une antilope, qui s'enfuit dans la petite forêt des tentateurs. Lorsque l'antilope pénétra dans la forêt, le chasseur ne retrouva pas les traces du gibier. Il trouva les jeunes filles qui le saluèrent chaleureusement et ils jouèrent ensemble jusqu'au coucher du soleil. Quand il voulut rentrer, les jeunes filles l'en empêchèrent. Finalement, il les quitta et retourna à la maison. Lorsqu'il fut à la maison, sa femme voulut l'enduire de beurre, mais il refusa de nouveau. Sa femme lui dit :

« Eh bien ! Sebitwi, fils de Makeba, tu cours à ta perte. Lorsque tu vas à la chasse, tu ne reviens pas et tes serviteurs te laissent là. Quand je demande à tes serviteurs où tu es resté, ils répondent par la négation et précisent que tu as fait lever et poursuivi un gibier ; à leur arrivée, ils ne trouvent personne pour leur donner de la bière ; penses-y bien. N'oublie pas ceci : Imana nous a donné beaucoup de biens, mais tu as voulu te rendre indépendant en n'exécutant pas ses ordres. Tu as été ingrat. Puisque je vois que tu ne veux pas faire ce qu'Imana t'a prescrit, nous t'abandonnerons bientôt, moi et mes enfants ; nous te quitterons et irons chercher refuge ailleurs. »

Sebitwi répliqua : « Si tu recommences à me donner des conseils de la sorte, je te tuerai. » Son épouse décida de ne plus rien lui dire.

Le lendemain matin, Sebitwi, fils de Makeba, mit des grelots au cou de ses chiens et partit pour la chasse. Il fit lever une antilope ; celle-ci s'enfuit dans la petite forêt des tentateurs, là où les autres bêtes peuvent aussi se cacher. Il poursuivit la bête et recommença à jouer avec les jeunes filles. À ce moment, Imana le regardait. Lorsqu'il vit que le coucher du soleil approchait, il prit congé des jeunes filles et rentra. Arrivé à la maison, il se coucha et s'endormit. Au milieu de la nuit, Imana vint et emporta toutes les vaches et tous les hommes de son entourage ; l'enclos se vida. Lorsque la femme se réveilla, elle se trouva démunie de tous ses anneaux et de ses bracelets, les enfants n'avaient plus les cheveux tombants[2], il ne leur restait plus rien. Au lever, ils trouvèrent que leur belle maison n'était qu'une hutte semblable à celle d'un malade rongé par le pian[3]. La femme dit alors à Sebitwi :

« Eh bien, je ne vivrai plus avec toi. Imana nous a toujours donné des biens ; chaque fois, nous en sommes privés à cause de ton insolence ; nos conseils ne sont jamais écoutés. » Ses enfants et sa femme le quittèrent, le laissant seul.

Sa femme rencontra par hasard un homme riche qui l'épousa ; elle devint reine. Sa fille devint femme d'un chef. Ses fils devinrent sous-chefs de leur beau-frère.

Sebitwi, fils de Makeba, tomba dans une pauvreté extrême. Il erra partout. Personne ne le prit sous sa protection ; il mourut de faim à cause de son insolence. C'est à partir de ce cas que l'on a tiré ce dicton : « Même si l'insolence ne tue pas l'homme, elle le met dans une situation inextricable. »

Qu'échoue Sebitwi, fils de Makeba, et non pas moi (qui rapporte ce conte) !

Traduit par T. Banderembako, A. Ndabakuranye et J. Kayoye,
***Que vous en semble ?* Bujumbura, 1968,**
cité dans Jean Cauvin, *Comprendre les contes,*
© Les Classiques Africains, Éd. Saint-Paul, 1980

COMPRÉHENSION ET LANGUE

1 – Quels sont les animaux qui s'enfuient vers la forêt des tentateurs ?

2 – Comment Sebitwi réagit-il chaque fois ?

3 – Pourquoi, ensuite, change-t-il d'avis et décide-t-il d'entrer dans la forêt ?

4 – Qui rencontre-t-il dans cette forêt ?

5 – Justifiez l'appellation : *la forêt des tentateurs.*

6 – Pourquoi Sebitwi refuse-t-il les massages de sa femme ?

7 – Comment évolue son caractère ?

8 – Pourquoi la femme de Sebitwi lui reproche-t-elle son insolence (l. 74) ?

9 – Quel rôle joue la divinité ?

10 – Expliquez la moralité de ce conte.

ACTIVITÉS DIVERSES, EXPRESSION ÉCRITE

Connaissez-vous d'autres contes où le héros est mis à l'épreuve par une divinité ? Lesquels ?

1. Sorte de chat-tigre.
2. Signe de beauté, qui avait été un don du dieu.
3. Maladie de la peau.

GEORGES

Georges Baudoux (Paris, 1870 - Nouvelle-Calédonie, 1949) est arrivé à l'âge de quatre ans en Nouvelle-Calédonie. Prospecteur et exploitant minier, il s'est beaucoup intéressé à l'histoire et à la culture du pays. Il a publié dans la presse locale des légendes et des contes, recueillis de première main dans les tribus canaques. Une première série de *Légendes canaques* paraît en 1928, préfacée par le sociologue Lévy-Bruhl. Repris en volume après la mort de l'auteur, ces textes forment un remarquable monument de littérature néo-calédonienne (*Légendes canaques I : Les vieux savaient tout ; II : Ils avaient vu des hommes blancs,* 1952 ; *Les Blancs sont venus,* 2 vol., 1972 et 1979 ; *Il fut un temps… Souvenirs du bagne,* 1974).

« Seule au milieu l'aveugle »

« Kavino » raconte l'histoire d'une vieille femme, aveugle, qui s'est rendue impossible à vivre par ses caprices et sa méchanceté. Bien que ce soit défendu par les coutumes, la tribu décide de se débarrasser de la vieille, en l'abandonnant dans une forêt de la montagne. Mais une fois l'acte accompli, un malaise plane sur la tribu. Comme si le fantôme de la vieille pouvait venir tourmenter les vivants.

Oui, c'était certain. Depuis quatre jours qu'on l'avait déposée là-bas presque morte, la vieille l'était tout à fait maintenant. Elle n'était pas encore venue faire du mal aux femmes, mais elle pouvait surgir au moment où l'on ne s'y attendait pas.

Maintenant qu'elle était bien morte, il fallait apaiser son esprit malveillant par des regrets excessifs, des larmes grosses comme des graines de banian, des douleurs à s'anéantir sur place. Oui, c'était ça le remède. Il n'y en avait pas un autre.

Mais voilà la difficulté. Les femmes ne pouvaient pas d'elles-mêmes, sans les ordres des hommes, se réunir en groupe de pleureuses. Et puis, tout en gémissant, afin que le remède fût efficace, il fallait crier à travers des sanglots le nom de l'être disparu. Comment faire, puisqu'il était défendu de prononcer le nom de la vieille aveugle.

Non. Là encore c'était l'impossible. Les pleureuses ne pouvaient pas gémir dans le fond des vallées, ou crier sur le haut des montagnes. Les hommes auraient entendu leurs voix, ils seraient venus en nombre. Et la nuit, elles ne pouvaient pas sortir des cases. Les hommes avaient besoin des femmes.

Après bien des explications traînées en longueur, deux femmes plus rusées, plus enjôleuses que les autres, s'engagèrent à suggérer aux hommes l'idée de faire pleurer la mort de la vieille aveugle. Kavino[1] consultée à ce sujet déclara qu'elle ne pleurerait pas la vieille. C'était sa vengeance qui continuait.

Comment s'y prirent-elles, ces deux femmes ?… Il est inutile de rechercher dans les chroniques orales de la tribu. Toujours est-il que trois jours plus tard, alors que l'on commençait à oublier la vieille, les femmes reçurent, non pas la permission, mais l'ordre formel de pleurer la mort de la vieille aveugle, en observant tout le rite funéraire consacré aux grands chefs.

Après cet ordre qui remettait en place les coutumes ancestrales bouleversées un instant, car l'on pleurait toujours les morts, les femmes se sentirent moins menacées. Maintenant elles allaient apaiser la colère de la vieille aveugle, la colère de son esprit, celle de son fantôme qu'elles voyaient partout en imagination. […]

Un long gémissement plaintif jeta l'épouvante dans le calme de la nuit. Il sortait de la poitrine de la maîtresse des pleureuses. C'était le signal.

Aussitôt un bourdonnement profond s'éleva en trémolos lugubres, monta vers les cimes des arbres, s'étendit en lamentations, se déchira en des sanglots entrecoupés de syllabes qui articulaient le nom de la morte.

En pensant à la vieille aveugle, à la mort, à ses conséquences tragiques, par un effet de suggestion collective, les femmes étaient presque toutes entrées en transe. Elles pleuraient de vraies larmes.

Pour appuyer leur désolation, la fin de tout, les femmes levaient lourdement les bras en l'air, les laissaient retomber inertes ; elles balançaient leur buste effondré, secouaient leur tête pendante qui exprimait : Non. Non… C'est trop souffrir.

Et les lamentations redescendaient pour remonter à nouveau, toujours dans ce même rythme qui exprimait la douleur inconsolable. Et ainsi de suite. On eût dit des chiens qui hurlaient à la mort.

Nécessairement il y avait des entractes, des instants de repos afin de reprendre haleine. La cérémonie étant solennelle, le grand deuil réservé aux chefs, les femmes plus respectueuses ne parlaient pas comme d'habitude lorsqu'il ne s'agissait que d'un mort quelconque.

Au milieu de la nuit, après bien des lamentations, bien des regrets exprimés à la morte, les femmes abîmées dans la douleur achevaient une longue plainte et relevaient la tête quand, à travers l'obscurité, elles aperçurent debout devant leurs yeux la vieille aveugle appuyée sur son bâton.

Ce fut de la stupeur, la paralysie instantanée, et les réflexes qui agissent, l'affolement général, la bousculade, la fuite éperdue dans toutes les directions. La place restait vide. Seule au milieu l'aveugle toute courbée s'appuyait sur son bâton.

Georges Baudoux, *Les vieux savaient tout*,

Compréhension et langue

1 – Comment le village peut-il expier l'abandon de la vieille femme ?

2 – Quels rites funéraires entourent la célébration de la mort ?

3 – Quelle semble être la vie des femmes dans la tribu ?

4 – Pourquoi tiennent-elles à pleurer la vieille aveugle ?

5 – Pour quelles raisons les hommes finissent-ils par ordonner aux femmes de pleurer la mort de la vieille aveugle ?

6 – À quoi sont comparées leurs lamentations ?

7 – Quel effet le retour de l'aveugle produit-il sur les pleureuses ?

8 – Comparez la situation initiale à l'état final du texte.

Activités diverses, expression écrite

1 – *L'homme et la mort.* Quels sont les rites funéraires de votre pays ? Comment ont-ils évolué ?

2 – *La vieillesse.* Quelle est la condition des personnes âgées ? Dans quelles sociétés sont-elles le plus respectées ? Pourquoi ?

1. Kavino avait été l'une des principales victimes de la méchanceté de la vieille.

Proverbes, devinettes et énigmes constituent des formes élémentaires, donc primordiales, de la pratique littéraire, que connaissent toutes les cultures. Condensant des vérités d'expérience, transmettant une sagesse ancestrale, assurant la formation et l'initiation des nouvelles générations, ces formules fondent leur puissance sur un usage réglé du langage. Jeux de sonorités, ellipses, images, parallélismes, équivoques – bref, toute une rhétorique se mobilise pour mettre en question le langage et ceux qui l'utilisent. Les formes littéraires de la tradition orale savent tirer parti de leur efficacité pour structurer discours d'apparat ou épopées, grandes formes lyriques ou poèmes fonctionnels. La littérature écrite leur rend hommage en érigeant la « maxime » en genre noble, ou les subvertit dans les jeux surréalistes.

Proverbes

Construits par les jeux verbaux de leur langue d'origine, ces proverbes d'Afrique noire, de Madagascar ou des Antilles conservent, malgré leur traduction en français, une part de leur fascination et peut-être de leur pouvoir.

Avoir un couteau aiguisé ne permet pas de couper l'ombre.

Les mots sont comme les œufs : éclos, ils ont des ailes.

Le proverbe est le cheval de la parole ; quand la parole se perd, c'est à l'aide du proverbe qu'on la retrouve.

Celui qui n'a pas de défauts ne mourra jamais.

Fleur parfumée cachée dans l'herbe : c'est quand on la piétine qu'elle embaume.

L'abondance d'eau tue le crapaud.

On se noie là où l'on a l'habitude de prendre un bain.

Eau répandue vaut mieux que vase brisé.

Quand la barbe de ton camarade brûle, arrose la tienne.

Le crocodile sort du fleuve et lèche la rosée.

Les hommes sont comme le riz dans la marmite : tantôt en haut, tantôt en bas.

Mieux vaut passer la journée à côtoyer le marigot que d'aller au fond.

Attendez que le lièvre soit dans la marmite avant de parler.

Les dents mordent la langue.

Tous les mulets ont de grandes oreilles.

La nouvelle n'a pas d'ailes. Mais elle peut traverser sept fleuves.

Ce qu'assis, le vieillard voit, debout, l'adolescent ne le voit pas.

Qui a été mordu par un serpent craint le ver de terre.

Même les morts désirent être nombreux.

La mort est dans les plis de notre manteau.

Il y a des hommes qui ne sont forts que chez eux : ce sont ceux qui battent leur femme.

Si les chameaux se moquent entre eux de leurs croupes maigres et pointues, ils passent la journée sans paître.

SOURCES

Élian J. Finbert, le Livre de la sagesse nègre, *R. Laffont.*
Élian J. Finbert, le Livre de la sagesse malgache, *R. Laffont.*
A. Alandé, « la Tradition gnomique », in Présence africaine, *n° 8-9, 1950.*
Fily Dabo Sissoko, Sagesse noire, *Éd. de la tour du guet.*
Lafcadio Hearn, Gombo Zhèbes, *New York, W.H. Coleman, 1885.*

Devinettes

Léon Gontran Damas a recueilli dans son pays natal, la Guyane, tout un ensemble de devinettes, qu'il fait débiter aux personnages de l'un de ses contes, dans Veillées noires, 1943.

« Massac ! Massac ! dit Kariakou.

– Kam ! » répondit Tortue, suivant la formule consacrée.

C'est en effet par ces paroles que débute une devinette ou massac. Et le jeu commence par une série de questions, invariablement les mêmes, et que les questions nouvelles suivent à l'instant.

« Madame a son tablier derrière le dos ?

– L'ongle (qui est au dos de la main), mon Cher », répliquait Tortue de cette voix nasillarde qui caractérise les membres de sa famille.

Puis à son tour :

« De l'eau debout ?

– La canne à sucre… Une mère, pendant qu'elle court, mange sa queue ?

– L'aiguille et le fil… Une mère pour vivre est obligée de manger ses propres intestins et de boire de son sang ?

– La lampe, la mèche et le pétrole… Un baril sans cercle ?

– Un œuf… L'enfant bat sa mère ?

– Une cloche… Quatre pattes montent sur quatre pattes, quatre pattes s'en vont, quatre pattes restent ?

– Un chien sur une chaise… Un monsieur porte sa maison sur le dos ?

– Le colimaçon… Ce que j'ai trouvé Dieu ne l'a pas trouvé ?

– Tu as trouvé ton maître, Dieu n'a pas encore trouvé le sien… Bouche à bouche ?

– Un chien qui mange dans une chaudière… Trou sans fond ?

– Une bague… Je suis debout, il s'allonge ; je m'allonge, il est debout ?

– Le pied… Je suis ici, et en même temps là-bas ?

– L'œil… Quatre pattes sur quatre pattes attendent quatre autres pattes ; quatre pattes ne viennent pas, quatre pattes s'en vont, quatre pattes restent ?

– Un chat sur une chaise attend un rat ; le rat ne vient pas, le chat s'en va, la chaise reste… La négresse joue du violon, des petits blancs dansent ?

– La marmite de riz sur le feu… Dans mon pays une fourche supporte une maison ?

– Le parasol… »

Léon Gontran Damas, *Veillées noires,* Stock, 1943

COMPRÉHENSION ET LANGUE

1 – Un genre oral : quelles sont les caractéristiques stylistiques de ces brèves phrases ?
2 – Une portée morale : quels sont les thèmes évoqués ? Peut-on parler de sagesse à leur propos ?
3 – Une dimension poétique : en quoi consiste-t-elle ?

ACTIVITÉS DIVERSES, EXPRESSION ÉCRITE

Cherchez dans un dictionnaire la définition des mots : *maxime, dicton, sentence, proverbe, devinette, apophtegme.*

UNE ÉNIGME

Les veillées africaines de contes et devinettes font souvent place à une forme particulière d'énigmes, où la solution est laissée en suspens, à la sagacité des auditeurs. Alors que les devinettes jouent sur les métaphores qui les résolvent, ces énigmes n'imposent pas une solution nécessaire. Elles ouvrent sur la possibilité de débats à l'infini. On leur attribue une fonction pédagogique : elles serviraient à initier les enfants aux systèmes de hiérarchie sociale. Mais elles peuvent aussi se plaire à mettre à l'épreuve l'esprit de finesse et de fantaisie.

« Le plus menteur »

Cette énigme a été recueillie par Nicole Tersis, en pays zarma, dans l'ouest du Niger.

Il y avait deux hommes.
On se demandait lequel était le plus menteur.
Chacun d'entre eux avait une fille.
Le père de l'une des filles se leva un matin et alla chez le père de l'autre fille.
Il arriva et ne le trouva pas.
« Petite, où est donc parti ton père ? »
La fille répondit : « Un coin de ciel est tombé et mon père est parti couper des branches fourchues pour le soutenir. »
L'autre dit : « Bon, Petite, quand ton père viendra, dis-lui que je suis rentré chez moi. »
Le père rentra. Sa fille lui annonça :
« Le père d'une telle est venu ici.
– Qu'est-ce que tu lui as dit ?
– Eh bien, j'ai dit que tu étais parti couper du bois pour soutenir le ciel qui tombait.
– Vraiment tu es bien mon enfant. »
Puis il partit en courant chez le père de l'autre.
Il rencontra l'autre jeune fille :
« Petite, apporte-moi de l'eau ! »
L'enfant entra dans la maison ; elle se fit attendre longtemps, longtemps.
« Allons, Petite, tu ne viens donc pas ? »
Alors l'enfant lui dit de patienter encore car l'eau de la jarre de sa mère et l'eau de la jarre de sa marâtre s'étaient mélangées ; elle était en train de les séparer, quand elle aurait fini, elle lui apporterait.

***Contes zarma du Niger*, © CILF, Paris, 1979**

COMPRÉHENSION ET LANGUE	ACTIVITÉS DIVERSES, EXPRESSION ÉCRITE
1 – Résumez cette histoire. 2 – Quels en sont les traits stylistiques dominants ? 3 – À quel genre littéraire ce texte appartient-il ? 4 – Quels mécanismes intellectuels met-il en œuvre ? 5 – Quel est son intérêt artistique ?	1 – Composez à votre tour une énigme de ce type. 2 – Cherchez dans des contes philosophiques des exemples d'histoires étranges.

BÉNIN

PAULIN J.

Paulin J. Hountondji, né à Abidjan (Côte-d'Ivoire) en 1942, est béninois. Ancien élève de l'École normale supérieure de la rue d'Ulm et agrégé de philosophie, il a enseigné en Europe et en Afrique et a exercé des responsabilités administratives et politiques importantes. Dans son ouvrage théorique *Sur la philosophie africaine*, 1977, il met en garde contre l'utilisation tendancieuse de la tradition africaine par ce qu'il appelle l'« ethnophilosophie », c'est-à-dire la reconstruction des systèmes de pensée cohérents, mais implicites, qui régissent la vie des communautés traditionnelles.

« Un redoutable opium »

Ce que Paulin J. Hountondji conteste, ce n'est pas l'intérêt de l'étude de la « vision du monde spontanée, collective et implicite » des sociétés traditionnelles (que l'on retrouve au cœur de la littérature orale), mais l'utilisation idéologique abusive qui en est faite.

À l'heure où se creuse, partout sur notre continent, le fossé entre oppresseurs et opprimés, à l'heure où se radicalisent les divergences politiques, l'ethnophilosophie prétend que nous avons toujours été, que nous sommes et serons toujours unanimes. Quand se resserre partout l'étau de la terreur, celle qui vous coupe le souffle et vous dessèche la gorge, quand toute parole devient périlleuse, exposant aux pires sévices et pouvant, à la limite, coûter la vie, quand triomphe partout l'insolence des appareils d'États néocoloniaux, avec leur cortège d'intimidations, d'arrestations arbitraires, de tortures, d'assassinats légaux, tarissant à sa source toute pensée véritable, l'idéologie officielle éructe, satisfaite : nos ancêtres ont pensé, alleluia !

La force, d'un côté – la force brute, aveugle, sauvage, celle qui, directement héritière de la violence coloniale, prétend régner sans partage, sur les esprits et les cœurs ; et de l'autre côté, les mains nues, sans défense, d'hommes et de femmes opprimés, mystifiés au point de se faire eux-mêmes les complices actifs de leurs bourreaux : tel est, à peu de chose près, le visage réel de l'Afrique contemporaine, par-delà tout le folklore idéologique, la bigarrure carnavalesque des « couleurs » politiques, des étiquettes officielles, des « options » fracassantes qui se réduisent, le plus souvent, à de superficiels faits de langage.

C'est sur ce fond politique que se donne à entendre le discours ethnophilosophique. Que si ce discours paraît dérisoire, ce n'est pas seulement par son inactualité, son indifférence au tragique quotidien de nos pays en voie de fascination – car tout discours scientifique est, en un sens, inactuel –, c'est aussi et surtout parce qu'il fonctionne positivement, dans ce contexte, comme un redoutable opium, comme une des pièces maîtresses de cette énorme machine montée contre nos consciences.

Paulin J. Hountondji, *Sur la philosophie africaine*, F. Maspero, 1977

SÉNÉGAL

BIRAGO

BIRAGO DIOP

Birago Diop (Dakar, Sénégal, 1906 - *id.*, 1989), compagnon des initiateurs du mouvement de la négritude, a su admirablement transposer en français les contes traditionnels de l'Ouest africain, qu'il avait recueillis de la bouche du griot de sa famille maternelle, Amadou Koumba Ngom, ou bien d'informateurs rencontrés à l'occasion de ses tournées de vétérinaire de brousse (*les Contes d'Amadou Koumba,* 1947 ; les *Nouveaux Contes d'Amadou Koumba,* 1958 ; *Contes et lavanes,* 1963 ; *Contes d'Awa,* 1977). Très proches de la parole des griots, mimant leur gestuelle et leurs apartés, ces contes allient humour et réalisme. Birago Diop a publié un recueil poétique, *Leurres et lueurs,* 1960, et cinq volumes de souvenirs.

XXe siècle. De l'oralité à l'écriture.

« Où est l'os ? »

L'Os, *qui ouvre le recueil des* Nouveaux Contes d'Amadou Koumba, *a été porté au théâtre, en 1979, par le metteur en scène Peter Brook, avec un succès international.*
Dans un village du Sahel, longtemps ravagé par la sécheresse, la récolte s'annonce enfin bonne. On va donc pouvoir recommencer à manger de la viande. Un bœuf a été sacrifié et Mor Lame s'est choisi son morceau préféré, l'os de jarret, bien en chair et en moelle. Toute la journée, il surveille la marmite où l'os doit cuire « doucement, lentement, longuement ».
Mais voici que survient Moussa, son frère-de-case[1]*, son « plus-que-frère », avec qui la tradition l'oblige à tout partager. Pour faire déguerpir l'importun, Mor Lame décide de faire semblant d'être mort.*

Awa se pencha sur l'oreille de son mari et murmura :

« Mor, la chose devient trop sérieuse. Voici, dans la maison, tout le village venu pour te laver, t'ensevelir et t'enterrer.

– Où est Moussa ? demanda, dans un souffle, le cadavre de Mor Lame.

– Moussa est là.

– Où est l'os ?

– Il est là-bas.

– S'est-il amolli ?

– Il s'est amolli.

– Que l'on me lave ! » décréta Mor Lame.

Selon les rites et récitant des sourates, on lava le cadavre de Mor Lame.

Au moment où Serigne-le-Marabout allait l'ensevelir dans le linceul blanc, long de sept coudées, Awa s'avança :

« Serigne, dit-elle, mon mari m'avait recommandé de réciter sur son cadavre une sourate qu'il m'avait apprise pour que Dieu ait pitié de lui. »

Le Marabout et sa suite se retirèrent. Alors Awa, se penchant sur l'oreille de son époux :

« Mor ! Lève-toi ! On va t'ensevelir et t'enterrer si tu continues à faire le mort.

– Où est l'os ? s'enquit le cadavre de Mor Lame.

– Il est là-bas.

– S'est-il amolli ?

– Il s'est amolli.

– Et Moussa, où est-il ?

– Il est toujours là.

– Que l'on m'ensevelisse ! » décida Mor Lame.

Ainsi fut fait.

Et, son corps posé sur la planche et recouvert du cercueil qui servait pour tous les morts, on dit les paroles sacrées et on le porta au cimetière.

Pas plus qu'à la mosquée, les femmes ne vont au cimetière les jours d'enterrement.

Mais Awa s'était souvenue, soudain, qu'elle avait encore une sourate à dire sur le corps de son époux au bord de la tombe. Elle accourut donc. Et tout le monde s'étant écarté, à genoux près de la tête du cadavre, elle supplia :

« Mor Lame, lève-toi ! Tu dépasses les bornes. On va t'enterrer maintenant.

– Où est l'os ? interrogea Mor Lame à travers son linceul.

– L'os est là-bas.

– S'est-il amolli ? S'est-il bien amolli ?

– Il s'est bien amolli.

– Et Moussa ?

– Moussa est toujours là.

– Laisse que l'on m'enterre. J'espère qu'il s'en ira enfin. »

On dit les dernières prières et l'on descendit au fond de la tombe le corps de Mor Lame, couché sur le côté droit.

Les premières mottes de terre couvraient déjà la moitié du défunt quand Awa demanda encore à dire une dernière prière, une dernière sourate.

« Mor Lame, souffla-t-elle dans la tombe ; Mor, lève-toi, on comble la tombe !

– Où est l'os ? s'informa Mor Lame à travers son linceul et le sable.

– Il est là-bas, répondit Awa dans ses larmes.

– S'est-il amolli ?

– Il s'est amolli.

– Où est Moussa ?

– Il est toujours là.

– Laisse combler ma tombe ! »

Et on combla la tombe.

Et Mor Lame, le gourmand, Mor-le-Cupide n'avait pas fini de s'expliquer avec l'Ange de la Mort venu le quérir et à qui il voulait faire comprendre :

« Eh ! je ne suis pas mort, hein ! C'est un os qui m'a emmené ici ! »

Que Serigne-le-Marabout, approuvé par tous les vieux du village, toujours de bon conseil, décidait :

« Moussa, tu fus le frère-de-case, le plus-que-frère de feu Mor Lame. Awa ne peut passer en de meilleures mains que les tiennes. Son veuvage terminé, tu la prendras pour femme. Elle sera pour toi une bonne épouse. »

Et tout le monde s'en fut après force *inch Allah !*

Alors Moussa, régnant déjà en maître dans la maison de feu Mor Lame, demanda à Awa :

« Où est l'os ?

– Il est là, fit la veuve docile.

– Apporte-le et qu'on en finisse. »

Birago Diop, ***Nouveaux Contes d'Amadou Koumba*****, 1958,**
© Présence Africaine, 1967

COMPRÉHENSION ET LANGUE

1 – Quelles sont les différentes étapes de ce texte ?

2 – Comment la fin de chaque partie est-elle marquée ?

3 – La conclusion du passage est-elle attendue ou surprenante ?

4 – Quels sont les traits du caractère de Mor Lame ?

5 – En quoi consiste l'humour de la ligne 79 ?

6 – Quelle est la signification morale de ce conte ?

ACTIVITÉS DIVERSES, EXPRESSION ÉCRITE

1 – Ce conte vous paraît-il essentiellement fantastique ou philosophique ?

2 – Imaginez une autre fin et rédigez-la.

1. On est « frères-de-case » quand on a subi ensemble la circoncision.

MADAGASCAR

JEAN-JOSEPH

Jean-Joseph Rabearivelo (Tananarive, Madagascar, 1903 - *id.*, 1937), passionné de littérature, écrivain bilingue, a voulu à la fois moderniser la littérature écrite de langue malgache et inventer une littérature malgache en langue française. Il découvre une voie neuve dans une « poésie de traduction », qui transpose et adapte en français les thèmes et surtout les techniques (notamment le *hain teny*) de la poésie malgache traditionnelle (*Presque songes*, 1934 ; *Traduit de la nuit*, 1935). De graves difficultés matérielles et morales le conduisent au suicide.

COMPRÉHENSION ET LANGUE

1 – Dégagez le thème général de ce poème.
2 – Recherchez les caractéristiques des « paroles pour chant ». À quoi servent-elles ?
3 – Expliquez le vers 31.
4 – Expliquez le sens des vers 37 et 38. Que signifie alors la comparaison du dernier vers ?

ACTIVITÉS DIVERSES, EXPRESSION ÉCRITE

Les poèmes, dit l'auteur, « plantent les landes de la mémoire ». Rédigez un paragraphe où vous direz l'intérêt qu'il y a à connaître des textes par cœur.

Le Poème

Ce poème, écrit parallèlement en français et en malgache, comme tous ceux des recueils Presque songes *et* Traduit de la nuit, *joue sur le mot malgache* tononkira, *qui correspond au mot français « poème », mais qu'on peut traduire littéralement par « paroles pour chant ».*

Paroles pour chant, dis-tu, paroles pour chant,
ô langue de mes morts,
paroles pour chant, pour désigner
les idées que l'esprit a depuis longtemps conçues
et qui naissent enfin et grandissent
avec des mots pour langes –
des mots lourds encore de l'imprécision de l'alphabet,
et qui ne peuvent pas encore danser avec le vocabulaire,
n'étant pas encore aussi souples que les phrases ordonnées,
mais qui chantent déjà aux lèvres
comme un essaim de libellules bleues au bord d'un fleuve
salue le soir.

Paroles pour chant, dis-tu, paroles pour chant,
paroles pour chant, pour désigner
le frêle écho du chant intérieur
qui s'amplifie et retentit,
tentant de charmer le silence du livre
et les landes de la mémoire,
ou les rives désertes des lèvres
et l'angoisse des cœurs.
Et les paroles deviennent de plus en plus vivantes
que tu croyais en quête du Chant ;
mais elles deviennent aussi de plus en plus fluides et ténues,
comme cette brise qui vient des palmiers lointains
pour mourir sur les cimes sourcilleuses.
Elles deviennent davantage des chants,
elles deviennent elles-mêmes – ce qu'elles ont toujours été
jusqu'ici, en vérité.
Et je voudrais changer, je voudrais rectifier
et dire :
chants en quête de paroles
pour peupler le silence du livre
et planter les landes de la mémoire,
ou pour semer des fleurs aux rives désertes des lèvres
et délivrer les cœurs,
ô langue de mes morts
qui te modules aux lèvres d'un vivant
comme les lianes qui fleurissent les tombeaux.

Jean-Joseph Rabearivelo, *Presque songes,* Droits réservés, 1934

« La peau de la vache noire »

Comme beaucoup de poèmes de Rabearivelo, celui-ci (qui est le troisième du recueil Traduit de la nuit*) joue sur le symbolisme de la naissance du jour, suggérée ici par l'accouchement d'un veau mythique. Mais cette image peut s'ouvrir à des significations multiples, en fonction des situations de lecture, de la même façon que la poésie proverbiale malgache du* hain teny *prend sens selon ses conditions d'énonciation.*

La peau de la vache noire est tendue,
Tendue sans être mise à sécher,
Tendue dans l'ombre septuple.

Mais qui a abattu la vache noire,
Morte sans avoir mugi, morte sans avoir beuglé,
Morte sans avoir été poursuivie
Sur cette prairie fleurie d'étoiles ?
La voici qui gît dans la moitié du ciel.

Tendue est la peau
Sur la boîte de résonance du vent
Que sculptent les esprits du sommeil.

Et le tambour est prêt
Lorsque se couronnent de glaïeuls
Les cornes du veau délivré
Qui bondit
Et broute les herbes des collines.

Il y résonnera,
Et ses incantations deviendront rêves
Jusqu'au moment où la vache noire ressuscitera,
Blanche et rose,
Devant un fleuve de lumière.

Jean-Joseph Rabearivelo, *Traduit de la nuit,* 1935,

Compréhension et langue

1 – Relevez tous les éléments qui permettent d'interpréter le texte comme étant l'allégorie de la naissance du jour.
2 – Quelle autre interprétation auriez-vous spontanément donnée ?
3 – À quelles images êtes-vous plus particulièrement sensible ? Pourquoi ?
4 – À quoi ce texte doit-il sa poésie ?
5 – Comment est-il composé ?
6 – Étudiez sa versification.

Activités diverses, expression écrite

1 – Sur le modèle de ce texte, évoquez d'autres phénomènes naturels, comme le cycle des saisons, l'orage, l'inondation.
2 – Même exercice, en vous exprimant en prose. Quelles difficultés rencontrez-vous ?

MALI

Fily Dabo Sissoko (Horo Koto, Mali, 1897 - Kidal, Mali, 1964) a d'abord été instituteur. Il est ensuite chef de canton et fait une carrière politique. Élu député de la colonie du Soudan, constamment réélu, il est un bref moment secrétaire d'État dans un ministère de la IVe République française. Mais après l'indépendance, il est victime de règlements de comptes politiques et est assassiné dans un camp de prisonniers. Il a publié des articles ethnographiques dans le *Bulletin de l'enseignement de l'A.O.F.* Ses poèmes (*Poèmes de l'Afrique noire,* 1963 ; *les Jeux du destin,* 1970) empruntent aux formes orales le goût de nommer et la netteté plastique des descriptions. Il a écrit une autobiographie (*la Savane rouge,* 1962) dont la linéarité, les ellipses, le rythme du débit retrouvent la forme de l'épopée traditionnelle africaine.

Le Tali

La poésie de Fily Dabo Sissoko, marquée par le double modèle de l'écriture scolaire de rédaction (qu'il a enseignée à ses élèves) et de la poésie orale, réussit à suggérer l'opacité mystérieuse du monde.

À Baro-Bara, j'ai, de loin, aperçu un superbe tali. Son tronc, tout droit, lisse, couleur de safran, monte d'un jet, pour s'épanouir en parasol.

Un torrent bruit à côté, sur des cailloux blancs. Un couple de calaos[1] s'envole d'un arbre voisin.

Nulle biche ne vient boire à cette eau courante. Nul oiseau, pas même le serpentaire[1] qui se nourrit de cobras, ne vient se percher sur ses branches toujours vertes.

Car, tout dans le tali, de la feuille à l'écorce, de la sève au bois, tout, au simple contact, donne la mort.

1. Oiseaux.

Le Scorpion

Quand le lion rugit, il se pose la question : – Avec qui, suis-je en brousse, si ce n'est le scorpion, le scorpion, le scorpion ?

Le scorpion est petit. Mais on ne peut le mettre en poche.

Si vous lui mettez la main sur la tête, la prière que vous faites est vite exaucée.

On peut destiner le scorpion en sacrifice, aux mânes[1] de son père. Le difficile est d'y mettre la main.

Fily Dabo Sissoko, *Poèmes de l'Afrique noire,*
© Nouvelles Éditions Debresse, Paris, 1963

1. Les mânes *(le mot est toujours au pluriel) sont les âmes des morts.*

Francis Bebey, né à Douala (Cameroun) en 1929, a mené simultanément une carrière de musicien-chanteur et d'écrivain. Certaines de ses chansons *(Agatha, la Condition masculine)* ont acquis une grande popularité. Dans ses romans, nouvelles et contes (*le Fils d'Agatha Moudio*, 1967 ; *Embarras et Cie*, 1968 ; *la Poupée ashanti*, 1973 ; *le Roi Albert d'Effidi*, 1976 ; *la Lune dans un seau tout rouge*, 1989), il évoque avec beaucoup d'humour la vie africaine contemporaine. Son ambition est moins de transcrire une tradition orale que d'écrire des contes modernes susceptibles d'être à leur tour repris et transmis oralement.

« Conférence de presse »

Voici le début et la fin d'un conte moderne de Francis Bebey. Ce « conte du conte » s'interroge sur ses propres métamorphoses.

Un jour, le conte convoqua les journalistes des villes et des forêts pour une conférence de presse tout à fait inattendue. Quelque part en Afrique, dans la grande salle de la Maison du Parti. Les murs ont plein d'oreilles en forme de microphones dissimulés partout-partout. Le conte est un de ces citoyens subversifs qu'il faut toujours avoir à l'œil. Et à l'oreille. Avec sa tête farcie matin farcie midi farcie le soir de révolutions latentes. De coups d'État en herbe. De fulminantes colères du peuple à mettre en branle dès la prochaine injustice du président de la République militaire. Le conte :

« Mesdames et messieurs, je vous ai réunis ici aujourd'hui pour vous parler de moi. »

Il fait une pause afin d'observer la réaction de ses très nombreux interlocuteurs. La salle est en effet pleine de monde. Hommes, femmes et animaux de toutes les branches de l'information et de la communication.

[Le conte veut montrer à toute « la presse écrite, parlée, sifflée, chantée, filmée, photographiée ou photocopiée » qu'il n'a pas dit son dernier mot.]

Alors, devant leur silencieuse hésitation, le conte leur proposa une démonstration à sa façon. Il voulait prouver qu'il était capable d'abandonner le carrosse de Cendrillon pour rouler en Rolls Royce comme tout un chacun. Même par temps de crise économique mondiale, ce qui n'est pas évident. Et d'accepter que l'animal soit parfois plus intelligent, plus rusé que l'homme. C'est ici que commence la révolution :

« Un jour, le lièvre dit au commerçant de la ville voisine : “Vends-moi à crédit ce magnétoscope que mes enfants ont vu à la vitrine de ton magasin. Vends-le-moi, afin que cessent les disputes dans ma famille.” Le commerçant répond : “C'est très simple. Signe-moi ce papier, et chaque mois, je ferai à ta banque un prélèvement sur ton compte.” Le lièvre est plus malin que le commerçant. Comme ce dernier ne connaît pas l'alphabet des animaux, il lui est impossible de remarquer que son client a signé du nom d'un de ses voisins de palier, absent du pays depuis plusieurs années. »

Francis Bebey, *la Lune dans un seau tout rouge*,
Coll. Monde Noir Poche, © Hatier, Paris, 1989

SUISSE

CHARLES-FERDINAND

« Nous réussissions à nous échapper »

Charles-Ferdinand Ramuz (Lausanne, Suisse, 1878 - Pully, près de Lausanne, 1947) écrit à Paris des romans racontant la vie de personnages humbles et solitaires (*Aimé Pache, peintre vaudois,* 1911 ; *Vie de Samuel Belet,* 1912). Rentré en Suisse, il connaît une période lyrique et mystique (*les Signes parmi nous,* 1919), puis revient à un réalisme romanesque dépouillé (*la Grande Peur dans la montagne,* 1926 ; *Farinet ou la Fausse Monnaie,* 1932 ; *Derborence,* 1936 ; *Si le soleil ne revenait pas,* 1939). Mise en musique par Igor Stravinski, l'*Histoire du soldat* (écrite en 1918) a rencontré un grand succès. Ramuz a aussi été le fondateur des *Cahiers vaudois* (1914-1919). Son attachement à ses racines paysannes et aux valeurs essentielles de la vie, son intuition d'un tragique fondamental de la condition humaine, sa recherche d'un langage âpre et fort, marqué par la lenteur et la saveur de la langue parlée, lui ont fait exercer une grande influence sur les écrivains de son pays.

Dans un texte autobiographique, Vendanges, *publié pour la première fois en 1927, Ramuz évoque son enfance et sa participation au grand rituel paysan des vendanges.*

Quelquefois, pourtant, l'après-midi, profitant d'un moment où personne ne faisait attention à nous, nous réussissions à nous échapper. C'est que les journées finissaient par nous sembler longues, et nous pensions avoir gagné la nôtre, de journée, et l'avoir largement gagnée, tellement le dos nous faisait mal. On se redressait difficilement. On venait d'arriver dans le haut des rangées de ceps, qu'il s'agissait de redescendre, ce qui était toujours le temps des grandes causettes pour les femmes ; nous étions particulièrement adroits à tirer parti de leurs distractions (peut-être bien, d'ailleurs, volontaires). Encore à demi courbés, les jambes raides, ayant abandonné au mépris de toutes les règles notre seille au pied d'un mur, nous nous glissions hors de la vigne par la porte de fer heureusement toujours ouverte, bénéficiant de l'indulgence de l'homme de la bossette [1] et des brantards [2] qui nous regardaient passer sans rien dire. C'était un temps où on était encore sévère pour les enfants, est-ce fini ? et on voulait qu'ils eussent leur tâche comme les grandes personnes, mais l'attrait du fruit défendu était d'autant plus grand que la défense était plus formelle. Nous prenions par des chemins détournés. Ce qui nous attirait, c'était cette plaine du Rhône ; – c'était encore le pressoir et c'était surtout le pressoir, parce qu'on n'y entrait pas sans permission spéciale. Et impossible, bien entendu, d'y arriver par le chemin de tout le monde, mais la difficulté n'était qu'un excitant de plus. Il y avait moyen, en passant par les ruelles, d'atteindre le côté du grand jardin potager qu'on n'avait plus qu'à traverser ensuite pour parvenir dans la remise qui elle-même communiquait par les caves avec le pressoir. Les dahlias énormes avaient une ceinture d'osier qui leur faisait une taille fine comme à des dames (les dames de ce temps-là) et avaient des jupes vertes très larges, tandis que leurs chapeaux extrêmement garnis de fleurs venaient plus haut que nos chapeaux à nous, ce qui était bien commode et amusant. La fatigue nous coulait hors du corps tout d'un coup, comme par miracle, parmi ces dahlias, les soleils, les gaillardes jaunes au cœur brun, entre les hautes rames des haricots à demi secs. C'était comme si la journée commençait seulement. On se retenait non sans peine d'éclater de rire et on se parlait à l'oreille tout en se poussant les uns les autres, parce qu'on était trois garçons. Et voilà la remise atteinte, seule région poussiéreuse de la maison, partout ailleurs ruisselante, et où les toiles d'araignées pendaient de tous côtés aux poutres du plafond. On se glissait par-dessous le char à pont jusque sous les colliers et les harnais alignés sur le mur d'en face où ils pendaient à leurs chevilles de bois, et l'odeur âcre du cuir nous était encore soufflée dans la figure près d'une petite porte de sapin qu'il s'agissait maintenant de franchir. Elle faisait justement la limite entre le permis et le pas permis. « Ouvres-tu ? » – « Non, c'est toi… » – « C'est toi, je te dis… » On se poussait contre le panneau de sapin non recouvert de peinture et sommairement raboté ; et déjà, au travers des planches minces, un grand bruit se faisait entendre, venant nous tenter toujours davantage, quand on était ainsi deux ou trois petits garçons de dix ans : le bruit des travaux réservés aux hommes, les travaux sérieux, les grands travaux mystérieux du pressoir et de la cave, – après les humbles besognes de femmes où on nous avait réduits jusqu'alors. On comprenait pourquoi on était venus, et quel grand besoin nous avait poussés jusqu'ici, nous autres garçons de dix et douze ans, et c'était d'affirmer notre sexe et notre âge. Là-bas, ce n'était encore que la cueillette, et ce n'était encore que le raisin, c'était le fruit sucré bon pour les enfants et les femmes : ici déjà commençaient les régions de la fermentation, c'est-à-dire du vin, c'est-à-dire de la boisson qui convient aux hommes faits, c'est-à-dire qui nous convenait, à nous.

Charles-Ferdinand Ramuz, *Vendanges,* 1927,

COMPRÉHENSION ET LANGUE

1 – Qui désigne exactement le pronom *nous* ?
2 – Pourquoi le narrateur souffre-t-il de son dos ?
3 – Expliquez le mot *seille* (l. 11).
4 – Quelle était la tâche du narrateur ?
5 – Qu'est-ce qui était interdit ?
6 – Pourquoi cet endroit était-il particulièrement attirant ?
7 – Relevez et commentez les termes qui décrivent la remise.
8 – Que symbolise le vin pour le narrateur ?

ACTIVITÉS DIVERSES, EXPRESSION ÉCRITE

1 – Recherchez des documents sur le grand rituel paysan des vendanges.
2 – Cherchez dans les mythologies et les religions quelques-unes des connotations qui sont attribuées à la vigne.
3 – Évoquez un souvenir de votre enfance au cours duquel vous avez bravé un interdit. Racontez et décrivez, puis donnez vos sentiments sur cet épisode.

1. *Charrette.*
2. *Hommes chargés de transporter la vendange dans des récipients (les* brantes*) fixés sur leur dos.*

CÔTE-D'IVOIRE

AHMADOU KOUROUMA

Ahmadou Kourouma, né à Boundiali (Côte-d'Ivoire) en 1927, a fait carrière dans les assurances et la banque. Son roman *les Soleils des Indépendances,* paru d'abord au Canada en 1968, édité à Paris en 1970, a renouvelé le roman africain : il y inventait une langue romanesque subtilement calquée sur la phraséologie, le rythme, la pensée malinké de son personnage principal. Un second roman, longtempsattendu, *Monnè, outrages et défis,* 1990, qui met en perspective plus d'un siècle d'histoire africaine, a confirmé le grand talent du romancier ivoirien.

« Les Indépendances tombèrent sur l'Afrique »

Fama, héritier légitime d'une vieille dynastie malinké, se trouve écarté du pouvoir par les bouleversements politiques et sociaux de l'Afrique moderne et réduit à une semi-mendicité : « Né dans l'or, le manger, l'honneur et les femmes ! Éduqué pour préférer l'or à l'or, pour choisir le manger parmi d'autres et coucher sa favorite parmi cent épouses ! Qu'était-il devenu ? Un charognard ! »
Au sortir d'une cérémonie de funérailles, où il est venu bénéficier de la distribution rituelle de nourriture, il rumine son destin de laissé-pour-compte des indépendances.

Les soleils des Indépendances s'étaient annoncés comme un orage lointain et dès les premiers vents Fama s'était débarrassé de tout : négoce, amitiés, femmes pour user les nuits, les jours, l'argent et la colère à injurier la France, le père, la mère de la France. Il avait à venger cinquante ans de domination et une spoliation. Cette période d'agitation a été appelée les soleils de la politique. Comme une nuée de sauterelles les Indépendances tombèrent sur l'Afrique à la suite des soleils de la politique. Fama avait comme le petit rat de marigot creusé le trou pour le serpent avaleur de rats, ses efforts étaient devenus la cause de sa perte car comme la feuille avec laquelle on a fini de se torcher, les Indépendances une fois acquises, Fama fut oublié et jeté aux mouches. Passaient encore les postes de ministres, de députés, d'ambassadeurs, pour lesquels lire et écrire n'est pas aussi futile que des bagues pour un lépreux. On avait pour ceux-là des prétextes de l'écarter, Fama demeurant analphabète comme la queue d'un âne. Mais quand l'Afrique découvrit d'abord le parti unique (le parti unique, le savez-vous ? ressemble à une société de sorcières, les grandes initiées dévorent les enfants des autres), puis les coopératives qui cassèrent le commerce, il y avait quatre-vingts occasions de contenter et de dédommager Fama qui voulait être secrétaire général d'une sous-section du parti ou directeur d'une coopérative. Que n'a-t-il pas fait pour être coopté ! Prier Allah nuit et jour, tuer des sacrifices de toutes sortes, même un chat noir dans un puits ; et ça se justifiait ! Les deux plus viandés et gras morceaux des Indépendances sont sûrement le secrétariat général et la direction d'une coopérative… Le secrétaire général et le directeur, tant qu'ils savent dire les louanges du président, du chef unique et de son parti, le parti unique, peuvent bien engouffrer tout l'argent du monde sans qu'un seul œil ose ciller dans toute l'Afrique.

Mais alors, qu'apportèrent les Indépendances à Fama ? Rien que la carte d'identité nationale et celle du parti unique. Elles sont les morceaux du pauvre dans le partage et ont la sécheresse et la dureté de la chair du taureau.

Ahmadou Kourouma, *les Soleils des Indépendances,* 1968,

FRANCE
LA RÉUNION

Axel Gauvin, né à Saint-Denis de la Réunion en 1944, s'est d'abord fait connaître comme défenseur de la langue et de la culture créoles réunionnaises (*Du créole opprimé au créole libéré*, 1977). Son premier roman, *Quartier Trois Lettres*, 1980, ayant suscité quelque polémique, car écrit dans un français créolisé, jugé bâtard, il en donne une version en créole (*Kartyé trwa lèt*, 1984). Sa langue romanesque française dans *Faims d'enfance*, 1987, et *l'Aimé*, 1990, reste fortement imprégnée de la saveur malicieuse du créole.

« Grand merci pour sa bonté ! »

Faims d'enfance *se présente comme un « journal » de ce qui se passe chaque midi à la cantine d'une école dans un village des Hauts de la Réunion. La nouvelle directrice a décidé de modifier les menus, pour que les enfants prennent goût à une nourriture moderne et diététique. Ce qui ne fait guère l'affaire des élèves, habitués à la cuisine créole.*

Samedi 13 octobre

Nous avons trouvé un contrepoison aux dangereuses fadasseries de la directrice : le piment. Que ce soit sa bouillie de pommes de terre, ses haricots verts ébouillantés, sa viande cuite à l'eau – pas la crue, que personne n'arrivera jamais à avaler –, grâce au piment, tous ces gâte-bouche finissent par accepter de descendre jusqu'au cabinet en passant par le ventre et sans se venger traîtreusement au passage en plus. Je plaisante, bien sûr : les zorèys[1] ignorent piments boucs et piments cabris, piments fleurs et piments cerises, piments bleus et piments blancs, gros piments et piments nains, et ils ne sont pas malades pour autant. Au contraire, souvent même, ils en deviennent gros comme des tonneaux, gras comme des tangs[2] avant l'hivernage et roses comme des bébés de Celluloïd.

Je malparle encore. En fait, je ne vois que peu de critiques à faire à la nourriture de la directrice. Mis à part qu'il n'y a ni sel ni épices, que les légumes ne sont presque toujours que simplement bouillis, sinon crus, que souvent la viande pisse le sang… il n'y a aucune raison de décrier le manger qu'on nous sert. À part aussi, peut-être, que l'on ne nous donne jamais de riz et que, malgré le pain – grand merci pour sa bonté ! –, notre ventre ne cesse de protester ou de gémir, car, sans riz, l'estomac le plus plein, s'il ne gueule pas au mensonge et à la perfidie, n'a plus qu'à chanter une chanson de calebasse creuse, qui vous résonne à tout casser dans la tête.

Pendant qu'Yvonne et la directrice s'épongent les lèvres, trois bocaux de piment circulent dans le réfectoire. Trois bocaux de pâte bien rouge, riche en ail et gingembre. Trois bons bocaux qui à eux seuls suffiraient à poiquer[3] cruellement tous les mangeurs de manger fade de la terre entière, à brûler au dernier degré leurs bouches tendres et leurs langues fragiles, à emporter leurs pharynx à mayonnaise, leurs pylores[4] à crème, leurs villosités[5] à béchamel.

L'un des trois bocaux m'appartient. Et, quoique ce soit ma propriété et non fourniture de Commune, j'en donne un peu aux autres, évidemment. Mais attention : pas de fourchette à bave dans mon piment ! Un couteau bien propre, à la rigueur un manche de fourchette ou de cuiller…

Axel Gauvin, *Faims d'enfance*,
© Éditions du Seuil, 1987

1. *Français de métropole.*
2. *Mot créole pour désigner le tanrec, sorte de hérisson, réputé pour sa chair.*
3. *Piquer.*
4. *Orifice intérieur de l'estomac.*
5. *Surfaces velues (dans l'intestin).*

Patrick Chamoiseau, né à Fort-de-France (Martinique) en 1952, est devenu dès son premier roman (*Chronique des sept misères,* 1986) le chef de file d'une nouvelle littérature antillaise. Sa recherche d'une langue littéraire qu'irrigue le créole maternel et qui retrouve le rythme des conteurs traditionnels s'est poursuivie avec *Solibo magnifique,* 1988, et avec une évocation de souvenirs d'enfance, *Antan d'enfance,* 1990. Il est coauteur de l'*Éloge de la créolité,* 1990, manifeste pour la défense et l'illustration de la culture créole.

« J'ai souvenir des cochons »

Racontant son enfance à la troisième personne (il se désigne par le terme : « le négrillon »), Patrick Chamoiseau évoque Fort-de-France pendant les années 1950. Sa mère, Man Ninotte, élève divers animaux pour nourrir la maisonnée.

Après les poussins, Man Ninotte s'était lancée dans une affaire de cochons. Porté par un hasard, un petit cochon fit son apparition dans l'ancienne cuisine devenue poulailler. Il dut cohabiter avec les poules avant que Man Ninotte n'accorde à son espèce le lieu entier. C'étaient de petits cochons-planches que l'on engraissait toute l'année selon les philosophies de la campagne. On les destinait aux ripailles de Noël, temps-chantés de boudins, de côtelettes, de pâtés, de ragoûts et gigots. On les nourrissait de restes, de bananes vertes, de paroles inutiles, de petits noms, ils recueillaient les pelures des fruits de saison, et les enfants leur prodiguaient une bienveillante tendresse. Certains se virent parfumés, affublés de chapeaux, de colliers, de dentelles. D'autres connurent des journées entières d'un plaisir gratté sur les côtes et le ventre. Quelquefois, ils échappaient à la cuisine devenue parc-cochons, et se précipitaient dans la rue, poursuivis par notre meute et le pas vaillant de Man Ninotte. On les rattrapait en moins d'une heure avec l'aide d'un nègre habile ou d'une commère capable d'immobiliser les cochons d'un seul vieux mot crié. La chose était habituelle : en ces temps, Fort-de-France abritait la campagne, il y avait dans les rues des mulets, des chevaux, des bœufs de Porto Rico en route vers l'abattoir, des canards volant sans tête, des poules égaillées, des cabris en rupture d'un sacrifice indien, des oiseaux pas farouches et des chiens errants dessous leurs cicatrices. Chacun savait donc accorer[1] un cochon. La seule crainte de Man Ninotte en course derrière le sien était qu'on le lui vole mais, à l'écrire, j'ai soudain souvenance que rien à l'époque ne se volait. Tout un chacun savait le coefficient de survie offert à des familles entières par le moindre cochon. Un cochon en fuite bénéficiait d'un respect unanime. Et si Man Ninotte s'inquiétait, c'était sans doute d'une extinction de ce capital sous un pneu de voiture, compromettant ainsi le Noël à venir. J'ai souvenir des cochons, ils s'appelaient Souris, Matador, Tio-Tio, Héliazord, Maître Popol, Boudin-rivière, ils nous aimaient des yeux et de façons humaines. Leurs fuites étaient des courses rituelles où s'exaltait, une fois seule dans l'année, leur vie recluse de condamnés à mort.

Il y avait des années difficiles. Malgré tout le manger distribué, le cochon-planche demeurait épais comme l'ombrage d'un fil-crin. Man Ninotte augmentait les doses avec du lait de vache, puis consultait en désespoir de cause les expertes de la campagne descendues filer du commerce au marché. On examinait les yeux de la bête, l'épaisseur de son poil, la couleur de sa langue. On tenait considérants sur les diamètres de ses déjections, et cela finissait toujours par une accusation en règle contre les vers. Le cochon passait alors ses journées à ingurgiter des touffes d'herbes jaunâtres qui dénouaient les boyaux, des fleurs de nettoyages. Man Ninotte mélangeait au manger d'un jour de lune des huiles rares concentrées en calebasses de sorcières. Le cochon expulsait alors une partie de son âme, la plupart de ses souvenirs, des humeurs malsaines, et des vers invisibles. Mais (c'était l'essentiel), il se mettait à mieux aller, il était obligé de mieux aller, c'est-à-dire de conserver autour des ses côtes une première graisse, puis une deuxième, sans compter que sa chair prenait une densité que Man Ninotte tâtait chaque jour pour anticiper le bonheur de son prochain Noël.

[...] Le négrillon ne s'attachait pas de manière identique aux cochons. Ils étaient différents. Certains se révélaient plus attachants que d'autres, plus vivants, plus espiègles, plus capables d'affection. Dans notre mémoire commune, frères, il y a Matador. Arrivé dans des cliquetis d'os, il s'était développé en une sorte de monstre charmant qui riait du monde avec des yeux de vieillard. Il donna l'impression de se nourrir sept fois de la moindre rognure. Il adorait le chocolat, les savons de toilette, les grattées-caresses, les chantés en créole, accueillait ses visiteurs avec des hochements de tête, et longeait une oreille attentive vers le son de nos voix. Sa fuite dans la ville fut l'une des plus terribles car son poids en faisait une roche dévalante. Le nègre habile du jour, cherchant à l'accorer, se vit expédié sur le fil d'un poteau électrique. Les autres, suspendus à son poil, furent drivés[2] dans les caniveaux comme pris du gilet dans un moteur d'avion. Lorsque Man Ninotte, suivie de sa marmaille, arrivait à leur hauteur, les sinistrés lui demandaient : *Mais dites donc, madame, quelle septième espèce de qualité de bête est-ce là, s'il te plaît ?* D'autres, renversés fers en l'air, dressaient réquisitoire : *C'est un danger public numéro trente-trois* (âge de la mort du Christ), *c'est un semeur de bobos, un leveur de foie, un écorcheur de pian[3], un piqueur de mal-dent, un écraseur de cors, un démarreur de rhumatismes, un salisseur, et permettez, madame Untel, une qualité mal élevée de bête isalope...* On recueillit Matador aux abords de la Pointe Simon, face aux entrepôts des békés[4], où il s'était attardé à humer sans façons les effluves délicieux d'un tonneau-viandes-salées.

Patrick Chamoiseau, *Antan d'enfance*,
Coll. Haute Enfance, © Hatier, Paris, 1990

COMPRÉHENSION ET LANGUE

1 – Quelles sont les différentes parties de ce texte ?
2 – De quel type de biographie s'agit-il ?
3 – Quel est le sort réservé aux cochons ?
4 – Comment étaient-ils traités ?
5 – À quoi ressemblait à l'époque Fort-de-France ?
6 – Quels liens unissaient le cochon à ses propriétaires ?
7 – Quels sentiments le négrillon éprouvait-il envers ces animaux ?
8 – Relevez et expliquez les termes typiquement créoles.
9 – Quel ton donnent-ils au texte ?
10 – Comment les dialogues sont-ils représentés ?

ACTIVITÉS DIVERSES, EXPRESSION ÉCRITE

Quel est le déroulement des fêtes de Noël suivant les pays ? Expliquez et décrivez les valeurs que l'on peut attribuer à cette fête.

1. Attraper, arrêter (sans doute un archaïsme conservé par le créole ; cf. le terme de marine, accorer, *qui signifie « étayer avec de grosses pièces de bois un bateau en construction ou en réparation »).*
2. Traînés (créolisme par emprunt à l'américain to drive*).*
3. Maladie de la peau, fréquente dans les pays tropicaux, transmise par la piqûre d'une petite mouche.
4. Blancs créoles, descendants des vieilles et riches familles installées aux Antilles.

RAPHAËL CONFIANT

Raphaël Confiant, né au Lorrain (Martinique) en 1951, a d'abord été un écrivain de langue créole, auteur de poèmes, de nouvelles et de romans. Il est venu à l'écriture en français avec *le Nègre et l'Amiral,* 1988, savoureuse chronique de la vie à la Martinique pendant la Seconde Guerre mondiale. Il est l'un des auteurs de l'*Éloge de la créolité,* 1989, et a signé avec Patrick Chamoiseau une remarquable analyse de la situation littéraire des Antilles-Guyane et d'Haïti (*Lettres créoles,* 1991). Son second roman en français, *Eau de Café,* remarqué par les jurys des grands prix littéraires de 1991, multiplie les marques de créolisation de la langue d'écriture.

« Je suis si noir qu'invisible »

Eau de Café, *qui prête son nom au roman de Raphaël Confiant, est la marraine du narrateur, romancier de retour au pays de son enfance – le village lointain de Grand-Anse, en Martinique – pour enquêter sur sa société et comprendre l'enchevêtrement des liens qui la constituent.*
Cet extrait présente le coiffeur du village, Honorat Congo, « si noir que bleu », dont le nom dit l'origine directement africaine.

Honorat Congo avait d'ailleurs une antienne [1] :

« Je ne suis pas un fils d'esclave comme vous autres, non. »

En effet, lorsque, au beau mitan du siècle précédent, les nègres créoles [2], aidés de Papa Schoelcher [3], l'Alsacien au grand cœur, eurent contraint les Blancs-pays à remiser chaînes et carcans au fond de leurs hangars. Lorsque le fouet ne fut plus qu'un instrument de distinction servant à faire galoper les chevaux. Lorsque les champs de canne à sucre furent désertés et que les distilleries cessèrent de fumer. Lorsque le monde nouveau s'installa dans ses aises, la colonie importa du pays d'Inde et plus tard du Congo des cargaisons de travailleurs sous contrat. Le père d'Honorat Congo, qui avait pour nom Massemba, reçut en partage avec cinq de ses congénères une ancienne case d'esclave sur l'habitation Séguineau où régnait depuis trois siècles la dynastie des de Cassagnac, originaire de l'Anjou. Leur arrivée fut houleuse. Les nègres créoles, qui entre-temps avaient conquis les flancs des mornes, les ignorèrent puis entreprirent de les injurier, de leur cracher à la figure et de leur voltiger des roches. Grand-Anse et ses campagnes résonnèrent des mois entiers de « Congo sale ! », « Congo malpropre ! », « Congo senti ! » ou « Congo chien ! ». Au finissement du siècle, l'ire des autochtones s'affaiblit sans s'estomper tout-à-faitement. Massemba, que tous désignaient par le sobriquet de Congo Laide, s'employa sa vie durant à empêcher qu'il n'échût au fils qu'il avait conçu avec la première négresse créole qui condescendit à le laisser la toucher, événement qui se produisit après sept éprouvantes années de sécheresse du cœur et d'abstinence de la chair. Cette négresse-là était la mère de Rose-Aimée Tanin et par conséquent cette dernière se trouvait être la demi-sœur d'Honorat Congo lequel n'était donc autre que le demi-oncle de cet enjôleur de jeunes filles d'Ali Tanin. D'où le proverbe créole « Tout nèg sé fanmi » (Tous les nègres appartiennent à la même famille).

Cependant Rose-Aimée ne voulut jamais reconnaître dans le rejeton de Congo Laide un proche parent, ni même un parent tout court et s'employa au contraire, non sans succès, à dépersuader le monde qu'elle entretînt des liens de sang avec celui qui deviendrait le coiffeur le plus émérite de Grand-Anse. Non seulement elle ne lui disait pas bonjour mais elle semblait ne même pas le voir, si bien qu'Honorat Congo avait coutume de la gouailler [4] les rares fois où elle passait au ras de son salon :

« Je suis si noir qu'invisible, ha ! ha ! ha ! »

Très tôt, Congo Laide avait tenu son fils à l'écart du travail de la terre en lui enseignant l'art de raser les barbes les plus rêches avec un tesson de bouteille. Enfant, Honorat n'eut jamais à s'embesogner dans les petites bandes qui ramassaient les cannes oubliées par les amarreuses[5]. Le samedi venu, après la paye, tout ce que Grand-Anse comptait comme Congos s'alignait sagement devant la case de Congo Laide, à l'ombre d'un corrossolier, afin de se faire une propreté du menton. Honorat devint si expert en la matière que des nègres créoles désargentés se résignèrent, toute répugnance bue, à le laisser leur savonner les joues. En final de compte, quand au sortir de la Première Guerre mondiale on en vint à oublier les griefs que l'on nourrissait à l'encontre des Congos, le jeune homme put louer un petit local à la Rue-Derrière qui ne tarda pas à prospérer et cela sans l'aide d'aucun maléfice. Il fut la seule personne à souhaiter la bienvenue à Eau de Café lorsque cette dernière installa sa boutique face à l'église.

Raphaël Confiant, *Eau de Café*,

COMPRÉHENSION ET LANGUE

1 – Quelle est la syntaxe des premières phrases ?
2 – Pourquoi l'arrivée de la famille d'Honorat Congo fut-elle houleuse ?
3 – Quels liens unissent Honorat et Rose-Aimée ?
4 – Pourquoi refuse-t-elle de le reconnaître comme un proche parent ?
5 – Qu'est-ce qu'un *corrossolier* (l. 46) ?
6 – Quel fut l'apprentissage d'Honorat ?
7 – Justifiez le titre du passage.

1. Refrain (au sens premier, une antienne *est un verset répété avant un psaume ou un cantique).*
2. Nègres nés aux îles (par opposition aux nègres-Congo, arrivant tout droit d'Afrique).
3. Victor Schoelcher (1804-1893) fut l'artisan de l'abolition de l'esclavage en 1848.
4. Plaisanter.
5. Travailleuses sur les champs de canne.

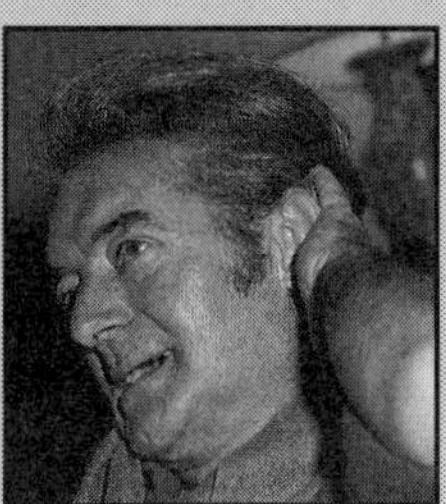

Félix Leclerc (La Tuque, Québec, 1914 - Montréal, 1988) incarne, par sa trajectoire personnelle, l'évolution du Québec moderne. Conteur, romancier, auteur de théâtre à succès, il célèbre les valeurs catholiques ancestrales et devient, dans les années 1940, le plus populaire des écrivains canadiens-français (*Pieds nus dans l'aube*, 1946). Dans les années 1950, il conquiert, comme chanteur, le public français, en imposant son image de bûcheron du Grand Nord. En accord avec la « révolution tranquille » qui transforme le Québec, il devient, à partir de 1970, un chanteur en colère, prêtant sa voix à la colère de tout un peuple, militant pour l'indépendance du Québec.

L'Alouette en colère

Alouette, gentille alouette *est sans doute l'une des chansons les plus célèbres de la vieille tradition folklorique française. Félix Leclerc la transforme en violent chant de révolte contre l'aliénation subie par le Québec.*

J'ai un fils enragé
Il ne croit ni à dieu ni à diable ni à roi
J'ai un fils écrasé
Par les temples à finances où il ne peut entrer
Et par ceux des paroles dont il ne peut sortir
J'ai un fils dépouillé
Comme le fut son père porteur d'eau
Sur le bois locataire
Et chômeur dans son propre pays
Il ne lui reste plus que sa belle vue sur le fleuve
Et sa langue maternelle qu'on ne reconnaît pas
J'ai un fils révolté
Un fils humilié
Un fils qui demain sera un assassin
Alors moi j'ai crié à l'aide au secours quelqu'un
Le gros voisin d'en face est accouru armé
Grossier étranger
Pour abattre mon fils et lui casser les reins
Et le dos et la tête et le bec et les ailes
Alouette.
Mon fils est en prison
Et moi je sens en moi, dans le tréfonds de moi
Malgré moi, malgré moi
Entre la chair et l'os
S'installer la colère.

Félix Leclerc, *l'Alouette en colère,* © Éditions Canthus, Suisse

COMPRÉHENSION ET LANGUE	ACTIVITÉS DIVERSES, EXPRESSION ÉCRITE
1 – Qui est le narrateur de ce poème ? Est-il, lui aussi, un révolté ? 2 – De quoi le fils est-il dépossédé ? Que lui reste-t-il alors ? 3 – Expliquez le vers 11. 4 – Pourquoi le père appelle-t-il au secours ? 5 – Relevez tous les termes qui indiquent l'oppression que subit le fils. 6 – Expliquez la force des derniers vers.	1 – Voici un extrait de la chanson populaire *Alouette :* « Alouette, gentille alouette, Alouette, je te plumerai. Je te plumerai la tête… » *Reprise :* Je te plumerai la tête et la queue et les ailes, etc. Écrivez un texte expliquant la relation entre cette chanson et le poème de Félix Leclerc. 2 – Certains textes de votre anthologie ont pour thème *la révolte contre l'injustice.* Choisissez-en deux, que vous comparerez à ce poème.

Les Gens de mon pays

Gilles Vigneault, né à Natashquan (Québec) en 1928, est l'un des plus populaires parmi les chanteurs québécois. Outre ses chansons, il a composé des poèmes (*Silence,* 1978) et des contes (*la Petite Heure,* 1979), repris dans un volume anthologique (*le Grand Cerf-Volant,* 1986). Il puise son inspiration dans son attachement à sa terre natale (le Québec dans son ensemble, mais particulièrement le pays de son enfance, la côte nord de l'embouchure du Saint-Laurent). Sa poétique se nourrit de sa curiosité passionnée pour les façons et les savoirs transmis par les ancêtres, et de l'écoute attentive de la langue populaire et de l'oralité.

Voici quelques strophes de l'une des chansons qui ont rendu Gilles Vigneault célèbre à travers le monde.

Les gens de mon pays
Ce sont gens de paroles
Et gens de causerie
Qui parlent pour s'entendre
Et parlent pour parler
Il faut les écouter
C'est parfois vérité
Et c'est parfois mensonge
Mais la plupart du temps
C'est le bonheur qui dit
Comme il faudrait de temps
Pour saisir le bonheur
À travers la misère
Emmaillée au plaisir
Tant d'en rêver tout haut
Que d'en parler à l'aise

Parlant de mon pays
Je vous entends parler
Et j'en ai danse aux pieds
Et musique aux oreilles
Et du loin au plus loin
De ce neigeux désert
Où vous vous entêtez
À jeter des villages
Je vous répéterai
Vos parlers et vos dires
Vos propos et parlures
Jusqu'à perdre mon nom
Ô voix tant écoutées
Pour qu'il ne reste plus
De moi-même qu'un peu
De votre écho sonore
[…]

Gilles Vigneault, « Tenir parole », 1967,

ZACHARY

XXe siècle. De l'oralité à l'écriture.

Réveille

Zachary Richard, né en Louisiane, chanteur et poète, est l'un de ces *Cadjuns* ou *Cadiens* de Louisiane, descendants des Acadiens qui furent déportés en 1755, lors du « Grand Dérangement », depuis leur pays d'établissement, l'Acadie, sur la côte est du Canada français, jusqu'à la Nouvelle-Orléans. Une tradition musicale *cadjun* est restée très vivace jusqu'à aujourd'hui. Outre ses disques, Zachary Richard a publié des poèmes (*Voyage de nuit,* 1987).

La langue française qu'utilise Zachary Richard reste au plus près des « parlures » archaïques de la tradition. Voici le texte d'une de ses chansons les plus célèbres, qui reprend un vieux thème appelant les Acadiens à résister aux envahisseurs anglais.

Réveille, réveille, c'est les goddams[1] qui viennent
brûler la récolte.
Réveille, réveille, hommes acadiens
pour sauver le village.
Mon grand-grand-grand-grand-père
est venu de la Bretagne ;
le sang de ma famille est mouillé l'Acadie
et là les maudits viennent
nous chasser comme des bêtes,
détruire les saintes familles
nous jeter tous au vent.
Réveille, réveille.

J'ai entendu parler
de monter avec Beausoleil[2]
pour prendre le fusil,
battre les sacrés maudits.
J'ai entendu parler
d'aller en la Louisiane
pour trouver la bonne paix
là-bas dans la Louisiane.
Réveille, réveille.

J'ai vu mon pauvre père
était fait prisonnier
pendant que ma mère,
ma belle mère braillait[3].
J'ai vu ma belle maison
était mise aux flammes.
Et moi j'suis resté orphelin.
Orphelin de l'Acadie.

Réveille, réveille, c'est les goddams qui viennent
voler les enfants.
Réveille, réveille, hommes acadiens
pour sauver l'héritage.

Zachary Richard, *Bayou des mystères,*

1. *Surnom donné aux Anglais.*
2. *Capitaine de navire, héros de la résistance contre les Anglais.*
3. *Pleurait.*

Le Plat Pays

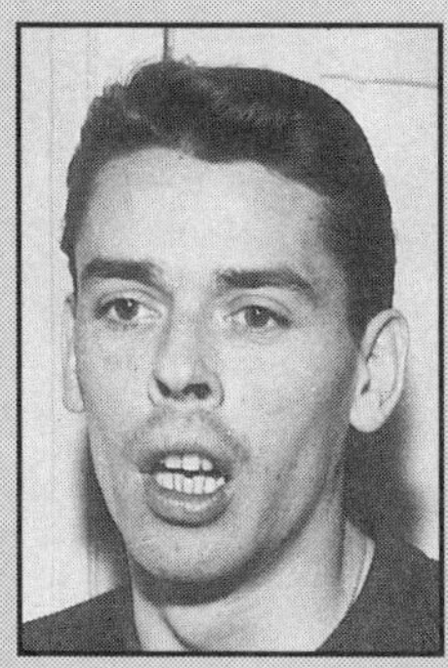

Jacques Brel (Bruxelles, 1929 - Paris, 1978), célèbre auteur, compositeur et interprète de chansons, est resté fidèle, au travers de sa gloire internationale (on a même joué à New York une comédie musicale dont il est le personnage principal), à son enracinement et son identité belges. La publication en volume des textes de ses chansons (*Œuvre intégrale,* 1982) a permis de vérifier ce que l'écoute des disques révélait : Jacques Brel est un vrai poète, jouant en virtuose des ressources du langage et notamment de la dimension bilingue et biculturelle de la Belgique.

Le Plat Pays *est l'une des plus connues des chansons de Brel : hymne au pays natal, qui est montré âpre, difficile, lourd d'un ennui presque morbide ; mais ces images s'inversent et la chanson s'achève en superbe hymne à la vie.*

Avec la mer du Nord comme dernier terrain vague
Et des vagues de dunes pour arrêter les vagues
Et des vagues rochers que les marées dépassent
Et qui ont à jamais le cœur à marée basse
Avec infiniment de brumes à venir
Avec le vent de l'Est écoutez-le tenir
Le plat pays qui est le mien

Avec des cathédrales pour uniques montagnes
Et de noirs clochers comme mâts de cocagne
Où les diables en pierre décrochent les nuages
Avec le fil des jours pour unique voyage
Et des chemins de pluie pour unique bonsoir
Avec le vent d'Ouest écoutez-le vouloir
Le plat pays qui est le mien

Avec un ciel si bas qu'un canal s'est perdu
Avec un ciel si bas qu'il fait l'humilité
Avec un ciel si gris qu'un canal s'est pendu
Avec un ciel si gris qu'il faut lui pardonner
Avec le vent du Nord qui vient s'écarteler
Avec le vent du Nord écoutez-le craquer
Le plat pays qui est le mien

Avec de l'Italie qui descendrait l'Escaut
Avec Frieda la blonde quand elle devient Margot
Quand les fils de novembre nous reviennent en mai
Quand la plaine est fumante et tremble sous juillet
Quand le vent est au rire quand le vent est aux blés
Quand le vent est au Sud écoutez-le chanter
Le plat pays qui est le mien

Jacques Brel, *le Plat Pays,* Publié avec l'autorisation de la Société d'Édition Musicale Internationale (S.E.M.I.) et des Éditions Musicales Patricia, Paris, France

Voix de femmes

Les femmes écrivains tiennent une place importante dans la littérature française : de Marie de France ou Louise Labé à Mme de La Fayette, Mme de Sévigné, Mme de Staël ou Marceline Desbordes-Valmore. Au XIXe siècle, George Sand devient le symbole de la « femme émancipée », et on lit dans ses romans une dénonciation de la prison du mariage. Au XXe siècle, Simone de Beauvoir donne une armature théorique aux revendications féminines (*le Deuxième Sexe,* 1949).

La prise de conscience, récente mais généralisée, de l'inégalité faite aux femmes comme les débats soulevés par le militantisme féministe ont conduit à réévaluer la portée de ces textes. S'il est clair qu'il existe une littérature *féministe* (engagée dans un combat pour les droits des femmes), y a-t-il une littérature *féminine* (une écriture définie par des thématiques et des structures particulières aux femmes) ? Sans trancher résolument la question, les femmes écrivains contemporaines soulignent la part de transgression qui marque leur écriture, désireuse de dire ce qui est refusé ou refoulé par l'édition traditionnelle et masculine.

Dans les pays de la francophonie, les femmes sont de plus en plus nombreuses à écrire et à publier, mais leur problématique varie selon les conditions sociopolitiques.

Les écrivaines du Québec

Le puissant courant féministe du Québec (d'autant plus fort peut-être que la femme québécoise a été particulièrement aliénée dans la vieille société catholique franco-canadienne) a imposé l'entrée dans l'usage courant du néologisme *écrivaine*. Souvent étroitement lié aux mouvements parallèles des États-Unis ou de la France, le féminisme québécois est très actif à partir de 1975, avec Nicole Brossard, Madeleine Gagnon, Yolande Villemaire.

Moins militantes, les romancières Gabrielle Roy et surtout Marie-Claire Blais et Anne Hébert sont très attentives à la quête d'identité de leurs personnages féminins, tandis que les chanteuses Pauline Julien ou Diane Dufresne font entendre à travers le monde la voix des femmes québécoises.

En Belgique et en Suisse

Parmi les voix féminines belges, on citera les romancières Marie Gevers, célébrant la vie secrète de la nature, Dominique Rolin, dont la recherche textuelle reste marquée par sa Belgique prénatale, et même Marguerite Yourcenar, malgré sa naissance française, car son autobiographie fait constamment retour aux origines belges de sa famille. Suzanne Lilar, formée dans une double culture, française et flamande, interroge cette dualité fondatrice dans des textes surréalisants, autobiographiques ou philosophiques (*le Couple,* 1970).

Mme de Charrière, d'origine hollandaise, inaugure en Suisse, à la fin du XVIIIe siècle, la forme romanesque. Plus près de nous, on retiendra les textes sobres et forts de la romancière Alice Rivaz ou la douceur terrible de la nouvelliste S. Corinna Bille.

Femmes du Sud

L'urgence, dans les pays du Sud, est de porter témoignage. Même si la condition de la femme y est plus nuancée qu'on ne le suppose parfois, les femmes veulent d'abord prendre la parole. La Sénégalaise Mariama Bâ a connu un immense succès d'édition en racontant de manière très simple une vie d'épouse dans une société polygame. Aminata Sow Fall, Nafissatou Diallo, Werewere Liking, Ken Bugul, Calixthe Beyala montrent la vitalité de l'écriture féminine africaine.

Nombreuses aussi sont les Antillaises qui racontent ou transposent leur expérience, comme Mayotte Capécia, Michèle Lacrosil ou Jacqueline Manicom. Maryse Condé a emprunté à l'Afrique le thème de plusieurs romans. L'Haïtienne Marie Chauvet pratique un curieux mélange de réalisme et de fantastique. Simone Schwarz-Bart donne un chef-d'œuvre en reconstruisant la généalogie d'une lignée guadeloupéenne que maintient le courage des femmes (*Pluie et vent sur Télumée Miracle,* 1972).

La Mauricienne Marie-Thérèse Humbert, la Réunionnaise Anne Cheynet, la Malgache Michèle Rakotoson sont très attentives aux passions violentes qui se heurtent aux interdits d'un corps social très cloisonné.

Au Maghreb, l'Algérienne Taos Amrouche, après sa mère Fadhma Aït Mansour Amrouche, et la Tunisienne Hélé Béji donnent une coloration largement autobiographique à leur œuvre romanesque. Assia Djebar a entrepris de relayer, par son œuvre littéraire, la voix multiple des femmes enfermées dans le rôle qu'une tradition millénaire leur réserve.

Toutes ces *écrivaines* d'aujourd'hui prennent la relève de voix de femmes qui savaient se faire entendre dans les sociétés traditionnelles. Léopold Sédar Senghor a souvent dit tout ce qu'il devait à la poétesse sérère Marône N'Diaye. À l'autre bout du monde, au Viêt-nam, l'un des monuments de la littérature ancienne, le *Chinh-phu ngâm,* est l'œuvre de la poétesse Doan Thi Diêm, qui a vécu au XVIIIe siècle.

VIÊT-NAM

DOAN THI DIÊM

Doan Thi Diêm (Hiên Pham, Viêt-nam, 1705 - Nghê An, Viêt-nam, 1748) a rendu célèbre par sa traduction un poème d'abord écrit en chinois par le mandarin Drang Trân-Con : la *Complainte de l'épouse du guerrier.*

XXe siècle. Voix de femmes.

Plaintes d'une femme dont le mari est parti pour la guerre

La version en langue vietnamienne du Chinh-phu ngâm *(la* Complainte de l'épouse du guerrier*), œuvre de la poétesse Doan Thi Diêm, a éclipsé l'original chinois et jouit d'une grande popularité au Viêt-nam. Ces plaintes d'une femme amoureuse séparée de son mari composent la plus éloquente dénonciation des malheurs de la guerre.*
Une traduction française en a été procurée en 1943 par l'écrivain vietnamien de langue française Hoang-Xuan-Nhi.

Autrefois, seigneur, vous et moi, nous étions bien comme la forme et l'ombre :
Maintenant pourquoi sommes-nous comme l'étoile du matin et l'étoile du soir ?
Autrefois, seigneur, avec vous j'étais comme le poisson avec l'eau,
Maintenant nous voilà séparés comme le nuage et l'eau !

Phan-Lang lui-même, célèbre pour sa beauté, a dû vieillir ;
Et la gracieuse Van-Quân, elle aussi, a dû perdre ses charmes !
Surtout quand on est femme et qu'on a le destin si mince,
Hier encore, fille pubère, – demain, hélas ! veuve âgée !

Le soleil qui se couche laisse flétrir la fleur ;
La fleur se flétrit, à cause du soleil qui se couche.
Flétrie, la fleur jonche les alentours des murs ;
Dans le brouillard, j'ai vu tomber la fleur !

Texte traduit par Hoang-Xuan-Nhi, ***Poésies,*** **1943**

COMPRÉHENSION ET LANGUE

1 – Comment l'amour du guerrier et de son épouse est-il évoqué dans la première strophe ?
2 – Quel effet de sens produit la répétition des adverbes *autrefois... maintenant* au début des vers de la première strophe ?
3 – Comment pouvez-vous comprendre que le guerrier est parti depuis de longues années ?
4 - Pourquoi la femme a-t-elle un « destin si mince » (v. 9) ?
5 – Quel est le vers où la mort inévitable du guerrier est évoquée ?
6 – Expliquez la différence de sens entre le vers 9 et le vers 10.
7 – Selon vous, que représente la fleur dont il est question dans la dernière strophe ?

MAKHÂLI

Makhâli Phâl (Phnom Penh, Cambodge, 1899 - Pau, France, 1965), née Pierrette Guesde, était fille d'un administrateur français et d'une Cambodgienne. Elle n'a vécu que sa toute première enfance au Cambodge, mais elle a tenté de recréer ce pays natal par des poèmes (*Cambodge,* 1933 ; *Chant de paix,* publié à Phnom Penh en 1939), par des romans (*la Favorite de dix ans,* 1940 ; *le Festin des vautours,* 1946 ; *le Roi d'Angkor,* 1952) ou par l'exposé romancé du bouddhisme (*Nârâyana,* 1942).

« En aumône à la pluie »

La Favorite de dix ans *se présente comme une recréation de la vision du monde des petites princesses et des jeunes danseuses de l'ancienne cour royale d'Angkor. Cette* Aumône à la pluie *est attribuée à l'imaginaire princesse bouddhiste Atman.*

En aumône à la pluie et au monde

Ô Peuple, voici la saison des grandes aumônes.

*
* *

Moi qui vogue à travers l'océan sur le dos de Sécha, le serpent à sept têtes, moi qui médite et m'exalte sur les vagues en portant le fardeau du ciel et de la terre, moi qui ne suis qu'une toute petite fille bien humble, aimant aimer et guérir, j'ordonne :

*
* *

Il convient de faire de grandes aumônes à la pluie.

Car la pluie est l'être le meilleur, le plus charitable du ciel et de la terre, la pluie est certainement l'être que j'aime le plus au monde après mes parents, la pluie est, après le Bouddha, l'être le plus compatissant du ciel et de la terre.

*
* *

Pauvres, donnez à la pluie vos cases et vos rizières,
Riches, donnez à la pluie vos fleuves et vos montagnes,
Pauvres, donnez à la pluie vos fleurs et vos touffes d'herbe.

*
* *

Faites l'aumône à la pluie en soyant miséricordieux les uns pour les autres. Et voici de quelle manière vous serez miséricordieux les uns pour les autres.

*
* *

D'abord dans l'infinie miséricorde, dans la miséricorde du Bouddha Gautama [1], doux Peuple, versez votre propre miséricorde en lui offrant l'huile et le miel et en allant, tous les jours, à la pagode méditer sur l'infinie miséricorde.

*
* *

Ensuite dans la miséricorde des ascètes qui sont les miroirs de l'infinie miséricorde du Bouddha Gautama, doux Peuple, versez votre propre miséricorde en allant, tous les jours, à la pagode laver les pieds des sages et leur présenter l'offrande de riz et de robes nouvelles.

Makhâli Phâl, *la Favorite de dix ans,* 1940

1. *Nom de famille du Bouddha.*

Suzanne Lilar, née à Gand (Belgique) en 1901 dans une famille francophone en pays flamand, s'est fait connaître par des pièces de théâtre représentées à Paris (*le Burlador,* 1945, qui reprend le mythe de Don Juan) et par des romans (comme, en 1960, *la Confession anonyme,* récit d'une violente aventure amoureuse). Essayiste, elle revendique la plénitude de l'amour-passion et du sacré dans l'amour (*le Couple,* 1970). Fascinée par la dualité, elle médite sur l'analogie et la coïncidence des contraires (*Journal de l'analogiste,* 1969). Son autobiographie (*Une enfance gantoise,* 1976) est aussi le récit d'une quête ontologique.

« Le jeu du Cardinal »

Racontant son enfance, Suzanne Lilar découvre, sous les multiples incidents de l'existence, la valeur révélatoire, initiatrice de chaque anecdote.

C'est en lisant *les Belles Images*[1] que j'inventai le jeu du Cardinal. J'étais d'un naturel peureux. J'avais peur du *noir.* Le jardin plongé dans la nuit, le vestibule et l'escalier qu'il me fallait traverser dans l'obscurité ou la bougie à la main pour gagner ma chambre, me causèrent longtemps une frayeur indicible. Bien entendu, j'admirais d'autant plus le courage que j'en étais dépourvue. Or, je lisais chaque semaine dans mon journal de nouvelles péripéties héroïques, fortement romancées, de la vie de Richelieu[2]. J'y apprenais qu'ayant vu, réfléchis dans le chaton[3] de sa bague, des assassins qui le suivaient, le Cardinal s'en était débarrassé en se retournant et en les tenant sous le seul feu de son regard. Cet exploit me transporta. Je me mis alors, enroulée dans une couverture de laine rouge et la main ornée d'une bague trouvée dans la malle d'accessoires de théâtre de mon père, à représenter le Cardinal. Est-ce le seul hasard qui me conduisit un soir à traverser dans cet appareil[4] la maison obscure ? Je ne sais plus. Toujours est-il que je compris assez tôt le profit que je pouvais tirer du jeu. L'on me vit alors m'enfoncer à plaisir dans les ténèbres du jardin ou de l'escalier, m'offrir à aller prendre au grenier les plaques photographiques qu'y avait développées mon père. Recouverte de la pourpre cardinalice, je ne craignais rien. Mais bientôt, je pus me passer de ce signe, de cet *indice* même. La vertu du simulacre avait opéré. Elle m'avait délivrée de la peur.

Pas définitivement. En 1918, je m'épouvantai du bombardement d'artillerie auquel les Allemands en retraite soumirent le village d'Evergem où nous avait surpris la libération.Terrée dans une cave avec mes parents et quelques villageois qui, sous la conduite du curé, psalmodiaient les litanies de la bonne mort, plongée dans l'abattement et la torpeur, je venais de vivre une nuit humiliante lorsque mon père me proposa d'aller porter secours aux sinistrés. Commencèrent alors des heures incroyables. Stimulée par la présence paternelle, moi qui avais tremblé d'effroi dans mon refuge, je circulais témérairement parmi les éclatement d'obus et les fracas de vitres. Une ivresse lucide me soulevait. Mon père devait être aussi exalté que moi car il chantait. Courant de maison en maison, il m'apprenait à me mettre à l'abri d'un mur, à m'aplatir. En somme il jouait et m'invitait à jouer avec lui. Comme dans le jeu du Cardinal, nous jouions l'héroïsme.

Suzanne Lilar, ***Une enfance gantoise,***
© Éditions B. Grasset, Paris, 1976

1. Un journal pour enfants. – 2. Le cardinal de Richelieu (1585-1642), principal ministre de Louis XIII, a dirigé la politique française de 1624 à 1642. – 3. Partie saillante, portant une pierre précieuse. – 4. Dans cette tenue.

Marie Gevers (Edegem, près d'Anvers, Belgique, 1883 - *id.*, 1975) est restée très attachée au domaine familial de Missembourg où elle est née et a toujours vécu. Elle en fait le cadre privilégié de ses récits de nature (*Plaisir des météores*, 1937 ; *l'Herbier légendaire*, 1943 ; *Vie et mort d'un étang*, 1950) et même de certains de ses romans (*Madame Orpha*, 1933). Elle évoque la vie de gens simples en accord avec les rythmes profonds de l'univers. La vibration affective des souvenirs d'enfance y renforce l'animisme des descriptions minutieuses du monde naturel. Elle sait restituer le mystère et le fonds légendaire de la Campine et des bords de l'Escaut (*la Ligne de vie*, 1937 ; *Paix sur les champs*, 1941).

« Hubert et Lucienne »

Plaisir des météores *suit au long de l'année le changement des saisons. Le mois de mai réunit à nouveau Hubert et Lucienne, qui ne s'étaient pas quittés l'été de leurs dix-neuf ans, mais que leurs familles avaient séparés. Jouant avec leurs cousins, ils chantent les chansons des été passés.*

Nous en reprenions un refrain, une phrase que chacun avait retenus, mais le début manquait ou bien la fin.

« Oh ! rappelez-vous celle de notre promenade au bois de bouleaux, elle était si jolie !

– Oui ! Oui ! la chanson du bois de bouleaux. »

Les doigts d'Hubert cherchaient l'accompagnement sur le clavier de son accordéon.... une bribe revenait, une bribe aussi aux lèvres de Lucienne, mais l'âme même de nos chansons nous échappait toujours, et nous ne nous rendions pas compte de la mélancolie d'avoir si vite oublié tout cela.

Puis, lassés de ces vaines tentatives, nous nous étions assis au bord d'un petit bois de sapins. La tiédeur du jour s'y attardait, alourdie d'odeurs résineuses. Nous devisions des choses qui nous intéressaient et aussi, des projets de chacun ; et déjà, ces projets nous dispersaient. Nos jeux d'autrefois nous donnaient le même rêve. Aujourd'hui, avec nos chansons, nos jeux et nos rêves avaient disparu. Et chacun se retrouvait soi-même, au seuil de la vie.

Pourtant, dans tous nos cœurs, une question battait des ailes... et nous n'osions la libérer : « Est-ce fini ?... Hubert et Lucienne ne s'aiment-ils plus ? » Et une tristesse sans nom, comme jamais plus je n'en ai ressentie, tombait avec le soir.

Vers sept heures, on entendit appeler : « Lucienne ! Lucienne ! Il est temps de partir. »

Elle soupira :

« Mes parents s'en vont... »

Alors tous, lentement, en silence, nous nous dirigeâmes vers la maison...

Soudain, au moment où nous parvenions en vue du perron, Hubert et Lucienne se regardèrent. Une sorte de rayonnement s'accrocha d'un regard à l'autre, et, sans dire un mot, ils se rapprochèrent. Hubert la prit par la taille, l'entraîna et ils se mirent à fuir, tous deux, à fuir. Nous les vîmes franchir la petite grille du fond, obliquer dans le chemin sablonneux, puis disparaître derrière un taillis de bouleaux bourgeonnants.

Là-bas, à la maison, on appelait toujours : « Lucienne ! Lucienne ! Il est temps de partir ! »

Marie Gevers, *Plaisir des météores,* 1937
Coll. Passé, Présent, © Éditions Les Éperonniers, Bruxelles

ALICE RIVAZ

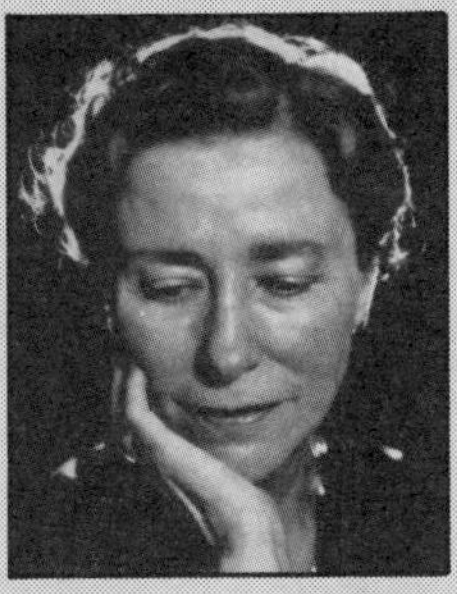

Alice Rivaz (pseudonyme d'Alice Goloy), née à Rovray (Suisse) en 1901, évoque Genève et son pays de Vaud natal dans ses romans (*Nuages dans la main,* 1940 ; *la Paix des ruches,* 1947 ; *Jette ton pain,* 1978) et ses écrits autobiographiques (*Comptez vos jours,* 1966 ; *l'Alphabet du matin,* 1968).

« Je crois que je n'aime plus mon mari »

Dès 1947, avant beaucoup d'autres, Alice Rivaz avait abordé dans la Paix des ruches, *avec une grande finesse d'analyse psychologique, la thématique de la condition féminine : solitude, attente, incompréhension...*
Voici le tout début de ce roman.

Je crois que je n'aime plus mon mari.

Et dire que toute ma famille s'imagine que c'est l'homme de ma vie parce que pendant longtemps j'ai beaucoup peiné, travaillé pour lui, à cause de lui. Mais est-ce à cela que se mesure l'amour ? Je ne le pense pas. Ce qui se mesure là, ce qui porte témoignage, n'est-ce pas plutôt une certaine obéissance à une destinée ? Oui, obéissance, nom plus vrai que celui d'amour et qui, peu à peu, se substitue à lui quand les écailles commencent à nous tomber des yeux et que nous osons nommer les êtres et les sentiments par leur vrai nom, quand ceux que nous appelons « mon mari » nous apparaissent ce qu'ils sont vraiment, peut-être des passeurs d'eau qui ne savent ce qu'ils font, mais le font, afin qu'à leur suite, à leur ombre, embarquées avec eux pour ce passage d'une rive à l'autre, il nous soit donné de ne pas connaître dans la solitude ses remous, son écume, afin que nous ne restions pas sans compagnon et sans témoin durant cette traversée. Mais qu'il est difficile de voir simplement un compagnon dans celui qui fut si longtemps autre chose. Et encore ! Quel compagnon ! Alors qu'il est justement si peu fait pour être celui d'une femme. Si peu fait pour vivre avec nous, n'aimant pas les mêmes choses que nous, n'aspirant pas aux mêmes choses que nous, attiré par ce que nous n'aimons pas, indifférent et parfois hostile à ce que nous aimons. Combien désormais je lui préférerais la compagnie d'une amie, d'une mère. C'est que, en vérité, ils sont d'une autre espèce que nous. Dès mon enfance je l'avais compris. C'est entre eux qu'ils devraient passer leur vie, poursuivre leur destin. Ils ne sont du reste vraiment heureux, vraiment eux-mêmes, qu'entre eux, sans nous. Chaque fois que Philippe part pour le service militaire [1], je vois sur son visage le calme joyeux de celui qui va retrouver les siens. Mieux que tous les livres d'histoire, son expression m'explique leurs grands départs en masse depuis la nuit des temps. Tous ces croisés, ces ligueurs, ces combattants de tant de causes, toutes ces interminables files, ces cortèges en marche vers la lutte et vers la mort. Leurs chants, leurs clameurs qui s'élèvent pour un oui, un non, parfois pour moins encore. Leur hâte à répondre à ce mystérieux appel qui les agglutine. Compagnonnage de l'aventure, des plaies, des hymnes, des serments. Ce qui, à chaque génération, les pousse vers quelque incompréhensible carnage. Et à chaque génération les plus intelligents d'entre eux occupés à mettre un nom, des noms, sur le carnage, afin de l'expliquer et de le justifier.

Parfois je me le demande : qu'avons-nous à faire avec de tels fous ? Oui, l'homme dans l'exercice de ses pouvoirs terrestres, et le voilà qui devient Attila, Néron, Hitler, Napoléon, et dans l'exercice de son autre puissance il se fait clouer sur des croix, arracher la langue, transpercer de flèches devant les Èves et les Maries consternées qui commencent par se tordre les bras, puis s'affairent pour recueillir les membres épars, ramasser, compter les morts, nettoyer la place.

Non, l'homme en dehors de l'amour ne saurait être notre compagnon. Dès que nous avons cessé de l'aimer, que lui ne nous aime plus, nous n'avons vraiment plus rien à faire ensemble. La forme qu'il délimitait dans cet espace où nous le portions au fond de nous ne recouvre plus qu'un grand vide.

Mais cessons-nous jamais de l'aimer ?

Alice Rivaz, *la Paix des ruches*,
© L'Âge d'Homme, Lausanne, 1947

Compréhension et langue

1 – Recherchez les différents moments de ce texte, en proposant un titre pour chacun.
2 – Que signifie l'expression « quand les écailles commencent à nous tomber des yeux » (l. 7-8) ?
3 – Pourquoi les maris sont-ils comparés à des « passeurs d'eau » (l. 11) ?
4 – Identifiez le passage précis où l'auteur affirme qu'hommes et femmes ne peuvent s'entendre.
5 – À quoi l'auteur attribue-t-elle la cause des guerres ?
6 – Quel est, selon l'auteur, le rôle des femmes dans la guerre ?

Activités diverses, expression écrite

1 – Résumez en quelques phrases déclaratives les griefs de l'auteur contre les hommes dans leur ordre d'apparition dans le texte.
2 – *Discussion.* Croyez-vous qu'on puisse, comme l'auteur le fait, parler *en général* des hommes et des femmes ? Établissez deux listes d'arguments en faveur de cette thèse, et contre cette thèse.

1. Périodes d'entraînement militaire que les citoyens suisses doivent accomplir à plusieurs reprises dans leur vie.

Corinna Bille (Lausanne, Suisse, 1912 - Sierre, Suisse, 1979), qui fut l'épouse de l'écrivain Maurice Chappaz, évoque les paysages et les gens du Valais dans des récits discrets et passionnés, intériorisés et subtilement poétiques, qui mêlent l'imaginaire et le réel, la sensualité et la soif métaphysique.

« Quand elle parle, les choses deviennent vraies »

En 1713, dans le Valais (canton de la Suisse traversé par la haute vallée du Rhône), Emerentia est la fille d'un seigneur marié à une simple paysanne. Celle-ci meurt et le seigneur se remarie à une grande dame, qui place la petite fille (elle a sept ans) chez le curé doyen d'un village, renommé pour sa foi très ferme. Emerentia refuse de se plier à l'éducation du prêtre. Elle n'aime que les animaux et les arbres, les apprivoise et leur parle. Tout le village la croit sorcière, sauf les enfants… Emerentia s'enfermera dans son refus, jusqu'à la mort.

Le lendemain, Emerentia partit se promener avec les enfants du village. Elle racontait à ses nouveaux amis qu'il y avait des sirènes dans le Rhône. Ils ne savent pas ce que c'est, elle essaie de leur expliquer, elle les connaît. Il y en a une dans le château de son père, suspendue au plafond de la grande salle, ornée de bois de cerf et de flambeaux.

Les gamins l'écoutent, crédules, éblouis. Parfois, un brochet ou une vieille carpe sautent au centre d'un marais, et plus il est petit plus le poisson paraît gros. Ils crient tous :

« Une sirène !

– Non, une sirène c'est moitié poisson, moitié fille, elle porte même un bonnet de dentelle », explique Emerentia.

Quand elle parle, les choses deviennent vraies. La mère limon, les bêtes, les arbres, les plantes ont une chair et une âme parentes de la sienne.

Les enfants disaient :

« Les larmes de crapaud, larmes de sang. »

Ils désignaient les adonides rouges, l'adoxe musquée dont la petite fleur est bleue puis verte.

Emerentia cueillait la fleur d'ombre, le glaïeul sauvage et leur apprenait leurs noms. Les sables se recouvraient par place d'une mousse roussâtre.

« Oh ! »

Dans une arène grise, non entièrement asséchée malgré la forte chaleur, s'ouvraient les orchidées violettes aux pétales étagés. Jamais ils n'en avaient vu un si grand nombre.

Au retour, ils racontèrent à leurs parents qu'Emerentia, par sa seule présence, faisait sortir les fleurs de la boue.

Corinna Bille, *Deux Passions*,

COMPRÉHENSION ET LANGUE

1 – Pourquoi Emerentia est-elle une enfant singulière ?
2 – Recherchez dans le texte les expressions montrant que les enfants font confiance à Emerentia.
3 – De quelles *choses* s'agit-il à la ligne 12 ?
4 – Relevez les temps des verbes du texte. Comment pouvez-vous expliquer le changement de temps de la ligne 3 ?

ACTIVITÉS DIVERSES, EXPRESSION ÉCRITE

En vous inspirant de vos lectures ou d'une expérience, faites la description d'une scène où les choses de la nature sont transfigurées et s'animent. Vous utiliserez les temps usuels de la description, présent et imparfait.

Anne Hébert, née à Sainte-Catherine-de-Fossambault, près de Québec, en 1916, cousine du poète Saint-Denys-Garneau, a grandi dans un milieu aisé et cultivé. Ses premières œuvres – poèmes (*les Songes en équilibre,* 1942 ; *le Tombeau des rois,* 1953) et nouvelles (*le Torrent,* 1960) – disent l'angoisse du silence et de la solitude, tandis que *Mystère de la parole,* 1960, chante l'accord retrouvé avec le monde. Son œuvre romanesque (*les Chambres de bois,* 1958 ; *Kamouraska,* 1970 ; *les Enfants du sabbat,* 1975 ; *Héloïse,* 1981 ; *les Fous de Bassan,* 1982 ; *le Premier Jardin,* 1988) emprunte à sa poésie sa force incantatoire, la fascination de l'onirisme et du surnaturel, le goût des passions extrêmes. Le secret qui habite ses personnages se révèle souvent par les retours en arrière et le télescopage des temps. Installée en France depuis 1967, Anne Hébert reste profondément liée à la culture du Québec.

Amour

Après ses premiers poèmes austères, presque secs, comme « tracés dans l'os par la pointe d'un poignard » (Pierre Emmanuel), Anne Hébert a découvert le bonheur de « chanter les noces de l'homme avec la terre » :
« Je crois, dit-elle, à la solitude rompue comme du pain par la poésie. »

Toi, chair de ma chair, matin, midi, nuit, toutes mes heures et mes saisons ensemble

Toi, sang de mon sang, toutes mes fontaines, la mer et mes larmes jaillissantes

Toi, les colonnes de ma maison, mes os, l'arbre de ma vie, le mât de mes voiles et tout le voyage au plus profond de moi

Toi, nerfs de mes nerfs, mes plus beaux bouquets de joie, toutes couleurs éclatées,

Toi, souffle de mon souffle, vents et tempêtes, le grand air de ce monde me soulève comme une ville de toile

Toi, cœur de mes yeux, le plus large regard, la plus riche moisson de villes et d'espaces du bout de l'horizon ramenée

Toi, le goût du monde ; toi, l'odeur des chemins mouillés, ciels et marées sur le sable confondus

Toi, corps de mon corps, ma terre, toutes mes forêts, l'univers chavire entre mes bras

Toi, la vigne et le fruit ; toi, le vin et l'eau, toi, le pain et la table, communion et connaissance aux portes de la mort.

Toi, ma vie, ma vie qui se desserre, fuit d'un pas léger sur la ligne de l'aube ; toi, l'instant et mes bras dénoués

Toi, le mystère repris ; toi, mon doux visage étranger et le cœur qui se lamente dans mes veines comme une blessure.

Anne Hébert, « Poèmes nouveaux », 1969

CANADA QUÉBEC

Kamouraska **raconte une histoire de passion, de neige et de révolte, qui se déroule vers 1860, dans la bourgeoisie provinciale du Québec. Les clivages qui traversent alors le pays (passage du régime français au régime anglais ; opposition des seigneurs et des paysans ; contradiction du pragmatisme bourgeois et du romantisme des passions) partagent aussi la personnalité de l'héroïne, Élisabeth, aujourd'hui femme respectée de tous et mère de famille nombreuse, autrefois amante d'un jeune médecin qui, pour la libérer de l'ornière conjugale, deviendra meurtrier de son premier mari. Le contrepoint romanesque fiévreux suggère les dualités du Québec et les violences passionnées qui l'habitent.**

« Je suis innocente »

Au chevet du notaire Jérôme Rolland, son second mari, qui agonise, dans la fièvre de ces moments douloureux, Élisabeth revit par le souvenir le meurtre de son premier mari, Tassy, tué dans la neige, pendant l'hiver 1839, par son amant, le jeune médecin George Nelson.

J'entends la voix du docteur Douglas, médecin légiste, qui monte peu à peu. Devient de plus en plus précise et forte. Comme si ma présence au manoir avait pour effet de tirer cette voix sèche des ténèbres du temps où elle repose.

« Une des balles du pistolet est entrée au-dessus de l'oreille, sous le bord de la casquette, pénétrant à un pouce de profondeur dans la matière cérébrale. »

La voix de plus en plus froide et impassible (se pétrifiant à mesure, semble-t-il) du docteur Douglas enchaîne les phrases du procès-verbal. Quelque part, dans une maison fermée, on a commencé de réciter la prière des agonisants. Serait-ce dans la maison de Charles-Édouard Tassy ? À moins que ce ne soit dans la cuisine du manoir ? Je prête l'oreille au murmure des litanies des saints. Je rêve d'échapper ainsi à la voix glacée du docteur Douglas.

« Le premier coup de feu a été tiré de côté. Comme si l'assassin eût été assis tout près de sa victime, dans le traîneau. Le deuxième coup a été tiré lorsque Antoine Tassy était déjà mort, ou mourant, couché la face contre terre. Le meurtrier a ensuite frappé à coups redoublés, avec la crosse de son pistolet… »

Sancta Lucia, sainte Agnès et sainte Cécile ! Que ces litanies sont douces et apaisantes ! Dieu soit loué, je reconnais à présent la voix pure de ma fille Anne-Marie ! Ceci se passe chez moi, dans ma maison de la rue du Parloir. Je vais descendre immédiatement auprès de mon mari, Jérôme Rolland, pour l'assister jusqu'à la dernière minute. Il ne sera pas dit que j'ai laissé mourir mon mari, sans assistance ni consolation. Ne suis-je pas sa femme fidèle, depuis dix-huit ans ?

La plus poignante et la plus prenante d'entre toutes les voix (son léger accent américain) tente pourtant de me retenir encore dans un pays de fièvre. Tu me supplies (tandis que ta voix s'altère, se gâte tout à fait, tombe en poussière, dans mon oreille) de bien vouloir écouter ton histoire jusqu'au bout.

« Écoute bien, Élisabeth. J'ai mis Antoine debout, sur ses pieds, pour m'assurer qu'il était bien mort. Et il l'était, mort. Je te le jure ! »

Inutile de jurer. Vois comme je frissonne. Je te crois, mon amour. Mais tu me fais peur. Laisse-moi passer. Je ne puis vivre ainsi dans une aussi forte terreur. Face à une action aussi abominable. Laisse-moi m'en aller. Devenir Mme Rolland à jamais. M'exclure de ce jeu de mort entre Antoine et toi. Innocente ! Innocente ! Je suis innocente ! Seigneur, tu tournes vers moi ton visage ravagé par le froid. Le noir de ton œil, par éclair, soulevant une paupière lourde de fatigue. Une incommensurable fatigue. Tes lèvres crevassées te collent aux dents. Un si pauvre rictus, en guise de sourire. Tu trembles, mon amour.

Tu m'assures pourtant que ta main n'a jamais été aussi ferme, aussi rapide et efficace. Tu n'es pas chirurgien pour rien. Encore une fois je te supplie de m'épargner la suite de ton histoire. Tout cela est une affaire d'homme. Un règlement de comptes entre hommes. Je veux bien attendre ici, au bord de la route (comme une petite fille sage, perdue dans la neige), que l'exécution d'Antoine soit terminée. Mais ne compte pas sur moi pour te suivre jusqu'à…

Le traîneau noir me frôle au passage. Emportant les deux hommes. À fond de train. Sur le chemin du Roi [1]. En direction de la petite maison de Paincourt. Docteur Nelson vous n'avez pas une minute à perdre. Celui de vous deux qui prendra la peine d'ouvrir la bouche pour injurier l'autre sera perdu. Échec et mat, mon vieux Tassy. Le plus rapide joue et gagne. Tu n'avais qu'à ne pas perdre ton temps en imprécations contre ton vieux camarade de collège. Déjà le canon froid du pistolet contre ta tempe. Éclate. Te perce la cervelle. Tu penches la tête sur l'épaule de ton meurtrier. L'inondes de sang. L'écrases de tout ton poids. Quelqu'un assure, au-dessus de ta tête, que voilà des nouvelles de ta femme qui est à Sorel [2].

Le bruit de la première détonation sur le chemin du Roi se perd dans la neige épaisse qui tourbillonne. Dans les sifflements du vent. Je crois que je porte mes deux mains à mes oreilles. Mon cœur contre mes mains bat à se rompre. Ce n'est que mon cœur qui bat, je le jure. Nul autre bruit perceptible à cent lieues à la ronde. Trois hommes se rangent pourtant avec moi au bord de la route. Menacés par un train d'enfer (prétendent-ils) qui fonce sur nous au grand galop d'un cheval noir. Bernard Lancoignard dit Sansterre, Jean Saint-Joire dit Sargerie et Étienne Lancoignard dit Sansterre peuvent en témoigner. Quant à moi, je suis sourde et aveugle et ne puis vous assurer de rien. Ce n'est qu'un homme debout dans son traîneau, conduisant un blessé, en direction de l'anse de Kamouraska [3]. Pour l'achever et l'ensevelir dans la neige. Chantant à tue-tête pour couvrir une plainte sourde, dans le fond du traîneau, sous les robes de fourrure.

La seconde détonation résonne très loin, dans l'anse. Un signe à peine. Comme un bateau en détresse qui s'éloigne sur le fleuve.

Un homme s'acharne, à coups de crosse de pistolet, sur un mort couché, la face dans la neige. Il frappe jusqu'à l'usure de la force surhumaine en lui déchaînée. Maître de la vie et de la mort. Un instant le vainqueur essuie son visage sur ma manche. Cherche dans son cœur la femme pour laquelle… Désire s'accoupler immédiatement avec elle. Triomphalement. Avant que ne déclinent sa puissance et sa folie. Avant que ne s'apaise son ivresse. Déjà on pourrait croire que cet homme est cerné par les larmes. Un tel épuisement point en lui, comparable à celui des fous après leur crise, à celui des femmes après leur accouchement, à celui des amants après l'amour.

Anne Hébert, *Kamouraska*,
© Éditions du Seuil, Paris, 1973

COMPRÉHENSION ET LANGUE

1 – Quels sont les personnages nommés ?

2 – Quels sont les prénoms employés ?

3 – À quelles époques se situent les différents épisodes narrés ?

4 – Quels lieux sont cités ?

5 – Quels éléments permettent de comprendre que ce texte consiste en un monologue intérieur ?

6 – Pourquoi le souvenir du premier mari surgit-il maintenant ?

7 – Relevez et commentez les détails qui trahissent l'émotion de la narratrice.

8 – L'écriture de la folie : en quoi la syntaxe de ce passage est-elle pathétique ?

9 – « Ta voix tombe en poussière » (l. 29-30). Cherchez d'autres images de ce type.

ACTIVITÉS DIVERSES, EXPRESSION ÉCRITE

Rêve et réalité. À la manière d'Anne Hébert, composez un texte où se mêleront le souvenir et les éléments actuels.

1. Ancienne route, longeant le fleuve Saint-Laurent.
2. Petite ville, à une soixantaine de kilomètres en aval de Montréal.
3. Village à 130 kilomètres en aval de Québec.

MARIE-CLAIRE

Marie-Claire Blais, née à Québec en 1939, est remarquée dès ses premières publications (*la Belle Bête* 1959 ; *Le jour est noir,* 1962). Elle s'installe aux États-Unis, puis en France, où son roman *Une saison dans la vie d'Emmanuel,* 1965, est couronné par le prix Médicis. Elle revient au Québec en 1975 et continue de publier une œuvre abondante, tantôt au Québec, tantôt en France (avec parfois, pour le même ouvrage, des titres différents selon le pays). Elle écrit des poèmes, des pièces de théâtre et surtout des romans, parmi lesquels *Manuscrits de Pauline Archange,* 1968 ; *Vivre ! Vivre !* 1969 ; *les Apparences,* 1970 ; *À cœur joual,* 1974 ; *les Nuits de l'underground,* 1978 ; *Visions d'Anna,* 1982 ; *l'Ange de la solitude,* 1989. Dès ses débuts, elle s'inscrit en rupture avec le conformisme et les valeurs traditionnelles, en peignant la solitude et la violence d'un monde halluciné.

« Un poète, s'écria mon père »

Une saison dans la vie d'Emmanuel *est la chronique d'un hiver, celui qui voit la naissance d'Emmanuel, seizième enfant d'une famille québécoise à l'ancienne. Le récit, qui s'organise autour du personnage prophétique de Jean Le Maigre (l'un des enfants), juxtapose crudité réaliste et archétypes mythiques, cynisme et innocence, lucidité et regard poétique. Jean Le Maigre évoque ici sa propre naissance.*

Dès ma naissance, j'ai eu le front couronné de poux ! Un poète, s'écria mon père, dans un élan de joie. Grand-Mère, un poète ! Ils s'approchèrent de mon berceau et me contemplèrent en silence. Mon regard brillait déjà d'un feu sombre et tourmenté. Mes yeux jetaient partout dans la chambre des flammes de génie. « Qu'il est beau, dit ma mère, qu'il est gras, et qu'il sent bon ! Quelle jolie bouche ! Quel beau front ! » Je bâillais de vanité, comme j'en avais le droit. Un front couvert de poux et baignant dans les ordures ! Triste terre ! Rentrées des champs par la porte de la cuisine, les Muses aux grosses joues me voilaient le ciel de leur dos noirci par le soleil. Aïe, comme je pleurais, en touchant ma tête chauve…

Je ne peux pas penser à ma vie sans que l'encre coule abondamment de ma plume impatiente.

Tuberculos Tuberculorum, quel destin misérable pour un garçon doué comme toi, oh ! le maigre Jean, toi que les rats ont grignoté par les pieds :

Pivoine[1] *est mort*
Pivoine est mort
À table tout le monde

Mais heureusement, Pivoine était mort la veille et me cédait la place, très gentiment. Mon pauvre frère avait été emporté par l'épi… l'api… l'apocalypse… l'épilepsie quoi, quelques heures avant ma naissance, ce qui permit à tout le monde d'avoir un bon repas avec M. le Curé après les funérailles.

Pivoine retourna à la terre sans se plaindre et moi j'en sortis en criant. Mais non seulement je criais, mais ma mère criait elle aussi de douleur, et pour recouvrir nos cris, mon père égorgeait joyeusement un cochon dans l'étable ! Quelle journée ! Le sang coulait en abondance, et dans sa petite boîte noire sous la terre, Pivoine (Joseph-Aimé) dormait paisiblement et ne se souvenait plus de nous.

« Un ange de plus dans le ciel, dit M. le Curé. Dieu vous aime pour vous punir comme ça ! »

Ma mère hocha la tête :

« Mais, monsieur le Curé, c'est le deuxième en une année.

– Ah ! Comme Dieu vous récompense, dit M. le Curé. »

M. le Curé m'a admiré dès ce jour-là. La récompense c'était moi. Combien on m'avait attendu ! Combien on m'avait désiré ! Comme on avait besoin de moi ! J'arrivais juste à temps pour plaire à mes parents. « Une bénédiction du ciel », dit M. le Curé.

Il est vert, il est vert
Maman, Dieu va nous le prendre
Lui aussi.

« Héloïse[2], dit M. le Curé, mangez en paix, mon enfant. La petite Héloïse avait beaucoup pleuré sur la tombe de Pivoine et ses yeux étaient rouges, encore.

– Elle est trop sensible, dit M. le Curé, en lui caressant la tête. Il faut qu'elle aille au couvent.

– Mais comme il est vert, dit Héloïse, se tortillant sur sa chaise pour mieux me regarder. Vert comme un céleri », dit Héloïse.

M. le Curé avait vu le signe du miracle à mon front.

« Qui sait, une future vocation ? Les oreilles sont longues, il sera intelligent. Très intelligent.

– L'essentiel, c'est de pouvoir traire les vaches et couper le bois, dit mon père, sèchement.

Joseph-Aimé est mort
Joseph-Aimé est mort

dit ma mère. Et elle se moucha à grand bruit.

– Consolez-vous en pensant au futur, dit M. le Curé. Ne regardez pas en arrière. Cet enfant-là va rougir avant de faire son premier péché mortel, je vous le dis. Et pour les péchés, je m'y connais, celui-ci, Dieu lui pardonne, il en commettra beaucoup. »

Marie-Claire Blais, *Une saison dans la vie d'Emmanuel,* 1965,

COMPRÉHENSION ET LANGUE

1 – Proposez un plan du texte. Sur quels critères votre découpage repose-t-il ?
2 – Quelle impression produit Jean Le Maigre à sa naissance ?
3 – Justifiez le titre de l'extrait.
4 – Dans quel milieu social l'enfant naît-il ?
5 – Comment réagit M. le Curé ?
6 – Relevez et analysez les éléments ironiques de ce passage.
7 – Étudiez les indications scéniques que comportent les verbes introducteurs de dialogues.

ACTIVITÉS DIVERSES, EXPRESSION ÉCRITE

1 – Êtes-vous choqué par les aspects réalistes ou cyniques de cette scène ?
2 – Récrivez-la dans un autre style, avec un autre ton.

Cri maternel, par P. Descelles.

1. Surnom de Joseph-Aimé, frère aîné de Jean Le Maigre.
2. L'une des sœurs.

FRANCE
GUADELOUPE

« La noce de Toussine et de Jérémie »

Simone Schwarz-Bart, née à la Guadeloupe en 1938, a débuté en littérature en écrivant en collaboration avec son mari, le romancier André Schwarz-Bart (prix Goncourt), *Un plat de porc aux bananes vertes,* 1967. Sous sa seule signature, elle a ensuite donné un roman, *Pluie et vent sur Télumée Miracle,* 1972, qui compose une fresque de la Guadeloupe de naguère et célèbre le rôle éminent tenu par les femmes. *Ti Jean l'horizon,* 1979, reprend les thèmes et l'imaginaire des contes traditionnels pour construire un mythe de l'histoire antillaise.

Pluie et vent sur Télumée Miracle *relate la vie de sa narratrice, Télumée Lougandor, dans la Guadeloupe de la première moitié du XXe siècle. Mais le roman commence par retracer la généalogie des femmes qui sont comme la colonne vertébrale de la famille Lougandor, depuis l'arrière-grand-mère, Minerve, « femme chanceuse que l'abolition de l'esclavage avait libérée d'un maître réputé pour ses caprices cruels ».*
Au hameau de L'Abandonnée, Minerve prépare les noces de sa fille Toussine.

Ici comme partout ailleurs, rire et chanter, danser, rêver n'est pas exactement toute la réalité ; et pour un rayon de soleil sur une case, le reste du village demeure dans les ténèbres. Cependant que se préparaient les noces, c'était toujours la même platitude à L'Abandonnée, le même acharnement des humains à faire descendre d'un cran le niveau de la terre, le même poids de méchanceté accroché aux oreillettes de leur cœur. Ce vent qui soufflait sur la case de Minerve les aigrissait, rendant les femmes plus bizarres que jamais, chimériques, féroces, promptes à verser dans les propos acariâtres… je prétends que la Toussine n'est qu'une belle inutile, que la beauté n'a jamais été au marché, que le tout n'est pas encore de se marier mais de rester ensemble devant les changements des saisons, disait l'une… ils rient à présent, mais après rire c'est pleurer, et d'ici à trois mois la bande joyeuse de Minerve se retrouvera avec ses six yeux pour pleurer… disait une autre. Les plus acharnées étaient celles qui vivaient en case avec un homme de fortune. Elles en voulaient d'avance à Toussine du morceau d'or qui allait briller à son doigt, elles se demandaient s'il y avait vraiment en elle quelque chose d'unique, d'exceptionnel, une vertu et un mérite si grands qu'ils appelaient le mariage. Et pour se consoler, calmer une vieille rancœur, elles venaient au crépuscule tout contre la case de Minerve et murmuraient, avec une sorte de frénésie, d'emportement sauvage, des incantations du genre de celle-ci :

Mariée aujourd'hui
Divorcée demain
Mais Madame quand même

Minerve savait que ces femmes n'avaient rien dans la vie, quelques planches sur quatre roches, et le défilé des hommes sur leur ventre. Pour ces négresses à l'abandon, le mariage était la plus grande et, peut-être, la seule dignité. Cependant, quand elle n'en pouvait plus de les entendre, Minerve se dressait mains aux hanches et leur hurlait… mes belles langueuses, je ne suis pas seule à avoir une fille et je souhaite aux vôtres les mêmes bonnes choses que vous souhaitez à ma Toussine, car, à ma connaissance, la justesse de cette parole ne s'est jamais trouvée démentie sous le soleil : qui se sert de l'épée périra par l'épée… et elle rentrait chez elle, fermait ses portes et laissait japper les chiennes enragées.

Le jour des noces, tous les chemins du village étaient balayés et leurs abords sapés comme pour la fête communale. Autour de la case de Xango et Minerve s'élevaient des huttes en palmes de cocotier tressées. Celle des mariés était piquetée d'hibiscus, de résédas et de fleurs d'oranger qui en faisaient un immense bouquet, à la senteur enivrante. Des rangées de tables s'étalaient à perte de vue et l'on vous offrait la boisson dont vous étiez assoiffé, la viande qui réjouirait votre palais. Il y avait viande cochon, viande mouton, viande bœuf et même de la volaille, servie dans son bouillon. Le boudin s'empilait par brasses luisantes, les gâteaux à étages croulaient sous leur dentelle de sucre, et toutes sortes de sorbets se tournaient sous vos yeux, au coco, à la pomme-liane, au corossol. Mais pour les nègres de L'Abandonnée, tout cela n'était de rien sans un peu de musique, et quand ils virent les trois orchestres, un pour les quadrilles et les mazoukes, un pour les biguines à la mode, et le tambour traditionnel accompagné des petits-bois et d'une trompe, ils surent qu'ils auraient une belle chose à raconter, au moins une fois dans leur vie. Ce fut cela qui soulagea les cœurs enflés de jalousie. Trois jours durant, les gens quittèrent mornes[1] et plateaux, misères et indignités de toute sorte pour danser à leur aise et fêter les mariés, passant et repassant devant le couple, sous la tente fleurie, et félicitant Toussine de sa chance, Jérémie de sa plus belle chance. On ne put compter combien de lèvres prononcèrent le mot chance car c'était sous ce signe qu'ils avaient décidé de raconter, plus tard, à leurs descendants, la noce de Toussine et de Jérémie.

Les années s'écoulèrent là-dessus, Toussine demeurant la même libellule, aux ailes scintillantes et bleues, Jérémie le même zèbre de mer au pelage lustré. Il continuait à pêcher en solitaire, ne ramenant jamais sur la plage une barque vide, aussi ingrate que fût la mer. Selon les médisants, il usait de sorcellerie en se faisant seconder par un esprit qui pêchait à sa place, les jours où la mer était dépeuplée. Mais à la vérité, le seul secret de l'homme était son énorme patience. Lorsque les poissons ne mordaient ni à droite, ni à gauche, Jérémie descendait sous l'eau pour plonger des lambis[2]. Si les lambis ne s'y trouvaient pas, il préparait de longues gaules munies qui d'un fer, qui d'un crabe vivant pour charmer les poulpes. Il connaissait la mer comme le chasseur connaît les bois. La vente finie, le canot tiré au sec, il prenait le chemin de sa petite case, versait l'argent dans les jupes de sa femme et mangeait un morceau en attendant que le soleil faiblisse. Puis tous deux s'en allaient ensemble cultiver leur jardin et tandis qu'il bêchait, elle traçait les sillons et tandis qu'il brûlait les herbes, elle ensemençait, et le crépuscule des îles tombait sur leur dos avec sa brusquerie habituelle, et, profitant de l'ombre naissante, Jérémie prenait à même la terre un petit hors-d'œuvre du corps de sa femme cependant qu'il lui murmurait toutes sortes de bêtises, comme au premier jour…

Simone Schwarz-Bart, *Pluie et vent sur Télumée Miracle*,
Coll. Points Roman, © Éditions du Seuil, Paris, 1980

COMPRÉHENSION ET LANGUE

1 – Distinguez les différentes étapes de ce texte ; donnez un titre à chacune d'entre elles.
2 – Pourquoi les femmes les plus acharnées à médire sont-elles celles « qui vivaient en case avec un homme de fortune » ?
3 – Expliquez le sens de l'expression proverbiale « Qui se sert de l'épée périra par l'épée ». Pourquoi Minerve l'emploie-t-elle devant les femmes ?
4 – Comment « les cœurs enflés de jalousie » sont-ils enfin apaisés ?
5 – Relevez dans le texte tous les termes et expressions qui témoignent de la sensibilité de l'auteur à la grande misère des habitants du village.

ACTIVITÉS DIVERSES, EXPRESSION ÉCRITE

Analysez les deux phrases de l'introduction. Donnez plusieurs reformulations de l'idée qu'elles contiennent.

1. Collines.
2. Gros coquillages.

FRANCE
GUADELOUPE

Maryse Condé, née à Pointe-à-Pitre (Guadeloupe) en 1939, a publié des essais sur la littérature et la culture des Antilles (*la Civilisation du bossale,* 1978 ; *la Parole des femmes,* 1979). Ses premiers romans évoquaient de difficiles retours en Afrique de héros antillais (*Heremakhonon,* 1976 ; *Une Saison à Rihata,* 1981). Elle réussit dans *Ségou,* 1984-1985, à brosser une vaste fresque de l'histoire africaine, qui devient un grand succès de librairie. Après *Moi Tituba, sorcière,* 1986, mise en roman de l'histoire d'une Noire américaine accusée d'être une sorcière, elle revient à la Guadeloupe pour raconter l'ascension sociale d'une famille (*la Vie scélérate,* 1987) ou pour révéler conflits et contradictions d'une communauté villageoise, rassemblée à l'occasion d'une veillée mortuaire (*Traversée de la mangrove,* 1989). Son écriture romanesque, foisonnante et poétique, sait rendre compte de la familiarité antillaise avec une nature exubérante et des surgissements du surnaturel.

Léocadie Timothée

La Traversée de la mangrove *se construit par la juxtaposition de monologues intérieurs des habitants de Rivière au Sel, venus rendre un dernier hommage à un mort, un mystérieux étranger (est-il cubain ou colombien ?) installé parmi eux depuis quelques années. Le cadavre de cet homme a été découvert sur un sentier de forêt par Léocadie Timothée, l'ancienne institutrice du village, qui prend ici la parole.*

Ce mort-là est à moi. Ce n'est pas hasard si c'est moi qui l'ai trouvé, déjà boursouflé, dans la trace [1] à l'heure où le ciel saignait derrière la montagne. Je suis devenue sa maîtresse et sa complice. Je ne le quitterai qu'au moment où les premières pelletées de terre tomberont sur le bois de son cercueil.

Et pourtant, de son vivant, je ne le portais pas dans mon cœur, cet homme-là, et j'étais bien de l'avis de ceux qui s'apprêtaient à envoyer une lettre recommandée au maire pour qu'on l'expulse comme les Haïtiens et les Dominicains qui transforment les terrains de football de Petit Bourg en terrains de cricket. Vraiment, ce pays-là est à l'encan [2]. Il appartient à tout le monde à présent. Des métros [3], toutes qualités de Blancs venus du Canada ou de l'Italie, des Vietnamiens, et puis celui-là, vomi par on ne sait quel mauvais porteur, qui s'est installé parmi nous. Oui, notre pays a changé, c'est moi qui vous le dis. Dans le temps, nous n'avions pas connaissance du monde et le monde n'avait pas connaissance de nous. Les chanceux bravaient la mer jusqu'à la Martinique. Fort-de-France était de l'autre côté du monde et l'on rêvait de l'or jaune de Guyane. Au jour d'aujourd'hui, pas une famille qui n'ait sa branche en métropole. On visite l'Afrique et l'Amérique. Les Zindiens retournent se baigner dans l'eau de leur fleuve et la terre est aussi microscopique qu'une tête d'épingle.

J'ai été la première à ouvrir l'école à classe unique, ici à Rivière au Sel. C'était en 1920, j'avais vingt ans. Alors l'Usine Farjol employait encore son millier d'hommes qui vivaient dans les cases à Nègres éparpillées autour de la maison du géreur [4], celle-là seule où s'allumait et s'éteignait le soleil électrique. Tout le jour, ses cheminées lançaient plus haut que les plus hauts manguiers des jets de fumée couleur de goudron qui salissaient le ciel. L'air sentait la bagasse [5] et le vesou [6]. Mes élèves, cheveux en grains de poivre rouge, noirs comme la misère de leurs parents, nouaient leurs souliers par les lacets et les suspendaient, précautionneux, à leurs épaules. À midi, comme il n'y avait pas de cantine, ils mangeaient sous le préau leur farine de manioc et leur hareng saur. J'habitais quatre pièces et comme avant ce temps, je n'avais jamais quitté la maison de ma maman et dormi seule dans un lit, loin de la chaleur du corps de ma sœur, les chevaux de la nuit galopant jusqu'au devant-jour me tenaient éveillée du bruit de leur hennissement et de leurs sabots ferrés.

Le jeudi, j'enfonçais mes talons dans le sable de la plage de Viard, constellée de palourdes et de chaubettes, coquillages endeuillés comme des ongles de ménagère. Je ne savais pas nager. Aussi, je me tenais loin de la mer qui me hélait de sa voix de femme folle :

« Approche-toi près, tout près. Arrache tes vêtements. Plonge. Laisse-moi te rouler, te serrer, frotter ton corps de mes algues. Tu ne sais pas que c'est de moi que tu es née ? Tu ne sais pas que tu me portes en toi ? Sans moi, ta vie n'existerait pas. »

Une fois, je suis tombée sur un homme et une femme qui faisaient l'amour sous un amandier-pays. Pas gênés, ils m'ont jeté des paroles si grossières que je me suis mise à courir. Le dimanche, j'allais à la messe de Petit Bourg. L'église comble sentait la sueur, l'eau de Cologne et l'encens. À distance respectueuse du Tabernacle, les hommes s'entretenaient sur le parvis des malheurs de la canne qui se mourait de sa belle mort. À l'intérieur, les femmes pâmées priaient Dieu et les enfants de chœur, petits diables en surplis, chantaient de leurs voix angéliques. Je frappais la serge bleue de ma poitrine et je sanglotais à l'*Agnus Dei* pour tous les péchés que d'autres avaient commis pour moi.

Maryse Condé, *Traversée de la mangrove*,

Compréhension et langue

1 – Que représente le mort pour la narratrice ?
2 – Qu'apprend-on sur l'étranger dans ce passage ?
3 – Comment le pays a-t-il changé ?
4 – À quoi la lumière électrique est-elle comparée ?
5 – Nommez cette figure de style et relevez toutes celles qui apparaissent dans ce texte.
6 – Dans quelles conditions la narratrice a-t-elle débuté ?
7 – Quelle était la manière de vivre sur l'île en 1920 ?

Activités diverses, expression écrite

1 – *L'école d'autrefois.* Recherchez des documents sur l'école d'hier et exposez vos résultats en les comparant avec l'école aujourd'hui.
2 – Quel est le sens des mots suivants : *pédagogie, didactique, éducation, instruction, initiation* ?

1. Chemin de forêt.
2. Aux enchères publiques.
3. Français de métropole.
4. Contremaître.
5. Résidu des tiges de canne à sucre dont on a extrait le jus.
6. Jus de la canne à sucre écrasée.

MARIE-THÉRÈSE HUMBERT

Marie-Thérèse Humbert, née à Plaines-Wilhelms (île Maurice) en 1940, qui s'est installée en France où elle est professeur, s'est révélée comme romancière avec *À l'autre bout de moi,* 1979, roman d'une gémellité antagoniste dans la société mauricienne des années 1950. Le lent déroulement du roman brosse un tableau subtil et saisissant des conflits de classe et de race et des obsessions que la société mauricienne occulte plus ou moins. En construisant la carte et le décor d'une île inventée, Marie-Thérèse Humbert a continué à mettre en romans l'imaginaire de l'insularité (*le Volkaméria,* 1980 ; *Une robe d'écume et de vent,* 1984).

« Un vertige de lumière »

Anne et Nadège vivent leur enfance et leur adolescence à Quatre-Bornes (île Maurice), à la limite des champs de cannes. Au moment de la récolte, elles guettent le passage des charrettes chargées de canne.

Nous savions qu'arrivée à notre hauteur, avec un grincement aigu des roues, la charrette s'immobiliserait. La peau parcourue de longs frémissements à cause des mouches, le zébu aurait l'air de s'ennuyer. Et tandis que de minces filets de bave s'échapperaient du museau humide, Parsad[1] nous lancerait d'en haut quatre ou cinq épaisses cannes pourpres dont nous nous hâterions d'enlever avec les dents l'écorce rêche. Tout de ces instants me revient : ainsi, ces grosses mouches aux reflets verts et bleus qui se tenaient souvent en l'air devant nous, dans ce qui semblait la plus parfaite immobilité ; on ne voyait qu'une petite nuée transparente de chaque côté du corps brillant, là où vibraient les ailes. Elles paraissaient nous fixer, nous narguer de leurs yeux globuleux, mais s'il nous prenait la fantaisie d'avancer la main, vrrmm... elles s'étaient arrachées du fil invisible qui les suspendait l'instant d'avant ; et on les retrouvait un peu plus loin, toujours aussi immobiles, pendues à quelque autre fil et défiant nos mains impuissantes.

Ah les journées que nous avons alors passées dans les champs, à humer l'odeur de la terre piétinée et de la sueur des hommes, et les effluves plus forts de la moisson ! Des bœufs vigoureux cahotaient pesamment les lourdes charretées de tiges mauves, des tiges robustes dont nous savions à l'avance le goût frais et sucré. Il y avait dans l'air tout un remuement, et de vagues relents de bouse accompagnaient dans la chaleur le tournoiement des sabres à canne. Lorsque à la tombée de la nuit, les hommes en *langouti*[2] avaient regagné leurs masures, que le champ ravagé demeurait seul au bas de la colline, étrangement désert et comme hanté encore de cris éteints, nous y revenions avec allégresse. Étendues parmi les feuilles qui restaient par terre, nous pouvions nous noyer dans leur odeur âcre, cinglées par leurs bords coupants, exquisement rafraîchies. Et tout basculait, dans un vertige de lumière : plus rien que ce trou de verdure et de terre grasse, plus que le ciel d'un bleu assombri au-dessus de nos têtes, et ces nuages dont nous nous fatiguions à suivre les transformations vaporeuses. Le monde n'était plus qu'épaisseur, comme un sirop mal dilué.

Marie-Thérèse Humbert, *À l'autre bout de moi,* 1979,

1. Frère de la domestique indienne de la famille.
2. Vêtement traditionnel des travailleurs d'origine indienne.

MICHÈLE

Michèle Rakotoson, née à Madagascar en 1948, qui a vécu les espoirs et les désillusions de la révolution malgache de 1972, a réveillé la littérature malgache de langue française en publiant nouvelles et romans brefs (*Dadabe*, 1984 ; *le Bain des reliques*, 1988). Son écriture directe, volontiers obsessionnelle, dit la sensibilité féminine, les élans du désir, mais aussi les tabous qui pèsent sur la société malgache ou la colère et le désarroi devant le naufrage qui guette le pays.

« Et je la retrouvais »

Après de douloureuses épreuves, la narratrice de Dadabe *redécouvre la ville de Tananarive.*

Et je la retrouvais telle que dans mes souvenirs, telle que dans mon enfance. Je la voyais vivre, je la voyais réagir, en semaine, les dimanches. Chaque dimanche, encore dans les quartiers de la haute ville, j'ai pu voir arriver, hiératiques et fières, les femmes allant à l'office. Le chignon tressé sur la nuque, sans un geste de trop, très lentes, drapées de leur lamba [1] et de leur dignité. Chaque dimanche encore, les hommes les suivent, à pas mesurés, déférents et pleins de courbettes.

Chaque dimanche encore, ici, un rire eût été parfaitement déplacé.

Dans ces quartiers aristocratiques, silencieux, repliés sur eux-mêmes, il eût été parfaitement malséant de montrer son visage aux fenêtres.

Là, les enfants restaient dans les cours ou les maisons. Là, la première vertu était le silence.

Mais ce silence était différent du silence qui était mien actuellement, ce silence était voulu, accepté.

Retrouvais-je ainsi la sérénité ? Toujours est-il que je me mis à errer de plus en plus dans ma ville, à la recherche de la vie, à la découverte de mes souvenirs qui revinrent petit à petit. De chaque quartier, dans chaque quartier, me revenaient des bribes d'enfance. Enfance qui refusait de s'effacer.

Ainsi, chaque dimanche, au temple, les cérémonies restaient les mêmes, cérémonies que je regardais, détachée de moi-même et d'elles. Comme autrefois y présidait un jeune pasteur qui grâce à un verbe ronronnant et des gestes onctueux, amplifiés par la grande toge noire, acquérait une dignité qui finissait par sembler naturelle.

Rites renouvelés, qui devenaient habitudes. Il y en avait que j'aimais, que j'attendais, d'autres que j'abhorrais. Mais je m'y retrouvais telle qu'en mon enfance. Le jeune pasteur avait vieilli, mais ma fascination et ma répulsion restaient les mêmes, devant le spectacle du dépôt de l'offrande sur la table de l'autel. Et je les voyais tels qu'autrefois, sans changement. Venaient d'abord, sûres de leurs ancêtres, les femmes, les suivaient leurs filles et leurs brus qui de par leur jeune âge ne pouvaient encore accéder au costume traditionnel, mais avaient déjà la lenteur de leurs aînées et venaient leurs enfants, terme qui incluait leur descendance et leurs domestiques, le plus souvent jeunes paysannes de seize ans, poussées en ville par la misère, et chargées du bébé de leur patronne.

Michèle Rakotoson, *Dadabe,* 1984,
Karthala Éditions, Paris

1. Vêtement traditionnel malgache.

MARIAMA

BÂ

« Il n'a fait qu'épouser une deuxième femme »

Mariama Bâ (Sénégal, 1929 - Dakar, 1981) pose dans ses romans, d'une écriture simple et directe, les problèmes de la femme sénégalaise. *Une si longue lettre*, 1979, qui a été l'un des plus remarquables succès de l'édition africaine, traite surtout de la polygamie, et *Un chant écarlate*, 1981, des mariages mixtes.

La narratrice vient d'apprendre que Binetou, une jeune camarade de lycée de sa fille, s'est résignée à épouser le « vieux » qui lui achetait des robes coûteuses...

Au crépuscule de ce même dimanche où l'on mariait Binetou, je vis venir dans ma maison, en tenue d'apparat et solennels, Tamsir, le frère de Modou [1], entre Mawdo Bâ [2] et l'imam de son quartier. D'où sortaient-ils si empruntés dans leurs boubous empesés ? Ils venaient sûrement chercher Modou pour une mission importante dont on avait chargé l'un d'eux. Je dis l'absence de Modou depuis le matin. Ils entrèrent en riant, reniflant avec force l'odeur sensuelle de l'encens qui émanait de partout. Je m'assis devant eux en riant aussi. L'imam attaqua :

« Quand Allah tout-puissant met côte à côte deux êtres, personne n'y peut rien.

– Oui, oui », appuyèrent les deux autres.

Une pause. Il reprit souffle et continua :

« Dans ce monde, rien n'est nouveau.

– Oui, oui, renchérirent encore Tamsir et Mawdo.

– Un fait qu'on trouve triste l'est bien moins que d'autres... »

Je suivais la mimique des lèvres dédaigneuses d'où sortaient ces axiomes qui peuvent précéder l'annonce d'un événement heureux ou malheureux. Où voulait-il donc en venir avec ce préambule qui annonçait plutôt un orage ? Leur venue n'était donc point hasard. Annonce-t-on un malheur aussi endimanché ? Ou voulait-on inspirer confiance par une mise impeccable ?

Je pensais à l'absent. J'interrogeai dans un cri de fauve traqué :

« Modou ? »

Et l'imam, qui tenait enfin un fil conducteur, ne le lâcha plus. Il enchaîna, vite, comme si les mots étaient des braises dans sa bouche :

« Oui, Modou Fall, mais heureusement vivant pour toi, pour nous tous, Dieu merci. Il n'a fait qu'épouser une deuxième femme, ce jour. Nous venons de la mosquée du Grand-Dakar, où a eu lieu le mariage. »

Les épines ainsi ôtées du chemin par l'imam, Tamsir osa :

« Modou te remercie. Il dit que la fatalité décide des êtres et des choses : Dieu lui a destiné une deuxième femme, il n'y peut rien. Il te félicite pour votre quart de siècle de mariage où tu lui as donné tous les bonheurs qu'une femme doit à son mari. Sa famille, en particulier, moi, son frère aîné, te remercions. Tu nous as vénérés. Tu sais que nous sommes le sang de Modou. »

Et puis, les éternelles paroles qui doivent alléger l'événement : « Rien que toi dans ta maison si grande soit-elle, si chère que soit la vie. Tu es la première femme, une mère pour Modou, une amie pour Modou. »

Mariama Bâ, *Une si longue lettre*,
© Les Nouvelles Éditions Africaines, Dakar, 1979

1. *Le mari de la narratrice.*
2. *Le meilleur ami de Modou.*

CÔTE-D'IVOIRE

VÉRONIQUE TADJO

Véronique Tadjo, née à Paris en 1955, est ivoirienne. Elle a publié des poèmes (*Latérite,* 1983), couronnés par un Grand Prix littéraire de l'A.C.C.T., un roman (*À vol d'oiseau,* 1986), construit comme un puzzle – assemblage de textes brefs et disparates –, et des textes pour enfants (*la Chanson de la vie,* 1990).

« La salle vide »

*Dans ce chapitre d'*À vol d'oiseau, *la narratrice est actrice débutante dans une troupe de théâtre, quelque part en Afrique.*

Il y a une histoire en chaque être. Écoutez, quelqu'un prend la parole :

« Il est trois heures. Je vais être en retard. J'ai une demi-heure pour traverser toute la ville. Avec ce bus qui ne vient pas, je vais avoir des problèmes. Les répétitions me fatiguent. Tous les jours, la même heure. Aujourd'hui, c'est le deuxième tableau. J'entre en scène. Je représente le peuple. Symboliquement. Je fais beaucoup de choses. Je cultive la terre. Je pêche. Je lance haut mon filet. Je chasse. Je danse. Le tam-tam fort et rythmé. Mes pas cadencés. Mon buste raidi. Mon cou cabré. Et puis « Stop », les bras en croix. Le héros se bat pour moi. Contre le monarque.

Je ne comprends pas tout. Pourtant, Il[1] nous explique le sens des scènes. On discute aussi en groupes, mais je ne comprends pas tout.

Il fait chaud. Ma sueur coule comme de l'eau. Ma tête me fait mal. Je vais manquer l'échauffement. Il faut qu'Il me rembourse le billet du bus. Que je lui parle de mon problème de logement. Je ne veux plus habiter cette concession. Il y a trop de bruit. Dans la cour, la porte des W.-C. est cassée. Ça sent mauvais.

Le quartier est très grand. Pourtant, je ne connais presque personne. Les gens viennent ici pour dormir. Le matin, quand le soleil commence à s'allumer, les arrêts de bus ressemblent à des marchés.

Quand je pense à la dernière pièce que nous avons jouée, ça me fait mal. Ça me décourage. Je n'ai même plus envie d'aller aux répétitions. Si ce n'était pas pour Lui, j'arrêterais. Mais Il compte sur nous tous. Hier, Il a dit de ne pas s'en faire. Nous sommes des professionnels. Un jour notre chance viendra. Il a dit : « Ça ne fait rien, il faut quand même jouer, car, au moins, la location de la salle sera payée. »

Moi, j'avais envie de pleurer. Je regarde les autres, ils ont envie de pleurer aussi. Après tout ce travail ! La salle vide. Trois rangs de spectateurs, seulement. On a attendu jusqu'à 9 h 15 et puis 9 h 30 et ensuite 10 h. Un spectateur est venu demander à la porte : « Eh bien, ça commence ou non ? »

Alors, Il nous a dit : « Il faut jouer. C'est bon. Ça vous apprendra à jouer dans n'importe quelle situation. C'est ça l'expérience. » Mais, ma gorge était serrée et quand le rideau s'est levé, c'est comme si j'étais mort. Je croyais que je n'allais jamais pouvoir bouger. En fin de compte, j'ai joué quand même. On a joué et les gens ont ri et ça m'a chauffé le cœur. Ils ont applaudi. Ils étaient contents.

Nous aussi, on était contents finalement. Il nous a donné un peu d'argent, et Il nous a dit de le partager entre nous. Après, on est parti bavarder un peu avec les spectateurs. Moi, j'aime ça. Ils nous posent des questions. Il y en a qui sont gentils.

Véronique Tadjo, *À vol d'oiseau,* Nathan, 1986

1. *Le metteur en scène.*

COMPRÉHENSION ET LANGUE

1 – Que signifie le premier paragraphe (l. 1 à l. 10) ?
2 – Quelles sont les conditions de vie de la narratrice ?
3 – Pourquoi le metteur en scène est-il désigné sous la forme *Il* ou *Lui* ?
4 – Dans quelles circonstances les acteurs jouent-ils leur pièce ?
5 – Relevez les éléments caractéristiques du style de Véronique Tadjo.

ACTIVITÉS DIVERSES, EXPRESSION ÉCRITE

Aimeriez-vous faire du théâtre ? Quel genre, et pourquoi ?

ALGÉRIE

ASSIA DJEBAR

Assia Djebar, née à Cherchell (Algérie) en 1936, ancienne élève de l'École normale supérieure, a d'abord été enseignante. Elle est entrée en littérature avec un roman d'analyse psychologique (*la Soif,* 1957). Dans *les Enfants du Nouveau Monde,* 1962, et *les Alouettes naïves,* 1967, elle met au premier plan les problèmes de la femme algérienne, rendus plus sensibles par la guerre de libération. *Femmes d'Alger dans leur appartement,* 1980, dont le titre fait allusion à un célèbre tableau du peintre français Eugène Delacroix (1798-1863), et *l'Amour, la fantasia,* 1985, inaugurent une recherche textuelle passionnante, qui interroge les strates de la mémoire personnelle et collective, pour faire dialoguer la narratrice d'aujourd'hui et les voix des aïeules. Assia Djebar est aussi cinéaste (*la Nouba des femmes du mont Chenoua,* 1975).

« Le français m'est langue marâtre »

L'Amour, la fantasia *se construit par une juxtaposition de textes : souvenirs autobiographiques, récits historiques, réflexions anthropologiques. Dans ce passage, situé vers la fin de l'ouvrage, la narratrice revient sur le partage des langues (arabe et française) qui fonde son identité. La réflexion naît d'une image d'enfance préservée par la mémoire : le souvenir du père la conduisant à l'école française. On pourra comparer avec le souvenir parallèle de Kateb Yacine (cf. p. 292).*

Le père, silhouette droite et le fez sur la tête, marche dans la rue du village ; sa main me tire et moi qui longtemps me croyais si fière – moi, la première de la famille à laquelle on achetait des poupées françaises, moi qui, devant le voile-suaire, n'avais nul besoin de trépigner ou de baisser l'échine comme telle ou telle cousine, moi qui, suprême coquetterie, en me voilant lors d'une noce d'été, m'imaginais me déguiser, puisque, définitivement, j'avais échappé à l'enfermement –, je marche, fillette, au-dehors, main dans la main du père. Soudain, une réticence, un scrupule me taraude : mon « devoir » n'est-il pas de rester « en arrière », dans le gynécée[1], avec mes semblables ? Adolescente ensuite, ivre quasiment de sentir la lumière sur ma peau, sur mon corps mobile, un doute se lève en moi : « Pourquoi moi ? Pourquoi à moi seule, dans la tribu, cette chance ? »

Je cohabite avec la langue française : mes querelles, mes élans, mes soudains ou violents mutismes forment incidents d'une ordinaire vie de ménage. Si sciemment je provoque des éclats, c'est moins pour rompre la monotonie qui m'insupporte, que par conscience vague d'avoir fait trop tôt un mariage forcé, un peu comme les fillettes de ma ville « promises » dès l'enfance.

Ainsi, le père, instituteur, lui que l'enseignement du français a sorti de la gêne familiale, m'aurait « donnée » avant l'âge nubile[2] – certains pères n'abandonnaient-ils pas leur fille à un prétendant inconnu ou, comme dans ce cas, au camp ennemi ? L'inconscience que révélait cet exemple traditionnel prenait pour moi une signification contraire : auprès de mes cousines, vers dix ou onze ans, je jouissais du privilège reconnu d'être « l'aimée » de mon père, puisque il m'avait préservée, sans hésiter, de la claustration.

Mais les princesses royales à marier passent également de l'autre côté de la frontière, souvent malgré elles, à la suite des traités qui terminent les guerres.

Le français m'est langue marâtre. Quelle est ma langue mère disparue, qui m'a abandonnée sur le trottoir et s'est enfuie ?... Langue mère idéalisée ou mal-aimée, livrée aux hérauts de foire ou aux seuls geôliers !... Sous le poids des tabous que je porte en moi comme héritage, je me retrouve désertée des chants de l'amour arabe. Est-ce d'avoir été expulsée de ce discours amoureux qui me fait trouver aride le français que j'emploie ?

Le poète arabe décrit le corps de son aimée ; le raffiné andalou[3] multiplie traités et manuels pour détailler tant et tant de postures érotiques ; le mystique musulman, dans son haillon de laine et rassasié de quelques dattes, s'engorge d'épithètes somptueuses pour exprimer sa faim de Dieu et son attente de l'au-delà... La luxuriance de cette langue me paraît un foisonnement presque suspect, en somme une consolation verbale... Richesse perdue au bord d'une récente déliquescence !

Les mots d'amour s'élèvent dans un désert. Le corps de mes sœurs commence, depuis cinquante ans, à surgir par taches isolées, hors de plusieurs siècles de cantonnement ; il tâtonne, il s'aveugle de lumière avant d'oser avancer. Un silence s'installe autour des premiers mots écrits, et quelques rires épars se conservent au-delà des gémissements.

« L'amour, ses cris » (« s'écrit ») : ma main qui écrit établit le jeu de mots français sur les amours qui s'exhalent ; mon corps qui, lui, simplement s'avance, mais dénudé, lorsqu'il retrouve le hululement des aïeules sur les champs de bataille d'autrefois, devient lui-même enjeu : il ne s'agit plus d'écrire que pour survivre.

Bien avant le débarquement français de 1830, durant des siècles autour des présides espagnols (Oran, Bougie, comme Tanger ou Ceuta, au Maroc), la guerre entre indigènes résistants et occupants souvent bloqués se faisait selon la tactique du « rebato » ; point isolé d'où l'on attaquait, où l'on se repliait avant que, dans les trêves intermédiaires, le lieu devienne zone de cultures, ou de ravitaillement.

Ce type de guerre, hostilité offensive et rapide alternant avec son contraire, permettait à chaque partenaire de se mesurer indéfiniment à l'autre.

Après plus d'un siècle d'occupation française – qui finit, il y a peu, par un écharnement –, un territoire de langue subsiste entre deux peuples, entre deux mémoires ; la langue française, corps et voix, s'installe en moi comme un orgueilleux préside, tandis que la langue maternelle, tout en oralité, en hardes dépenaillées, résiste et attaque, entre deux essoufflements. Le rythme du « rebato » en moi s'éperonnant, je suis à la fois l'assiégé étranger et l'autochtone partant à la mort par bravade, illusoire effervescence du dire et de l'écrit.

Assia Djebar, *l'Amour, la fantasia,* 1985,

COMPRÉHENSION ET LANGUE

1 – À quelles interrogations la narratrice est-elle en proie dans le premier paragraphe ?
2 – Que signifient les mots *mutisme* (l. 15), *claustration* (l. 27), *déliquescence* (l. 44) ?
3 – Comment comprenez-vous l'expression : « Ainsi, le père, ... *m'aurait donnée* » (l. 20-21) ?
4 – Sur quelles métaphores reposent les lignes 31 à 37 ?
5 – Quelle est la condition de la femme dans ce texte ?
6 – Pensez-vous que l'écriture soit un remède à la difficulté de vivre ?
7 – Quel rapport entretient-elle avec sa famille, notamment son père et sa mère ?

ACTIVITÉS DIVERSES, EXPRESSION ÉCRITE

1 – *Résumé.* Contractez ce texte en quelques lignes en utilisant la troisième personne.
2 – *Débat.* On emploie le mot *patrie,* l'expression *langue maternelle.* Quelles idées vous suggère l'étymologie de ces termes ?

1. Habitation des femmes.
2. Âge où le mariage est permis.
3. De l'époque où l'Andalousie était arabe.

HÉLÈ BÉJI

Hélè Béji, née à Tunis en 1948, s'est d'abord fait connaître par un essai sans nulle complaisance sur la décolonisation (*Désenchantement national,* 1982). Son roman *l'Œil du jour,* 1985, se présente comme un jeu de réminiscences et de rêveries, sans doute largement autobiographiques, suscitées par un retour à la maison familiale de Tunis et par le personnage rayonnant de la grand-mère. La narratrice, qui vit en Europe, se plaît à reconnaître la profondeur de ses racines.

« Dans sa vérité inaccessible »

Le récit de l'Œil du jour *commence avec l'éveil de la conscience et les premiers bruits du matin dans la vieille maison.*

De cette terrible épreuve, c'est le frottement des mules de ma grand-mère qui tôt le matin me réveille. Je l'entends fureter dans la pièce à côté comme une fée aux gestes illuminés dans l'ignorance totale de ses pouvoirs, et Boutellis[1] s'évanouit alors comme un fantôme inoffensif, renvoyé à son grotesque néant, pas plus effrayant que ces antipathiques visiteurs, désagréables et niais, qui s'incrustent lourdement et s'éternisent, dans la conversation desquels les minutes sont des heures, pendant qu'on soupire, on se lance des regards obliques qu'ils ne remarquent jamais, jusqu'à ce qu'enfin ils se lèvent, et pour être sûr qu'ils ne feront pas demi-tour on les raccompagne jusqu'à la porte avec un soulagement inespéré, des yeux pendus au ciel, et des gestes furtifs par lesquels on a coutume de conjurer les grandes calamités.

De ma chambre à coucher, ce matin, je l'entends trottiner, paisible, ignorante, compter ses prières, les recompter, marcher doucement le temps avec elle, revenir, fouiller un bric-à-brac, le cœur attendri, sans angoisse, ni savoir, dépouillée. Je l'entends vivre de la vie domestique, où le monde comme un lit défait retrouve un ordre matinal sous le lustre qui étincelle lentement et je respire l'odeur de sa vie dépoussiérée et intacte, j'entends sur ses pas la vie ininterrompue de la maison se perdre en elle, son passé. Mystère de ma grand-mère, et de sa vieillesse éternelle, porteuse d'un temps sans faille, petite et dandinante, silhouette penchée des jours qui passent, bonne, contemplative, effacée, modeste grand-mère, s'ignorant elle-même, un peu désorientée quelquefois, me questionnant. Être très vieille comme elle, analphabète, ne pas savoir.

J'écoute cet univers matériel et plein d'âme, sans avatars, savoureux et solitaire. Ma grand-mère se tient toute seule dans sa vérité inaccessible, dans son antre du temps, et je tends l'oreille éperdument, dans la concentration magique de sa personne. Je l'entends tituber comme une voyante aux regards enfouis, vision simple, terre à terre, de matière et de foi mélangée, vision toute foi, toute matière, incompréhensible, dont l'accès m'est interdit. Ma grand-mère, la vieille absolue, la grosse éternelle, est assise sur son derrière comme sur un nuage douillet, le dos parfaitement droit, et elle pénètre chaque jour dans une méditation d'innocente, les yeux fixés sur un point vague, les mains l'une sur l'autre enroulées dans le chapelet, les pieds un peu rentrés, les genoux immobiles, dans l'atmosphère de son jardin, en communion avec je ne sais quoi, sourde, respirant faiblement, les lèvres à peine entrouvertes, en souci domestique. Être très vieille comme elle, avoir déjà la vie derrière soi.

Si j'étais ma grand-mère, j'avancerais dans une sorte de nuit familière, tiède, bienfaitrice, entourée d'objets et d'êtres que j'aime, mon corps serait le corps du passé, ma voix la voix du passé, et ma nuit la lumière du passé. Je me lèverais chaque jour sur la route de mon itinéraire favori, imperméable au temps, indulgente, je m'assiérais coquette et pacifiée, modèle de vieillesse, sur mon large postérieur rebondi, canon de beauté de jadis. Je serais une pauvre vieille un peu hirsute après la sieste, un peu moins là, un peu abasourdie, sortant de son sommeil pour entrer dans son après-midi d'humble vision et de pénombre sur le banc, grosse et frêle dans le repère délicieux où se penche un bananier, un mandarinier, un ciel. Torpeur de vieillesse, torpeur de foi comblée.

J'entends les petits bruits qui, à force de l'accompagner, lui ressemblent, les mules, la canne, le frôlement de ses vêtements contre les meubles, les clés, les grincements de l'armoire. C'est la musique du va-et-vient matinal où tintent la casserole et le chapelet, la transparence et le carrelage, l'ombre terrestre et la lumière du petit porche, la vieillesse et l'aube. J'écoute le temps qu'elle met à traverser le patio, et je suis une vieille qui marche avec un but précis, je dois vérifier que le bouton du matelas a bien été recousu, c'est une expédition. Je compte les pas de la vieille comme s'ils énonçaient la formule miraculeuse d'une aventure bordée de quelques rosiers, devant lesquels elle s'arrête tous les matins avec une attention soutenue, et presque comique.

Hélè Béji, *l'Œil du jour*,
© Maurice Nadeau, Paris, 1985

COMPRÉHENSION ET LANGUE

1 – Pourquoi l'auteur commence-t-il par ces mots : « De cette terrible épreuve » ?
2 – À quoi et à qui est comparé Boutellis ?
3 – Quel effet la succession des verbes produit-elle au début du deuxième paragraphe ?
4 – Quel est le genre de vie de la grand-mère ?
5 – Que représente-t-elle pour la narratrice ?
6 – Repérez les phrases nominales. Quel effet produisent-elles ?
7 – Analysez les valeurs du conditionnel présent des lignes 41 à 52.
8 – Pourquoi les actions de la grand-mère sont-elles présentées comme une « aventure » ?

ACTIVITÉS DIVERSES, EXPRESSION ÉCRITE

1 – Comme la narratrice (l. 5 à l. 12), vous est-il déjà arrivé de ne pas pouvoir vous débarrasser de visiteurs importuns ? Racontez et décrivez la scène.
2 – *Le troisième âge.* Quelle est la condition des vieillards, suivant les pays, les cultures ? Vous pouvez vous documenter à partir de l'essai de Simone de Beauvoir, *la Vieillesse*.

1. C'est le nom que la narratrice et sa grand-mère donnent à une sorte de cauchemar ou plutôt de trouble de la conscience dans les instants qui accompagnent le réveil.

Leïla Sebbar, née en Algérie en 1941, de père algérien et de mère française, vit en France et écrit des romans inspirés par la situation des enfants des travailleurs immigrés. Elle montre comment se construit l'identité incertaine de ces jeunes gens, nés à la croisée des cultures, relégués dans des banlieues mal aimées (*Fatima ou les Algériennes au square*, 1981 ; *Shérazade, 17 ans, brune, frisée, les yeux verts*, 1982 ; *Parle mon fils, parle à ta mère*, 1984 ; *les Carnets de Shérazade*, 1985 ; *J.H. cherche âme sœur*, 1987).

« Shérazade voulait aller au Louvre »

Shérazade, adolescente d'origine algérienne, découvre la culture de ses ancêtres à partir du reflet qu'en donnent les images et les textes des Français. Elle est aidée dans cette exploration des origines par son ami Julien, fils de pieds-noirs (c'est-à-dire de Français autrefois installés en Algérie) et passionné d'orientalisme.

Julien et Shérazade n'avaient jamais passé ensemble une journée entière dans Paris. Shérazade voulait aller au Louvre pour les *Femmes d'Alger* [1], toujours les mêmes.

Julien proposa d'aller au musée de Versailles pour l'immense tableau de la salle algérienne, *la Prise de la Smala d'Abd el-Kader* par Horace Vernet, un peintre qui avait accompagné vers 1830 les armées d'occupation en Algérie. Julien parla du désordre baroque de la peinture dans les rouges et ocres, où se mêlaient des soldats français, des chameaux à palanquins avec femmes de harem renversées et retenues par des nègres à leur service, des guerriers arabes, des chevaux fougueux et décorés, des moutons, des tapis, des bêtes à cornes... Shérazade répéta qu'elle voulait aller au Louvre pour les *Femmes d'Alger* et les femmes au bain, qu'elle avait seulement aperçues lorsque ensemble ils avaient couru pour Delacroix sans rien regarder d'autre. Les corps blancs et ronds, entremêlés du *Bain turc* [2] la surprirent. [...] Shérazade vit aussi les paysages algériens de Fromentin et s'arrêta, avant de partir à l'*Odalisque* d'Ingres. Elle portait, comme la musicienne du bain turc, un turban dont on voyait nettement les filets or et pourpre et les glands sur la nuque. Julien lui dressa une liste impressionnante et incomplète, souligna-t-il, des odalisques, de Delacroix à Renoir qui en avait peint en hommage à Delacroix, jusqu'à Matisse [...].

« C'est toujours des femmes nues ? demanda Shérazade qui entendait *odalisque* pour la première fois.

– Elles sont plutôt dénudées ; à part celle d'Ingres qui porte juste le turban, celles que j'ai pu voir sont souvent habillées d'une sorte de culotte bouffante qui s'arrête au-dessous de la taille et parfois d'une chemise transparente qui laisse deviner les seins ou assez échancrée pour qu'ils apparaissent. Elles sont toujours allongées, alanguies, le regard vague, presque endormies... Elles évoquent pour les peintres de l'Occident la nonchalance, la lascivité, la séduction perverse des femmes orientales. On les a appelées *Odalisques* dans l'art du siècle dernier en oubliant que l'odalisque, dans l'Empire ottoman, l'Empire turc, était simplement une servante, une esclave au service des femmes du harem royal. Si tu veux, on ira au musée d'Art moderne et je t'en montrerai. Mais elles sont presque toutes dans des collections privées, comme *les Algériennes : l'Algérienne* de Manet, *l'Algérienne* de Corot, *l'Algérienne au faucon* de Renoir, et puis *l'Algérienne* de Matisse... elle est au musée d'Art moderne celle de Matisse. »

Dans l'après-midi, Julien fouilla dans sa bibliothèque pour trouver des albums orientalistes auxquels il n'avait plus touché depuis quelques années, et des livres qu'il avait trouvés chez des bouquinistes à Bordeaux, à Aix-en-Provence, à Paris. Il lut à Shérazade un passage des chroniques algériennes de Théophile Gautier, tirées de son *Voyage pittoresque en Algérie* vers 1843 :

« Nous croyons avoir conquis Alger, et c'est Alger qui nous a conquis. Nos femmes portent déjà des écharpes tramées d'or, bariolées de mille couleurs qui ont servi aux esclaves du harem, nos jeunes gens adoptent le burnous en poil de chameau… Pour peu que cela continue, dans quelque temps d'ici, la France sera mahométane et nous verrons s'arrondir, sur nos villes, le dôme blanc des mosquées et les minarets se mêler aux clochers, comme en Espagne au temps des Mores… »

« À part la Mosquée de Paris…, dit Shérazade. Je sais par les amies de ma mère qui y vont porter des aumônes de pain et de lait, et prier le vendredi, qu'il en existe une à Asnières mais ailleurs ?

– La France n'est pas devenue « mahométane »… mais j'ai entendu dire, par certains pieds-noirs, que la France dans très peu de temps serait colonisée par les Arabes du Maghreb, du Machrek et du Golfe…

– Ils sont fous ces pieds-noirs… et tu les crois ?

– Ce que je crois, c'est que la France se métisse… D'abord par l'Est avec les Russes, les Polonais et ça continue à cause des dissidents en U.R.S.S. et en Pologne, dans les autres pays de l'Est aussi, mais l'hémorragie est moins grave, et puis le Sud par les Italiens, les Espagnols, les Portugais et encore plus au Sud avec l'Afrique blanche et l'Afrique noire, sans compter les îles des Caraïbes et les autres encore sous domination française… Les Français de souche seront, dans quelques décennies, les nouvelles minorités…, dit Julien en riant, et tout ça à cause de filles comme toi…

– Pourquoi moi ?

– Parce que c'est vous qui allez faire des enfants bicolores, des sang-mêlés, des mixtes, des coupés, des bâtards… des hybrides… des travestis.

– Moi, des enfants ? J'en aurai pas.

Leïla Sebbar, *Shérazade, 17 ans, brune, frisée, les yeux verts,* 1982,
© Éditions Stock, Paris

COMPRÉHENSION ET LANGUE

1 – Quels sont les différents mouvements de ce texte ? Sur quel effet de chute se termine-t-il ?
2 – Que pensez-vous du choix des prénoms de chaque personnage ?
3 – Pourquoi Shérazade veut-elle aller au Louvre ?
4 – Pourquoi est-elle étonnée par *le Bain turc* ?
5 – Qu'est-ce que le « désordre baroque » (l. 7) ?
6 – Comment les femmes orientales sont-elles évoquées ? par qui ?
7 – Qu'est-ce qu'une *chronique* (l. 43) ?
8 – Quelle vision de l'Algérie Théophile Gautier a-t-il rapportée ?
9 – Comment les pieds-noirs se représentent-ils la France de demain ?
10 – Sur quel ton la réplique des lignes 69 à 71 doit-elle être prononcée ?

ACTIVITÉS DIVERSES, EXPRESSION ÉCRITE

1 – Quels musées connaissez-vous ? Que recherchez-vous dans la visite d'un musée ?
2 – Documentez-vous sur un grand musée de peinture. Recherchez des documents sur les peintres cités dans ce texte. Où leurs œuvres principales se trouvent-elles ?

1. Tableau peint par Eugène Delacroix en 1834, après un voyage en Algérie où il avait été introduit dans un harem.
2. Célèbre tableau d'Ingres (1859).

Théâtres francophones

Le théâtre de langue française connaît dans les années 1950 un renouvellement considérable. Ce théâtre nouveau abandonne les recettes éprouvées – science du développement dramatique de l'intrigue, raffinement de l'analyse psychologique – pour cultiver l'irréalité du spectacle qui se donne pour tel. Les hommes de théâtre conjuguent gestes, accessoires, lumières, chants, paroles désaccordées d'un sens trop intellectuel, pour composer d'étranges œuvres scéniques, offrant aux spectateurs leurs mystérieuses paraboles. Les représentations de *la Cantatrice chauve* d'Eugène Ionesco, 1950, et d'*En attendant Godot* de Samuel Beckett, 1953, ouvrent avec éclat ce nouvel âge théâtral (qu'on a parfois appelé « théâtre de l'absurde », pour souligner sa rupture avec la représentation réaliste du théâtre traditionnel).

Or, Ionesco est d'origine roumaine et Beckett, qui est irlandais, a écrit ses premières œuvres en anglais. Et, fait particulièrement remarquable, la plupart des artisans de cette rénovation théâtrale sont d'origine extérieure à la France : Arthur Adamov est né dans le Caucase, Georges Schehadé est libanais, Kateb Yacine algérien, Aimé Césaire martiniquais, Fernando Arrabal espagnol, Rezvani d'origine iranienne (quant à Jean Genet, il atteint une véritable notoriété en 1959 avec *les Nègres,* qui joue sur le travestissement des identités). Il semble donc qu'il y ait comme une corrélation entre origine plus ou moins lointaine de l'auteur et novation théâtrale.

Les précurseurs belges

La Belgique participe la première à cette mutation du théâtre. Le théâtre symboliste de Maurice Maeterlinck, jouant sur le dépouillement de l'angoisse métaphysique, annonce peut-être déjà Samuel Beckett. Fernand Crommelynck (*le Cocu magnifique,* représenté en 1920) expérimente ce qui sera le propre du « théâtre de l'absurde » : l'alliance de la poésie et du burlesque, de la truculence et du paroxysme, la mise sur la scène de plongées dans l'inconscient. Michel de Ghelderode (dont *Hop signor !* connaît le succès à Paris en 1947) propose un théâtre de la fantasmagorie et de l'instinct : le sacré, le sexe, la mort s'y donnent à voir en images hallucinées.

Théâtre et décolonisation

Le nouveau théâtre des années 1950 offre aux intellectuels des pays alors sous domination coloniale la possibilité d'expérimenter une dramaturgie de rupture. Certes, Aimé Césaire ou Kateb Yacine voient dans le théâtre un moyen d'expression permettant de toucher la masse de ceux qui ne lisent pas. En devenant de plus en plus homme de théâtre et en faisant jouer ses pièces en arabe dialectal, Yacine a trouvé ce public, de même que Césaire, qui a été représenté dans de nombreux pays africains, et un peu partout dans le monde. Mais on peut se demander si la force de leur théâtre ne vient pas de leur volonté de mettre en acte, sur la scène, par la présence concrète des acteurs en chair et en os, la disparition souhaitée de la colonisation. En montrant sur la scène la mise à mort du monde colonial, le théâtre, en même temps qu'il se fait pédagogie de la prise de conscience politique, retrouve son origine de sacrifice et de rituel agissant.

Le théâtre en Afrique

L'Afrique traditionnelle connaissait des formes nombreuses de théâtralisation : dans la mise en scène des palabres, des transes religieuses, des danses rituelles, voire de spectacles dramatisés (le *kotéba* du Mali, le *mvet* du Cameroun). La colonisation a introduit la conception européenne du théâtre, fondée sur la séparation nette de la scène et de la vie quotidienne : un répertoire théâtral africain s'est constitué pour les besoins pédagogiques de l'école William Ponty de Dakar. Les concours théâtraux interafricains de Radio France International ont pris la suite, en suscitant l'écriture de centaines de manuscrits de théâtre, dont certains ont été montés à la radio et quelques-uns portés sur la scène.

Ce théâtre africain révèle une inévitable dépendance envers les modèles occidentaux (notamment ceux que popularise l'école) et il reste trop coupé d'une vie théâtrale réelle, encore embryonnaire. Il n'est cependant pas négligeable – ce que pourrait prouver la méfiance qu'il suscite parfois de la part des censures gouvernementales.

Pour atteindre le public le plus vaste, au-delà des frontières de langue, les hommes de théâtre africains cherchent à inventer un « théâtre total », qui mêlerait les ressources de la danse, du chant, de la récitation traditionnelle et qui jouerait sur le répertoire des légendes et des mythologies.

Le Rocado Zulu Théâtre de Sony Labou Tansi au Congo, le Théâtre rituel de Werewere Liking en Côte-d'Ivoire, le Théâtre national de Senouvo Agbota Zinsou au Togo inventent, dans le bricolage d'éléments hétéroclites, dans la tension entre la cérémonie et le spectacle, une fascinante modernité théâtrale africaine. Sony Labou Tansi se définit comme l'artisan d'un « théâtre de la peur », qui dit « notre époque [...] dominée de manière honteuse par l'esclavage, la peur et le sommeil ».

Un théâtre québécois

Le théâtre québécois est né en osmose avec le théâtre radiophonique ou télévisuel. Il a emprunté aux conteurs l'art de la parole dramatisée (Antonine Maillet s'en inspirera pour construire son personnage de « la Sagouine »). Le public apprécie que l'on conserve les conventions dramatiques et l'art des dialogues bien ajustés ; il se laisse facilement séduire par le mélodrame. Les pièces de Gratien Gélinas (*Tit-Coq,* 1948) ou Marcel Dubé (*Zone,* créée en 1953 et souvent reprise) représentent ce théâtre solidement traditionnel, qui porte à la scène les problèmes de la société québécoise.

Avec Michel Tremblay (et quelques autres), le théâtre québécois s'ouvre sur une plus grande liberté dramatique. Il prête à ses personnages la langue la plus populaire (le *joual*), et en même temps il rompt avec la tradition du réalisme théâtral. D'où la force mythique de ses pièces qui montrent la difficile affirmation du fait québécois.

Il reste que les pièces en *joual* sont difficilement exportables hors du Québec : il est arrivé qu'on les joue dans des adaptations en français plus proche des habitudes linguistiques des non-Québécois.

* * *

Dans les années 1980, on assiste à une certaine institutionnalisation des théâtres francophones. Le Théâtre international de langue française, fondé par le metteur en scène Gabriel Garran, le Festival théâtral des francophonies, accueilli à Limoges chaque année au début d'octobre, offrent de multiples occasions de rencontres, d'échanges et de consécration pour tous les théâtres francophones.

Les ancêtres redoublent de férocité, mise en scène de Jean-Marie Serreau, 1967.

MICHEL DE

GHELDERODE

Michel de Ghelderode (Ixelles, Belgique, 1898 - Schaerbeek, Belgique, 1962), d'origine flamande et d'éducation française, a écrit une cinquantaine de pièces, inclassables pour la plupart, même s'il est clair qu'il a d'abord subi l'influence du théâtre symbolique de Maeterlinck pour ensuite s'intéresser à l'avant-garde expressionniste et exalter la « cruauté » comme ressort théâtral (rejoignant ainsi la formule célèbre d'Antonin Artaud). Dans *Escurial*, 1927, *Magie rouge*, 1934, *la Ballade du Grand Macabre*, 1934, *la Farce des Ténébreux*, 1936, *l'École des Bouffons*, 1937 – parmi ses titres les plus connus –, il manifeste son goût pour le grotesque, la truculence du langage, la force visionnaire des images, le jeu des masques, la révélation de l'illusion du monde, bref un art qu'on a souvent rapproché de l'inspiration des grands peintres flamands (Bosch ou Brueghel).

« La farce est finie »

*La dernière scène d'*Escurial *organise un jeu cruel. Pendant que la reine agonise, abandonnée à sa solitude, le roi propose à son bouffon Folial d'échanger leurs rôles, pour pouvoir dire enfin ce que le roi ne saurait dire à son bouffon et le bouffon à son roi. Or tous deux aimaient la reine, mais celle-ci méprisait le roi, médiocre et cruel, et réservait sa tendresse à Folial, qu'elle voyait aussi malheureux qu'elle. Ce n'est pas la psychologie qui intéresse Ghelderode, mais le jeu des masques qui se superposent…*

FOLIAL *(se dresse et chancelle).* — Ce trône, trop haut… Donne le vertige !…

LE ROI. — Oui, ce furent des amours étranges !… C'est par un soir d'orage, plein de mouches et d'odeurs fades, que vous avez rampé le long des couloirs… Moi, le bouffon, je rampais à votre suite… *(Soudainement presque aphone.)* Et j'ai connu l'atroce volupté d'être témoin de la vôtre, je me suis silencieusement tordu sur les dalles… *(Strident.)* Sire, les rois n'aiment pas, c'est une règle ; les rois de ce pays règnent dans l'universelle détestation !… *(Il monte encore quelques marches.)* Tant de bonheur appelait la vindicte du bouffon. Sire, vous m'écoutez ?… *(Tout contre Folial.)* La reine… étoile… abeille… musique… ange… La reine, comme dans les vieux romans surannés, elle meurt de cet amour !… Elle meurt à cause de ce monstrueux, de cet inconcevable amour !… Le savait-elle en respirant l'air de sa chambre, en mangeant ses fruits préférés ?… *(Il descend trois marches.)* Elle meurt comme meurent les grands de ce pays… *(Il hurle dans l'aigu.)* Elle meurt empoisonnée !… *(Rageur.)* L'amour n'entre pas dans ce palais !… Il est défendu d'aimer dans ce palais !… *(Il dégringole au bas des marches.)* Ah ! la farce…

FOLIAL *(comme ivre et descendant).* — Bouffon, dois-je éclater de rire ? Ou proféras-tu la vérité ?…

LE ROI. — Sur ma damnation ! Mais dis-moi ? qui de nous deux a du génie ?…

FOLIAL. — Vous êtes grand acteur.

LE ROI. — Grands acteurs sommes-nous ! Assez, la farce est finie. Reprenons notre identité.

FOLIAL *(fuyant sur les marches).* — Ma couronne !… Je suis le roi !…

LE ROI *(le poursuivant).* — Ma couronne !… Je suis le roi !…

FOLIAL. — C'est moi le roi, puisque j'avais l'amour d'une reine !…

LE ROI *(s'agrippant au bouffon).* — Gardez l'amour, rendez la couronne !…

(Ils s'empoignent. Lutte muette sur les marches du trône. Le moine vient d'entrer.)

LE MOINE. — Que Votre Majesté… *(Les deux se séparent, haletants.)* La reine…

(Il veut sortir, saisi de peur. Folial bondit vers lui.)

FOLIAL. — Quoi ? La reine ?... Parle, je suis le roi !...

LE MOINE. — J'annonce au roi... que la reine est morte !... *(Le roi arrache à Folial, qui reste cloué sur place, la couronne, le sceptre et le manteau.)* Il faut que le roi vienne, quel qu'il soit !...

FOLIAL *(tombe à genoux et se cache le visage)*. — Dieu l'accueille !...

LE ROI. — Le diable l'emporte !... *(Il se coiffe de la couronne et remet le manteau.)* Uros[1] ?... *(Avec le sceptre, il fait des signes vers la cloison et désigne le bouffon ; puis il crache sur Folial.)* Après la farce, la tragédie...

FOLIAL *(dans un sanglot)*. — La reine est morte !...

(L'homme écarlate entre, massif et agile, la tête couverte d'une cagoule. Sur un nouveau signe du roi, il se laisse tomber sur Folial et, silencieusement, l'étrangle.)

LE MOINE. — Laissez-moi l'absoudre ?...

LE ROI. — Les sacrements sont-ils faits pour les bouffons ?... Allons à notre devoir ! *(Quelques pas vers la gauche. Il se retourne.)* Hé, bourreau ? ... *(L'homme écarlate se redresse et se frotte les mains.)* Mon bouffon ?... Mon pauvre bouffon !... *(Au moine.)* Une reine, mon père, ça se trouve ; mais un bouffon...

LE MOINE. — Au nom du Ciel, venez !...

LE ROI. — Oui ! J'ai du chagrin, mon père, du chagrin... *(Il fait au moine une œillade ignoble.)* Alors ? la reine est morte, disiez-vous ?...

(Il éclate de rire, stupidement, et s'en va à la suite du moine. Le bourreau sort, traînant le cadavre de Folial. On entend le rire hystérique du roi, décroissant. Les cloches se remettent à sonner. Un canon tonne. Dehors, les chiens hurlent.)

Rideau.

Michel de Ghelderode, *Escurial*,
in *Théâtre I*, © Éditions Gallimard, 1927

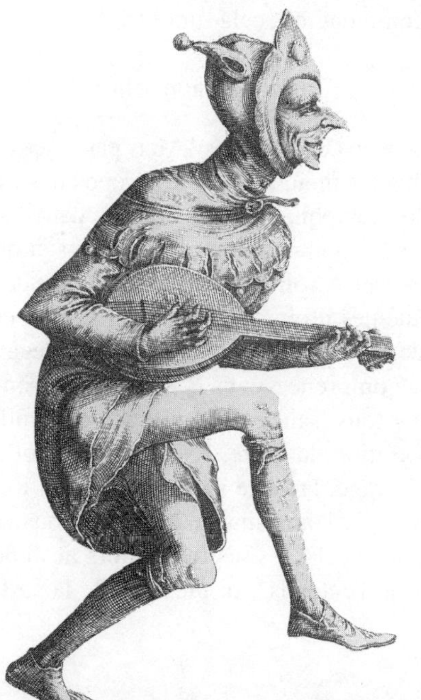

COMPRÉHENSION ET LANGUE

1 – Quels sont les personnages en présence ?
2 – Quel est leur langage, leur statut social ?
3 – Sur quelle figure de style repose la ligne 4 ?
4 – Étudiez le rôle de la ponctuation.
5 – Qu'apporte-t-elle au texte ?
6 – Commentez l'importance des didascalies.
7 – Quelle est la réaction du roi à l'annonce de la mort de la reine ?
8 – De la comédie à la tragédie : montrez comment s'opère l'inversion des rôles.
9 – Quelle impression se dégage de ce texte ?
10 – Quelles vous semblent être ses significations ? Justifiez votre réponse à l'aide de citations précises.

ACTIVITÉS DIVERSES, EXPRESSION ÉCRITE

1 – Imaginez la mise en scène et jouez cet extrait.
2 – *Le Symbolisme* en Belgique. Documentez-vous sur les créations de Maeterlinck, Michel de Ghelderode, Crommelynck. Quels sont leurs points communs ? leurs divergences ? Quelle influence ont-ils exercée sur l'histoire du théâtre ?

1. *C'est le bourreau.*

AIMÉ

CÉSAIRE

La Tragédie du roi Christophe, **1963, s'inspire d'un épisode de l'histoire de l'indépendance haïtienne. Après la mort de Dessalines, qui a conduit Haïti à l'indépendance, le général Christophe, ancien esclave cuisinier, devient président de la République. Mais les mulâtres et leur chef Pétion tiennent Port-au-Prince. Christophe s'installe dans le nord de l'île et s'y fait proclamer roi. Il veut construire un État comparable à ceux de l'Europe : il met le peuple au travail, ouvre de nouveaux chantiers… Les paysans rechignent à continuer à « peiner sur la terre des autres ». Ses généraux l'abandonnent. Son rêve se défait. Les nombreuses mises en scène de la pièce à travers le monde, comme, en 1991, à la Comédie-Française, ont montré l'actualité toujours brûlante de la réflexion sur la construction d'un État indépendant et moderne.**

« Une remontée jamais vue »

Le premier anniversaire du couronnement donne lieu à de grandes cérémonies. On célèbre l'haïtianisation (le rhum remplace le champagne comme boisson nationale). Le poète officiel et les courtisans glorifient le roi. Christophe proclame son projet révolutionnaire : « Le matériau humain lui-même est à refondre. » Mais Madame Christophe craint le vertige du pouvoir et la démesure des projets du roi..

MADAME CHRISTOPHE

Assez de bavardage
Je ne suis qu'une pauvre femme, moi
j'ai été servante
moi la Reine, à l'Auberge de la Couronne !
Une couronne sur ma tête ne me fera pas devenir
autre que la simple femme,
la bonne négresse qui dit à son mari
attention !
Christophe, à vouloir poser la toiture d'une case sur une autre case
elle tombe dedans ou se trouve grande !
Christophe, ne demande pas trop aux hommes
et à toi-même, pas trop !
Et puis je suis une mère
et quand parfois je te vois emporté sur le cheval de ton cœur fougueux
le mien à moi
trébuche et je me dis :
pourvu qu'un jour on ne mesure pas au malheur des enfants la démesure du père.
Nos enfants, Christophe, songe à nos enfants.
Mon Dieu ! Comment tout cela finira-t-il ?

CHRISTOPHE

Je demande trop aux hommes ! Mais pas assez aux nègres, Madame ! S'il y a une chose qui, autant que les propos des esclavagistes, m'irrite, c'est d'entendre nos philanthropes clamer, dans le meilleur esprit sans doute, que tous les hommes sont des hommes et qu'il n'y a ni blancs ni noirs. C'est penser à son aise, et hors du monde, Madame. Tous les hommes ont mêmes droits. J'y souscris. Mais du commun lot, il en est qui ont plus de devoirs que d'autres. Là est l'inégalité. Une inégalité de sommations [1], comprenez-vous ? À qui fera-t-on croire que tous les hommes, je dis tous, sans privilège, sans particulière exonération, ont connu la déportation, la traite, l'esclavage, le collectif ravalement à la bête, le total outrage, la vaste insulte, que tous, ils ont reçu, plaqué sur le corps, au visage, l'omni-niant crachat ! Nous seuls, Madame, vous m'entendez, nous seuls, les nègres ! Alors au fond de la fosse ! C'est bien ainsi que je l'entends. Au plus bas de la fosse. C'est là que nous crions ; de là que nous aspirons à l'air, à la lumière, au soleil. Et si nous voulons remonter, voyez comme s'imposent à nous le pied qui s'arc-boute, le muscle qui se tend, les dents qui se serrent, la tête, oh ! la tête, large et froide ! Et voilà pourquoi il faut en demander aux nègres plus qu'aux autres : plus de travail, plus de foi, plus d'enthousiasme, un pas, un autre pas, encore un autre pas et tenir gagné chaque pas ! C'est d'une remontée jamais vue que je parle, Messieurs, et malheur à celui dont le pied flanche !

MADAME CHRISTOPHE

Un Roi, soit !
Christophe, sais-tu comment, dans ma petite tête crépue, je comprends un roi ?
Bon ! C'est au milieu de la savane ravagée d'une rancune de soleil, le feuillage dru et rond du gros mombin[2] sous lequel se réfugie le bétail assoiffé d'ombre.
Mais toi ? Mais toi ?
Parfois je me demande si tu n'es pas plutôt
à force de tout entreprendre
de tout régler
le gros figuier qui prend toute la végétation alentour
et l'étouffe !

CHRISTOPHE

Cet arbre s'appelle un « figuier maudit ».
Pensez-y, ma femme !
Ah ! je demande trop aux nègres ?

(Sursautant.)

Tenez ! Écoutez ! Quelque part dans la nuit, le tam-tam bat... Quelque part dans la nuit, mon peuple danse... Et c'est tous les jours comme ça... Tous les soirs... L'ocelot[3] est dans le buisson, le rôdeur à nos portes, le chasseur d'hommes à l'affût, avec son fusil, son filet, sa muselière ; le piège est prêt, le crime de nos persécuteurs nous cerne les talons, et mon peuple danse !

(Suppliant.)

Mais qui
qui donc
m'offrira
plus qu'une litanie de prêtre, plus qu'un éloge versifié, plus qu'un boniment de parasite, plus que les prudences d'une femme,
je dis quelque chose qui ce peuple au travail mette
quelque chose qui éduque
non qui *édifie* ce peuple ?

Aimé Césaire, *la Tragédie du roi Christophe*,
© Présence Africaine, Paris, 1963

COMPRÉHENSION ET LANGUE

1 – Relevez tous les éléments qui marquent l'opposition entre les deux personnages (style, registres de langue, idées).
2 – Commentez la ligne 15.
3 – Quelles sont les préoccupations de Madame Christophe ?
4 – Comment est construite la tirade de Christophe (l. 21 à l. 42) ?
5 – Quelle leçon sa femme lui donne-t-elle (l. 43 à l. 54) ?

ACTIVITÉS DIVERSES, EXPRESSION ÉCRITE

1 – Le pouvoir est-il une ambition légitime ?
2 – *Jeu de rôles.* Jouez la scène en inversant les discours masculin et féminin. Que remarquez-vous ?

LIBAN

GEORGES

Georges Schehadé (Alexandrie, Égypte, 1907 - Paris, 1989) est le plus connu des écrivains libanais de langue française. Poète et dramaturge, il est d'abord un amoureux du langage (un « pigeonnier des mots », dit-il de lui-même). Sa poésie joue sur une simplicité juvénile, sur la spontanéité de rencontres insolites (*Poésies*, 1938 ; *Rodogune Sinne*, 1946). Son théâtre transpose l'univers onirique et fabuleux des poèmes, pour composer des sortes de paraboles. *Monsieur Bob'le*, créé en 1951, a marqué, avec les pièces de Beckett et Ionesco, l'invention du « nouveau théâtre » de langue française. Ont suivi *la Soirée des proverbes*, 1953 ; *Histoire de Vasco*, 1956 ; *le Voyage*, 1961 ; *l'Émigré de Brisbane*, 1965.

« Ils se méfient des livres »

La Soirée des proverbes *a été créée à Paris en 1953 par Jean-Louis Barrault. La pièce se développe autour d'une mystérieuse soirée où, dans un château (« les Quatre-Diamants »), des vieillards se réunissent pour tenter (vainement) de ressembler aux jeunes gens qu'ils furent. Argengeorge, un jeune homme qui découvre l'impureté du monde, préférera mourir plutôt que d'accepter les compromissions des vieillards. L'extrait proposé se situe à l'acte II, scène* II.

LE PREMIER CHŒUR

Et voici les premiers ossements de la mort et des fables !...

LE DEUXIÈME CHŒUR

Nous allons rire... Nous allons aimer... Nous allons célébrer les alliances...

LE PREMIER CHŒUR

L'alliance de l'hirondelle et du grain...

LE DEUXIÈME CHŒUR

Du pain noir avec l'amour...

LE PREMIER CHŒUR

De l'eau et de la carafe...

LE DEUXIÈME CHŒUR

De l'ouvrier et de la Mythologie...

LE PREMIER CHŒUR

Et cætera... Et cætera...

LE DEUXIÈME CHŒUR

Tout est beau pour toujours sur les cinq continents !

LE DIACRE CONSTANTIN, *transporté par ce qu'il vient d'entendre et sur le même rythme que le chœur.*

C'est merveilleux... C'est merveilleux...

PHILIPPE L'EFFRAYANT

Correct, Monsieur le Diacre, rien de plus ! Nous en reparlerons.

À ce moment on voit arriver de loin Argengeorge.

ESFANTIAN, *avec une surprise marquée.*

Voici le jeune homme de l'auberge... Celui qui était là quand j'ai vu le Jour et la Nuit ensemble...

PHILIPPE L'EFFRAYANT

Vous avez vu le Jour et la Nuit ensemble ?... *(Au Diacre.)* Tout ça est alarmant pour un guide.

LE DIACRE CONSTANTIN

Oh ! regardez le jeune homme...

Le Diacre Constantin, Philippe l'Effrayant et Castor observent Argengeorge qui s'avance vers la maison. Puis ils se cachent derrière les arbres.

ARGENGEORGE (*Il s'arrête devant la maison.*)

Les Quatre-Diamants !... Et sur la colline cette maison allumée comme la lampe du matin. Autour le bois avec sa fraîcheur maternelle et ses feuilles endormies... Pas de chant, pas de lune. Mais le silence et sa porte grande ouverte. Ô belle nuit !... Et devant moi l'espoir du miracle ! Car je crois aux Bergers de cette nuit. Mais comme les yeux sont pesants dans les songes... Et voici le sommeil qui frappe à ma tempe, comme une pomme d'or, et coule dans un puits... Ô merveille de voir, tout à coup, ma jeunesse grisonnante, et mes pas si lourds ! Ma pensée, et mes paroles qui s'enchevêtrent, et la curiosité qui me dévore... Ô belle nuit !... (*Après un temps.*) Et si la foi me transperçait ?... et que le sel soit posé sur ma langue ?... Si je quittais à l'aube cette maison de campagne, les pieds nus et dorés comme un enfant inoubliable ? Ô vautours du soir, laissez-moi rêver. Comme ceux-là qui portent la rose et le manteau à l'entrée des grottes merveilleuses, quand le songe emprunte sa vision aux objets de la terre, je suis devant cette maison, avec mon livre... Je marche dans la verdure peinte de la nuit... Sagesse de mon enfance, rejoignez-nous... Dans vos parcs de jadis, avec les oiseaux survoleurs de soldats !... Ô belle nuit !

Argengeorge s'approche de la porte et tire la sonnette. La cloche se balance mais n'émet aucun son. Il ramasse alors un petit caillou qu'il lance contre la vitre de la fenêtre.

LE CONCIERGE (*Il ouvre la fenêtre.*)

Qui a pincé la vitre ? (*Apercevant Argengeorge.*) Que voulez-vous ?

ARGENGEORGE

Être des vôtres, cette nuit.

LE CONCIERGE

C'est vite dit. Qui vous amène ? Votre nom ?

ARGENGEORGE

Argengeorge.

LE CONCIERGE

Hein ?... Je vais voir.

Le Concierge disparaît de la fenêtre.

LE CONCIERGE, *revenant.*

Votre nom porte-t-il un masque ? Personne ne vous connaît ici. Ni les uns, ni les autres.

ARGENGEORGE

Dites que je suis le jeune homme de l'auberge, celui qui lisait un livre.

Le Concierge disparaît.

LE CONCIERGE, *revenant à la fenêtre.*

Ils font répondre qu'ils se méfient des livres encore plus que de vous. Que s'ils sont réunis là-haut, c'est justement pour faire bouillir les livres et les réduire à leur état premier : une pâte informe ! (*Après un temps.*) Je ne suis que le Concierge de la soirée : je ne peux rien pour vous. Bonsoir.

Georges Schehadé, *la Soirée des proverbes*,
© Éditions Gallimard, 1953

COMPRÉHENSION ET LANGUE

1 – Que se passe-t-il dans cet extrait ?

2 – Quels sont les différents personnages ? Quel est le nom de chacun ?

3 – Qu'est-ce que le lecteur – ou le spectateur – peut ressentir au cours des premières répliques ?

4 – La tirade d'Argengeorge : comment est-elle construite ? Quel est son style ? Quelles sont ses principales caractéristiques ?

5 – Quel est le souhait d'Argengeorge ?

6 – Comment est-il reçu au château ?

7 – Pourquoi les personnages de la scène se méfient-ils des livres ?

8 – Comment comprenez-vous la phrase : « ils se méfient des livres encore plus que de vous » ?

ACTIVITÉS DIVERSES, EXPRESSION ÉCRITE

1 – *Le lyrisme.* Donnez une définition précise de cette notion. Comment peut-elle s'appliquer à la façon dont s'exprime le jeune homme dans cette pièce ?

2 – *Débat.* Quels sont les dangers présentés par la lecture ? Cherchez d'autres exemples dans l'histoire du monde où l'on a brûlé des livres.

3 – Que penseriez-vous d'un monde où les livres n'auraient plus droit de cité ?

Mr Bob'le, mise en scène de Georges Vitaly, 1951.

FRANCE

Eugène Ionesco, né à Slatina (Roumanie) en 1912, d'un père roumain et d'une mère française, est venu très jeune en France, pour repartir en Roumanie, où il a été professeur de français. Il s'installe à Paris en 1938 et exerce d'abord la profession de correcteur dans l'édition. Sa première pièce, *la Cantatrice chauve*, 1950, est plutôt mal reçue. Mais elle finit par s'imposer : reprise en 1957, elle a été jouée plus de trente ans sans interruption dans le même théâtre parisien. Ce que montre le théâtre de Ionesco, c'est la prolifération des objets (*les Chaises*, 1952 ; *Amédée ou Comment s'en débarrasser*, 1954), le constat de faillite des idéologies (*Rhinocéros*, 1960), la dégradation des individus et la décomposition des identités (*Le roi se meurt*, 1962), et surtout la mise en question du langage, qui tourne à vide dans de monstrueuses mécaniques verbales, sortes de machines à produire le sentiment de l'absurde (*la Leçon*, 1951). L'élection de Ionesco à l'Académie française en 1970 consacre la notoriété du dramaturge.

« Nous avons bien mangé, ce soir »

L'idée de la Cantatrice chauve *a été fournie à Ionesco par la lecture d'un manuel d'apprentissage de langue étrangère, composé de formules incohérentes, déraillant vite dans l'absurdité. La pièce se construit de la même manière, en laissant les phrases aller à l'aventure et s'emballer dans l'enchaînement d'une logique purement linguistique. Le titre a été choisi précisément parce qu'aucune « cantatrice chauve » n'apparaît dans la pièce. Voici le début de la première scène.*

SCÈNE PREMIÈRE

Intérieur bourgeois anglais, avec des fauteuils anglais. Soirée anglaise. M. Smith, Anglais, dans son fauteuil anglais et ses pantoufles anglaises, fume sa pipe anglaise et lit un journal anglais, près d'un feu anglais. Il a des lunettes anglaises, une petite moustache grise, anglaise. À côté de lui, dans un autre fauteuil anglais, Mme Smith, Anglaise, raccommode des chaussettes anglaises. Un long moment de silence anglais. La pendule anglaise frappe dix-sept coups anglais.

Mme SMITH. – Tiens, il est neuf heures. Nous avons mangé de la soupe, du poisson, des pommes de terre au lard, de la salade anglaise. Les enfants ont bu de l'eau anglaise. Nous avons bien mangé, ce soir. C'est parce que nous habitons dans les environs de Londres et que notre nom est Smith.

M. SMITH, *continuant sa lecture, fait claquer sa langue.*

Mme SMITH. – Les pommes de terre sont très bonnes avec le lard, l'huile de la salade n'était pas rance. L'huile de l'épicier du coin est de bien meilleure qualité que l'huile de l'épicier d'en face, elle est même meilleure que l'huile de l'épicier du bas de la côte. Mais je ne veux pas dire que leur huile à eux soit mauvaise.

M. SMITH, *continuant sa lecture, fait claquer sa langue.*

Mme SMITH. – Pourtant, c'est toujours l'huile de l'épicier du coin qui est la meilleure…

M. SMITH, *continuant sa lecture, fait claquer sa langue.*

Mme SMITH. – Mary a bien cuit les pommes de terre, cette fois-ci. La dernière fois elle ne les avait pas bien fait cuire. Je ne les aime que lorsqu'elles sont bien cuites.

M. SMITH, *continuant sa lecture, fait claquer sa langue.*

[…]

Mme SMITH. – La tarte aux coings et aux haricots a été formidable. On aurait bien fait peut-être de prendre, au dessert, un petit verre de vin de Bourgogne australien mais je n'ai pas apporté le vin à table afin de ne pas donner aux enfants une mauvaise preuve de gourmandise. Il faut leur apprendre à être sobre et mesuré dans la vie.

M. SMITH, *continuant sa lecture, fait claquer sa langue.*

Mme SMITH. – Mme Parker connaît un épicier bulgare, nommé Popochef Rosenfeld, qui vient d'arriver de Constantinople. C'est un grand spécialiste en yaourt. Il est diplômé de l'école des fabricants de yaourt d'Andrinople. J'irai demain lui acheter une grande marmite de yaourt bulgare folklorique. On n'a pas souvent des choses pareilles ici, dans les environs de Londres.

M. SMITH, *continuant sa lecture, fait claquer sa langue.*

Mme SMITH. – Le yaourt est excellent pour l'estomac, les reins, l'appendicite et l'apothéose. C'est ce que m'a dit le docteur Mackenzie-King qui soigne les enfants de nos voisins, les Johns. C'est un bon médecin. On peut avoir confiance en lui. Il ne recommande jamais d'autres médicaments que ceux dont il a fait l'expérience sur lui-même. Avant de faire opérer Parker, c'est lui d'abord qui s'est fait opérer du foie, sans être aucunement malade.

M. SMITH. – Mais alors comment se fait-il que le docteur s'en soit tiré et que Parker en soit mort ?

Mme SMITH. – Parce que l'opération a réussi chez le docteur et n'a pas réussi chez Parker.

M. SMITH. – Alors Mackenzie n'est pas un bon docteur. L'opération aurait dû réussir chez tous les deux ou alors tous les deux auraient dû succomber.

Mme SMITH. – Pourquoi ?

M. SMITH. – Un médecin consciencieux doit mourir avec le malade s'ils ne peuvent pas guérir ensemble. Le commandant d'un bateau périt avec le bateau, dans les vagues. Il ne lui survit pas.

Mme SMITH. – On ne peut comparer un malade à un bateau.

M. SMITH. – Pourquoi pas ? Le bateau a aussi ses maladies ; d'ailleurs ton docteur est aussi sain qu'un vaisseau ; voilà pourquoi encore il devait périr en même temps que le malade comme le commandant et son bateau.

Mme SMITH. – Ah ! Je n'y avais pas pensé… C'est peut-être juste… et alors, quelle conclusion en tires-tu ?

M. SMITH. – C'est que tous les docteurs ne sont que des charlatans. Et tous les malades aussi. Seule la marine est honnête en Angleterre.

Mme SMITH. – Mais pas les marins.

M. SMITH. – Naturellement.

Pause.

Eugène Ionesco, ***la Cantatrice chauve,***

COMPRÉHENSION ET LANGUE

1 – Quel effet la reprise du mot « anglais » produit-elle au début de la scène ?

2 – Étudiez la répétition des didascalies (indications de mise en scène).

3 – Quelle tirade de Mme Smith parvient à sortir M. Smith de sa lecture ?

4 – Comment les phrases s'enchaînent-elles ?

5 – Quelles critiques M. Smith porte-t-il sur la médecine et les médecins ?

6 – Comment en arrive-t-il à parler de la marine ?

7 – En quoi cet extrait illustre-t-il à la fois une satire du langage et de la société ?

ACTIVITÉS DIVERSES, EXPRESSION ÉCRITE

Jouez tour à tour cette scène sur un mode comique et sur un mode tragique. Laquelle des deux interprétations vous semble-t-elle la plus conforme au vœu de l'auteur ? Justifiez votre point de vue.

IRLANDE FRANCE

SAMUEL

Samuel Beckett (Foxrock, près de Dublin, Irlande, 1906 - Paris, 1989), qui avait été lecteur à l'École normale supérieure, décide, en 1937, de s'installer en France. Après des œuvres publiées en anglais (dont *Murphy,* 1938), il écrit directement en français. Un roman, *Molloy,* 1951, suivi par *Malone meurt,* 1951, et *Watt,* 1953, impose la force de son univers littéraire : des hommes-larves y végètent dans des quêtes vaines et toujours recommencées. La création de sa première pièce, *En attendant Godot,* en 1952, lui fait connaître un succès bientôt mondial, que renouvellent *Fin de partie,* 1957, ou *Oh les beaux jours,* 1963. Il y exprime un tragique particulier, disant l'horreur d'être né, montrant les êtres prisonniers de la nécessité et piégés par le non-sens du langage. Mais son goût pour l'expressionnisme burlesque le rapproche des entrées de cirque ou du cinéma muet (Charlie Chaplin ou Buster Keaton). Le prix Nobel de littérature est décerné à Samuel Beckett en 1969.

« Qu'est-ce qu'on fait maintenant ? »

En attendant Godot *met en scène un couple de clochards, Vladimir et Estragon, attendant, toujours en vain, la venue d'un certain Godot, qui donnerait enfin sens à leur attente. Godot ne vient pas, mais vient un autre couple de pantins, Pozzo et Lucky, incarnations du maître et de l'esclave, qui se dégradent un peu plus à chacune de leurs apparitions. Voici, à l'acte II, une « nouvelle » scène d'attente de Vladimir et Estragon, préludant à une nouvelle entrée de Pozzo et Lucky.*

ESTRAGON. – Toi tu vas te poster là. *(Il entraîne Vladimir vers la coulisse gauche, le met dans l'axe de la route, le dos à la scène.)* Là, ne bouge plus, et ouvre l'œil. *(Il court vers l'autre coulisse. Vladimir le regarde par-dessus l'épaule. Estragon s'arrête, regarde au loin, se retourne. Les deux se regardent par-dessus l'épaule.)* Dos à dos comme au bon vieux temps ! *(Ils continuent à se regarder un petit moment, puis chacun reprend le guet. Long silence.)* Tu ne vois rien venir ?

VLADIMIR *(se retournant).* – Comment ?

ESTRAGON *(plus fort).* – Tu ne vois rien venir ?

VLADIMIR. – Non.

ESTRAGON. – Moi non plus.

Ils reprennent le guet. Long silence.

VLADIMIR. – Tu as dû te tromper.

ESTRAGON *(se retournant).* – Comment ?

VLADIMIR *(plus fort).* – Tu as dû te tromper.

ESTRAGON. – Ne crie pas.

Ils reprennent le guet. Long silence.

VLADIMIR, ESTRAGON *(se retournant simultanément).* – Est-ce…

VLADIMIR. – Oh pardon !

ESTRAGON. – Je t'écoute.

VLADIMIR. – Mais non !

ESTRAGON. – Mais si !

VLADIMIR. – Je t'ai coupé.

ESTRAGON. – Au contraire.

Ils se regardent avec colère.

VLADIMIR. – Voyons, pas de cérémonie.

ESTRAGON. – Ne sois pas têtu voyons.

VLADIMIR *(avec force).* – Achève ta phrase, je te dis.

ESTRAGON *(de même).* – Achève la tienne.

Silence. Ils vont l'un vers l'autre, s'arrêtent.

VLADIMIR. – Misérable !

ESTRAGON. – C'est ça, engueulons-nous. *(Échange d'injures. Silence.)* Maintenant raccommodons-nous.

VLADIMIR. – Gogo !

ESTRAGON. – Didi !

VLADIMIR. – Ta main !

ESTRAGON. – La voilà !

VLADIMIR. – Viens dans mes bras !

ESTRAGON. – Tes bras ?

VLADIMIR *(ouvrant les bras)*. – Là-dedans !

ESTRAGON. – Allons-y.

Ils s'embrassent. Silence.

VLADIMIR. – Comme le temps passe quand on s'amuse !

Silence.

ESTRAGON. – Qu'est-ce qu'on fait maintenant ?

Silence.

VLADIMIR. – En attendant.

ESTRAGON. – En attendant.

Silence.

VLADIMIR. – Si on faisait nos exercices ?

ESTRAGON. – Nos mouvements.

VLADIMIR. – D'assouplissement.

ESTRAGON. – De relaxation.

VLADIMIR. – De circumduction.

ESTRAGON. – De relaxation.

VLADIMIR. – Pour nous réchauffer.

ESTRAGON. – Pour nous calmer.

VLADIMIR. – Allons-y.

Il commence à sauter. Estragon l'imite.

ESTRAGON *(s'arrêtant)*. – Assez. Je suis fatigué.

VLADIMIR *(s'arrêtant)*. – Nous ne sommes pas en train. Faisons quand même quelques respirations.

ESTRAGON. – Je ne veux plus respirer.

VLADIMIR. – Tu as raison. *(Pause.)* Faisons quand même l'arbre, pour l'équilibre.

ESTRAGON. – L'arbre ?

Vladimir fait l'arbre en titubant.

VLADIMIR *(s'arrêtant)*. – À toi.

Estragon fait l'arbre en titubant.

ESTRAGON. – Tu crois que Dieu me voit ?

VLADIMIR. – Il faut fermer les yeux.

Estragon ferme les yeux, titube plus fort.

ESTRAGON *(s'arrêtant, brandissant les poings, à tue-tête)*. – Dieu aie pitié de moi !

VLADIMIR *(vexé)*. – Et moi ?

ESTRAGON *(de même)*. – De moi ! De moi ! Pitié ! De moi !

Samuel Beckett, *En attendant Godot,* 1952

COMPRÉHENSION ET LANGUE

1 – Quels sont les différents mouvements de cet extrait ?
2 – Commentez le rôle des didascalies.
3 – Quels liens unissent les deux personnages ?
4 – À votre avis, comment s'explique le choix de leur nom ?
5 – Pourquoi les répliques sont-elles courtes ?
6 – Comment s'enchaînent-elles ?
7 – Comment se terminent-elles aux lignes 43 à 49 ?
8 – Ce dialogue a-t-il un sens pour vous ?

ACTIVITÉS DIVERSES, EXPRESSION ÉCRITE

1 – Recherchez des documents sur le comique et le théâtre de l'absurde.
2 – Qu'appelle-t-on un *sketch* ? Cherchez ou composez vous-même un exemple de sketch absurde.

CANADA QUÉBEC

MARCEL

Marcel Dubé, né à Montréal en 1930, a été l'initiateur d'un renouveau théâtral québécois, en portant sur la scène la jeunesse frustrée des quartiers populaires (*Zone*, 1955), puis les drames familiaux et sociaux (*Un simple soldat*, 1958) ou les insatisfactions de la petite bourgeoisie urbaine (*le Temps des lilas*, 1958 ; *Au retour des oies blanches*, 1969 ; *L'été s'appelle Julie, 1975*). Il a aussi beaucoup écrit pour la radio et la télévision. Influencé par le théâtre américain (Arthur Miller est son modèle), il explore le tragique moderne, de l'individu écrasé par un destin sans gloire et incapable d'accéder à son idéal d'amour et de fraternité.

« Dors mon beau chef »

Les héros de Zone *forment une bande de trafiquants de cigarettes ; mais ils se disputent entre eux et la police finit par les surprendre. La dernière scène est le dernier face-à-face du chef de bande (surnommé Tarzan) et de son amie Ciboulette. Ce pathétique et dérisoire adieu montre l'impuissance de l'amour devant le poids de la réalité.*

Les sirènes arrivent en premier plan et se taisent.

CIBOULETTE. – T'es lâche, Tarzan.

TARZAN. – Ciboulette !

CIBOULETTE. – Tu veux plus courir ta chance, tu veux plus te battre et t'es devenu petit. C'est pour ça que tu m'as donné l'argent. Reprends-le ton argent et sauve-toi avec.

TARZAN. – Ça me servira à rien.

CIBOULETTE. – Si t'es encore un homme, ça te servira à changer de pays, ça te servira à vivre.

TARZAN. — C'est inutile d'essayer de vivre quand on a tué un homme.

CIBOULETTE. – Tu trouves des défaites pour faire pardonner ta lâcheté. Prends ton argent et essaie de te sauver.

TARZAN. – Non.

CIBOULETTE. – Oui. *(Elle lui lance l'argent.)* C'est à toi. C'est pas à moi. Je travaillais pas pour de l'argent, moi. Je travaillais pour toi. Je travaillais pour un chef. T'es plus un chef.

TARZAN. – Il nous restait rien qu'une minute et tu viens de la gaspiller.

CIBOULETTE. – Comme tu gaspilleras toute ma vie si tu restes et si tu te rends.

TARZAN. – Toi aussi tu me trahis, Ciboulette. Maintenant je te mets dans le même sac que Passe-Partout, dans le même sac que tout le monde. Comme au poste de police, je suis tout seul. Ils peuvent venir, ils vont m'avoir encore. *(Il fait le tour de la scène et crie :)* Qu'est-ce que vous attendez pour tirer ? Je sais que vous êtes là, que vous êtes partout, tirez… tirez donc…

CIBOULETTE, *elle se jette sur lui.* – Tarzan, pars, pars, c'était pas vrai ce que je t'ai dit, c'était pas vrai, pars, t'as une chance, rien qu'une sur cent c'est vrai, mais prends-la, Tarzan, prends-la si tu m'aimes… Moi je t'aime de toutes mes forces et c'est où il reste un peu de vie possible que je veux t'envoyer… Je pourrais mourir tout de suite rien que pour savoir une seconde que tu vis.

TARZAN, *il la regarde longuement, prend sa tête dans ses mains et l'effleure comme au premier baiser.* – Bonne nuit, Ciboulette.

CIBOULETTE. – Bonne nuit, François… Si tu réussis, écris-moi une lettre.

TARZAN. – Pauvre Ciboulette… Même si je voulais, je sais pas écrire. *(Il la laisse, escalade le petit toit et disparaît. Un grand sourire illumine le visage de Ciboulette.)*

CIBOULETTE. – C'est lui qui va gagner, c'est lui qui va gagner… Tarzan est un homme. Rien peut l'arrêter : pas même les arbres de la jungle, pas même les lions, pas même les tigres. Tarzan est le plus fort. Il mourra jamais.

Coup de feu dans la droite.

CIBOULETTE. – Tarzan !

Deux autres coups de feu.

CIBOULETTE. – Tarzan, reviens !

Tarzan tombe inerte sur le petit toit. Il glisse et choit par terre. Il réussit tant bien que mal à se relever tenant une main crispée sur son ventre et tendant l'autre à Ciboulette. Il fait un pas et il s'affaisse. Il veut ramper jusqu'à son trône mais il meurt avant.

CIBOULETTE. – Tarzan !

Elle se jette sur lui. Entre Roger, pistolet au poing. Il s'immobilise derrière les deux jeunes corps étendus par terre. Ciboulette pleure. Musique en arrière-plan.

CIBOULETTE. – Tarzan ! Réponds-moi, réponds-moi… C'est pas de ma faute, Tarzan… c'est parce que j'avais tellement confiance… Tarzan, Tarzan, parle-moi… Tarzan, tu m'entends pas ?… Il m'entend pas… La mort l'a pris dans ses deux bras et lui a volé son cœur… Dors mon beau chef, dors mon beau garçon, coureur de rues et sauteur de toits, dors, je veille sur toi, je suis restée pour te bercer… Je suis pas une amoureuse, je suis pas raisonnable, je suis pas belle, j'ai des dents pointues, une poitrine creuse… Et je savais rien faire ; j'ai voulu te sauver et je t'ai perdu… Dors avec mon image dans ta tête. Dors, c'est moi Ciboulette, c'est un peu moi ta mort… Je pouvais seulement te tuer et ce que je pouvais, je l'ai fait… Dors… *(Elle se couche complètement sur lui.)*

RIDEAU

Marcel Dubé, *Zone*,
© Leméac, Montréal, 1955

COMPRÉHENSION ET LANGUE

1 – Quels sont les personnages en présence ?
2 – Comment s'expriment-ils ?
3 – À quoi la scène doit-elle son pathétique ?
4 – Pourquoi Ciboulette traite-t-elle Tarzan de lâche ?
5 – Quel problème d'incompréhension les sépare ?
6 – En quoi les deux héros sont-ils victimes du poids de la réalité ?
7 – Ciboulette a-t-elle raison de se sentir responsable de la mort de Tarzan ?

ACTIVITÉS DIVERSES, EXPRESSION ÉCRITE

1 – Quelle impression ressentez-vous à la lecture de cette scène ?
2 – Pensez-vous, comme l'auteur, que certains individus sont victimes du monde moderne, ou bien que la volonté personnelle permet toujours de surmonter les situations tragiques ?

ANTONINE

Antonine Maillet, née à Bouctouche (Nouveau-Brunswick) en 1929, est essentiellement une conteuse. Dans une langue savante et savoureuse, qui emprunte au français du XVIe siècle (en particulier celui de Rabelais) et aux « parlures » acadiennes, elle veut recréer l'histoire de son Acadie natale, évoquer sa résistance culturelle et redonner voix aux gens de son pays. Le prix Goncourt attribué en 1979 à *Pélagie-la-Charrette* a popularisé son talent romanesque (*Mariaagélas*, 1973 ; *les Cordes de bois*, 1977 ; *la Gribouille*, 1982 ; *Crache à Pic*, 1984). Mais c'est le théâtre qui lui a apporté son premier grand succès avec *la Sagouine*, 1971, mise en scène de monologues au travers desquels elle fait entendre les voix multiples et pittoresques de l'Acadie.

« Par chance, y a eu la guerre »

La « Sagouine », femme de pêcheur et femme de ménage, « achève sa vie à genoux devant son seau, les mains dans l'eau ». « C'est là que je l'ai surprise, confie Antonine Maillet, entre son balai et ses torchons, penchée sur son seau d'eau sale qui a, durant un demi-siècle, ramassé toute la crasse du pays. » Le début de ce monologue évoque le retentissement sur l'Acadie de la Seconde Guerre mondiale. Le jeu des pronoms personnels et des conjugaisons « dialectales » fait constamment interférer la voix individuelle de la « Sagouine » et la voix collective de la communauté acadienne.

Par chance qu'y a eu la guerre ! Quoi c'est que j'arions fait, nous autres, sans ça ? Ah ! les temps étiont rendus point aisés. Entre la dépression et la guerre, y a eu un temps mort où c'est qu'i' se passait pus rien entoute [1]. Pus rien qu'i' se passait, en ce temps-là, et j'arions été capables de corver [2] coume des bêtes abandounées, droite là dans nos trous. Ben y a eu la guerre. A' s'en a venu par icitte juste à temps, c't'elle-là. Juste au bon temps pour nous sauver de la misère. Parce que si j'avions pas pu nous rendre jusqu'à la guerre et que j'avions corvé en chemin, pas parsoune s'en arait aparçu. Parce que ce temps-là, apparence que même les riches en arrachiont [3] pour attraper les deux boutes [4]. Ça fait que nous autres... ben nous autres, je tchenions même pas un boute dans nos mains. Je tchenions pus rien entoute. Par chance, y a eu la guerre.

Ouais... une ben boune guerre, que je vous dis. Avant qu'a' s'amenit [5], la guerre, je crois ben que le Bon Djeu en parsoune arait été dans l'embarras si je l'avions questiouné sus les genses d'en-bas. Je crois ben qu'il arait point été capable de toute nous noumer [6]. Y a pus parsoune qu'avait l'air de saouère [7] que dans notre boute [8] y avait encore du monde en vie. Parce que les darniéres années, tout ce qui sortait d'en-bas, c'était des sarcueils d'enfants. Ceuses-là qu'arriviont pas à mouri' restiont terrés coume des marmottes dans leu trou jusqu'à ça que le printemps ressoude [9]. Ben notre printemps, ç'a été la guerre.

Là, j'avons erssoudu [10], nous autres itou. Ils veniont même nous qu'ri' [11] chus nous. Ça faisait point trois mois que la guerre était coumencée, qu'ils saviont déjà le nom de tous les houmes d'en-bas, avec leu âge, leu pesanteur [12], leu couleur de cheveux, les maladies qu'ils aviont pis ceuses-là qu'ils aviont pas ; ils saviont itou ça que chacun pouvait faire, et pis le nombre de leux femmes et de leux enfants. Tout ça était écrit sus leux papiers coume si le gouvarnement en parsoune avait l'étention [13] à l'avenir de s'occuper de nos affaires. C'était tchurieux [14], ben je nous plaignions pas. Par rapport que ça faisait pas de diffarence qui c'est qui pornait [15] nos affaires en main, il pouvait pas en prendre plusse que j'en avions et j'en avions point.

La darniére chouse que j'avions lâchée, je me souviens, c'était nos lits pis nos matelas. Ah ! c'était point des matelas à ressorts ni des lits de plumes, faut pas se faire des accrouères[16]. Souvent je nous fabriquions des lits avec des planches de goélettes échouées sus les côtes. Ça sentait un petit brin l'étchume[17] et pis le goémond, ben ça pornait pas l'eau, toujou' ben. Et je les faisions assez hauts sus pattes pour pas partir à la d'rive au temps des marées hautes et à la fonte des neiges. Ben à la fin, j'avons dû quitter partir nos lits avec le reste. Par rapport qu'un sommier pis des plumes, ça se mange point. Une parsoune peut dormir deboute ou dans la place, ben a' peut point manger du bois... Pas longtemps, toujou' ben... Pas toute sa vie... Par chance, y a eu la guerre.

Antonine Maillet, *la Sagouine,* © Leméac, 1971

COMPRÉHENSION ET LANGUE

1 – De quoi la Sagouine se plaint-elle ?
2 – Quelles sont les différentes étapes de son monologue ?
3 – Quels sont les pronoms personnels utilisés ?
4 – À quels personnages correspondent-ils ?
5 – Comment se représente-t-on, à travers ce texte, le portrait de la Sagouine ?
6 – Relevez les marques du « discours immédiat ».

ACTIVITÉS DIVERSES, EXPRESSION ÉCRITE

1 – Cherchez dans un dictionnaire la définition des mots *patois, dialecte, langue vernaculaire, régionalisme.*
2 – Repérez les principales caractéristiques du style acadien dans cet extrait.

***1.** Du tout.*
***2.** Crever.*
***3.** Souffraient, peinaient.*
***4.** Joindre les deux bouts : équilibrer l'argent qu'on dépense et qu'on gagne.*
***5.** Qu'elle s'amenât, qu'elle éclatât.*
***6.** Nommer.*
***7.** Savoir.*
***8.** Coin = pays.*
***9.** Renaisse (du verbe « ressoudre » = jaillir à nouveau).*
***10.** Ressoudu = nous avons eu notre renaissance.*
***11.** Quérir, chercher.*
***12.** Poids.*
***13.** Intention.*
***14.** Curieux.*
***15.** Prenait.*
***16.** Se faire des idées (cf. « faire accroire » = faire croire une chose fausse).*
***17.** Écume.*

CANADA QUÉBEC

MICHEL

Michel Tremblay, né à Montréal en 1942, a inauguré avec *les Belles-Sœurs,* 1968, un théâtre nouveau, qui fit scandale car il utilisait le parler populaire de Montréal (le *joual*) et montrait l'aliénation tranquille de la famille québécoise. Le choix d'une langue et de sujets très typés ne l'a pas empêché d'être joué avec grand succès hors du Québec. Il a écrit plus d'une dizaine de pièces (*la Duchesse de Langeais,* 1970 ; *À toi pour toujours, ta Marie-Lou,* 1971 ; *Sainte Carmen de la Main,* 1976, etc.) qui dénoncent la morale étouffante régissant la société québécoise et qui rêvent d'une impossible libération. Après s'être essayé à la littérature fantastique, Michel Tremblay a commencé un cycle de romans ironiques et populistes, intégrant à la narration la langue parlée des personnages (*C't'a ton tour, Laura Cadieux,* 1973) et évoquant les dernières décennies de l'histoire québécoise (les quatre volumes des « Chroniques du Plateau Mont-Royal »).

« Une maudite vie plate »

Les Belles-Sœurs *réunit quinze femmes des milieux populaires de Montréal, rassemblées chez l'une d'entre elles, Germaine Lauzon, pour coller un million de timbres-primes gagnés à un concours publicitaire. Madame Lauzon vient d'accueillir la première arrivée, Marie-Ange Brouillette, et la laisse seule un instant, pour finir de se préparer.*

(Germaine Lauzon entre dans sa chambre.)

MARIE-ANGE BROUILLETTE. — C'est pas moé qui aurais eu c'te chance-là ! Pas de danger ! Moé, j'mange d'la marde, pis j'vas en manger toute ma vie ! Un million de timbres ! Toute une maison ! C'est ben simple, si j'me r'tenais pas, j'braillerais comme une vache ! On peut dire que la chance tombe toujours sur les ceuses qui le méritent pas ! Que c'est qu'a l'a tant faite, madame Lauzon, pour mériter ça, hein ? Rien ! Rien pantoute[1] ! Est pas plus belle, pis pas plus fine que moé ! Ça devrait pas exister, ces concours-là ! Monsieur le curé avait ben raison l'aut'jour, quand y disait que ça devrait être embolie[2] ! Pour que c'est faire, qu'elle, a gagnerait un million de timbres, pis pas moé, hein, pour que c'est faire ! C'est pas juste ! Moé aussi, j'travaille, moé aussi j'les torche mes enfants ! Même que les miens sont plus propres que les siens ! J'travaille comme une damnée, c'est pour ça que j'ai l'air d'un esquelette ! Elle, est grosse comme une cochonne ! Pis v'la rendu que j'vas être obligée de rester à côté d'elle pis de sa belle maison gratis ! C'est ben simple, ça me brûle ! Ça me brûle ! J'vas être obligée d'endurer ses sarcasses[3], à part de ça ! Parce qu'a va s'enfler la tête, c'est le genre ! La vraie maudite folle ! On va entendre parler de ses timbres pendant des années ! Maudit ! J'ai raison d'être en maudit[4] ! J'veux pas crever dans la crasse pendant qu'elle, la grosse madame, a va se « prélasser dans la soie et le velours » ! C'est pas juste ! Chus tannée[5] de m'esquinter pour rien ! Ma vie est plate ! Plate ! Pis par-dessus le marché, chus pauvre comme la gale ! Chus tannée de vivre une maudite vie plate !

(Pendant ce monologue, Gabrielle Jodoin, Rose Ouimet, Yvette Longpré et Lisette de Courval ont fait leur entrée. Elles se sont installées dans la cuisine sans s'occuper de Marie-Ange. Les cinq femmes se lèvent et se tournent vers le public. L'éclairage change.)

LES CINQ FEMMES, *ensemble.* — Quintette : Une maudite vie plate ! Lundi !

LISETTE DE COURVAL. — Dès que le soleil a commencé à caresser de ses rayons les petites fleurs dans les champs et que les petits oiseaux ont ouvert leurs petits becs pour lancer vers le ciel leurs petits cris…

LES QUATRE AUTRES. — J'me lève, pis j'prépare le déjeuner ! Des toasts, du café, du bacon, des œufs. J'ai d'la misère que l'yable[6] à réveiller mon monde. Les enfants partent pour l'école, mon mari s'en va travailler.

MARIE-ANGE BROUILLETTE. — Pas le mien, y'est chômeur. Y reste couché.

LES CINQ FEMMES. — Là, là, j'travaille comme une enragée, jusqu'à midi. J'lave. Les robes, les jupes, les bas, les chandails, les pantalons, les canneçons, les brassières, tout y passe ! Pis frotte, pis tord, pis refrotte, pis rince… C't'écœurant, j'ai les mains rouges, j't'écœurée. J'sacre[7]. À midi, les enfants reviennent. Ça mange comme des cochons, ça revire la maison à l'envers, pis ça repart ! L'après-midi, j'étends. Ça c'est mortel ! J'hais ça comme une bonne ! Après, j'prépare le souper. Le monde reviennent, y'ont l'air bête, on se chicane ! Pis le soir, on regarde la télévision ! Mardi !

LISETTE DE COURVAL. — Dès que le soleil…

LES QUATRE AUTRES FEMMES. — J'me lève, pis j'prépare le déjeuner. Toujours la même maudite affaire ! Des toasts, du café, des œufs, du bacon… J'réveille le monde, j'les mets dehors. Là, c'est le repassage. J'travaille, j'travaille, j'travaille. Midi arrive sans que je le voye venir pis les enfants sont en maudit parce que j'ai rien préparé pour le dîner. J'leu fais des sandwichs au béloné[8]. J'travaille toute l'après-midi, le souper arrive, on se chicane. Pis le soir, on regarde la télévision ! Mercredi ! C'est le jour du mégasinage[9] ! J'marche toute la journée, j'me donne un tour de rein à porter des paquets gros comme ça, j'reviens à la maison crevée ! Y faut quand même que je fasse à manger. Quand le monde arrivent, j'ai l'air bête ! Mon mari sacre, les enfants braillent… Pis le soir, on regarde la télévision ! Le jeudi pis le vendredi, c'est la même chose ! J'm'esquinte, j'me désâme[10], j'me tue pour ma gang de nonos[11] ! Le samedi, j'ai les enfants dans les jambes par-dessus le marché ! Pis le soir, on regarde la télévision ! Le dimanche, on sort en famille : on va souper chez la belle-mère en autobus. Y faut guetter[12] les enfants toute la journée, endurer les farces plates[13] du beau-père, pis manger la nourriture de la belle-mère qui est donc meilleure que la mienne au dire de tout le monde ! Pis le soir, on regarde la télévision ! Chus tannée de mener une maudite vie plate ! Une maudite vie plate ! Une maudite vie plate ! Une maud…

(L'éclairage redevient normal. Elles se rassoient brusquement.)

Michel Tremblay, *les Belles-Sœurs,* 1968

COMPRÉHENSION ET LANGUE

1 – Quels sont les personnages en présence ?
2 – Quel est leur rôle respectif ?
3 – Résumez les doléances exprimées par Marie-Ange Brouillette ?
4 – Comment se caractérise son langage (syntaxe, vocabulaire) ?
5 – Quel contraste s'établit dans les lignes 33 à 36 ?
6 – Comment, à partir de la ligne 43, l'impression de monotonie est-elle donnée ?
7 – Quels sont les principaux thèmes mis en scène dans ce passage ?

ACTIVITÉS DIVERSES, EXPRESSION ÉCRITE

1 – *Étude de la dramaturgie.* Comment le théâtre permet-il d'exprimer des idées ?
2 – *Polyphonie et plurivocalité.* Étudiez le langage dans cet extrait. Quelles sont ses fonctions (information, communication, prise de pouvoir, occupation de l'espace scénique…) ?

1. Rien du tout.
2. Confusion avec « aboli ».
3. Confusion avec « sarcasmes ».
4. D'être en colère.
5. Fatiguée.
6. Une peine du diable.
7. Je jure.
8. Sorte de saucisson.
9. Le jour des courses dans les magasins.
10. Je m'épuise.
11. Ma bande d'idiots.
12. Surveiller.
13. Plaisanteries stupides.

CÔTE-D'IVOIRE

Amadou Koné, né à Tangora (Burkina) en 1953, a été élevé en Côte-d'Ivoire, dans la région d'origine de son père. Il écrit ses premières œuvres littéraires (romans et pièces de théâtre) alors qu'il est encore élève au lycée. Enseignant la littérature à l'université d'Abidjan, il publie des romans (*les Frasques d'Ebinto*, 1975 ; *Jusqu'au seuil de l'irréel*, 1976 ; *Sous le pouvoir des Blakoros*, 1980-1981) et des pièces de théâtre (*De la chaire au trône*, 1975 ; *le Respect des morts*, 1980 ; *Les canaris sont vides*, 1984). Il y pose, non sans simplification didactique, les problèmes de l'Afrique confrontée à la modernité.

« Cet enfant à immoler »

Un grand malheur menace le village : on va construire un barrage qui va troubler la paix des morts. Les génies, consultés, réclament un sacrifice. Le chef du village, Anougba, flanqué du sorcier Niangbo, annonce cette nouvelle à son fils, N'douba, qui, lui, est acquis aux idées modernes et n'a aucune envie d'offrir son propre fils aux dieux des eaux.

N'DOUBA *(agacé.)*. – Oui, je sais.

NIANGBO. – … Et nous leur avons demandé s'il n'y avait pas de remède à ce mal.

N'DOUBA. – Qu'ont-ils répondu ?

NIANGBO. – Qu'il y avait un remède et que c'était même une obligation de recourir à ce remède si nous voulons respecter les morts et avoir toujours leur protection.

N'DOUBA. – Tiens ! Et qu'ont-ils demandé, ces génies ?

NIANGBO. – Ils n'ont pas demandé du bangui[1], ni du « koutoukou[2] », même. Ils demandent plus.

ANOUGBA. – Ils exigent du sang pur.

N'DOUBA. – Du sang ?

NIANGBO. – Pas du sang de poulet, évidemment.

ANOUGBA. – Oui, du sang humain.

NIANGBO. – Les génies des eaux demandent qu'un tout jeune enfant leur soit offert. Alors, ils empêcheront la construction du barrage. Et les morts seront contents et nous regagnerons la paix. Et nous garderons la paix.

ANOUGBA. – Voilà le remède, N'douba. Nous devons donner un enfant aux génies des eaux… pour que notre village ne soit plongé à jamais dans le monde du silence.

N'DOUBA. – Vous n'allez tout de même pas tuer un enfant pour des… génies ?

NIANGBO. – Hélas, si.

N'DOUBA. – Vous n'en avez pas le droit.

ANOUGBA. – Dans certains cas, le devoir commande au droit. Et puis, il faut avoir le courage de sacrifier un enfant pour faire survivre une grande communauté. Nous devons faire ce sacrifice par respect pour les morts et aussi dans notre propre intérêt.

N'DOUBA. – Les morts sont morts, père ; ou bien, si vous ne voulez pas qu'ils soient morts, du moins ont-ils leurs problèmes… là-bas… Nous, nous avons nos problèmes ici. Et nous devons résoudre nos problèmes nous-mêmes, ici.

NIANGBO. – Non, les morts ne sont pas morts. Ils existent. Je leur parle, moi. Ils existent partout et veillent sur nous. Ils nous aident à aller fort. Ils nous aident à résoudre nos problèmes, à vaincre.

Et c'est pour cela qu'il faut faire le sacrifice.

N'DOUBA. – Commettre un crime…

ANOUGBA. – … un sacrifice pour prévenir un crime plus grand, N'douba. Tu oublies même que tu es noir.

N'DOUBA *(comme s'il n'avait pas entendu la dernière phrase.)*. – Le crime dont je parle, ce n'est pas seulement de tuer aujourd'hui un enfant, c'est aussi de freiner la réalisation de l'Homme noir de demain.

Car pour notre bien, pour le bien de nos enfants, nous ne devons pas refuser une voie que la nécessité nous oblige à suivre. *(Silence.)*

Là-bas, dans le nouveau village qui sera construit, nous pourrons continuer à honorer les morts, à communier avec nos dieux.

NIANGBO. – Nos morts auront été engloutis, les génies nous auront totalement quittés. Les mauvaises idées de la ville gagneront nos jeunes comme elles ont gagné la plus grande partie des jeunes de nos villes. Et nous n'y pourrons rien.

N'DOUBA. – Bientôt la forêt même ne pourra arrêter ces idées que vous craignez tant. Je crois que la sagesse consisterait à leur faire face et non à les fuir.

ANOUGBA. – Nous risquons de ne jamais arriver à nous comprendre, N'douba. Et cela, c'est la faute du Blanc. C'est ce que je lui reproche le plus : faire de vous des étrangers.

(Silence.)

Vois-tu, N'douba, c'est pour éviter que nous ne soyons tous, à la longue, étrangers à nous-mêmes, qu'il nous faut faire ce sacrifice.

N'DOUBA. – Et où pensez-vous trouver cet enfant à immoler ?

ANOUGBA. – Il faut bien que quelqu'un se sacrifie. Et dans de telles circonstances, le bon chef doit donner l'exemple. C'est surtout pour cela que j'ai besoin de ton accord. Mon cœur de chef fait taire mon cœur de grand-père…

N'DOUBA. – Non, père. Pas ça, pas lui.

NIANGBO. – Il faut bien quelqu'un. Un tout jeune enfant.

N'DOUBA. – Je n'oublie pas que je te dois tout, père. Même cet enfant. Mais je ne peux pas…

ANOUGBA. – Faudra-t-il aller demander cet enfant à quelqu'un d'autre ?

N'DOUBA. – Mon fils, l'enfant d'Essanin… [3].

NIANGBO. – Il est d'abord aux morts avant d'être à toi, à elle.

N'DOUBA. – Non. *(Il se lève et sort.)*

Amadou Koné, *le Respect des morts*,
Coll. Monde Noir Poche, © Hatier, Paris, 1980

COMPRÉHENSION ET LANGUE

1 – Dégagez le plan de ce passage.

2 – Quelles sont les tonalités successives ?

3 – Représentez sous forme de tableau les idées incarnées par chaque personnage.

4 – Lequel vous semble avoir raison ?

5 – Votre réponse peut-elle se justifier à partir du texte ?

6 – Le conflit est-il insurmontable ?

7 – Quelles sont les deux mentalités qui s'affrontent dans cette scène ?

ACTIVITÉS DIVERSES, EXPRESSION ÉCRITE

Discussion. Anciens et Modernes s'opposent ; partisans du progrès et conservateurs s'entre-déchirent. Élaborez un plan, appuyé sur des exemples précis, qui vous permettra de démontrer votre point de vue sur la question.

1. *Vin de palme.*
2. *Alcool (fabriqué par la distillation clandestine du vin de palme).*
3. *Femme de N'douba.*

Sony Labou Tansi, né au Zaïre en 1950, mais de nationalité congolaise, passionné d'écriture et de théâtre, s'est fait une brillante réputation dès ses premiers romans (*la Vie et demie,* 1979 ; *l'État honteux,* 1981 ; *l'Anté-peuple,* 1983) : à la manière des grands romanciers latino-américains, il joue des mythes et des mots, en « tropicalisant » sa langue d'écriture, le français, pour crier son désarroi devant la situation faite à l'Afrique. Mais sa véritable passion est pour la scène : il a fondé sa propre troupe, le Rocado Zulu Théâtre, qu'il a conduite au succès, à Brazzaville et en Europe. Il mêle les registres de langue, en empruntant beaucoup au français populaire africain. Il porte sur la scène rêves et cauchemars pour inventer un « théâtre de la peur », qui réveille notre époque « dominée par l'esclavage, la peur et le sommeil ».

« Vous aurez à m'obéir »

Je soussigné cardiaque, *pièce primée au 7e Concours théâtral interafricain (1976) organisé par Radio France Internationale, représentée en 1985 au théâtre de Chaillot, à Paris, dans une mise en scène de Gabriel Garran, montre comment un instituteur, qui voudrait seulement que le monde soit un peu plus juste, est conduit en prison et à la mort.*
Au début de la pièce, l'instituteur Mallot arrive dans un village de Pygmées, dans la forêt, quelque part dans l'imaginaire république du Lebango. Il vient remplacer M. Loko tué dans un accident de la circulation. Le village semble particulièrement perdu et démuni. Conduit par un enfant, Mallot va rendre visite à M. Perono, « colon espagnol de nationalité lebangolaise », la seule personne dans le village qui puisse lui procurer le pétrole pour sa lampe.

PERONO. – Ici, voyez-vous, monsieur l'instituteur, je suis tout. Absolument tout.

MALLOT, *dispos.* – Presque tout.

PERONO. – Absolument tout.

MALLOT, *avec un rire.* – C'est pas impossible.

PERONO. – Je suis le drapeau, la loi, la liberté, le droit, la prison, le diable et le bon Dieu, enfin. Vous voyez bien – tout. *(Un temps.)* Si bien que toute la région m'écoute et m'obéit, disons aveuglément.
(Silence de Mallot.)
Je crois qu'on vous a parlé de moi.

MALLOT, *hésitant.* – Pas pour ainsi dire.

PERONO. – Quel malheur !
(Il commande un martini.)
Vous avez perdu beaucoup de temps. Parce que vous aussi…
(Il avale une gorgée.)
vous aurez à m'obéir.

MALLOT. – Vous plaisantez beaucoup, monsieur Perono.

PERONO. – Ah ! Vous croyez ? Quel genre d'instituteur êtes-vous, si vous ne pouvez pas piger un truc qui crève les yeux ?
(Silence de Mallot.)

MALLOT, *rêveur.* – Je n'ai pas de chance.

PERONO. – Pardon ?

MALLOT. – Je viens de trop loin pour ne pas devoir vous dire…

PERONO. – D'où venez-vous au juste ?

MALLOT. – Oh ! Monsieur…

PERONO. – Vous ne savez même pas d'où vous sortez ?

MALLOT. – Je sortais… D'où voulez-vous qu'un homme qu'on a toujours grignoté sorte sinon du fond de son odeur ?

PERONO. – Vous me distrayez, instituteur. Encore un sirop ?

(Refus de Mallot.)

Est-ce que vous savez que vous me distrayez ?

MALLOT. – Si vous êtes si simple que cela !

PERONO. – Simple ? Pas tout à fait. Je vous trouve bon enfant. Vous avez du ton. *(Un temps.)* Depuis des années, je n'ai jamais rencontré un Pygmée de votre solidité.

MALLOT. – Je ne suis pas un Pygmée.

PERONO. – Oh ! Pour moi, vous l'êtes. *(Un temps.)* Encore un sirop ?

(Refus de Mallot.)

Voyez-vous, depuis longtemps je n'ai jamais eu que du vide devant moi. Du vide en face. Un vide vierge. C'est énervant, le vide. *(Un temps.)* Vous êtes le seul qui allez m'obéir parce que je commande. Les autres, nom de Dieu, c'est la foutaise. Ils obéissent par paresse. Vous, je vous fête. J'en aurai au moins un, oui, au moins un qui obéira par conviction, donc tendrement.

MALLOT, *amusé.* – Je ne sais pas obéir.

PERONO. – Rassurez-vous, vous apprendrez et c'est là que ça devient séduisant. Les autres savent – depuis la naissance, ils savent –, ils n'ont pas besoin de moi. Vous, si. Oh ! J'ai parfois rencontré de petites exceptions. L'infirmier, par exemple, un gosse qui avant de venir avait lu Mao. Au début, il rouspétait. Mais il a fini par comprendre qu'on ne peut pas enfanter du pétrole. *(Il boit.)* Un autre salaud, c'est l'Italien. Un certain Ottellini. Irréductible. Mais j'ai fait fermer sa boutique en quatrième vitesse, avec des ordres venus d'Hozana[1]. Et feu monsieur l'abbé, un imbécile de Rwandais qui s'amusait à exciter les Pygmées : les gorilles l'ont envoyé par petits morceaux au paradis.

(Il boit.)

Ici personne ne me résiste. Personne. Je distribue le droit et l'oxygène. J'écrase tout le monde. Mais il faut me comprendre. Cette soif de puissance, j'en ai besoin pour fabriquer ma propre manière de respirer ; j'en ai besoin pour fonctionner. Oui ! Toute ma chair et tout mon sang me prient de suffoquer les autres.

MALLOT. – Je hais les héros. Mais vous me donnez comme ça un petit besoin – une sorte de tentation. Vous sentez délicieusement l'animal.

PERONO, *calme.* – Vous m'avez insulté, instituteur.

MALLOT. – Je vois. Nous sommes faits l'un pour l'autre. Tout à l'heure vous évoquiez le vide. Le vide d'en face. C'est un peu cela pour moi aussi. Depuis la mort de mon père, je n'ai plus eu quelqu'un devant moi. Quinze ans bientôt. Personne en face. Ou plutôt des guignols, des chiffes, du vide qui remuait le vin et les femmes. La belle élite du Lebango, l'élite des charognards. Les boîtes à merde. Et ça vous gratte la conscience. Ça vous griffe, ça vous griffonne.

PERONO. – Vous êtes une espèce de poète ?

Sony Labou Tansi, *Je soussigné cardiaque,*
Coll. Monde Noir Poche, © Hatier, Paris, 1981

1. *Capitale du Lebango.*

COMPRÉHENSION ET LANGUE

1 – Quels sont les personnages de cette scène ?

2 – Comment est décrit le personnage de Perono ?

3 – Du début de la scène jusqu'à « Je ne sais pas obéir » (l. 44), relevez les indications scéniques concernant le personnage de Mallot. Que vous indiquent-elles sur son attitude première à l'égard de Perono ?

4 – Quels propos de Perono sont des menaces à l'encontre de Mallot ?

5 – Dans la tirade de Perono « Rassurez-vous... » (l. 45), relevez les phrases nominales. Quel commentaire pouvez-vous faire sur l'utilisation de ces phrases ?

ACTIVITÉS DIVERSES, EXPRESSION ÉCRITE

Recherchez dans une encyclopédie ou un manuel de littérature les définitions de *tragédie, comédie, drame.* De quelle catégorie relève, à votre avis, la pièce dont vous venez de lire un extrait ? Justifiez votre réponse par des exemples.

TOGO

SENOUVO AGBOTA

ZINSOU

Senouvo Agbota Zinsou, né à Lomé (Togo) en 1946, dirige depuis 1974 la « Troupe nationale togolaise ». Ses pièces, qui s'inspirent souvent du répertoire des contes (*La tortue qui chante*, 1988), proposent une satire malicieuse des travers des sociétés africaines actuelles.

« Vive le Roi Podogan Ier »

Agbo-Kpanzo, le grand chasseur, est revenu de la forêt avec une tortue qui chante. Son beau-père, « le seigneur Podogan », qui est aussi son rival pour le poste de Premier Conseiller du roi, s'inquiète du prestige que cette merveille va apporter à celui qui la possède.

PODOGAN. – Alors, toi, tu ne fais que parler contre moi ?

LE FOU. – Le seigneur Podogan sait bien que le Fou ne parle contre personne. Il dit ce qui se passe dans le village, c'est tout.

PODOGAN. – Vous, les gens de la presse...

LE FOU. – Gens de la presse ? Qui ?

PODOGAN. – Hé, ne fais pas le malin. C'est pareil, non ? Bon, eh bien, moi, si je t'ai appelé, c'est pour te faire du bien.

(Il sort de l'argent.) Que dirais-tu par exemple d'une petite somme de cent cauris[1] ?

LE FOU. – C'est une bonne chose.

PODOGAN. – Eh bien, cette somme est pour toi.

(Il lui remet l'argent.) Ça, c'est pour que tu cesses de dire du mal de moi. Tu auras encore cent cauris si tu peux... m'aider à combattre mes ennemis.

LE FOU. – Le seigneur Podogan a des ennemis ?

PODOGAN. – Tu veux me dire que tu ne sais pas qu'Agbo-Kpanzo et sa bande sont contre moi ?

LE FOU. – Pourquoi sont-ils contre vous ?

PODOGAN. – Est-ce que je sais ? C'est peut-être à cause du poste de Premier Conseiller.

LE FOU. – Le poste de Premier Conseiller ? Ils sont trop petits. C'est à vous que cela convient.

PODOGAN. – C'est à moi que cela convient ?

LE FOU. – Oui. Et même mieux !

PODOGAN. – Mieux ? Ça veut dire quoi ?

LE FOU. – Eh bien, ça veut dire la couronne. Je vous trouve beaucoup de prestance, seigneur Podogan. Lorsque je vous vois passer, je dis en moi-même : Podogan doit être Roi. Lorsque vous marchez, j'ai l'impression d'entendre retentir le tam-tam du griot chantant vos louanges, pour rythmer chacun de vos pas. Quand je vous vois assis, j'imagine une multitude de courtisans autour de vous. Chacun s'exécutant à se montrer le plus zélé, le plus fidèle à votre service ; quand vous souriez, ils sourient ; quand vous êtes triste, ils le deviennent aussi. J'entends dans la rue, sur les places publiques, partout, des milliers de voix chanter :

Tu es digne d'être Roi,
Ô, Seigneur Podogan,
Vive le Roi Podogan Ier.

PODOGAN, *comme transporté par le rêve du Fou.* – Vive le Roi Podogan Ier !

(Il se ressaisit ensuite.) Fou, ce que tu viens de dire est grave. Si tu n'étais pas Fou, je te jetterais en prison.

LE FOU. – En prison, pourquoi ?

PODOGAN. – Parce que la loi interdit à tout individu de rêver qu'il est devenu Roi.

LE FOU. – Qui de nous deux a rêvé qu'il est devenu Roi ?

PODOGAN, *embarrassé.* – Euh… Euh… Bon. Fou, tu auras cent cauris et beaucoup, beaucoup plus, si tu travailles pour moi.

LE FOU. – Que dois-je faire ?

PODOGAN. – Tu as un grand pouvoir sur l'opinion publique. Tu le sais bien. Commence par l'utiliser pour faire croire à toute la population, et au Roi si c'est possible, qu'Agbo-Kpanzo et sa bande sont les criminels qui se déguisent en tortues pour commettre leurs forfaits. Dis aussi partout qu'ils complotent contre le Roi.

LE FOU. – C'est tout ?

PODOGAN. – Oui. Si ça marche, tu auras beaucoup de cauris.

LE FOU. – Très bien. Vive le Roi Podogan Ier !

PODOGAN. – Chut ! Fou, ça, c'est pour plus tard.

LE FOU, *criant.* – Vive le Roi Podogan Ier !

PODOGAN. – Mais… ne crie pas comme ça, on va t'entendre.

LE FOU, *plus fort.* – Vive le Roi Podogan Ier !

PODOGAN. – Tu… Tu vas m'attirer des ennuis.

LE FOU, *encore plus fort en jouant du tam-tam.* – Vive le Roi Podogan Ier !

PODOGAN. – Ce Fou veut me perdre… J'ai l'impression qu'il fait partie de la bande.

Senouvo Agbota Zinsou, *La tortue qui chante*,
Coll. Monde Noir Poche, © Hatier, Paris, 1988

COMPRÉHENSION ET LANGUE

1 – Quels sont les protagonistes en présence ?
2 – Quel rôle la ponctuation tient-elle dans cette scène ?
3 – Pourquoi Podogan veut-il remettre de l'argent au fou ?
4 – À quoi rêve celui-ci ?
5 – Comment envisage-t-il le rôle du roi ?
6 – Le fou mérite-t-il vraiment son surnom ? Justifiez votre réponse à partir d'exemples précis tirés du texte.

ACTIVITÉS DIVERSES, EXPRESSION ÉCRITE

1 – *Le rôle du bouffon dans la littérature et la société.* Connaissez-vous d'autres textes qui présentent la folie comme une forme de sagesse ?
2 – *La mise en scène.* Cherchez la signification du mot *didascalie.* Où en rencontre-t-on dans cet extrait ? Quelle en est la fonction ?

1. Petits coquillages (du groupe des porcelaines) autrefois utilisés en Afrique comme monnaie.

Poésie de toute la francophonie

« Il y a des poètes partout. » La formule, presque passée en proverbe, est sans doute encore plus vraie dans les pays francophones. Car les poètes sont des hommes du langage, attentifs à tous ses pouvoirs, jongleurs de mots, dynamiteurs de phrases, édificateurs de somptueux châteaux de paroles. La situation linguistique de la francophonie ne peut que favoriser la multiplication des poètes : quand la langue est signe de reconnaissance, projet de résistance, objet de conquête, on est forcément conduit à en faire un usage poétique. Jean-Paul Sartre affirmait dans « Orphée noir », en 1948, que les poètes de la négritude, à cause de leur porte-à-faux linguistique, dans leur volonté de faire « dégorger » la blancheur du français, étaient nécessairement les seuls grands poètes révolutionnaires. D'une manière plus générale, il est clair que la situation francophone invite à porter attention à la langue, et donc place dans une disposition favorable à l'écriture poétique.

Le choix des poètes qui suit, présenté dans le seul souci de la diversité, entend proposer un vaste échantillonnage de la richesse poétique francophone. On y retrouvera sans doute les principales caractéristiques de la poésie moderne.

Un art du langage

Le poète se situe en dehors de la communication langagière habituelle. Il n'utilise pas les mots pour leur capacité à transmettre des messages clairement définis, mais comme des matériaux qui valent pour leur forme, leur sonorité, leur couleur sensuelle, leur pouvoir de suggestion – de la même façon que le peintre se sert des couleurs et le musicien des sons. Le poète ne cherche pas à signifier (c'est-à-dire à représenter par l'abstraction de sens que portent les mots), mais à présenter, à donner à voir ou à entendre, par la face concrète des mots, considérés comme des objets visuels ou sonores. Le linguiste Roman Jakobson (d'origine russe) a formalisé ces remarques dans sa définition de la « fonction poétique du langage », qui est la propriété qu'a celui-ci de se considérer lui-même comme sa propre finalité. Cette « fonction poétique » centre la situation de communication sur la matérialité du langage et met en évidence le caractère concret et palpable des signes linguistiques. En d'autres termes, ce qui retient le véritable amateur de poésie à la lecture ou à l'écoute d'un poème, ce n'est pas le sens qu'il peut avoir (tant de poèmes disent la même chose : envolées amoureuses, déplorations funèbres, exaltation militante, etc.), mais l'agencement des mots, le plaisir de jouer avec eux dans leur interaction.

La poésie ancienne soulignait cette fonction poétique, quand elle pratiquait la versification, c'est-à-dire un système combinatoire réglé d'équivalences, de reprises, d'oppositions. Mais le vers classique s'est dissous à la fin du XIXe siècle. La poésie moderne explore le vers libre, le verset, le poème en prose : c'est-à-dire des formes libres, qui doivent inventer au coup par coup leur modalité de construction. Lire un poème moderne, c'est donc toujours s'interroger sur son organisation, pour comprendre le jeu formel qui s'y institue et qui, si le poème est réussi, procurera un plaisir de lecture.

Une expérience du langage

Le poète est toujours situé à part dans le jeu social. Figure étrange, marginale, méprisée ou redoutée, chassée de la cité (par le philosophe Platon) ou, à l'inverse, révérée comme une incarnation divine... Le griot africain est traditionnellement l'objet d'une semblable ambivalence de sentiments.

À l'origine de cette situation, il y a sans doute le fait que la parole poétique se pose comme une parole autre. Si elle refuse le jeu de la communication ordinaire, c'est qu'elle vient d'ailleurs – et que le poète est un inspiré qui prête sa voix à une parole qui n'est pas la sienne et qui peut-être le dépasse. Nombreuses sont les théories de l'inspiration : possession par un dieu, dictée de la Muse secourable, paroxysme d'un trouble organique, peut-être provoqué par quelque substance excitante, épanchement du rêve... On peut supposer que ces théories de l'inspiration veulent surtout dire, métaphoriquement, la puissance de la poésie, son combat toujours recommencé contre les limitations de la langue, son désir de dire plus que ce que portent les mots.

Réputée langage divin, la poésie défie le temps. Par son organisation marquée, par l'importance qu'elle donne au rythme et à tout ce qui favorise la mémorisation, elle vise à échapper à l'oubli et à la mort. En s'inscrivant dans les mémoires, les beaux vers accèdent à une sorte d'immortalité.

D'où la rêverie si souvent recommencée, qui érige la poésie en langage de l'origine. Du constat que la poésie ruse avec le temps, on glisse à l'idée qu'elle a été à l'origine du langage, et qu'elle garde le souvenir du paradis des mots, quand ils s'accordaient naturellement à l'ordre du monde.

Tout un courant moderne insiste sur cette valorisation du langage poétique comme révélation, dévoilement, avènement de l'être. Le surréalisme en fait la « connaissance productive du réel » (René Char). Mais le poète ne flotte pas dans un ciel métaphysique. Il reste au ras des mots, il bute sur la matérialité du langage. Et c'est pourquoi la poésie peut signifier la relation de l'homme au monde. De même que l'homme devient ce qu'il est en s'arrachant à l'inertie des choses, la poésie est surgissement d'un éclair jailli de la matière même des mots. Comme dit le philosophe Jacques Garelli, « le poème fait voir le monde parce qu'il est lui-même un monde qui se fait voir ».

Multiplicité des formes

La poésie de langue française est entrée, depuis la fin du XIXe siècle, dans une ère de grande turbulence formelle. Les poètes ont abandonné la règle du vers mesuré et rimé. Même le vers libre a perdu de sa séduction. Il n'existe plus de modèle s'imposant incontestablement comme la marque de la poésie.

Cependant, la prédilection pour certains traits formels semble annoncer l'émergence d'une nouvelle organisation du champ poétique. C'est d'abord l'intérêt porté à l'inscription spatiale du poème : le calligramme d'Apollinaire, le logogramme de Dotremont, les recherches typographiques de beaucoup de poètes ont balisé cette voie d'expérimentation. C'est aussi le goût de la brièveté : contre l'épanchement romantique ou le récit épique, le poème s'enferme dans l'énigme d'une formulation oraculaire, dans l'étrangeté de phrases coupées de leur contexte. C'est, dans la ligne du surréalisme, le foisonnement, voire le dérèglement des métaphores : le poème devient pure fabrique d'images.

Mais les formes anciennes n'ont pas totalement disparu. Dans l'extrême liberté contemporaine, il en subsiste comme une nostalgie : vestiges de la rime, fantômes d'alexandrins ou de décasyllabes, qui viennent habiter des poèmes de forme incertaine. De la même manière, resurgit le lyrisme, c'est-à-dire le plaisir de mettre en mots et de chanter une expérience de soi et une expérience du monde.

L'inspiration du poète, Poussin.

Émile Nelligan (Montréal, 1879 - *id.*, 1941) a été un adolescent rebelle et un poète prodige, qui, à dix-sept ans, lisait triomphalement ses vers devant l'« École littéraire de Montréal ». Mais, en 1899, on l'enferme, pour maladie mentale, dans un asile psychiatrique dont il ne devait plus sortir. Trajectoire tragique d'un poète maudit, mimant Rimbaud jusqu'à quitter le monde avant même l'âge de vingt ans. Ses *Œuvres complètes* sont publiées dès 1903 par les soins de son ami Louis Dantin. On lui reproche alors de trop suivre les modèles français (Baudelaire, Rimbaud, Verlaine, Rollinat…). Mais l'échec de Nelligan, condamné au détour de l'imitation, reste terriblement symbolique d'un long blocage québécois. Et quelques poèmes, d'une miraculeuse légèreté rythmique, témoignent pour ce talent poétique foudroyé.

Soir d'hiver

Ce poème, qui équilibre musique des mots et malaise intérieur, reste l'un des plus poignants et des plus subtils de Nelligan.

Ah ! comme la neige a neigé !
Ma vitre est un jardin de givre.
Ah ! comme la neige a neigé !
Qu'est-ce que le spasme de vivre
À la douleur que j'ai, que j'ai !

Tous les étangs gisent gelés,
Mon âme est noire : Où vis-je ? où vais-je ?
Tous ses espoirs gisent gelés :
Je suis la nouvelle Norvège
D'où les blonds ciels s'en sont allés.

Pleurez, oiseaux de février,
Au sinistre frisson des choses,
Pleurez, oiseaux de février,
Pleurez mes pleurs, pleurez mes roses,
Aux branches du genévrier.

Ah ! comme la neige a neigé !
Ma vitre est un jardin de givre.
Ah ! comme la neige a neigé !
Qu'est-ce que le spasme de vivre
À tout l'ennui que j'ai, que j'ai !…

Émile Nelligan, *Œuvres complètes*,
Fidès Montréal, 1903

COMPRÉHENSION ET LANGUE

1 – Donnez un titre à chaque quintil.
2 – Quelles différences y a-t-il entre la première et la dernière strophe ?
3 – Quelles sont les sonorités les plus remarquables ?
4 – Un paysage-état d'âme : relevez les mots qui suggèrent la tristesse du poète.
5 – Quel est le schéma des rimes employées ?

ACTIVITÉS DIVERSES, EXPRESSION ÉCRITE

Recherche. Qu'appelle-t-on une *élégie* ? Faites un bref historique de ce genre poétique.

Blaise Cendrars (pseudonyme de Frédéric Sauser, La Chaux-de-Fonds, Suisse, 1887 - Paris, 1961) incarne une des dimensions fondamentales de l'imaginaire suisse : la fascination des voyages (qui contrebalance l'enracinement terrien et l'isolement montagnard). Dès l'âge de quinze ans, il part par le train pour Moscou, la Sibérie, la Chine ; quelques années plus tard, il s'embarque pour New York. Ses poèmes *Pâques à New York,* 1912, et *la Prose du Transsibérien et de la petite Jehanne de France,* 1913, inventent une modernité proche de celle d'Apollinaire. Il s'engage pendant la Première Guerre mondiale dans la Légion étrangère : blessé, il est amputé d'un bras. Il publie des romans (*l'Or,* 1925 ; *Moravagine,* 1926) et des récits autobiographiques (*l'Homme foudroyé,* 1945 ; *Bourlinguer,* 1948), qui laissent l'imaginaire se mêler au chaos des souvenirs. Son *Anthologie nègre,* 1921, réécriture de contes recueillis par des ethnologues, marque le début de la revalorisation des civilisations africaines par l'avant-garde européenne.

Chasse à l'éléphant

Les poèmes réunis dans Documentaires *(d'abord publiés en 1924 sous le titre* Kodak*) sont des fragments découpés dans d'autres textes, dont un roman-feuilleton de Gustave Le Rouge (*le Mystérieux Docteur Cornélius, *1918-1919). Le poète prélève ses « photographies mentales » dans le texte d'un autre, comme le photographe découpe ses images dans la réalité qui l'environne.*

La nuit
Il y a des éléphants dans les plantations
Au bruit strident des branches cassées arrachées succède le bruit plus sourd des gros bananiers renversés d'une poussée lente
Nous allons directement sur eux
En montant sur un petit tertre je vois l'avant de la bête la plus rapprochée
La lune perpendiculaire l'éclaire favorablement c'est un bel éléphant
La trompe en l'air l'extrémité tournée vers moi
Il m'a senti il ne faut pas perdre une demi-seconde
Le coup part
À l'instant une nouvelle balle passe dans le canon de la Winchester
Puis je fume ma pipe
L'énorme bête semble dormir dans la clairière bleue

Nous arrivons sur un terrain d'argile
Après avoir pris leur bain de boue les bêtes ont traversé des fourrés particulièrement épais
À quinze mètres on ne distingue encore que des masses informes sans qu'il soit possible de se rendre compte ni de la taille ni des défenses
J'ai rarement aussi bien entendu les bruits intestinaux des éléphants leurs ronflements le bruit des branches cassées
Tout cela succédant à de longs silences pendant lesquels on a peine à croire leur présence si rapprochée

Du campement nous entendons des éléphants dans la forêt
Je garde un homme avec moi pour porter le grand kodak
À douze mètres je distingue mal une grande bête
À côté d'elle il me semble voir un petit
Ils sont dans l'eau marécageuse
Littéralement je les entends se gargariser
Le soleil éclaire en plein la tête et le poitrail de la grande femelle maintenant irritée
Quelle photo intéressante a pu prendre l'homme de sang-froid qui se tenait à côté de moi

Blaise Cendrars, *Du monde entier-Documentaires,*

ÎLE MAURICE

ROBERT-EDWARD

Robert-Edward Hart (Port-Louis, île Maurice, 1891 - Souillac, île Maurice, 1954) est reconnu comme le plus important écrivain mauricien du premier demi-siècle. Fasciné par la pluralité culturelle de son île natale, dont il attendait l'enrichissement de sa poétique, il a évolué d'une inspiration parnassienne et symboliste vers l'expression musicale d'une angoisse intérieure. Sa quête spirituelle s'exprime dans ses nombreux recueils poétiques et dans le cycle romanesque de *Pierre Flandre,* qui développe un curieux panthéisme naturiste, à la fois retour à l'enfance fabuleuse et célébration mystique de l'île natale.

Mélopée

Ce poème, inspiré par un voyage à Madagascar, évoque les coutumes funéraires sur les Hauts Plateaux de la Grande Île. Il manifeste l'intérêt passionné que Hart portait à toutes les cultures de l'océan Indien.

Si j'ai fait en granit ma maison pour la mort
Je n'ai fait qu'en rafia la maison de ma vie.

Je vois passer les jours sans désirs ni remords.
Dans ma chair sans orgueil mon âme est assouvie.
J'ai du riz, un toit sûr, un lamba [1] qui me vêt :
C'est là ce que pour moi mon vieux père rêvait.
Toutefois, il me faut, quand viendra l'agonie,
Qu'on enroule à mon corps la toile cramoisie
– Le lambamena [2] pourpre aux larges plis soyeux –
Et qu'on garde à mes os le culte des aïeux.
Ainsi, moi trépassé, que l'on pleure ou qu'on rie,
Je dormirai content, sans désirs ni remords.

Je n'ai fait qu'en rafia la maison de ma vie,
Mais j'ai fait en granit ma maison pour la mort.

Robert-Edward Hart, *Sensations de route,*
The General Printing and Stationery Cy Ltd.,
Île Maurice, 1918

COMPRÉHENSION ET LANGUE

1 – Relevez les symétries du premier distique.
2 – Comment ce poème se termine-t-il ?
3 – V. 3 à 12. Comment cette strophe se décompose-t-elle (étudiez la syntaxe et les rimes) ?
4 – Qu'est-ce qui donne au poème sa pesanteur funèbre (étudiez les pronoms et le rythme) ?
5 – Cherchez un exemple d'alexandrin très régulier (3/3//3/3).

1. Sorte de toge, qui est le vêtement national des Malgaches.
2. Lamba de couleur rouge, servant traditionnellement de linceul.

GUSTAVE

Gustave Roud (Saint-Légier, près de Vevey, Suisse, 1897 - Moudon, Suisse, 1976) a vécu retiré dans son domaine campagnard de Carrouge. Les grandes revues suisses (*Cahiers vaudois, Revue romande*) accueillent ses premiers poèmes. Son œuvre, brève et dense, se compose de méditations en prose poétique (*Adieu,* 1927 ; *Petit Traité de la marche en plaine,* 1932 ; *Essai pour un paradis,* 1933 ; *Pour un moissonneur,* 1941 ; *Air de la solitude,* 1943 ; *Requiem,* 1967). Sa rêverie solitaire, grave, patiente, précieuse, a évolué du sentiment d'un exil dans une nature aimée au retour apaisé dans l'ultime anéantissement.

« Les deux pigeons »

*Voici le début d'un texte d'*Air de la solitude, *méditation sur un couple de pigeons offert par Aimé, un paysan ami.*

Les deux pigeons sont là dans le grand panier gris et rose. Est-ce qu'il faudra vraiment les tuer, cher Aimé ? Je n'en ai jamais reçu, comment faut-il faire ? C'est une nouvelle espèce de mort à inventer et qui s'en chargera ? La mort des poules, des lapins, des porcs, celle des veaux qu'on emmène sur les chars, empêtrés dans leur filet comme Agamemnon [1] attendant la hache, celle des grandes bêtes aussi est connue. Mais ces beaux oiseaux immobiles sous la serpillière qu'on découd ? Ils sont luisants comme l'asphalte après la pluie, irisés comme lui, posés sur leurs pattes comme sur des trépieds de sucre rose. Ils sont si calmes qu'ils semblent à peine des oiseaux. C'est qu'ils n'en sont pas encore, je veux dire qu'ils ne savent pas voler. Tu les as pris sur cette haute poutrelle de fer qui étaie le pont de ta grange. Ils restent là-haut tout le jour, poussant de petits cris aigus quand leurs parents leur donnent la becquée. Un matin l'un tombe sur le pavé, ses ailes l'ont trahi. C'est le moment de les prendre, avant que le vol ait durci leur chair, et tu me les as donnés. Un petit garçon est parti de ton village, à travers champs, les deux bras tendus vers la droite, appuyant à sa hanche le panier où il disparaîtrait tout entier — et ce panier aussi tu me le donnes. Il est gris et rose, fait de deux espèces d'osiers, les uns nus, les autres avec leur écorce. Il est beau et lourd, il est pareil à ceux que l'on voit dans les vergers d'octobre, quand les branches tout à coup remuent (bien que l'air soit immobile) : un pied paraît, tâtant le vide, à la recherche de l'échelon. L'homme penche lentement le sac qui le ceignait comme un baudrier ; les pommes une à une roulent dans la corbeille.

Gustave Roud, « Air de la Solitude », 1950,

1. Roi grec légendaire. À son retour de la guerre de Troie, il fut assassiné par sa femme, Clytemnestre.

SUISSE

EDMOND-HENRI

CRISINEL

Edmond-Henri Crisinel (Faoug, Suisse, 1897 - Nyon, Suisse, 1948) est resté très marqué par les paysages, les manières de vivre et de penser de son pays de Vaud natal. Il transcrit dans ses poèmes, de forme encore classique, son existence tragique, entre névrose, solitude et silence. Ses maîtres en poésie sont le poète allemand Hölderlin, Gérard de Nerval et son compatriote Gustave Roud.

L'Inévitable – Meurtre

Il existe plusieurs versions de ce poème, dont la brièveté concentre, comme un soleil noir, le mal de vivre du poète.

L'Inévitable

L'adolescent fou vocifère, halluciné
Par l'approche, la très quotidienne approche
Fatale du dieu fou qui le terrassera.
On entendra leurs cris mêlés. – Il vient. Il est
Venu. L'adolescent gît mystérieusement nu,
Griffé, bleui, par on ne sait quels doigts sauvages.

11 septembre 1947

* * *

Meurtre

L'adolescent fou s'agite, épouvanté
Par l'approche, la très quotidienne approche
Fatale du dieu fou qui le terrassera.
Nul n'entendra leurs cris mêlés ! – Il vient. Il est
Venu. L'adolescent gît splendidement nu,
Griffé, bleui, par on ne sait quels doigts sauvages.

11 septembre 1947

Edmond-Henri Crisinel, *Œuvres,*

COMPRÉHENSION ET LANGUE

1 – Quelle est la signification de ce poème ?
2 – Pourquoi l'auteur en propose-t-il plusieurs états ?
3 – Relevez les différences entre chacune des versions. Où se situent-elles ?
4 – Peut-on parler de vers libres ?

ACTIVITÉS DIVERSES, EXPRESSION ÉCRITE

À votre tour, proposez d'autres variantes de ce poème en conservant au maximum les structures syntaxiques et sémantiques.

GÉO NORGE

Géo Norge (pseudonyme de Georges Mogin), né à Bruxelles en 1898, mort en 1990, a l'ambition d'embrasser la multiplicité diverse et contradictoire de l'univers – ce qu'il y a de plus solennel comme ce qui est le plus familier – par le moyen de la poésie. D'où la double inspiration de ses poèmes : le verset ample de grands et graves poèmes (*Joie aux âmes,* 1941) ; les jeux langagiers étourdissants, la cocasserie et les pirouettes de formes brèves, retrouvant l'esprit ironique des formes populaires : comptines, adages, argots, charabias, contes, légendes (*les Râpes,* 1949 ; *les Oignons,* 1953-1971 ; *les Coq-à-l'âne,* 1985).

La Faune

Tiré du recueil Famines, *1950, ce poème fait l'éloge d'une faim insatiable (et cruelle), qui est un principe même de l'énergie vitale.*

Et toi, que manges-tu, grouillant ?
– Je mange le velu qui digère le pulpeux qui ronge le rampant.

Et toi, rampant, que manges-tu ?
– Je dévore le trottinant, qui bâfre l'ailé qui croque le flottant.

Et toi, flottant, que manges-tu ?
– J'engloutis le vulveux qui suce le ventru qui mâche le sautillant.

Et toi, sautillant, que manges-tu ?
– Je happe le gazouillant qui gobe le bigarré qui égorge le galopant.

Est-il bon, chers mangeurs, est-il bon, le goût du sang ?
– Doux, doux ! tu ne sauras jamais comme il est doux, herbivore !

Géo Norge, *Famines,* 1950,

COMPRÉHENSION ET LANGUE	
1 – Comment chaque distique est-il construit ? 2 – Au moyen de quelles périphrases les animaux sont-ils désignés ? 3 – Quel registre de langue est utilisé ?	4 – Quelle philosophie se dégage de ce poème ? 5 – Quelle est sa tonalité ? **ACTIVITÉS DIVERSES, EXPRESSION ÉCRITE** Comparez ce poème avec la nouvelle de Dino Buzzati : « Douce nuit » (dans *le K*).

GEORGES

SCHEHADÉ

Georges Schehadé (*cf.* p. 388-389), dont le théâtre joue sur le merveilleux et sur la légèreté de personnages rêveurs et pathétiques, mêle dans ses poèmes (réunis en 1952 en un volume sous le titre *les Poésies*) la sérénité d'images lumineuses, toutes bruissantes d'un Orient d'oiseaux et de sources, et le charme discret de la mélancolie. Il annonce que le paradis est possible, que l'enfance retrouvée promet l'univers réconcilié. Mais il sait aussi quel est le poids de vivre. Ce que dit à sa façon le bref poème qu'il a placé en tête des *Poésies* : « D'abord derrière les roses il n'y a pas de singes / Il y a un enfant qui a les yeux tourmentés. »

« À ceux qui partent » « L'étoile reviendra »

La poésie de Schehadé (comme dans ces deux brefs poèmes) naît d'une distance creusée par le rêve dans l'évidence des choses.

À ceux qui partent pour oublier leur maison
Et le mur familier aux ombres
J'annonce la plaine et les eaux rouillées
Et la grande Bible des pierres

Ils ne connaîtront pas
– À part le fer et le jasmin des formes
La Nuit heureuse de transporter les mondes
L'âge dans le repos comme une sève

Pour eux nul chant
Mais la rosée brûlante de la mer
Mais la tristesse éternelle des sources

Poésies II

L'étoile reviendra sur le jardin détruit
Pareille à la goutte d'eau des naissances
Les oiseaux s'ouvriront qui n'ont plus de patience
Et ce sera le songe de la première nuit

Ô mon amour je suis dans une prairie
Avec des arbres de mon âge
Mais les gazelles passent dans les cils endormis
Ce soir la mort est fille du Temps bien-aimé

Poésies III

Georges Schehadé, « L'étoile reviendra », in *les Poésies*,

COMPRÉHENSION ET LANGUE

Premier poème :

1 – Quel est le champ lexical dominant ?

2 – Quelle impression le lecteur ressent-il ?

3 – Quelles sont les sources d'inspiration de ce poème ?

Deuxième poème :

4 – Quelle liaison thématique s'établit entre les deux strophes ?

5 – Relevez les principales images.

6 – Étudiez la versification de chaque quatrain.

HECTOR DE

Hector de Saint-Denys Garneau (Montréal, 1912 - Sainte-Catherine de Fossambault, 1943), né dans une grande famille bourgeoise cultivée, mais méfiante devant sa vocation poétique, fonde en 1934 une revue littéraire, *la Relève,* au titre valant programme. De son vivant, il ne publie qu'un seul recueil poétique, *Regards et jeux dans l'espace,* 1937, qui marque une rupture avec le lyrisme académique jusque-là en honneur au Québec. Mais, malade, il s'enfonce peu à peu dans la solitude et le silence. La publication posthume de ses *Poésies complètes,* 1949, révèle l'intensité de son malaise métaphysique et de sa difficulté à vivre. Son ascèse spirituelle et poétique a exercé une grande influence sur l'évolution de la poésie québécoise.

Cage d'oiseau

Saint-Denys Garneau, qui souffrait depuis sa jeunesse d'une grave maladie cardiaque, donne à l'image de la « cage d'os », qui renferme son pauvre cœur, une douloureuse profondeur symbolique.

Je suis une cage d'oiseau
Une cage d'os
Avec un oiseau

L'oiseau dans sa cage d'os
C'est la mort qui fait son nid

Lorsque rien n'arrive
On entend froisser ses ailes

Et quand on a ri beaucoup
Si l'on cesse tout à coup
On l'entend qui roucoule
Au fond
Comme un grelot

C'est un oiseau tenu captif
La mort dans ma cage d'os

Voudrait-il pas s'envoler
Est-ce vous qui le retiendrez
Est-ce moi
Qu'est-ce que c'est

Il ne pourra s'en aller
Qu'après avoir tout mangé
Mon cœur

La source du sang
Avec la vie dedans

Il aura mon âme au bec.

Hector de Saint-Denys Garneau, 1937,
***Regards et jeux dans l'espace,* © Éditions Fides, Montréal**

JEAN-HENRI AZÉMA

Jean-Henri Azéma, né à Saint-Denis de la Réunion en 1913, est issu d'une ancienne famille de notables réunionnais. Contraint de s'exiler en Argentine, en 1945, en raison de son implication active dans la collaboration, il découvre en Amérique latine les revendications nationales et identitaires des peuples anciennement colonisés. À partir de 1978, il revient à plusieurs reprises dans son île natale. Sa poésie dit précisément sa volonté de se ressourcer dans l'identité créole. D'où le symbolisme testamentaire du titre de son premier recueil (*Olographe*, 1978), que suivent *D'azur à perpétuité*, 1979, *le Pétrolier couleur antaque*, 1982, *le Dodo vavangueur*, 1986.

« Suis-je ce poète ou ce négrier ? »

Le recueil D'azur à perpétuité *est construit comme une autobiographie poétique, conduisant d'une jeunesse exaltée au retour sur soi-même de la maturité et à l'interrogation sur l'identité profonde.*

J'ai couru le monde et je suis tout couvert
des poussières des routes du pollen des pampas
je suis comme ce chevalier du Graal [1] au désert
cherchant de par le monde un peu du sang de Dieu
entre les candélabres de cactus qui s'allument de fruits
entre les ocelles [2] des dunes sans oasis entre les nuits
Qui scandent en spondées [3] d'étoiles les reniements
entre les grands squales bleus que sont les femmes
entre l'épluchure de la mangue et le canif
entre les jardins d'îles les aridités les récifs
et les séquoias figés des lointaines patagonies
entre deux sexes entre deux peaux entre deux races

Séga séga séga et maloya [4]
séga pour les fusils
en rémission des exils
maloya pour l'Île

Je suis le passager étrange du vocabulaire
de l'anarchie des vents de la glose [5] des lianes
de l'alphabet lacté de la mer pituitaire [6]
j'ai remonté le fleuve du passé vers l'amont
de mon parentage je suis une voix sans visage
suis-je ce poète ou ce négrier ce geste ou cet affront
imposé à la chaîne inhumaine de l'esclavage
plus loin plus haut à la cime du temps
quelles ardeurs me brûlent ô doute lancinant
Et cette île écartelée entre couleurs et races
sait-elle qu'il n'est pas deux chevelures et deux élans pareils
et que la soie des cœurs exige d'étranges saveurs
un plein stock d'odeurs des poignées d'épices
– le sous-entendu des tourterelles dans les eucalyptus
dont les branches s'entrouvrent comme des hanches
et m'obsèdent soudain en leurs lents balancements.

Jean-Henri Azéma, *D'azur à perpétuité*, 1979

1. *Vase qui aurait recueilli le sang du Christ, objet de la quête des chevaliers de la Table ronde dans les romans des* XIIe *et* XIIIe *siècles.*
2. *Taches arrondies (sur les ailes de papillons ou les plumes d'oiseaux).*
3. *Terme de métrique : groupe de deux syllabes longues.*
4. *Danses d'origine africaine (le* séga *est plutôt mauricien, le* maloya *réunionnais).*
5. *Annotation explicative.*
6. *Terme de médecine : relatif à la pituite, sorte de liquide glaireux.*

Edmond Dune (Athus, Belgique, 1914-1988), né de parents luxembourgeois, a été journaliste et collaborateur de nombreuses publications de son pays. Il a publié des aphorismes, des poésies, des poèmes en prose, dispersés en de nombreuses plaquettes, ainsi que des pièces de théâtre (dont *les Taupes,* 1955). *Des rives de l'aube aux rivages du soir,* 1974, rassemblent un choix de poèmes écrits entre 1934 et 1972. L'inspiration d'Edmond Dune trahit souvent la hantise de la solitude et de l'angoisse.

Chronique

Les poèmes en prose d'Edmond Dune ont été composés entre 1958 et 1971.

Ce soir-là, la beauté était un grand oiseau noir et rouge dont les cercles méditatifs tournaient autour d'un soleil qui n'en finissait pas de mourir derrière les forêts.

De vieux êtres désespérés suivaient des yeux sa forme altière. Dans le feu éteint de leur regard, un petit brandon de souvenance parfois encore se rallumait, jetait une dernière étincelle. Ils se souvenaient vaguement d'ancêtres lointains qui savaient lire les augures de ce rapace hautain. Des légendes racontaient que l'oiseau se nourrissait du sang des poètes.

En ce temps-là, l'oiseau avait un nom, les enfants le désignaient du doigt, les femmes le caressaient quand, à l'heure du crépuscule, il condescendait à venir se poser sur les pelouses.

Alors le sillage de son vol pouvait se voir longtemps sur la pourpre des nuages, longtemps après qu'il eut regagné son aire mystérieuse que nul chasseur de rémiges, jamais encore, n'était parvenu à dénicher.

Maintenant l'oiseau passe dans le ciel, solitaire, ennuyé, comme perdu au monde. Il trace dans l'air glacé de grands cercles inutiles, d'immenses boucles insensées. Et personne ne songe plus à le reconnaître et nul ne brûle de l'adorer.

Ce soir-là, la beauté était un grand oiseau rouge et noir qui s'envolait toujours plus haut, toujours plus loin vers la mort lointaine du soleil.

« Chronique », Edmond Dune

CANADA QUÉBEC

RINA LASNIER

Rina Lasnier, née à Saint-Grégoire d'Iberville (Québec) en 1915, a renouvelé, dans les années 1940 et 1950, la poésie québécoise d'inspiration religieuse, par la puissance de son lyrisme et le souffle de sa versification libérée. Elle conjugue l'exigence spirituelle et la vigueur sensuelle, qui s'exprime dans *le Chant de la montée*, 1947, évocation des amours bibliques de Rachel et Jacob, ou dans *Escales*, 1950, acceptation des amours humaines. Plus dépouillés, les recueils *Présence de l'absence*, 1956, *Mémoire sans jours*, 1960, *les Gisants*, 1963, *l'Arbre blanc*, 1966, conduisent vers une méditation contemplative des paysages élémentaires.

« Office lent du temps le plus noble »

Extrait du recueil l'Arbre blanc, *ce poème invite à la contemplation du paysage enneigé – le paysage primordial du Québec – pour retrouver le mystère de l'origine.*

Neige, office lent du temps le plus noble,
du temps de neiger des fleuves soulevant les sols
et le pays remonte entre ses bordages blancs
pour entrer dans la primauté du temps d'écouter ;
pâleur de la chair touchant l'os de toutes parts,
pâleur du sang dans cet ouragan doux de l'innocence.

Voici la terre dans sa vêture vaste et voyante,
voici l'esprit dans l'exil extrême de la connaissance.
Neiges, ralentissement de paroles dans des langues de songe,
sans image comme la mer, et sans écriture comme les ciels ;
ensablement des feux originels par la gravité de la neige
comme une exultation dans la fraîcheur de la lucidité.
La terre est un champ de sarrasin[1] sans odeur,
une mortalité royale remontée aux genoux
– si étroit l'enjeu de Dieu sous ses morts.
Lente neige, pluie peuplée de papillons morts
pour le repos des paupières couvant des îles de feu ;
transhumance de la lumière cherchant une incarnation
comme un amour touchant la surface et la marée des mains.

Saison silenciaire et l'invisible est un attouchement,
le pouvoir des paumes dans la chute noble du signe
et Dieu brille enfin dans cet or intime à l'esprit.

Rina Lasnier, *l'Arbre blanc*, 1966,

1. Céréale (appelée aussi blé noir) qui peut pousser sur les sols très pauvres.

JEAN

LBANY

Jean Albany (Saint-Denis de la Réunion, 1917 - Paris, 1984) a vécu la plus grande partie de sa vie à Paris, où il a exercé la profession de dentiste. Mais la poésie a été pour lui le moyen de revenir, par les mots, à l'île natale (*Zamal,* 1951 ; *Miel vert,* 1966 ; *Bal indigo,* 1976 ; *Amour oiseau fou,* posthume, 1985). En faisant une place de plus en plus grande à la langue créole, il a été l'initiateur de la modernité poétique réunionnaise.

XXe siècle. Poésie de toute la francophonie.

L'Adieu

Écrit en 1965, ce poème est simplement l'évocation d'un départ en bateau, depuis Le Port, sur la côte est de la Réunion. Le recours aux mots régionaux et créoles, qui permettent de « fixer » le souvenir, devient source de poésie.

J'ai tenté de mon mieux d'arrimer, de mener loin la charrette ancestrale.

Charrette à bœufs zébus tous deux à loupe [1] noire. Sur le timon du chabouc [2] de mes cris ah dia, ah hue j'encourage mon équipage.

Ainsi d'autres encouragent du geste et de la voix les hommes d'une terre ou font voler sur l'eau couleur de fleur d'antaque [3] la pirogue de grande pêche.

Ô mon île ! Belle, belle tu paraissais quand le navire largua [4] après manœuvres difficiles dans la passe.

Ô mon île, à ce moment précis où se distingue à peine puis s'estompe – est-ce l'ombre des docks – le visage de parents, d'amis que l'on ne verra plus,

À ce moment précis où entre mâts et vergues, tu découvres avant l'honneur du long voyage, silos de sucre, bureaux de vieilles compagnies, toits de bardeaux [5] luisants sous les ombrages séculaires, rues de petit commerce, boutiques à rhum et à cabarre [6], cases de tôle, cases de paille, haies d'agaves, bois de lait, fétuques [7], herbes folles de la plaine et plus loin champs de canne violetés par la brume qui cerne les îlettes [8] et le cirque où la rivière toujours abstraite sculpte ses galets [9].

Ô mon île, que tu me semblais belle !

À babord, nez cyclopéen d'un cap, zébrure d'une route en corniche.

À tribord, rive d'un sable noir, robe animée de charrois, troupeaux de cabris épars, silhouettes grises, tels fantômes de pêcheurs au mulet.

Et là-bas, le mirage – un croissant de lumière – offert au temps lointain de la marine à voile au gabier [10] en sa barrique au mât de hune – l'étang – idée de source fraîche d'eau potable fin d'incertaines courses où pourrissent les gencives [11] et le bois de la coque.

Ô mon île,

Belle à l'étang vert et aux bouquets de palmes cachant Saint-Paul [12] la ville mère et la berçant, les caps ourlés de rouge et d'herbes descendant du basalte à l'extrême des marées.

Ô mon île, mon boucan canot [13], ma pointe des aigrettes [13], ma case douce amie, ma case entre bois de filaos [14] chantants et campêches [15] et mes tièdes berceaux de sable de corail.

Ô mon île, ce soir,

Le soleil s'est couché et l'horizon se teint de longose [16] et de safran sauvage. Tandis que l'océan déroule ses vagues souveraines, la brise sur la baie qui dans la nuit frissonne m'apporte les parfums les plus doux de ma terre comme dernier adieu.

Jean Albany, *Amour oiseau fou,* 1985,
Droits réservés

1. Bosse.
2. Fouet.
3. Sorte de fève.
4. Largua les amarres, se détacha du rivage.
5. Planchettes remplaçant les tuiles, pour la couverture des maisons.
6. Discours (mot dérivé du malgache).
7. Herbes.
8. Bandes de terre, replats isolés à flanc de montagne.
9. La rivière des Galets, qui descend du cirque de Mafate, est souvent asséchée.
10. Matelot chargé de l'entretien des voiles.
11. Allusion au scorbut, maladie de carence alimentaire, qui faisait saigner les gencives des marins mal nourris.
12. C'est à côté de Saint-Paul, dans une grotte, que se sont installés les premiers habitants de la Réunion (en 1646-1649).
13. Boucan Canot, Pointe des Aigrettes *: lieux-dits du bord de mer à la Réunion.*
14 et 15. Arbres.
16. Plante ornementale, très envahissante et odorante.

ANDRÉE

CHEDID

Andrée Chedid, née au Caire en 1920, est une Libanaise d'Égypte, établie à Paris depuis 1946. Son œuvre est abondante et comprend, outre des essais et des pièces de théâtre, des romans qui lui ont valu une audience importante (*le Sommeil délivré*, 1952 ; *le Sixième Jour*, 1960 ; *l'Autre*, 1962 ; *la Cité fertile*, 1972 ; *Néfertiti ou le rêve d'Akhenaton*, 1974 ; *le Survivant*, 1982 ; *la Maison sans racines*, 1985). Au-delà de l'anecdote et du décor oriental, elle y montre, dans son universalité, le drame de la condition humaine. Ses poèmes sont distribués dans une vingtaine de recueils. *Textes pour un poème*, 1987, rassemble l'essentiel de ceux écrits entre 1949 et 1970. Une langue simple et fluide y communique une sorte d'évidence terrienne (« La Poésie est une terre totalement vécue »). Les déchirements de sa patrie lui ont inspiré des textes pudiques et forts (*Cérémonie de la violence*, 1976).

Cessez d'alimenter la mort

Un poème pour exorciser la mort rôdant sur le Liban.

Désespérément égorgez l'espoir, mes frères

Dépecez l'espérance jusqu'à l'os !

La vengeance fut votre trappe
La haine votre guet-apens

Mais qui mena le jeu ?
Et qui vous a armés ?

Sans rêve   sans avenir
sans visage singulier

Répandus tant que vous êtes
dans le bâti des morts

Disparus tant que vous êtes
dans la matrice funèbre

Comment se détourner de votre image, mes frères ?

Votre histoire est l'histoire

reflet de nos sueurs haineuses
de nos monstres assoupis
de nos faces déchaînées

Puérils sont les mots
Vaine   l'écriture
Effréné pourtant, le désarroi du cœur

On ne sait pas   on ne voit pas
ce qui pousse dans ces cloaques
quelle cause innocente ces massacres

quel chancre nous ravage
et nous entraîne si loin ?

Vos actions nous minent
Et vous déciment, mes frères !

Cessez d'alimenter la mort !

Andrée Chedid, *Cérémonie de la violence*, Flammarion, Paris, 1976

Anise Koltz, née à Luxembourg en 1928, écrit, en allemand et en français, une poésie au lyrisme douloureux, éclaté. Elle a publié deux recueils en français : *La terre monte,* 1980, et *Souffles sculptés,* 1988.

« Je ne possède rien »

Trois exemples de la poésie d'Anise Koltz.

Je ne possède rien
pas même mon souffle

Ma vie est une invention
de ma mère en mal d'amour
un débris de miroir
où elle se regarde
comme une étrangère

Je ne suis qu'une mort affamée
qui lui demande
un bout de pain

* * *

L'eau qui dévale des montagnes
se repose dans ma cruche

* * *

La lune

La lune répand
la faim
lorsqu'elle roule
pain interdit
devant ta fenêtre

Anise Koltz, *Souffles sculptés,* 1988,
© Éditions Guy Binsfeld, Luxembourg

Compréhension et langue

1 – Donnez en quelques mots le thème du premier poème.
2 – Comment comprenez-vous les vers 3 et 4 ?
3 – À quoi les pronoms *elle* (v. 6) et *lui* (v. 9) se réfèrent-ils ?
4 – Expliquez l'expression « mort affamée » (v. 8).

Activités diverses, expression écrite

Faites une recherche dans un manuel de littérature ou une encyclopédie sur la *poésie lyrique*. Quelles en sont les caractéristiques ? Le poème d'Anise Koltz relève-t-il de ce genre ?

B É N I N

« J'appelle anti-grâce »

Paulin Joachim, né à Cotonou (Bénin) en 1931, un moment secrétaire du poète surréaliste Philippe Soupault, a été journaliste et longtemps directeur de la rédaction du mensuel *Bingo,* très lu en Afrique. Son œuvre poétique (*Un nègre raconte,* 1954 ; *Anti-Grâce,* 1967 ; *Oraison pour une re-naissance,* 1984) s'inscrit dans le droit fil de la négritude.

Anti-Grâce *dit le malheur d'une condition humaine particulière, celle du nègre et de la grâce négative qui pèse sur lui. Mais tout peut se renverser…*

J'appelle anti-grâce
ma face d'enfer indésirable au Broadway [1] des jouissances
comme une honte reconnue brusque
le typhon d'aimer rivé à un lent travail de mineur
et le monde autour qui s'obstine à égrener le détail de mon infamie
tandis que je joue de la prunelle à en perdre la vue

anti-grâce
ce plaidoyer *pro domo sua* [2] qui n'en finit plus de finir
ce solo d'étoile lasse qui ne me quitte plus
le passé englouti sous des cataractes de mots
et ces ombres qui remplacent l'homme au carrefour des bilans
mais laissez-moi pleurer je n'ai plus de discours
les maîtres organistes ennemis de la polyphonie
ont surchargé mon discours mon discours devenu illisible
être né sans pilules contre le mal de mer
c'est cela que j'appelle l'anti-grâce
ces peaux de bananes sous les pieds
pour un slalom sans fin sur les pentes de la vie
et le spectacle est permanent
car la race resurgit de plus belle
depuis qu'elle se fit féconder les flancs dans les cales des négriers

et si la grâce existe et si l'amour est inoxydable
si la grâce m'écoute
qu'elle fasse donc apparaître enfin
sur cette palette où je triture depuis le premier jour les tons de mon destin
ces reflets de cornaline [3] où ma race debout
lira le signe prémonitoire des triomphes futurs.

Paulin Joachim, *Anti-Grâce,*
© Présence Africaine, Paris, 1967

1. Rue de New York, où se trouvent les principaux théâtres. – 2. Pour sa propre maison, pour soi-même. – 3. Pierre translucide rouge.

HAÏTI

ANTHONY PHELPS

Anthony Phelps, né à Port-au-Prince (Haïti) en 1928, a été l'un des animateurs de la vie culturelle haïtienne des années 1950 et 1960, mais il a été contraint de s'exiler et a trouvé asile au Québec, comme beaucoup d'Haïtiens. Il y est journaliste et homme de radio. Il a publié un roman (*Moins l'infini*, 1973), mais surtout beaucoup de poèmes, dans des recueils parus en Haïti (*Été*, 1960 ; *Présence*, 1961 ; *Éclats de silence*, 1962), à Montréal (*Points cardinaux*, 1967 ; *les Araignées du soir*, 1967 ; *la Bélière caraïbe*, 1980) ou à Paris (*Motifs pour le temps saisonnier*, 1976).

« Je viens d'une île de soleil »

La poésie d'Anthony Phelps est fortement marquée par le traumatisme de l'exil, qu'elle tente de dominer. Ce poème suggère de manière très pudique la difficulté de l'intégration dans le pays d'accueil.

Je viens d'une île de soleil une île au nom indien
Haïti ? connaissez-vous ?
et je vous dis à la manière de mon peuple
« Honneur ». Répondez-moi
« Respect ».
Et laissez-moi m'asseoir auprès de vous
Je ne réclame point
dans ce premier matin de ma nouvelle naissance
le secret de vos fusées
encore moins la recette du sirop d'érable.
Je n'ai pas d'atouts maîtres.
En fait, je n'ai même pas de cartes
étant très peu joueur
mais j'ai des mots à vous offrir.
Des mots puissance de vent puissance de mer
des mots tant que vous en voudrez
et j'échangerai les miens contre les vôtres.
(Sur le mur d'un garage
j'ai vu des mots hâtifs écrits en rouge
Main malhabile qui teniez le pinceau
vous avez épaissi mon sang et j'ai pressé le pas
car il m'arrive d'oublier
que Montréal est une Cité
où l'arbre a le droit de chanter
selon ses branches et la distance entre ses feuilles.)

Anthony Phelps, *Points cardinaux*, 1967,

Chems Nadir (pseudonyme de Mohamed Aziza), né à Tunis en 1940, est sous son nom patronymique fonctionnaire international et auteur d'ouvrages importants sur le théâtre, l'art et la culture du monde islamique. Sa recherche sur l'identité culturelle l'a conduit à réaliser un livre de conversations avec Léopold Sédar Senghor, *la Poésie de l'action*, 1980. Sous son pseudonyme (qui signifie « le soleil au nadir », donc le « soleil noir »), il a donné plusieurs recueils poétiques : *le Silence des sémaphores*, 1978 ; *le Livre des célébrations*, 1983 ; *les Portiques de la mer*, 1989, et un recueil de contes (*l'Astrolabe de la mer*, 1980). L'ambition de Chems Nadir est de s'accorder à ce « souffle premier et pulsion primordiale » qui donne sens à la vie universelle.

« Clameur de l'exil »

Extrait de la « Célébration de l'errant », dans le Livre des célébrations, *ce poème se place dès le premier vers sous le double patronage de Saint-John Perse et de Julien Gracq.*

Clameur de l'exil au rivage des Syrtes !
Le temps est venu de déserter ce jardin de mirage.
Sur trop de mensonges je m'étais assoupi
De trop d'ossuaires je m'étais amusé.
Sur les grèves de rocailles et d'amiante, prémices d'absence,
aux abîmes accueillantes
L'oiseau des îles a terni son somptueux plumage
Et la jungle malhabile a banni la résurgence des fleurs.
Alors j'ai déployé mes voiles
Aux vents des départs.
Laboure, ô proue, le champ fertile
Où rêvent les méduses.
Jaillissent l'embrun et la tornade sous-marine
et les spasmes de l'éclair.
À grandes eaux salées
Lavez mes yeux d'un songe trop vieux
Ô trombes des profondeurs.
Il advient que je rencontre, par les nuits phosphorescentes,
Des troupeaux chevelus d'hippocampes en dérive
Des rêves de corail aux œillades amènes
Et des torpilles blafardes en forme d'anagrammes.
C'est alors qu'arrivé à fond de cale
J'adresse cette supplique dérisoire à Aleph :
« Première lettre de l'alphabet arabe,
Matrice chaude, frisson silencieux du matin,
Premier cri de ma race ?
Aleph, mon expression et mon tourment
Quand donc entraîneras-tu ta suite à composer les mots
clairs qui sauront apprivoiser demain ? Quand donc finira la défaite
et la casuistique, le mensonge et la rhétorique ?
Aleph, aleph, aleph, à moi
J'atteins le fond concret des ténèbres. »

Chems Nadir, ***le Livre des célébrations,***
Publisud, 1983

« Tous éléments »

La poésie de Salah Stétié est marquée par la hantise de l'exil, qui est, pour lui, une constante de la personnalité libanaise : « Peut-être l'exil n'est-il, au niveau profond, que la vocation, assumée par le poète, de cette terre, la sienne, le Liban – qui est seuil entre deux mondes, lieu de départ à la fois et point de nostalgie. » Voici deux poèmes, extraits de Fragments : Poème, *qui disent cette tension de l'être.*

Tous éléments ravis au feu, l'amant
D'un autre amour pierres me sont il crie
Pierres me sont l'air et le feu dans la
Douleur où vont dormir mes cils

Épées d'un autre amour. L'amour de bouche
Criante ici vers l'habitant et l'arbre
En sa figure d'arbre dominant
L'extrême éternité déserte d'arbres

Ô respirante ô bifurcante il crie
Vers l'autre pierre avec la bouche inscrite
De nul amour pierre de nulle approche
Admise au feu d'identité mortelle

* * *

La pensée sera consumée et ses ongles
Puis recueillie dans une image nulle
Les ongles demeurant dans la maison limpide

Double maison dans le céleste ciel
Avec l'autre maison approfondie de brume
Puis l'eau mirant la brume sans maison

Double simple maison dans les racines
Du ciel inhabité, pensée pure
Cherchant, d'impure brume, la ressemblance

Salah Stétié, *Fragments : Poème,*

Salah Stétié, né à Beyrouth en 1929, diplomate de profession, a publié des essais sur l'écriture poétique (*les Porteurs de feu,* 1972 ; *la Unième Nuit,* 1980). Ses poèmes, en prose (*la Mort abeille,* 1972) ou en vers (*l'Eau froide gardée,* 1973 ; *Fragments : Poème,* 1978 ; *Inversion de l'arbre et du silence,* 1980 ; *l'Être Poupée,* 1983), à la ponctuation et à la typographie recherchées, énigmatiques et incisives, sont orientés vers une quête de l'unité et de la perfection de l'Être. Chantant les séductions et la beauté de ce monde, Salah Stétié dit aussi la nostalgie d'une pureté première, d'un « arrière-pays » qui dissimule « la fleur fermée de l'être ».

Gatien Lapointe (Sainte-Justine de Bellechasse, Québec, 1931-1983) a été enseignant à Trois-Rivières, où il a fondé une maison d'édition de poésie (Écrits des Forges). Son *Ode au Saint-Laurent,* 1963, emportée par le souffle lyrique du grand fleuve, est un bel exemple de la « poésie du pays », annonçant la volonté de reprise et de ressourcement du Québec moderne. Après un long silence, *Arbre-Radar,* 1980, et *Barbare inouï,* 1981, osaient une forme plus rythmée, disant la fête des corps et la fulgurance de l'instant.

« Ma langue est l'Amérique »

*« Et je situerai l'homme où naît mon harmonie ». Ce vers de l'*Ode au Saint-Laurent *dit l'aspiration de Gatien Lapointe à une poésie qui célèbre un nouvel accord de l'homme et du pays.*

Ma langue est d'Amérique
Je suis né de ce paysage
J'ai pris souffle dans le limon du fleuve
Je suis la terre et je suis la parole
Le soleil se lève à la plante de mes pieds
Le soleil s'endort sous ma tête
Mes bras sont deux océans le long de mon corps
Le monde entier vient frapper à mes flancs
[…]

Je mêle ma langue aux racines enneigées
Je mêle mon souffle à la chaleur du printemps
Je m'imprègne de chaque odeur
J'invente des nombres j'invente des images
Je me construis des lettres avec du limon
Je plante des mots dans la haute plaine
Et cela surgit soudain à ras d'horizon
Comme un homme plein de barbe et plein de rosée

L'homme naît d'un frisson du ciel et de la terre
Je m'accomplirai dans les pas du temps

Je vois dans une phrase l'espace de l'homme

L'homme de mon pays sort à peine de terre
Et sa première lettre est un feuillage obscur
Et son visage un songe ardent et maladroit
Cet homme fait ses premiers pas sur terre
Il s'initie au geste originel
Et ses poignets saignent sur la pierre sauvage
Et les mots écorchent sa bouche
Et l'outil se brise dans ses mains malhabiles

Et c'est toute sa jeunesse qui éclate en sanglots
[…]

Gatien Lapointe, *Ode au Saint-Laurent,* 1963,

Compréhension et langue

1 – Expliquez le sens du mot *ode*. Où se situe le Saint-Laurent ?
2 – Quelle est la place que s'attribue le narrateur ?
3 – Relevez les termes qui associent l'homme à son pays.

Activités diverses, expression écrite

Recherchez d'autres poèmes et chansons d'auteurs québécois célébrant leur province et leur attachement au pays.

Jacques Brault, né à Montréal en 1933, a d'abord publié quelques vastes poèmes, portés par un grand souffle lyrique, traversés d'images fulgurantes. Puis il a imposé sa poésie de précision réaliste, d'intimité fraternelle, chantant la polyphonie du quotidien. Un volume collectif a rassemblé, en 1986, plusieurs recueils (*Mémoire,* 1965 ; *la Poésie ce matin,* 1971 ; *l'En-dessous l'admirable,* 1975), qui conjuguent l'évocation de souvenirs individuels et familiaux et l'angoisse de vivre dans un pays mal assuré de lui-même. Il a encore publié les *Poèmes des quatre côtés,* 1975, et *Moments fragiles,* 1985, où il tente de dire l'intensité d'instants nés du silence et de l'immobilité.

« C'était le printemps »

Ce fragment, détaché du long poème Mémoire, *rappelle le souvenir d'un frère tombé en Sicile lors de la Seconde Guerre mondiale.*

C'était le printemps une douceur dans notre misère Fernand l'aîné se meurt Gilles part pour la guerre ils n'ont pas vingt ans nous restons quatre nous jeûnerons moins c'est le mois de mars et moi dans les rues fondantes j'ordonne le cours des eaux

Ce fut un bel été ô marraine d'été que vous fûtes belle à mes yeux ô restez restez ainsi en votre courbure vers l'herbe et blanche au bout de mes mains sales

Gilles allait mourir Gilles est mort père fait des obus et mère du ventre fils décédé dit le télégramme les médailles au salon brillent de fierté et puis s'il était revenu borgne manchot dément ce n'aurait pas été beau à voir nous les jeunes nous promettons de vivre nous avons toutes nos dents et nous pétons d'ignorance

Voici l'hiver encore et la flambée de Noël ah familles de coton le pays glisse sur le fleuve gelé les absents pleins de sueurs et de jurons tombent comme des fruits mûrs on dirait que l'automne s'attarde sur l'Italie

Ô saisons ô vêtures des eaux chaque rire se paie d'un rictus chaque pleur d'une perle

1944 et jamais ne reviendront ceux qui partirent et notre histoire continue noire et chiche comme le pain de notre liberté

Cela est lent la mémoire cela est patient de la lenteur de la patience de l'hiver
Quand vous allez en finir et quand vous n'y croyez plus cela remonte à la face
Comme une lumière noire dans les vapeurs de l'œil
Comme celle longtemps venue longtemps rêvée soudain là inconnue
La mémoire et la nuit d'hiver ont toutes deux en mon pays cheveux blancs et mains froides
Des bribes d'espoirs plein les poches et des souvenirs amers au goût de noisette

Jacques Brault, *Mémoire,* 1965,

TUNISIE

SALAH GARMADI

Salah Garmadi (Tunis, 1933 - *id.*, 1982) a été formé à la double école, arabe et française. Il a enseigné la linguistique générale et la phonétique arabe et traduit en arabe plusieurs romans maghrébins de langue française (notamment ceux de Malek Haddad ou de Rachid Boudjedra). Il écrit lui-même dans les deux langues : *Avec ou sans,* 1970, son premier recueil poétique, est bilingue. Comme dans les poèmes de *Nos ancêtres les Bédouins,* 1975, il veut assumer sa situation de « bâtard linguistique » (selon sa propre expression). Ce qu'il fait avec un humour souvent grinçant, beaucoup d'anticonformisme et un profond amour de la vie.

« Conseils aux miens pour après ma mort »

Le décès de Salah Garmadi dans un accident de la route donne à ce poème comme une ironie prémonitoire.

Si parmi vous un jour je mourais

mais mourrai-je jamais

ne récitez pas sur mon cadavre
des versets coraniques
mais laissez-les à ceux qui en font commerce
ne me promettez pas deux arpents de paradis

car je fus heureux sur un seul arpent de terre

ne consommez pas le troisième jour après ma mort le couscous traditionnel
ce fut là en effet mon plat préféré
ne saupoudrez pas ma tombe de graines de figue

pour que les picorent les petits oiseaux du ciel
les êtres humains en ont plus besoin
n'empêchez pas les chats d'uriner sur ma tombe
ils avaient coutume de pisser sur le pas de ma porte tous les jeudis
et jamais la terre n'en trembla
ne venez pas me visiter deux fois par an au cimetière
je n'ai absolument rien pour vous recevoir
ne jurez pas sur la paix de mon âme en disant la vérité ni même en mentant
votre vérité et votre mensonge me sont chose égale
quant à la paix de mon âme ce n'est point votre affaire
ne prononcez pas le jour de mes obsèques la formule rituelle :
« il nous a devancés dans la mort mais un jour nous l'y rejoindrons »
ce genre de course n'est pas mon sport favori
si parmi vous un jour je mourais
mais mourrai-je jamais
placez-moi donc au plus haut point de votre terre
et enviez-moi pour ma sécurité

Salah Garmadi, *Nos ancêtres les Bédouins,* 1975,
© L'Harmattan Édition, Paris

MONCEF

Moncef Ghachem, né à Mhadia (Tunisie) en 1947, dans une famille de pêcheurs, a publié plusieurs recueils de poèmes, volontiers rocailleux, pour dire une colère à fleur de vers (*Cent Mille Oiseaux*, 1975 ; *Car vivre est un pays*, 1978).

« J'écris »

Quelques strophes extraites d'un long poème revendiquant le nécessaire engagement de la parole poétique.

J'écris avec la tyrannie des misères
j'écris avec mes processions de poète errant
j'écris avec les jachères sèches de la terre
j'écris et la colère gronde dans mon cœur transparent
j'écris avec cent milliards de balles à tirer
dans la cervelle des bobards les jambes des voleurs
la couronne des bavards la bourse des guerriers
le calcul des imbéciles sur l'échelle des grandeurs

[...]

j'écris avec les hordes humides sur les routes chaudes
avec violence du sang fidèle des fils et des pères
avec cœurs fertiles des bédouines[1] et leurs couches fécondes
amer exode rural des frères errances amères

j'écris avec fellah[2] au front de hurlement
sous écran de midi où mugit la sécheresse
le long des hamadas[3] cuites ses espoirs mouvants
sa prière son blasphème sa fatigue sa carcasse

j'écris avec les bras tatoués des vieux pêcheurs
les chaluts les ancres les rames les palangres[4]
caisses de poissons patrons-gueules-vides maraudeurs
les naufrages les affres les guignes les gouffres

avec la faim avec le foutre avec la fureur
avec la flamme avec la rocaille avec l'arbre
avec la racaille avec les haillons avec la sueur
avec les chants percés de sang le mewall[5] le sabre

[...]

Moncef Ghachem, *Car vivre est un pays*,
© Éditions Caractères, Paris, 1978

COMPRÉHENSION ET LANGUE

1 – Quelle impression le poète veut-il donner ?
2 – Quels procédés rhétoriques utilise-t-il ?
3 – Relevez les images qui vous paraissent les plus frappantes.
4 – Donnez un exemple d'anaphore.
5 – Quelles particularités ont les sonorités (v. 6 et 7 par exemple) ?
6 – La versification est-elle régulière ?

1. Les bédouins *sont les Arabes nomades du désert. – **2.** Paysan. – **3.** Plateaux pierreux du Sahara. – **4.** Lignes de fond, auxquelles sont accrochées des lignes plus petites munies d'hameçons. – **5.** Pioche.*

HAÏTI

JEAN METELLUS

Jean Metellus, né à Jacmel (Haïti) en 1937, contraint à l'exil à Paris par la dictature des Duvalier, est médecin neurologue. Ses poèmes (*Au pipirite chantant,* 1978 ; *Voyance,* 1985) sont emportés par un grand souffle épique d'exaltation de la patrie haïtienne. Ses romans choisissent tantôt des sujets haïtiens, à partir de la chronique de sa ville natale (*Jacmel au crépuscule,* 1981 ; *la Famille Vortex,* 1982 ; *l'Année Dessalines,* 1986), tantôt des thèmes volontairement étrangers (*Une eau forte,* 1983, situe son action en Suisse ; *la Parole prisonnière,* 1986, met en scène une famille française perturbée par le bégaiement d'un petit garçon de six ans). Sa pièce *Anacaona* (l'héroïne en est la reine caraïbe d'Ayti [Haïti]) a été montée à Paris par le célèbre metteur en scène Antoine Vitez.

Au pipirite chantant

Au pipirite chantant[1] *est un très long poème glorifiant le paysan haïtien, brassant dans un tournoiement d'images les figures multiples de la terre et de l'histoire haïtienne, posant à l'horizon des mots l'indomptable désir de la liberté. Voici le tout début du poème.*

Au pipirite chantant le paysan haïtien a foulé le seuil du jour et dessine dans l'air, sur les pas du soleil, une image d'homme en croix étreignant la vie
Puis bénissant la terre du vent pur de ses vœux, après avoir salué l'azur trempé de lumière, il arrose d'oraison la montagne oubliée, sans faveur, sans engrais
Au pipirite chantant pèse la menace d'un retour des larmes
Au pipirite chantant les heures sont suspendues aux lèvres des plantations

Si revient hier que ferons-nous ?

Et le paysan haïtien enjambe chaque matin la langue de l'aurore pour tuer le venin de ses nuits et rompre les épines de ses cauchemars
Et dans le souffle du jour tous les loas[2] sont nommés

Au pipirite chantant le paysan haïtien, debout, aspire la clarté, le parfum des racines, la flèche des palmiers, la frondaison de l'aube
Il déboute la misère de tous les pores de son corps et plonge dans la glèbe ses doigts magiques
Le paysan haïtien sait se lever matin pour aller ensevelir un songe, un souhait
Sur des terrasses vêtues de pourpre il est happé par la vie, par les yeux des caféiers, par la chevelure du maïs se nourrissant des feux du ciel

Le paysan haïtien au pipirite chantant lève le talon contre la nuit et va conter à la terre ses misères dans l'animation d'une chandelle
Et son oreille croit plus à la patience des végétaux qu'au vertige du geste, à l'insurrection des herbages qu'aux prodiges du sermonnaire[3]
Car il méprise la mémoire et fabrique des projets
Il révoque le passé tressé par les fléaux et les fumées
Et dès le point du jour il conte sa gloire sur les galeries fraîches des jeunes pousses

À la barbe des dieux, un baume infatigable enchante les feuillages, murmure dans les ruisseaux, s'enracine dans le sol, babille dans les basses-cours, rugit dans l'océan, épie les hommes et azure l'horizon
Et le paysan accuse destin baigné de nuit, journées sans arôme, sommeil lavé de larmes et vie aux fibres brisées
Au pipirite chantant dans l'eau pure de la source, le paysan se rase, rafraîchit ses joues et attend la caresse du soleil

Au pipirite chantant ce prince d'avant-jour s'habille d'innocence, agrippe les sentiers et bénit l'existence
Et le sursaut de ses efforts exalte les vergers repus de germes, d'épis, de sueurs humaines

Dans le roucoulement de l'aube
Sa femme endiablée, sonore de mal-aise, pressait les pas de la grâce
Debout avant le jour dans les éclats d'un songe
Cheveux dénoués, narines inquiètes tâtant les miettes de la vie
Les yeux affamés de signes
Oreilles en alerte, intrépides, mesurant le champ du silence, explorant le ressac des heures, en vérité attentives à toutes les rafales des ondes
La mère, la mère debout a fait le tour de la maison
Saoulée, sans sourire et sans sexe, sans loisirs, sans désirs, elle s'attaquait aux vapeurs de la peur, aux serrures de la solitude, aux peines qui fleurissaient dans l'aube
Elle murmurait, repassait, débrouillait un cauchemar

Jean Metellus, ***Au pipirite chantant,***
© Les Lettres Nouvelles-Maurice Nadeau, Paris, 1978

COMPRÉHENSION ET LANGUE

1 – Que s'apprête à faire le paysan haïtien ?
2 – Comment est représentée la nature dans ce poème ?
3 – La nuit est-elle l'ennemie ou l'amie du paysan ? Fondez votre réponse sur des passages précis du poème.
4 – Que signifient les expressions : « Si revient hier que ferons-nous ? » (l. 10) ; « Car il méprise la mémoire et fabrique des projets » (l. 26) ?
5 – Relevez des métaphores dans le début du poème (jusqu'à la ligne 21).
6 – Relevez dans le début du texte (jusqu'à la ligne 13) des mots ou expressions relevant du vocabulaire religieux.
7 – Quelle particularité grammaticale présente le passage : « Et le paysan... fibres brisées » (l. 33 à l. 34) ? Quel effet de sens produit-elle ?
8 – Quelle signification donnez-vous aux lignes 37 à 40 ? En quoi peuvent-elles résumer l'ensemble du poème ?

1. Le pipirite est le premier oiseau à chanter dans le matin haïtien. « Au pipirite chantant » signifie donc « aux premières lueurs de l'aube ».
2. Dieux de la religion vaudou ; ce sont eux qui viennent posséder les fidèles lors des transes cérémonielles.
3. Recueil de sermons tout préparés que le prêtre catholique peut utiliser pour composer ses propres discours d'évangélisation et d'édification des fidèles.

CONGO

JEAN-BAPTISTE TATI-LOUTARD

Jean-Baptiste Tati-Loutard, né à Ngoyo (Congo) en 1938, universitaire et longtemps ministre, a publié des recueils de poèmes (*les Racines congolaises,* 1968 ; *les Normes du temps,* 1974 ; *les Feux de la planète,* 1977) ainsi que des nouvelles (*Chroniques congolaises,* 1974, et *Nouvelles Chroniques congolaises,* 1980), dans lesquelles il analyse avec subtilité les transformations de son pays au contact de la modernité. Sa poésie trouve un ton très personnel, fait de simplicité et de confiance dans les mots.

Baobab

« Le poète ne regarde jamais les choses ; il se regarde dans les choses. » Cet aphorisme de Tati-Loutard pourrait définir son lyrisme particulier, moins porté à la confidence qu'à une rêverie participante sur le monde naturel : ne dit-il pas aussi que « la poésie fait découvrir au poète qu'il est un végétal parmi d'autres » ?
Le poème Baobab *est tiré d'une suite portant le titre général « Retour au Congo ».*

Baobab ! je suis venu replanter mon être près de toi
Et mêler mes racines à tes racines d'ancêtre ;
Je me donne en rêve tes bras noueux
Et je me sens raffermi quand ton sang fort
Passe dans mon sang.
Baobab ! « l'homme vaut ce que valent ses armes ».
C'est l'écriteau qui se balance à toute porte de ce monde.
Où vais-je puiser tant de forces pour tant de luttes
Si à ton pied je ne m'arc-boute ?
Baobab ! Quand je serai tout triste
Ayant perdu l'air de toute chanson,
Agite pour moi les gosiers de tes oiseaux
Afin qu'à vivre ils m'exhortent.
Et quand faiblira le sol sous mes pas
Laisse-moi remuer la terre à ton pied :
Que doucement sur moi elle se retourne !

Jean-Baptiste Tati-Loutard, *les Racines congolaises,* 1968,

CANADA QUÉBEC

PAUL CHAMBERLAND

Paul Chamberland, né à Longueuil (Québec) en 1939, est l'un des précurseurs du mouvement poétique de la revendication québécoise (*Terre Québec*, 1964). Fondateur et l'un des principaux animateurs de la revue *Parti pris*, partisan déclaré de l'indépendance québécoise, il est présent à Paris lors des événements de mai 1968 : il en garde la passion des contre-cultures et des mouvements alternatifs. Il collabore à des revues d'avant-garde (*Mainmise*, *Hobo-Québec*) et prône une révolution politique qui conjugue la mutation des consciences et la libération des corps. Poésie et utopie se rencontrent dans ses textes de recherche, souvent proches du graffiti, explorant les possibilités des calligraphies, mêlant acte poétique et projet révolutionnaire.

« Tant pis si j'assassine la poésie »

Écrit en 1963-1964, L'afficheur hurle *est un long poème-manifeste. Le désir de dire poétiquement le Québec y voisine avec le prosaïsme désenchanté, quand le poète prend conscience de « vivre à moitié dans ce demi-pays ». En voici le début.*

J'écris à la circonstance de ma vie et de la tienne et de la vôtre ma femme mes camarades
j'écris le poème d'une circonstance mortelle inéluctable
ne m'en veuillez pas de ce ton familier de ce langage parfois gagné par des marais de silence
je ne sais plus parler
je ne sais plus que dire
la poésie n'existe plus
que dans les livres anciens tout enluminés belles voix d'orchidées aux antres d'origine parfums de dieux naissants
moi je suis pauvre et de mon nom et de ma vie
je ne sais plus que faire sur la terre
comment saurais-je parler dans les formes avec les intonations qu'il faut les rimes les grands rythmes ensorceleurs de choses et de peuples

je ne veux rien dire que moi-même
cette vérité sans poésie moi-même
ce sort que je me fais cette mort que je me donne
parce que je ne veux pas vivre à moitié dans
ce demi-pays

dans ce monde à moitié balancé dans le charnier des mondes morts
(et l'idée qui me venait ici l'image où je me serais brûlé « dans la corrida des étoiles » la belle image instauratrice du poème
je la rature parce qu'elle n'existe pas qu'elle
n'est pas à moi)
et tant pis si j'assassine la poésie
ce que vous appelleriez vous la poésie
et qui pour moi n'est qu'un hochet
car je renonce à tout mensonge
dans ce présent sans poésie
pour cette vérité sans poésie moi-même [...]

Paul Chamberland, *Terre Québec* suivi de *L'afficheur hurle*, © Éditions de l'Hexagone, Montréal, 1985

ZAÏRE

VALENTIN-YVES

MUDIMBÉ

Valentin-Yves (ou Vumbi-Yoka) Mudimbé, né à Likasi, dans le Shaba (Zaïre) en 1941, a accompli une brillante carrière universitaire. Il a enseigné la linguistique au Zaïre, en Belgique, en France, aux États-Unis. Ses essais (*l'Autre Face du royaume,* 1973 ; *l'Odeur du père,* 1981) analysent la difficile reconnaissance d'une légitimité de la pensée africaine. Ses romans, discrètement provocateurs, prennent leurs sujets dans les désarrois de l'Afrique contemporaine, montrant l'effet des idéologies importées et le déracinement des intellectuels ou des religieux (*Entre les eaux,* 1973 ; *le Bel Immonde, l'Écart,* 1979 ; *Shaba, Deux,* 1989). Sa poésie pose en principe que « les impératifs de l'écriture rencontrent ceux de la révolution » (*Déchirures,* 1971 ; *Entretailles,* 1973 ; *les Fuseaux parfois...,* 1974).

« Pouvoir être cette meurtrissure »

Le premier recueil de Mudimbé, Déchirures, *livre les terribles cauchemars d'un Africain (« L'écriture poétique me réconcilie avec le rêve comme sensation brutale »). Voici quelques-unes de ces « déchirures », images nées de spectacles de famine, de violence et de guerre.*

Pouvoir être cette meurtrissure, cette gangrène éternelle, ce signe du nègre que je suis par la grâce de mes milliers de morts sacrifiés à la différence et aux distances ! La quantième donc est-ce de mes interminables blessures dans la débauche du dollar ?

La savane est une suppuration offerte au soleil. Que s'y perpétuent les délices des bébés enterrés vivants, l'extase des vers suçant le pus des mères éventrées, les mamelles offertes aux chiens gavés de chair humaine. Un songe : la joie de l'écoulement du sang dans des bouches peuplées de mouches au soir de cette centième journée des cadavres vivants.

[...]

Les rancunes s'arrachent à l'oubli, les rancœurs dévorées s'absorbent dans une bouderie. Négligez-moi, je suis une eau dormante, pressant le sol vibrant des princes augures. Quels regards, les cortèges de l'absence dans cette croisure de boyaux pétant de faim !

Un essaim de cancrelats dans la pepsine[1] chante, mangeottant des orteils ; des mites pignochent les tripes d'une enfant de douze ans. Mais les anémones se mouillent de regrets. La plaine, ciel de cailloux rougis est une peinture, lourde d'une gelée inoffensive.

D'autres hommes sont là, heureux, peureux. Étonnez-moi, éclats des choses et cœurs gantés ! Je suis le fils d'offrandes rejetées et violées par l'innocence de la technique et la faim des lopins de terre. Elle est aujourd'hui, la terre, couverte de remords et de vertus graciées par la sécheresse de la saison des pluies.

Valentin-Yves Mudimbé, *Déchirures,* 1971,

1. Enzyme des sucs gastriques, qui permet de décomposer et de digérer les aliments.

Maxime N'Debeka, né à Brazzaville (Congo) en 1944, est électronicien de formation. Son engagement militant le conduit à occuper des fonctions importantes : en 1968, il est nommé directeur des Affaires culturelles. Mais, accusé d'avoir trempé dans un complot, il est condamné à mort en 1972 et passe de longs mois en prison, avant d'être assigné à résidence. Outre des œuvres pour le théâtre, volontiers satiriques (*le Président,* 1970), il a publié des poèmes d'inspiration militante, dont certains écrits en prison (*Soleils neufs,* 1969 ; *l'Oseille, les citrons,* 1975 ; *les Signes du silence,* 1978). Un de ces poèmes, *980 000,* est devenu très populaire au Congo et plus largement en Afrique.

« 980 000 nous sommes »

Sur un million de Congolais, il y a peut-être 20 000 profiteurs et accapareurs, mais il reste les 980 000 autres… que ces vers veulent appeler à leur libération.

980 000 nous sommes
980 000 affamés
brisés
abrutis

Nous venons des usines
Nous venons des forêts
des campagnes
des rues
Avec des feux dans la gorge
des crampes dans l'estomac
des trous béants dans les yeux
des varices le long du corps
Et des bras durs
Et des mains calleuses
Et des pieds comme du roc

980 000 Nous sommes
980 000 Ouvriers
chômeurs
et quelques étudiants
Qui n'ont plus droit qu'à une
fraction de vie

[…]
Nous venons à 980 000
Nous entrons sans frapper
Et apparaissent 20 000
20 000 prophètes
20 000 qui font des miracles
Mercédès dans leurs pieds
La soif désaltère
La faim nourrit bien
Des greniers bourrés
Pendent au bas du ventre
Jolis, jolis bien jolis miracles

Mais nous ferons nous-mêmes
nos miracles
Nous ferons nous-mêmes
Pour nous-mêmes
nos miracles

Maxime N'Debeka, *l'Oseille, les citrons,* 1975,

MAROC

TAHAR

BEN JELLOUN

Tahar Ben Jelloun, né à Fès (Maroc) en 1944, s'est fait connaître comme le poète du déracinement et des cicatrices de la Méditerranée arabe (*Les amandiers sont morts de leurs blessures,* 1976). Sociologue de la violence faite aux travailleurs immigrés (*la Réclusion solitaire,* 1976), il a développé une œuvre romanesque abondante, qui a su toucher un large public : il y déchiffre le discours de sa ville natale (*Harrouda,* 1973), s'emploie à donner la parole aux exclus (*Moha le fou, Moha le sage,* 1978), joue sur la narrativité du conte (*l'Enfant de sable,* 1985). Le prix Goncourt lui est décerné en 1987 pour *la Nuit sacrée.*

La Pierre et la Peau

Hésitant entre poème et nouvelle, jouant sur la diversité des tons et des typographies, ce poème est très représentatif de l'écriture ouverte de Tahar Ben Jelloun.

il avait emporté avec lui une poignée de terre
du pays
il la sentait et s'en mettait sur la figure
pour dissiper sa solitude

Il est arrivé à Marseille dans une caisse d'oranges. L'œil agrafé sur une carte d'identité périmée et un extrait d'acte de naissance. Il s'était nourri d'oranges pendant le voyage. Il se portait bien, mais puait un peu. La fatigue, la sueur et l'attente. Il avait camouflé l'argent français, procuré au marché noir, dans sa peau : une simple ouverture à peine visible dans le ventre lui servait de portefeuille. Il portait sur lui sa fortune : quelques billets de cent francs, une bague en argent, une montre-bracelet, une photo de ses enfants, une réserve de courage et de clandestinité, un feu dans la gorge, une mémoire fatiguée, une balle qui s'était incrustée dans sa jambe droite au début de l'année 54 et qui lui avait valu le titre de résistant, ainsi qu'une douloureuse solitude.

Il sortit un papier plié en quatre et se mit à déchiffrer l'adresse du cousin. Gennevilliers[1]...

Empruntant les gestes du voleur, il monta dans le wagon et présenta son ticket à tout cheminot. L'indifférence c'était déjà du métal. Il resta debout dans le couloir accroché à un coin du ciel. Comme un bandit repenti, il semblait s'excuser d'être là face aux arbres et villages qui défilaient.

Comme un regard coupable, l'étranger.
Comme un corps découpé au laser, l'étranger.
Comme une plaie ambulante, l'étranger malade.
Comme une fente dans un œil en porcelaine,
l'étranger vient avec du plâtre dans les veines.

[...]

L'étranger regardait à travers la buée de la vitre les arbres s'accrocher au ciel, ou plutôt les racines de la vigne se retourner et noircir à sa vue. Le train roulait sur les rails qui sortaient directement du ventre de l'étranger. Les veines de ses jambes avaient fait des trous dans l'acier du sol. Elles ne cessaient de sortir de la plante des pieds. Il restait immobile, ruminait sans bruit le projet du rêve bleu mais aigre.

... Gennevilliers...
L'âme périphérique.
L'entrée de la ville.

je lève le corps au ciel et déclare une vie en fraude. Telle est ma
lucidité. Je vous conterai une histoire de droite à gauche pour alerter
vos concierges mais   appelez la foule et arrêtez la machine
Je
déclare une folie préméditée et un sang mobilisé   Je déclare un
sang étrange non homologué dans les conventions internationales
je suis venu le dépenser dans la neige et le refus   je déclare
une décennie à rebours   une mémoire achevée sur la nostal-
gie du pays   mon foie a le mal du pays le mal de la main qu'on
vous donne le mal des fleurs sur le front des filles de l'Atlas[2]   *je*
vous regarde et lis la mort lente dans votre ventre gras   je viens
vivre par procuration et manger de votre pain   je viens corps invi-
sible laver les trottoirs de votre indifférence jeter la pierre et la peau
pour cela j'ai mis un peu d'ordre dans mon corps   j'ouvre mon
ventre pour un peu de cozsbor ou un peu de menthe   je ne vous
parle pas je vous regarde grimper dans les arbres métalliques
vous cachez vos enfants   un chat vous habite vous avez mal
le chat mort se décompose avec lenteur dans votre corps   je viens
déceler entre le ciel et le rivage la guerre qui portera loin la logique
baveuse   je vous dis : cette logique a bavé trop longtemps dans les
lignes de notre cervelle   nous avions simulé l'adoption   nous
nous sommes donnés au sphinx de son labyrinthe   une colonne
puis une terre d'espoir   imaginez un peuple qui n'a jamais cessé
d'avoir les joues roses et le foie ardent   un peuple qui a bu notre
miel sueur de nos mères   la bonté des autres déguisée en guenon
vient défoncer les portes de nos miroirs   aujourd'hui je débarque
dans la faille de la haine et vous invite à me suivre dans le désert d'à
côté   je m'en vais arraisonner toutes les bonnes consciences
j'arrive avec un stock de poèmes dans les yeux   j'exige de
l'instance solaire une carte de séjour une carte de sécurité sociale une
carte bidon pour mon double une carte rare pour vous faire des
enfants dans l'ombre une carte pour planer à volonté au-dessus de vos
toits une carte pour la différence un duplicata de ma chair   et puis
non...   plus de carte   je tourne le dos au soleil   je rentre
chez moi

Il est arrivé à Casablanca dans une cargaison d'armes. Il s'était nourri de poudre et d'acier pendant le voyage. Il avait bonne mine.

Tahar Ben Jelloun, « La pierre et la peau »,
in *Les amandiers sont morts de leurs blessures,* 1976,

Compréhension et langue

1 – Quels sont les différents systèmes typographiques utilisés ? À quoi correspondent-ils ?
2 – Essayez de donner un titre à chaque partie.
3 – En quoi consiste l'ironie de l'auteur ?
4 – Relevez des exemples de zeugmas (constructions insolites).
5 – Citez quelques passages où la poésie alterne avec la réalité la plus triviale.
6 – Que signifie : « l'âme périphérique » (l. 31) ?
7 – L. 33 à l. 67 : quels sont les principaux champs lexicaux de ce passage ?
8 – Comparez le début et la fin du texte. Que remarquez-vous ?

Activités diverses, expression écrite

1 – Cherchez chez Rabelais, Cendrars, Ponge, Le Clézio, Butor ou Doubrovsky des exemples d'utilisation inhabituelle de la typographie.
2 – Faites la même recherche dans la publicité.
3 – Quel poète dispose ses textes sous forme de dessins ?

1. Ville ouvrière de la banlieue parisienne.
2. Chaîne de montagnes du Maroc.

ZAÏRE

MUKALA

KADIMA NZUJI

Mukala Kadima Nzuji, né à Mobayi (Zaïre) en 1947, enseignant de formation, critique et historien de la littérature africaine, est très représentatif de la nouvelle poésie africaine (*Redire les mots anciens,* 1977).

« Gorgé de sang »

Comment dire l'Afrique ravagée par la guerre et les tyrannies sans céder aux facilités de la grandiloquence ? Tel est sans doute le projet de Kadima Nzuji dans ce poème de désespoir retenu.

Gorgé de sang, de sang, du sang
des milliers d'âmes innocentes
couchées silencieuses inertes sans souffle
sur tes mottes de terre calcinée,
Mon peuple aux flancs poignardés
aux côtes brisées dans le carcan de la haine
ces soleils crispés qui tombent tombent tombent
sur ta face tatouée, dans tes yeux qui interrogent
si jamais reviendra
la paix des brousses natales !
Ces soleils crispés qui roulent éperdument
sur tes tempes brûlées
sur tes joues griffées
seraient-ils des perles de rosée en déroute
ou des larmes d'enfants sans père, ni mère
seraient-ils bruine ou averse,
ou goutte de sang qui tremble tremble tremble
sur nos faces et nos paumes écorchées ?
Là, dedans les forêts obscures bat encore
le sourd tam-tam le tam-tam sourd de la mort
éclatent des cris d'épouvante
enchevêtrés aux lourds nuages noirs
qui pèsent sur les villages.
Ah ! me revient toujours la triple mélopée
d'hommes morts, de cases en feu, de caillots de sang
et ces soleils crispés qui crient crient crient
– Lubila !
je les vois encore rouler éperdument
sur nos corps défigurés.

Mukala Kadima Nzuji, ***Redire les mots anciens,*** **Éditions Saint-Germain-des-Prés, Paris, 1977**

COMPRÉHENSION ET LANGUE

1 – Quels sont les différents mouvements de ce texte ?
2 – Quelle est l'idée dominante ?
3 – Étudiez avec précision la structure syntaxique des phrases.
4 – Relevez les principales figures de rhétorique.
5 – Quelle est la tonalité générale de ce poème ? Justifiez votre réponse à l'aide de citations.

ÎLE MAURICE

XXe siècle. Poésie de toute la francophonie.

« Je disais à quelqu'un »

La poésie de Wachill énonce des choses vues ou vécues, dans le surgissement de la sensation ou du souvenir. Ainsi dans ces trois poèmes, à la fois évidents et indécidables.

Hassam Wachill, né à l'île Maurice en 1939, construit patiemment une œuvre poétique ambitieuse (*Éloge de l'ombre*, 1980 ; *Jour après jour*, 1987), qui fait passer en français la sérénité, la densité, l'abrupte objectivité de la poésie des pays d'Extrême-Orient.

Dans ces lignes la chorale de l'été
de sa lente et suave sonorité semblait
accéder à une majesté et une folie ensemble, puis
elle s'est arrêtée à nouveau comme
saisie par le bruit de l'autocar.
Je me ressouvenais de chaque chose,
chaque chose avait un nom, les feuilles
à l'aube qui jusque-là dormaient
dans un oubli parfait, la tache de prière sur le
front de père qui commençait à pâlir un peu.
Je disais à quelqu'un j'ai marché sur le nymphéa.

*

Maintenant que le jasmin est dans ce piteux état
Après son départ, je dis à moi-même plus
Jamais je ne parlerai d'elle Doucement
Je tendrai vers le silence de ses lèvres
Dans l'espoir.

*

Le mot goémon qui revient dans ma tête
et me fait mal, je ne sais pas pourquoi
car nous disons gomon, en vertu
de quelle convention ? mais à quoi
cela ressemble certes tandis que
j'avance dans le chemin d'un être
faible et son histoire, un peu de terre
est jonchée devant une porte,
j'entends parfois en moi crier :
ton cœur est ravi, ô mon malheureux
souverain, mais vers quoi va ce cri,
cet appel, nos fougères peut-être le savent.

Hassam Wachill, *Jour après jour,*
© Éditions Gallimard, 1987

COMPRÉHENSION ET LANGUE

1 – Ces trois poèmes ont-ils un thème commun ?
2 – Combien y a-t-il de phrases dans le premier poème ? Quel rapport ont-elles les unes avec les autres ?
3 – Quelle est, selon vous, la signification du deuxième poème ?
4 – Étudiez la versification du troisième poème.
5 – Le mot *fougères* (v. 12 du dernier poème) est-il métaphorique ? Justifiez votre réponse.

RWANDA

JEAN-BAPTISTE

Jean-Baptiste Mutabaruka, né à Rwamashyongoshyo (Rwanda) en 1937, est fils d'un conducteur de troupeaux : il appartient à cette civilisation pastorale contemplative des savanes et des collines de l'Afrique de l'Est. Sa poésie, qui s'inspire de l'ancienne et belle littérature traditionnelle, s'accorde aux paysages du Rwanda et célèbre la présence de l'invisible dans le visible. Il a publié plusieurs ensembles de poèmes *(les Feuilles de mai, les Chants du tambour)* dans la revue *Afrique*.

Souvenir

En quelques vers, ce poème parvient à suggérer les paysages et l'art de vivre du pays de l'auteur, le Rwanda.

Souviens-toi de la douceur d'un soir
auprès d'une fontaine
de la danse de l'herbe qui plie
sous le vent, de l'eau qui coule
au fond de la vallée.
Souviens-toi, souviens-toi de la course folle
dans les plaines sèches, brûlées par la flamme
quand la forêt se pulvérise.
Souviens-toi de tes premiers jours de l'école
de l'alphabet rebelle
de la suite des nombres des divisions multiples
dans la poussière malléable.
Souviens-toi de la tendresse maternelle
des mains de ta mère modelant ton visage
les nerfs tendus par les rayons durs du soleil canicule
trésor sans prix, inégalable, mère.

Jean-Baptiste Mutabaruka, ***les Chants du tambour,***

COMPRÉHENSION ET LANGUE

1 – À qui s'adresse ce poème ?
2 – Quelle période de la vie est évoquée dans ce poème ?
3 – Que suggère l'insistance de l'expression « Souviens-toi » ?
4 – Que signifie *l'alphabet rebelle* (v. 10) ?
5 – Quelle indication sur son apprentissage de l'écriture pouvez-vous tirer de l'expression « poussière malléable » ?
6 – En quoi l'emploi du mot *canicule* (v. 15) est-il particulier ?
7 – Quel son vocalique domine dans le vers 15 ? Quel en est l'effet ?
8 – Quelle représentation de la mère apparaît dans ce poème ?

SAMIR MARZOUKI

Samir Marzouki, né à Tunis en 1951, est universitaire. Il a publié en 1991 un recueil, *Braderies,* plaisamment sous-titré « poèmes pour tous les goûts, un peu passés de mode ». Cette poésie à fleur de mots renoue avec une tradition de poésie fantaisiste, tout au bonheur de jouer avec le langage. Par là, elle marque l'émergence d'une nouvelle génération d'écrivains maghrébins, dont la relation à la langue française est dédramatisée, plus ludique que douloureuse.

XXe siècle. Poésie de toute la francophonie.

Je n'est pas un autre

L'allusion que fait le titre à une formule célèbre de Rimbaud (« Je est un autre ») nous invite à ne surtout pas prendre trop au sérieux ce court poème.

Ma soupe est pleine de cheveux
Ma vie regorge de chagrins
Je n'ai jamais ce que je veux
Car je n'ai pas le pied marin

J'écris des vers
Tout de travers
Que j'arrose
D'eau de rose

Ma soupe est pleine de chevaux
Ma vie regorge de catins
Ma peine vaut ce qu'elle vaut
Peine de roi et de pantin

Je dis des mots
Bêtes normaux
Que je grime
Par des rimes

Samir Marzouki, *Braderies,*
Maison tunisienne d'Édition, Tunis, 1991

COMPRÉHENSION ET LANGUE

1 – Donnez un titre à chaque strophe.
2 – Quelles correspondances y a-t-il entre les quatrains 1 et 3, 2 et 4 ?
3 – Sur le plan formel, comment ce poème s'engendre-t-il ?
4 – Que suggère le choix des images ?
5 – La versification est-elle classique ou moderne ?
6 – Quel(s) poème(s) de Rimbaud ce texte vous semble-t-il pasticher ?

TABLE DES PRÉSENTATIONS ET SYNTHÈSES LITTÉRAIRES

INDEX DES GENRES ET DES FORMES LITTÉRAIRES

INDEX DES AUTEURS CITÉS

INDEX THÉMATIQUE

La francophonie dans le monde

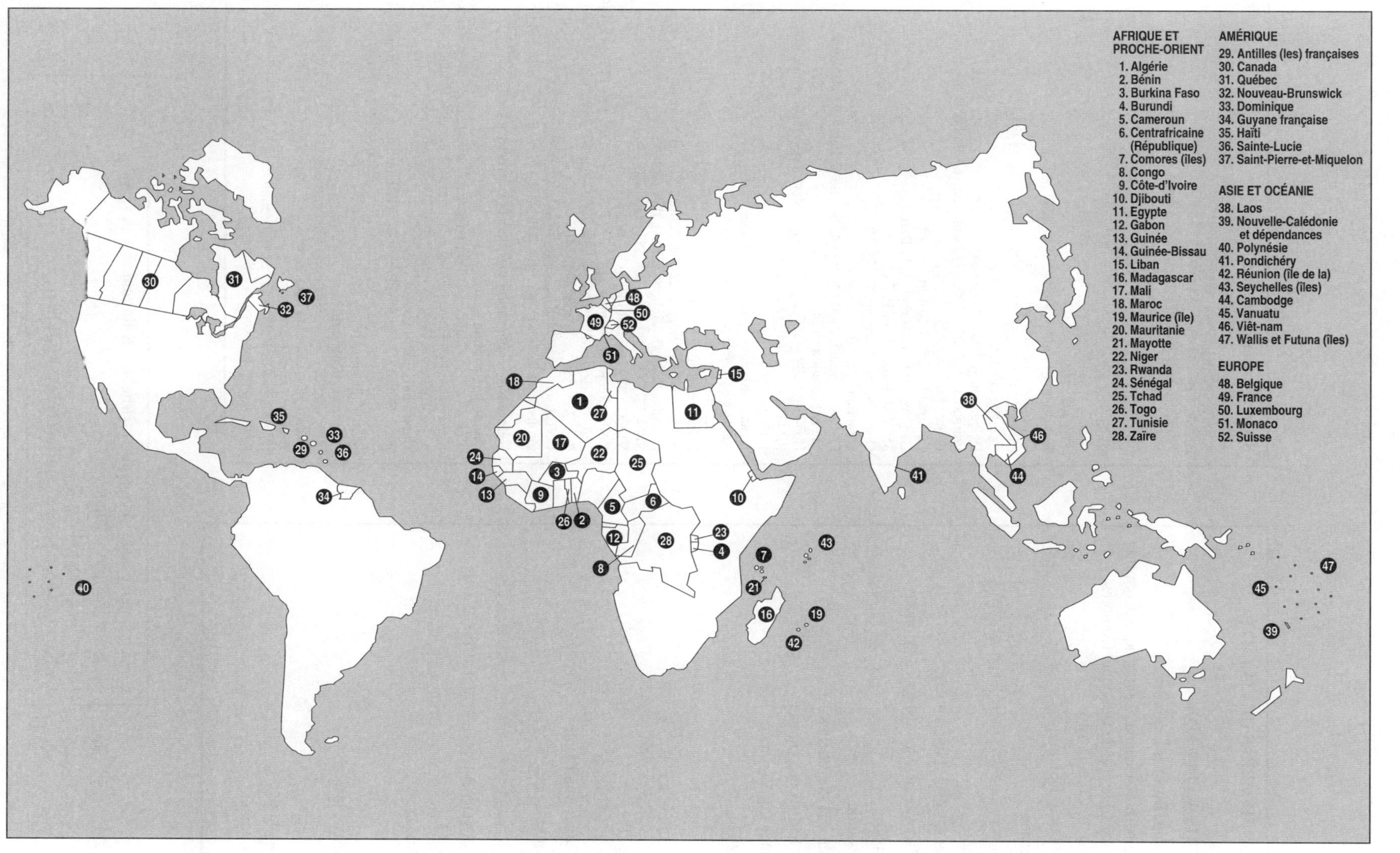

LES MEMBRES DE L'A.C.C.T.

ÉTATS MEMBRES (34)

Bénin, Burkina-Faso, Burundi

Cameroun, Canada, Centrafrique, Communauté française de Belgique, Comores, Congo, Côte-d'Ivoire

Djibouti, Dominique

France

Gabon, Guinée, Guinée-équatoriale

Haïti

Laos, Liban, Luxembourg

Madagascar, Mali, Maurice, Monaco

Niger

Rwanda

Sénégal, Seychelles

Tchad, Togo, Tunisie

Vanuatu, Viêt-nam

Zaïre

ÉTATS ASSOCIÉS (5)

Égypte

Guinée-Bissau

Maroc, Mauritanie

Sainte-Lucie

GOUVERNEMENTS PARTICIPANTS (2)

Canada-Nouveau-Brunswick, Canada-Québec

ÉTATS MEMBRES (3)

Bulgarie

Cambodge

Roumanie

Références iconographiques

AFP : 165.
Archives Nathan : 213, 349,
42, 67, 101, 134 (B.N.),
199, 293, 349, 383, 389 (Agence de Presse Bernand)
170 (Collection Roger Viollet)
127 : Giraudon, © Spadem 1992.
185 : Lauros-Giraudon, © ADAGP, Paris 1992.
Bios : 208.
Bulloz : 18, 19, 23, 25, 27, 35, 40, 43, 44, 48, 52, 60, 62, 72, 91, 187, 233, 237, 401, 407, 412.
Jean-Loup Charmet : 99, 103, 146, 150, 361.
Collection Christophe L. : 355.
Ciric : 193, 216, 263, 317 / A. Pinoges : 204, 313.
Courrier de l'UNESCO : 302.
Délégation générale du Québec : 120, 415.
Édimédia : 168, 226, 309, 274 / Coll. Universal photo.
France Édition : 275.
Callimard : 425 / J. Robert.
Gamma : 211 / P. Maître, 224 / Barrat, 344, 430 / U. Andersen, 351 / M. Bulka, 371 / P. Piel.
Gisèle Namur-Lalance : 15, 74, 108.
Giraudon : 28, 303.
Lauros-Giraudon : 140 / Musée de la ville de Paris ; Musée du Petit-Palais, 303.
Michel Gounod : 124.
Hoa-Qui : 299 / G. Gasquet, 316 / E. Valentin, 331, 432 / M. Renaudeau, 418 / P. Quittemelle, 440 / M. Huet.
J. Hyde : 285.
Jacana : 405 / Axel, 410 / J.M. Labat.
Keystone : 196, 318, 436 / G. Didier.
D. Kieffer : 399.
Présence Africaine : 206.
Rapho : 111 / P. Berger, 221 / J. Pottier, 301 / Hayaux du Tilly, 259, 431 / C. Kuhn, 281 / G. Viollon, 379 / H. de Châtillon.
SIPA PRESS : 200 / Mochet, 354 / Gastaud.
VLOO : 423 / H. Delfiner.
Collection Roger Viollet : 12, 37, 73, 80, 102, 115, 116-117, 147, 149, 152, 155, 157, 166, 169, 194, 219, 234, 235, 241, 247, 250, 267, 277, 283, 292, 343, 350, 353, 356, 367, 368, 395, 441.
UNESCO : 244 / M. Claude.
Droits réservés : 231, 243, 268, 291, 296, 311, 360, 373, 374, 394, 397, 429.

Références iconographiques pour la couverture

Bande horizontale haut
n° 1 : Archives Nathan (Collection Roger Viollet) ; n° 2 : Sipa Press / Sichov ; n° 3 : Collection Roger Viollet ; n° 4 : Sipa Press / M. Renaudeau ; n° 5 : Collection Roger Viollet ; n° 6 : Droits réservés.
Bande horizontale bas
n° 1 : Bulloz ; n° 2 : Sipa Press / Ph. Gastaud ; n° 3 : Collection Roger Viollet ; n° 4 : Collection Roger Viollet ; n° 5 : Collection Roger Viollet ; n° 6 : Collection Roger Viollet.
Bande verticale gauche
n° 1 : Bulloz ; n° 2 : Sipa Press / Boccon Gibod ; n° 3 : Édimédia / Universal Photo ; n° 4 : Unesco / D. Roger.
Bande verticale droit
n° 1 : Archives Nathan ; n° 2 : Collection Roger Viollet ; n° 3 : Keystone ; n° 4 : Collection Roger Viollet.

Conception graphique : **François Durkheim – Kubikom**
Maquette : **Laurence Pagot**
Composition : **SOLÉVIL**
Recherche iconographique : **Marie-Thérèse Mathivon**

N° de projet : 10052074 - (IV) - (116) - OSBC - 80° - Dépôt légal : novembre 1998 - Imprimé en France par Pollina, 85400 Luçon - n° 76155